KB176646

『유가사지론』 권20의 석독구결 역주

『유가사지론』 권20의 석독구결 역주

장경준 오민석 문현수 허인영 지음
백진순 감수

역락

머리말

국어사 연구자에게 훈민정음으로 기록된 문헌의 등장은 그믐날 밤 어두운 산길을 별빛에 의지하여 가다가 전깃불이 환히 켜진 신작로를 만난 것에 비유할 수 있다. 15세기 중엽에 창제된 훈민정음은 당시 우리말의 소리를 정확히 기록할 수 있는 정교한 문자 체계였고 그것으로 기록된 자료의 양도 비교적 많이 남아 있는 반면, 그 이전에 한자를 이용하여 우리말을 기록한 차자표기(借字表記) 자료는 양적으로나 질적으로나 빈약하기 그지없기 때문이다. 그래서 한국어의 역사적인 연구는 15세기 이후의 한국어에 대해서나 정밀한 연구가 가능하다고 하여도 크게 틀린 말은 아니다.

그런데 1990년대 이후 새로운 구결 자료가 대량으로 발견되고 연구되면서 위와 같은 인식에 변화가 생겼다. 새 자료는 이른바 석독구결(釋讀口訣)이라는 것으로서, 한문으로 쓰인 불경에 토(吐)를 달아 그 한문을 우리말로 풀어서 읽을 수 있도록 한 것이다. 만약 우리가 석독구결의 토 다는 방법과 토에 사용된 문자 체계를 이해할 수 있다면 여기에 반영된 고대 한국어의 모습을 좀 더 잘 알 수 있으리라는 희망을 가지게 되었고, 이 희망은 조금씩 현실에 가까워지고 있다.

이 역주서에서 다루고 있는 『유가사지론』 권20도 이러한 석독구결이 달린 중요한 책이다. 그런데 『유가사지론』은 불경 중에서도 난해하기로 이름난 유식(唯識) 계열을 대표하는 논서로서 내용을 이해하기 쉽지 않을 뿐 아니라, 여기에 달린 구결도 15세기 한글 자료에 반영된 중세 한국어 문법으로는 설명할 수 없는 부분이 많아 연구하기가 대단히 어렵다. 필자가 이 자료를 마주한 지 20년이 되어 가지만 아직도 읽을 적마다 새로운 해석 방안이 떠오르고, 또 어찌 해석해야 할지 난감한 부분이 적지 않다. 그럼에도 이 책을 펴내는 데에는 다음의 이유가 크게 작용하였다.

첫째, 석독구결 연구의 문턱을 낮출 필요가 있다. 이제 석독구결은 15세기 이전의 국어사 연구에 필수 자료로 이용되고 있으나 아직 초학자들이 참고할 만한 책이 많이 부족하다. 관심 있는 연구자라면 혼자서도 자료를 읽고 인용할 수 있도록 구결문을 쉽고 자세하게 풀이한 역주서의 간행이 시급한 시점이다.

둘째, 석독구결의 연구가 일정 수준에 이르렀다. 지난 40년 동안 석독구결의 연구 성과가 꾸준히 축적되어 이전에 알지 못했던 많은 점들이 어느 정도는 해명이 되었다. 그리고 필자가 2011년과 2014년 두 번에 걸쳐 학생들과 『유가사지론』 권20을 꼼꼼히 읽어본 결과, 이제 이 자료의 석독구결에 대해서는 역주서를 펴내도 크게 부끄럽지 않을 만큼의 역량은 갖추었다는 판단이 들었다.

셋째, 불교학이나 번역학 연구자에게 이 자료의 내용을 적극적으로 알릴 필요가 있다. 그동안 석독구결을 공부하면서 고려시대 스님들의 불경 이해의 수준이 대단히 높았음을 알 수 있었다. 한문 원문이나 역경원의 현대어역을 보았을 때는 막연하던 내용이, 석독구결의 토를 따라 읽다보면 머릿속에서 명확히 이해되는 경험을 자주 하였다. 이제 석독구결에 의한 고려시대 불경 번역의 구체적인 내용을 어학 이외 분야의 연구자들과 공유할 때가 되었다고 생각한다.

이 역주서는 다음과 같이 구성하였다. 먼저 『유가사지론』 권20 '수소성지(修所成地)'의 과판과 분량을 고려하여 크게 9부분으로 나누고, 각 부분의 맨 앞에 해당 내용을 한눈에 파악할 수 있도록 정리한 표를 제시하였다. 그리고 적절히 문단을 나누어 문단별로 A에서 한문 원문을 보이고, B에서 한문 원문에 달린 석독구결을 해독한 구결문을 보이고, C에서 구결문 읽는 법을 보이고, D에서 구결문에 포함된 구결자의 문법 기능을 표시하고, E에서 구결문을 현대국어로 번역하였다. 그리고 해당 부분의 역경원 번역을 참고 자료로 F에 제시하였다.

A는 대만 법고불교학원(法鼓佛教學院)에서 제공하는 '유가사지론자료고(瑜伽師地論資料庫)'의 원문과 표점을 바탕으로 하고, B와 D는 본 역주팀의 검토 결과가 반영된 'sktot_2015_07'을 바탕으로 하고, C는 본 역주팀의 검토 시안을 바탕으로 하고, E는 필자의 번

역 시안을 바탕으로 하여 수정하고 보완하였다('sktot'는 필자가 2004년부터 제공하고 있는 전산입력 자료임). 그리고 각각 설명이 필요한 곳에 주를 달았다.

이 책의 초고에는 원래 지금보다 많은 분량의 어학주가 달려 있었다. 그러나 이 자료의 구결에 대한 어학적인 탐구는 좀 더 시간적인 여유를 두고 천착해야 할 부분이 많아 원고의 상당 부분을 지웠다. 그리고 그 대신 개론 성격의 해제를 비교적 상세히 적어서 어학 전공 초학자에게 도움이 되도록 하였다. 이 책이 다른 역주서에 비해 해제의 분량이 많은 것은 이러한 이유 때문이다. 앞으로 기회가 되면 깊이 있는 연구 결과를 모은 별도의 연구서를 엮어보려고 한다.

석독구결이 기입된 『유가사지론』 권20은 현재 국립한글박물관에 소장되어 있다. 이 자료를 처음 소개하고 연구한 남풍현 교수의 저서에 영인이 실려 있고 구결이 대체로 해정하게 기입되어 있어 판독에 큰 어려움은 없다. 그러나 영인본에 일부 누락된 곳이 있고 잘 보이는 부분 중에도 구결자의 자형이 분명치 않은 경우가 있는데, 소장처에서 원본 열람을 허가하여 해당 부분을 직접 확인하고 기술할 수 있었다. 조사에 협조해 주신 국립한글박물관 관계자 여러분께 감사의 말씀을 드린다.

그리고 유식불교의 전문가이신 동국대학교 불교학술원 백진순 교수께서 이 책을 위해 『유가사지론』을 개관하는 해제를 써 주시고 번역문에 대한 감수도 해 주셨다. 감수 과정에서 그동안 우리 나름으로 탐색해 본 경전 내용에 대한 이해가 얼마나 부족한 것이었던가 새삼 실감하였고, 백 선생님께서 지적해 주신 부분은 본문과 각주에 적극적으로 반영하였다. 필자의 요청에 흔쾌히 응해 주시고, 또 여러 차례에 걸쳐 귀한 가르침을 주신 백진순 선생님께 깊은 감사의 말씀을 드린다.

이 책의 지은이로 함께 이름을 올린 세 사람은 필자가 고려대학교에 부임한 이후 같이 공부해 온 성실한 연구자들이다. 그동안 연구 모임에 꾸준히 참여하여 이 책의 원고를 주도적으로 작성하였고, 이제 제 목소리를 내기 시작하였다. 지은이로 이름을 올리지는 않았지만 김미미, 오세문, 진윤정, 강해은, 손정엽, 조남곤 학생들도 이 책의 초고를 작성하는데 많은 기여를 하였다. 그리고 이 책이 나오기까지 여러 차례 자료를 읽는 동안 잠시나

마 함께한 이들도 10여 명이 있으며, 이들 또한 이 책에 보탬이 되었음은 두말할 나위가 없다. 아직 여러모로 미흡하지만, 학문의 괴로움과 즐거움을 같이 나눌 이들이 있어 고맙고 마음 든든하다.

마지막으로 필자와 같은 길을 가고 있는 구결학회와 국어사학회의 여러 선생님들과, 보잘것없는 이 책을 출판해주신 도서출판 역락의 선생님들께도 두 손 모아 감사의 말씀을 드린다.

2015. 8.

지은이를 대표하여 장경준 씀

차례

역주편

해제편

『유가사지론』 권20의 석독구결 역주

『유가사지론』 개관

백진순

1. 불교 내에서 『유가사지론(瑜伽師地論)』의 위상과 성격

『유가사지론(瑜伽師地論)』은 대승유가행파(大乘瑜伽行派 : 唯識學派를 가리킴)의 중요한 전적들 중의 하나이다. 인도에서 비롯된 유가행파는 '미륵(Maitreya, 彌勒)'을 시조로 하여 무착(Asaṅga, 無著)과 세친(Vasubandhu, 世親) 등으로 계승된다. 현장(玄奘) 역 『유가사지론』의 서두에 '미륵보살설(彌勒菩薩說)'이라고 한 데서 짐작할 수 있듯, 이 논은 초기 유가행파의 전통을 반영하는 문헌이다. 그렇기는 해도 이 논은 특정 학파의 교의(教義)에 국한하지 않고 불교의 기본 교리와 개념들에 대한 백과사전적 해설을 담고 있다. 둔륜(遁倫)의 『유가론기(瑜伽論記)』에서는 『유가사지론』이 성립하게 된 유래에 대해 다음과 같이 말한다.

> 불멸(佛滅) 후 소승의 부파들이 경쟁적으로 일어나서 '유견(有見)'에 많이 집착하였다. 이에 다시 용맹(Nāgārjuna, 龍猛) 보살이 대승(大乘)의 무상공교(無相空教)를 선양하며 『중론(中論)』 등을 지어 저들의 유견을 제거하였고, 성(聖) 제파(提婆) 등 대학자들이 그 대의를 널리 천명하였다. 그러자 이로 인해 중생들이 다시 공견(空見)에 집착하게 되었다. 불멸 후 구백 년쯤 되었을 때, 아상가(Asaṅga, 無著)라는 사람이 인도의 아유타국(阿瑜陀國)에 선성(禪省)을 세워서 사람들에게 선법(禪法)을 가르치고 있었다. 그는 대자존(大慈尊 : 미륵보살)을 섬기면서 이 논 등을 설해주시길 청하였다. 지족천(知足天 : 欲界六天 중의 네 번째 兜率天)에 머물던 자씨보살(慈氏菩薩 : 미륵보살)이 무착의 근기를 알아보고 한밤중에

선성에 강림해서 다섯 가지 논을 설해주었다. 첫째는 『유가사지론』이다. …이하 생략…[1]

이와 같은 기록들에 의거해서 『유가사지론』은 '미륵이 설하고 무착이 기록한 것'이라고 알려져 있는데, 미륵에서 무착으로 이어지는 신화적 전설에 대해서는 여전히 학계의 이견이 분분하다.[2] 저자에 대한 논란이 있기는 해도, 이 논이 초기 유가행파의 학설을 담고 있다는 것은 분명하다. 유가행파는 불교의 전통 안에서 자신들의 교리를 평가할 때 '유(有)와 무(無) 어느 한쪽에 치우치지 않는 중도(中道)의 도리를 설하였다.'고 강조한다. 말하자면 초기의 부파불교(部派佛敎)가 유견(有見 : 모든 것을 '유'라고 집착하는 견해)에 치우쳤고, 반면 대승(大乘)의 중관학파(中觀學派)가 공견(空見 : 모든 것을 '공'이라 집착하는 견해)에 치우쳤다면, 유가행파의 교설은 그와 같은 유견과 공견을 대치(對治)하기 위해 '중도'를 설하였다는 것이다. 이러한 '중도'의 의미를 담지하는 개념이 바로 '식(識)'이고, 『유가사지론』의 본론의 주요 내용도 '만법의 체(體)는 식이다'라는 관점에서 서술된 것이다.[3]

『유가사지론』의 내용을 분석하기에 앞서, 이 논의 전체적 성격과 특징을 알기 위해서는 제명에 나온 '유가(yoga, 瑜伽)'라는 말의 의미를 알 필요가 있다. 인도 철학의 전통에서 모든 철학적 탐구와 종교적 실천은 거의 모두 이 '유가(=요가)'를 바탕으로 하고 있다. 불교 내에서는 특히 대승의 유식학파가 유가 수행을 집중적으로 수행했기 때문에 '유가행파(瑜伽行派)'라고도 불린다. '유가사지론(Yogacārabhūmi-śāstra, 瑜伽師地論)'이라는 제명을 풀이해보면, '유가를 수행하는 스승들[瑜伽師]의 지(地)를 설명한 논(論)'이다. 이 제명에서 나타나듯, 이 논은 유가행파의 유가 체험과 불교적 교의를 결합하여 체계적 학설로 집대성한 문헌이다.

'유가'란 범어(梵語) 'yoga'의 음사어이다. 이 단어는 그 의미가 너무 다양해서 적절한 번역어가 없다. 그 말의 어원에서 보면, '마음을 하나의 경계에 묶어두는 것[心一境性]', 즉 정신을 한군데에 집중하는 것을 뜻한다.[4] 불교 내에서 이것은 지관(śamatha-vipaśyanā, 止觀) 수행의 형태로 나타난다. 유가행자들은 이러한 지관수행을 통해 점차로 '지혜[jñāna, 智]'를 성숙시킴으로써 온갖 번뇌들을 차례로 제거해가고 궁극의 보리와 해탈에 이를 수 있는 것이다. 이것은 협의(狹義)의 '요가'에 해당한다.

그런데 한역 유식학 문헌에서 '유가'의 다양한 의미를 살리기 위해 대개 '유가'라고 그

대로 음역하며, 간혹 '상응(相應)'이라 번역하기도 한다. 이것은 유가의 가장 포괄적 의미에 해당한다. 광의(廣義)에서 보면, 삼승(三乘)의 경(境)·행(行)·과(果)에 해당하는 모든 것들이 유가로 간주될 수 있다. 즉 소승·대승의 모든 경론에서 수행자들이 알아야 할 경계로서 설해 놓은 교법들[境], 그것을 진실 그대로 알기 위해 닦는 소승·대승의 갖가지 수행법들[行], 그리고 불교의 진리에 대한 지식과 수행이 원인이 되어 그 결과[果]로서 얻어진 갖가지 지혜·공덕 등은 모두 유가라고 불린다. 왜냐하면 그것들이 모두 '상응'의 의미를 갖기 때문이다. 우선 삼승의 경·행·과는 바른 가르침[正教]에 상응하고 바른 도리[正理]와도 상응하는 것이다. 또한 경계에 대한 앎이 원인이 되어 행이 일어나고, 경계에 대한 지식과 수행이 원인이 되어 과를 획득하기 때문에, 경·행·과도 인과적으로 상응하는 관계에 있다. 이와 같이 삼승의 모든 경·행·과는 바른 교(教)·리(理)와 상응할 뿐만 아니라 서로 간에 상응하는 관계에서 번뇌로부터 벗어나 해탈에 이르는 하나의 거대한 유가의 길[瑜伽道]을 이루고 있다.[5]

『유가사지론』은 유가행파의 관점에서 이와 같은 삼승의 경·행·과의 유가를 체계적으로 조직해서 종합해놓은 것이다. 이 논은 특히 삼승의 경·행·과를 모두 17지(地)로 분류해서 설명하였기 때문에 '십칠지론(十七地論)'이라고도 불린다. 이 '17지'가 바로 이 논의 핵심 내용인데, 이에 대해서는 후술하겠다.

2. 『유가사지론』의 전체 구조와 내용

2.1. 오분(五分)의 구조와 내용

『유가사지론』 전체는 다섯 부분[五分]으로 구성되어 있다. 다섯 부분이란 「본지분(本地分)」·「섭결택분(攝決擇分)」·「섭석분(攝釋分)」·「섭이문분(攝異門分)」·「섭사분(攝事分)」이다. 이 중에서 「본지분」은 유가사들의 17지(地)의 내용을 구체적으로 밝힌 것이다. 「섭결택분」은 이전의 17지의 내용 중에 내재해 있는 은밀한 의미들을 다시 검토해서 판정한 것이다. 「섭석분」은 여러 경전을 해석하는 준칙[儀則]을 간추려 정리한 것이다. 「섭이문분」은 경전 중에 나온 여러 법들의 명칭·의미의 차이[名義差別]들을 간추려 정리한 것이다. 「섭사분」은 삼장(三藏 : 經·律·論)과 관련된 중요한 사항들을 간추려 정리한 것이다. 이것을 도시하면 다음과 같다.

[표 1] 『유가사지론』의 구조

유가사지론	五分	내 용
1권- 50권	本地分	17地의 의미를 설명
51권- 80권	攝決擇分	앞의 17地에서 深隱한 要義를 재검토해서 판정
81권- 82권	攝釋分	여러 경전을 해석하는 준칙을 간추려 정리
83권- 84권	攝異門分	경전 중의 제법의 名義差別을 간추려 정리
85권-100권	攝事分	三藏과 연관된 중요한 사항들을 간추려 정리

『유가사지론』의 핵심 내용은 '유가수행자들의 17지'를 설한 것이다. 그런데 위의 도표에서 나타나듯, 5분 중에 뒤의 3분은 다소 부수적인 내용들로서 '17지'와 직접적으로 연관되는 내용이 아니고, 앞의 「본지분」과 「섭결택분」이 '17지'에 대한 직접적인 설명이다. 따라서 전통적으로 『유가사지론』의 연구는 대개 「본지분」과 「섭결택분」을 중심으로 행해졌다. 그런데 두 번째 「섭결택분」은 첫 번째 「본지분」에 대한 일종의 주석과도 같기 때문에, 결국 17지의 핵심 내용은 「본지분」에서 모두 진술되었다고 보아도 무방하다.

2.2. 「본지분(本地分)」의 17지(地)

「본지분」에서는 '유가를 닦는 스승들의 지[瑜伽師地]'를 모두 17지로 분류하였다. 그 17지는, ① 오식신상응지(五識身相應地), ② 의지(意地), ③ 유심유사지(有尋有伺地), ④ 무심유사지(無尋唯伺地), ⑤ 무심무사지(無尋無伺地), ⑥ 삼마희다지(三摩呬多地), ⑦ 비삼마희다지(非三摩呬多地), ⑧ 유심지(有心地), ⑨ 무심지(無心地), ⑩ 문소성지(聞所成地), ⑪ 사소성지(思所成地), ⑫ 수소성지(修所成地), ⑬ 성문지(聲聞地), ⑭ 독각지(獨覺地), ⑮ 보살지(菩薩地), ⑯ 유여의지(有餘依地), ⑰ 무여의지(無餘依地) 등이다.

이상의 17지를 삼승의 경(境)・행(行)・과(果)에 대응시켜보면, 처음의 아홉 지(①~⑨)는 '경'에 해당하고, 다음의 여섯 지(⑩~⑮)는 '행'에 해당하며, 뒤의 두 지(⑯, ⑰)는 '과'에 해당한다. 우선, 17지와 경・행・과의 대응 관계를 도시하면 다음과 같다.[6]

[표 2] 17지와 경·행·과의 대응 관계

<table>
<tr><th>境·行·果</th><th>17地</th><th>내용</th></tr>
<tr><td rowspan="9">三乘의 境</td><td>① 五識身相應地</td><td rowspan="2">境體 : 萬法의 體에 해당하는 '識(=心)'에 대해 설명함.</td></tr>
<tr><td>② 意地</td></tr>
<tr><td>③ 有尋有伺地</td><td rowspan="3">境相 : 有尋有伺地 등 3地에 의거해서, 경계의 相의 麤・細를 설명함.</td></tr>
<tr><td>④ 無尋唯伺地</td></tr>
<tr><td>⑤ 無尋無伺地</td></tr>
<tr><td>⑥ 三摩呬多地</td><td rowspan="4">境界位 : 定位와 散位, 有心과 無心에 의거해서 경계의 차별적 分位를 설명함.</td></tr>
<tr><td>⑦ 非三摩呬多地</td></tr>
<tr><td>⑧ 有心地</td></tr>
<tr><td>⑨ 無心地</td></tr>
<tr><td rowspan="6">三乘의 行</td><td>⑩ 聞所成地</td><td rowspan="3">三通行 : 三乘이 공통적으로 닦는 聞・思・修의 行에 대해 설명함.</td></tr>
<tr><td>⑪ 思所成地</td></tr>
<tr><td>⑫ 修所成地</td></tr>
<tr><td>⑬ 聲聞地</td><td rowspan="3">三別行 : 三乘이 각기 차별적으로 닦는 행에 대해 설명함.</td></tr>
<tr><td>⑭ 獨覺地</td></tr>
<tr><td>⑮ 菩薩地</td></tr>
<tr><td rowspan="2">三乘의 果</td><td>⑯ 有餘依地</td><td>有餘涅槃을 해석함.</td></tr>
<tr><td>⑰ 無餘依地</td><td>無餘涅槃을 해석함.</td></tr>
</table>

(1) 삼승의 경(境) : 경계의 체(體)와 상(相)과 분위(分位)

① 오식신상응지(五識身相應地) : 오식(五識)의 자성(自性 : 식 자체)과 소의(所依 : 감각 기관)와 소연(所緣 : 인식 대상)과 조반(助伴 : 식과 상응해서 일어나는 심리 현상들)과 작업(作業 : 작용)에 대해 해석한 것이다.

② 의지(意地) : 의식(意識)의 자성과 소의와 소연과 조반과 작업에 대해 해석한 것이다.

→이상의 두 종류 지는 경계의 체(體)에 해당한다. 만법의 체는 '식(識)'이기 때문에, 맨 먼저 '식'을 중심으로 식 자체의 본성과 감각 기관 및 인식 대상 등에 대해 설명한다.

③ 유심유사지(有尋有伺地) : 욕계(欲界)와 초선(初禪 : 色界의 제1靜慮)의 제법(諸法)에 대해 해석한 것이다.

④ 무심유사지(無尋唯伺地) : 정려중간(靜慮中間 : 色界의 제1선과 제2선의 중간 단계)의 제법에 대해 해석한 것이다.

⑤ 무심무사지(無尋無伺地) : 제2정려(靜慮) 이상의 제법에 대해 해석한 것이다.

→이상의 세 종류 지는 경계의 상(相)에 해당한다. 즉 심(尋)·사(伺)라는 정신 작용이 일어나는가의 여부를 기준으로 삼계(三界 : 欲界·色界·無色界)를 '심도 있고 사도 있는 지[有尋有伺地]' 등 세 종류 지로 구분하고서, 이에 의거해서 경계의 상(相)은 하지(下地)일수록 더 거칠고 상지(上地)일수록 더 미세하다는 것을 보여준다.

⑥ 삼마희다지(三摩呬多地) : 마음이 선정[定]과 함께 하고 있는 지에 대해 해석하였다.

⑦ 비삼마희다지(非三摩呬多地) : 마음이 산란(散亂)되어 있는 지에 대해 해석하였다.

⑧ 유심지(有心地) : 유심(有心)의 지에 대해 해석하였다.

⑨ 무심지(無心地) : 무상정(無想定)과 멸진정(滅盡定) 등과 같은 무심(無心)의 지에 대해 해석하였다.

→이상의 네 종류 지는 '경계'의 차별적 분위(分位)를 설명한 것이다. 말하자면, 마음이 선정 상태[定位]인가, 산란된 상태[散位]인가, 혹은 마음의 작용이 있는 상태, 마음의 작용이 일어나지 않는 상태 등을 기준으로 네 종류 지로 구분하고, 각각의 지에서 나타나는 경계의 차별적 상태를 설명한 것이다.

(2) 삼승의 행(行) : 삼승의 통행(通行)과 별행(別行)

⑩ 문소성지(聞所成地) : 들음[聞]에 의해 성취된 지혜 등에 대해 해석한 것이다.

⑪ 사소성지(思所成地) : 사유[思]에 의해 성취된 지혜 등에 대해 해석한 것이다.

⑫ 수소성지(修所成地) : 수행[修]에 의해 성취된 지혜 등에 대해 해석한 것이다.

→이상의 세 종류 지는 성문(聲聞)·독각(獨覺 : 緣覺)·보살(菩薩) 등 삼승(三乘)의 사람들이 공통적으로 닦는 행[通行]을 설명한 것이다.

⑬ 성문지(聲聞地) : 소승 중에 성문(聲聞)의 종성(種性)과 그들의 발심(發心)과 수행 등에 대해 해석한 것이다.

⑭ 독각지(獨覺地) : 소승 중에 독각(獨覺 : 緣覺)의 종성과 그들의 발심과 수행 등에 대해 해석한 것이다.

⑮ 보살지(菩薩地) : 대승 보살의 종성과 그들의 발심과 수행 등에 대해 해석한 것이다.

→이상의 세 종류 지는 성문·독각·보살 등 삼승의 사람들이 각기 차별적으로 닦는 행[別行]을 설명한 것이다.

(3) 삼승의 과(果) : 유여의(有餘依)와 무여의(無餘依)

⑯ 유여의지(有餘依地) : 유여열반(有餘涅槃)에 대해 해석한 것이다. '유여의(有餘依)'란 번뇌를 끊고 열반의 과를 획득한 자가 살아 있는 상태에서 그 밖의 소의(所依=몸)에 의존하고 있는 상태를 말한다.

⑰ 무여의지(無餘依地) : 무여열반(無餘涅槃)에 대해 해석한 것이다. '무여의(無餘依)'란 번뇌를 끊고 열반의 과를 획득한 자가 죽어서 그 밖의 소의(所依=몸)마저 사라진 상태를 말한다.

→이상의 두 종류 지는 택멸(擇滅 : 열반) 상태에서 신체가 살아 있는가 죽었는가를 기준으로 나눈 것이다. '택멸(擇滅)'이란 지혜의 간택력(簡擇力)에 의해 번뇌가 끊어졌을 때 현현하는 멸(滅)을 말하며, '열반'의 이명(異名)이다.

3. 『유가사지론』 제20권 '수소성지(修所成地)'의 내용과 특징

이 『유가사지론』 「본지분」에서는 불교 내에서 전통적으로 수행해왔던 '문(聞)·사(思)·수(修)'를 삼승이 공통적으로 닦는 행유가(行瑜伽)에 포함시켜 논하였다. 문·사·수란 지혜(智慧)를 성숙시키는 세 가지 수행 방식을 말하며, 이것을 '삼혜(三慧)의 행(行)'이라 한다. 이 중에 '문(聞)'이란 '청문(聽聞)'을 뜻한다. 즉 정법(正法)을 많이 듣고 기억함으로써 지혜가 생겨나는데, 이것을 '문소성혜(聞所成慧)' 혹은 '문혜(聞慧)'라고 한다. '사(思)'란 '사려(思慮)'를 뜻한다. 그가 들었던 교법의 문의(文義)에 대해 스스로 많이 사유함으로써 그 의미를 이해하는 지혜가 생겨나면, 이것을 '사소성혜(思所成慧)' 혹은 '사혜(思慧)'라고 한다. '수(修)'란 '수정(修定)'을 뜻한다. 즉 뛰어난 선정[勝定]을 닦음으로써 번뇌 없는 지혜가 생겨나면, 이것을 '수소성혜(修所成慧)' 혹은 '수혜(修慧)'라고 한다. 이상의 삼혜가 발생할 때는 문혜·사혜·수혜의 순서대로 일어나기 때문에, 『유가사지론』「본지분」에서도 그 차례대로 문소성지·사소성지·수소성지를 설하였다.

『유가사지론』 제20권의 '수소성지(修所成地)'는 삼혜 중에서 '수혜(修慧)에 의해 성취되는 지'를 설명한 것이다. 이 수소성지에서 다루려는 행유가는 바로 '수의 유가[修瑜伽]'이다. 이는 수행자들이 뛰어난 선정에서 생겨난 지혜(=수혜)로써 대치(對治)를 닦는 것을 말한다. 이러한 '수의 유가'가 바로 수소성지의 체(體)인데, 이 논에서는 이와 직접·간접적으로 연관되는 내외의 요소들까지 모두 포괄해서 '수소성지'라고 통칭하였다. 그것을 자세히 설명하기 위해 도입된 범주들이 사처(四處)와 칠지(七支)인데, 이 둘 간의 상호 포함 관계를 통해 수소성지의 구체적 내용을 설명하였다. 우선 둘 간의 대응 관계를 도시하면 다음과 같다.

[표 3] 사처와 칠지의 대응 관계

<table>
<tr><th></th><th>4處</th><th colspan="3">7支</th></tr>
<tr><td rowspan="16">修所成地</td><td rowspan="10">修의 處所</td><td rowspan="10">① 生圓滿 :
생의 원만
(01:15
-04:06)</td><td rowspan="5">依內
(01:17-
02:16)</td><td>❶ 衆同分圓滿</td></tr>
<tr><td>❷ 處所圓滿</td></tr>
<tr><td>❸ 依止圓滿</td></tr>
<tr><td>❹ 無業障圓滿</td></tr>
<tr><td>❺ 無信解障圓滿</td></tr>
<tr><td rowspan="5">依外
(02:16-
03:20)</td><td>❻ 大師圓滿</td></tr>
<tr><td>❼ 世俗正法施設圓滿</td></tr>
<tr><td>❽ 勝義正法隨轉圓滿</td></tr>
<tr><td>❾ 正行不滅圓滿</td></tr>
<tr><td>❿ 隨順資緣圓滿</td></tr>
<tr><td rowspan="3">修의 因緣</td><td colspan="3">② 聞正法圓滿 : 정법을 듣는 데의 원만(04:06-04:14)</td></tr>
<tr><td colspan="3">③ 涅槃爲上首 : 열반을 최우선으로 삼는 것(04:15-06:13)</td></tr>
<tr><td colspan="3">④ 能熟解脫慧之成熟 : 능히 해탈을 성숙시키는 혜(慧)의 성숙(06:14-07:23)</td></tr>
<tr><td>修의 瑜伽</td><td colspan="3">⑤ 修習對治 : 대치를 수습하는 것(08:01-13:03)</td></tr>
<tr><td rowspan="2">修의 果</td><td colspan="3">⑥ 世間一切種淸淨 : 세간의 모든 종류의 청정(13:04-20:02)</td></tr>
<tr><td colspan="3">⑦ 出世間一切種淸淨 : 출세간의 모든 종류의 청정(20:03-32:01)</td></tr>
</table>

‘사처(四處)’란 수의 처소[修處所], 수의 인연[修因緣], 수의 유가[修瑜伽], 수의 과[修果]이다. 이 논에서는 사처에서 일정한 기준이 충족되어야만 ‘수소성지’로 간주된다고 표명하는데, 사처의 이름만 나열할 뿐 각각의 의미를 해석하지는 않았다. 그 대신에 ‘칠지(七地)’와의 대응 관계를 밝히고, 다시 그 칠지를 상세하게 해석함으로써 간접적으로 ‘사처의 구족(具足)’이 어떤 것인지를 나타내었다.

먼저, ‘수의 처소’란 ① 생의 원만[生圓滿]을 뜻한다. 이것은 ‘수의 유가’를 일으키는 중생의 내적 토대와 외적 환경이 원만하게 갖춰지는 것을 말한다. 먼저 다섯 가지 내적인 토대가 구비되어야 한다. 중생 자신이 ❶ 여자가 아닌 남자의 중동분(衆同分)을 갖고 태어나고, 남자로 태어나더라도 ❷ 변방이 아닌 중국(中國 : 인도 혹은 중인도)과 같은 좋은 처소에 태어나야 하며, 좋은 처소에 태어나더라도 ❸ 신체[依止]의 결함이 없어야 하고, ❹ 업의 장애가 없어야 하며, ❺ 신해(信解)의 장애가 없어야 한다. 또 다섯 가지 외적인 환경이 구비되어야 한다. 말하자면 ❻ 부처님과 같은 위대한 스승[大師]을 만나야 하고, ❼ 그 스승들이 세속의 정법을 시설해서 선법과 불선법, 유죄와 무죄 등에 대해 잘 가르쳐주어야 하며, ❽ 다시 그 제자들이 그 정법에 의지해서 37보리분법(菩提分法)을 닦아서 사문과(沙門果)를 증득하거나 더욱 향상된 공덕을 증득해가야 하고, ❾ 부처님이 멸도하신 후에도 여전히 세속의 정법이 멸하지 않고 승의의 정법이 단절되지 않아야 하며, ❿ 바른 믿음을 가진 장자·거사·바라문들이 정법을 수용하는 자들에게 의복이나 음식 등과 같은 자연(資緣 : 필요한 물품)이 결핍되지 않도록 보시해주어야 한다.

‘수의 인연’이란 ‘수의 유가[修瑜伽]’를 일으킬 수 있는 인연이 차례로 갖춰지는 것을 말한다. 먼저, ② ‘정법을 청문하는 데 있어서 원만하다[聞正法圓滿]’는 것은 바르게 법을 듣고 또 바르게 법을 설하는 것을 말한다. ③ ‘오직 열반만을 최상의 목표로 삼는다[涅槃爲上首]’는 것은 정법을 들은 자가 공양물이나 명예 등과 같은 다른 것에 신경 쓰지 않고 오직 열반만을 최우선의 목표로 삼는 것을 말한다. ④ ‘해탈을 성숙시키는 지혜가 성숙한다[能熟解脫慧之成熟]’는 것은, 해탈을 무르익게 하는 최상의 방편, 즉 비발사나(毗鉢舍那 : 觀)·사마타(奢摩他 : 止)의 혜가 성숙한 것을 말한다.

‘수의 유가’란 ⑤ ‘대치를 수습하는 것[修習對治]’이다. 이전의 조건들이 구비되었을 때,

대치의 수습을 본격적으로 행할 수 있다. 대치의 수습에서는 항상 대치되는 대상[所對治]과 그것을 대치시키는 수단[能對治]이 짝지어 언급된다. 이 논에서는 재가자의 지위[在家位], 출가자의 지위[出家位], 멀리 떨어진 한적한 곳에서 유가를 수습하는 지위[遠離閑居修瑜伽位]로 구분해서 '수의 유가'에 의해 대치되는 번뇌와 장애들을 열거하고, 그것을 대치시키는 각각의 수행법들을 소개하였다.[7]

'수의 과'란 '수유가(修瑜伽)'를 통해 획득되는 청정한 과(果)를 말한다. 이 논에서는 '수유가의 과'를 ⑥ 세간적 청정과 ⑦ 출세간적 청정으로 구분하여 설명한다. 이 중에 '세간적 청정'이란 견도(見道 : 진리를 통찰하는 단계)에 들기 이전에 '삼마지(三摩地 : 삼매라고 하며 毗鉢舍那·奢摩他를 통칭)의 원만'을 증득하는 것을 말한다. 여기서는 '대치되어야 할 법[所對治法]'으로서 '삼마지의 장애가 되는 것'들을 자세히 열거하고 그것들을 대치시키는 방법을 설한다. 또 '출세간적 청정'이란 본격적으로 성스런 진리에 대한 통찰[聖諦現觀]을 통해서 세간을 벗어난 청정한 도(道)와 과(果)를 획득하는 것을 말한다. 여기서도 마찬가지로 세간적 청정을 획득한 자들에게 여전히 남아 있는 미세한 장애들을 열거하고 그것들을 대치시키는 방법을 설한다.

4. 한국불교와 『유가사지론』

중국의 대당삼장(大唐三藏 : 玄奘)이 위험을 무릅쓰고 인도로 구법여행을 떠난 것은 『유가사지론』을 구하기 위해서였다고 한다.[8] 현장은 인도에서 귀국한 후 정관(貞觀) 21년(647) 5월 15일에서 22년 5월 15일까지 1년 1개월 만에 이 논을 완역하였다. 현장에 의해 『유가사지론』 100권이 신역(新譯)된 후 중국에서는 당대(唐代) 유식제가(唯識諸家)들에 의해 많은 주석서들이 저술되었고, 유가론 연구가 한 시대를 풍미하기도 하였다. 이 시기에는 규기(窺基)와 같은 중국 승려들뿐만 아니라 신라 출신의 많은 승려들의 주석서들도 저술되었다.

신라 출신 승려들의 주석서들 가운데 현존하는 것은 8세기 초에 활동한 것으로 추정되는 둔륜(遁倫)의 『유가론기』 20권(혹은 24권)뿐이지만, 여러 목록에 따르면 원측(圓測)의 『유가론소(瑜伽論疏)』, 원효(元曉)의 『유가론중실(瑜伽論中實)』 4권, 경흥(憬興)의 『유가론소(瑜伽論疏)』 10권, 현일(玄一)의 『유가론소(瑜伽論疏)』 17권, 태현(太賢)의 『유가론고적기(瑜伽論古迹記)』 4권 등과 같은 『유가사지론』과 관련된 주석서들의 명칭이 다수 전해진다.[9] 또한 신라 출신으로 추정되는 혜경(惠景)에게도 『유가론소(瑜伽論疏)』 20권이 있었던 것으로 전해진다.[10]

『유가사지론』의 주석서를 썼던 신라 출신 승려들 가운데는 원측과 같이 중국에서 공부했던 인물도 있지만, 원효, 경흥, 태현 등과 같이 신라를 떠나지 않고 공부했던 인물 역시 여럿 있다. 이들의 주석서는 대부분 현존하지 않아 그 내용을 확인할 수는 없지만, 당시 신라의 불교계에 있어 『유가사지론』에 대한 연구가 매우 광범위하게 전개되었다는 점은 분명해 보인다. 더구나 둔륜의 『유가론기』는 『유가사지론』에 대한 연구가 당시 이미 제2기로 넘어갔음을 보여주는 자료로 간주되는데, 이는 둔륜의 『유가론기』의 주석 내용이 기존의 『유가사지론』에 대한 여러 주석가들의 다양한 관점을 취사선택하고 있다는 점에서 확인할 수 있다.

그런데 『유가사지론』을 비롯한 유식학 연구는 7~8세기 당과 신라에서 크게 성행한 이후로는 점차 활기를 잃어가는 경향을 띠며, 한국의 경우 고려 시대 이후로는 『유가사지론』과 관련된 언급이 극히 드물게 나올 뿐이다. 고려에서 『유가사지론』에 대한 언급은 고려의 법상종 사찰인 현화사(玄化寺)의 제2대 주지를 역임한 혜소국사(慧炤國師) 정현(鼎賢, 972-1054)의 비문인 「혜소국사비(慧炤國師碑)」에 한 차례 등장한다. 이에 따르면, 혜소 국사는 어린 나이에 출가한 후 13세에 스스로 "성·상이 함께 통하는 것으로는 17지의 유가 교문만 한 것이 없다.[性相俱通者, 莫若乎十七地瑜伽教門]"라고 생각한 뒤, 칠장사의 융철(融哲)을 찾아갔다고 한다. 여기 언급된 "17지의 유가 교문"은 '십칠지론(十七地論)'으로도 불리는 『유가사지론』을 가리킨다.

『유가사지론』에 대한 직접적인 언급은 더 이상 발견되지 않지만, 고려의 법상종은 현화사를 통해 지속적으로 이어진 것으로 보인다. 예를 들어 혜덕왕사(慧德王師) 소현(韶顯, 1038-1096)은 유식학의 또 다른 소의 경론인 『성유식론(成唯識論)』을 배웠을 뿐 아니라, 중국 법상종 규기의 저술인 『성유식론술기(成唯識論述記)』 등을 교정해서 판각하기도 하였다. 또한 대각국사(大覺國師) 의천(義天, 1055-1101)이 유식학을 공부했던 점 역시 그의 「성유식론단

과서(成唯識論單科序)』에서 확인된다. 의천은 중국에 들어가 주석서를 대량으로 구해온 뒤 교장(教藏)을 판각했는데, 그가 남긴 『신편제종교장총록(新編諸宗教藏總錄)』에는 『유가사지론』 관련 주석서가 19종 등장한다.

그간 고려의 유식학 연구와 관련해서는 관련된 문헌이 별로 없어서 심도 있는 접근이 어려웠다. 그런데 1990년대 이후로 『유가사지론』에 대한 고려시대 석독구결 자료가 발견되고, 그것을 해독하고 연구하는 과정에서 고려시대의 『유가사지론』 해독의 수준이 매우 높고 엄밀했다는 점이 점차 드러나고 있다. 학문의 전통이 단시간에 세워질 수 없다는 점에서 본다면, 고려시대의 유식학이 상당한 수준을 유지할 수 있었던 것은 아마 신라에서 크게 유행했던 『유가사지론』 연구의 전통이 이 시기까지 면면히 이어지고 있었기 때문일 것으로 추정된다. 그러므로 고려시대의 『유가사지론』 석독구결 자료는 비단 중세의 국어학뿐 아니라 고려시대의 불교학을 보다 입체적으로 파악하는 데 있어 매우 귀중한 자료임에 틀림없다.

5. 『유가사지론』 연구의 참고 자료

현존하는 자료들 중에서 가장 최초로 저술된 『유가사지론』 주석서는 인도의 최승자(最勝子)가 저술한 『유가사지론석(瑜伽師地論釋)』이다. 총 100권이 있었다고 하는데, 현재는 현장(玄奘) 역 1권만 전해진다.

- 最勝子, 『瑜伽師地論釋』 권1(『大正藏』30)

『유가사지론』 연구의 가장 중요한 참고 자료는 당대(唐代) 『유가사지론』 연구의 전성시대에 저술된 각종의 주석서들이다. 기록에 따르면 다음과 같은 주석서들이 있었다.

- 窺基, 『瑜伽師地論略纂』 16卷(『大正藏』43)
- 惠景, 『瑜伽論疏』 36卷 혹은 20卷(의천, 『교장총록』 T55, 1176b12 기재)

- 神泰, 『瑜伽論疏』 10卷(『교장총록』 T55, 1176b14 기재)
- 文備, 『瑜伽論疏』 12卷(『법상종장소』 T55, 1139a17 기재)
- 惠達, 『瑜伽論疏』 10卷
- 遁倫, 『瑜伽論記』 20권(『大正藏』42, 『한국불교전서』 제13책 · 14책)

이 가운데 현재는 규기의 『약찬』과 둔륜의 『유가론기』만 전해진다.

다음으로 현대의 연구 자료들 중에서 『유가사지론』의 전체적 구조와 특징을 파악하는 데 도움이 되는 자료는 다음과 같다.

- 宇井伯壽, 『瑜伽論研究』, 岩波書店, 1990.
- 加藤精神, 「瑜伽師地論解題」, 『國譯一切經』 瑜伽部1, 大東出版社.
- 韓清淨, 『瑜伽師地論科句披尋記』, 科學出版社紐約公司, 1999.

Ⅰ. 주석

1 이상의 내용은 遁倫의 『瑜伽論記』 권1(『大正藏』 권42, p.311a27-b13)을 요약한 것이다.

2 彌勒은 無著의 스승으로 알려져 있다. 그런데 이 미륵이 역사적으로 실존했던 인물인지 아닌지에 대해서 학자들 간에 이견이 있다. 宇井伯壽처럼 역사적으로 실존했던 인물이라고 주장하는 사람도 있고, 실제로는 무착 자신이 선현들의 학설을 종합하면서 미륵의 저작이라고 假託한 것이라 보는 사람도 있다. 이에 관한 자세한 설명은 「瑜伽師地論解題」(『國譯一切經』 瑜伽部1, pp.7-8) 참조.

3 이에 관해서는 2절의 <도표 2. 17지와 경행과의 대응 관계> 참조.

4 요가(yoga)라는 말은 본래 '묶다', '결합하다', '통제하다'라는 뜻을 가진 범어 유즈(√yuj)에서 나온 말이다. 불교 내에서 이 용어는 '심일경성(心一境性)'이라 표현되며 선정・삼매의 다른 이름으로 통한다. 요가행파의 '요가'에 대한 어원적 정의에 대해서는 野澤靜證, 『大乘佛教瑜伽行の硏究』, 法藏館, 昭和32, pp.18-24 참조.

5 이상 '境・行・果의 瑜伽'에 대한 해석은 最勝子의 『瑜伽師地論釋』 권1(『大正藏』30, pp.883c23-884c16) 참조.

6 이하의 <도표 2>는 遁倫의 『瑜伽論記』 권1(『大正藏』42, p.315b9-24)을 참조하여 작성한 것이다.

7 자세한 것은 '유가사지론-수소성지-수습대치 (08 : 01-13 : 03)'(166쪽) 참조.

8 중국에는 玄奘 역 『瑜伽師地論』이 나오기 이전에, 이 논의 일부가 별행되어 유통되기도 하였다. 曇無識 역 『菩薩地持經』과 求那跋摩 역 『菩薩善戒經』은 玄奘 역 『瑜伽師地論』 「菩薩地」에 해당하고, 眞諦 역 『決定藏論』은 玄奘 역 『瑜伽師地論』 「攝決擇分」의 초반부에 해당한다.

9 東國大學校 佛敎文化硏究所 編, 『韓國佛教撰述文獻總錄』(서울 : 東國大學校 出版部, 1976) 참조.

10 義天, 『新編諸宗敎藏總錄』(『大正藏』55, p.1176b12).

석독구결 개관

장경준

1. 석독구결의 개념과 종류

훈민정음이 창제된 1440년대 이전의 한국어는 모두 한자를 이용하여 기록하였다. 이것을 차자표기(借字表記)라 하는데 차자표기로 쓰인 한자는 그것이 본래 가지고 있던 음이나 훈의 일부분만 한국어의 표기에 이용한다. 예를 들어 'ᄒᆞ고'는 '爲古' 또는 '丷口'라고 적었는데, 이때 '爲'(음 : '위', 훈 : 'ᄒᆞ-')와 '古'(음 : '고', 훈 : '녜')는 각각 훈인 'ᄒᆞ-'와 음인 '고'만을 표기에 이용하고 나머지 부분은 무시한 것이다.

차자표기는 크게 어휘 차원과 문장 차원으로 나뉘고, 문장 차원은 다시 이두(吏讀), 향찰(鄕札), 구결(口訣)로 나뉜다. 이두는 어휘형태는 한자어를 사용하고 조사나 어미와 같은 문법형태는 차자표기로 적었으며 주로 실용문서에 많이 쓰였다. 향찰은 어휘형태와 문법형태 모두 차자표기로 적었고 시가의 표기에 사용된 작품만 일부 남아 있다. 구결은 한문 문장 사이사이에 토를 달아 그 한문이 어떻게 풀이되는지를 보여주는 것으로서 15세기 이전에는 불경에 현토한 자료만 남아 있다.

이 가운데 구결은 13, 14세기를 전후하여 커다란 변화를 겪었다. 13세기 이전의 구결은 이른바 석독구결(釋讀口訣)로서 한문으로 쓰인 불경을 한국어로 풀어 읽을 수 있도록 토를 단 것이다. 여기에는 현토 당시의 한국어 문법형태의 쓰임이 자세히 기록되어 있을 뿐만 아니라 어순까지도 표시되어 있어서 15세기 이전의 한국어 연구에 필수적인 자료로 이용되고 있다. 1973년에 발견된 『구역인왕경(舊譯仁王經)』 권상에 이어 1990년대에 『유가사지론(瑜伽師地論)』 권20, 『화엄경(華嚴經)』 권14, 『합부금광명경(合部金光明經)』 권3, 『화엄경소(華嚴經疏)』 권35에서 석독구결이 발견되었다.

최근에는 각필(角筆)이라는 필기도구를 이용하여 한문 원문 위에 점이나 선을 규칙적으로 기입한 새로운 유형의 구결이 발견되었는데, 놀랍게도 여기에 기입된 점이나 선이 석독구결에 쓰인 구결자와 동일한 역할을 한다는 사실이 밝혀졌다. 다시 말해 이것은 점이나 선으로 토를 다는 방식을 이용하여 한문을 당시의 한국어로 풀어 읽을 수 있도록 한 자료인 것이다. 따라서 기존에 알려진 『구역인왕경』 등과 같은 성격의 자료이므로 석독구결은 다시 두 가지 종류로 하위 분류를 하게 되었다.

두 가지 석독구결을 가리키는 용어는 다음과 같다. 하나는 한자의 자형을 단순화한 구결자(口訣字)로 토를 단 자토석독구결(字吐釋讀口訣)이고, 다른 하나는 점이나 선 모양의 구결점(口訣點)으로 토를 단 점토석독구결(點吐釋讀口訣)이다. 석독구결인지의 여부가 문제되지 않거나 이미 석독구결임이 전제되었다면 '자토구결', '점토구결'이라 불러도 된다. '자토구결'은 '문자토구결'로, '점토구결'은 '부호구결' 또는 '부점구결'로 부르기도 하고, 각필로 토를 기입한 점을 중시할 때에는 '각필구결'이라 부르기도 한다.

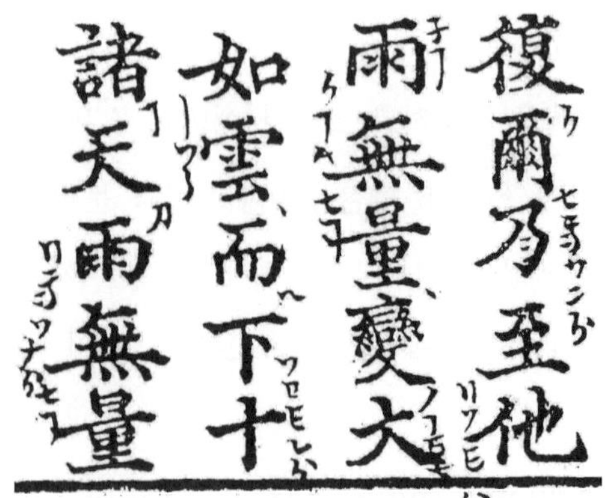

[그림 1] 『구역인왕경』 자토석독구결

[그림 2] 『유가사지론』 점토석독구결

두 가지 석독구결은 위 그림에 보이는 바와 같이 생김새가 매우 독특하다. [그림 1]은 자토석독구결 자료 중 처음 발견된 『구역인왕경』 권상의 일부이다. 흔히 볼 수 있는 조선시대의 구결에 비해 토가 훨씬 조밀하게 달렸고, 한자의 오른쪽뿐만 아니라 왼쪽에도 토가 달려 있다. [그림 2]는 점토석독구결 자료 중 처음 발견된 『유가사지론』 권8의 일부이다. 자세히 보면 '護'자의 바깥쪽에 '•', '▬', '•˙' 모양의 구결점이 있고, '自'자의 안쪽에도 '•' 모양의 구결점이 있는 것을 확인할 수 있을 것이다.

무척 다른 첫인상만큼이나 두 가지 석독구결은 여러 가지 차이를 보인다. 첫째로 토를 구성하는 기본 단위가 다르다. 자토구결에서는 한자의 자형을 이용한 구결자가 토를 구성하는 기본 단위이고, 점토구결에서는 점, 선 등의 형태와 그것이 놓이는 위치 정보가 결합된 구결점이 토를 구성하는 기본 단위를 이룬다. 그리하여 구결자로 구성되는 토는 '자토(字吐)'라 하고 구결점으로 구성되는 토는 '점토(點吐)'라 한다.

둘째로 토를 다는 위치가 다르다. 자토구결에서는 어순 표시를 위해 한자의 왼쪽과 오른쪽을 나누어 토를 달지만 점토구결에서는 그런 구분이 없다. 자토구결이라면 한자의 왼쪽에 달 토를 점토구결에서는 결과적으로 (자토구결에서 왼쪽 토로 바뀌기 직전) 오른쪽에 토를 달 한자에다 몰아서 달게 된다. 이것을 점토구결의 '구절말 현토 원칙'이라 부르기도 한다.

셋째로 토를 달면서 사용하는 부호의 종류가 다르다. 자토구결에서는 어순 표시를 위한 역독점과 교정부호 이외에 별다른 부호가 쓰이지 않지만 점토구결에서는 여러 종류의 부호가 문헌과 계통에 따라 다양하게 사용된다.

넷째로 토를 다는 데 이용하는 필기구가 다르다. 한자의 오른쪽이나 왼쪽 아래에 작은 구결자를 기입하는 자토구결에서는 부드러운 털로 만든 모필(毛筆)을 쓰지만 한자 안팎의 특정한 위치에 점, 선 모양의 구결점을 기입하는 점토구결에서는 끝이 뾰족하고 날카로운 각필(角筆)을 주로 사용한다.

마지막으로 점토구결이 자토구결보다 시기적으로 조금 앞선다. 현재 알려진 점토구결 자료에 점토를 기입한 연대는 대체로 10~12세기 무렵으로 추정되고 자토구결 자료의 자토 기입 연대는 대략 12~13세기로 추정되고 있다.

위와 같은 현격한 차이에도 불구하고 이 둘을 석독구결이라는 하나의 범주로 파악하는 커다란 이유는, 토를 달 때 어떤 방식으로 토를 달더라도 읽는 사람이 그것을 읽은 결과물은 거의 비슷한 한국어 문장이 되기 때문이다. 특히 주목할 만한 사실은, 특정한 통사적 환경에서 문헌에 따라 현토 양상이 다르게 나타나는 경우 대체로 유가사지론 계통과 화엄경 계통으로 구분되는 경향이 있는데, 이 구분이 점토구결과 자토구결에 공통되는 경우가 많다는 점이다. 이는 점토와 자토의 차이는 표기 방식에 따른 차이에 불과할 뿐이고 문헌의 계통에 따른 차이가 오히려 언어학적으로 의미 있는 것일 가능성이 높음을 보여준다.

위와 같은 석독구결은 14세기 이후에 자취를 감춘다. 그리고 그 자리를 이른바 음독구결이 차지하여 조선조 내내 이어졌고, 지금도 구결이라 하면 보통 음독구결을 떠올린다. 석독구결과 음독구결은 현토방식뿐 아니라 표기된 언어의 문법에서도 적지 않은 차이를 보이는데, 석독구결이 음독구결로 바뀐 이유는 잘 모른다. 다만, 그 시기가 고려가 몽골족이 세운 원나라의 속국이 된 때와 겹치는 점은 시사하는 바가 크다고 생각된다.

2. 석독구결의 현토 방식과 그 의의

한문 중에 '不忘念初地(불망념초지)'라는 구절이 있다고 가정해 보자. 이 구절은 앞뒤 문맥에 따라 '초지(初地)를 생각하기를 잊지 않다', '잊지 않고 초지를 생각하다', '초지를 잊지도 생각하지도 않다' 등으로 다양하게 해석될 수 있다. 만약 조선시대에 이 구절에다 토를 달았다면 다양한 해석의 가능성 중 어떤 해석을 취하더라도 모두 '불망념초지(不忘念初地)'에 '爲多(ᄒᆞ다)'를 붙여 '불망념초지ᄒᆞ다'라고 읽었을 것이다. 그리고 이렇게 토를 달아 읽을 때는 한문의 요소를 모두 음독(音讀)하게 되므로, 이런 구결을 '음독구결'이라 부른다.

13세기 이전의 고려시대 불가에서는 토를 다는 방식이 전혀 달랐다. 위의 구절을 '초지를 생각하기를 잊지 않다'로 해석할 때, 유가사지론 계통의 구결 현토자는 아래 그림과 같이 토를 달았다.

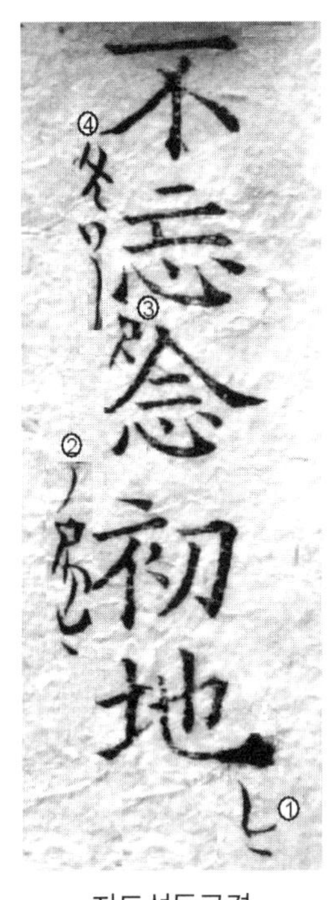

자토석독구결

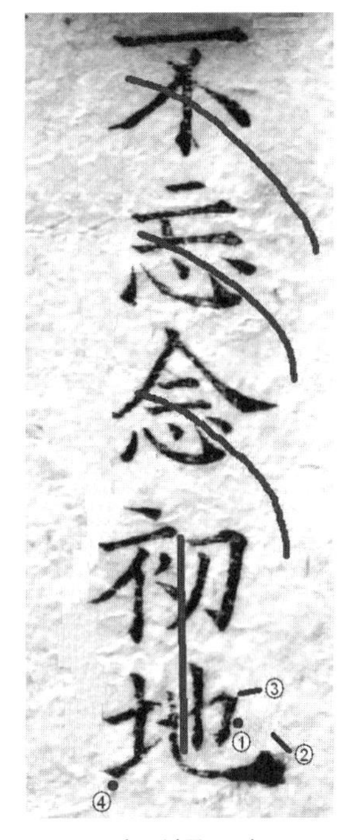

점토석독구결

[어순] 初地①, 念②, 忘③, 不④

[해석] 初地를 생각하기를 잊지 않다

[구결] 初地乙 念ノ尸入乙 忘尸 不冬ソ丨

[독음] 初地ᄅᆞᆯ 念홀ᄃᆞᆯ 니즐 안ᄃᆞᆯᄒᆞ다

자토석독구결에서는 먼저 어순상 첫 번째로 읽을 '초지(初地)'의 '지(地)'에 우측토로 '乙[을]'을 기입하고 역독점을 찍는다. 그러고 나서 '념(念), 망(忘), 불(不)'에다가 차례대로 각각 'ノ尸入乙[홀ᄃᆞᆯ], 尸[ㄹ], 冬ソ丨[ᄃᆞᆯᄒᆞ다]'를 좌측토로 달되 'ノ尸入乙'과 '尸'에는 역독점(、)을 찍어서 읽는 순서가 계속 거슬러 올라가며 읽는 것임을 표시한다.

한편, 점토석독구결에서는 자토구결의 '乙, ノ尸入乙, 尸, 冬ソ丨'에 각각 대응하는 (①, ②, ③, ④로 표시한) 점토를 '지(地)'자에 모두 기입한다. 따라서 점토만을 가지고는 문장 성분의 구분과 어순의 파악을 할 수 없다. 그래서 현토자는 독자의 판단을 돕기 위해 수의적으로 '념(念), 망(忘), 불(不)'에는 각각 '역독선'이라 부르는 오른쪽 아래 방향으로 휘어지는 긴 곡선을 긋고, '초지(初地)'에는 '합부(合符)'라고 부르는 두 글자를 이어주는 긴 수직선을 그을 수 있다. 역독선은 그것이 기입된 글자가 어순상 나중에 읽힘을 표시하고, 합부는 그것이 이어주는 글자들이 한 단위의 문장 성분임을 표시해 주는 부호이다.

이처럼 점토석독구결에서 점이나 선 모양의 형태와 그것이 놓이는 위치를 이용하는 구결점의 문자 체계는 문자발달사에서 유례를 찾기 힘든 독특한 방식이다. 일본 훈점(訓點)에서 사용하는 오코토점(ヲコト点)이나 시각 장애인들이 사용하는 점자(點字)에서 비슷한 면을 찾을 수 있을 뿐이다. 그리고 자토석독구결에서 한문과 구결문의 어순 차이를 조정하는 방법으로 토의 위치를 왼쪽, 오른쪽으로 구분하고 역독점을 사용한 것 또한 매우 간단하면서도 성공적인 발상이었다고 평가할 수 있다.

석독구결 자료는 10세기에서 13세기에 걸치는 한국어의 모습을 매우 구체적으로 보여주었고, 그동안 이두와 향찰 자료에만 의지할 수밖에 없었던 이 시기 한국어의 역사적 연구를 확장시키는 결정적인 역할을 하였다. 특히 어휘와 문법 분야에서 이전에 알지 못했던 많은 사실을 알게 되었으며, 이를 통해 향가의 해독도 새로운 전기를 맞이하게 되었다. 또한 석독구결은 한문을 한국어로 풀어 읽을 수 있도록 표기하였다는 점에서 한국에서 가장 오래된 번역물로 볼 수 있으며, 한문을 일본어로 풀어 읽을 수 있도록 표기한 일본의 훈점과 유사한 점이 많아 흥미로운 비교 연구의 대상이 되기도 한다.

3. 『유가사지론』 권20의 자토석독구결

이 책은 당(唐)의 현장(玄奘) 스님이 648년에 한문으로 번역한 『유가사지론(瑜伽師地論)』 100권 가운데 제20권에 해당한다. 권말에 '병오세고려국대장도감봉칙조조(丙午歲高麗國大藏都監奉勅雕造)'라는 간기가 있어 1246년 제작한 고려 재조대장경의 목판으로 인출한 것임을 알 수 있다. 현재 국립한글박물관에 소장되어 있으며 남풍현 교수의 저서(『瑜伽師地論』 釋讀口訣의 硏究)에 영인 자료가 실려 있다.

두루마리 형태의 권자본(卷子本)으로 두꺼운 닥종이를 사용하였고, 1장의 크기는 세로 32.7cm, 가로 49cm이다. 판형은 광고(匡高) 22.5cm, 계선이 없는 23행 14자의 전형적인 재조대장경 형식으로 되어 있다. 총 32장 중 앞부분 첫 장은 손실되었고, 둘째 장도 일부 훼손되어 40여 자의 본문 및 구결을 읽을 수 없으며, 셋째 장은 본문의 2자 정도가 보이지 않고, 넷째 장부터는 온전하게 남아 있다. 남아 있는 본문의 처음부터 끝까지 충실하게 석독구결이 기입되어 있다.

[그림 3] 『유가사지론』 권20 제2장

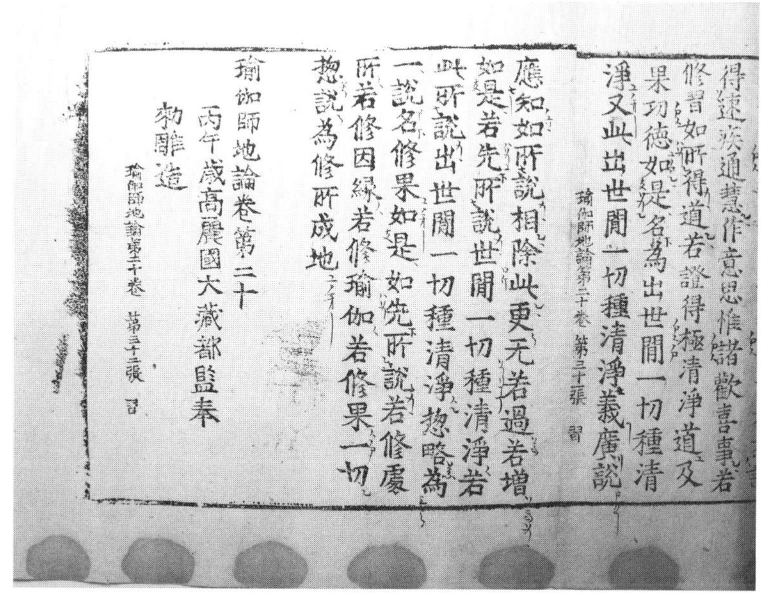

[그림 4] 『유가사지론』 권20 제32장

이 책의 석독구결에는 모두 52가지의 구결자가 총 9,603번 쓰였다(sktot_2015_07 교감본 기준). 특히 '戉[일]'자는 다른 석독구결 자료에서 볼 수 없는 독특한 글자이다. 대체로 해정한 필체로 정성 들여 구결을 기입하였고, 어순 표시를 위한 우측토와 좌측토의 위치 구분도 거의 완벽하게 이루어져 있다. 다만 역독점은 간혹 찍지 않은 곳이 있다.

이 책에 기입된 석독구결의 실제 모습을 일부 살펴보기로 하자. 이해의 편의를 위하여 살펴볼 부분의 (1) 한문 원문, (2) 동국역경원에서 간행한 한글대장경의 현대역, (3) 동국대 전자불전연구소 홈페이지에 공개한 현대역, (4) 토가 지시한 대로 풀어 놓은 구결문, (5) 구결문에 의거한 번역을 나란히 제시하면 다음과 같다.

(1) 復有五因二十種相之所攝受 令於愛盡寂滅涅槃速疾多住心無退轉 亦无憂慮謂我我今者爲何所在

(2) 또, 다섯 가지 원인은 스무 가지 모양에 포섭이 되어, 욕망이 다한 고요히 스러진 열반에서 빠르게 많이 머무르게 하여 마음에 물러남이 없고 근심 걱정도 없으면서 「나와 나는 지금 있는 데가 어디일까」라고 하게 한다.

(3) 다시 5인(因)이 있어서 20가지의 상(相)을 섭수(攝受)하게 된다. 애(愛)가 다한 적멸열반(寂滅涅槃)에 빨리[速疾] 많이 머물러서 마음으로 퇴전(退轉)함도 없고, 또한 우려(憂慮)함도 없어서 '우리들은 지금 어떤 곳에 있는 것인가?'라고 하는 것이다.

(4) 復 五因刂 二十種 相灬{之} 攝受ノㄱ 所刂ヒ 有七丨 {於}愛盡 寂滅ソヒ七 涅槃ろ十 速疾亐 多刂 住ソろ尒 心ろ十 退轉ノ尸 無ㅎ 亦 憂慮ソろ尒 謂尸 我ラ 我ㄱ 今ㅌ{者} {爲}何所ろ十 在ソ去ㄱ刂ろ七ロノ尸 无亐ソㅎソ{令}刂ナオニ

(5) 또 五因이 20가지 相으로 攝受한 바인 것이 있다. 愛盡 寂滅한 涅槃에 빨리 많이 머물러서 마음에 물러남이 없고, 또한 憂慮하여서 이르기를 '我의 我는 지금 어느 곳에 있는 것인가?'라고 함이 없게 하(고 하)는 것이다.

위 (2), (3), (5)를 자세히 비교해 보면, 동일한 원문에 대한 현대의 두 가지 번역과 고려시대 석독구결에 의한 번역이 여러 가지 차이를 보임을 알 수 있다. 그중 내용 파악에 중요한 부분이면서 현대역과 석독구결의 번역이 서로 차이를 보이는 두 경우만 살펴보자.

먼저 '亦无憂慮謂我我今者爲何所在'에서 서술어 '无'의 주어를 현대역과 석독구결이 달리 파악하였다. 두 현대역에서는 '憂慮'가 '无'의 주어라고 보아 '근심 걱정도 없으면서 ~라고 하다' 또는 '우려(憂慮)함도 없어서 ~라고 하다'로 번역한 반면 석독구결에서는 '憂慮謂我我今者爲何所在' 전체를 '无'의 주어로 보아 '우려하여서 이르기를 ~라고 함이 없다'로 번역한 것이다.

이 부분은 한문 문장의 문법만을 따진다면 현대역과 석독구결의 번역이 모두 가능하다. 그러나 앞뒤의 문맥을 고려한다면 석독구결의 번역이 더 좋다고 생각된다. 왜냐하면 이곳은 '五因'에 대한 설명에 해당하는 부분으로 긍정적이고 바람직한 내용이 기술될 부분이어서 '心無退轉'과 '亦无憂慮'는 그에 부합하지만, '謂我我今者爲何所在'는 자신이 처한 위치에 대해 의심하는 것이므로 '五因'에 대한 설명이라기보다는 '憂慮'의 내용으로 파악하는 것이 더 합리적이기 때문이다. 따라서 석독

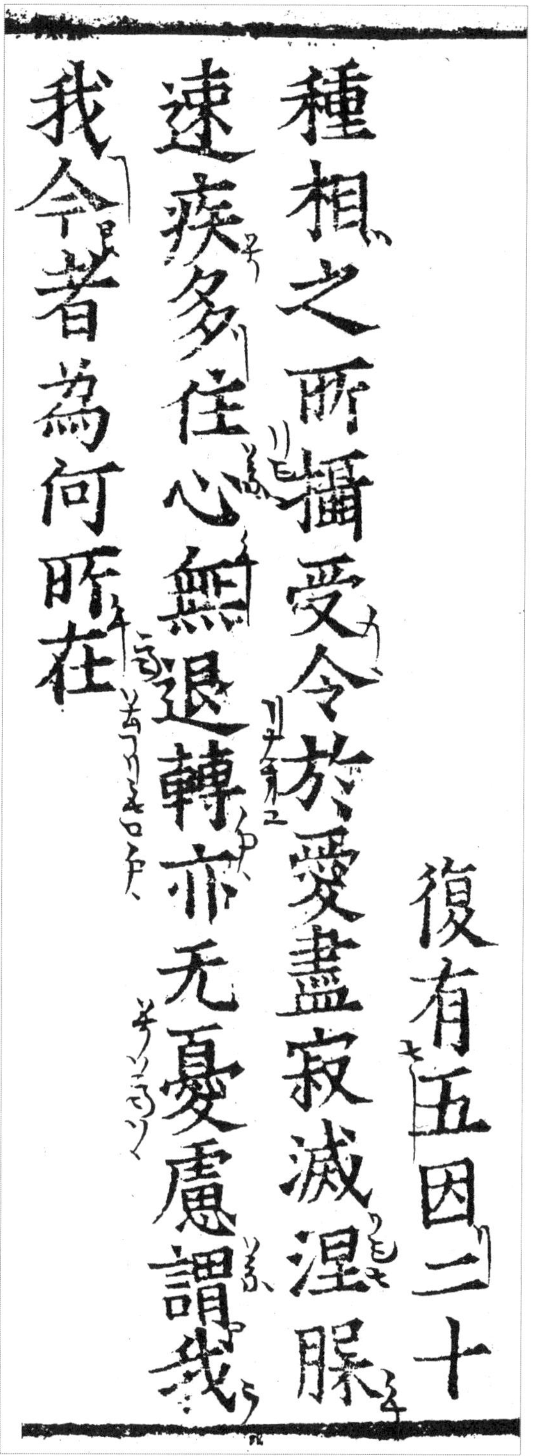
復有五因二十
種相之所攝受令於愛盡寂滅涅槃
速疾多住心無退轉亦无憂慮謂我
我今者爲何所在

『유가사지론』 권20 제22장 20~23행

구결의 현도자가 파악한 내용이 더 진실에 가깝다고 할 수 있다.

다음으로 '謂我我今者爲何所在'에서 '我我'의 번역을 보자. (2)에서는 '나와 나'로 번역하였고 (3)에서는 '우리들'로 수정하여 번역하였다. 모두 '我我'를 '我'의 복수형으로 파악한 것인데, 문맥상 1인칭의 복수 표현이 올 자리인지 의심이 되기도 하거니와 만약 '我'의 복수 표현이라면 왜 '我等'이라고 하지 않았는지도 의문이 든다.

그런데 석독구결에서는 '我'와 '我' 사이에 '의'로 읽히는 구결자 'ㆍ'를 토로 달아놓았다. 이것은 '我我'가 단순한 '我'의 복수가 아니고 앞의 '我'가 뒤의 '我'를 꾸미는 관계에 있는 것으로 파악하였음을 뜻한다. 필자는 이 문맥에서 사용된 '我'의 개념이, 앞의 '我'는 인식하는 주체로서의 '나'이고 뒤의 '我'는 '나'라고 하는 관념 즉 '我相'이 아닐까 생각해 보았으나 이에 대한 판단은 필자의 능력을 벗어나는 일이다. 다만 분명히 말할 수 있는 것은, 이 '我我'를 석독구결이 지시하는 방식으로 이해하면 (2)나 (3)에서처럼 복수형으로 파악할 때 제기되는 의문이 자연스럽게 해결된다는 점에서 이 텍스트를 올바로 이해하는 데 참고할 만한 가치가 충분하다는 점이다.

이상 간략히 소개한 석독구결에 대한 연구는 그동안 이 자료의 기초적인 해독과 어학적 해석에 매달린 국어학자들에 의해 거의 이루어져 왔다. 이제는 기초적인 연구가 어느 정도 축적되었으므로 국어학자에 의한 석독구결의 연구 성과를 불교학자, 역사학자, 번역학자 등 인접 분야의 연구자들과 공유함으로써 좀 더 깊이 있는 연구를 추구해야 할 때가 되었다고 생각된다.

— 이 글은 "석독구결의 번역사적 의의에 대한 시론(試論)", 『번역학연구』 12-4호(2011)와 "고려시대 석독구결 자료의 소개와 활용 방안", 『한국어학』 59집(2013)에 있는 내용을 바탕으로 작성한 것임을 밝힌다.

— 『유가사지론』 권20을 비롯한 자토석독구결 자료 5종을 전산 입력하고 가공한 'sktot_2015_07'은 누구나 자유롭게 이용할 수 있는 공개 자료이다. 구결학회와 국어사학회를 통해 배포하고 있으며, 수정 보완할 부분이 발견되면 필자에게 연락해 주시기 바란다.

『유가사지론』 권20 석독구결의 표기와 어휘

오민석

1. 구결자의 독법

『유가사지론(瑜伽師地論)』 권20(이하 <유가>)은 당시 한국어의 어휘형태와 문법형태를 표현하기 위해 구결자를 이용하여 전체 혹은 일부의 음가를 드러내었다. 그러나 구결자는 표의문자(表意文字)인 한자를 바탕으로 만들어졌기 때문에 정확한 음가를 추정하는 데는 한계가 있다. 게다가 구결자의 바탕글자를 밝히더라도 바탕글자의 음(音)을 이용했는지 훈(訓)을 이용했는지를 고려해야 하며, 이는 다시 음이나 훈의 전체를 이용했는지 일부를 이용했는지까지 살펴야 하므로 오늘날의 연구자가 현토 양상을 통해 <유가>에 출현한 한국어의 형태를 추정하는 데는 많은 어려움이 따른다.

그러므로 <유가>에 나타난 구결자의 추정 독법을 상정하고 그것을 바탕으로 표기법적인 특징과 어휘를 살펴보면 혼란을 줄이고 체계적인 접근이 가능하리라고 본다. 물론 구결자의 독법을 추정하여 제시하는 작업은 결코 쉬운 일이 아니므로 이를 보완하기 위해서 기존 논의들과 15세기 한글 자료가 중요한 참고가 된다. 그러나 기존 논의를 참고하더라도 적극적인 태도를 피하고 신중한 입장을 유지하고자 하였다. 먼저 기존의 논의들을 참고하여 <유가>에 출현하는 구결자의 추정 독법을 제시하면 다음과 같다.

[표 1] 『유가사지론』에 출현하는 구결자의 추정 독법과 바탕글자

구결자	추정 독법	바탕 글자	구결자	추정 독법	바탕 글자	구결자	추정 독법	바탕 글자	구결자	추정 독법	바탕 글자
ハ	ㄱ	只	ヒ	ᄂ	飛	灬	로/으로	以	乎	오/우	乎
去	거/가	去	|	다/더	之/多	令	리	利	ラ	의	衣
ナ	겨	在	支	다?	支	禾	리	利	刂	이	是
口	고	古	丁	뎌	丁	亣/立	ㅁ	音	成	일	成
尒	곰	爾	刀	도	刀	个	마	亇	ㄋ	져	齊
人	과/와	果	斗	두	斗	分	며/으며	彌	下	하	下
斤	근	斤	矢	디	知	邑	ㅂ?	邑	ノ	호/오	乎
十	긔	中	入	ᄃ	入	七	ㅅ	叱	亐	히	兮
良	ᄀᆞᆫ	恨/艮	冬	ᄃᆞᆯ	冬	氵	사/서/스	沙	ソ	ᄒᆞ	爲
1	ㄴ/은	隱	厶	ᄃᆡ	矣	二	시/으시	示	ㅅ刂	ᄒᆞ이	令是
乃	나	那	乙	ㄹ/을/를	乙	白	ᄉᆞᆸ	白	之	?다	之
又	노	奴	尸	ㄹ/을	尸	3	아/어	良	一	?일	一/三
卜	누	臥	罒	라	羅	亠	여	亦	子	?지	子

[표 1]에는 '去, 人, 1, |, 乙, 尸, 灬, 分, 氵, 二, 3, 乎, ノ' 등과 같이 둘 이상의 독법을 함께 제시한 구결자가 존재한다. 둘 이상의 독법을 제시한 이유는 이형태를 반영한 표기와 둘 이상의 형태소를 반영한 표기를 고려하였기 때문이다.

먼저 문법형태소의 이형태 표기와 관련된 독법의 추정은 15세기 한글 자료를 바탕으로 하되 선행 요소의 마지막 분절음이 자음/모음에 따라 교체되는 이형태만을 반영하였다. 이러한 교체 유형에는 (1) 조사 '과/와'의 교체, (2) 매개모음 첨가, (3) 형태의 중가 등이 있다. (1ㄱ, 2ㄱ, 3ㄱ)은 모음 뒤의 이형태 표기를, (1ㄴ, 2ㄴ, 3ㄴ)은 자음 뒤의 이형태 표기를 반영한 예이다.

(1) ㄱ. 謂1 有餘依涅槃界人 及七 無餘依涅槃界人乙 依止ソ1刂| /닐온 有餘依涅槃界와 및 無餘依涅槃界와를 依止ᄒᆞᆫ이다 〈유가04 : 20-21〉

ㄴ. 慢人 見人 无明人 疑惑人七 種種 定七 中3十ソ1 /慢과 見과 无明과 疑惑괏 種種 定ㅅ 中아긔ᄒᆞᆫ 〈유가19 : 06-07〉

(2) ㄱ. 壞소ᅵᄼ / 壞ᄒᆞ일[소ᅵ/ᄒᆞ이-ᄼ/ㄹ] 〈유가28 : 06-07〉
ㄴ. 得ᄼ / 얻을[ᄼ/(으)ㄹ] 〈유가18 : 17-19〉

(3) ㄱ. 內外乙 / 內外를(乙/ㄹ+(으)ㄹ) 〈유가03 : 18-19〉
ㄴ. 涅槃乙 / 涅槃을(乙/(으)ㄹ) 〈유가06 : 12〉

이처럼 이형태 교체와 관련하여 오늘날까지 이어지고 있는 기본적인 것만을 반영한 이유는 다음과 같다. 첫째 구결자는 정밀한 음가를 표기하기 위한 수단이 아니었기 때문에 15세기의 다양한 이형태 표기 현상을 적극적으로 반영할 근거가 부족하다.

(4) ㄱ. 刹帝利ᄂᆞᆫ 王ㄱ 姓이라 〈월인석보 권9 : 38a〉
(cf. 摩訶薩ᄋᆞᆫ 굴근 菩薩이시다 ᄒᆞ논 마리라 〈석보상절 권9 : 1a〉)
ㄴ. 此乙 除ㅁ斤 更ㄋ 若 過ᄼ ㆆ 若 增ᄼ ㆆ ᄼ ㄱ 无ナㄱ丨ㅣ 〈유가06 : 12-13〉
此를 덜고근 ᄂᆞ외아 若 過ᄒᆞ져 若 增ᄒᆞ져ᄒᆞᆫ 없견이다
(이것을 제외하고는, 다시 (이보다) 지나치거나 (이보다) 더하거나 한 것이 없는 것이다.)

(4)는 계사 뒤의 종결어미 표기의 예이다. 15세기 한글 자료인 (4ㄱ)은 계사에 바로 후행하는 종결어미 '-다'가 '-라'로 교체된 것을 확인할 수 있다. 반면에 (4ㄴ)은 '라'의 음가를 반영할 수 있는 구결자 'ㅆ'가 존재함에도 불구하고 교체되지 않았다. (4ㄱ)을 고려하면 <유가>에는 계사 뒤의 'ㄷ>ㄹ' 교체가 없었다고 추정할 수 있겠지만 위의 (1-3)을 고려하면 이형태를 단순히 표기에 반영하지 않은 것으로 볼 수도 있다(후술할 이형태 표기에 대한 표기법적 특징 참조). 이처럼 15세기의 이형태 교체 양상들은 어떤 것이 <유가>에 반영되었고 어떤 것이 <유가>에 반영되지 않았는지 지금으로선 판단을 내리기 어려운 것이 대부분이다.

둘째 15세기의 일반적인 이형태 표기들도 예외가 존재했기 때문에 절대성을 부여하기 힘들다. (5)는 모음조화와 관련된 이형태 표기의 예이다.

(5) ㄱ. 種種 즁싱 주겨 神靈씌 플며 〈석보상절 권9 : 36a〉

ㄱ'. 어미 모디리 즁싱올 시이 주갸 鬼神올 이받더니〈월인석보 권23 : 64b〉

ㄴ. 그 쁘들 스랑호야 블어 닐어 여러 뵈면〈석보상절 권9 : 23b〉

ㄴ'. 아돌올 소겨 닐아 僧齋롤 호다라〈월인석보 권23 : 65b〉

(6) 〈유가06 : 06-07〉

ㄱ. 是 故ᅮ 此乙 說ㅈ 名下 饒益他ᅩノㅊ亦

ㄱ'. 是 故로 此를 닐아 일하 饒益他여호리며

(5ㄱ, ㄴ)은 모음조화에 따라 연결어미로 '-어'가 언해된 경우이고, (5ㄱ', ㄴ')은 예외적으로 '-아'가 언해된 경우이다. 이러한 예외의 원인을 정확히 알고 있다면 <유가>에도 적용을 고려할 수 있겠지만, 그렇지 못한 현 상황에서 모음조화의 일괄적용은 위험부담이 크다. 그러므로 이러한 경우에는 그 원인이 밝혀지기 전까지 적극적인 반영을 피하고 (6)과 같이 바탕글자에 근거한 구결자의 기본독법을 반영하였다(바탕글자는 '良'이다).

(7) ㄱ. 當 반독 당〈광주판 천자문 11b〉

ㄴ. 阿難아 반드기 알라〈능엄경언해 2 : 48b〉

ㄷ. 此 三支乙 當ㅅ 知ㅎㅣ/此 三支를 반독 알오다〈유가07 : 19-20〉

(7ㄱ, ㄴ)은 '반독'과 '반드기'가 혼용될 수 있었음을 보여준다. 그러므로 (7ㄷ)의 'ㅅ'에 대해서도 'ㄱ'으로 추정할지 '기'로 추정할지 판단이 쉽지 않다. 그런데 'ㅅ'는 구결자의 바탕글자인 '只'에 근거하더라도 기본독법을 상정하기 어려운 경우이다. 이때는 혼란을 피하기 위해 잠정적으로 원형에 가까운 것을 기본독법으로 반영하였다. '반드기'의 경우 '반독+-이(부사파생접미사)'로 분석이 가능하기 때문에 원형에 가까운 '반독'을 고려하여 'ㅅ'을 잠정적으로 'ㄱ'으로 보았다.

다음으로 하나의 구결자에 둘 이상의 형태소가 반영된 경우에도 추정독법을 달리 제시하였다.

(8) ㄱ. 當ㅅ 知ㅎㅣ 卽ㅎ 是乙 修習瑜伽ᅩノㅊㄲㄱ丁/반독 알오다 곧오 是를 修習瑜伽여호리인뎌〈유가12 : 23-13 : 01〉

ㄴ. 何ㅎ 等ソㄱ乙 {爲}四刂丨ノ令ㅁ/어누 다흔을 四이다호리고〈유가09 : 12〉

(cf. 黨英이 菩薩씌 묻ᄌᆞ보ᄃᆡ 어누 나라해 가샤 나시리잇고 〈월인석보 권2 : 11b〉)

(8ㄱ)은 선어말어미로 'ㅎ(오)'가 사용된 것이고, (8ㄴ)은 대명사의 말음첨기로 'ㅎ(우)'가 쓰인 예이다. 'ㅎ'가 모음조화에 따른 이형태관계로 '오/우'에 쓰인 것이라면 독법을 '오'로 단일하게 처리했겠지만 이처럼 이형태 관계는 아니나 표기상의 차이를 보일 경우는 이형태 표기와 구별하기 위해 추정독법에 반영하였다.

끝으로 이 책의 추정독법은 '无ソㄱ刂ㄱ丁/无흔인더<유가29 : 23-30 : 01>'와 같이 기본적으로 분철표기로 제시하였다. 그 이유는 '无ᄒᆞᆫ닌더'와 같이 연철표기로 제시하게 되면 'ㄱ+刂/니'와 같이 둘 이상의 구결자가 일음절로 표기되어 구결자 낱낱에 대한 인식이 소홀해질 염려가 있다고 판단하였기 때문이다. 또한 후술할 '令, ォ, 丅, ノ' 등의 융합 표기가 둘 이상의 형태를 하나의 구결자로 제시한 일종의 연철표기인 셈이므로 이것과 구별하기 위함이다.

2. 표기법

<유가>에는 다음과 같이 다양한 표기법적 특징이 발견된다. 이처럼 다양한 표기 방식이 사용된 이유는 적은 수의 구결자를 이용하여 많은 수의 한국어를 표기하기 위한 것으로 볼 수 있다.

- 이형태 미반영 표기와 반영 표기
- 말음 첨기 표기와 생략 표기
- 전훈독 표기와 부독자
- 구결자의 융합 표기와 복합 표기
- 한자의 이자동음(異字同音) 표기와 동자이음(同字異音) 표기
- 훈독유도 표기와 음독유도 표기

2.1. 이형태 미반영 표기와 반영 표기

대표음의 전용 표기로도 불리던 것이다. 15세기 한글 자료와 비교해 볼 때, <유가>는 문법형태소의 음운론적 이형태나 형태론적 이형태를 구결자로 구별하지 않고 하나의 대표자만으로 일관되게 표기하였다. 그러므로 여러 이형태 교체 현상이 <유가>에도 있었는지는 확인이 어렵다. 그러나 예외적으로 속격조사 'ラ'와 'ヒ'은 표기에 반영되었으므로 이 두 표기를 이형태 관계로 파악하지 않았거나 음운론적 차이를 고려한 것이었을 수 있다.

구결자	(문법기능)15세기 한글문헌에 출현하는 이형태
刂	(주격조사)이/ㅣ
ラ	(속격조사)의/ᄋᆡ
乙	(목적격조사)ㄹ/을/ᄋᆞᆯ/를/ᄅᆞᆯ
灬	(도구격조사)로/으로/ᄋᆞ로
人	(비교격조사)과/와
1	(주제보조사)ㄴ/는/ᄂᆞᆫ/은/ᄋᆞᆫ
尸	(동명사형어미)ㄹ/을/ᄋᆞᆯ
か	(연결어미)며/으며/ᄋᆞ며
二	(주체높임법어미)시/으시/ᄋᆞ시
白	(객체높임법어미)ᄉᆞᆸ/ᄌᆞᆸ/ᅀᆞᆸ/ᄉᆞᇦ/ᄌᆞᇦ/ᅀᆞᇦ
ろ	(연결어미)아/어/야/여

반면 통사론적 이형태는 표기에 반영되었다. 타동성 여부에 따른 선어말어미인 '去(거)'와 'ろ(어)'의 교체, 그리고 의문사 여부에 따른 의문어미인 '去(가)'와 'ロ(고)'의 교체가 여기에 해당된다. (9)는 선어말어미, (10)은 의문어미의 예문이다.

(9) ㄱ. 謂1 若 有ナ丨 已氵 三摩地乙 得ろ1亠/닐온 若 잇겨다 이믜사 三摩地를 언언여 〈유가27 : 11–12〉

(말하자면, 만약 있다. 이미 삼마지를 얻었으나)

ㄴ. 異熟 無去1人灬 故ノ 後ラ十 更ろ 續 不冬ソ彡/異熟 없건ᄃᆞ로 故오 後의긔 ᄂᆞ외아 續 안ᄃᆞᆯᄒᆞ져 〈유가31 : 12–14〉

(이숙이 없는 까닭으로 뒤에 다시 이어지지 않고,)

(10) ㄱ. 是 如支ソ1 所受七 正法乙 退失ソ去尸去ソナ尸入灬/是 다ᄒᆞᆫ 所受ㅅ 正法을 退失ᄒᆞ걸가ᄒᆞ결ᄃᆞ로〈유가03 : 15–17〉
(이와 같은 받은 바 정법을 잃을 것인가?' 하는 까닭으로,)

ㄴ. 何ㅎ 等ソ1乙 {爲}五リ丨ノ令ロ/어누 다ᄒᆞᆫ을 五이다호리고〈유가05 : 19〉
(어떤 것들을 다섯이라고 하는가?)

2.2. 말음 첨기 표기와 생략 표기

말음 첨기 표기와 생략 표기는 훈(訓)의 일부를 구결자로 드러낸 것이다. 말음 첨기 표기는 해당 형태의 말음만을 구결자로 제시하여 해당 한자를 훈독하게끔 만드는 표기이다. 품사별로는 부사가 가장 많고 체언과 용언어간의 말음 첨기 표기가 일부 존재한다. (11)은 부사의 말음 첨기 표기, (12)는 체언의 말음 첨기 표기이다.

(11) 但ハ/오직　　唯ハ/오직　　當ハ/반ᄃᆞᆨ　　必ハ/반ᄃᆞᆨ　　設灬ハ/비록　　諸ラ/믈읫

(12) 心ㅎ/ᄆᆞᅀᆞᆷ　　私立/아ᄅᆞᆷ　　何ㅎ/어누　　己ラ/ᄉᆞᄉᆡ

(11)과 (12)의 추정 독법은 15세기 한글 자료에서 출현하므로 비교적 확실하다. 한편 (12)의 '私立/아ᄅᆞᆷ'에 쓰인 구결자 '立'은 <유가>에서는 1회만 출현한다. 화엄경 계통의 석독구결자료에서 '立'는 '立'을 바탕글자로 하는 '셔'로 읽힌다. 그러므로 자토석독구결 5종을 아우르는 관점에서 보면 <유가>에 출현한 '立'는 'ㅎ'의 오기이다. 그러나 <유가> 내에 '셔'로 읽을 법한 '立'이 발견되지 않으므로 자료 내적으로 보면 'ㅎ'의 이표기로 처리할 수도 있다.

한편 15세기 한글 자료와의 대응이 쉽지 않아서 말음첨기인지 아닌지 판단이 어려운 경우가 있다. (13)은 부사(어), (14)는 체언, (15)는 용언어간으로 추정되는 것들인데 구결자가 접사나 조사의 표기일 가능성도 있다.

(13) 便氵/便이　今ㅌ/今곤　今ハ/今ㄱ　復ハ/復ㄱ　故ホ/故거
而灬/而로　而ㄱ/而ㄱ　未ハ/不ハ(안득)　不冬/非冬(안들)　不失/未失/非失(안디)

(14) 上ハ/上ㄱ　二ㅎ/二ㅁ　昔ㄕ/昔ㄹ　如來ㄕ/如來ㄹ

(15) 爲ハ/爲ㄱ　如ハ/ㄱ

한편 [표 1]의 추정독법만으로는 형태론적으로나 통사론적으로 해석에 어려움이 있어 보충요소가 필요한 경우가 있다. 이때 현토자가 보충요소를 의도적으로 기입하지 않았다면 생략 표기라고 볼 수 있다. 그런데 생략된 표기가 현토자의 의도에 의한 것인지 단순한 누락인지 판단하기는 쉽지 않다. 생략 표기는 대체로 특정 용언어간과 관련하여 나타난다. (16)은 '氵'와 관련된 '?(ㅂ), ㅎ(ㅁ)'의 생략 표기, (17)은 'ㄱ', (18)은 'リ', (19)는 'ソ', (20)은 'ㄕ'의 생략 표기이다. (16, 17)은 자주 발견되는 반면 (18–20)은 1회씩만 출현한다.

(16) {用}氵/뻐　{以}氵/뻐　{以}氵/쁘　{爲}氵/삼(cf. 爲氵ㅎ)　由氵/(말미)삼

(17) 謂ㄱ/닐온　說ㄱ/닐온 (cf. 說ノㄱ 所)

(18) 스/ᄒᆞ(이)〈유가29 : 19–20〉 (cf. 스リ/ᄒᆞ이)

(19) 未リ𠄌/안이(ᄒᆞ)져〈유가24 : 06–07〉(cf. 未リソ𠄌/안이ᄒᆞ져)

(20) 恐ㅅㄱ/두리(ㄹ)든〈유가03 : 15–17〉(cf. 說ㄕㅅㄱ/니를든)

(16)의 '爲氵/삼'과 같이 어간의 첫 글자를 구결자로 표기한 것을 두음 첨기 표기라고도 한다. (17)의 '說ㄱ/닐온'은 '말하자면'으로 해석되는 구문에서 자주 출현하는 반면 '說ノㄱ'은 '所'나 '事'와 같은 체언을 수식하거나 'ㄱ'이 명사적인 기능으로 해석되므로 이러한 차이점을 고려하면 '謂ㄱ, 說ㄱ'은 생략 표기가 아니라 '닐은/니른'을 표기한 것으로 달리 볼 수도 있다. (18)과 (19)는 반복되는 구문에서의 생략인 반면에 (20)은 반복되는 구문이 아니

므로 단순한 오기로 볼 가능성도 있다.

한편 (21)은 서수사가 반복되는 구문으로 (18, 19)와 유사하게 수사에 기입된 구결자가 뒤에서는 생략된 것으로 볼 수 있다. 하지만 이 책에서는 혼란을 피하기 위해 구결자가 현토되지 않았을 경우 훈독과 음독의 두 가지 가능성을 열어두고 적극적으로 반영하지는 않았다.

(21) 一十1 未調ソㅎ 未順ソㅎソ3 而灬 死ノ令七 雜染 相應ソ㢴 二十1 死 已氵ソ 3斤 當ハ 煩惱大坑3十 墮ノ令七 雜染 相應ソ㢴 三 彼 煩惱七 自在力乙 由氵1 入灬 故ノ 種種七 惡 不善業乙 現行ソ3 有怖處3十 往ノ令七 雜染 相應ソ尸矢 丨 〈유가21 : 01-04〉

(첫째는 미처 조절하지 못하고 미처 따르지 못하고 하여 죽는 잡염과 상응하며, 둘째는 죽기를 이미 하여서는, 반드시 번뇌의 큰 구덩이에 떨어지는 잡염과 상응하며, 셋째는 저 번뇌의 자재력에 말미암은 까닭으로, 갖가지 악과 불선업을 현행하여 두려움 있는 곳[有怖處]에 가는 잡염과 상응하는 것이다.)

2.3. 전훈독 표기와 부독자

전훈독 표기는 말음 첨기 표기나 생략 표기와 달리 훈(訓)의 전체를 구결자로 드러낸 표기이다. (22ㄱ)은 어휘형태를 드러낸 것이고, (22ㄴ)은 문법형태를 드러낸 것이다. '…'은 해당 한자에 직접 현토되지 않았거나 그 사이에 다른 구결자가 오는 경우를 가리킨다. (22ㄴ)의 경우 '{欲}ㅅ'는 [의도], '七/㇇/灬{之}'은 [속격][도구격], '{於}…㇇/3十/㇇十'는 [처격], '…口…{耶}'은 [의문] 등의 의미를 드러낸다.

(22) ㄱ. {如}支(ソ) {有}+ {爲}…ソ/ノ
ㄴ. {欲}ㅅ 七/㇇/灬{之} {於}…㇇/3十/㇇十 …口…{耶}

주로 둘 이상의 구결자를 조합하여 해당 한자의 의미를 드러내고자 하는 경우도 있는데 넓은 의미의 전훈독 표기라고 할 수 있다.

(23) ㄱ. 刂尸{爲}入乙丷　　ㄴ. 丷{令}刂　　ㄷ. 八{雖}㐅

ㄹ. 1/+1/入1{者}　　ㅁ. 1入灬/尸入灬{故}

(23ㄱ)은 [피동], (23ㄴ)은 [사동], (23ㄷ)은 [양보], (23ㄹ)은 [주제], (23ㅁ)은 [원인][이유] 등의 의미를 드러낸다.

한편 전훈독 표기와 같이 구결자가 해당 한자를 전적으로 대신하는 경우 한자는 읽지 않게 된다. 예컨대 (23ㄴ)을 'ᄒᆞ{령}이'나 'ᄒᆞ{ᄒᆞ이}이' 등으로 읽는 것이 아니라 'ᄒᆞ{Ø}이'로 읽는 것인데, 이처럼 읽지 않는 한자를 부독자(不讀字)라 하고 { } 안에 넣어 부독자임을 표시하였다. 부독자는 이외에도 (16)에서 언급한 '{爲}氵'와 같은 두음 첨기 표기와 '{用}氵, {以}氵'와 같은 ㅄ계 합용병서 표기도 포함하였다. 왜냐하면 두음 첨기 표기는 생략된 'ㅎ'을 한자가 아니라 구결자 '氵'에 의해 유추하여 읽을 수 있기 때문이고, ㅄ계 표기의 경우는 된소리로 발음되었다면 전훈독 표기로 볼 가능성도 있기 때문이다.

2.4. 구결자의 융합 표기와 복합 표기

융합 표기는 하나의 구결자가 둘 이상의 형태로 분석되는 경우이고, 복합 표기는 하나의 형태가 둘 이상의 구결자로 이루어진 경우이다. (24)는 융합 표기이고, (25)는 복합 표기이다.

(24) ㄱ. 㑒/리[전성어미(尸/ㄹ)+의존명사(刂/이)]

　　 禾/리[전성어미(尸/ㄹ)+의존명사(刂/이)]

ㄴ. 下/하[어간의 말음첨기(名/일ᄒᆞ)+연결어미(㇌/아)]

ㄷ. ノ/호[용언어간(丷/ᄒᆞ)+선어말어미(ᅐ/오)]

　　 ᅐ/호[용언어간(丷/ᄒᆞ)+선어말어미(ᅐ/오)]

ㄹ. 㪽/디[의존명사(入/ᄃᆞ)+용언어간(刂/이)]

ㅁ. 下/하[미상(ㅎ?)+연결어미(㇌/아)](cf. 丷刂下, 厶刂下, 丷二下)

ㅂ. 斤/근[보조사(㇇/ㄱ)+보조사(1/ㄴ)]

ㅅ. 㢴/히[용언어간(丷/ᄒᆞ)+부사파생접사(刂/이)]

(25) ㄱ. 말음첨기 : 設灬ハ/비록
ㄴ. 조사 : 阝十/아긔, 阝七/앗, 亠十/여긔, 矛十/의긔
ㄷ. 선어말어미 : 示七/ㅁㅅ, 阝七/앗, 矛七/읫
ㄹ. 어말어미 : ロ1/곤, 1乙/늘, 1亠/ㄴ여, ア人1/(으)ㄹ든, ア厶/(으)ㄹᄃᆡ, ア亠/(으)ㄹ여, 人廿/과두, 1丁/(으)ㄴ뎌, ア丁/(으)ㄹ뎌, 1人灬/(으)ㄴᄃᆞ로, ア人灬/(으)ㄹᄃᆞ로

(24ㄱ, ㄷ)은 각기 두 개의 구결자를 제시하였는데, 일종의 이표기로 앞의 것(令, ノ)이 더 일반적으로 쓰였다. '矛'나 '示'는 융합 표기보다 선어말어미의 단독 표기로 쓰이는 것이 더 일반적이다. 이처럼 이표기의 존재는 선어말어미 '矛'처럼 문법화와 관련이 있거나, 'ノ'와 '示'처럼 바탕글자가 같기 때문에 발생한다(바탕글자는 '乎'이다). (25)의 복합 표기는 분석적으로 접근하기도 하나 그럴 경우 출현 환경이나 의미기능이 조금씩 달라지므로 하나의 형태로 볼 수 있다. 구체적인 설명은 이 책의 문현수와 허인영의 해제를 참조하기 바란다.

2.5. 한자의 이자동음(異字同音) 표기와 동자이음(同字異音) 표기

한자가 다르더라도 그 뜻이 동일하거나 유사하면 동일한 구결자가 현토되어 같은 독법으로 읽었음을 보여준다. 하지만 같은 한자에 동일한 구결자가 현토되었어도 형태/통사론적 환경에 따라 다르게 읽은 경우도 있으므로 주의할 필요가 있다. (26)은 이자동음 표기이고, (27)은 동자이음 표기이다.

(26) 用氵/以氵[ᄡᅥ]　卽示/便示/卽ノ/便ノ[곧오]　及七/及與七[밋]
常刂/恒刂[덛덛이]　當ハ/必ハ[반ᄃᆞᆨ]　未ハ/不ハ[안ᄃᆞᆨ]
不冬/非冬[안ᄃᆞᆯ]　未矢/不矢/非矢[안디]　但ハ/唯ハ[오직]
旣氵/已氵[이믜사]　隨示/隨ノ[좇오]　生/生刂[나이-]
依阝/由阝[븥아]　謂ア/說ア[니ᄅᆞᆯ]　無阝/无阝/乏阝[없-]
自矛/已矛[스싀]

(27) 更阝[가시아/나외아] 自ラ[저의/스싀] 初セ[첫/비릇]
生[나-/내-] 所[바/드/곧]

(26)에서 ‘與’가 단독으로 ‘與セ’으로 현토될 경우 의미를 고려하여 ‘다뭇’으로 파악하였으나 ‘與及セ’과 같이 ‘與’가 잉여적으로 쓰인 경우에는 ‘及セ’과 동일한 것으로 보았다. ‘生’은 (26)과 (27)에 모두 제시되었는데, 다음 (28ㄱ)과 같이 ‘生’이 타동사로 파악되는 경우에는 (28ㄴ)처럼 ‘生リ’와 함께 ‘나이-’로 읽었고(다만 구결자 ‘リ’를 고려해 ‘生リ’는 ‘나이-’로 ‘生’은 내-’로 달리 적었다), 자동사로 파악될 때는 (28ㄷ)처럼 ‘나-’로 읽었다.

(28) ㄱ. 喜足乙 生尸 不冬ノ尸ム/喜足을 낼 안들ᄒᆞ아〈유가15 : 11–12〉
(기쁘고 만족함을 내지 않아,)
ㄴ. 愁歎 等ソ1乙 生リ㢱/愁歎 다ᄒᆞᆫ을 나이며〈유가30 : 17–18〉
(시름과 탄식 등을 내며,)
ㄷ. 是 如支 信解リ 生尸 已氵ソ阝斤/是 다 信解이 날 이믜사ᄒᆞ아근〈유가05 : 04–06〉
(이와 같이 믿음이 나기를 이미 하여서는,)

(27)의 ‘更阝’는 15세기 한글문헌을 고려하여 의문문이나 부정문에 쓰였을 경우에는 ‘나외아’로, 그 외에는 ‘가시아’로 읽었다(예문 29). ‘自ラ’는 뒤에 조사 ‘乙’이나 조사 기원인 ‘灬’가 결합될 경우 ‘스싀를’, ‘스싀로’와 같이 ‘스싀’로 읽었다. 반면에 ‘自ラ’가 관형어로 기능하거나 처격조사 ‘ラ+’의 일부로 ‘ラ’가 파악될 경우 ‘自ラ’를 ‘自+ラ(+)’로 분석하여 ‘自’를 ‘저’로 읽었다(예문 30). ‘初セ’는 부사 ‘비릇’으로 추정할 수도 있으나 <유가>에는 부사로 파악되는 용례가 없기 때문에 관형사인 ‘첫’으로 보았다(부사로 파악될 때는 ‘비릇’으로 읽을 수 있으나 <유가>에는 출현하지 않는다). ‘所’는 잠정적으로 ‘바’를 기본독법으로 상정하고 ‘ノ尸 所乙’이나 ‘ノ1 所灬’의 경우는 ‘ノ尸入乙’이나 ‘ノ1入灬’로 출현하는 경우와 관련지어서 ‘드’로 읽었다. 그리고 문맥상 장소의 의미가 확실한 곳이 1회 출현하였는데 이때는 ‘곧’으로 읽었다(예문 31).

(29) ㄱ. 此乙 除口斤 更﹅ 若 過ソ⺝ 若〈유가06 : 12–13〉

此를 덜고근 느외아 若 過ᄒᆞ져 若 增ᄒᆞ져ᄒᆞᆫ 없견이다

ㄴ. {於}上修道⺝十 數 習ソ1入乙 由氵1入⺀ 故ノ 更﹅ 復 无學解脫乙 證得ソ㢱〈유가05 : 12–13〉

上修道아긔 數 習ᄒᆞᆫ들 말믹삼은ᄃᆞ로 故오 가싀아 復 无學解脫을 證得ᄒᆞ며

(30) ㄱ. 彼 對治果乙 證得ソ{爲欲}入ソ⺝ 亦 自⺕ 心乙 得亦 淸淨ᄉ刂{爲}入ソ⺝ソ尸入⺀〈유가07 : 13–14〉

彼 對治果를 證得ᄒᆞ과ᄒᆞ져 亦 저의 心을 시러곰 淸淨ᄒᆞ이과ᄒᆞ져홀ᄃᆞ로 故오 心아긔 正願을 나이ᄂᆞᆺ다

ㄴ. 是 故⺀ 此 時乙 能㢱 自⺕乙 饒益ソ尸丁ノ㢱㢱〈유가06 : 02–03〉

是 故로 此 時를 能며 스싀를 饒益홀뎌호리며

(31) ㄱ. 又 先下 說ノ1 所七 得三摩地ᄉ 若 中⺝十 說ノ1 所七 三摩地圓滿ᄉ 及七 今ハ 說ノ1 所七 三摩地自在ᄉ乙〈유가19 : 22–20 : 01〉

又 先하 說혼 밧 得三摩地와 若 中아긔 닐온 밧 三摩地圓滿과 밋 今ㄱ 닐온 밧 三摩地自在와를

ㄴ. 四苦⺕{之} 隨逐ノ尸 所乙 爲ハ𠂇㐃七丨〈유가18 : 01–02〉

四苦의 隨逐홀 들 爲ㄱᄂᆞᆺ다

(cf. 正七 衆苦⺕ 隨逐ノ尸入乙 觀察ノ㐃應七丨〈유가16 : 19〉

맛 衆苦의 隨逐홀들 觀察홈應ᄉ다)

ㄷ. 食⺕ 持ノ1 所⺀ 故ノ 其 心乙 長養ソ⺝亦〈유가20 : 11–12〉

食의 持혼 ᄃᆞ로 故오 其 心을 長養ᄒᆞ아곰

(cf. 略㢴 二事乙 捨ノ1入⺀{之} 顯現ソ1 所刂丨〈유가17 : 05–06〉

略히 二事를 捨혼ᄃᆞ로 顯現ᄒᆞᆫ 바이다)

ㄹ. 憂慮乙 生刂⺝亦 謂尸 我⺕ 我1 今ㅂ{者} 何㐃 所⺝十 在ソ去1刂⺝七口ソ尸{耶} 不冬ノ㢱1刂⺝七丨ソ尸矢㢱〈유가08 : 18–19〉

憂慮를 나이아곰 니를 我의 我는 今곤/흔 어누 곧아긔 在ᄒᆞ건이앗고홀 안ᄃᆞᆯ호린이앗다홀디며

2.6. 음독유도 표기와 훈독유도 표기

용언 파생 접미사 'ㅆ'를 비롯하여 'ㅆ'를 내포하고 있는 구결자 'ノ, ㅎ'가 한자어에 바로 현토되었을 경우 (32)와 같이 음독하였다('等ㅆ/다ᄒᆞ-'와 같이 'ᄒᆞ'를 내포하는 고유어의 경우는 예외). 반면에 한자어에 'ᄼ, ᄀ, ᄒ, ᄆᄀ' 등의 연결어미나 'ᄅ, ᄀ' 등의 전성어미, 'ᄎ, ᄂ, ᄉ, 白, ᄉ' 등의 선어말어미가 바로 현토되는 경우에는 (33)처럼 훈독하였다. 훈독한 용언의 어간들은 대부분 훈독유도 표기와 15세기 한글자료를 바탕으로 추정한 것이다. 하지만 (34)와 같이 '호/오'의 두 독법을 다 가지고 있는 'ノ'의 경우 훈독으로 볼지 음독으로 볼지 판단이 쉽지 않은 경우도 있다. 다만 이 책에서는 15세기 한글 문헌에 'ᄒᆞ-+-오(부사파생접미사)'의 구성이 발견되지 않으므로 잠정적으로 '오'로 추정하여 읽었다.

(32) 圓滿ㅆ-/圓滿ᄒᆞ-, 證得ノ-/證得호-, 無ㅎ/無히

(33) 起ᄼ/니르며　說ᄅ/니를　由ᄀ/븓아　懷ᄒ/품져　謂ᄀ/닐온
說ᄆᄀ/니르곤　異ᄎ/다ᄅᆞ거　無ᄂ/없으시　有ᄉ/잇겨　聞白/듣습
說ᄉ/니르과

(34)

ㅎ형	ノ형	추정독법
故ㅎ(1)	故ノ(103)	故오
隨ㅎ(1)	隨ノ(17)	좇오
便ㅎ(14)	便ノ(1)	곧오

3. 어휘

<유가>에서 고유어가 반영된 어휘는 부사(어), 용언, 체언 순으로 많이 출현한다.

3.1. 부사(어)

<유가>에 출현하는 부사(어)는 구결자에 따라 ハ형, 𠫔형, 朩형, 丁형, 夂형, 尸형, 灬형, ヵ형, 七형, 氵형, 乃형, 亠형, ラ형, リ형, 下형, ノ/ᄉ형, 艮형, 支형 등으로 나눌 수 있다. 차례대로 제시하면 다음과 같다.

(35) ハ형

출현형	추정독법	표기법	그 밖의 논의
今ハ	今ㄱ?	말음첨기?	역?/엳?
當ハ/必ハ	반득	이자동음/말음첨기	반ᄃᆞ기
復ハ	復ㄱ?	말음첨기?	안죽? 벅?
設灬ハ	비록	복합표기/말음첨기	-
未ハ/不ハ	안득	이자동음/말음첨기?	-
但ハ/唯ハ	오직	이자동음/말음첨기	-
如ハ	ᄀᆞᆨ?	말음첨기?	ᄀᆞᆮ?

(36) 𠫔형

출현형	추정독법	표기법	그 밖의 논의
故𠫔	거?	말음첨기?	-

(37) 朩형

출현형	추정독법	표기법	그 밖의 논의
得朩	시러곰	보조사	-
誓朩	誓곰?	보조사?	-

(38) 丁형

출현형	추정독법	표기법	그 밖의 논의
新丁	새뎌	말음첨기?접사?	새려?

(39) 夂형

출현형	추정독법	표기법	그 밖의 논의
不夂/非夂	안ᄃᆞᆯ	이자동음/말음첨기?	-

(40) ㄕ형

출현형	추정독법	표기법	그 밖의 논의
昔ㄕ	昔ㄹ	말음첨기?	-

(41) 灬형

출현형	추정독법	표기법	그 밖의 논의
自灬	스싀로	말음첨기?조사?	-

(42) 尒형

출현형	추정독법	표기법	그 밖의 논의
能尒	能며?	훈독유도/ 말음첨기?연결어미?	시르며?/이드며?/ 재며?
善尒	善며?	훈독유도/ 말음첨기?연결어미?	이드며?

(43) ㅌ형

출현형	추정독법	표기법	그 밖의 논의
正ㅌ	뭇	말음첨기	못?/바룻?
勤ㅌ	勤ㅅ?	말음첨기?	브즈?/붓?
與ㅌ	다뭇	말음첨기	-
及ㅌ/與及ㅌ	밋	이자동음/말음첨기	-
通ㅌ	사뭇	말음첨기	-
暫ㅌ	暫ㅅ?	말음첨기?	사붓?
從ㅌ	좃	말음첨기	-
初ㅌ	첫	말음첨기	비릇
一切之ㅌ	一切之ㅅ?	전훈독? 말음첨기? 복합표기?	닷?/一切닷?/一切엣?

(44) 氵형

출현형	추정독법	표기법	그 밖의 논의
旣氵/已氵	이믜사	이자동음/보조사	볼셔?
方氵	方사?	말음첨기?융합표기?	비르서?

(45) 阝형

출현형	추정독법	표기법	그 밖의 논의
更阝	나외아, 가ᄉᆡ아	동자이음/훈독유도	–
永阝	永아?	훈독유도/말음첨기?	길아?/오라?

(46) 亠형

출현형	추정독법	표기법	그 밖의 논의
何亠/云何亠	엇여	이자동음/ 말음첨기?접사?	엇뎌?

(47) ヲ형

출현형	추정독법	표기법	그 밖의 논의
諸ヲ	믈의	말음첨기?	모ᄃᆡ?
便ヲ	便의?	말음첨기?	–

(48) 刂형

출현형	추정독법	표기법	그 밖의 논의
速刂	섈리	훈독유도/접사	–
數數刂	數數이?	훈독유도/접사	ᄌᆞᆾ이?/삭삭이?
數刂	數이?	훈독유도/접사	ᄌᆞᆾ이?
深刂	깊이	훈독유도/접사	–
廣刂	넙이	훈독유도/접사	–
至刂	니를이	훈독유도/접사	–
常刂/恒刂	덛덛이	이자동음/훈독유도/ 접사	–
倍刂	倍이?	훈독유도/접사?	ᄇᆞᆯ이?/곱이?
未刂	안이	훈독유도/접사	업시?
猶刂	猶이?	훈독유도/말음첨기?	오히?/ᄉᆞᆫ지?
轉刂	轉이?	훈독유도/말음첨기?	올미?/ᄀᆞ재?
多刂	하이	훈독유도/접사	–

(49) 丅형

출현형	추정독법	표기법	그 밖의 논의
先丅	先하?	말음첨기?	몬제? 몬자?

(50) ノ/ㅎ(오)형

출현형	추정독법	표기법	그 밖의 논의
便ノ/便ㅎ/卽ㅎ	곧오	이자동음/훈독유도/접사?어미?	-
隨ノ/隨ㅎ	좇오	훈독유도/접사?어미?	-
還ㅎ	도로(돌오)	훈독유도/접사?어미?	-
樂ㅎ	樂오?	훈독유도/접사?어미?	됴호?/즐교?
爲ㅎ	삼오	훈독유도/접사?어미?	-
相ㅎ	서로?	말음첨기	마조?, 서르?
全ㅎ	오올오	훈독유도/접사?어미?	-
因ㅎ	지즐오	훈독유도/접사?어미?	-

(51) ㅌ형

출현형	추정독법	표기법	그 밖의 논의
今ㅌ	今근	말음첨기?/융합표기?	여근?/여흔?

(52) 支형

출현형	추정독법	표기법	그 밖의 논의
{如}支	다	전훈독	다디?, 다히?

3.2. 용언

<유가>에 출현한 고유어 용언은 구결자 별로 ハ형, ㅌ형, ソ형, 斗형, 成형, 一형, 氵형, 七형, ㅅ刂형, 下형, 훈독유도 표기에 의한 추정 등이 있다.

(53) ハ, 艮형

출현형	추정독법	표기법	그 밖의 논의
爲ハ	爲ㄱ?	말음첨기?접사?	식-?
餘艮	남근? [남ㄱ-+-은]	융합표기?	남즉흔?

(54) ソ형

출현형	추정독법	표기법	그 밖의 논의
{爲}ソ	ᄒᆞ-	전훈독	-
等ソ/ {如}支ソ	다ᄒᆞ-	이자동음/말음첨기/ 전훈독	{如}支ソ: 디ᄒᆞ-?, ᄀᆞᆮ긔 ᄒᆞ-?
如ハソ	ᄀᆞᆨᄒᆞ-?	말음첨기	ᄀᆞᆮᄒᆞ-?
ソ{令}リ	ᄒᆞ이-	전훈독	-

(55) 斗형

출현형	추정독법	표기법	그 밖의 논의
{有}斗	두-	전훈독	-

(56) 成형, 一형

출현형	추정독법	표기법	그 밖의 논의
成/{爲}一	일-	전훈독	-

(57) 氵형

출현형	추정독법	표기법	그 밖의 논의
{用}氵/{以}氵	쓰+아	이자동음/전훈독	삼-?
{爲}氵	삼-	두음첨기	-
由氵	(말미)삼-	생략 표기	삼-?

(58) ヒ형

출현형	추정독법	표기법	그 밖의 논의
有ヒ	잇-	말음첨기	-
無ヒ/无ヒ	없-	이자동음/말음첨기	-

(59) 亽リ형

출현형	추정독법	표기법	그 밖의 논의
亽リ	ᄒᆞ이?	-	-

(60) 下형

출현형	추정독법	표기법	그 밖의 논의
名下	일ㅎ-+-아	말음첨기/융합표기	-

(61) 훈독유도 표기에 의한 추정

출현형	추정독법	용언어간만 제시
起亇	니르-+-며	니르-
得阝	얻+-아	얻-
離ろ	여희+져	여희-
乏阝尒	없-+-아곰	없-
無ニ	없-+-으시-	
聞白尸	듣-+-ᄉᆞᆸ을	듣-
生リ亇	나이-+-며	나이-
生尸	나-+-ㄹ	나-
說尸/謂尸	니르-+-ㄹ	니르-
說口ㄱ	니르-+-곤	
說人	니르-+과	
受亇	받-+-으며	받-
由阝/依阝	븥-+-아	븥-
異去ノㄱ冬	다ᄅᆞ-+-거온ᄃᆞᆯ	다ᄅᆞ-
除口斤	덜-+-고근	덜-
知尸	알-+-ㄹ	알-
行尸	녀-+-ㄹ	녀-
現阝	낟-+-아	낟-
懷ろ	품-+-져	품-
成リ尸	일이-+-ㄹ	일이-

3.3. 체언

<유가>에 출현한 체언은 丷형, ㅌ형, 丨형, 入형, 子형, 亇형, ハ형, ラ형, 亣/立형, ヌ형, ヒ형, 동자이음 표기에 의한 추정 등이 있다. 이 가운데 앞의 여섯 가지 刂[이], ㅌ[ㄴ], 丨[다], 入[ᄃᆞ], 子[지?], 亇[마]는 한자어와 무관하게 그 자체로 의존명사를 가리키므로 이것들을 제외하고 한자어와 관련이 있는 것들만을 제시하도록 한다.

(62) ハ형

출현형	추정독법	표기법	그 밖의 논의
上ハ	上ㄱ?	말음첨기?	우ㅎ?

(63) ラ형

출현형	추정독법	표기법	그 밖의 논의
己ラ	스싀	말음첨기	-

(64) 亣/立형

출현형	추정독법	표기법	그 밖의 논의
心亣	ᄆᆞᅀᆞᆷ	말음첨기	-
私立	아름	말음첨기	-

(65) ヌ형

출현형	추정독법	표기법	그 밖의 논의
何ヌ	어누	말음첨기	-

(66) ヒ형

출현형	추정독법	표기법	그 밖의 논의
種種ヒ	갓갓	말음첨기	-

(67) 동자이음 표기

출현형	추정독법	추정 명사만 제시
所七	바+ㅅ	바
(ソ1)所乙	(혼)ᄃᆞ+ㄹ	ᄃᆞ
所3十	곧+아긔	곧

『유가사지론』 권20 석독구결의 문법 : 어미

문현수

이 글에서는 『유가사지론』 권20(이하 <유가>)에서 선어말어미와 어말어미를 나타내는 데 사용된 구결자들을 문법적·의미적 특징에 따라 분류하고, 이들의 기능에 대해 간단히 설명하기로 한다.

1. 선어말어미

(1)은 <유가>에서 선어말어미의 표기를 위해 사용된 구결자들의 기능별 목록으로 <유가>에서는 총 15형태가 선어말어미를 표기하는 데 사용되었다.

(1) ㄱ. 경어법 : -ニ-, -白-
ㄴ. 시제, 상, 양태 : -去-, -ろ-, -又-, -ト-, -オ-, -亍七-
ㄷ. 선어말어미 '-오-' : -ノ-, -ㅎ-
ㄹ. 기타 : -ナ-, -ろ七-, -ラ七-, -丨-, -邑-

1.1. 경어법

<유가>에서는 주체 높임을 나타내는 선어말어미와 객체 높임을 나타내는 선어말어미가 쓰이고 있다. 반면 상대 높임을 나타낸다고 분석할 만한 선어말어미는 찾아보기 어

렵다.

고대국어에서도 중세 국어와 마찬가지로 선어말어미 '-시-'를 통해 주어를 높이고 있는데, <유가>에서는 이를 아래의 (2)와 같이 구결자 '二'[시]를 이용하여 나타내고 있다.

(2) ㄱ. 謂ㄱ 佛世尊ㄱ 般涅槃丷二ホ七入{雖}斗 而ㄱ 俗正法刂 猶刂 住丷ろホ 未滅丷ゑ 勝義正法刂 未隱未斷丷ゑ丷尸矢丨(말하자면 불세존은 반열반하시더라도 세속의 정법이 여전히 머물러서 멸하지 않고, 승의의 정법이 가려지거나 끊어지지 않고 하는 것이다)〈유가03 : 11–13〉

ㄴ. 大師刂 正法乙 建立丷{爲欲}ㅅ 方便灬 正等覺 成丿尸入乙 示現丷二下(대사가 정법을 건립하고자 방편으로 정등각 이루는 것을 나타내 보이시어)〈유가06 : 04–05〉

한편 자토석독구결 자료에서는 '-二-' 이외에도 '-白-'[숣]이 '-白丿尸入乙'[숣올돌], '-白丿尸厶'[숣올딕] 등과 같은 제한된 구성에서 쓰여 주체 높임의 기능을 하는 경우가 있는데, <유가>에서도 아래의 (3)과 같이 구결자 '白'을 이용하여 주어 명사구를 높이는 예가 1개 있다.

(3) 謂ㄱ 卽ㆆ 彼 補特迦羅刂 佛刂 出世丷白丿尸入乙 値白ゕ(말하자면 곧 저 보특가라가 부처가 세상에 나시는 것을 만나며)〈유가03 : 01〉

(3)에서 '値白ゕ'[値숣며]의 '-白-'은 화자인 서술자가 주체인 '補特迦羅'보다 객체인 목적절의 '佛'을 높이기 위해 사용한 것이 명백하므로 일반적인 '-숣-'의 용법으로 파악할 수 있으나, '出世丷白丿尸入乙'[出世ᄒ숣올돌]의 '-白-'은 주어인 '佛'을 높이기 위해 사용된 것이 확실하므로 객체 높임의 기능을 하는 '-숣-'으로 보기 어렵다.

고대국어에서도 중세 국어와 마찬가지로 선어말어미 '-숣-'을 통해 객체를 높이고 있는데, <유가>에서는 이를 구결자 '白'을 이용하여 나타내고 있다.

(4) ㄱ. 請問乙 依丷ㄱ入灬 故丿 昔尸 聞白尸 未刂丷ラ七丨丿ㄱ 甚深 法義乙 聞ゕ(청하여 물음을 의지한 까닭으로, 예전에 듣지 못하였던 깊고 깊은 법의 의미를 들으며,) 〈유가07 : 03–04〉

ㄴ. 故𠫓 彼刂 正法行乙 修習丷令七 時亠十 卽丁 是1 法尒亠八 大師乙 供養丷白3 1 丁ノ𣏓罒(그러므로 그가 정법의 행을 닦아 익히는 때에, 곧 이는 법 그대로 대사를 공양하는 것이라 할 것이라서,) 〈유가06 : 05-06〉

(4ㄱ)에서 '聞白尸'[듣숩을]의 '-白-'은 화자가 주체인 수행자보다 객체인 '法義'를 높이기 위해 사용된 것이며, (4ㄴ)에서 '供養丷白3 1 丁ノ𣏓罒'[ᄒᆞ숩안뎌호리라]의 '-白-'은 화자가 주체인 '彼'보다 객체인 '大師'를 높이기 위해 사용되었다.

(5) 廣刂 說尸入1 當八 知丁丨 二十種 有七1亠 菩薩地3十 當八 說白ノ尸 如支丷1刂1 丁(자세히 말하면, 반드시 알아야 한다, 스무 가지가 있으니 보살지에서 반드시 설할 것과 같은 것이다.) 〈유가04 : 09-10〉

한편 <유가>에서는 (5)와 같이 구체적인 내용을 본문에서 언급하지 않고 菩薩地나 聲聞地 등에서 말할 것이라는 구절이 반복적으로 사용되는데, 여기서 공통적으로 '-白-'이 쓰이고 있다. 그런데 이러한 문장에서는 공통적으로 주체는 '彌勒菩薩'이며 객체는 이 미륵보살이 菩薩地나 聲聞地 등에서 說할 '說法'이다. 여기서 미륵보살은 화자이자 주체이기도 하므로 '-白-'을 자신의 설법을 높이기 위해 사용했다고도 보기 어렵고 주체인 자기 자신을 높이기 위해 사용되었다고 보기도 어렵다. 이에 대해서는 다음과 같은 가능성이 있다. 첫째는 '白'을 '說'의 전훈독 표기로 보아 이를 선어말어미가 아닌 본동사로 보는 것이다. 둘째는 화자를 구결의 현토자로 보아 위 문장을 미륵보살의 직접화법이 아니라 현토자의 간접화법으로 여겨 '白'을 일반적인 객체 높임 선어말어미로 일관되게 보는 것이다.

1.2. 시제, 상, 양태

<유가>에서 시제, 상, 양태를 나타내는 것으로 보이는 선어말어미로는 '-𠫓-'[거], '-3-'[어], '-卜-'[누], '-疒七-'[ㅁ시] 등이 있다. 아래에서는 이들에 대해 하나씩 살펴보고자

한다.

중세 한국어의 선어말어미 '-거-', '-어-'에 대응하는 선어말어미는 <유가>에서 각각 '-厶-'[거]와 '-3-'[어]로 나타난다.

(6) ㄱ. 恐入1 資緣 乏3ホ 是 如攴ソ1 所受七 正法乙 退失ソ厶尸厶ソナ尸入灬(두려워하는 바는(/두려워하기를) '자연이 모자라서 이와 같은 받은 바 정법을 잃을 것인가?' 하는 까닭으로,) 〈유가03 : 16–17〉

ㄴ. 憂慮乙 生リ3ホ 謂尸 我ラ 我1 今艮{者} 何ㆆ 所3十 在ソ厶1リ3七ロソ尸{耶} 不冬ノォ1リ3七丨ソ尸矢ホ(우려를 내어서 말하기를 '나의 나는 지금 어느 곳에 있는 것인가?' 하지 않을 것이다" 할 것이며,) 〈유가08 : 18–19〉

(7) ㄱ. 復 次 已氵 根本三摩地乙 證得ソ31入灬 故ノ 名下 三摩地圓滿亠ノォ入{雖}斗(또 다음으로 비록 이미 근본삼마지를 증득한 까닭으로 일컬어 삼마지 원만이라고 하여도,) 〈유가16 : 09–10〉

ㄴ. 設灬ハ 得ホ 出家ソ3乃 此 尋思灬{之} 擾動ノ1 所乙 由3 障导乙 爲一リ尸入灬(비록 능히 출가하였으나, 이 심사로 요동친 바로 말미암아 장애를 입게 되는 까닭으로,) 〈유가08 : 08–09〉

<유가>에서 선어말어미 '-厶-'는 타동사에서 2번, 자동사에서 17번 사용되었으며, '-3-'는 타동사에서 7번, 자동사에서 1번 사용되었다. 이를 통해 볼 때, 중세 한국어의 '-거-', '-어-'의 분포와 크게 다르지 않으며, 그 의미도 중세 한국어와 마찬가지로 동작의 완료나 가까운 과거를 나타낸다.

<유가>에서 나타나는 선어말어미 '-ト-'[누]는 중세 한국어의 현재시상 선어말어미 '-ᄂᆞ-'와 비교하여 큰 차이가 없어 보인다(8ㄱ).

(8) ㄱ. 若 說法師リ 此 義乙 爲ソ邑人ソ尸入灬 故ノ 正法乙 宣說ソト1乙 其 聽法者リ 卽ㆆ 此 意乙 {以}氵 而灬 正法乙 聽ソナォ罒(만약 설법사가 이러한 이치를 위하고자 하는 까닭으로 정법을 펼쳐 말한다면(/펼쳐 말하는 것을), 그 법을 듣는 자가 곧 이러한 뜻으로써 정법을 들을 것이라서,) 〈유가05 : 21–22〉

ㄴ. 若 無餘依涅槃界七 中3十 般涅槃ソ亽七 時乙 名下 {爲}衆苦邊際乙 證得ソ尸丁ソ

ㄨ矛丨(또 무여의열반계의 가운데에서 반열반하는 때를 일컬어 뭇 괴로움이 다함[衆苦邊際]을 증득하는 것이라고 하는 것이다.) 〈유가06 : 09-10〉

ㄷ. 善法 衰退ㅅ卜ㄱ人乙 實 如支 了知ㅅ彡 不善法 衰退ㅅ卜ㄱ人乙 實 如支 了知ㅅ彡ㅅ尔(선법이 쇠퇴하는 것을 실상과 같이 알고, 불선법이 쇠퇴하는 것을 실상과 같이 알고 하며,) 〈유가27 : 19-21〉

'ㄨ'[노]도 선어말어미 '-卜-'와 관계되는 구결자인데, 선어말어미 '-卜-'와 선어말어미 '-ノ-'[오]의 결합형을 나타내는 표기로 볼 수 있다(8ㄴ). 'ㄨ'는 <유가>에서 '-卜ノ-'[누오]로 나타나기도 한다(8ㄷ).

중세 한국어의 '-리-'에 대응되는 선어말어미는 <유가>에서 구결자 '矛'[리]로 표기되며 중세 한국어 선어말어미 '-리-'와 큰 차이가 없이 쓰이고 있다.

(9) ㄱ. 六 多分 憂愁ㅅ㇏尔 難養難滿ノ矛罒 喜足乙 知尸 不ハノ今七 過失刂尔(여섯째는 많이 걱정하고 근심하여서 기르기 어렵고 채우기 어려울 것이라 기뻐하고 만족함을 알지 못하는 잘못이며,) 〈유가13 : 16-17〉

ㄴ. 此 五相乙 由㇏ㅅ尸人乙 是乙 名下 {於}第二處㇏十 觀察ㅅ尸丁ノ矛丨(이 다섯 상으로 말미암아 (관찰)하는 것을, 이를 일컬어 두 번째 처소[第二處]에서 관찰하는 것이라 한다.) 〈유가17 : 16-17〉

선어말어미 '-ㅎ七-'[ㅁㅅ]는 지금까지 당위나 가능을 나타내는 양태 선어말어미로 추정되어 왔다.

(10) ㄱ. 此 因緣乙 由㇏ {於}今生七 中㇏十 唯ハ {於}聖處㇏十 信解乙 發生ㅅ㇏ 淸淨心乙 起ナㅎ七丨(이 인연으로 말미암아 금생 중에 오직 성스러운 곳에서 신해를 내어 청정한 마음을 일으킨다.) 〈유가02 : 15-16〉

ㄴ. 此 所依刂ㄱ 所建立處乙 依止 {爲}氵ㄱ人乙 由氵ㄱ人灬 故ノ 如來尸 諸 弟子衆氵 {有}斗白ノㄱ 所七 聖法乙 證得ㅅナㅎ七丨(이 의지할 바[所依]인 소건립처를 의지로 삼은 것에 말미암은 까닭으로, 여래의 여러 제자의 무리가 지니는 바 성스러운 법을 증득한다.) 〈유가03 : 20-22〉

ㄷ. 謂ㄱ 佛世尊ㄱ 般涅槃ㅅ二ㅎ七入{雖}斗 而ㄱ 俗正法刂 猶刂 住ㅅ㇏尔 未滅ㅅ彡 勝義正法刂 未隱未斷ㅅ彡ㅅ尸矢丨(말하자면 불세존은 반열반하시더라도 세속의 정

법이 여전히 머물러서 멸하지 않고, 승의의 정법이 가려지거나 끊어지지 않고 하는 것이다.) 〈유가03 : 11–13〉

(11) 君如臣多支民隱如 爲內尸等焉 國惡大平恨音叱如(君답게 臣답게 民답게 한다면 나라가 태평할 것이다) (安民歌)

(12) 蘇武ㅣ 닐오ᄃᆡ 내 分이 죽건 디 오란 사ᄅᆞ미로ᄃᆡ 모로매 降히요려 커든 내 알ᄑᆡ셔 주거 뵈욤ᄉᆞ다 ᄒᆞ야ᄂᆞᆯ 李陵이 가니 後에 匈奴ㅣ 어즈럽거늘 도라 오니라 [武曰, 自分已死人矣. 必欲降請, 効死於前. 陵去, 及匈奴亂, 乃歸] 〈삼강행실도 런던본 忠6〉

<유가>에서는 '-ㅎヒ-'가 종결어미 '-ㅣ'[다] 앞에서만 사용되는 다른 자토석독구결자료들과 달리 (10ㄷ)처럼 양보의 연결어미 '-ㅅ斗'[과두] 앞에서도 사용되고 있다. 이 '-ㅎヒ-'는 향가에서는 '-音叱-'와 같은 형태로(11), 중세 한국어에서는 '-ㅁㅅ-'의 형태로 사용된 유일례가 있다(12).

(13) ㄱ. 又 怖畏 多彡 諸 災厲 多彡ソゕ 衆具 匱乏ソろホ 愛樂ノㅎ可ヒソㄱ 不矢ゕ 惡友ㅋ 攝持ノㄱ刂罒 諸 善友 無ゕソ尸矢ㅣ(또 두려움이 많고 여러 재앙이 많고 하며, 뭇 도구가 모자라서 애락할 수 있는 바가 아니며, 나쁜 친구에게 포섭된 바이어서 여러 좋은 친구가 없으며 한 것이다.) 〈유가27 : 06–08〉

ㄴ. 多諸定樂ろ十 知ノㅎ應ヒㅣ 略ロㄱ 六種 有ソㄱ刂ㄱ丁(여러 선정의 즐거움이 많은 것[多諸定樂]에, 알아야 한다, 간략히 하면 여섯 가지가 있는 것이다.) 〈유가27 : 11〉

ㄷ. 一切 世間ㅋ 好ゕ 尙ㆆ尸 所ヒ 色相: 顔容: 及ヒ 衣服:ノ今乙 應ヒノㄱ 隨ㆆ 普現ㆆㄱム 其 心ろ十 愜亐ソろ (모든 세상이 좋아하며 숭상하는 바의 색상이니 얼굴이니 및 의복이니 하는 것을, 마땅한 것을 좇아 널리 나타내되 그 마음에서 쾌히 하여) 〈화엄18 : 04–05〉

한편 '-ㅎヒ-'와 관련되는 표현으로 '-ㅎ可/應ヒ(ソ)-'[ㅁㅅ(ᄒᆞ)/ㅁ짓(ᄒᆞ)]를 언급할 수 있다. 하지만 '-ㅎ可/應ヒ(ソ)-'는 (13ㄷ)처럼 '應ヒ-'[應ㅅ]가 단독으로 용언으로 쓰인 예가 하나 있어 '可/應'가 부독자가 아닐 가능성이 있다. 또 '-ㅎヒ-'는 'ソ-'[ᄒᆞ]가 후행하지 않지만 'ㅎ可/應ヒ'은 'ソ-'가 후행하는 경우가 있다는 점에서 분포도 다르다. 마지막으로 원

문의 '可/應'에 의해 가능이나 의무의 의미 해석을 담보할 수 있는 '-ㅎ可/應七(ソ)-'와 달리 '-ㅎ七-'는 반드시 의무나 가능의 의미로 해석하지 않아도 자연스러운 경우가 많아(10), '-ㅎ可/應七-'와 '-ㅎ七-'가 동일 문법 형태인지는 재고의 여지가 있다.

1.3. 선어말어미 '-오-'

중세 한국어 선어말어미 '-오-'와 대응되는 선어말어미는 <유가>에서 구결자 'ノ'[호/오]를 통해 표기되는데, 순수한 선어말어미 '-오-'를 표기하는 경우와(14), 용언 'ᄒᆞ-'와 '-오-'의 결합형을 표기하는 경우로 나눌 수 있다(15).

(14) ㄱ. {於}晝夜分3十 時時3十 自他ラ {有}斗ノ1 所七 衰盛 等ソ1 事乙 觀察ソ3ホ 心3十 厭患乙 生リホ(밤낮으로 때때로 나와 다른 사람이 지닌 바 쇠하고 성하는 등의 현상[事]을 관찰하여서 마음에서 염환을 내며,) 〈유가24 : 23–25 : 01〉

ㄴ. 彼リ 正法乙 受用ソ3ホ 而灬 轉ソトノ1入乙 知3((그들은) 그가 정법을 수용하여서 전하는 줄을 알아) 〈유가03 : 15–16〉

(15) 六 多分 憂愁ソ3ホ 難養難滿ノネ罒 喜足乙 知尸 不ハノ今七 過失リホ(여섯째는 많이 걱정하고 근심하여서 기르기 어렵고 채우기 어려울 것이라 기뻐하고 만족함을 알지 못하는 잘못이며,) 〈유가13 : 16–17〉

<유가>에서 선어말어미 '-ノ-'[오]는 중세 한국어와 마찬가지로 1인칭 주어와 일치를 나타내거나(16), 관계절에서 피수식 명사가 관계절 내의 목적어 또는 부사어임을 나타내기도 하며(17), 보문에서 수의적으로 사용된다(18).

(16) ㄱ. 我灬 {於}彼 正審觀察ノ今七 心一境位3十 當ハ 障㝵乙 作厶リ尸 勿ノネ1リ3七丨ソ尸矢丨(나로 하여금 저 바로 살피고 관찰하는 심일경위에서 반드시 장애를 짓게 하지 말 일이다 할 것이다.) 〈유가09 : 01–02〉

ㄴ. 我1 當ハ 心自在性亠 定自在性亠ノ尸乙 證ノㅎ應七ソ1リ3七丨ソ3('나는 반드시 심자재성이니 정자재성이니 하는 것을 증득해야 하는 것이구나' 하여) 〈유가16 : 14–15〉

(17) 最勝因乙 依阝 先下 說丿丨 事乙 如八 逆次灬 說丿ㄱ刂ㄱ入一{故}亠(가장 뛰어난 인을 의지하여, 먼저 말한 일과 같이, 역차로 말한 것인 까닭에서 그러하다.) 〈유가23 : 11–12〉

(18) ㄱ. 大師刂 正法乙 建立丷{爲欲}人 方便灬 正等覺 成丿尸入乙 示現丷二下(대사가 정법을 건립하고자 방편으로 정등각 이루는 것을 나타내 보이시어,) 〈유가06 : 04–05〉

ㄴ. {於}勝三摩地 圓滿丷ㄱ彡十 更阝 求願丿尸入乙 起尔(뛰어난 삼마지의 원만함에 대해 다시 구원하는 것을 일으키며,) 〈유가15 : 11–12〉

<유가>에서는 위의 세 경우 이외에 (19ㄱ)처럼 아우름 동사 'ᄒᆞ-'나 (19ㄴ)처럼 명명구문에 쓰이는 'ᄒᆞ-'의 뒤에서도 선어말어미 '-오-'가 쓰이며, (19ㄷ)처럼 분포환경을 특정하기 힘든 경우에도 쓰이는데, 그 기능을 일관되게 설명하기가 쉽지 않다.

(19) ㄱ. 我ㄱ 當八 心自在性亠 定自在性亠丿尸乙 證丿㇏應七丷ㄱ刂阝七丨丷阝('나는 반드시 심자재성이니 정자재성이니 하는 것을 증득해야 하는 것이구나' 하여) 〈유가16 : 14–15〉

ㄴ. 是 如支丷ㄱ 十種乙 名下 內外乙 依丷ㄱ 生圓滿亠丿矛丨(이와 같은 열 가지를 일컬어 안팎을 의지한 생원만이라고 한다.) 〈유가03 : 18–19〉

ㄷ. 六 多分 憂愁丷阝㫆 難養難滿丿矛罒 喜足乙 知尸 不八丿今七 過失刂尔(여섯째는 많이 걱정하고 근심하여서 기르기 어렵고 채우기 어려울 것이라 기뻐하고 만족함을 알지 못하는 잘못이며,) 〈유가13 : 16–17〉

한편 <유가>에서는 구결자 '㇏'[오]로 표기되는 선어말어미 '-오-'가 존재하는데, 모두 용언 '知-(알-)' 뒤에서만 쓰이는 것이 특징이다.

(20) ㄱ. 又 此 三摩地圓滿七 廣聖教七 義阝十 當八 知㇏丨 唯八 是 如支丷ㄱ 十相氵 有丷ㄱ亠(또 이 삼마지 원만의 자세한 성스러운 가르침의 의미에, 반드시 알아야 한다, 오직 이와 같은 열 가지 상만이 있으니,) 〈유가16 : 06–07〉

ㄴ. 此 五相乙 由阝丷尸入乙 當八 知㇏丨 是乙 名下 初處阝十 觀察丷尸丁丿矛刂ㄱ丁(이 다섯 상으로 말미암아 (관찰)하는 것을, 반드시 알아야 한다, 이를 일컬어 처음 처소[初處]에서 관찰하는 것이라 하는 것이다.) 〈유가17 : 04–05〉

이 선어말어미 '-오-'는 관계절이나 보문절에 쓰인 것도 아니고, 또 '知ㅎ丨'[알오다]가 맥락상 2인칭이나 3인칭 주어에 대한 당위 표현이라는 점에서, '-ノ-'로 표기되는 선어말어미 '-오-'와는 그 기능이 다르다고 할 수 있다. '知ㅎ丨'는 향가에 등장하는 '知古如'와 관련이 있는 어형으로 보이는데('民是愛尸知古如, 國惡支持以支知古如' <安民歌>), 선어말어미로 추정되는 '-고-'의 'ㄱ'가 'ㄹ' 말음 어간 뒤에서 탈락하여 '-오-'가 되었을 가능성이 있다.

1.4. 기타

<유가>에서 선어말어미 '-氵七-'[앗]은 항상 계사 'リ-'[이] 뒤에 쓰이며 '-口'[고], '-ㅅ'[며], '-丨'[다]와 같은 어말어미가 직접 후행한다. 이 선어말어미는 화법 구문으로 분석할 수 있는 구문에서 사용되는 특징을 보인다.

(21) ㄱ. 云何亠ㅎ尸入ㄱ 彼灬 正七 修行ソ氵尒 轉ソ{令}リ氵ノオㄱリ氵七口ソ二尸入灬("어떻게 하면 그로 (하여금) 바로 수행하여서 전(轉)하게 할 것인가?" 하시는 까닭으로) 〈유가06 : 05〉

ㄴ. 我灬 {於}彼 正審觀察ノ令七 心一境位氵十 當ハ 障㝵乙 作亽リ尸 勿ノオㄱリ氵七丨ソ尸矢丨(나로 하여금 저 바로 살피고 관찰하는 심일경위에서 반드시 장애를 짓게 하지 말 일이다 할 것이다.) 〈유가09 : 01-02〉

ㄷ. 我ㄱ 當ハ 心自在性亠 定自在性亠ノ尸乙 證ノㅎ應七ソㄱリ氵七丨ソ氵('나는 반드시 심자재성이니 정자재성이니 하는 것을 증득해야 하는 것이구나' 하여) 〈유가16 : 14-15〉

이를 상대높임 선어말어미로 분석하는 견해도 있으나, <유가>에서는 화자의 독백에서 사용되는 경우가 많아 재고의 여지가 있다.

(22) 請問乙 依ソㄱ入灬 故ノ 昔尸 聞白尸 未リソ㇇七丨ノㄱ 甚深 法義乙 聞ㅅ(청하여 물음을 의지한 까닭으로, 예전에 듣지 못하였던 깊고 깊은 법의 이치를 들으며,) 〈유가07 : 03-04〉

'-阝七-'과 관련되는 선어말어미로 '-ラ七-'[읫]을 언급할 수 있는데, 'ラ七'은 제사 뒤에서만 쓰이는 '-阝七-'과 달리 'ソ-'[ᄒᆞ] 뒤에서 쓰였다. 여기서 '未リソラ七丨ノㄱ'[안이ᄒᆞ읫다혼/안이ᄒᆞ읫더온]에서 쓰인 '丨'에 대해서도 살펴볼 필요가 있는데, 이 '丨'를 평서형 종결어미 '-다'로 보지 않고 중세 한국어의 과거시상(회상법) 선어말어미 '-더-'로 분석한다면 '未リソラ七丨ノㄱ'은 중세 한국어의 'ᄒᆞ얫단(ᄒᆞ-+-아#잇-+-더-+-오-+-ㄴ)'의 선대형일 가능성이 있다. 그렇다면 '-ラ七-'은 선어말어미가 아니라 연결어미 '-아'와 동사 '잇-'의 융합표기가 된다.

'-ナ-'[겨]는 석독구결자료에서 높은 빈도와 다양한 분포를 보이며 사용되는 선어말어미로, 그 기능을 특정하기 힘들다.

(23) ㄱ. 若 <u>有ナ丨</u> {於}三摩地阝十 已氵 得ホ 圓滿ソㅎ 亦 自在乙 得ㅎ<u>ソナㄱリ亠</u>(만약 있다. 삼마지에 대해 이미 능히 원만하고 또 자재를 얻고 한 이가.)〈유가27 : 14–15〉

ㄴ. 其 聽法者リ 卽亍 此 意乙 {以}氵 而灬 正法乙 聽ソナ禾罒 是 故灬 此 時乙 名下 饒益他亠ノ禾ふ(그 법을 듣는 자가 곧 이러한 뜻으로써 정법을 들을 것이라서, 이런 까닭으로 이 때를 일컬어 남을 넉넉히 이익되게 함[饒益他]이라고 하며,) 〈유가05 : 21–23〉

ㄷ. 便亍 自灬 思惟<u>ソナ尸</u> 我ㄱ 已氵 心一境性乙 證得ソ阝ノㄱリ阝七丨ソ阝 實 如支 <u>了知ソナ亍七丨</u>(곧 스스로 사유하기를 '나는 이미 심일경성을 증득한 것이다' 하여 실상과 같이 안다.)〈유가20 23 : 21–22〉

지금까지 '-ナ-'는 '-亠-'[시]보다는 낮은 등급의 주체 높임 선어말어미라는 견해와 시제나 상, 혹은 양태와 관련되는 선어말어미라는 견해 등이 제시되었으나, 하나의 의미기능만으로 다양한 분포의 '-ナ-'를 일관되게 설명하기는 쉽지 않다.

선어말어미 '-邑-'[ㅂ]은 직접적으로 대응되는 중세 한국어 선어말어미를 찾기 어려우며, 따라서 독법도 미상이다. 하지만 '爲'가 '위하-'의 의미로 해석되면서 'NP乙 爲(ソ邑)八ソ-'[NP를 爲(ᄒᆞᆸ)과ᄒᆞ]와 같이 위하는 대상에 목적격조사 '乙'[을]이 붙는 경우에 나타난다는 점에서 특징적이다(24).

(24) ㄱ. 大王下 {是}刂 故灬 佛佛刂 {於}世十 出現ソニ下 衆生乙 爲人ソニ尸入灬 故ノ 說3ホ 三界： 六道：ノ令セ 名字乙 作ソ白ケ1乙 是乙 名3 無量名字：ノオ1：(大王이시여, 이런 까닭으로 佛佛이 世에 出現하시어 衆生을 爲하고자 하시는 까닭으로 說하시어서, 三界이니 六道이니 하는 名字를 作하시는 것을/하시거늘 이를 일러 無量名字이라 하는 것이다.) 〈구인14 : 04-06〉

ㄴ. 他乙 引ソ3 {於}己ラ乙 信ソ{令}刂{爲}人ソ尸 不冬ソ㇇ 利養亠 恭敬亠 稱譽亠ノ尸乙 爲ソ邑人ソ尸 不冬ソ㇇ソ尸矢｜(남을 이끌어 자기를 믿게 하려고 하지 않고, 이양(利養)이니 공경이니 칭찬[稱譽]이니 하는 것을 위하려고 하지 않고 하는 것이다.) 不爲引他令信於己，不爲利養恭敬稱譽。] 〈유가20, 04 : 18-19〉

ㄷ. 若 說法師刂 此 義乙 爲ソ邑人ソ尸入灬 故ノ 正法乙 宣說ソト1乙 (만약 설법사가 이러한 이치를 위하고자 하는 까닭으로 정법을 펼쳐 말한다면(/펼쳐 말하는 것을),) 〈유가20, 05 : 21〉

2. 어말어미

(25)는 <유가>에서 사용된 어말어미를 종결어미, 연결어미, 전성어미 순으로 나열한 것이다.

(25) ㄱ. 종결어미 : -ㅁ, -1丁, -｜, -尸丁

ㄴ. 연결어미 : -ㅁ, -ㅁ1, -人, -乃, -1乙, 1亠, -四, -尸, -尸入1, -尸厶, -尸亠, -人from, -1, -ㅊ, -3, -㇇, -下

ㄷ. 전성어미 : -ㅌ, -尸, -1

2.1. 종결어미

<유가>에서는 평서형어미, 의문형어미, 감탄형어미가 사용되고 있으며 명령형어미는 나타나지 않는다. 다른 자토석독구결자료에 '-立'[셔], '-3'[아]와 같은 명령형어미가 쓰이는 것으로 볼 때 명령형어미가 등장하지 않는 것은 우연한 공백일 가능성이 높다.

<유가>에서는 구결자 '｜'[다]를 사용하여 평서형 종결어미 '-다'를 표기하고 있으며,

중세 한국어와 달리 계사 'ㅣ-'[이] 뒤에서도 쓰인다. 석독구결자료에서 어말어미로 쓰이는 '-罒'[라]는 대부분 평서형 종결어미라기보다 연결어미로 보는 것이 자연스럽다(후술).

(26) ㄱ. 謂 大師圓滿ㅅ 世俗正法施設圓滿ㅅ 勝義正法隨轉圓滿ㅅ 正行不滅圓滿ㅅ 隨順資緣圓滿ㅅㅣ丨(말하자면 대사원만과 세속정법시설원만과 승의정법수전원만과 정행불멸원만과 수순자연원만과이다.) 〈유가02 : 17-19〉

ㄴ. 若 有ナ丨 正七 法隨法行乙 修ソナ⺘亠(만약 있다. 법수법행(法隨法行)을 닦는 이가.) 〈유가06 : 03-04〉

<유가>에서는 (27)처럼 구결자 'ㅁ'[고]로 의문형어미를 표기하고 있다. 중세 한국어의 의문형어미 '-고'와 마찬가지로 설명의문문에 쓰인다.

(27) 而ㄱ 我ㄱ 今ㅌ{者} {於}四種 苦ろ十 何ㆆ 等ソㄱ乙 {爲}脫ソろノㄱㅣろ七ㅁ(나는 지금 네 가지의 괴로움에서 어떤 것들을 벗어나 있는 것인가?) 〈유가18 : 13-14〉

(28) ㄱ. 云何ソㄱ乙 十一ㅣ丨ノ仒ㅁ(어떤 것을 열 한가지라 하는가?) 〈유가11 : 12〉

ㄴ. 彼ㅣ 正法乙 受用ソろホ 而灬 轉ソㅏノㄱ入乙 知ろ 恐入ㄱ 資緣 乏ろホ 是 如支ソㄱ 所受七 正法乙 退失ソ去尸去ソナ尸入灬((그들은) 그가 정법을 수용하여서 전하는 줄을 알아, 두려워하는 바는(/두려워하기를) '자연이 모자라서 이와 같은 받은 바 정법을 잃을 것인가?' 하는 까닭으로,) 〈유가03 : 15-17〉

하지만 이들이 쓰이는 경우는 수가 많지 않고, (28ㄱ)처럼 관형형어미와 의존명사가 결합된 형태인 '仒'[리]에 의문첨사 'ㅁ'[고]가 후행하는 형식이 주로 사용되고 있다. 특히 <유가>에서는 다른 자토석독구결자료와 달리 (28ㄴ)처럼 동명사형어미로 쓰인 '-尸'[ㄹ] 뒤에 의문첨사 '去'[가]가 후행하는 형식도 한 예 발견된다.

<유가>에서는 '-ㄱ丁'[ㄴ뎌]와 '-尸丁'[ㄹ뎌]가 감탄형어미로 쓰이고 있다. '-ㄱ丁'는 기원적으로 관형형어미 '-ㄱ'[ㄴ], 의존명사 '入'[ᄃᆞ], 조사 '亠'[여]가 복합되어 형성된 연결어미이며, '-尸丁'도 이와 마찬가지로 관형형어미 '-尸'[ㄹ], 의존명사 '入', 조사 '亠'가 복합되어 형성되었다.

(29) ㄱ. 此乙 除ロ斤 更氵 若 過ソ3 若 增ソ3ソ1 无ソ1リ1丁(이것을 제외하고는, 다시 (이보다) 지나치거나 (이보다) 더하거나 한 것이 없는 것이다.) 〈유가13 : 03〉

ㄴ. 廣リ 說尸入1 當八 知ㅎ丨 二十種 有七1ㅗ 菩薩地氵十 當八 說白ノ尸 如支ソ1 リ1丁 (자세히 말하면, 반드시 알아야 한다, 스무 가지가 있으니 보살지에서 반드시 설할 것과 같은 것이다.) 〈유가04 : 09–10〉

(30) ㄱ. 是 故ㅡ 此乙 說氵 能ㅅ 自ラ乙 饒益ソ尸丁ノ才ㅅ(이런 까닭으로 이것을 말하여 능히 자기를 넉넉히 이익되게 함[饒益他]이라고 하며,) 〈유가06 : 08–09〉

ㄴ. 此 七相乙 由氵ソ尸入乙 是乙 名下 第四處氵十 觀察ソ尸丁ノ才丨(이 일곱 가지 상으로 말미암아 (관찰)하는 것을, 이를 일컬어 네 번째 처소[第四處]에서 관찰하는 것이라 한다.) 〈유가18 : 08–09〉

2.2. 연결어미

<유가>에서는 중세 한국어 연결어미 '-고'와 '-아'에 대응되는 연결어미로 각각 '-ロ' [고]와 '-氵'[아]가 쓰이고 있으며, 그 기능은 중세 한국어와 크게 다르지 않다.

(31) ㄱ. 當八 知ㅎ丨 此 淸淨1 唯八 正法氵十氵 在ソロ 諸 外道ラ十1ソ七 非矢リ1丁(반드시 알아야 한다. 이 청정은 오직 정법에만 있고 모든 외도에게는 있는 것이 아니다.) 〈유가20 : 01–02〉

ㄴ. 彼1 {於}亦ソ1 時ㅗ十 能ㅅ 現觀乙 障ソ令七 我慢 亂心乙 便ㅎ 永氵 斷滅ソロ 心一境性乙 證得ソナ1入ㅡ(그는 이러한 때에 능히 현관을 막는 아만의 어지러운 마음을 곧 길이 끊어없애고 심일경성을 증득한 까닭으로,) 〈유가20 23 : 20–21〉

(32) ㄱ. 無間滅心乙 依氵 新丁 起ノ1 所七 作意乙 由氵 無常 等ソ1 行乙 {以}氵 實 如支 思惟ソㅅ(무간멸심을 의지하여 새로 일어난 바의 작의로 말미암아 무상 등의 행(行)으로써 실상과 같게 사유하며) 〈유가20 23 : 17–18〉

ㄴ. 當八 知ㅎ丨 有餘依涅槃界乙 依止ソ氵 九法リ 轉ノ尸ム 涅槃乙 首 {爲}氵七 有七 ㅅ(반드시 알아야 한다. 유여의열반계를 의지하여 아홉 법이 전(轉)하되 열반을 으뜸으로 삼는 것이 있으며,) 〈유가04 : 21–23〉

한편 구결자 '下'[하]를 이용해서도 연결어미 '-아'를 포함한 요소를 표기하기도 하는데, '-下'[하]는 선어말어미 '-ニ-'[시]의 뒤나 '名下'[일하]처럼 특정 용언 뒤에서만 쓰이는 것이 특징이다.

(33) ㄱ. 卽 此 解脫圓滿乙 名下 有餘依涅槃界亠ノ禾丨(곧 이 해탈원만을 일컬어 유여의열반계라 한다.) 〈유가05 : 14〉

ㄴ. 大師刂 正法乙 建立ソ{爲欲}人 方便灬 正等覺 成ノ尸入乙 示現ソニ下(대사가 정법을 건립하고자 방편으로 정등각 이루는 것을 나타내 보이시어,) 〈유가06 : 04-05〉

<유가>에서는 연결어미 '-ᄛ'[져]와 '-ゕ'[며]를 표기하고 있다. '-ᄛ'는 동사구나 절이 나열될 때 사용되는 연결어미이며, 나열이 완료된 이후에는 항상 아우름 동사 'ソ-'[ᄒᆞ]를 요구한다. '-ゕ'도 이러한 기능을 하지만 '-ᄛ'보다 큰 단위에 결합한다.

(34) ㄱ. 謂ㄱ 佛世尊ㄱ 般涅槃ソニ亦七人{雖}十 而ㄱ 俗正法刂 猶刂 住ソ3亦 未滅ソᄛ 勝義正法刂 未隱未斷ソᄛソ尸矢丨(말하자면 불세존은 반열반하시더라도 세속의 정법이 여전히 머물러서 멸하지 않고, 승의의 정법이 가려지거나 끊어지지 않고 하는 것이다) 〈유가03 : 11-13〉

ㄴ. 此乙 除ロ斤 更3 若 過ソᄛ 若 增ソᄛソㄱ 无ソㄱ刂ㄱ丁(이것을 제외하고는, 다시 (이보다) 지나치거나 (이보다) 더하거나 한 것이 없는 것이다.) 〈유가13 : 03〉

(35) ㄱ. 此乙 依止ソㄱ入灬 故ノ 又 能ゕ 無間人 殷重人七 二修方便乙 趣入ソゕ 此乙 由3 次第灬 乃氵 至刂 修所成智乙 證得ソゕ(이것을 의지한 까닭으로 또 능히 무간과 은중과의 두 가지 수(修)의 방편을 들어가며, 이것으로 말미암아 차례로 수소성지에 이르기까지를 증득하며,) 〈유가05 : 07-09〉

ㄴ. {於}道亠 道果涅槃亠ノ今十 三種 信解乙 起ノ尸厶 一十ㄱ 實有性乙 信ソᄛ 二 有功德乙 信ソᄛ 三 己氵 有能刂ㄱ 得樂ノ今七 方便乙 信ソᄛソゕ (도니 도과열반이니 하는 데에 세 가지 신해를 일으키되, 첫째는 실유성을 믿고, 둘째는 공덕 있음을 믿고, 셋째는 자기의 유능인 즐거움을 얻는 방편을 믿고 하며,) 〈유가05 : 01-03〉

<유가>에서는 앞 절과 뒤 절을 대립적으로 이어주는 연결어미 '-乃'[나]가 쓰이고 있

는데, 그 기능은 중세 한국어 연결어미 '-나'와 크게 다르지 않다.

(36) ㄱ. 設灬八 得尒 出家ソ3乃 此 尋思灬{之} 擾動ノ1 所乙 由3 障㝵乙 爲一リ尸入灬(비록 능히 출가하였으나, 이 심사로 요동친 바로 말미암아 장애를 입게 되는 까닭으로, 〈유가08 : 08-09〉

ㄴ. 五 智德 {有}斗亽{雖}斗 然ソ乃 是1 愛行リ罒 多リ 利養恭敬乙 求ノ令七 過失リ𢀳(다섯째는 비록 지와 덕은 지녔어도, 그러나 이는 애행이라서 많이 이양과 공경을 구하는 잘못이며,) 〈유가13 : 15-16〉

<유가>에서는 앞의 절이 뒤의 절의 원인이나 근거가 됨을 나타내는 연결어미로 '-罒' [라]가 쓰이고 있다.

(37) ㄱ. 又 此 三摩地乙 得3斤 當八 知亠丨 卽亠 是1 初靜慮七 近分定乙 得ナ𢒰罒 未至位灬 攝ノ尸 所リ1丁(또 이 삼마지를 얻어서는, 반드시 알아야 한다, 곧 이는 초정려의 근분정을 얻을 것이라서 미지위로 거둘 바인 것이다.) 〈유가15 : 02-04〉

ㄴ. 惡友氵 攝持ノ1リ罒 諸 善友 無𢀳ソ尸矢丨(나쁜 친구에게 포섭된 바이어서 여러 좋은 친구가 없으며 한 것이다.) 〈유가27 : 08〉

'-罒'[라]는 계사 'リ-'[이] 뒤에서만 쓰인다는 점에서 중세 한국어 어말어미 '-라'와 큰 차이가 없지만, 석독구결에서는 종결어미로서의 용법을 발견하기 어렵다.

석독구결에서는 동명사형어미 '-尸'[ㄹ]과 '-1'[ㄴ]이 연결어미로도 사용되는데 이러한 용법은 <유가>에서도 발견된다.

(38) ㄱ. 悔惱ノ尸 无ソ1入灬 故ノ 便ノ 歡喜乙 生リ𢀳 廣リ 說尸 乃氵 至リ 心リ 正定3十 入ソ𢒰罒(후회의 시달림[悔惱]이 없는 까닭으로 곧 환희를 내며, 자세히 말하자면, 마음이 바른 정에 들어가기까지 할 것이므로,) 〈유가25 : 14-16〉

ㄴ. 謂1 勝善慧乙 名下 {爲}思擇亠ノ尸亠(말하자면 뛰어난 훌륭한 혜를 일컬어 사택이라고 하는데,(/한다.)) 〈유가27 : 17〉

연결어미 '-尸'은 (38ㄱ)와 같이 피인용문 앞에서 인용 동사의 어미로 사용되어 앞뒤

절을 이어주고 있으며, 연결어미 '-ㄱ'도 (38ㄴ)처럼 동사 '謂 (니ᄅ-)'의 어미로 쓰여 '謂ㄱ'[닐온] 전체가 현대국어의 접속부사와 같은 기능을 하고 있다.

(39) 若 說法師刂 此 義乙 爲ソ色人ソ尸入灬 故ノ 正法乙 宣說ソトㄱ乙 其 聽法者刂 卽ㅎ 此 意乙 {以}氵 而灬 正法乙 聽ソナ矛罒(만약 설법사가 이러한 의미를 위하고자 하는 까닭으로 정법을 펼쳐 말한다면(/펼쳐 말하는 것을) 그 법을 듣는 자가 곧 이러한 뜻으로써 정법을 들을 것이라서,)〈유가05 : 21-22〉

동명사형어미 '-ㄱ'에 목적격조사 '乙'[을]이 결합한 형태인 '-ㄱ乙'[ㄴ을]도 연결어미로 사용되는데, 중세 한국어의 '-거늘', '-거시늘'과 달리 '-거-'가 개재되지 않은 형태도 나타날 수 있었다. '-尸亠'[ㄹ여]와 '-ㄱ亠'[ㄴ여]도 각각 동명사형어미 '-ㄱ'과 '-尸'에 조사 '亠'[여]가 결합된 형태인데, 이들도 '-ㄱ'과 '-尸'이 가진 연결어미로서의 기능을 이어받아 연결어미로 사용되는 경우가 있다.

(40) ㄱ. 是 如支ソㄱ乙 名下 {爲}涅槃乙 首 {爲}氵ㄱ氵十 有七ㄱ 所七 廣義亠ノ尸亠 此乙 除口斤 更氵 若 過ソ㢱 若 增ソ㢱ソㄱ 无ナㄱ刂丨(이와 같은 것을 일컬어 열반을 으뜸으로 삼은 데에 있는 바 자세한 의미[廣義]라 하는 것이니, 이것을 제외하고는, 다시 (이보다) 지나치거나 (이보다) 더하거나 한 것이 없는 것이다.)〈유가06 : 12-13〉

ㄴ. 若 我ㄱ 是 如支 自策ソ㢱 自勵ソ㢱ソ氵 誓尒 三處乙 受ソ氵ノㄱ亠 猶刂 四苦氵 常刂 隨逐ノ尸 所乙 爲ハ氵(또한 나는 이와 같이 스스로 책망하고, 스스로 격려하고 하여 맹세코 세 처소[三處]를 받았는데(/받았으나), 오히려(/여전히) 네 괴로움이 항상 뒤따르는 바를 입어〈유가18 : 14-15〉

<유가>에서는 아래에서처럼 가정의 의미를 나타내는 연결어미로 '-尸入ㄱ'[ㄹ든]과 '-口ㄱ'[곤]이 쓰이고 있다.

(41) ㄱ. 謂尸 我ㄱ 何亠ㅎ尸入ㄱ 當ハ 能ㅅ 具足ㅎ 是 如支ソㄱ 聖處刂ㄱ 阿羅漢氵 所具足住 如支ソㄱ氵十 住ノ矛ㄱ刂氵七口ソㅅ(이르기를 '나는 어찌하면 반드시 능히 구족하게 이와 같은 성스러운 처소인 아라한이 구족하게 머무는 곳과 같은 곳에

머물 것인가?' 하며)〈유가29 : 03-05〉

ㄴ. 又 此 遠離障㝵七 義𠃍 廣リ 說尸入𠃍 知ノᄒ應七丨 說ノ𠃍 所七 相乙 如八ソ𠃍亠(또 이 원리장애의 의미는, 자세히 말하면, 알아야 한다, 말한 바의 상과 같은 것이니,)〈유가28 : 06-07〉

(42) ㄱ. 是 如支ソ𠃍 聖法氵十 略口𠃍 二種 有七丨(이와 같은 성스러운 법에, 간략히 말하면, 두 가지가 있다.)〈유가03 : 22〉

ㄴ. 當八 知ᄒ丨 廣リ 說口𠃍 十六種 有七𠃍亠 亦 菩薩地七 中氵十 當八 說白ノ尸 如支ソ𠃍リ𠃍丁(반드시 알아야 한다, 자세히 말하자면 열여섯 가지가 있으니, 또한 보살지 가운데 반드시 설할 것과 같은 것이다.)〈유가04 : 13-14〉

석독구결에서는 의도나 소망, 목적 등을 나타내는 연결어미로 '-ㅅ'[과]와 '-七亻'[ㅅ뎌]가 있는데, 이 중 '-ㅅ'만이 <유가>에서 쓰인다.

(43) ㄱ. 卽 此 二 雜染品乙 斷ソ{爲}ㅅ 善說法亠 毘柰耶亠ノ今十 入ソㅌ七 時亠十(곧 이 두 잡염품을 끊고자 선설법이니 비나야니 하는 것에 들어가는 때에,)〈유가30 : 07-08〉

ㄴ. 大師リ 正法乙 建立ソ{爲欲}ㅅ 方便灬 正等覺 成ノ尸入乙 示現ソ二下(대사가 정법을 건립하고자 방편으로 정등각 이루는 것을 나타내 보이시어,)〈유가06 : 04-05〉

중세 한국어 연결어미 '-오ᄃᆡ'의 선대형으로 추정되는 구성은 석독구결자료에서 선어말어미 '-ノ-'[오]와 연결어미 '-𠃍ム'[ㄴᄃᆡ]와 '-尸ム'[ㄹᄃᆡ]의 결합으로 분석할 수 있는 '-ノ𠃍ム'[온ᄃᆡ], '-ノ尸ム'[올ᄃᆡ]로 나타나는데, <유가>에서는 '-ノ尸ム'만이 사용되고 있다. '-ノ𠃍ム'가 다른 자토석독구결자료에서 사용되는 것으로 볼 때 이는 우연한 공백으로 보인다.

(44) ㄱ. 又 善心乙 {以}氵 正法乙 聽聞ノ尸ム 便ᄒ 能𠂊 所說法義リ𠃍 甚深上味乙 領受ソ氵ホ(또 선심으로써 정법을 자세히 듣되(/들을 때에), 곧 능히 설한 바 법의 의미인 깊고 깊은 으뜸가는 맛[甚深上味]을 받아들여서,)〈유가05 : 23-06 : 01〉

ㄴ. 二 伴𠃍 有德ソ人{雖}斗 然ソ乃 能𠂊 修定方便乙 宣說ソ今七 師リ 過失 {有}斗ノ尸ム 謂𠃍 顚倒亐 修定方便乙 說ソ尸矢𠂊(둘째는 도반[伴]은 비록 덕이 있어도, 그

러나 능히 정을 닦는 방편을 펼쳐 말하는 스승이 잘못을 지니되, 말하자면 전도(顚倒)하여 정을 닦는 방편을 설하는 것이며,)〈유가13 : 09–10〉

'-ㅅ㐃'[과두]는 양보의 의미를 가지는 연결어미로, 자토석독구결자료 중 오로지 <유가>에서만 사용되고 있다. '-ㅅ㐃'는 선어말어미 '-ㅎㄷ-'[ㅁ시]와 공기할 수 있는 유일한 연결어미라는 점에서 특징적이다.

(45) ㄱ. 五 智德 {有}ㅏㅅ{雖}㐃 然ソ乃 是ㄱ 愛行リ罒 多リ 利養恭敬乙 求ノ今ㄷ 過失リ㐫(다섯째는 비록 지와 덕은 지녔어도, 그러나 이는 애행이라서 많이 이양과 공경을 구하는 잘못이며,)〈유가13 : 15–16〉

ㄴ. 謂ㄱ 佛世尊ㄱ 般涅槃ソニㅎㄷㅅ{雖}㐃 而ㄱ 俗正法リ 猶リ 住ソ3ホ 未滅ソ㇂ 勝義正法リ 未隱未斷ソ㇂ソア矢丨(말하자면 불세존은 반열반하시더라도 세속의 정법이 여전히 머물러서 멸하지 않고, 승의의 정법이 가려지거나 끊어지지 않고 하는 것이다.)〈유가03 : 11–13〉

2.3. 전성어미

<유가>에서는 '-ア'[ㄹ]과 '-ㄱ'[ㄴ]이 관형형어미로도 쓰이고(46), 명사형어미로도 쓰인다(47).

(46) ㄱ. 是 如支ソㄱ 七種乙 是乙 修所成慧 俱ソㄱ 光明想ㅋ 所對治ㄷ 法亠ノア亠(이와 같은 일곱 가지를, 이를 수소성혜와 함께하는 광명상의 소대치의 법이라 하는 것이니,)〈유가12 : 13–14〉

ㄴ. 是 故ᅲ 慇懃ㅎ 種種ㄷ 衣服亠 飮食亠 諸 坐臥具亠 病緣醫藥亠ノア 供身什物乙 奉施ソア矢丨(이런 까닭으로 간절히 갖가지 의복이니 음식이니 여러 앉고 눕는 기구니 병에 대한 의약이니 하는, 몸에 관한 집물(什物)을 받들어 베푸는 것이다.)〈유가03 : 17–18〉

(47) ㄱ. 又 {於}廣大ソㄱ 淨天生ㄷ 處3十 沈沒ノア 无有㐫(또 광대한 정천이 난 곳에 침몰함이 없으며,)〈유가15 : 17–18〉

ㄴ. 二 他師教リㄱ 謂ㄱ 所ㄱ 大師ア 鄔波柁耶亠 阿遮利耶亠ノアㅋ {於}時時間3十 教

授 教誡ノアㅅㄹ 依㇁ 攝受 依止ソアㅊㅣ(둘째는 다른 스승의 가르침인 이른바 대사 오파타야니 아사리야니 하는 이가 때때로 교수 교계하는 것을 의지하여, (그로써) 섭수하고 의지하는 것이다.)〈유가25 : 08-10〉

ㄷ. 彼ㄱ {於}圓滿ソㄱㄹ十 多 方便ㄹ 修ノㄱㅅㄹ 以ホ 依止 {爲}ㄹ㇁ 世間道ㄹ 由㇁ 三摩地圓滿ㄹ 證得ソㄱㅅ丷 故ノ(그는 원만한 것에 대해 많은 방편을 닦은 것으로써 의지를 삼아, 세간도로 말미암아 삼마지 원만을 증득한 까닭으로,)〈유가18 : 19-20〉

한편 <유가>에서는 명사형어미 '-ㄱ'이 쓰일 만한 위치에 '-ㅌ'[ᄂᆞ]가 출현하는 경우가 있다(48ㄱ). 관형형어미 '-ア'과 의존명사 'ㅣ'[이]가 결합한 형태로 분석할 수 있는 '-㕥' [리]와 달리(48ㄴ), '-ㅌ'는 석독구결자료에서 의존명사 'ᄋᆞ'가 사용된 예가 없으므로 관형형 어미 '-ㄱ'과 의존명사 'ᄋᆞ'의 결합으로 분석해 내기 힘들다. 따라서 '-ㅌ' 자체를 명사형어미로 볼 수도 있고, 혹은 이를 관형형어미 '-ㄱ'과 의존명사 'ㅌ'로 분석할 수 있는 '-ㄱㅌ'[ㄴᄂᆞ]에서 'ㄱ'이 생략된 표기로 볼 가능성도 있다(48ㄷ).

(48) ㄱ. 當ハ 知ㅎㅣ 有餘依涅槃界ㄹ 依止ソ㇁ 九法ㅣ 轉ノアム 涅槃ㄹ 首 {爲}ㄹㅌ 有七〻(반드시 알아야 한다. 유여의열반계를 의지하여 아홉 법이 전하되 열반을 으뜸으로 삼는 것이 있으며,)〈유가04 : 21-23〉

ㄴ. 又 第一義七 思所成慧ㅅ 及七 修所成慧ㅅ 俱ソㄱ 光明想㇁十 十一法ㅣ 所對治ㅣア {爲}ㅅㄹソ㕥 有七ㅣ(또 제일의의 사소성혜와 수소성혜와 함께하는 광명상에, 열한가지 법이 소대치가 되는 것이 있다.)〈유가27 : 09-10〉

ㄷ. 聖人性ㄹ 證ソㄱㅌカㅣ〻 一切 無量報ㄹ 得ㅌカㅣナㅣ(聖人性을 證한 자도 있으며 一切 無量報를 얻은 자도 있다.)〈구인11 : 18-19〉)

『유가사지론』 권20 석독구결의 문법 : 조사와 통사현상

허인영

이 글에서는 『유가사지론』 권20(이하 <유가>)에 나타나는 조사와 통사현상을 개관하기로 한다. 먼저 조사를 격조사와 보조사로 나누어 나타나는 환경과 특징을 제시하고, 다음으로 <유가>에서 보이는 통사현상을 부정, 사동, 피동 구문으로 나누어 간단한 설명을 덧붙일 것이다.

1. 조사

1.1. 격조사

<유가>에서 주어에 가장 흔히 붙는 주격조사는 중세 한국어와 마찬가지로 '刂'[이]이다. 조사가 없이 나타나는 경우도 상당히 많은데, '刂'가 붙는 것은 서술어의 특성과 관계가 있다. '刂'가 붙었을 때에는 서술어가 동사인 경우가 많고, 아무 조사도 없을 때에는 서술어가 '有', '無', '非' 등 형용사인 경우가 대부분이다. 15세기 한국어에서도 조사 없는

주어가 '잇다, 없다, 드외다, 곧ᄒᆞ다' 등 자동사나 형용사와 함께 나타나는 경향이 있다

(1) ㄱ. 能對治七 法刂 能ㄏ {於}彼乙 斷ソ亽 有ソ1ㅗ (능히 대치하는 법[能對治法]이 능히 그것을 끊음이 있으니)〈유가12 : 16-17〉

ㄴ. 有餘依涅槃界乙 依止ソ3 九法刂 轉ノ尸ム 涅槃乙 首 {爲}氵ㅌ 有七ㄏ (유여의열반계를 의지하여 아홉 법이 전하되 열반을 으뜸으로 삼는 것이 있으며)〈유가04 : 21-23〉

(2) ㄱ. {於}思惟ノ尸 所3十 疑刂 隨逐ノ尸 有七ㄏ (사유하는 데에 의심이 뒤따름이 있으며)〈유가11 : 15-17〉

ㄴ. 又 復 {於}彼ラ十 損害心 无ㅎソㄏ (또 다시 그에게 손해를 끼치려는 마음이 없고 하며)〈유가19 : 05-06〉

ㄷ. 此 清淨1 唯ハ 正法3十氵 在ソロ 諸 外道ラ十1ソㅌ 非矢刂1丁 (이 청정은 오직 정법에만 있고 모든 외도에게는 있는 것이 아니다)〈유가20 : 01-02〉

또한 행위주성이 높은 (타)동사의 주어에는 '刂'[이]가 통합되고, 행위주성이 낮은 형용사의 주어는 무표지로 남아 있는 경우가 많다.

주어가 문말로 도치된 환경에서는 'ㅗ'[여]가 나타난다. 이때 'ㅗ'는 도치된 주어에 붙어 주격조사처럼 기능하는데, 기원적으로 감탄의 조사 'ㅗ'에서 발달했을 가능성이 있다.

(3) 若 有ナ丨 正七 法隨法行乙 修ソナ矛ㅗ (만약 있다. 올바로 법수법행(法隨法行)을 닦는 이가.)〈유가06 : 03-04〉

같은 자토석독구결 자료인 『화엄경소』 권35와 이두, 균여향가에는 '刂'[이] 이외의 주격조사로 드물게 '七'[의]이 보인다.

<유가>에서 목적어에 가장 흔한 표지는 중세 한국어와 마찬가지로 '乙'[ㄹ]이다. 목적격조사가 나타날 것이 예상되는 타동문의 목적어에 쓰인 것이 대부분이다.

(4) ㄱ. 一 憍傲乙 遠離ソㄏ 二 輕蔑乙 遠離ソㄏ 三 怯弱乙 遠離ソㄏ 四 散亂乙 遠離ソㄏソ

尸矢丨 (첫째는 교만[憍傲]을 멀리 여의며, 둘째는 경멸을 멀리 여의며, 셋째는 겁약을 멀리 여의며, 넷째는 산란을 멀리 여의며 하는 것이다) <유가04 : 10-12>

ㄴ. 謂ㄱ 卽㇒ 大師刂 善ㄋ 爲㇒ 俗正法乙 開示尸 已氵ソロハㄱ (말하자면 곧 대사가 잘, (대중을) 위하여, 세속의 정법을 열어보이기를 이미 하고서는) 〈유가03 : 06-07〉

목적어에 아무 조사도 붙지 않을 때에는 서술어가 타동사 '⺾-'[두]로 읽히는 '有'인 경우와, '~을 못하다'의 의미를 갖는 '能 不ハソ-'[안득ᄒᆞ]인 경우로 크게 나눌 수 있다.

(5) ㄱ. {於}第三 所作氵十ㄱ 愛味貪 {有}⺾ㄋ (셋째 할 일에 대해서는 애미의 탐을 지니며) 〈유가09 : 05-06〉

ㄴ. 此 障㝵乙 由氵 {於}一切 種氵十 出離 能 不ハソㄋ (이 장애로 말미암아 일체의 종류에서 벗어나기[出離]를 능히 못하며) 〈유가08 : 08〉

석독구결 자료에서는 어미가 붙지 않은 용언 어간, 또는 부사 내지 어근이 단독으로 목적격을 지배하는 경우가 있다. <유가>에서도 이러한 예가 보이는데(6ㄱ, ㄴ), '더불어'라는 의미를 갖는 부사 '與七'[다ᄆᆞᆺ]은 목적어의 성격에 따라 표지 '乙'[ㄹ]이 붙거나 붙지 않는 특이한 양상을 보인다(6ㄷ, ㄹ).

(6) ㄱ. 他乙 從七 觀氵十 順ソㄱ 正法乙 聞尸 不冬ソ尸入乙 (다른 사람을 좇아 관에 수순[順]하는 정법을 듣지 않는 것을) 〈유가26 : 19-21〉

ㄴ. 先丅 說ノㄱ 所七 相乙 如ハ 而灬 正法乙 聽聞ノ尸厶 (먼저 말한 바 상과 같이 정법을 자세히 듣되) 〈유가04 : 16〉

ㄷ. 愛 與七 俱行ソㄱ 有七ㄱ 所七 喜悅刂ㄋ (애착[愛]과 더불어 함께 작용하는 있는 바 희열이며) 〈유가12 : 04-06〉

ㄹ. 諸 在家人 及七 出家人七 衆乙 與七 雜 居住ノ尸入ㄱ{者} (여러 재가와 출가와의 무리와 더불어 섞여 거주하는 경우에는) 〈유가08 : 22-23〉

'與七'[다ᄆᆞᆺ]의 목적어 가운데 목적격조사 '乙'[ㄹ]이 붙는 것은 '衆', '在家·出家', '衆會'와 같이 유정물이고, 표지가 없는 것은 '愛', '瞋恚', '雜染', '淸淨'과 같이 유정성이 없는 추상물이다. 이처럼 유정성에 따라 목적어에 부착되는 표지가 달라지는 예는 러시아어 등 다른 언어에서도 보인다.

<유가>에서 속격조사는 중세 한국어와 마찬가지로 'ヒ'[ㅅ]과 'ラ'[의]로 나타난다. 둘의 교체 조건은 중세 한국어와 동일하다. 즉 선행 명사구가 무정물일 경우 'ヒ'이(7ㄱ), 유정물일 경우 'ラ'가 붙는다(7ㄴ).

(7) ㄱ. 又 二種ヒ 能發起ヒ 雜染品 有ヒ丨 (또 두 가지의 능히 일으키는 잡염품이 있다) 〈유가30 : 05-06〉

ㄴ. 他ラ 家ろ十 往趣ノ尸ム 審正觀察ソろホ (남의 집에 가되 살펴 바로 관찰하여서) 〈유가16 : 22-17 : 01〉

선행 명사구가 존칭 유정 체언인 예는 보이지 않는데, 이는 <유가>의 텍스트 특성에 따른 우연한 공백이다.

'ラ'[의]는 관형절 안에서 주어를 나타날 때에도 쓰이는데(8ㄱ), 중세 한국어에서도 많이 나타나는 이른바 '주어적 속격' 환경이다. 무정 체언이 주어적 속격에 쓰일 때 'ヒ'[ㅅ]이 아닌 'ラ'가 통합되는 경향을 보이는 것은 중세 한국어와 같다(8ㄴ).

(8) ㄱ. 又 善友ラ{之} 攝受ノㄱ 所乙 依ろ斤 (또 좋은 친구에게 섭수된 바를 의지하여서는) 〈유가06 : 19-20〉

ㄴ. 正ヒ 衆苦ラ 隨逐ノ尸入乙 觀察ノㅎ應ヒ丨 (바로 뭇 고통이 뒤따르는 것을 관찰해야 한다) 〈유가16 : 19〉

선행 명사가 '中'일 경우에는 'ろヒ'[앗]이 쓰였는데, 이것을 처격조사 'ろ'[아]와 속격조사 'ヒ'[ㅅ]의 결합으로 분석할지, 하나의 속격조사 형태로 보아야 할지는 분명하지 않다.

(9) 云何ソㄱ乙 生圓滿 中ろヒ 外乙 依ソㄱラ十 五 有ソㄱ矢丨ノ令ロ (무엇을 생원만 가운데 밖을 의지한 것에 다섯이 있는 것이라 하는가?) 〈유가02 : 16-17〉

그러나 'ろヒ'을 'ろ'와 'ヒ'으로 나눌 경우 <유가>에서 단독으로 쓰인 예가 없는 'ろ'

를 조사로 인정해야 하는 문제가 생기므로, 이 책에서는 '阝七'을 하나의 속격조사로 분석하였다.

<유가>에서 장소를 나타내는 체언에 붙는 처격조사는 '十'[긔], '亠十'[여긔]인 경우도 있지만 '阝十'[아긔]로 나타나는 예가 훨씬 더 많다. '十'는 의존명사나 서수사 '一'에 붙고, '亠十'는 '時'에 붙는다(10ㄷ). 의존명사가 포함되는 예는 대체로 'ノ亽十'[호리긔] 구성이다(10ㄹ). 이것은 'ソ[ㅎ]-+-五[오]-+-尸[ㄹ]#刂[이]+-十[긔]'로 분석하여, 의존명사 '刂' 뒤에 '十'가 통합된 것으로 본다.

(10) ㄱ. 四 {於}遠離處阝十 安住ノ亽七 所作刂1亠 (넷째는 멀리 떨어진 곳에서 편안히 머무를 때의 할 일이니)〈유가08 : 21–22〉
ㄴ. 一十1 {於}无常阝十 苦想乙 修習ソ小 (첫째는 무상에 대해 고상을 닦아 익히며)〈유가09 : 08–09〉
ㄷ. 此1 {於}寂靜ち 正思惟ソ亽七 時亠十 能小 障㝵刂尸{爲}入乙ソ尸矢小 (이는 고요히 올바로 사유하는 때에 능히 장애가 되는 것이며)〈유가12 : 09–10〉
ㄹ. {於}道亠 道果涅槃亠ノ亽十 三種 信解乙 起ノ尸ム (도니 도과열반이니 하는 데에 세 가지 신해를 일으키되)〈유가05 : 01–03〉

아래에 보이는 '前ラ'[앒의]는 중세 한국어 '알퓌'의 '-의'와 같은 이른바 특이처격의 예이다.

(11) 餘1 前ラ 說ノ1 如支ソ尸矢丨 (나머지는 앞에 말한 것과 같은 것이다)〈유가23 : 03–04〉

'ラ十'[의긔]는 주로 사람을 나타내는 명사구에 붙으나(12ㄱ) 그렇지 않은 경우도 있으므로(12ㄴ), 여격조사라는 범주를 설정할지에 대해서는 견해가 갈린다.

(12) ㄱ. {於}能小 擧罪ソ亽七 同梵行者ラ十 心阝十 恚恨ノ尸 无ㅎ (능히 죄를 들추는 동료 수행자에게 마음에 성내거나 원망함이 없고)〈유가17 : 15–16〉
ㄴ. 二 顯ソ1ラ十 處ソ阝 失念ソ小 (둘째는 드러난 곳에 처하여 실념하며)〈유가09 : 22〉

‘ㄋ+’[아긔], ‘亠+’[여긔], ‘ㅋ+’[의긔]에서 ‘ㄋ’[아], ‘亠’[여], ‘ㅋ’[의]와 ‘+’[긔]를 분리해서 볼지, ‘ㄋ+’, ‘亠+’, ‘ㅋ+’ 자체를 굳어진 하나의 형태로 분석할지는 판단하기 어렵다. 이 책에서는 <유가>에서 ‘+’의 분포가 상당히 제약되어 있다는 점과, ‘ㄋ+’, ‘亠+’, ‘ㅋ+’가 고정적으로 출현한다는 점을 감안하여 이것들을 하나의 형태로 분석한다.

<유가>에서 도구격조사로 가장 많이 사용되는 것은 중세 한국어와 마찬가지로 ‘灬’[로]이다. [도구]의 의미를 나타내는 경우(13ㄱ)가 가장 많지만 [동반]이나 [사역]의 의미로 해석해야 하는 경우(13ㄴ, ㄷ)도 있다.

(13) ㄱ. 方便灬 正等覺 成ノ尸入乙 示現ソ二下 (방편으로 정등각 이루는 것을 나타내 보이시어) 〈유가06 : 04–05〉

ㄴ. 在家 出家灬 雜住ノ亽七 過失 {有}斗ㄋ (재가자 출가자와 섞여 거주하는 잘못을 지니며) 〈유가14 : 03–04〉

ㄷ. 云何亠ㄎ尸入ㄱ 彼灬 正七 修行ソㄋホ 轉ソ{令}リㄋノ矛ㄱリㄋ七ロソ二尸入灬 (“어떻게 하면 그로 (하여금) 바로 수행하여서 전(轉)하게 할 것인가?” 하시는 까닭으로) 〈유가06 : 05〉

[원인]이나 [이유]를 나타내는 ‘灬’[로]는 ‘入’[ᄃᆞ]와 결합하여 원인절, 이유절을 형성하기도 한다. 이때 항상 ‘-ㄱ入灬’[ㄴᄃᆞ로], ‘-尸入灬’[ㄹᄃᆞ로]로 출현하는데, 본래 ‘-ㄱ入灬’, ‘-尸入灬’는 ‘~한 것으로’의 의미를 갖는 구문으로서 문법화를 겪어 [원인]이나 [이유]의 의미를 나타내게 된 것이다. 따라서 [원인]이나 [이유]의 의미는 ‘入’나 ‘灬’ 한쪽에만 있는 것이 아니라 ‘-ㄱ入灬’, ‘-尸入灬’ 전체에서 나오는 것으로 볼 수 있다.

(14) ㄱ. 瑜伽乙 修習ソㄱ 方ミ 得ホ 成滿ソ尸入乙 由ミㄱ入灬亠 (유가를 닦아 익히면 비로소 능히 원만함을 이루는 것에 말미암은 까닭에서이니) 〈유가07 : 20–21〉

ㄴ. 第二障乙 對治ソ{爲}人ソ尸入灬 故ノ 諸 念住乙 修ソ尸矢丨 (두 번째 장애를 대치하고자 하는 까닭으로 여러 염주를 닦는 것이다) 〈유가24 : 15–16〉

<유가>에는 호격조사가 나타나지 않는다. 다른 자토석독구결 자료에는 ‘ㄋ’[아], ‘亠’[여], ‘下’[하] 등의 호격조사가 나타나는데 <유가>에만 호격조사가 보이지 않는 것은, 대

화문이 없는 텍스트 특성으로 인한 우연한 공백이다.

1.2. 보조사

<유가>에서 주제에 가장 흔하게 사용되는 조사는 ‘㇓’[ㄴ]이다. 중세 한국어나 현대 한국어와 마찬가지로 [화제]나, 적극적인 [대조]의 의미를 드러내기 위해 사용되었다.

(15) ㄱ. 此㇓ {於}寂靜㇁ 正思惟ソ㇄七 時㇐十 能㇀ 障㝵リ尸{爲}入乙ソ尸矢㇀ (이는 고요히 올바로 사유하는 때에 능히 장애가 되는 것이며)〈유가12 : 09–10〉

ㄴ. 又 毘鉢舍那支㇓ 最初㇁ 必八 善友乙 {用}氵 依 {爲}氵㇉ 奢摩他支㇓ 尸羅 圓滿㇊ {之} 攝受ノ㇓ 所リ㇉ソ㇀ (또 비발사나지는 처음에 반드시 선우[善友]로써 의지를 삼고, 사마타지는 계율[尸羅]의 원만함으로 섭수된 바이고 하며)〈유가06 : 17–19〉

(15ㄱ)은 선행하는 내용이 이어지는 문맥에서 화제로 등장할 때 문맥지시사 ‘此’에 ‘㇓’이 붙은 예이고, (15ㄴ)은 ‘毘鉢舍那支’와 ‘奢摩他支’를 대조하는 맥락에서 두 가지 요소에 모두 ‘㇓’이 붙은 예이다.

주제가 되는 요소에 아무것도 현토되지 않은 경우도 있는데, 모두 한자 숫자(二, 三, 四, ……)가 차례를 나타낼 때의 예이다.

(16) ㄱ. 一十㇓ 實有性乙 信ソ㇉ 二 有功德乙 信ソ㇉ 三 己㇇ 有能リ㇓ 得樂ノ㇄七 方便乙 信ソ㇉ソ㇀ (첫째는 실유성을 믿고, 둘째는 공덕 있음을 믿고, 셋째는 자기의 유능인 즐거움을 얻는 방편을 믿고 하며)〈유가05 : 01–03〉

ㄴ. 一 光明想乙 修ソ㇀ 二 離欲想乙 修ソ㇀ 三 滅想乙 修ソ㇀ 四 死想乙 修ソ㇀ソ尸矢丨 (첫째는 광명상을 닦으며, 둘째는 이욕상을 닦으며, 셋째는 멸상을 닦으며, 넷째는 사상을 닦으며 하는 것이다)〈유가09 : 17–18〉

<유가>에서 두 가지 이상의 내용을 나열할 때에는 (16ㄱ)과 같이 ‘一’에 ‘十㇓’[긘]이 붙어 보조사 ‘㇓’[ㄴ]을 포함하는데, ‘二’ 이후로는 아무 표지도 붙지 않는 것이 일반적이

다. 이것은 '一' 뒤에 흔히 나타나는 '十ㄱ'이 생략된 것이다. (16ㄴ)처럼 '一'에 아무 표지가 붙지 않거나, '二' 이후에 'ㄱ'이 붙는 예외도 있으나 드물다.

<유가>에서 선택된 요소와 나머지 요소 사이에 동일성이나 유사성이 있음을 나타내는 [亦同]의 보조사로 사용되는 것은 '刀'[도]이다. 중세 한국어와 마찬가지로 '刀' 앞에 다른 격조사가 오기도 한다.

(17) ㄱ. {於}餘 所七 <u>事阝十刀</u> 他ラ 爲ノ尸入乙 請丷阝 (남은 바의 <u>일에서도</u>, 남이 할 것을 청하여) 〈유가22 : 01–02〉

ㄴ. 怖畏 極怖畏人 遮止 <u>極遮止人刀</u> 當八 知ㅎ丨 亦 尒丷ㄱ刂ㄱ丁 (두려워함, 극히 두려워함과 막혀 멈춤, <u>극히 막혀 멈춤과도</u>, 반드시 알아야 한다, 또한 그러한 것이다) 〈유가22 : 17–18〉

ㄷ. 當來七 <u>苦道刀</u> 更阝 復八 轉 不冬丷ㅎ丷ナ禾罒 (마땅히 올 <u>괴로움의 길도</u> 다시 또 다시 전(轉)하지 않고 할 것이라서) 〈유가31 : 16–17〉

<유가>에서 선행 요소의 [강조]를 위해 사용된 보조사는 'ハ'[ㄱ]인데, 조사나 어말어미에 후행하기도 한다. 중세 한국어에서도 나타나는 보조사이다.

(18) ㄱ. 卽ㅎ 是ㄱ <u>法尒灬八</u> 大師乙 供養丷白阝ㄱ丁ノ禾罒 (곧 이는 <u>법 그대로</u> 대사를 공양하는 것이라 할 것이라서) 〈유가06 : 05–06〉

ㄴ. 是 <u>如支丷阝八氵</u> 乃氵 他ラ 信施乙 受ノㅎ應七丷ろ (이와 <u>같이 하여서야</u> 다른 사람의 믿음의 보시[信施]를 받을 만하며) 〈유가17 : 20〉

<유가>에서 현대 한국어의 '~야' 또는 '~만'과 같은 [한정]의 의미를 지니는 보조사는 '氵'[사]인데, 중세 한국어의 보조사 'ᅀᅡ'(또는 '사')에 대응한다.

(19) ㄱ. {於}無戲論界阝十ㄱ <u>難氵</u> 安住丷ㅎ可七丷ㄱ亠 (무희론계에서는 <u>어렵게야</u> 안주할 수 있으니) 〈유가20 : 15–16〉

ㄴ. 唯八 <u>餘依氵</u> 有七ㄱ 涅槃七{之} 界乙 證得丷ナ禾罒 (오직 <u>여의가</u> 있는 열반의 세계를 증득할 것이라서) 〈유가06 : 07–08〉

<유가>에서 선행절에 붙어 사건 간의 [계기]의 관계를 강조하는 보조사는 'ホ'[곰]인데, 항상 연결어미 'ㄋ'[아] 뒤에 붙는다. 다만 '以ホ[뻐곰/쁘곰]'의 경우는 어간에 직접 붙은 것으로 볼 가능성도 있다.

(20) ㄱ. 三十七菩提分法乙 修丷ㄋホ 沙門果乙 得ㄋ (서른일곱 보리분법을 닦아서 사문과를 얻어) 〈유가03 : 08-09〉
ㄴ. 涅槃乙 以ホ 上首 {爲}氵ㄋ 正法乙 聽聞丷ㄱラ (열반을 써서/열반으로써 으뜸을 삼아 정법을 자세히 들은 이가) 〈유가06 : 10-12〉

한편, [계기]의 의미에 더하여 [한정]('~고 나서는')이나 [조건]('~고 나면')의 의미까지 나타내는 보조사로 '斤'[근]이 있다. '斤'은 기원적으로 'ハ[ㄱ]+ㄱ[ㄴ]'으로 분석 가능한데, 연결어미로 볼 가능성도 배제할 수 없으나 이 책에서는 보조사로 분석한다. '已氵丷口[이믜사ᄒᆞ고]' / 已氵丷口ハ[이믜사ᄒᆞ곡]', '已氵丷ㄋ[이믜사ᄒᆞ아] / 已氵丷ㄋ斤[이믜사ᄒᆞ아근]'과 같이 평행한 예들을 처리하기 위해서는 연결어미 '口'[고]나 'ㄋ'[아]에 후행하는 요소를 보조사로 분석할 필요가 있기 때문이다.

(21) ㄱ. 此乙 除口斤 更ㄋ 餘 生圓滿リ 若 過丷ㅎ 若 增丷ㅎ丷ㄱ 無ナㄱリ丨 (이것을 제외하고는, 다시 나머지 생원만이 (이보다) 지나치거나 (이보다) 더하거나 한 것이 없는 것이다) 〈유가04 : 05-06〉
ㄴ. 是 如支 欲樂乙 生リア 已氵丷ㄋ斤 (이와 같이 욕락을 내기를 이미 하여서는) 〈유가29 : 05-06〉

<유가>에서 [의문]을 나타내는 보조사에는 '口'[고], '去'[거]가 있는데, 둘의 교체 조건은 중세 한국어와 같다. 즉, '口'는 설명의문문에, '去'는 판정의문문에 쓰였다. 이때 '去'의 실제 음가는 [거]가 아닌 [가]로 보아야 할 것이다. 이처럼 차자표기에서는 모음조화의 쌍을 이루는 두 음절이 하나의 글자로 나타나는 일이 드물지 않다.

(22) ㄱ. 云何丷ㄱ乙 涅槃爲上首リ丨ノ令口 (어떤 것을 열반위상수라고 하는가?) 〈유가04 : 15〉
ㄴ. 資緣 乏ㄋホ 是 如支丷ㄱ 所受七 正法乙 退失丷去ア去丷ナア入灬 ('자연이 모자라

서 이와 같은 받은 비 정법을 잃을 것인가?' 하는 까닭으로) 〈유가03 : 15-17〉

1.3. 연결조사와 인용조사

<유가>에서 나열된 명사구를 연결하기 위해 사용된 조사는 '亠'[여], '𠆢'[과]이다. 한 문장 안에 쓰일 때 '亠'는 작고 긴밀한 단위 사이에, '𠆢'는 그보다 더 크고 느슨한 단위 사이에 쓰였다. 중세 한국어에서처럼 나열된 마지막 명사구에도 '𠆢'가 붙으며, 그 뒤에 다른 조사가 더 올 수도 있다. '亠'가 쓰인 마지막 명사구 뒤에는 아우름 동사 'ソ-'[ᄒᆞ]나 한문 원문에 따라 '等ソ-'[다ᄒᆞ]가 나타나는데, '𠆢'로 연결된 환경 뒤에서는 아우름 동사가 쓰이지 않는다.

(23) ㄱ. {於}正信ソㅌ七 長者亠 居士亠 婆羅門亠 等ソ𠃌ラ十 (바로 믿는 장자니 거사니 바라문이니 하는 이들에게) 〈유가18 : 23-19 : 03〉

ㄴ. 又 能㢱 無間𠆢 殷重𠆢七 二修方便乙 趣入ソ㢱 (또 능히 무간과 은중과의 두 가지 수(修)의 방편을 들어가며) 〈유가05 : 07-08〉

어떠한 개념을 제시하고서 그것의 이름을 무엇이라고 하는 명명 구문이나, 용어의 의미를 풀이하는 뜻풀이 구문의 끝은 '-リ丨'[이다]로 종결되거나 인용조사 '亠'[여]가 붙는다.

(24) ㄱ. 大師圓滿リ丨ソ𠃌入𠃌{者} (대사원만이라 하는 것은) 〈유가02 : 19-20〉

ㄴ. 當ハ 知ㆆ丨 是乙 名丅 奢摩他支氵十 不隨順ソ𠃌 性亠ノ矛リ𠃌丁 (반드시 알아야 한다, 이를 일컬어 사마타지에 수순하지 않는 성품이라 하는 것이다) 〈유가26 : 23-27 : 01〉

ㄷ. 是 故灬 此 時乙 能㢱 自ラ乙 饒益ソア丁ノ矛㢱 (이런 까닭으로 이때를 능히 자기를 넉넉히 이익되게 하는 것이라고 하며) 〈유가06 : 02-03〉

(24ㄷ)은 '-ア丁'[ㄹ뎌]가 명명구문의 종결형에서 쓰인 예인데, 이것을 관형형어미 '-ア'[ㄹ], 의존명사 '入'[ᄃᆞ], 인용조사 '亠'[여]의 결합으로 파악하기도 한다. 그러나 이른바 '當知/應知' 구문에서 종결형으로 사용되는 '-𠃌丁'[ㄴ뎌]와의 상관성을 생각하면 <유가>에

서는 한 단위의 종결어미로 파악하는 것이 더 낫다.

『합부금광명경』 권3에는 다른 자토석독구결 자료에는 나타나지 않는 인용조사 '刂ハ' [익]이 보이는데, 점토석독구결 자료인 『유가사지론』 권3, 5에서 나타난다.

2. 통사현상

2.1. 부정

중세 한국어의 부정문은 부정 부사가 피부정 용언에 선행하는 단형 부정문, 부정 용언이 피부정 용언에 후행하는 장형 부정문, 그리고 명사 부정문의 셋으로 크게 나눌 수 있다. <유가>에서는 이 가운데 장형 부정문만 보이고, 다른 자토석독구결 자료에서 나타나는 단형 부정문은 보이지 않는다.

장형 부정문은 용언 어간(또는 용언 어간+尸[ㄹ])에 '不冬ソ-'[안돌ᄒᆞ], '不ハソ-・未ハソ-'[안득ᄒᆞ], '未刂ソ-'[아니ᄒᆞ]와 같은 부정 용언이 뒤따르는 형식을 취한다. '冬'[돌]이 있는 형식은 단순 부정과 의지 부정을 나타내고, 'ハ'[ㄱ]이 있는 형식은 대체로 '能', '得'과 함께 이른바 능력 부정을 나타낸다. '刂'[이]가 있는 형식은 미완료를 나타낸다.

(25) ㄱ. {於}此 少小ソ1 殊勝 定七 中3十 喜足乙 生尸 不冬ソ3 (이 적고 작은, 매우 뛰어난 정 가운데에서 기쁘고 만족함을 내지 않아)〈유가15 : 10–11〉

ㄴ. 此 障㝵乙 由3 {於}一切 種3十 出離 能 不ハソㄅ (이 장애로 말미암아 일체의 종류에서 벗어나기[出離]를 능히 못하며)〈유가08 : 08〉

ㄷ. {於}出家衆ラ十ソ1 量 无ソ1 見趣乙 不相應 未ハソㄅ (출가의 무리에게 있는 한량없는 견취와 상응하지 않음을 못하며)〈유가21 : 19–20〉

ㄹ. 若 三摩地乙 得3 1亠 而1 圓滿 未刂ㅎ 亦 自在 未刂ソㅎソ11 (만약 삼마지를 얻었으나 원만하지 않고, 또 자재하지 않고 한 이는)〈유가24 : 06–07〉

'不矢·未矢·非矢'[안니]를 이용한 명사 부정문은 부정사의 형태 차이를 제외하면 중세 한국어와 큰 차이가 없다. 예를 들어 살펴보면 다음과 같다.

(26) ㄱ. {於}思ノㅎ應七丷1 不矢刂1 處3十 (생각해야 할 것이 아닌 것에 대해) 〈유가12 : 12–13〉
ㄴ. 名下 圓滿丷3ホ 淸淨 鮮白丷去1丁ノ亽 未矢罒 (일컬어 원만하여서 청정 선백한 것이라고 할 것이 아니라) 〈유가16 : 12〉
ㄷ. {於}聖法亠 毘柰耶亠ノ亽十 所行處 非矢罒 (성법이니 비나야니 하는 것에 대해 소행처가 아니므로) 〈유가24 : 17–18〉

2.2. 사동

자토석독구결 자료에서 사동은 '丷-'[ㅎ]를 포함한 어간에 사동접미사 '-刂-'[이]가 결합하여 실현되는데, <유가>에서는 원문에 '令'이 있으면 '丷令刂'[ㅎ이]로, 아니면 '亽刂'[ㅎ이]로 표기된다. 피사동주에는 '乙'[ㄹ]이 붙는 경우가 많다.

(27) ㄱ. 先下 說ノ1 所乙 如八 漸次灬 能ㄅ 解脫 圓滿丷{令}刂ナㅎ七丨 (앞서 말한 바와 같이 점차로 능히 해탈을 원만하게 한다) 〈유가07 : 15–16〉
ㄴ. 其 心乙 安住亽刂下 諦現觀3十 入丷ㄅ (그 마음을 안주하게 하여 제현관에 들며) 〈유가24 : 05–06〉

'亽'[ㅎ]는 거의 언제나 '刂'와 함께 나타나 사동의 의미를 드러낸다. 이때 '亽'의 소릿값은 '丷'와 같다. 이는 다른 자토석독구결 자료에서 사동 표현이 '丷刂', '令刂'로 표기되는 것을 보아도 알 수 있다.

2.3. 피동

자토석독구결 자료는 중세 한국어의 질서로는 쉽게 이해하기 어려운 통사 구조를 보이는 경우가 있다. <유가>에서는 특히 피동의 의미와 관련하여 특이한 구문이 나타난다.

자토석독구결 자료에서는 중세 한국어와 달리 피동의 파생접미사가 확인되지 않는다. 다만 몇 가지 구문을 통하여 '~이 되다'의 의미를 나타낸다. <유가>에서 대표적인 것으로는 'リ尸入乙ソ-'[일들ᄒᆞ]가 있고, 한문에서 전형적으로 피동을 나타내는 '爲A所B' 구문에 대해서는 '爲ハ[ᄀ]-'이 쓰인다.

(28) ㄱ. 此ㄱ {於}寂靜亐 正思惟ソ令七 時亠十 能ゕ 障㝵リ尸{爲}入乙ソ尸矢ゕ (이는 고요히 올바로 사유하는 때에 능히 장애가 되는 것이며) 〈유가12 : 09-10〉

ㄴ. 又 尋思灬 擾亂ノ尸 所乙 爲ハㄱ入灬 故ノ (또 심사로 인해 요란시키는 바가 되는/바를 입는 까닭으로) 〈유가10 : 09-10〉

'爲ハ[ᄀ]'이 형식상 목적격을 지배하는 타동사라는 점을 고려하여 '~을 입다', '~을 당하다'와 같이 해석할 여지도 있다. 그러나 'リ尸入乙ソ-'나 '爲ハ-'이 나타나는 구문에 대응하는 가장 무난한 해석은 '~이 되다'이다.

피동의 의미를 나타내는 데 쓰이는 다른 구문으로는 '爲一リ[?이]'가 있는데, '爲ハ'과 마찬가지로 선행 체언에 대격조사 '乙'[ㄹ]이 사용된다. 만일 '一'의 독법을 [일]로 본다면 '爲一リ'는 '~을 일으키다', '~을 이루다'와 같이 해석할 가능성도 있다.

(29) ㄱ. 此 尋思灬{之} 擾動ノㄱ 所乙 由氵 障㝵乙 爲一リ尸入灬 故ノ (이 심사로 요동친 바로 말미암아 장애를 입게 되는 까닭으로) 〈유가08 : 08-10〉

ㄴ. 能ゕ 障㝵乙 爲一リ令七 有ソㄱ 所七 煩惱リㄱ 此 諸 煩惱ㄱ (능히 장애를 이루는 것의, 있는 바 번뇌인 이 여러 번뇌는) 〈유가30 : 08-09〉

역주편

『유가사지론』 권20 수소성지

『유가사지론』 권20에 기입된 석독구결을 해독하여 현대 한국어로 번역하고 주석한 것이다.

일러두기

1. 이 책은 국립한글박물관 소장 『유가사지론』 권20에 기입된 석독구결을 해독하여 현대 한국어로 번역하고 주석한 것이다.

2. 본문은 『유가사지론』 권20의 내용 구성에 따라 전체를 9개의 장으로 나누고, 각 장의 맨 앞에 해당 내용을 한눈에 살펴볼 수 있도록 표를 만들어 제시하였다.

3. 해독하고 번역한 결과는 다음의 여섯 단계로 제시하였다.
   - A 한문 원문
   - B 한문 원문에 기입된 구결을 해독한 구결문
   - C 한글로 표기한 구결문의 추정 독법
   - D 구결자에 형태 분석 표지를 붙인 구결문
   - E 구결문에 따른 현대 한국어 번역문
   - F 참고 - 동국대 역경원의 번역문

* **한문 원문**(A)은 유가사지론자료고(http://ybh.chibs.edu.tw/)의 텍스트와 표점을 바탕으로 하였다. 단, 표점이 구결문의 해석과 일치하지 않으면 수정하고 각주를 달았으며 일부 한자는 현대 한국에서 널리 사용되는 자형으로 바꾸었다.

예) 眾 → 衆, 為 → 爲

* **구결문**(B)은 석독구결 전산입력 자료 'sktot_2015_07'의 교감본을 인용하였다. 이 자료에 관한 자세한 설명은 'sktot_2015_07'의 안내를 참고하기 바란다.
(구결문의 한자는 번역의 저본인 고려 재조대장경 『유가사지론』의 텍스트를 기본으로 하였기 때문에 한문 원문(A)과 다른 경우가 있다.)

* **독법 표기**(C)는 구결문의 독법을 추정하여 한글로 표기한 것이다. 띄어쓰기는 구결문을 기준으로 하고, 한글 표기는 가능한 한 구결과 대응하도록 하였다. 구결자의 한글 독법은 아래의 표를 기준으로 한다.

구결자 읽는 방법

ハ	ㄱ	良	근	丁	뎌	尸	ㄹ/을	邑	ㅂ?	ラ	의	ㅅ ǁ	ᄒᆞ이
去	거/가	乛	ㄴ/은	刀	도	罒	라	七	ㅅ	ǁ	이	之	?다
ナ	겨	乃	나	斗	두	〰	로/으로	氵	사/서/스	成	일	一	?일
ロ	고	乂	노	矢	디	令	리	ニ	시/으시	ㅎ	져	子	?지
亦	곰	卜	누	入	ᄃᆞ	禾	리	白	ᄉᆞᆸ	下	하		
人	과/와	ㅌ	ᄂᆞ	冬	ᄃᆞᆯ	ホ	ㅁ	ろ	아/어	ノ	호/오		
斤	근	丨	다/더	厶	ᄃᆡ	ケ	마	亠	여	兮	히		
十	긔	支	다?	乙	ㄹ/을/를	ヶ	며/으며	亻	오/우	ソ	ᄒᆞ		

독법의 가능성이 둘 이상인 경우에는 처음 나왔을 때 '/'을 이용하여 모두 제시하고 각주에 설명한 다음, 두 번째부터는 그중 하나만을 적었다.

예) '由氵'는 처음 나왔을 때 '븥아/말미삼아'로, 두 번째부터 '븥아'로 표기

* 형태 분석(D)은 'sktot_2015_07'의 주석본을 인용하였다. 이것은 구결을 문법적으로 분석하여 다음과 같은 표지(tag)를 붙여 나타낸 것이다.

  V 용언어간, Ep 선어말어미, Ec 연결어미, Ef 종결어미, Et 전성어미, N 체언, J 조사, M 수식언(부사/관형사), R 판단 보류/기타

  예) 是 如ㄹソ1 聖法氵十 略ロ1 二種 有七丨
  → 是 如[ㄹV, ソV, 1Et,] 聖法[氵J-, 十-J,] 略[ロEc-, 1-Ec,] 二種 有[七V, 丨Ef,]

* 번역문(E)은 장경준(2013)의 현대어역 시안을 바탕으로 하되 감수 의견을 반영하여 수정한 것이다. 구결문의 어순과 문법형태를 최대한 번역에 반영하고, 둘 이상의 해석 가능성이 있을 때에는 (/) 안에 제시하였다.

  예) 무업장원만이라 하는 것은, 말하자면 있다. 하나 같은 이가(/어떤 한 사람이) 의지가 원만하며,

  내용 이해를 돕기 위한 보충역은 (=) 안에, 한문 원문의 해당 표현은 [ ] 안에 제시하였다.

  예) 말하자면 이 곳(=中國)에 네 무리[四衆]의 행함인, 곧 필추니 필추니니 근사남이니 근사녀니 하는 것이 있다.

* 번역문(F)은 동국대 전자불전문화콘텐츠연구소(http://ebti.dongguk.ac.kr)에서 제공하는 한글대장경의 번역문을 그대로 인용하였다.

4. 각주의 내용 가운데 사전에서 인용한 부분은 일일이 출전을 표시하지 않았다. 참고한 사전은 다음과 같다. 단, 『가산불교대사림』에서 재인용한 경전 원문은 출처를 밝혔다.

가산불교문화연구원. 『가산불교대사림』. 가산불교문화연구원.
운허용하(2000). 『불교사전』. 동국역경원.
자이(慈怡) 주편(1988). 『불광대사전(佛光大辭典)』. 불광산종무위원회(佛光山宗務委員會).
고려대장경연구소. 고려대장경 지식베이스 용어사전
(http://kb.sutra.re.kr/ritk/service/diction/dicSearch.do).
동국대학교. 한글대장경 불교사전(http://abc.dongguk.edu/ebti/c3/sub1.jsp).
동련각원불문망참소조(東蓮覺苑佛門網站小組). 불학사전(佛學辭典)
(http://dictionary.buddhistdoor.com/).

✿ 유가사지론

수소성지-생원만(01 : 15-04 : 06)

1. 수소성지(修所成地)의 구성

<table>
<tr><td rowspan="8">修
所
成
地</td><td>4處</td><td>7支</td></tr>
<tr><td>[1] 修處所</td><td>① 生圓滿 : 생의 원만(01:15-04:06)</td></tr>
<tr><td rowspan="3">[2] 修因緣</td><td>② 聞正法圓滿 : 정법을 듣는 데의 원만(04:06-04:14)</td></tr>
<tr><td>③ 涅槃爲上首 : 열반을 상수로 하는 것(04:15-06:13)</td></tr>
<tr><td>④ 能熟解脫慧之成熟 : 능히 해탈을 성숙시키는 혜(慧)의 성숙(06:14-07:23)</td></tr>
<tr><td>[3] 修瑜伽</td><td>⑤ 修習對治 : 대치를 수습하는 것(08:01-13:03)</td></tr>
<tr><td rowspan="2">[4] 修果</td><td>⑥ 世間一切種淸淨 : 세간의 모든 종류의 청정(13:04-20:02)</td></tr>
<tr><td>⑦ 出世間一切種淸淨 : 출세간의 모든 종류의 청정(20:03-32:01)</td></tr>
</table>

2. 생원만(生圓滿)의 구성

<table>
<tr><td rowspan="7">生圓滿
(01:15-04:06)</td><td>개관
(01:15-01:16)</td><td colspan="2">생원만(生圓滿)에는 내(內)에 의한 5가지와 외(外)에 의한 5가지가 있음.</td></tr>
<tr><td rowspan="6">㉮依內
(01:17-02:16)</td><td>㉠衆同分圓滿 : 사람으로 태어나서, 장부의 몸을 얻음.</td><td>㉠</td></tr>
<tr><td>㉡處所圓滿 : 사람으로 태어나서, 중국(中國)[↔변방]에 처함. 이는 곧 좋은 장부[善丈夫]가 있는 곳에 태어나야 한다는 것임.</td><td>㉡</td></tr>
<tr><td>㉢依止圓滿 : 중국(中國)에 처하면서, 신체에 결함이 없음. 눈과 귀 등이 멀쩡하고, 성질이 완악하지 않아야 하고, 벙어리가 아니어야 함. 이러해야 선설(善說)과 악설(惡說)의 법의(法義)를 이해할 수 있음.</td><td>㉠㉡
+㉢</td></tr>
<tr><td>㉣無業障圓滿 : 신체에 결함이 없으면서, 스스로 업을 짓거나 남으로 하여금 업을 짓게 하는 일이 없음. 그런 일이 있는 자는 현성법(賢聖法)을 얻을 그릇이 못 됨.</td><td>㉠㉡㉢
+㉣</td></tr>
<tr><td>㉤無信解障圓滿 : 스스로 업을 짓거나 남으로 하여금 업을 짓게 하는 일이 없으면서, 악처(惡處)에 대해 신해(信解)와 청정심(淸淨心)을 일으키지 않음.</td><td>㉠㉡㉢
㉣+㉤</td></tr>
<tr><td>소결 : 남자인 사람의 건강한 몸으로 중국(中國)[↔변방]에</td><td>㉠㉡㉢</td></tr>
</table>

		태어나서, 스스로 죄를 짓거나 남에게 죄를 짓게 하지 않고, 나쁜 것에 대해 좋은 마음을 일으키지 않음.	㉣㉤
	㉯依外 (02:16-03:18)	ⓐ大師圓滿 : 의내(依內)의 다섯 가지를 갖추고서, 대사(大師)[부처]가 세상에 남을 만남.	(㉠㉡㉢㉣㉤)+ⓐ
		ⓑ世俗正法施設圓滿 : 대사(大師)가 세상에 남을 만나고, 부처가 세속의 정법(正法)을 열어보임.	ⓐ+ⓑ
		ⓒ勝義正法隨轉圓滿 : 대사(大師)가 세속의 정법(正法)을 열어 보이고, 제자들은 그 정법(正法)을 의지하며 또 다른 사람들이 그것을 얻게 하기 위해 교계(教誡)나 교수(教授)를 행함.	ⓐⓑ+ⓒ
		ⓓ正行不滅圓滿 : (제자들이 교계(教誡)와 교수(教授)를 행하므로,) 부처가 열반에 드시더라도 세속의 정법(正法)은 여전히 남아 사라지지 않음.	ⓐⓑⓒ+ⓓ
		ⓔ隨順資緣圓滿 : 위의 네 가지를 말미암아 정법(正法)을 수용함에 있어서, 혹자들은 자연(資緣)[공양물]이 모자라 정법(正法)을 잃을 것을 두려워하여 여러 가지를 받들어 베풂.	ⓐⓑⓒⓓ+ⓔ
		소결 : 의내(依內)의 다섯 가지를 갖춘 후, 대사(大師)와 동시대에 태어나 그가 정법(正法)을 베푸는 것을 들으며, 제자들이 그의 가르침을 다른 사람들에게 전하기 때문에 부처 열반 이후에도 정법(正法)이 사라지지 않게 됨. 그럼에도 불구하고 혹자들이 자연(資緣)[공양물]의 부족함으로 인해 정법(正法)을 잃게 될까 두려워하여 여러 가지를 바침.	ⓐⓑⓒⓓⓔ
	요약 (03:18-04:06)	위로 인해 얻게 되는 2가지 성법(聖法)인 유학법(有學法)과 무학법(無學法)이 있음. 그리고 초지(初支)의 생원만(生圓滿)의 10가지 가르침은 이보다 지나치거나 더한 것은 없음.	

역주 대상인 국립한글박물관 소장 『유가사지론』 권20은 제1장이 없다. 따라서 이 부분은 한문 원문(A)과 역경원의 현대역(F)만을 참고로 제시한다.

〈유가01 : 01-04〉

瑜伽師地論卷第二十

彌勒菩薩說

三藏法師玄奘奉 詔譯

本地分中修所成地第十二

〈유가01 : 05〉

A 已說思所成地。

F 이미 사소성지(思所成地)를 설하였다.

〈유가01 : 05-06〉

A 云何修所成地? 謂略由四處、當知普攝修所成地。

F 무엇을 수소성지(修所成地)라고 하는가? 말하자면 간략하게 4처(處)에 의해서 두루 수소성지(修所成地)를 포괄하는 줄 알아야만 한다.

〈유가01 : 06-08〉

A 何等四處? 一者、修處所, 二者、修因緣, 三者、修瑜伽, 四者、修果。

F 무엇 등이 4처(處)인가? 첫째는 수(修)의 처소(處所)이며, 둘째는 수(修)의 인연(因緣)이며, 셋째는 수(修)의 유가(瑜伽)이며, 넷째는 수(修)의 과(果)이다.

〈유가01 : 08〉

A 如是四處、七支所攝。

F 이와 같은 4처(處)는 7지(支)에 포함된다.

〈유가01 : 09-12〉

A 何等爲七？ 一、生圓滿；二、聞正法圓滿；三、涅槃爲上首；四、能熟解脫慧之成熟；五、修習對治；六、世間一切種清淨；七、出世間一切種清淨。

F 무엇 등을 7이라고 하는가? 첫째는 생(生)의 원만(圓滿)이며, 둘째는 정법(正法)을 듣는 데의 원만(圓滿)이며, 셋째는 열반(涅槃)을 상수(上首)로 하는 것이며, 넷째는 능히 해탈을 성숙하는 혜(慧)의 성숙(成熟)이며, 다섯째는 대치(對治)를 수습(修習)하는 것이며, 여섯째는 세간(世間)의 모든 종류[一切種]의 청정(淸淨)이며, 일곱째는 출세간(出世間)의 모든 종류[一切種]의 청정(淸淨)이다.

〈유가01 : 12-14〉

A 如此四處七支所攝普聖教義、廣說應知依善說法毘奈耶中、一切學處皆得圓滿。

F 이와 같이 4처(處)는 7지(支)에 포함되며, 두루 성교(聖教)의 이치[義]를 자세히 설하면 선설(善說)의 법(法)과 비나야(毘奈耶)에 의하여 일체의 학처(學處)가 모두 원만하게 되는 줄 알아야만 한다.

〈유가01 : 15〉

A 云何生圓滿？ 當知略有十種。

F 무엇을 생(生)의 원만(圓滿)이라고 하는 것인가? 간략하게 열 가지가 있는 줄 알아야만 한다.

〈유가01 : 15-16〉

A 謂依內有五、依外有五、總依內外合有十種。

F 말하자면 내(內)에 의한 다섯 가지가 있고 외(外)에 의한 다섯 가지가 있어서 총 내(內)외(外)에 의하여 도합 열 가지가 있다.

〈유가01 : 17-19〉

A 云何生圓滿中，依內有五？ 謂衆同分圓滿、處所圓滿、依止圓滿、無業障圓滿、無信解障圓滿。

F 생(生)의 원만(圓滿) 가운데에 내(內)에 의지한 다섯 가지가 있다고 하는 것은 무엇을 말하는가? 중동분(衆同分)의 원만(圓滿)과 처소(處所)의 원만(圓滿)과 의지(依止)의 원만(圓滿)과 무업장(無業障)의 원만(圓滿)과 무신해장(無信解障)의 원만(圓滿)을 말한다.

〈유가01 : 19-21〉

A 衆同分圓滿者：謂如有一、生在人中，得丈夫身，男根成就。

F 중동분(衆同分)의 원만(圓滿)이란 말하자면 어떤 사람이 사람[人]으로 태어나서[生在] 장부(丈夫)의 몸을 얻고 남근(男根)을 성취하는 것과 같은 것이다.

〈유가01 : 21-22〉

A 處所圓滿者：謂如有一生在人中、又處中國、不生邊地。

F 처소(處所)의 원만(圓滿)이란 말하자면 어떤 사람이 사람[人]으로 태어나서 또한 중국(中國)에 처(處)하게 되고 변지(邊地)에 태어나지 않는 것과 같은 것이다.

〈유가01 : 22-02 : 01〉

A 謂於是處、有四衆行，謂苾芻、苾芻尼、近事男、近事女。[1)]

B (謂 {於}是 處 四)[2)]衆ラ 行ノ禾リㄱ 謂ㄱ 苾蒭亠 苾蒭尼亠 近事男亠 近事女亠ノ亽[3)] (有)

1) 유가사지론자료고의 표점은 "謂於是處、有四衆行。謂苾芻、苾芻尼、近事男、近事女。"이나 구결문에 따라 수정하였다.

2) 이는 원문의 훼손으로 보이지 않는 부분이다. 이 연구에서 앞뒤의 현토 경향을 고려하여 추정한 구결문과 독법, 형태 분석을 제시하면 다음과 같다.

B 謂ㄱ {於}是 處阝十 四衆ラ 行ノ禾リㄱ 謂ㄱ 苾蒭亠 苾蒭尼亠 近事男亠 近事女亠ノ亽 有丨

C 닐온 是 處阝十 四衆의 行호리인 닐온 苾蒭여 苾蒭尼여 近事男여 近事女여호리 잇다

D 謂[ㄱEc,] {於}是 處[阝J-, 十-J,] 四衆[ラJ,] 行[ノV+Ep, 禾Et+N, リV, ㄱEt,] 謂[ㄱEc,] 苾蒭[亠J,] 苾蒭尼[亠J,] 近事男[亠J,] 近事女[亠J, ノV+Ep, 亽Et+N,] 有[丨Ef,]

3)  영인본에서는 역독점이 보이지 않으나, 원본 확인 결과 역독점이 뚜렷하게 보인다.

C (謂 {於}是 處 四)衆의 行호리인 닐온 苾蒭여 苾蒭尼여 近事男여 近事女여호리 (有)

D (謂 {於}是 處 四)衆[矛J,] 行[ノV+Ep, 矛Et+N, 刂V, ㄱEt,] 謂[ㄱEc,] 苾蒭[亠J,] 苾蒭尼[亠J,] 近事男[亠J,] 近事女[亠J, ノV+Ep, 令Et+N,] (有)

E 말하자면 이곳(=中國)에 네 무리[四衆][4]의 행함인, 곧 필추니 필추니니 근사남이니 근사녀니 하는 것이 있다.

F 말하자면 이곳에 4중(衆)의 행(行)이 있으니, 필추(苾蒭)와 필추니(苾蒭尼)와 근사남(近事男)과 근사녀(近事女)이다.

〈유가02 : 02-03〉

A **不生達須篾戾車中，謂於是處：无四衆行，亦無賢聖、正至、正行、諸善丈夫。**[5]

B 達須亠 篾戾車亠ノ令七 中刂ㄱ 謂ㄱ {於}是 處刂 四衆刂 行ソ令 无彡 亦 賢聖刂ㄱ 正至亠 正行亠ノ令七 諸 善丈夫 (無)[6] 生尸 不冬ソ尸矢丨

C 達須여 篾戾車여호릿 中인 닐온 이 處이 四衆이 行ᄒᆞ리 없져 亦 賢聖인 正至여 正行여호릿 諸 善丈夫 (無) 날[7] 안ᄃᆞᆯᄒᆞᆯ디다

D 達須[亠J,] 篾戾車[亠J, ノV+Ep, 令Et+N, 七J,] 中[刂V, ㄱEt,] 謂[ㄱEc,] {於}是 處[刂J,] 四衆

---

4) '네 무리[四衆]'란 불교 교단을 구성하는 재가와 출가의 네 부류 대중을 가리킨다. 즉 출가남인 비구(比丘, bhikṣu), 출가녀인 비구니(比丘尼, bhikṣunī), 재가의 남자 신도인 우바새(優婆塞, upāsaka), 재가의 여자 신도인 우바이(優婆夷, upāsikā) 등이다.

5) 유가사지론자료고의 표점은 "不生達須篾戾車中。謂於是處无四衆行，亦無賢聖、正至、正行、諸善丈夫。"이나 구결문에 따라 수정하였다.

6) 이 '無'자는 원문의 훼손으로 보이지 않는 부분이다. 이 연구에서 앞뒤의 현토 경향을 고려하여 추정한 구결문과 독법, 형태 분석을 제시하면 다음과 같다.

B 達須亠 篾戾車亠ノ令七 中刂ㄱ 謂ㄱ {於}是 處刂 四衆刂 行ソ令 无彡 亦 賢聖刂ㄱ 正至亠 正行亠ノ令七 諸 善丈夫 無彡ノ令十 生尸 不冬ソ尸矢丨

C 達須여 篾戾車여호릿 中인 닐온 是 處이 四衆이 行ᄒᆞ리 없져 亦 賢聖인 正至여 正行여호릿 諸 善丈夫 없져 호리긔 날 안ᄃᆞᆯᄒᆞᆯ디다

D 達須[亠J,] 篾戾車[亠J, ノV+Ep, 令Et+N, 七J,] 中[刂V, ㄱEt,] 謂[ㄱEc,] {於}是 處[刂J,] 四衆[刂J,] 行[ソV, 令Et+N,] 无[彡Ec,] 亦 賢聖[刂V, ㄱEt,] 正至[亠J,] 正行[亠J, ノV+Ep, 令Et+N, 七J,] 諸 善丈夫 無[彡Ec, ノV+Ep, 令Et+N, 十J,] 生[尸Et,] 不[冬M, ソV, 尸Et, 矢N+V, 丨Ef,]

7) 음절말 유음을 포함하는 것으로 추정되는 구결자로 '冬', '乙', '尸', '戊' 네 가지가 있다. 이 중 '尸'은 관형형어미 혹은 명사형어미로 쓰이는데, 이에 대응되는 15세기 언해문의 표기가 'ㅭ'로 나타나는 경우가 많음을 근거로 다른 세 글자의 말음과 음가가 달랐을 것으로 보는 견해가 있다. 하지만 '矛'와 '令'도 음가가 같지만 대체로 '矛'는 의존명사 '刂'를 포함하지 않는 환경에서, '令'는 의존명사 '刂'를 포함하는 환경에서 구분하여 사용하는 것으로 볼 때, '尸'과 '乙'도 음가는 같지만 문법의식이 반영되어 달리 표기되었을 가능성도 있다. 이 책에서는 '尸'의 음가가 '乙'과 달랐을 가능성을 부정하지 않지만, 그것을 'ㅭ'로 적기에도 근거가 충분하지 않다고 보고 잠정적으로 음절말 유음의 독음을 모두 'ㄹ'로 적기로 한다.

[刂J,] 行[丷V, 令Et+N,] 无[⺕Ec,] 亦 賢聖[刂V, ㇒Et,] 正至[亠J,] 正行[亠J, ノV+Ep, 令Et+N, 七J,] 諸 善丈夫 (無) 生[尸Et,] 不[冬M, 丷V, 尸Et, 矢N+V, 丨Ef,]

E 달수[8]니 멸려차[9]니 하는 곳의 가운데인 - 곧 이곳이, 네 무리가 행함이 없고 또한 현성[10]인 정지니 정행이니 하는 여러 좋은 장부[善丈夫]가 없고 하는 - 곳에 나지 않는 것이다.

F 말하자면 이곳에 4중(衆)의 행(行)이 없고 또한 현성(賢聖) 정지(正至) 정행(正行)의 여러 좋은 장부[善丈夫]가 없는 곳에 달수(達須)와 멸려차(蔑戾車)로 태어나지 않는다.

〈유가02 : 04〉

A **依止圓滿者：謂如有一、生處中國、**

B 依止圓(滿{者} 謂 有 一 如[11] 中國 生處)[12]

C 依止圓(滿{者} 謂 有 一 如 中國 生處)

D 依止圓(滿{者} 謂 有 一 如 中國 生處)

E 의지원만이라 하는 것은, 말하자면 어떤 한 사람이 있어서 중심이 되는 나라[中國][13]에

---

8) 달수(達須)란 인도를 중심으로 볼 때 변방지역에 사는 비천한 종족을 가리킨다. 가령 당나라[唐國]와 같이 사람들이 유식(有識)하기는 해도 부처님이나 사중(四衆)이 없는 곳을 가리킨다는 설, 혹은 '하천한 무리[下賤類]'로서 총령(葱嶺)의 동쪽에 있는 모든 나라를 가리킨다는 설 등이 있다. 『유가론기』 권6(T42, 426a25) 참조.

9) 멸려차(蔑戾車)란 인도를 중심으로 볼 때 변방지역에 사는 더러운 종족을 가리킨다. 가령 당나라를 '달수(達須)'라고 할 경우 그 외의 오랑캐[夷狄戎羌]들을 멸려차라고 한다는 설, 혹은 돌궐(突厥)처럼 더러운 것을 좋아하는 종족[樂垢穢]을 가리킨다는 설 등이 있다. 『유가론기』 권6(T42, 426a25) 참조.

10) 수행의 과정에서, 사제(四諦)를 명료하게 주시하여 견혹(見惑)을 끊는 견도(見道) 이상의 경지에 이른 사람을 성(聖)이라 하고, 견도의 경지에는 이르지 못했지만 이미 악을 떠난 사람을 현(賢)이라 한다.

11) 한문 구문만 보면 오히려 '如'는 '謂如(말하자면 ~와 같다)'와 같이 '謂'와 함께 어울리는 것처럼 생각하기 쉽다. 하지만 <유가02 : 06-07>의 '謂如' 구성을 참조하면, 유가사지론의 현토자는 이와 같은 해석 방식을 취하지 않았음을 알 수 있다.

12) 이는 원문의 훼손으로 보이지 않는 부분이다. 이 연구에서 앞뒤의 현토 경향을 고려하여 추정한 구결문과 독법, 형태 분석을 제시하면 다음과 같다. 단, '生處'의 경우, 구결자의 현토 방식에 따라 한 단위의 합성동사(生處丷尔)로도, 혹은 동사 연속 구성(生丷氵 處丷尔)으로도 해석 가능하므로 이를 모두 제시하였다.

B 依止圓滿刂丨丷㇒入㇒{者} 謂㇒ 有ナ丨 一 如支丷㇒刂 中國氵十 生處丷尔/生丷氵 處丷尔

C 依止圓滿이다ᄒᆞᆫ든 닐온 잇겨다 一 다ᄒᆞᆫ이 中國아긔 生處ᄒᆞ며/生ᄒᆞ아 處ᄒᆞ며

D 依止圓滿[刂V, 丨Ef, 丷V, ㇒Et, 入N, ㇒J,]者 謂[㇒Ec,] 有[ナEp, 丨Ef,] 一 如[支V, 丷V, ㇒Et, 刂J,] 中國[氵J-, 十-J,] 生處[丷V, 尔Ec,]/生[丷V, 氵Ec,] 處[丷V, 尔Ec,]

13) '중심이 되는 나라[中國]'라고 한 것은, 인도를 중심으로 볼 때 중앙을 가리킨다. 그런데 이 중앙이 어딘가에 대해서는 크게 두 가지 해석이 있다. 첫째는 5인도(印度)를 가리킨다는 것이고, 둘째는 5인도 중에

태어나 처하되,

F 의지(依止)의 원만(圓滿)이란 말하자면 어떤 사람이 중국(中國)에 태어나 처(處)하면서

〈유가02 : 04-05〉

A 不缺眼耳隨一支分,

B 眼亠 耳亠 (一) 隨ノソ㇆[14] (支分) 缺 (不)[15]

C 眼여 耳여 (一) 좇오ᄒᆞᆫ (支分) 缺 (不)

D 眼[亠J,] 耳[亠J,] (一) 隨[ノM, ソV, ㇆Et,] (支分) 缺 (不)

E 눈이니 귀니 (다른 어떤) 하나의 지분도 빠진 것이 없으며,

F 눈과 귀 등의 어떤 하나의 지분(支分)에 결함이 없고

〈유가02 : 05-06〉

A 性不頑嚚[16]、亦不瘖瘂、

B 性 (頑嚚) 不冬ソ㆑[17] (亦 瘖)瘂 (不)[18]

서도 특히 중인도(中印度), 즉 중천축(中天竺)를 가리킨다는 것이다. 『유가론기』 권6(T42, 426a24) 참조.

14) 영인본에서는 '隨ノソ㇆'의 '㇆'이 잘 보이지 않으나, 원본 확인 결과 '㇆'이 기입되어 있다.

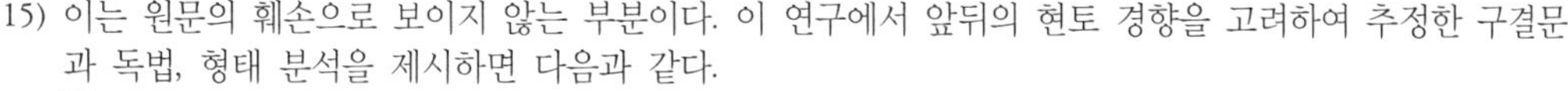

15) 이는 원문의 훼손으로 보이지 않는 부분이다. 이 연구에서 앞뒤의 현토 경향을 고려하여 추정한 구결문과 독법, 형태 분석을 제시하면 다음과 같다.

B 眼亠 耳亠 一乙 隨ノソ㇆ 支分亠ノ尸乙 缺 不冬ソ㣺

C 眼여 耳여 一을 좇오ᄒᆞᆫ 支分여홀을 缺 안ᄃᆞᆯᄒᆞ며

D 眼[亠J,] 耳[亠J,] 一[乙J,] 隨[ノM, ソV, ㇆Et,] 支分[亠J, ノV+Ep, 尸Et, 乙J,] 缺 不[冬M, ソV, 㣺Ec,]

16) '嚚'에 대한 음주(音注)가 난상에 '魚巾㇏'이라고 적혀 있다. '㇏'는 반절(反切)의 '反'을 생획하여 적은 것으로 보인다.

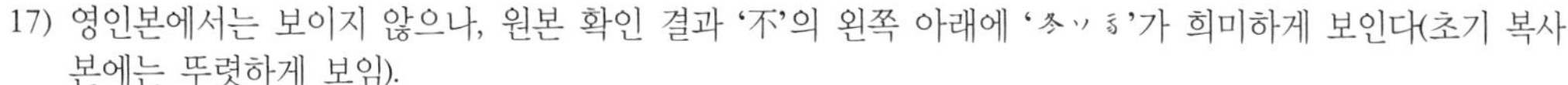

17) 영인본에서는 보이지 않으나, 원본 확인 결과 '不'의 왼쪽 아래에 '冬ソ㆑'가 희미하게 보인다(초기 복사본에는 뚜렷하게 보임).

C 性 (頑嚚) 안둘ᄒᆞ져 (亦 瘖)瘂 (不)

D 性 (頑嚚) 不[for M, ᄼ V, ᄒ Ec,] (亦 瘖)瘂 (不)

E 성품이 완악하지 않고, 또한 벙어리도 아니며,

F 성질이 완악[頑嚚]하지도 않을 뿐만 아니라 벙어리도 아니어서

〈유가02 : 06〉

A 堪能解了善說惡說所有法義。

B 堪能ㅎ 善說 惡說ㅌ 有ㅌ ㄱ[19] 所ㅌ 法義 解了ᄼ ㄕ ㄆ ㅣ

C 堪能히 善說 惡說ㅅ 이슨 밧 法義 解了ᄒᆞᆯ디다

D 堪能[ㅎM,] 善說 惡說[ㅌJ,] 有[ㅌV, ㄱEt,] 所[ㅌJ,] 法義 解了[ᄼ V, ㄕEt, ㄆN+V, ㅣEf,]

E 능히 선설, 악설이 지니고 있는 바의 법의를 완전히 이해하는 것이다.

F 능히 선설(善說)과 악설(惡說)의 모든 법의(法義)를 완전히 이해[解了]할 수 있는 것과 같은 것이다.

〈유가02 : 06-07〉

A 无業障圓滿者：謂如有一、依止圓滿、

초기복사본　원본

18) 이는 원문의 훼손으로 보이지 않는 부분이다. 이 연구에서 앞뒤의 현토 경향을 고려하여 추정한 구결문과 독법, 형태 분석을 제시하면 다음과 같다.

B 性 頑嚚 不冬ᄼ ᄒ 亦 瘖瘂 不冬ᄼ ᄒ ᄼ ㅅ

C 性 頑嚚 안둘ᄒᆞ져 亦 瘖瘂 안둘ᄒᆞ져 ᄒᆞ며

D 性 頑嚚 不[冬M, ᄼ V, ᄒ Ec,] 亦 瘖瘂 不[冬M, ᄼ V, ᄒ Ec, ᄼ V, ㅅ Ec,]

19)  영인본에서는 '有ㅌ ㄱ'의 'ㄱ'이 잘 보이지 않으나, 원본 확인 결과 'ㄱ'이 희미하게 보인다(초기복사본에는 뚜렷하게 보임).

초기복사본　원본

B 无業障圓滿〢丨〻㇆亼㇆{者} 謂㇆ 有𠂇丨 一 如攴〻㇆〢 依止 圓滿〻㢱

C 无業障圓滿이다혼든 닐온 잇겨다 一 다흔이 依止 圓滿ᄒᆞ며

D 无業障圓滿[〢V, 丨Ef, 〻V, ㇆Et, 亼N, ㇆J,]{者} 謂[㇆Ec,] 有[𠂇Ep, 丨Ef,] 一 如[攴V, 〻V, ㇆Et, 〢J,] 依止 圓滿[〻V, 㢱Ec,]

E 무업장원만이라 하는 것은, 말하자면 있다. 하나 같은 이가(/어떤 한 사람이) 의지가 원만하며,

F 무업장(無業障)의 원만(圓滿)이란 말하자면 어떤 사람이 의지(依止)가 원만(圓滿)하고

〈유가02 : 07-09〉

A 於五無間隨一業障、不自造作、不教他作。

B {於}五無間七 一乙 隨丿〻㇆ 業障氵十 自灬 造作尸 不冬〻𠃍 他乙 教〻氵 作亼〢[20]尸 不冬〻𠃍〻尸矢丨

C 五無間ㅅ 一을 좇오흔 業障아긔 스싀로 造作ㄹ 안들ᄒᆞ져 눔을 教ᄒᆞ아 作ᄒᆞ일 안들ᄒᆞ져 홀디다

D {於}五無間[七J,] 一[乙J,] 隨[丿M, 〻V, ㇆Et,] 業障[氵J-, 十-J,] 自[灬M,] 造作[尸Et,] 不[冬M, 〻V, 𠃍Ec,] 他[乙J,] 教[〻V, 氵Ec,] 作[亼V, 〢V, 尸Et,] 不[冬M, 〻V, 𠃍Ec, 〻V, 尸Et, 矢N+V, 丨Ef,]

E 오무간(五無間)[21]의 하나를 따른(/어떤 하나의)[22] 업장에 대해 스스로 짓지 아니하고, 다른 사람을 부추겨 짓게 하지 않고 하는 것이다.

F 5무간(無間 ; 無間業)의 어떤 하나의 업장(業障)을 스스로 짓지 않고 다른 사람에게도 짓지 않게끔 하는 것과 같다.

---

20) '亼'는 원문에 '令'이 없을 때 사동을 나타내기 위해 쓰이는 구결자로, '〢'가 후행하여 '亼〢'와 같이 표기된다. 반면에 원문에 '令'이 있을 때는 '〻{令}〢'와 같이 표기된다. 따라서 '亼〢'와 '〻{令}〢'는 '令'의 유무에 따른 표기의 차이만 존재할 뿐 음가는 차이가 없을 것으로 추정되므로, '亼〢'의 독음은 '〻{令}〢'와 마찬가지로 'ᄒᆞ이'로 표기하기로 한다.

21) 오무간(五無間)은 오무간업(五無間業)을 말한다. 즉 무간지옥의 괴로움을 받을 지극히 악한 다섯 행위로, 곧 오역죄(五逆罪)를 뜻한다. 이는 (1) 아버지를 죽임, (2) 어머니를 죽임, (3) 아라한을 죽임, (4) 승가의 화합을 깨뜨림, (5) 부처의 몸에 피를 나게 함을 가리킨다.

22) '一乙 隨丿〻㇆'을 직역한 결과이다. 이는 맥락상 '한 가지의'의 의미를 지니는 것으로 파악하는 것이 자연스럽다.

〈유가02 : 09-10〉

A 若有作此；於現身中、必非證得賢聖法器。

B 若 有ナ丨 此乙 (作)[23] {於}現身七 中⺀十 必ハ 賢聖法乙 證得ソ令七 器 非矢ナ1リ丨

C 若 잇겨다 此를 (作) 現身ㅅ 中아긔 반ᄃᆨ/반ᄃᆞ기[24] 賢聖法을 證得ᄒᆞ릿 器 안디겨이다

D 若 有[ナEp, 丨Ef,] 此[乙J,] (作) {於}現身[七J,] 中[⺀J-, 十-J,] 必[ハM,] 賢聖法[乙J,] 證得[ソV, 令Et+N, 七J,] 器 非[矢R+V, ナEp, 1Et, リV, 丨Ef,]

E 만약 있다. 이것(=業障)을 짓는 이는 현재의 몸 가운데에서 반드시 현성법을 증득하는 그릇[25]이 아닌 것이다.

F 만약 이것을 짓는 일이 있으면 현재의 몸이 있는[現身] 동안에는 반드시 성현(聖賢)을 증득하는 법기(法器)가 아니다.

〈유가02 : 10-11〉

A 無信解障圓滿者：謂如有一、必不成就五無間業、

B 无信解障圓滿リ丨ソ1ㅅ1{者} 謂1 有ナ丨 一 如支ソ1リ (必)[26] 五无間業乙 成就尸 不冬ソ尔

C 无信解障圓滿이다ᄒᆞᆫ든 닐온 잇겨다 一 다ᄒᆞᆫ이 (必) 五无間業을 成就ㄹ/이룰 안ᄃᆞᆯᄒᆞ며

D 无信解障圓滿[リV, 丨Ef, ソV, 1Et, ㅅN, 1J,]{者} 謂[1Ec,] 有[ナEp, 丨Ef,] 一 如[支V, ソV, 1Et, リJ,] (必) 五无間業[乙J,] 成就[尸Et,] 不[冬M, ソV, 尔Ec,]

---

23) 이는 원문의 훼손으로 보이지 않는 부분이다. 이 연구에서 앞뒤의 현토 경향을 고려하여 추정한 구결문과 독법, 형태 분석을 제시하면 다음과 같다.
B 若 有ナ丨 此乙 作ソ1リ/作ソ11 {於}現身七 中⺀十 必ハ 賢聖法乙 證得ソ令七 器 非矢ナ1リ丨
C 若 잇겨다 此를 作ᄒᆞᆫ이/作ᄒᆞᆫ은 現身ㅅ 中아긔 반ᄃᆨ/반ᄃᆞ기 賢聖法을 證得ᄒᆞ릿 器 안디겨이다
D 若 有[ナEp, 丨Ef,] 此[乙J,] 作[ソV, 1Et, リN,]/作[ソV, 1Et, 1J,] {於}現身[七J,] 中[⺀J-, 十-J,] 必[ハM,] 賢聖法[乙J,] 證得[ソV, 令Et+N, 七J,] 器 非[矢R+V, ナEp, 1Et, リV, 丨Ef,]

24) '必ハ'은 '반ᄃᆨ' 이외에도 '반ᄃᆞ기'로 읽혔을 가능성도 있다. 이 책에서는 '必ハ'의 독법을 잠정적으로 '반ᄃᆨ'으로 적기로 한다.

25) '그릇[器]'은 불법을 믿고 수행할 인연과 근기(根機)가 있는 사람을 가리킨다.

26) 이는 원문의 훼손으로 보이지 않는 부분이다. 이 연구에서 앞뒤의 현토 경향을 고려하여 추정한 구결문과 독법, 형태 분석을 제시하면 다음과 같다.
B 无信解障圓滿リ丨ソ1ㅅ1{者} 謂1 有ナ丨 一 如支ソ1リ 必ハ 五无間業乙 成就尸 不冬ソ尔
C 无信解障圓滿이다ᄒᆞᆫ든 닐온 잇겨다 一 다ᄒᆞᆫ이 반ᄃᆨ 五无間業을 成就ㄹ 안ᄃᆞᆯᄒᆞ며
D 无信解障圓滿[リV, 丨Ef, ソV, 1Et, ㅅN, 1J,]{者} 謂[1Ec,] 有[ナEp, 丨Ef,] 一 如[支V, ソV, 1Et, リJ,] 必[ハM,] 五无間業[乙J,] 成就[尸Et,] 不[冬M, ソV, 尔Ec,]

E 무신해장원만이라 하는 것은, 말하자면 있다. 하나 같은 이가(/어떤 한 사람이) 반드시 5무간업을 성취하지 않으며,

F 무신해장(無信解障)의 원만(圓滿)이란 말하자면 어떤 사람이 반드시 5무간업(無間業)을 성취하지 않고

〈유가02 : 11-13〉

A **不於惡處而生信解、不於惡處發清淨心，謂於種種邪天處所、及於種種外道處所。**

B {於}惡處阝十 而灬27) 信解乙 生刂尸28) 不冬丷ゑ {於}惡處阝十 淸淨心乙 發ノ尸厶 謂𠃌 {於}種種七 邪天 處所阝十 及七 {於}種種七 外道 處所阝十丷尸 不冬丷ゑ丷ナオ亠

C 惡處아긔 而로 信解을 나일 안ᄃᆞᆯᄒᆞ져 惡處아긔 淸淨心을 發홀ᄃᆡ 닐온 갓갓 邪天 處所아긔 및 갓갓 外道 處所아긔홀 안ᄃᆞᆯᄒᆞ져ᄒᆞ겨리여

D {於}惡處[阝J-, 十-J,] 而[灬R,] 信解[乙J,] 生[刂V, 尸Et,] 不[冬M, 丷V, ゑEc,] {於}惡處[阝J-, 十-J,] 淸淨心[乙J,] 發[ノV+Ep, 尸Ec-, 厶-Ec,] 謂[𠃌Ec,] {於}種種[七J,] 邪天 處所[阝J-, 十-J,] 及[七M,] {於}種種[七J,] 外道 處所[阝J-, 十-J, 丷V, 尸Et,] 不[冬M, 丷V, ゑEc, 丷V, ナEp, オEt+N, 亠R,]

E 악처에 대해서 신해29)를 내지 않고, 악처에 대해서 청정30)한 마음을 일으키되 – 곧 갖가지 사악한 천[邪天]의 처소에 대해서, 갖가지 외도31)의 처소에 대해서 – 하지(=청정심을 일으키지) 않고32) 하는 이가.

---

27) 일반적으로 '而'는 순접일 때 '而灬'로, 역접일 때 '而𠃌'로 현토된다. '而灬'와 '而𠃌'는 절과 절 사이에 쓰이는데, 위의 경우처럼 절 안에서 부사어와 목적어 사이에 위치하거나, 주어와 서술어 사이에 위치하는 경우도 있다(地冫 及ハ 虛空冫ノラ十 大衆刂 而灬 住丷ㅌハ二丨(땅이니 및 허공이니 하는 데에 대중이 머물러 계셨다)<구인03 : 15>). 이러한 현상은 율조 혹은 글자 수를 맞추기 위하여 쓰이는 '而'에서 발견된다.

28) 영인본에서는 '生'에 달린 좌측토가 일부 제거되어 '刂'만 보이지만, 원본 확인 결과 '刂尸丶'이 뚜렷하게 보인다.

29) 신해(信解)는 불법을 믿고 명확하게 이해하는 것을 뜻한다.

30) 청정(淸淨)은 맑고 순수함으로 악행(惡行)이나 번뇌를 떠나는 것을 가리킨다.

31) 외도(外道)는 불교 이외의 그릇된 가르침을 말한다. 육사외도(六師外道)·육파철학(六派哲學) 등이 여기에 해당한다. 이에 반해 불교는 내도(內道)라고 한다.

32) 원문만을 놓고 보면 '악처에 대해서 청정심을 내지 않는다. (악처란) 말하자면 갖가지 사천의 처소와 갖가지 외도의 처소이다.'와 같이 두 문장으로 끊어 보는 것이 내용 이해에 도움이 된다. 하지만 구결의 현

F 악치(惡處)에 대해서 신해(信解)를 일으키지 않으며 악처(惡處)에 대해서 청정심(淸淨心)을 일으키지 않는 것과 같은 것이니, 갖가지 삿된 천[邪天]의 처소에서와 갖가지 외도(外道)의 처소에 대해서이다.

〈유가02 : 13-15〉

A 由彼前生、於佛聖教善說法處、修習淨信，長時相續；

B 彼ㄱ 前生氵+ {於}佛 聖教刂ㄱ 善說 法處氵+ 淨信乙 修習丷氵 長時 相續丷ㄱㅅ乙 由氵

C 彼는 前生아긔 佛 聖教인 善說 法處아긔 淨信을 修習ᄒᆞ아 長時 相續ᄒᆞᆫ들 븥아

D 彼[ㄱJ,] 前生[氵J-, +-J,] {於}佛 聖教[刂V, ㄱEt,] 善說 法處[氵J-, +-J,] 淨信[乙J,] 修習[丷V, 氵Ec,] 長時 相續[丷V, ㄱEt, ㅅN, 乙J,] 由[氵Ec,]

E 그는 전생에 부처의 성스러운 가르침인 선설의 법처에 대해 깨끗한 믿음을 수습하여 오랜 동안 상속함으로 말미암아,

F 그는 전생(前生)에 부처님의 성교(聖教)와 선설(善說)의 법처(法處)에서 깨끗한 믿음[淨信]을 수습하고 오랜 세월 동안 상속(相續)하였기 때문에

〈유가02 : 15-16〉

A 由此因緣、於今生中、唯於聖處發生信解、起淸淨心。

B 此 因緣乙 由氵 {於}今生ㅌ 中氵+ 唯ハ {於}聖處氵+ 信解乙 發生丷氵 淸淨心乙 起ナㅎㅌ丨

C 此 因緣을 븥아 今生ㅅ 中아긔 오직 聖處아긔 信解를 發生ᄒᆞ아 淸淨心을 니ᄅᆞᆯ다

D 此 因緣[乙J,] 由[氵Ec,] {於}今生[ㅌJ,] 中[氵J-, +-J,] 唯[ハM,] {於}聖處[氵J-, +-J,] 信解[乙J,] 發生[丷V, 氵Ec,] 淸淨心[乙J,] 起[ナEp, ㅎEp-, ㅌ-Ep, 丨Ef,]

E 이 인연으로 말미암아 금생 중에 오직 성스러운 곳에서 신해를 내어 청정한 마음을 일으킨다.

토자는 '不於惡處發淸淨心'에서 문장을 끊지 않고 악처의 부연설명을 하는 '謂於種種邪天處所、及於種種外道處所。'까지를 한 문장으로 포함하여 현토한 까닭에, 이를 직역한 현대어는 마치 악처에 대해서는 청정한 마음을 일으키지만 갖가지 사악한 처소와 갖가지 외도의 처소에 대해서는 청정한 마음을 일으키지 않는 것처럼 해석될 여지가 있어 주의가 필요하다.

F 이 인연에 의해서 금생(今生)에 오직 성처(聖處)에만 신해(信解)를 일으키고 청정(淸淨)하다는 마음을 일으키는 것이다.

〈유가02 : 16-17〉

A **云何生圓滿中依外有五？**

B 云何丷ㄱ乙 生圓滿 中氵七 外乙 依丷ㄱラ十 五 有丷ㄱ矢丨丿令口

C 엇흔을 生圓滿 中앗 外을 依흔의긔 五 有흔디다호리고

D 云何[丷V, ㄱEt, 乙J,] 生圓滿 中[氵J-, 七-J,] 外[乙J,] 依[丷V, ㄱEt, ラJ-, 十-J,] 五 有[丷V, ㄱEt, 矢N+V, 丨Ef, 丿V+Ep, 令Et+N, 口J,]

E 무엇을 생원만 가운데 밖을 의지한 것에 다섯이 있는 것이라 하는가?

F 생(生)의 원만(圓滿) 가운데에 외(外)에 의지한 다섯 가지가 있다고 하는 것은 무엇을 말하는가?

〈유가02 : 17-19〉

A **謂大師圓滿、世俗正法施設圓滿、勝義正法隨轉圓滿、正行不滅圓滿、隨順資緣圓滿。**

B 謂 大師圓滿ㅅ 世俗正法施設圓滿ㅅ 勝義正法隨轉圓滿ㅅ 正行不滅圓滿ㅅ 隨順資緣圓滿ㅅ 刂丨

C 謂 大師圓滿과 世俗正法施設圓滿과 勝義正法隨轉圓滿과 正行不滅圓滿과 隨順資緣圓滿과 이다

D 謂 大師圓滿[ㅅJ,] 世俗正法施設圓滿[ㅅJ,] 勝義正法隨轉圓滿[ㅅJ,] 正行不滅圓滿[ㅅJ,] 隨順資緣圓滿[ㅅJ, 刂V, 丨Ef,]

E 말하자면 대사원만과 세속정법시설원만과 승의정법수전원만과 정행불멸원만과 수순자연원만과이다.

F 대사(大師)의 원만(圓滿)과 세속(世俗)의 정법시설(正法施設)의 원만(圓滿)과 승의(勝義)의 정법수전(正法隨轉)의 원만(圓滿)과 정행불멸(正行不滅)의 원만(圓滿)과 수순자연(隨順資緣)의 원만(圓滿)을 말한다.

〈유가02 : 19-20〉

A **大師圓滿者：**

B 大師圓滿刂丨丷ㄱㅅㄱ{者}

C 大師圓滿이다ᄒᆞᆫ든

D 大師圓滿[刂V, 丨Ef, 丷V, ㄱEt, ㅅN, ㄱJ,]{者}

E 대사원만이라 하는 것은,

F 대사(大師)의 원만(圓滿)이란

〈유가02 : 20-21〉

A **謂卽彼補特伽羅、具(內五種生)圓滿已；**

B 謂ㄱ 卽ㅎ 彼 補特伽羅刂 內七[33] 五種 生圓滿乙 具 已氵丷ㄋ斤[34]

C 닐온 곧오 彼 補特伽羅이 內ㅅ 五種 生圓滿을 具 이믜사ᄒᆞ아근

D 謂[ㄱEc,] 卽[ㅎM,] 彼 補特伽羅[刂J,] (內[七J,] 五種) 生圓滿[乙J,] 具 已[氵M, 丷V, ㄋEc, 斤J,]

E 말하자면 곧 그 보특가라[35]가 안의 다섯 가지 생원만을 갖추기를 이미 하여서는,

F 말하자면 곧 그 보특가라(補特伽羅)는 내(內)의 다섯 가지 생(生)의 원만(圓滿)을 갖추고 나서

---

33) 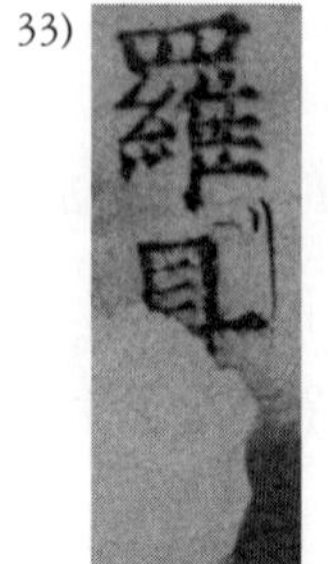 영인본에서는 보이지 않으나, 원본 확인 결과 '內'의 오른쪽 아래에 현토된 '七'이 뚜렷이 보인다.

34) '斤'은 'ハ'와 'ㄱ'의 통합체가 한 음절로 표기된 것이다. '斤'은 'ㅁ斤' 혹은 'ㄋ斤'과 같이 연결어미 'ㅁ'나 'ㄋ' 뒤에 결합해 쓰인다. 이때 이들은 '~고 나서는'과 같은 '계기+한정'의 의미기능을 지니거나, '~고 나면' 등과 같은 '계기+조건'의 의미기능을 지닌다.

35) 보특가라(補特伽羅)란 산스크리트어 pudgala의 음역으로 부특가라(富特伽羅)·복가라(福伽羅)·보가라(補伽羅)·불가라(弗伽羅)·부특가야(富特伽耶)라고도 하며, 의역으로는 삭취취(數取趣)라고 한다. 유정(有情) 또는 중생의 아(我)를 말하는데, 중생은 번뇌와 업의 인연으로 생사윤회를 거듭하면서 자주 6취에 왕래하므로 삭취취라고 한다.

〈유가02 : 21-23〉

A 復得值遇大師出世。所謂如來、應、正等覺、一切知者、一切見者、於一切境得無障㝵。

B 復 (得 大師 出世 謂 所 如)來 應 正等覺 一切知者 一切見(者)[36] {於}一切 境ろ十 得朩 障㝵 無ニㄱ乙 (値)遇ソ尸矢丨

C 復 (得 大師 出世 謂 所 如)來 應 正等覺 一切知者이져 一切見者(者) 一切 境아긔 시러곰 障㝵 없으신을 (値)遇홀디다

D 復 (得 大師 出世 謂 所 如)來 應 正等覺 一切知者[刂V, ㆆEc,] 一切見(者) {於}一切 境[ろJ-, 十-J,] 得[朩M,] 障㝵 無[ニEp, ㄱEt, 乙J,] (値)遇[ソV, 尸Et, 矢N+V, 丨Ef,]

E 또한 능히 대사의 출세인, 이른바 여래이고, 응공이고, 정등각이고, 일체지자이고, 일체견자이고 하여 일체의 경계에서 능히 장애가 없으신 이[=대사]를 만나는 것이다.

F 다시 대사(大師)의 출세(出世)를 만나게 되는 것[直遇]과 같다. 즉 일체의 경계에서 무장애(無障礙)를 얻은 여래(如來) 응공[應] 정등각(正等覺) 일체지자(一切智者) 일체견자(一切見者)를 만나는 것이다.

〈유가02 : 23-03 : 01〉

A 世俗正法施設圓滿者:

B 世俗正法施設圓滿刂丨ソㄱㅅㄱ{者}

C 世俗正法施設圓滿이다훈둔

D 世俗正法施設圓滿[刂V, 丨Ef, ソV, ㄱEt, ㅅN, ㄱJ,]{者}

E 세속정법시설원만이라 하는 것은,

---

36) 이는 원문의 훼손으로 보이지 않는 부분이다. 이 연구에서 앞뒤의 현토 경향을 고려하여 추정한 구결문과 독법, 형태 분석을 제시하면 다음과 같다.

B 復 得朩 大師尸 出世刂ㄱ 謂ㄱ 所ㄱ 如來 應 正等覺刂ㆆ 一切知者刂ㆆ 一切見者刂ㆆソㄱ刂/ソ亽 一切 境ろ十 得朩 障㝵 無ニㄱ乙 値遇ソ尸矢丨

C 復 시러곰 大師ㄹ 出世인 닐온 바는 如來 應 正等覺이져 一切知者이져 一切見者이져흔이/흐리 一切 境아긔 시러곰 障㝵 업스신을 値遇홀디다

D 復 得[朩M,] 大師[尸Et,] 出世[刂V, ㄱEt,] 謂[ㄱEt,] 所[ㄱJ,] 如來 應 正等覺[刂V, ㆆEc] 一切知者[刂V, ㆆEc,] 一切見者[刂V, ㆆEc] {於}一切 境[ろJ-, 十-J,] 得[朩M,] 障㝵 無[ニEp, ㄱEt, 乙J,] 値遇[ソV, 尸Et, 矢N+V, 丨Ef,]

F 세속(世俗)의 정법시설(正法施設)의 원만(圓滿)이란

〈유가03 : 01〉

A **謂即彼補特伽羅、值佛出世、**

B 謂ㄱ 卽ㅎ 彼 補特迦羅ㅣ 佛ㅣ 出世ㅅ白ノ尸入乙37) 值白ㅅ

C 닐온 곧오 彼 補特迦羅이 佛이 出世ᄒᆞ숩올ᄃᆞᆯ 值숩으며

D 謂[ㄱEc,] 卽[ㅎM,] 彼 補特迦羅[ㅣJ,] 佛[ㅣJ,] 出世[ㅅV, 白Ep, ノEp, 尸Et, 入N, 乙J,] 值[白Ep, ㅅEc,]

E 말하자면 곧 저 보특가라가 부처가 세상에 나시는 것을 만나며,

F 곧 그 보특가라(補特伽羅)가 부처님의 출세(出世)를 만나고,

〈유가03 : 01-03 : 03〉

A **又廣開示善不善法、有罪無罪、廣說乃至諸緣生法、**

B 又 廣ㅣ 善不善法ㅗ 有无罪ㅗ 廣ㅣ 說尸 乃ㆍ 至ㅣ 諸緣生法ㅗノ尸乙 開示ㅅ㝵

C 又 넙이 善不善法여 有无罪여 넙이 니를 乃사 니를이 諸 緣生法여홀을 開示ᄒᆞ져

D 又 廣[ㅣM,] 善不善法[ㅗJ,] 有罪无罪[ㅗJ,] 廣[ㅣM,] 說[尸Ec,] 乃[ㆍR,] 至[ㅣM,] 諸緣生法[ㅗJ, ノV+Ep, 尸Et, 乙J,] 開示[ㅅV, 㝵Ec,]

E 또한 (부처는) 널리 선법·불선법이니 유죄·무죄이니, 자세히 말하면, 여러 연생법이니 하는 것에 이르기까지를 열어보이고,

F 또한 선(善) 불선법(不善法)과 유죄(有罪) 무죄(無罪) …… 여러 연생법(緣生法) 및 광분별(廣分別)에 이르기까지,

---

37) 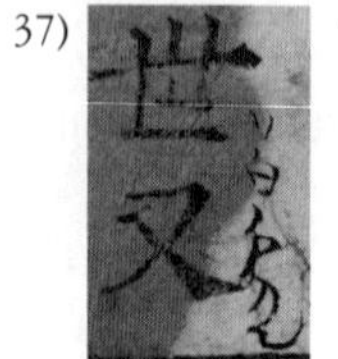 영인본에서는 보이지 않으나, 원본 확인 결과 'ㅅ白ノ尸入乙' 밑의 역독점이 뚜렷이 보인다.

〈유가03 : 03-05〉

A 及廣分別，謂契經、應頌、記別、諷誦、自說、緣起、譬喩、本事、本生、方廣、希法、及與論議。[38)]

B 及ヒ 廣刂 謂ㄱ 契經亠 應頌亠 記別亠 諷頌亠 自說亠 緣起亠 譬喩亠 本事亠 本生亠 方廣亠 希法亠 及與ヒ[39)] 論議亠ノ尸乙 分別丷亝丷二尸矢丨

C 밋 넙이 닐온 契經여 應頌여 記別여 諷頌여 自說여 緣起여 譬喩여 本事여 本生여 方廣여 希法여 밋 論議여홀을 分別ᄒ져ᄒ실디다

D 及[ヒM,] 廣[刂M,] 謂[ㄱEc,] 契經[亠J,] 應頌[亠J,] 記別[亠J,] 諷頌[亠J,] 自說[亠J,] 緣起[亠J,] 譬喩[亠J,] 本事[亠J,] 本生[亠J,] 方廣[亠J,] 希法[亠J,] 及與[ヒM,] 論議[亠J, ノV+Ep, 尸Et, 乙J,] 分別[丷V, 亝Ec, 丷V, 二Ep, 尸Et, 矢N+V, 丨Ef,]

E 그리고 널리 이른바 계경이니 응송이니 기별이니 풍송이니 자설이니 연기니 비유니 본사니 본생이니 방광이니 희법이니 그리고 논의니 하는 것을[40)] 분별하고 하시는 것이다.

F 즉 계경(契經) 응송(應頌) 기별(記別) 풍송(諷誦) 자설(自說) 연기(緣起) 비유(譬喩) 본사(本事) 본생(本生) 방광(方廣) 희법(希法) 그리고 논의(論議)를 개시(開示)하는 것을 만나는 것이다.

---

38) 유가사지론자료고의 표점은 "及廣分別。謂契經、應頌、記別、諷誦、自說、緣起、譬喩、本事、本生、方廣、希法、及與論議。"이나 구결문에 따라 수정하였다.

39) '與ヒ'[다뭇]은 '及ヒ'[밋]과 달리 목적어 논항을 취하여 선행명사에 목적격조사 '乙'이 쓰이기도 한다(예: 謂ㄱ 若 愛樂丷ㄋ尒 諸 在家人 <u>及ヒ</u> 出家人ヒ <u>衆乙 與ヒ</u> 雜 居住ノ尸人ㄱ{者}(즉, 만일 애락하여서 여러 재가와 출가와의 무리와 더불어 섞여 거주하는 경우에는(/거주하는 자는) <유가08 : 22-23>). 따라서 여기에서의 '與ヒ'은 '다뭇'을 표기한 것이 아니고, '及與ヒ'을 한 덩어리로 보아 '밋'을 표기한 것으로 보아야 한다. 이 경우 원문의 '與'는 율조 혹은 글자 수를 맞추기 위하여 '及'에 추가된 것으로 이해할 수 있다.

40) 여기에 나열된 계경 등의 12종류를 십이부경(十二部經)이라고 한다. 그중 '계경'은 산문체의 경전이고, '응송'은 산문체의 경문 뒤에 그 내용을 거듭해서 운문으로 노래한 것이다. '기별'은 문답으로 해석한 것이나 혹은 제자의 다음 세상에 날 곳을 예언한 것을 가리킨다. '풍송'은 4언·5언·7언의 운문을 말한다. '자설'은 다른 이가 질문하지 않았는데 부처님이 스스로 말씀하신 것을 가리킨다. '연기'는 부처님을 만나 설법을 듣게 된 인연을 말한 곳을 가리킨다. '비유'는 비유를 통해서 은밀한 교리를 밝힌 곳을 가리킨다. '본사'는 부처님과 제자들의 지난 세상 인연을 말한 곳, '본생'은 부처님 자신이 지난 세상에서 행했던 보살행을 말한 곳을 가리킨다. '방광'은 광대한 진리를 말한 곳, '희법'은 부처님이 여러 신통력을 나타내는 일에 대해 말한 곳을 가리킨다. '논의'는 교법의 의리(義理)를 논의하고 문답한 글을 가리킨다.

〈유가03 : 05-06〉

A **勝義正法隨轉圓滿者 :**

B 勝義正法隨轉圓滿刂丨丷1ㅅ1{者}

C 勝義正法隨轉圓滿이다ᄒᆞᆫᄃᆞᆫ

D 勝義正法隨轉圓滿[刂V, 丨Ef, 丷V, 1Et, ㅅN, 1J,]{者}

E 승의정법수전원만이라 하는 것은,

F 승의(勝義)의 정법수전(正法隨轉)의 원만(圓滿)이란

〈유가03 : 06-07〉

A **謂卽大師善爲開示俗正法已 ;**

B 謂1 卽亐 大師刂 善ケ 爲亐 俗正法乙 開示尸 已氵丷口八1[41)]

C 닐온 곧오 大師이 善며 삼오 俗正法을 開示ㄹ 이믜사ᄒᆞ곡은

D 謂[1Ec,] 卽[亐M,] 大師[刂J,] 善[ケM,] 爲[亐M,] 俗正法[乙J,] 開示[尸Et,] 已[氵M, 丷V, 口Ec, 八J,]

E 말하자면 곧 대사가 잘, (대중을) 위하여, 세속의 정법을 열어보이기를 이미 하고서는,

F 말하자면 즉 대사(大師)께서 위하여 세속의 정법(正法)을 잘 개시(開示)하고 나자,

41) 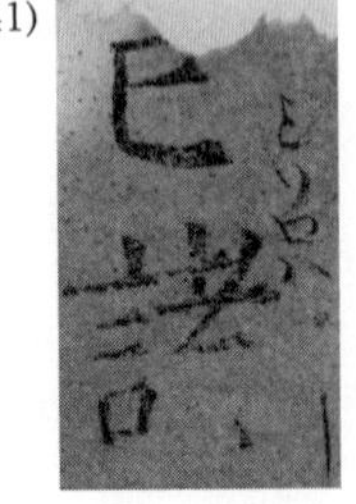

‘已氵丷口八’의 아래 부분은 잘 보이지 않는데 한 글자 정도가 들어갈 공간이 있고 긴 세로획이 있다. 판독의 가능성은 ‘① 已氵丷口八1, ② 已氵丷口八二丨, ③ 已氵丷口八二1, ④ 已氵丷口八 諸1’과 같이 생각할 수 있다.

①은 ‘八’와 세로획 사이에 구결자가 없고, 또 긴 세로획은 ‘1’이 원본의 훼손으로 긴 세로획처럼 보이는 것이며, 더욱이 세로획은 ‘諸’가 아니라 ‘已氵丷口八’ 뒤에 붙은 것으로 판독한 것이다. ②는 토가 포함된 문장의 주어가 ‘대사’이기에 ‘二’가 쓰일 만한 환경이라는 점에서 ‘八’와 세로획 사이에 ‘二’가 있다고 본 판독이며 세로획은 보이는 대로 ‘丨’로 판독한 것이다. 또한 이 세로획은 ‘諸’가 아니라 ‘已氵丷口八二’ 뒤에 붙었다고 보았다. ③은 ②와 거의 같지만 마지막 세로획을 ①과 같이 ‘1’으로 판독한 것이다. ④는 ①과 거의 같지만 마지막 ‘1’이 ‘已氵丷口八’ 다음이 아니라 ‘諸’에 붙은 것으로 판독한 것이다.

하지만 ②, ③은 유가사지론 권20에서 ‘口八二丨’, ‘口八二1’과 같은 구성이 등장하지 않는다는 점에서 가능성이 낮고, ④는 긴 세로획이 ‘諸’의 오른쪽에 치우쳐져 있고 유가사지론 권20에서 ‘諸’에 ‘1’이 현토된 경우가 없다는 점에서 가능성이 낮다. 마지막으로 ①은 유가사지론 권20에서 ‘丷口八1’과 같은 구성은 나타나지 않지만 이와 유사한 ‘丷㇌斤’과 같은 구성이 쓰인다는 점에서 나머지보다는 가능성이 높다고 판단하여 여기서는 잠정적으로 ‘① 已氵丷口八1’과 같이 판독한다.

〈유가03 : 07-08〉

A **諸弟子衆依此正法、復得他人爲說隨順 敎誡敎授、**

B 諸 弟子衆刂 此 正法乙 依㢱 復 他人ラ 爲ᄒ 隨順丷1 敎誡亠 敎授亠ノ尸乙 說ノ尸入乙 得㢱丷3

C 諸 弟子衆이 此 正法을 븓으며 復 他人의 삼오 隨順한 敎誡여 敎授여홀을 說홀들 얻으며 ᄒᆞ아

D 諸 弟子衆[刂J,] 此 正法[乙J,] 依[㢱Ec,] 復 他人[ラJ,] 爲[ᄒM,] 隨順[丷V, 1Et,] 敎誡[亠J,] 敎授[亠J, ノV+Ep, 尸Et, 乙J,] 說[ノV+Ep, 尸Et, 入N, 乙J,] 得[㢱Ec, 丷V, 3Ec,]

E 모든 제자의 무리가 이 정법을 의지하며, 또 다른 사람이 (대중을) 위하여 수순한 교계니 교수니 하는 것을 말하는 것을 얻으며 하여,

F 여러 제자(弟子)들은 이 정법(正法)에 의지하고 다시 다른 사람들이 얻도록 하기 위해서 교계(敎誡) 교수(敎授)를 수순(隨順)하여 설하고,

〈유가03 : 08-09〉

A **修三十七菩提分法，得沙門果；**

B 三十七菩提分法乙 修丷3尒 沙門果乙 得3

C 三十七菩提分法을 修ᄒᆞ아곰 沙門果를 얻아

D 三十七菩提分法[乙J,] 修[丷V, 3Ec, 尒J,] 沙門果[乙J,] 得[3Ec,]

E 서른일곱 보리분법[42]을 닦아서 사문과[43]를 얻어,

F 37보리분법(菩提分法)을 닦아서 사문과(沙門果)를 얻으며,

〈유가03 : 09-11〉

A **於沙門果證得圓滿、又能證得展轉勝上增長廣大所有功德。**

---

42) '서른일곱 보리분법[三十七菩提分法]'은 지혜를 구하는 서른일곱 가지 수행방법, 즉 37도품(道品)을 총칭하는 말이다. 보리분(菩提分)이란 깨달음으로 인도하는 원인을 뜻한다. 이 서른일곱 가지 법은 모두 보리(=깨달음)에 수순해서 나아가기 때문에 보리분법이라 한다. 즉 사념처(四念處)와 사정근(四正勤)과 사여의족(四如意足)과 오근(五根)과 오력(五力)과 칠각분(七覺分)과 팔지성도(八支聖道) 등을 가리킨다.

43) 사문과(沙門果)는 출가한 사람들, 즉 사문(沙門, śramaṇa)들이 획득하는 예류과(預流果)・일래과(一來果)・불환과(不還果)・아라한과(阿羅漢果=無學果)의 네 종류 과를 가리키며, 흔히 4사문과(四沙門果)라고 한다.

B {於}沙門果³十 證得 圓滿ソ𢒆 又 能ㅅ 展轉勝上ソ³ホ 增長廣人ソ𠃌 有七𠃌 所七 功德乙 證得ソ𢒆ソ尸矢丨

C 沙門果아긔 證得 圓滿ᄒᆞ져 又 能며44) 展轉勝上ᄒᆞ아곰 增長廣大ᄒᆞᆫ 이슨 밧 功德을 證得ᄒᆞ져ᄒᆞᆯ디다

D {於}沙門果[³J-, 十-J,] 證得 圓滿[ソV, 𢒆Ec,] 又 能[ㅅM,] 展轉勝上[ソV, ³Ec, ホJ,] 增長廣大[ソV, 𠃌Et,] 有[七V, 𠃌Et,] 所[七J,] 功德[乙J,] 證得[ソV, 𢒆Ec, ソV, 尸Et, 矢N+V, 丨Ef,]

E 사문과에 대해 증득함이 원만하고, 또 능히 점점 뛰어나게 되어서[展轉勝上] 매우 커다란 있는 바 공덕을 증득하고 하는 것이다.

F 사문과(沙門果)를 증득한 것을 원만히 할뿐만 아니라 점차[展轉] 보다 뛰어나게[勝上] 증장(增長)하고 광대(廣大)해지면서 모든 공덕(功德)을 증득할 수 있도록 하는 것이다.

〈유가03 : 11〉

A **正行不滅圓滿者：**

B 正行不滅圓滿リ丨ソ𠃌𠆢𠃌{者}

C 正行不滅圓滿이다ᄒᆞᆫ든

D 正行不滅圓滿[リV, 丨Ef, ソV, 𠃌Et, 𠆢N, 𠃌J,]{者}

E 정행불멸원만이라 하는 것은,

F 정행불멸(正行不滅)의 원만(圓滿)이란

〈유가03 : 11-13〉

A **謂佛世尊雖般涅槃；而俗正法、猶住未滅，勝義正法、未隱未斷。**

B 謂𠃌 佛世尊𠃌 般涅槃ソニㅎ七𠆢{雖}十 而𠃌 俗正法リ 猶リ 住ソ³ホ 未滅ソ𢒆 勝義正法リ 未隱未斷ソ𢒆ソ尸矢丨

C 닐온 佛世尊은 般涅槃ᄒᆞ신과두 而ㄴ 俗正法이 猶이 住ᄒᆞ아곰 未滅ᄒᆞ져 勝義正法이 未隱

44) '能ㅅ'는 중세 한국어의 '이대', '이ᄃᆞ며'라는 어형에 근거해 독법을 '이ᄃᆞ며'로 추정할 수도 있고(佛子로 住持ᄒᆞ야 諸有에 이대 걷내ᄠᅱ며 [佛子로 住持ᄒᆞ야 善超諸有ᄒᆞ며] <능엄경언해 1 : 24>, 낫나치 ᄇᆞᆰ고 이ᄃᆞ며 [一一明妙ᄒᆞ며] <금강경삼가해 2 : 62>, 이ᄃᆞ며 골업소ᄆᆞᆯ ᄀᆞᆯ히리오 [辨姸醜] <남명집언해 하 : 28>), '재-'라는 어형에 근거해 독법을 '재며'로 추정할 수도 있다(그 갓나히도 … 온가지로 직조 재오 온 공교ᄒᆞ더라 [那女孩兒 … 百能百巧的] <번역박통사 상 : 45>).

未斷ㅎ져홀디다

D 謂[ㄱEc,] 佛世尊[ㄱJ,] 般涅槃[ㅅV, ニEp, ㅎEp-, ㄷ-Ep, ㅅEc-,]{雖}[ㅏ-Ec,] 而[ㄱR,] 俗正法[ㅣJ,] 猶[ㅣM,] 住[ㅅV, ㅑEc, ㅈJ,] 未滅[ㅅV, ㅎEc,] 勝義正法[ㅣJ,] 未隱未斷[ㅅV, ㅎEc, ㅅV, ㄹEt, 矢N+V, ㅣEf,]

E 말하자면 불세존은 반열반하시더라도 세속의 정법이 여전히 머물러서 멸하지 않고, 승의의 정법이 가려지거나 끊어지지 않고 하는 것이다.

F 불(佛) 세존(世尊)께서는 반열반(般涅槃)하더라도 세속의 정법(正法)은 오히려 머물러 여전히 사라지지 아니하여 승의(勝義)의 정법(正法)은 숨지도 않고 끊어지지도 않는 것을 말한다.

〈유가03 : 13〉

A **隨順資緣圓滿者 :**

B 隨順資緣圓滿ㅣ ㅣ( )[45]{者}

C 隨順資緣圓滿이다( )

D 隨順資緣圓滿[ㅣV, ㅣEf,]{者}

E 수순자연원만이라 하는 것은,

F 수순자연(隨順資緣)의 원만(圓滿)이란

〈유가03 : 13-14〉

A **謂卽四種受用正法因緣現前、受用正法、**[46]

B 謂ㄱ 卽ㅎ 四種ㄷ 正法( )[47] 受用ノ수ㄷ 因緣 現前ㅅㅑㅈ 正法乙[48] 受用ㅅㄹ乙

45)  원문의 훼손으로 'ㅣㅣ' 뒤의 구결토가 보이지 않는다. 이 연구에서 앞뒤의 현토 경향을 고려하여 추정한 구결문과 독법, 형태 분석을 제시하면 다음과 같다.
B 隨順資緣圓滿ㅣ ㅣ ㅅ ㄱ ㅅ ㄱ
C 隨順資緣圓滿이다혼든
D 隨順資緣圓滿[ㅣV, ㅣEf, ㅅV, ㄱEt, ㅅN, ㄱJ,]{者}

46) 유가사지론자료고의 표점은 "謂卽四種受用正法、因緣現前受用正法、"이나 구결문에 따라 수정하였다.
47) 원문이 훼손되어 보이지 않는다. 이 연구에서 앞뒤의 현토 경향을 고려하여 추정한 구결문과 독법, 형태

C 닐온 곧오 四種ㅅ 正法( ) 受用호릿 因緣 現前ᄒᆞ아곰 正法을 受用호ᇙ올

D 謂[ㄱEc,] 卽[ㅎM,] 四種[ㅌJ,] 正法 受用[ノV+Ep, 令Et+N, ㅌJ,] 因緣 現前[ソV, ㇌Ec, ホJ,] 正法[乙J,] 受用[ソV, ㇷEt, 乙J,]

E 말하자면 곧 네 가지의 정법을 수용하는 인연이 현전하여서 정법을 수용하는데,

F 말하자면 네 가지로서 정법(正法)을 수용(受用)하는 인연이 현전(現前)하여 정법(正法)을 수용(受用)할 때

〈유가03 : 14-15〉

A (諸)有正信長者居士婆羅門等、

B 諸ㇳ49) 有ナㅣ 正信ソㅌㅌ 長者ㅗ 居士ㅗ 婆羅門ㅗ 等ソㄱリㅗ

C 믈의 잇겨다 正信ᄒᆞᆫ 長者여 居士여 婆羅門여 다ᄒᆞᆫ이여

D 諸[ㇳM,] 有[ナEp, ㅣEf,] 正信[ソV, ㅌEt, ㅌJ,] 長者[ㅗJ,] 居士[ㅗJ,] 婆羅門[ㅗJ,] 等[ソV, ㄱEt, リN, ㅗR,]

E 여러 있다. 올바로 믿는 장자니 거사니 바라문이니 하는 이들이.

F 모든 바른 믿음[正信]을 지닌 장자(長者) 거사(居士) 바라문(婆羅門)들은

분석을 제시하면 다음과 같다.

B 謂ㄱ 卽ㅎ 四種ㅌ 正法乙 受用ノ令ㅌ 因緣 現前ソ㇌ホ 正法乙 受用ソㇷ乙

C 닐온 곧오 四種ㅅ 正法을 受用호릿 因緣 現前ᄒᆞ아곰 正法을 受用호ᇙ올

D 謂[ㄱEc,] 卽[ㅎM,] 四種[ㅌJ,] 正法[乙J,] 受用[ノV+Ep, 令Et+N, ㅌJ,] 因緣 現前[ソV, ㇌Ec, ホJ,] 正法[乙J,] 受用[ソV, ㇷEt, 乙J,]

48) 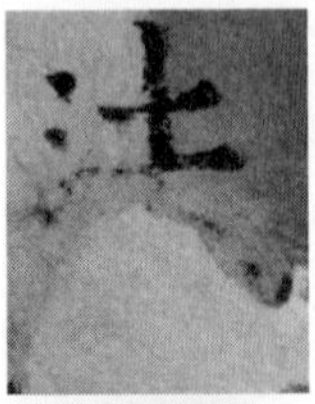 '乙'자는 약간 보이지만, 역독점은 훼손되어 보이지 않는다.

49) 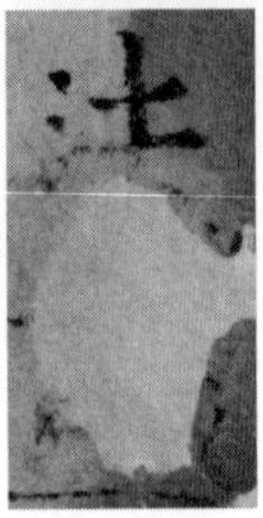 해당 부분이 훼손되어 잘 보이지 않지만, 원본 확인 결과 '諸'의 오른편에 'ㇳ'가 현토된 것이 일부 보인다.

〈유가03 : 15-17〉

A 知彼受用正法而轉，恐乏資緣退失如是所受正法、

B 彼刂 正法乙 受用ソ氵ホ 而灬 轉ソトノ丁入乙 知氵 恐入丁 資緣 乏氵ホ 是 如支ソ丁 所受七 正法乙 退失ソ去尸去[50]ソナ尸入灬

C 彼이 正法을 受用ᄒᆞ아곰 而로 轉ᄒᆞ누온ᄃᆞᆯ 알아 두리(ᄅᆞ)ᄃᆞᆫ 資緣 없아곰 是 다ᄒᆞᆫ 所受ㅅ 正法을 退失ᄒᆞ걸가ᄒᆞ결ᄃᆞ로

D 彼[刂J,] 正法[乙J,] 受用[ソV, 氵Ec, ホJ,] 而[灬R,] 轉[ソV, トEp, ノEp, 丁Et, 入N, 乙J,] 知[氵Ec,] 恐[入N, 丁J,] 資緣 乏[氵Ec, ホJ,] 是 如[支V, ソV, 丁Et,] 所受[七J,] 正法[乙J,] 退失[ソV, 去Ep, 尸Et, 去J, ソV, ナEp, 尸Et, 入N, 灬J,]

E (그들은) 그가 정법을 수용하여서 전하는 줄을 알아, 두려워하는 바는(/두려워하기를) '자연이 모자라서 이와 같은 받은 바 정법을 잃을 것인가?' 하는 까닭으로,

F 그가 정법(正法)을 수용하여 굴린다고는 알지만 자연(資緣)이 모자라서 이와 같이 받은 정법(正法)을 잃을까봐

〈유가03 : 17-18〉

A 是故慇懃奉施種種衣服飮食、諸坐臥具、病緣醫藥、供身什物。

B 是 故灬 慇懃亐 種種七 衣服亠 飮食亠 諸 坐臥具亠 病緣醫藥亠ノ尸 供身什物乙 奉施ソ尸 矢丨

C 是 故로 慇懃히 갓갓 衣服여 飮食여 諸 坐臥具여 病緣醫藥여홀 供身什物을 奉施홀디다

D 是 故[灬J,] 慇懃[亐M,] 種種[七J,] 衣服[亠J,] 飮食[亠J,] 諸 坐臥具[亠J,] 病緣醫藥[亠J, ノV+Ep, 尸Et,] 供身什物[乙J,] 奉施[ソV, 尸Et, 矢N+V, 丨Ef,]

E 이런 까닭으로 간절히 갖가지 의복이니 음식이니 여러 앉고 눕는 기구니 병에 대한 의약이니 하는, 몸을 공양하는 집물[供身什物]을 받들어 베푸는 것이다.

F 이 때문에 은근(慇懃)하게 갖가지 의복 음식 여러 앉고 눕는 기구[諸坐臥具] 병(病)에 대

50) '退失ソ去尸去'에서 첫 번째 '去'는 어간 '退失ソ-' 뒤에 쓰인 선어말어미이다. 석독구결에서는 중세 한국어와 마찬가지로 자동사 뒤에서는 주로 '-去-'가, 타동사 뒤에서는 주로 '-氵-'가 쓰이는 경향이 있으나, '退失ソ-'의 경우 목적어를 취하는 타동사임에도 불구하고 '-去-'가 쓰였다. '退失ソ去尸去'에서 두 번째로 쓰인 '去'는 동명사형어미 '-尸' 뒤에 쓰여 중세 한국어의 의문 보조사 '-가'에 대응한다. '去'가 의문 보조사로 쓰인 예는 자토석독구결 자료를 통틀어 이것이 유일하다.

한 의약(醫藥) 등 몸의 집물(什物)을 받들어 공급하는 것[施]이다.

〈유가03 : 18-19〉

A 如是十種、名依內外生圓滿。

B 是 如支ソㄱ 十種乙 名下 內外乙 依ソㄱ 生圓滿亠ノ禾丨

C 是 다흔 十種을 일하 內外를 依흔 生圓滿여호리다

D 是 如[支V, ソV, ㄱEt,] 十種[乙J,] 名[下V+Ec,] 內外[乙J,] 依[ソV, ㄱEt,] 生圓滿[亠J, ノV+Ep, 禾Ep, 丨Ef,]

E 이와 같은 열 가지를 일컬어 안팎을 의지한 생원만이라고 한다.

F 이와 같은 열 가지를 내(內) 외(外)에 의지한 생(生)의 원만(圓滿)이라고 하며

〈유가03 : 19-20〉

A 即此十種生圓滿、名修瑜伽處所。

B 即ㅎ[51] 此 十種七 生圓滿乙 名下 修瑜伽處所亠ノ尸亠

C 곧오 此 十種人 生圓滿을 일하 修瑜伽處所여홀여

D 即[ㅎM,] 此 十種[七J,] 生圓滿[乙J,] 名[下V+Ec,] 修瑜伽處所[亠J, ノV+Ep, 尸Ec-, 亠-Ec,]

E 곧 이 열 가지의 생원만을 일컬어 유가를 닦는 처소[修瑜伽處所]라 하는 것이니,

F 곧 이 열 가지의 생(生)의 원만(圓滿)을 유가(瑜伽)를 닦는 처소(處所)라고 한다.

〈유가03 : 20-22〉

A 由此所依、所建立處、爲依止故；證得如來諸弟子衆所有聖法。

B 此 所依刂ㄱ 所建立處乙 依止 {爲}氵ㄱ人乙 由氵ㄱ人灬 故ノ 如來尸 諸 弟子衆ラ {有}斗白ノㄱ 所七 聖法乙 證得ソナㅎ七丨

51) 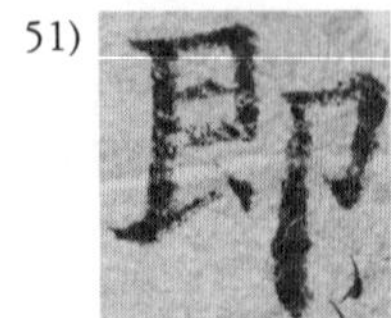 구결자 'ㅎ'의 마지막 획이 없으나, 구결자임이 분명하고 'ㅎ'가 현토될 환경이며 다른 구결자로 판독될 여지가 없기 때문에 'ㅎ'로 판단하였다.

C 此 所依인 所建立處를 依止 삼은둘 말믹삼은ᄃᆞ로 故오 如來ㄹ 諸 弟子衆의 두숩온 밧 聖法을 證得ᄒᆞ겼다

D 此 所依[刂V, ㄱEt,] 所建立處[乙J,] 依止 {爲}[氵V, ㄱEt, ㅅN, 乙J,] 由[氵V, ㄱEt, ㅅN, 灬J,] 故[ノR,] 如來[尸R,] 諸 弟子衆[ラJ,] {有}[+V, 白Ep, ノEp, ㄱEt,] 所[ㄷJ,] 聖法[乙J,] 證得[ソV, ナEp, ㅎEp-, ㄷ-Ep, ㅣEf,]

E 이 의지할 바[所依]인 소건립처를 의지로 삼은 것에 말미암은 까닭으로, 여래의 여러 제자의 무리가 지니는 바 성스러운 법을 증득한다.

F 이 의지할 바[所依]와 건립할 바[所建立]의 처소[處]를 의지(依止)로 삼기 때문에 여래(如來)와 그 제자(弟子)들의 모든 성법(聖法)을 증득하는 것이다.

〈유가03 : 22〉

A **如是聖法、略有二種。**

B 是 如ㄹソㄱ 聖法氵+ 略ㅁㄱ 二種 有ㄷㅣ

C 是 다ᄒᆞᆫ 聖法아긔 略곤 二種 잇다

D 是 如[ㄹV, ソV, ㄱEt,] 聖法[氵J-, +-J,] 略[ㅁEc-, ㄱ-Ec,] 二種 有[ㄷV, ㅣEf,]

E 이와 같은 성스러운 법에, 간략히 말하면, 두 가지가 있다.

F 이와 같은 성법(聖法)에는 간략하게 두 가지가 있으니

〈유가03 : 22-23〉

A **一、有學法，二、無學法。**

B 一 有學法ㅅ 二 无學法ㅅ刂ㅣ

C 一 有學法과 二 无學法과이다

D 一 有學法[ㅅJ,] 二 无學法[ㅅJ, 刂V, ㅣEf,]

E 첫째는 유학법과, 둘째는 무학법과이다.

F 첫째는 유학법(有學法)이며 둘째는 무학법(無學法)이다.

〈유가03 : 23-04 : 01〉

A 今此義中、意取無學所有聖法。

B 今 此 義セ 中⺄[52]+ 意1 无學ラ {有}斗ノ1 所セ 聖法乙 取ノ1リ丨

C 今 此 義ㅅ 中아긔 意는 无學의 두온 밧 聖法을 取혼이다

D 今 此 義[セJ,] 中[⺄J-, +-J,] 意[1J,] 无學[ラJ,] {有}[斗V, ノEp, 1Et,] 所[セJ,] 聖法[乙J,] 取[ノV+Ep, 1Et, リV, 丨Ef,]

E 지금 이 의미 가운데 뜻은 무학이 지닌 바 성스러운 법을 취한 것이다.

F 지금 여기에서의 의미는 무학(無學)의 모든 성법(聖法)

〈유가04 : 01-02〉

A 謂無學正見、廣說乃至無學正智。

B 謂1 无學ラ 正見ㅅ 廣リ 說ㄕ 乃⺀ 至リ 無學ラ 正智ㅅリ丨

C 닐온 无學의 正見과 넙이 니를 乃사 니를이 無學의 正智과이다

D 謂[1Ec,] 无學[ラJ,] 正見[ㅅJ,] 廣[リM,] 說[ㄕEc,] 乃[⺀R,] 至[リM,] 無學[ラJ,] 正智[ㅅJ, リV, 丨Ef,]

E 말하자면 무학의 정견[53]과, 자세히 말하면, 무학의 정지에 이르기까지와이다.

F 즉 무학(無學)의 정견(正見) …… 무학(無學)의 정지(正智)에 이르기까지를 말한다.

〈유가04 : 02-04〉

A 何以故？由諸有學、雖有聖法；而相續中、非聖煩惱之所隨逐、現可得故。

B 何以故ㅗㅅㅁ1 諸 有學1 聖法 {有}斗ナㅅ{雖}斗 而1 相續セ 中⺄+ 非聖煩惱ラ{之}

52) 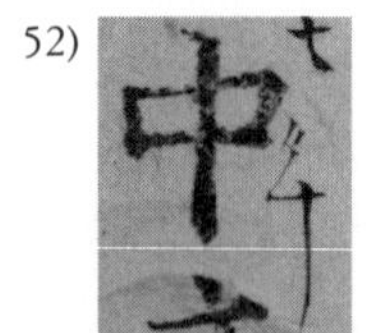
구결자 '⺄'의 일반적인 자형과 사뭇 다르지만 다른 글자로 읽을 근거가 없으므로 '⺄'자로 본다.

53) 정견(正見)은 팔정도(八正道), 곧 깨달음과 열반으로 이끄는 올바른 여덟 가지 길의 하나로서 사제(四諦)의 이치를 바르게 아는 것이다. 다시 말하면, 괴로움에 대하여 아는 것, 괴로움의 발생에 대하여 아는 것, 괴로움의 소멸에 대하여 아는 것, 괴로움의 소멸에 이르는 길에 대하여 아는 것을 정견(正見)이라고 한다.

隨逐ノ1 所刂 現氵 得ノ㫆可セソ1入乙 由氵1入〻{故}亠

C 何以故여ᄒ곤 諸 有學은 聖法 두겨과두 而ㄴ 相續ㅅ 中아긔 非聖煩惱의 隨逐혼 바이 난아 得홈可ㅅ혼돌 말미삼은ᄃ로여

D 何以故[亠J, ソV, ロEc-, 1-Ec,] 諸 有學[1J,] 聖法 {有}[+V, ナEp, ㅅEc-,]{雖}[+-Ec,] 而[1R,] 相續[セJ,] 中[氵J-, +-J,] 非聖煩惱[ラJ,]{之} 隨逐[ノV+Ep, 1Et,] 所[刂J,] 現[氵Ec,] 得[ノV+Ep, 㫆Ep-,]可[セ-Ep, ソV, 1Et, ㅅN, 乙J,] 由[氵V, 1Et, ㅅN, 〻J,]{故}[亠R,]

E 무슨 까닭인가 하면, 모든 유학은 비록 성스러운 법을 지니고 있더라도, 상속(相續)[54]의 가운데 성스럽지 못한 번뇌가 뒤따르는 바가 나타나 (수행자가 그런 번뇌를)[55] 얻을 수 있는 것에 말미암은 까닭에서이다.

F 왜냐하면 유학(有學)들은 성법(聖法)이 있다고 하더라도 상속(相續)하는 가운데 성법이 아닌[非聖] 번뇌(煩惱)가 뒤따르게 되어 실재로[現] 얻을 수 있기 때문이다.

〈유가04 : 04-05〉

A **如是初支生圓滿廣聖教義、有此十種。**

B 是 如㐅ソ1 初支セ 生圓滿セ 廣聖教セ 義氵+ 此 十種 有ソ1亠

C 是 다ᄒᆞᆫ 初支ㅅ 生圓滿ㅅ 廣聖教ㅅ 義아긔 此 十種 有ᄒᆞ여

D 是 如[㐅V, ソV, 1Et,] 初支[セJ,] 生圓滿[セJ,] 廣聖教[セJ,] 義[氵J-, +-J,] 此 十種 有[ソV, 1Et, 亠R,]

E 이와 같은 첫 번째 지(支)의 생원만의 자세한 성스러운 가르침[廣聖教]의 의미에 이 열 가지가 있으니,

F 이와 같이 첫 번째[初支]의 생(生)의 원만(圓滿)은 자세한 성교(聖教)의 이치[義]로써 이러한 열 가지가 있으니

54) 상속(相續)은 '상속하는 所依身', 즉 신체를 가리키는 말이다.
55) 모든 유학(有學)은 비록 성법을 지니고 있다고 하더라도 상속하는 중에 성법이 아닌 번뇌가 뒤따르는 일이 생겨나 수행자들이 그런 번뇌를 얻을 수 있다. 한문 원문에 '可得'의 주어가 드러나 있지 않아 이를 번역문에 보충하였다.

〈유가04 : 05-06〉

A 除此、更無餘生圓滿若過若增。

B 此乙 除ロ斤 更氵[56] 餘 生圓滿刂 若 過丷ㄋ 若 增丷ㄋ丷丨 無ナ丨刂丨

C 此를 덜고근 ᄂᆞ외아 餘 生圓滿이 若 過ᄒᆞ져 若 增ᄒᆞ져ᄒᆞᆫ 없견이다

D 此[乙J,] 除[ロEc, 斤J,] 更[氵M,] 餘 生圓滿[刂J,] 若 過[丷V, ㄋEc,] 若 增[丷V, ㄋEc, 丷V, 丨 Et,] 無[ナEp, 丨Et, 刂V, 丨Ef,]

E 이것을 제외하고는, 다시 나머지 생원만이 (이보다) 지나치거나 (이보다) 더하거나 한 것이 없는 것이다.

F 이것을 제외하고 다시 그 밖의 지나치거나 증가하는 생(生)의 원만(圓滿)은 없다.

56) '更氵'는 부정문과 의문문에서는 'ᄂᆞ외아'로 읽고 평서문에서는 '가싀아'로 읽는다.

✿ 유가사지론

수소성지–문정법원만(04 : 06–04 : 14)

1. 수소성지(修所成地)의 구성

	4處	7支
修所成地	1 修處所	① 生圓滿 : 생의 원만(01:15–04:06)
	2 修因緣	② 聞正法圓滿 : 정법을 듣는 데의 원만(04:06–04:14)
		③ 涅槃爲上首 : 열반을 상수로 하는 것(04:15–06:13)
		④ 能熟解脫慧之成熟 : 능히 해탈을 성숙시키는 혜(慧)의 성숙(06:14–07:23)
	3 修瑜伽	⑤ 修習對治 : 대치를 수습하는 것(08:01–13:03)
	4 修果	⑥ 世間一切種淸淨 : 세간의 모든 종류의 청정(13:04–20:02)
		⑦ 出世間一切種淸淨 : 출세간의 모든 종류의 청정(20:03–32:01)

2. 문정법원만(聞正法圓滿)의 구성

聞正法圓滿 (04:06–04:14)	正說法 (04:08–04:10)	① 수순(隨順)하는 것 ② 염오(染汚)가 없는 것 ※ 원래는 20가지이나 나머지는 보살지(菩薩地)에서 설한다.
	正聞法 (04:10–04:14)	① 교만과 오만을 멀리하는 것 ② 경멸을 멀리하는 것 ③ 겁약(怯弱)을 멀리하는 것 ④ 산란(散亂)을 멀리하는 것 ※ 원래는 16가지이나 나머지는 보살지(菩薩地)에서 설한다.

〈유가04 : 06〉

A **云何聞正法圓滿？**

B 云何ヽ1乙 聞正法圓滿刂丨ノ숫ロ

C 엇흔을 聞正法圓滿이다호리고

D 云何[ヽV, 1Et, 乙J,] 聞正法圓滿[刂V, 丨Ef, ノV+Ep, 숫Et+N, ロJ,]

E 어떤 것을 문정법원만이라고 하는가?

F 무엇을 정법(正法)을 듣는 데의 원만(圓滿)이라고 하는가?

〈유가04 : 06-07〉

A **謂若正說法、若正聞法、二種總名聞正法圓滿。**

B 謂1 若 正說法亠 若 正聞法亠ノ숫七 二種乙 摠ㅎ 名下 聞正法圓滿亠[1]ノ矛丨

C 닐온 若 正說法여 若 正聞法여호릿 二種을 摠히 일하 聞正法圓滿여호리다

D 謂[1Ec,] 若 正說法[亠J,] 若 正聞法[亠J, ノV+Ep, 숫Et+N, 七J,] 二種[乙J,] 摠[ㅎM,] 名[下V+Ec,] 聞正法圓滿[亠J, ノV+Ep, 矛Ep, 丨Ef,]

E 말하자면 바르게 법을 설하는 것과 바르게 법을 듣는 것이라고 하는 두 가지를 총괄하여 일컬어 문정법원만이라 한다.

F 말하자면 바르게 법을 설하거나 또는 바르게 법을 듣거나 간에 두 가지를 모두 정법(正法)을 듣는 데의 원만(圓滿)이라고 한다.

〈유가04 : 08〉

A **又正說法、略有二種。**

B 又 正說法氵十 略ロ1 二種 有七丨

---

1) 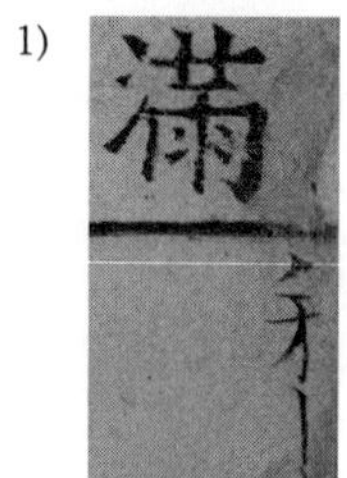 해당 구결자 '亠'가 잘 보이지 않는다.

C 又 正說法아긔 略곤 二種 잇다

D 又 正說法[阝J-, 十-J,] 略[口Ec-, ㄱ-Ec,] 二種 有[七V, 丨Ef,]

E 또 바르게 법을 설하는 것에, 간략히 말하면, 두 가지가 있다.

F 또한 바르게 법을 설하는 데에는 간략하게 두 가지가 있으니

〈유가04 : 08-09〉

A 所謂隨順、及無染汙。

B 謂ㄱ 所ㄱ 隨順ㅅ 及七 無染汙ㅅ刂丨

C 닐온 바는 隨順과 밋 無染汙과이다

D 謂[ㄱEt,] 所[ㄱJ,] 隨順[ㅅJ,] 及[七M,] 無染汙[ㅅJ, 刂V, 丨Ef,]

E 이른바 수순과 무염오와이다.

F 이른바 수순(隨順)과 무염오(無染污)이다.

〈유가04 : 09-10〉

A 廣說當知有二十種。如菩薩地當說。

B 廣刂 說尸入ㄱ 當八 知ㅎ丨 二十種 有七ㄱ亠 菩薩地阝十 當八 說白[2]丿尸 如支ソㄱ刂ㄱ丁

C 넙이 니를둔 반독 알오다 二十種 이슨여 菩薩地아긔 반독 니르숩올 다흔인뎌

D 廣[刂M,] 說[尸Ec-, 入-Ec-, ㄱ-Ec,] 當[八M,] 知[ㅎEp, 丨Ef,] 二十種 有[七V, ㄱEt, 亠R,] 菩薩地[阝J-, 十-J,] 當[八M,] 說[白Ep, 丿Ep, 尸Et,] 如[支V, ソV, ㄱEt, 刂V, ㄱEf-, 丁-Ef,]

E 자세히 말하면, 반드시 알아야 한다, 스무 가지가 있으니 보살지[3]에서 반드시 설할 것과 같은 것이다.

F 자세히 설하면 스무 가지 종류가 있는 줄 알아야만 하며, 보살지(菩薩地)에서 설명될 것과 같다.

---

2) '-白-'은 주로 객체 높임 선어말어미로 쓰인다. 위의 문장에서 주체는 彌勒菩薩이며 객체는 菩薩地에서 彌勒菩薩이 說할 二十種의 正說法이다. 또한 화자는 주체와 같이 彌勒菩薩이다. 화자이자 주체인 彌勒菩薩이 객체인 '正說法'을 높이는 것은 선뜻 이해가 가지 않는다. 이에 대해 두 가지 해석 방안이 있다. 첫째는 '白'을 '說'의 전훈독 표기로 보아 이를 선어말어미가 아닌 본동사로 보는 것이다. 둘째는 화자를 구결의 현토자로 보아 위 문장을 彌勒菩薩의 직접화법이 아니라 현토자의 간접화법으로 여겨 '白'을 일반적인 객체 높임 선어말어미로 일관되게 보는 것이다.

3) 보살지(菩薩地)는 『유가사지론』 본지분(本地分)의 17지(地) 중 15번째 지로서 제35권~제50권에 들어 있다.

〈유가04 : 10〉

A **又正聞法、略有四種。**

B 又 正聞法氵十 略口ㄱ 四種 有ヒ丨

C 又 正聞法아긔 略곤 四種 잇다

D 又 正聞法[氵J-, 十-J,] 略[口Ec-, ㄱ-Ec,] 四種 有[ヒV, 丨Ef,]

E 또 바르게 법을 듣는 것에, 간략히 말하면, 네 가지가 있다.

F 또한 바르게 법을 듣는 데에도 간략하게 네 가지가 있다.

〈유가04 : 10-12〉

A **一、遠離憍傲；二、遠離輕蔑；三、遠離怯弱；四、遠離散亂。**

B 一 憍傲乙 遠離ソケ 二 輕蔑乙 遠離ソケ 三 怯弱乙 遠離ソケ 四 散亂乙 遠離ソケソ尸矢丨

C 一 憍傲를 遠離ᄒᆞ며 二 輕蔑을 遠離ᄒᆞ며 三 怯弱을 遠離ᄒᆞ며 四 散亂을 遠離ᄒᆞ며ᄒᆞᆯ디다

D 一 憍傲[乙J,] 遠離[ソV, ケEc,] 二 輕蔑[乙J,] 遠離[ソV, ケEc,] 三 怯弱[乙J,] 遠離[ソV, ケEc,] 四 散亂[乙J,] 遠離[ソV, ケEc, ソV, 尸Et, 矢N+V, 丨Ef,]

E 첫째는 교만[憍傲]을 멀리 여의며, 둘째는 경멸을 멀리 여의며, 셋째는 겁약을 멀리 여의며, 넷째는 산란을 멀리 여의며 하는 것이다.

F 첫째는 거만[憍傲]을 멀리 여의는 것이며, 둘째는 경멸(輕蔑)을 멀리 여의는 것이며, 셋째는 겁약(怯弱)을 멀리 여의는 것이며, 넷째는 산란(散亂)을 멀리 여의는 것이다.

〈유가04 : 12-13〉

A **遠離如是四種過失而聽法者、名正聞法。**

B 是 如支ソㄱ 四種 過失乙 遠離ソ氵ホ 而灬 聽法ソ令ヒ 者乙 名下 正聞法亠ノ利丨

C 是 다ᄒᆞᆫ 四種 過失을 遠離ᄒᆞ아곰 而로 聽法ᄒᆞ릿 者를 일하 正聞法여호리다

D 是 如[支V, ソV, ㄱEt,] 四種 過失[乙J,] 遠離[ソV, 氵Ec, ホJ,] 而[灬R,] 聽法[ソV, 令Et+N, ヒJ,] 者[乙J,] 名[下V+Ec,] 正聞法[亠J, ノV+Ep, 利Ep, 丨Ef,]

E 이와 같은 네 가지 잘못을 멀리 여의어서 법을 듣는 것을 일컬어 바르게 법을 듣는 것이라 한다.

F 위와 같은 네 가지 과실(過失)을 멀리 여의고 법을 듣는 것을 바르게 법을 듣는 것이라고 한다.

〈유가04 : 13-14〉

A **當知廣說有十六種。亦如菩薩地中當說。**

B 當ハ 知ㆆ丨[4] 廣リ 說ロ1 十六種 有七1亠 亦 菩薩地七 中3十 當ハ 說白ノ尸 如支ソ1リ1丁

C 반독 알오다 넙이 니르곤 十六種 이슨여 亦 菩薩地ㅅ 中아긔 반독 니르숩올 다흔인뎌

D 當[ハM,] 知[ㆆEp, 丨Ef,] 廣[リM,] 說[ロEc-, 1-Ec,] 十六種 有[七V, 1Et, 亠R,] 亦 菩薩地[七J,] 中[3J-, 十-J,] 當[ハM,] 說[白Ep, ノEp, 尸Et,] 如[支V, ソV, 1Et, リV, 1Ef-, 丁-Ef,]

E 반드시 알아야 한다, 자세히 말하자면 열여섯 가지가 있으니, 또한 보살지 가운데 반드시 설할 것과 같은 것이다.

F 자세히 설하면 열여섯 가지가 있는 줄 알아야만 하며, 역시 보살지(菩薩地) 중에 설명될 것과 같다.

4) '知ㆆ丨'는 항상 '當ハ'과 같이 쓰여 '알아야 한다'처럼 당위적으로 해석된다. '知ㆆ丨'는 향가에 나오는 '知古如'와 관련이 있는 어형으로 보이는데(民是 愛尸 知古如, 國惡支 持以支 知古如 <安民歌>), 선어말어미로 추정되는 '-고-'의 'ㄱ'가 'ㄹ' 말음 어간 뒤에서 탈락하여 '-오-'가 된 것으로 추정된다.

✿ 유가사지론

수소성지-열반위상수(04 : 15-06 : 13)

1. 수소성지(修所成地)의 구성

	4處	7支
修所成地	① 修處所	① 生圓滿 : 생의 원만(01:15-04:06)
	② 修因緣	② 聞正法圓滿 : 정법을 듣는 데의 원만(04:06-04:14)
		③ 涅槃爲上首 : 열반을 상수로 하는 것(04:15-06:13)
		④ 能熟解脫慧之成熟 : 능히 해탈을 성숙시키는 혜(慧)의 성숙(06:14-07:23)
	③ 修瑜伽	⑤ 修習對治 : 대치를 수습하는 것(08:01-13:03)
	④ 修果	⑥ 世間一切種淸淨 : 세간의 모든 종류의 청정(13:04-20:02)
		⑦ 出世間一切種淸淨 : 출세간의 모든 종류의 청정(20:03-32:01)

2. 열반위상수(槃爲上首)의 구성

涅槃爲上首 (04:15-06:13)	十法 (04:19-05:18)	(1)聞所成慧 (2)三種信解 (3)遠離憒鬧諸惡尋思 (4)趣入思所成智 (5)趣入二修方便 (6)證得修所成智 (7)發起勝解 (8)得有學解脫 (9)證得無學解脫 (10)解脫圓滿
	獲得五種勝利 (05:19-06:12)	(1,2)聽聞法時 饒益自他 (3,4)修正行時 饒益自他 (5)證得衆苦邊際
	요약 (06:12-06:13)	이와 같은 것을 일컬어 열반을 으뜸으로 삼은 이에게 있는 바 자세한 이치[廣義]라 함. 이보다 지나치거나 더한 것은 없음.

2.1. 십법(十法)의 구성

오직 열반의 증득을 최우선의 목표로 삼는 자에게 10법이 전후로 연쇄적으로 일어난다. 10법들은 모두 전자가 원인이 되어 후자가 발생하는 관계로 되어 있다. 이러한 10법 중에 앞의 9법은 마지막의 '해탈원만(=유여의열반 : 아직 살아 있는 몸으로 열반을 획득한 상태)'을 최우선의 목표로 삼아 수행하는 가운데 연쇄적으로 일어난 것이고, 마지막 1법(=해탈원만)은 최종적으로 무여의열반(몸이 죽음으로써 완전한 열반에 든 상태)을 목표로 한다.

十法	내용
① 聞所成慧	문소성혜(聞所成慧)로써 인(因)을 삼음.
② 三種信解	도(道)와 도과(道果)의 열반에 대해 세 가지 신해(信解)를 일으킴. 이는 실유성(實有性)을 믿고, 유공덕(有功德)을 믿고, 자기에게 능히 즐거움을 얻을 수 있는 방편이 있음을 믿는 것임.
③ 遠離憒鬧惡尋思	사소성지(思所成智)를 성취하고자, 궤료(憒鬧)와 악심사(惡尋思)를 멀리함.
④ 趣入思所成智	이로 말미암아, 사소성지(思所成智)에 들어감.
⑤ 趣入二修方便	이로 말미암아, 이수방편(二修方便)에 들어감.
⑥ 證得修所成智	이로 말미암아, 차례로 수소성지(修所成智)를 증득함.
⑦ 發起勝解	이를 의지하기 때문에, 생사의 과실(過失)을 보아 승해(勝解)를 일으키고, 열반의 공덕을 보아 승해(勝解)를 일으킴.
⑧ 證得有學解脫	관수(串修)하는 것을 말미암아, 제현관(諦現觀)에 들어가되 먼저 견도(見道)인 유학해탈(有學解脫)을 얻고서 능히 견적(見迹)함.
⑨ 證得無學解脫	앞의 수도(修道)에서 닦은 것을 말미암아, 무학해탈(無學解脫)을 증득함.
⑩ 解脫圓滿	이 증득한 것을 말미암아, 해탈원만(解脫圓滿)함. 해탈원만(解脫圓滿)을 일컬어 유여의열반계(有餘依涅槃界)라 함. 그리고 이 해탈원만(解脫圓滿)은 무여의열반계(無餘依涅槃界)로써 상수(上首)를 삼는 것임.

2.2. 획득오종승리(獲得五種勝利)의 구성

聽聞法時 饒益	① 他	설법사(說法師)는 정법(正法)을 선설(宣說)하고, 청법자(聽法者)는 정법(正法)을 들으므로, 이때를 타인을 이익되게 한다고 함.
	② 自	선심(善心)으로써 정법(正法)을 듣되, 곧 능히 설한 법의(法義)의 깊고 깊은 으뜸의 맛을 받아서 이로 인해 광대한 환희를 얻고 또 능히 출리선근(出離善根)을 이끌어내므로, 이때를 능히 스스로를 이롭게 한다고 함.
修正行時 饒益	③ 他	대사(大師)가 정법(正法)을 세우고자 하는 방편으로 정등각(正等覺) 이루는 것을 나타내 보이며 '어찌하면 수행자로 하여금 바로 수행하여 전하게 할 것인가' 하시는 까닭으로, 수행자가 정법행(正法行)을 닦아 익힐 때에 법 그대로 대사(大師)를 공양하니, 이를 일러 타인을 이롭게 한다고 함.
	④ 自	이 정행(正行)으로 인해 능히 고요하고 청량하여 오직 여의(餘依)가 있는 열반을 얻을 것이니, 이 때문에 이를 일러 스스로를 이롭게 한다고 함.
⑤ 證得衆苦邊際		無餘依涅槃界(무여의열반계) 가운데 반열반(般涅槃) 하는 때에는 중고변제(衆苦邊際)를 증득하게 됨.

〈유가04 : 15〉

A 云何涅槃爲上首?

B 云何ソ 1 乙 涅槃爲上首リ 丨 ノ 令 ロ

C 엇ᄒᆞᆫ을 涅槃爲上首이다호리고

D 云何[ソV, 1Et, 乙J,] 涅槃爲上首[リV, 丨Ef, ノV+Ep, 令Et+N, ロJ,]

E 어떤 것을 열반위상수라고 하는가?

F 무엇을 열반(涅槃)을 상수(上首)로 하는 것이라고 하는 것인가?

〈유가04 : 15-16〉

A 謂如來弟子依生圓滿轉時、

B 謂 1 如來 尸 弟子 リ 生圓滿 乙 依 氵 轉 ソ 令 七 時 亠 十

C 닐온 如來ㄹ 弟子이 生圓滿을 븥아 轉ᄒᆞ릿 時여긔

D 謂[1Ec,] 如來[尸R,] 弟子[リJ,] 生圓滿[乙J,] 依[氵Ec,] 轉[ソV, 令Et+N, 七J,] 時[亠J-, 十-J,]

E 말하자면 여래의 제자가 생원만을 의지하여 전(轉)할 때에,

F (없음)

〈유가04 : 16〉

A 如先所說相而聽聞正法、

B 先 下1) 說 ノ 1 所 七 相 乙 如 ハ2) 而 灬 正法 乙 聽聞 ノ 尸 厶

C 先하 說ᄒᆞᆫ 밧 相을 ᄀᆞᆺ3) 而로 正法을 聽聞ᄒᆞᆯᄃᆡ

1) '先下'는 중세 한국어의 '몬제(네 몬제 나를 대답ᄒᆞᄃᆡ [汝丨 先에 對答ᄒᆞᄃᆡ] <능엄경언해 1 : 98>)'에 대응하는 어형으로 보이는데, '先'의 의미를 지니는 'ㆆ'말음 체언에 기원적인 처격조사 '氵'가 붙은 구성일 가능성이 있다. '먼저'의 방언형(경남, 전남)인 '몬자'도 참고할 수 있다.

2) 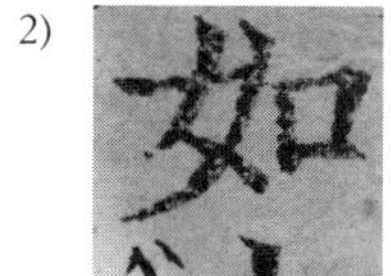 '如'에 현토된 구결자의 자형이 불명확하나, 동사로 쓰인 '如'자의 논항 성분에 조사 '乙'이 통합된 통사적 환경에서는 '如'자의 좌측토로 모두 'ハ'이 현토되었고 이것을 다른 구결자로 판단할 근거도 없으므로 'ハ'으로 판단하였다.

3) '如ハ'에서 'ハ'의 독음은 'ㄱ'이다. 그런데 이와 같은 어형의 표기로 추정되는 것이 다른 자료에서는 '-乙 {如}㐪'(구역, 화엄), '-乙 如印'(화엄)처럼 '㐪', '印'이 쓰여, 어간 말음의 독음을 'ㅅ' 내지 'ㄷ'으로 추정할

D 先[トM,] 說[ノV+Ep, 1Et,] 所[セJ,] 相[乙J,] 如[ハV,] 而[灬R,] 正法[乙J,] 聽聞[ノV+Ep, 尸Ec-, ム-Ec,]

E 먼저 말한 바 상과 같이 정법을 자세히 듣되,

F (없음)

〈유가04 : 17-18〉

A **唯以涅槃而爲上首。唯求涅槃、唯緣涅槃、而聽聞法；**

B 唯ハ 涅槃乙 {以}氵4) 而灬 上首 {爲}氵ㆆ 唯ハ 涅槃乙 求ソㆆ 唯ハ 涅槃乙 緣ソㆆソ3 而灬 法乙 聽聞ソ尸矢リ1丁

C 오직 涅槃을 ᄡᅧ 而로 上首 삼져 오직 涅槃을 求ᄒᆞ져 오직 涅槃을 緣ᄒᆞ져ᄒᆞ아 而로 法을 聽聞ᄒᆞᆯ디인뎌

D 唯[ハM,] 涅槃[乙J,] {以}[氵V,] 而[灬R,] 上首 {爲}[氵V, ㆆEc,] 唯[ハM,] 涅槃[乙J,] 求[ソV, ㆆEc,] 唯[ハM,] 涅槃[乙J,] 緣[ソV, ㆆEc, ソV, 3Ec,] 而[灬R,] 法[乙J,] 聽聞[ソV, 尸Et, 矢N+R, リV, 1Ef-, 丁-Ef,]

E 오직 열반으로써 으뜸[上首]을 삼고, 오직 열반을 구하고, 오직 열반을 연하고 하여 법을 자세히 듣는 것이니,

F 오직 열반(涅槃)을 상수(上首)로 삼는 것이다. 오직 열반(涅槃)만을 구하고, 오직 열반(涅槃)만을 연(緣)하여 법을 청문(聽聞)하고

〈유가04 : 18-19〉

A **不爲引他令信於己，不爲利養恭敬稱譽。**

B 他乙 引ソ3 {於}己ラ乙 信ソ{令}リ{爲}人ソ尸 不冬ソㆆ 利養亠 恭敬亠 稱譽亠ノ尸乙 爲ソ邑人5)ソ尸 不冬ソㆆソ尸矢丨

수 있다. 이처럼 부사(어)의 말음에 'ㄱ'과 'ㅅ(ㄷ)'이 혼기되는 듯한 현상은 '今セ, 今ハ'이나 '及セ, 及ハ' 등에서도 보인다. 이것이 동일 어형(ᄀᆞᆮ)을 달리 표기한 것인지, 다른 어형(ᄀᆞᆨ, ᄀᆞᆺ/ᄀᆞᆮ)을 각각 표기한 것인지는 분명치 않다. 여기에서는 잠정적으로 '如ハ'의 독음을 'ᄀᆞᆨ'으로 적기로 한다.

4) '{以}氵'는 중세 한국어 'ᄡᅳ-'의 활용형 'ᄡᅧ'에 해당하는 어형을 적은 것으로 추정된다. 석독구결에서는 연결어미 '-3'처럼 양성모음 '-아'와 음성모음 '-어'를 표기하는 데 하나의 구결자만을 사용하는 경우가 많다. '{以}氵'의 경우에도 보통 '사'로 읽는 '氵'를 생략 표기자로 이용하여 'ᄡᅧ'를 적은 것으로 보인다.

5) 선어말어미 '-邑-'은 <유가>에서 한문 원문의 '爲'가 '위하다'의 의미로 해석되면서 'NP乙 爲ソ邑人ソ-'

C 눔을 引ᄒᆞ아 스싀를 信ᄒᆞ이과홀 안둘ᄒᆞ져 利養여 恭敬여 稱譽여홀을 爲흡과홀 안둘ᄒᆞ져 홀디다

D 他[ㄹJ,] 引[ㅅV, ㇰEc,] {於}己[ㇳN, ㄹJ,] 信[ㅅV,]{令}[ㅣV,]{爲}[ㅅEc, ㅅV, ㇷEt,] 不[冬M, ㅅV, ㆆEc,] 利養[亠J,] 恭敬[亠J,] 稱譽[亠J, ノV+Ep, ㇷEt, ㄹJ,] 爲[ㅅV, 邑R, ㅅEc, ㅅV, ㇷEt,] 不[冬M, ㅅV, ㆆEc, ㅅV, ㇷEt, 矢N+V, ㅣEf,]

E 남을 이끌어 자기를 믿게 하려고 하지 않고, 이양(利養)[6]이니 공경이니 칭찬[稱譽]이니 하는 것을 위하려고 하지 않고 하는 것이다.

F 다른 것을 끌어들여 자기를 믿게끔 하지 않으며, 이득[利養]과 공경(恭敬)과 칭찬[稱譽]을 위해서 하지 않는다.

〈유가04 : 19-20〉

A 又緣涅槃而聽法者、有十法轉，涅槃爲首。

B 又 涅槃ㄹ 緣ㅅㇰ 而㇐ 聽法ㅅ㇍ㄷ 者ㇳ十 十法ㅣ 轉ノㇷㅿ 涅槃ㄹ 首 {爲}ㆍㅅㅌ 有ㄷㅣ

C 又 涅槃을 緣ᄒᆞ아 而로 聽法ᄒᆞ릿 者의긔 十法이 轉홀딕 涅槃을 首 삼ᄒᆞᄂᆞ 잇다

D 又 涅槃[ㄹJ,] 緣[ㅅV, ㇰEc,] 而[㇐R,] 聽法[ㅅV, ㇍Et+N, ㄷJ,] 者[ㇳJ-, 十-J,] 十法[ㅣJ,] 轉[ノV+Ep, ㇷEc-, ㅿ-Ec,] 涅槃[ㄹJ,] 首 {爲}[ㆍV, ㅅV, ㅌEt,] 有[ㄷV, ㅣEf,]

E 또 열반을 연하여 법을 듣는 자에게 열 가지 법이 전하되 열반을 으뜸으로 삼는 것이 있다.

F 또한 열반(涅槃)을 연(緣)하여 법(法)을 청문(聽聞)하는 자에게는 열반(涅槃)을 상수[首]로 하는 10법전(法轉)이 있다.

〈유가04 : 20-21〉

A 謂依止有餘依涅槃界、及無餘依涅槃界。

B 謂ㄱ 有餘依涅槃界ㅅ 及ㄷ 無餘依涅槃界ㅅㄹ 依止ㅅㄱㅣㅣ

와 같이 위하는 대상에 목적격조사 'ㄹ'이 붙는 경우에 두 번 사용되었다. 정확한 의미기능은 미상이다.

6) 이양(利養)은 의복이나 와구(臥具)와 같은 공양물을 말한다.

C 닐온 有餘依涅槃界와 및 無餘依涅槃界와를 依止ᄒᆞᆫ이다

D 謂[ㄱEc,] 有餘依涅槃界[ㅅJ,] 及[ㄷM,] 無餘依涅槃界[ㅅJ, ㄹJ,] 依止[ᄼV, ㄱEt, ㅣV, ㅣEf,]

E 즉 유여의열반[7]계와 무여의열반[8]계와를 의지한 것이다.

F 말하자면 유여의열반계(有餘依涅盤界)와 무여의열반계(無餘依涅槃界)를 의지하는 것이다.

〈유가04 : 21-23〉

A 當知依止有餘依涅槃界、有九法轉，涅槃爲首；

B 當ハ 知ᄒᆞㅣ 有餘依涅槃界ㄹ 依止ᄼ아 九法ㅣ 轉ノアム 涅槃ㄹ 首 {爲}ᄉᆞㄴ 有ㄷ며

C 반ᄃᆞᆨ 알오다 有餘依涅槃界를 依止ᄒᆞ아 九法이 轉홀ᄃᆡ 涅槃을 首 삼ᄂᆞ 이스며

D 當[ハM,] 知[ᄒᆞEp, ㅣEf,] 有餘依涅槃界[ㄹJ,] 依止[ᄼV, 아Ec,] 九法[ㅣJ,] 轉[ノV+Ep, アEc-, ム-Ec,] 涅槃[ㄹJ,] 首 {爲}[ᄉᆞV, ㄴEt,] 有[ㄷV, 며Ec,]

E 반드시 알아야 한다. 유여의열반계를 의지하여 아홉 법이 전하되 열반을 으뜸으로 삼는 것이 있으며,

F 유여의열반계(有餘依涅盤界)를 의지하여 열반을 상수로 하는 9법전(法轉)이 있고

〈유가04 : 23-05 : 01〉

A 依止無餘依涅槃界、有一法轉，涅槃爲首。

B 无餘依涅槃界ㄹ 依止ᄼ아 一法ㅣ 轉ノアム 涅槃ㄹ 首 {爲}ᄉᆞㄴ 有ᄼㄱㅣㄱ丁

C 无餘依涅槃界를 依止ᄒᆞ아 一法이 轉홀ᄃᆡ 涅槃을 首 삼ᄂᆞ 有ᄒᆞᆫ인뎌

D 无餘依涅槃界[ㄹJ,] 依止[ᄼV, 아Ec,] 一法[ㅣJ,] 轉[ノV+Ep, アEc-, ム-Ec,] 涅槃[ㄹJ,] 首 {爲}[ᄉᆞV, ㄴEt,] 有[ᄼV, ㄱEt, ㅣV, ㄱEf-, 丁-Ef,]

E 무여의열반계를 의지하여 한 법이 전하되 열반을 으뜸으로 삼는 것이 있는 것이다.

F 무여의열반계(無餘依涅槃界)를 의지하여 열반을 상수로 하는 1법전(法轉)이 있다는 것을

7) 유여의열반(有餘依涅槃)은 고(苦)와 번뇌를 끊었으나 아직 몸이 남아 있는 열반으로 유여열반(有餘涅槃)이라고도 한다.

8) 무여의열반(無餘依涅槃)은 남아 있는 것이 전혀 없는 열반의 경지인데, 육신까지도 소멸된 경지의 열반으로 무여열반(無餘涅槃)이라고도 한다.

알아야만 한다.

〈유가05 : 01〉

A 謂以聞所成慧爲因。9)

B 謂ㄱ 聞所成慧乙 {以}氵 因 {爲}氵ソ 尔

C 닐온 聞所成慧를 뻐 因 삼ᄒᆞ며

D 謂[ㄱEc,] 聞所成慧[乙J,] {以}[氵V,] 因 {爲}[氵V, ソV, 尔Ec,]

E 말하자면 ①문소성혜로써 인을 삼으며,

F 즉 문소성(聞所成)의 혜(慧)를 인(因)으로 삼는 것이다.

〈유가05 : 01-03〉

A 於道道果涅槃、起三種信解, 一、信實有性 ; 二、信有功德 ; 三、信己有能得樂方便。10)

B {於}道亠 道果涅槃亠ノ令十 三種 信解乙 起ノ尸ム 一十ㄱ 實有性乙 信ソ š 二 有功德乙 信ソ š 三 己ㇰ 有能リㄱ 得樂ノ令七 方便乙 信ソ š ソ 尔

C 道여 道果涅槃여호리긔 三種 信解를 起홀ᄃᆡ 一권 實有性을 信ᄒᆞ져 二 有功德을 信ᄒᆞ져 三 저의 有能인 得樂호릿 方便을 信ᄒᆞ져ᄒᆞ며

D {於}道[亠J,] 道果涅槃[亠J, ノV+Ep, 令Et+N, 十J,] 三種 信解[乙J,] 起[ノV+Ep, 尸Ec-, ム-Ec,] 一[十J, ㄱJ,] 實有性[乙J,] 信[ソV, š Ec,] 二 有功德[乙J,] 信[ソV, š Ec,] 三 己[ㇰJ,] 有能[リV, ㄱEt,] 得樂[ノV+Ep, 令Et+N, 七J,] 方便[乙J,] 信[ソV, š Ec, ソV, 尔Ec,]

E ②도니 도과열반11)이니 하는 데에 세 가지 신해를 일으키되, 첫째는 실유성을 믿고, 둘째는 공덕 있음을 믿고, 셋째는 자기의 유능인 즐거움을 얻는 방편12)을 믿고 하며,

F 도(道)와 도과(道果)인 열반(涅槃)에 대하여 세 가지 신해(信解)를 일으키는 것이니, 첫째

9) 유가사지론자료고의 표점은 "謂以聞所成慧爲因、"이나 구결문에 따라 수정하였다.

10) 유가사지론자료고의 표점은 "於道道果涅槃、起三種信解。一、信實有性 ; 二、信有功德 ; 三、信己有能得樂方便。"이나 구결문에 따라 수정하였다.

11) 도과(道果)는 불법을 수행하여 얻는 과보를 뜻하며, 따라서 도과열반(道果涅槃)은 도(道)의 과보로서 얻는 열반(涅槃)을 말한다.

12) 방편(方便)은 중생을 궁극적으로 진실한 불법으로 이끌어 교화시키기 위해서, 임시적으로 쓰는 수단과 방법을 총칭하는 말이다.

는 실유성(實有性)을 믿는 것이고, 둘째는 공덕이 있음[有功德]을 믿는 것이며, 셋째는 자기에게 능히 즐거움을 얻는 방편(方便)이 있다는 것을 믿는 것이다.

〈유가05 : 04-06〉

A 如是信解生已；爲欲成辨思所成智、身心遠離憒鬧而住，遠離障蓋諸惡尋思。

B 是 如攴 信解刂 生尸 已氵丷乊斤 思所成智乙 成辨丷{爲欲}亽 身心乊十 憒鬧乙 遠離丷ロ 而灬 住丷㇒ 障盖刂㇖ 諸 惡尋思乙 遠離丷㇒丷尔

C 是 다 信解이 날 이믜사ᄒᆞ아근 思所成智를 成辨ᄒᆞ과 身心아긔 憒鬧를 遠離ᄒᆞ고 而로 住ᄒᆞ져 障盖인 諸 惡尋思를 遠離ᄒᆞ져ᄒᆞ며

D 是 如[攴V,] 信解[刂J,] 生[尸Et,] 已[氵M, 丷V, 乊Ec, 斤J,] 思所成智[乙J,] 成辨[丷V,]{爲欲}[亽Ec,] 身心[乊J-, 十-J,] 憒鬧[乙J,] 遠離[丷V, ロEc,] 而[灬R,] 住[丷V, ㇒Ec,] 障盖[刂V, ㇖Et,] 諸 惡尋思[乙J,] 遠離[丷V, ㇒Ec, 丷V, 尔Ec,]

E ③이와 같이 신해가 나기를 이미 하여서는, 사소성지를 이루려 힘쓰고자 몸과 마음에서 심난하고 시끄러움[憒鬧]을 멀리 여의어 머무르고, 장애[障盖]인 여러 악한 심사를 멀리 여의고 하며,

F 이와 같은 신해(信解)가 생기고 나면 사소성(思所成)의 지(智)를 성취[成辨]하기 위해서 몸과 마음으로 시끄러운 곳[憒鬧]을 멀리 여의어 머무르며, 막고 덮는[障蓋] 여러 악한 심사들[諸惡尋思]을 멀리 여의는 것이다.

〈유가05 : 06-07〉

A 依止此故，便能趣入善決定義思所成智。

B 此乙 依止丷㇖入灬 故ノ 便㇇ 能尔 善決定義刂㇖ 思所成智乙 趣入丷尔

C 此를 依止ᄒᆞᆫᄃᆞ로 故오 곧오 能며 善決定義인 思所成智를 趣入ᄒᆞ며

D 此[乙J,] 依止[丷V, ㇖Et, 入N, 灬J,] 故[ノR,] 便[㇇M,] 能[尔M,] 善決定義[刂V, ㇖Et,] 思所成智[乙J,] 趣入[丷V, 尔Ec,]

E ④이것을 의지한 까닭으로 곧 능히 의미를 잘 결정하는 사소성지를 들어가며,

F 이것에 의지하기 때문에 곧바로 능히 의(義)를 잘 결정(決定)하는 사소성(思所成)의 지

(智)에 취입(趣入)하는 것이다.

〈유가05 : 07-08〉

A 依止此故，又能趣入無間殷重二修方便。

B 此乙 依止丷1亼罒 故丿 又 能𠂈 無間亽 殷重亽七 二修方便乙 趣入丷𠂈

C 此를 依止ᄒᆞᆫ드로 故오 又 能며 無間과 殷重괏 二修方便을 趣入ᄒᆞ며

D 此[乙J,] 依止[丷V, 1Et, 亼N, 罒J,] 故[丿R,] 又 能[𠂈M,] 無間[亽J,] 殷重[亽J, 七J,] 二修方便 [乙J,] 趣入[丷V, 𠂈Ec,]

E ⑤이것을 의지한 까닭으로 또 능히 무간과 은중과의 두 가지 수(修)의 방편을 들어가며,

F 이것에 의지하기 때문에 또한 능히 무간(無間)과 은중(殷重)의 이 두 가지 수습[修]의 방편에 취입(趣入)하는 것이다.

〈유가05 : 08-09〉

A 由此次第、乃至證得修所成智。

B 此乙 由氵[13] 次第罒 乃氵 至刂 修所成智乙 證得丷𠂈

C 此를 븥아/말믹삼아 次第로 乃사 니를이 修所成智를 證得ᄒᆞ며

D 此[乙J,] 由[氵Ec,] 次第[罒J,] 乃[氵R,] 至[刂M,] 修所成智[乙J,] 證得[丷V, 𠂈Ec,]

E ⑥이것으로 말미암아 차례로 수소성지에 이르기까지를 증득하며,

F 이것에 의지하기 때문에 차례대로 내지 수소성(修所成)의 지(智)를 증득하는 것이다.

〈유가05 : 09-10〉

A 依止此故，見生死過失、發起勝解；見涅槃功德、發起勝解。

B 此乙 依止丷1亼罒 故丿 生死七 過失乙 見氵尒 勝解乙 發起丷ㆆ 涅槃功德乙 見氵尒 勝解乙 發起丷ㆆ丷𠂈

C 此를 依止ᄒᆞᆫ드로 故오 生死ㅅ 過失을 보아곰 勝解를 發起ᄒᆞ져 涅槃功德을 보아곰 勝解를

13) '由氵'는 '븥아' 이외에 '말믹삼아'로 읽었을 가능성도 있다. 하지만 '由氵氵'와 같이 '말믹삼아'로 훈독할 만한 적극적인 용례가 보이지 않으므로 여기에서는 잠정적으로 '븥아'로 표기한다.

發起ᄒᆞ져 ᄒᆞ며

D 此[乙J,] 依止[ソV, 丁Et, 入N, 灬J,] 故[ノR,] 生死[七J,] 過失[乙J,] 見[㇌Ec, 㫈J,] 勝解[乙J,] 發起[ソV, 㐫Ec,] 涅槃功德[乙J,] 見[㇌Ec, 㫈J,] 勝解[乙J,] 發起[ソV, 㐫Ec, ソV, 㢱Ec,]

E ⑦이것을 의지한 까닭으로 생사의 잘못을 보아서 승해[14]를 일으키고, 열반의 공덕을 보아서 승해를 일으키고 하며,

F 이것에 의지하기 때문에 생사(生死)의 과실(過失)을 보고 승해(勝解)를 일으키며 열반의 공덕(功德)을 보고 승해(勝解)를 일으키는 것이다.

〈유가05 : 10-12〉

A **由串修故、入諦現觀，先得見道有學解脫、已得見迹。**[15]

B 串修ソ丁入乙 由氵丁入灬 故ノ 諦現觀㇌十 入ノ尸厶 先下 見道刂丁 有學解脫乙 得㇌ 已氵 得㫈[16] 見迹ソ㢱

C 串修ᄒᆞᆫ돌 말믹삼은ᄃᆞ로 故오 諦現觀아긔 入홀ᄃᆡ 先하 見道인 有學解脫을 얻아 이믜사 시러곰 見迹ᄒᆞ며

D 串修[ソV, 丁Et, 入N, 乙J,] 由[氵V, 丁Et, 入N, 灬J,] 故[ノR,] 諦現觀[㇌J−, 十−J,] 入[ノV+Ep, 尸Ec−, 厶−Ec,] 先[下M,] 見道[刂V, 丁Et,] 有學解脫[乙J,] 得[㇌Ec,] 已[氵M,] 得[㫈M,] 見迹[ソV, 㢱Ec,]

E ⑧자주 닦는[串修] 것에 말미암은 까닭으로 제현관[17]에 들어가되, 먼저 견도(見道)인 유학[18]해탈을 얻어 이미 능히 견적[19]하며,

F 자주 익히기 때문에 제현관(諦現觀)에 들어가며 먼저 견도(見道)의 유학(有學)의 해탈(解脫)을 얻는 것이다. 그러고 나서 견적(見迹)을 얻고

---

14) 승해(勝解)는 심소법(心所法)의 하나로서, 특히 대상에 대해 확정해서 판단하는 정신 작용을 말한다.

15) 유가사지론자료고의 표점은 "由串修故、入諦現觀，先得見道有學解脫。已得見迹、"이나 구결문에 따라 수정하였다.

16) 한문 원문을 보면 '得'은 '비로소 견적을 얻다'와 같이 동사로 해석할 수 있다. 그런데 구결문에서는 '見迹'을 동사로 보고 '得'에 '㫈'을 현토하여 부사로 읽은 듯이 보인다.

17) 제현관(諦現觀)은 성제현관(聖諦現觀)의 줄임말로, 사제(四諦)나 연기법(緣起法)에 대한 지혜의 눈이 열림을 뜻한다.

18) 유학(有學)은 네 종류 사문과(沙門果) 중에 아라한과(阿羅漢果) 이전의 예류 · 일래 · 불환 등의 성자를 가리킨다. 이들은 아직 더 배울 것이 있는 자이기 때문에 '유학(有學)'이라 한다.

19) 견적(見迹)의 일차적인 의미는 부처님의 행적을 본다는 뜻이다.

〈유가05 : 12-13〉

A 於上修道由數習故，更復證得無學解脫。

B {於}上修道㇁十 數 習ㅅ㇓入乙 由氵㇓入灬 故ノ 更㇁ 復 无學解脫乙 證得ㅅ尓

C 上修道아긔 數 習혼들 말미삼은드로 故오 가싀아 復 无學解脫을 證得ㅎ며

D {於}上修道[㇁J-, 十-J,] 數 習[ㅅV, ㇓Et, 入N, 乙J,] 由[氵V, ㇓Et, 入N, 灬J,] 故[ノR,] 更[㇁M,] 復 无學解脫[乙J,] 證得[ㅅV, 尓Ec,]

E ⑨위의 수도(修道)에 대해 자주 익히는 것에 말미암은 까닭으로 다시 또 무학[20]해탈을 증득하며,

F 위의 수도(修道)를 자주 수습하기 때문에 또 다시 무학(無學)의 해탈(解脫)을 증득하는 것이다.

〈유가05 : 13〉

A 由證此故、解脫圓滿。

B 此乙 證ㅅ㇓入乙 由氵㇓入灬 故ノ 解脫 圓滿ㅅ㢱罒

C 此를 證혼들 말미삼은드로 故오 解脫 圓滿ㅎ리라

D 此[乙J,] 證[ㅅV, ㇓Et, 入N, 乙J,] 由[氵V, ㇓Et, 入N, 灬J,] 故[ノR,] 解脫 圓滿[ㅅV, 㢱Ep, 罒Ec,]

E ⑩이것을 증득한 것에 말미암은 까닭으로 해탈이 원만할 것이라,

F 이것을 증득하기 때문에 해탈이 원만해지니

〈유가05 : 14〉

A 即此解脫圓滿、名有餘依涅槃界。

B 卽 此 解脫圓滿乙 名㇞ 有餘依涅槃界亠ノ㢱丨

C 卽 此 解脫圓滿을 일하 有餘依涅槃界여호리다

D 卽 此 解脫圓滿[乙J,] 名[㇞V+Ec,] 有餘依涅槃界[亠J, ノV+Ep, 㢱Ep, 丨Ef,]

E 곧 이 해탈원만을 일컬어 유여의열반계라 한다.

---

20) 무학(無學)은 네 종류 사문과(沙門果) 중에 마지막 아라한과(阿羅漢果)를 가리킨다. 그는 더 이상 배울 것이 없는 자이기 때문에 '무학(無學)'이라 한다.

F 곧 이 해달(解脫)의 원민(圓滿)을 유여의열반계(有餘依涅盤界)라고 이름하는 것이다.

〈유가05 : 14-16〉

A 即此涅槃以爲上首、令前九法次第修習而得圓滿。

B 卽ᄒ 此 涅槃乙 以尔 上首 {爲}氵𠄌 前七 九法乙 次第灬 修習丷𠄌 而灬 得尔 圓滿丷{令}刂𠂇ㅎ七丨

C 곧오 此 涅槃을 뼈곰 上首 삼아 前ㅅ 九法을 次第로 修習ᄒᆞ아 而로 시러곰 圓滿ᄒᆞ이겨ᇙ다

D 卽[ᄒM,] 此 涅槃[乙J,] 以[尔J,] 上首 {爲}[氵V, 𠄌Ec,] 前[七J,] 九法[乙J,] 次第[灬J,] 修習[丷V, 𠄌Ec,] 而[灬R,] 得[尔M,] 圓滿[丷V,]{令}[刂V, 𠂇Ep, ㅎEp−, 七−Ep, 丨Ef,]

E 곧 이 열반으로써 으뜸을 삼아 앞의 아홉 법을 차례로 닦아 익혀 능히 원만하게 한다.

F 즉 이 열반을 상수(上首)로 삼아서 앞의 9법(法)을 차례로 수습하여 원만하게 되는 것이다.

〈유가05 : 16-17〉

A 當知即此解脫圓滿、以無餘依涅槃界而爲上首。

B 當八 知ᄒ丨 卽ᄒ 此 解脫圓滿ㄱ 无餘依涅槃界乙 {以}氵 而灬 上首 {爲}氵丷ォ刂ㄱ丁

C 반ᄃᆞ기 알오다 곧오 此 解脫圓滿은 无餘依涅槃界를 뼈 而로 上首 삼ᄒᆞ리인뎌

D 當[八M,] 知[ᄒEp, 丨Ef,] 卽[ᄒM,] 此 解脫圓滿[ㄱJ,] 无餘依涅槃界[乙J,] {以}[氵V,] 而[灬R,] 上首 {爲}[氵V, 丷V, ォEt+N, 刂V, ㄱEf−, 丁−Ef,]

E 반드시 알아야 한다. 곧 이 해탈원만은 무여의열반계로써 으뜸을 삼는 것이다.

F 이 해탈(解脫)의 원만(圓滿)은 무여의열반계(無餘依涅槃界)를 상수(上首)로 한다는 것을 알아야만 한다.

〈유가05 : 17-18〉

A 如是涅槃爲首聽聞正法、當知獲得五種勝利。

B 是 如攴丷ㄱ 涅槃乙 首 {爲}氵𠄌 正法乙 聽聞丷今ㄱ 當八 知ᄒ丨 五種 勝利乙 獲得丷ォ刂ㄱ丁

Ⓒ 是 다흔 涅槃을 首 삼아 正法을 聽聞호린 반독 알오다 五種 勝利를 獲得호리인뎌

Ⓓ 是 如[支V, 丷V, ㄱEt,] 涅槃[乙J,] 首 {爲}[氵V, 阝Ec,] 正法[乙J,] 聽聞[丷V, 令Et+N, ㄱJ,] 當[八M,] 知[ちEp, 丨Ef,] 五種 勝利[乙J,] 獲得[丷V, オEt+N, 刂V, ㄱEf-, 丁-Ef,]

Ⓔ 이와 같은 열반을 으뜸으로 삼아 정법을 자세히 듣는 이는, 반드시 알아야 한다, 다섯 가지 뛰어난 이익[勝利]을 획득하는 것이다.

Ⓕ 이와 같이 열반을 상수로 하여 정법(正法)을 청문(聽聞)한다면 다섯 가지 뛰어난 이익[勝利]을 획득하는 줄 알아야만 한다.

〈유가05 : 19〉

Ⓐ **何等爲五？**

Ⓑ 何ち 等丷ㄱ乙 {爲}五刂丨ノ令口

Ⓒ 어누 다흔을 五이다호리고

Ⓓ 何[ちN,] 等[丷V, ㄱEt, 乙J,] {爲}五[刂V, 丨Ef, ノV+Ep, 令Et+N, 口J,]

Ⓔ 어떤 것들을 다섯이라고 하는가?

Ⓕ 무엇을 다섯 가지라고 하는 것인가?

〈유가05 : 19-21〉

Ⓐ **謂聽聞法時、饒益自他；修正行時、饒益自他；及能證得衆苦邊際。**

Ⓑ 謂ㄱ 法乙 聽聞丷令七 時亠十[21] 自他乙 饒益丷彡 正行乙 修丷令七 時亠十 自他乙 饒益丷彡 及 能ホ 衆苦邊際乙 證得丷彡丷尸矢丨

Ⓒ 닐온 法을 聽聞호릿 時여긔 自他를 饒益호져 正行을 修호릿 時여긔 自他를 饒益호져 及 能며 衆苦邊際를 證得호져홀디다

Ⓓ 謂[ㄱEc,] 法[乙J,] 聽聞[丷V, 令Et+N, 七J,] 時[亠J-, 十-J,] 自他[乙J,] 饒益[丷V, 彡Ec,] 正行[乙J,] 修[丷V, 令Et+N, 七J,] 時[亠J-, 十-J,] 自他[乙J,] 饒益[丷V, 彡Ec,] 及 能[ホM,] 衆苦邊際[乙J,] 證得[丷V, 彡Ec, 丷V, 尸Et, 矢N+V, 丨Ef,]

Ⓔ 말하자면 법을 자세히 들을 때에 자신과 남을 넉넉히 이익되게 하고, 올바른 행을 닦을

21) '時' 뒤에 처격조사가 쓰일 때에는 '阝十'가 아닌 '亠十'가 쓰인다.

때에 자신과 남을 넉넉히 이익되게 하고, 능히 뭇 괴로움이 다함[衆苦邊際][22]을 증득하고 하는 것이다.

F 법을 청문(聽聞)할 때 자(自) 타(他)를 요익(饒益)하는 것이며, 정행(正行)을 수습할 때 자(自) 타(他)를 요익(饒益)하는 것이며, 그리고 뭇 괴로움[苦]의 변제(邊際)를 증득하는 것이다.

〈유가05 : 21〉

A **若說法師、爲此義故、宣說正法,**

B 若 說法師刂 此 義乙 爲ソ邑人ソ尸入灬 故ノ 正法乙 宣說ソト㇆乙

C 若 說法師이 此 義를 위ᄒᆞᆲ과ᄒᆞᆯᄃᆞ로 故오 正法을 宣說ᄒᆞ논을

D 若 說法師[刂J,] 此 義[乙J,] 爲[ソV, 邑R, 人Ec, ソV, 尸Et, 入N, 灬J,] 故[ノR,] 正法[乙J,] 宣說[ソV, トEp, ㇆Ec-, 乙-Ec,]

E 만약 설법사가 이러한 의미를 위하고자 하는 까닭으로 정법을 펼쳐 말한다면(/펼쳐 말하는 것을),

F 또한 설법사(說法師)는 이러한 이치[義]를 위해서 정법(正法)을 선설(宣說)하고

〈유가05 : 21-22〉

A **其聽法者、即以此意而聽正法;**

B 其 聽法者刂 卽ㅎ 此 意乙 {以}氵 而灬 正法乙 聽ソナ才罒

C 其 聽法者이 곧오 此 意를 ᄡᅧ 而로 正法을 聽ᄒᆞ겨리라

D 其 聽法者[刂J,] 卽[ㅎM,] 此 意[乙J,] {以}[氵V,] 而[灬R,] 正法[乙J,] 聽[ソV, ナEp, 才Ep, 罒Ec,]

E 그 법을 듣는 자가 곧 이러한 뜻으로써 정법을 들을 것이라서,

F 그 청법자(請法者)는 이러한 뜻[意]으로 정법(正法)을 듣는 것이다.

22) '뭇 괴로움이 다함[衆苦邊際]'이란 고통이 다 사라져서 이 생(生)에서 다시 고통을 받지 않을 뿐만 아니라 이후의 고통도 상속하지 않는 것을 말한다. 혹은 '중고변제'라는 말은 '열반'과 동일시되기도 한다.

〈유가05 : 22-23〉

A 是故此時名饒益他。

B 是 故丷 此 時乙 名下 饒益他亠ノ矛㇇

C 是 故로 此 時를 일하 饒益他여호리며

D 是 故[丷J,] 此 時[乙J,] 名[下V+Ec,] 饒益他[亠J, ノV+Ep, 矛Ep, ㇇Ec,]

E 이런 까닭으로 이때를 일컬어 남을 넉넉히 이익되게 함[饒益他]이라고 하며,

F 이 때문에 이때를 다른 이를 요익(饒益)한다고 이름하는 것이다.

〈유가05 : 23-06 : 01〉

A 又以善心聽聞正法、便能領受所說法義甚深上味，

B 又 善心乙 {以}氵 正法乙 聽聞ノ尸厶 便丆 能㇇ 所說法義刂1 甚深上味乙 領受丷３尒

C 又 善心을 뻐 正法을 聽聞홀딕 곧오 能며 所說法義인 甚深上味를 領受ᄒᆞ아곰

D 又 善心[乙J,] {以}[氵V,] 正法[乙J,] 聽聞[ノV+Ep, 尸Ec-, 厶-Ec,] 便[丆M,] 能[㇇M,] 所說法義[刂V, 1Et,] 甚深上味[乙J,] 領受[丷V, ３Ec, 尒J,]

E 또 선심으로써 정법을 자세히 듣되(/들을 때에), 곧 능히 설한 바 법의 의미인 깊고 깊은 으뜸가는 맛[甚深上味]을 받아들여서,

F 또한 선심(善心)으로써 정법(正法)을 청문(聽聞)하고 곧바로 설한 법의(法義)의 깊고 깊은[甚深] 으뜸가는 맛[上味]을 받아들이는 것이다.

〈유가06 : 01-02〉

A 因此證得廣大歡喜；又能引發出離善根；

B 此乙 因丆 廣大丷1 歡喜乙 證得丷㇁ 又 能㇇ 出離善根乙 引發丷㇁丷𠂇矛罒

C 此를 지즐오[23] 廣大ᄒᆞᆫ 歡喜를 證得ᄒᆞ져 又 能며 出離善根을 引發ᄒᆞ져ᄒᆞ겨리라

D 此[乙J,] 因[丆M,] 廣大[丷V, 1Et,] 歡喜[乙J,] 證得[丷V, ㇁Ec,] 又 能[㇇M,] 出離善根[乙J,] 引發[丷V, ㇁Ec, 丷V, 𠂇Ep, 矛Ep, 罒Ec,]

23) '因丆'의 독법은 중세 한국어의 '지즈로'에 근거해 '지즐오'로 추정할 수 있다(벼개예 굽슬러셔 지즈로 셸리 오니 [伏枕因超忽] <두시언해 초간본 3 : 8>).

E 이로 인하여 광대한 환희를 증득하고, 또 능히 출리[24]의 선근[25]을 이끌어내고 하는 것이라서,

F 이것으로 인하여 광대한 환희(歡喜)를 증득하고 또한 능히 출리(出離)의 선근(善根)을 이끌어내는 것이다.

〈유가06 : 02-03〉

A **是故此時能自饒益。**

B 是 故𝅏 此 時乙 能㢱 自𝅏乙 饒益丷尸丁ノ矛㢱

C 是 故로 此 時를 能며 스싀를 饒益홀뎌호리며

D 是 故[𝅏J,] 此 時[乙J,] 能[㢱M,] 自[𝅏N, 乙J,] 饒益[丷V, 尸Ef-, 丁-Ef, ノV+Ep, 矛Ep, 㢱Ec,]

E 이런 까닭으로 이때를 능히 자기를 넉넉히 이익되게 하는 것이라고 하며,

F 이 때문에 이때를 능히 스스로를 요익(饒益)한다고 이름하는 것이다.

〈유가06 : 03-04〉

A **若有正修法隨法行**

B 若 有𠂇丨 正𠃍 法隨法行乙 修丷𠂇矛亠

C 若 잇겨다 뭊/바룿[26] 法隨法行을 修ᄒᆞ겨리여

D 若 有[𠂇Ep, 丨Ef,] 正[𠃍M,] 法 隨法行[乙J,] 修[丷V, 𠂇Ep, 矛Et+N, 亠R,]

E 만약 있다. 올바로 법수법행(法隨法行)[27]을 닦는 이가.

---

24) 출리(出離)는 생사를 반복하는 미혹의 세계를 떠나감으로써 번뇌의 속박으로부터 벗어나 해탈하는 것을 뜻한다.

25) 모든 선법(善法)은 선한 과보[善果]를 내는 근본이기 때문에 '선근(善根)'이라 한다. 또는 무탐(無貪)·무진(無瞋)·무치(無癡)의 세 가지 법은 모든 선법(善法)을 발생시키는 근본이기 때문에 '선근'이라 하며, 그 셋을 특히 삼선근(三善根)이라 한다.

26) '正𠃍'는 중세 한국어의 '바ᄅᆞ-'라는 어형에 근거해 '바룿'으로 추정할 수도 있고(ᄒᆞᆫ 사ᄅᆞ미 소ᄂᆞ로 목을 쥐믈어 목 ᄆᆞ딧 뼈를 뿍처 바ᄅᆞ게 ᄒᆞ고 [一人以手揉其頂撚正喉嚨] <구급간이방언해 1 : 60>), '못', '뭊'이라는 어형에 근거해 '뭊'으로 추정할 수도 있다(못 졍 正 <광주판 천자문 10a>, 왼녀긔 ᄒᆞᆫ 點(덤)을 더으면 뭊 노ᄑᆞᆫ 소리오 [左加一點則去聲] <훈민정음언해 13>). 뒤의 추정은 <광주판 천자문>에서 'ㆍ'가 'ㅗ'로 표기되는 경향이 있다는 점과, 平聲과 去聲 두 소리를 구분하는 데 '가장'이라는 정도 부사가 필요하지 않으므로 '뭊 노ᄑᆞᆫ'의 '뭊'을 정도 부사가 아닌 '正', 혹은 '直'의 의미를 지니는 부사로 보는 것이 타당하다는 판단에 따른 것이다. 여기에서는 '正𠃍'의 독법을 잠정적으로 '뭊'으로 적기로 한다.

27) 법수법행(法隨法行)은 법(法)에 맞게 행하고 법에 수순해서[隨法] 어긋남이 없이 뛰어난 행을 닦는 것을

F 만약 바르게 법(法) 수법행(隨法行)을 닦는

〈유가06 : 04-05〉

A **大師、爲欲建立正法、方便示現成正等覺,**

B 大師刂 正法乙 建立丷{爲欲}㇖ 方便〜 正等覺 成ノ尸入乙 示現丷ニ下[28)]

C 大師이 正法을 建立ᄒ과 方便으로 正等覺 成홀들 示現ᄒ시하

D 大師[刂J,] 正法[乙J,] 建立[丷V,]{爲欲}[㇖Ec,] 方便[〜J,] 正等覺 成[ノV+Ep, 尸Et, 入N, 乙J,] 示現[丷V, ニEp, 下R+Ec,]

E 대사가 정법을 건립하고자 방편으로 정등각 이루는 것을 나타내 보이시어,

F 대사(大師)가 있으면 정법(正法)을 건립(建立)하고자 하기 위해서 방편을 시현(示現)하고 정등각(正等覺)을 이루는데

〈유가06 : 05〉

A **云何令彼正修行轉;**

B 云何亠ち尸入㇆ 彼〜 正七 修行丷⺈ホ 轉丷{令}刂⺈ノ矛㇆刂⺈七[29)]ロ丷ニ尸入〜

C 엇여힐든 彼로 뭇 修行ᄒ아곰 轉ᄒ이아호린이앗고ᄒ실ᄃ로

D 云何[亠R, ちR, 尸Ec-, 入-Ec-, ㇆-Ec,] 彼[〜J,] 正[七M,] 修行[丷V, ⺈Ec, ホJ,] 轉[丷V,]{令}[刂V, ⺈Ec, ノV+Ep, 矛Ep, ㇆Et, 刂V, ⺈Ep-, 七-Ep, ロEf, 丷V, ニEp, 尸Et, 入N, 〜J,]

E "어떻게 하면 그로 (하여금) 바로 수행하여서 전(轉)하게 할 것인가?" 하시는 까닭으로,

F 어떻게 그로 하여금 바른 수행(修行)을 굴리도록 하는 것인가?

〈유가06 : 05-06〉

A **故彼修習正法行時、即是法尒供養大師。**

말한다.

28) 주체 높임 선어말어미 '-ニ-' 뒤에 연결어미 '-⺈'가 올 경우 항상 '-⺈' 대신에 '-下'가 쓰인다.

29) '-⺈七-'은 화법 구문에서 특징적으로 나타나는 선어말어미로, 상대 높임 선어말어미일 가능성이 제기된 바 있다. 위와 같이 大師가 주체이자 화자인 독백의 경우 부처와 같은 상위자를 구체적인 청자로 상정하는 것이 가능하다면 '-⺈七-'을 상대 높임 선어말어미로 볼 수 있겠지만, 부처와 같은 상위자를 구체적인 청자로 상정할 수 없다면 상대 높임 선어말어미로 보기 힘들다.

B 故ㅊ 彼刂 正法行乙 修習ソ令ヒ 時ㅡ十 卽ㆆ 是1 法尒ᅲハ 大師乙 供養ソ白3 1丁ノ㇇ 四

C 故거 彼이 正法行을 修習ᄒᆞ릿 時여긔 곧오 是는 法尒록 大師를 供養ᄒᆞ숣언뎌호리라

D 故[ㅊR,] 彼[刂J,] 正法行[乙J,] 修習[ソV, 令Et+N, ヒJ,] 時[ㅡJ-, 十-J,] 卽[ㆆM,] 是[1J,] 法尒[ᅲJ, ハJ,] 大師[乙J,] 供養[ソV, 白Ep, 3Ep, 1Ef-, 丁-Ef, ノV+Ep, ㇇Ep, 四Ec,]

E 그러므로 그가 정법의 행을 닦아 익히는 때에, 곧 이는 법 그대로 대사를 공양하는 것이라 할 것이라서,

F 그러므로 그가 정법(正法)의 행(行)을 수습할 때 곧 이 법이(法爾)로써 대사(大師)를 공양(供養)하는 것이다.

〈유가06 : 06-07〉

A **是故說此名饒益他。**

B 是 故ᅲ 此乙 說3 名下 饒益他ㅡノ㇇ᄼ

C 是 故로 此를 닐아 일하 饒益他여호리며

D 是 故[ᅲJ,] 此[乙J,] 說[3Ec,] 名[下V+Ec,] 饒益他[ㅡJ, ノV+Ep, ㇇Ep, ᄼEc,]

E 이런 까닭으로 이것을 말하여 일컬어 남을 넉넉히 이익되게 함[饒益他]이라고 하며,

F 이 때문에 이것을 설하여 다른 사람을 요익(饒益)한다고 이름하는 것이다.

〈유가06 : 07-08〉

A **因此正行、堪能證得寂靜清涼唯有餘依涅槃之界；**

B 此 正行乙 因ㆆ 堪能ㄅ 寂靜清涼ソ3ホ 唯ハ 餘依氵[30] 有ヒ1 涅槃ヒ{之} 界乙 證得ソナ㇇四

C 此 正行을 지즐오 堪能히 寂靜清涼ᄒᆞ아곰 오직 餘依사 이슨 涅槃ㅅ 界를 證得ᄒᆞ겨리라

D 此 正行[乙J,] 因[ㆆM,] 堪能[ㄅM,] 寂靜清涼[ソV, 3Ec, ホJ,] 唯[ハM,] 餘依[氵J,] 有[ヒV, 1Et,] 涅槃[ヒJ,]{之} 界[乙J,] 證得[ソV, ナEp, ㇇Ep, 四Ec,]

E 이러한 정행으로 인해 능히 고요하고 청량하여서 오직 여의가 있는 열반의 경계를 증

30) 여기서 '氵'는 다른 것은 제외하고 어느 특정한 것으로 한정함을 나타내는 보조사로 쓰였다.

득할 것이라서,

F 이러한 정행(正行)으로 인하여 능히 적정(寂靜)의 청량(淸凉)을 증득할 수 있는 것은 오직 유여의열반계(有餘依涅盤界)이니

〈유가06 : 08-09〉

A **是故說此能自饒益。**

B 是 故⺍ 此乙 說⺋ 能⺀ 自⺅乙 饒益⺍尸丁ノ才⺀

C 是 故로 此를 닐아 能며 스싀를 饒益홀뎌호리며

D 是 故[⺍J,] 此[乙J,] 說[⺋Ec,] 能[⺀M,] 自[⺅N, 乙J,] 饒益[⺍V, 尸Ef-, 丁-Ef, ノV+Ep, 才Ep, ⺀Ec,]

E 이런 까닭으로 이것을 말하여 능히 자기를 넉넉히 이익되게 하는 것이라고 하며,

F 이 때문에 이것을 능히 스스로를 요익(饒益)한다고 설하는 것이다.

〈유가06 : 09-10〉

A **若無餘依涅槃界中般涅槃時、名爲證得衆苦邊際。**

B 若 無餘依涅槃界七 中⺋十 般涅槃⺍今七 時乙 名下 {爲}衆苦邊際乙 證得⺍尸丁⺍乂才丨

C 若 無餘依涅槃界ㅅ 中아긔 般涅槃ᄒᆞ릿 時를 일하 衆苦邊際를 證得홀뎌ᄒᆞ노리다

D 若 無餘依涅槃界[七J,] 中[⺋J-, 十-J,] 般涅槃[⺍V, 今Et+N, 七J,] 時[乙J,] 名[下V+Ec,] {爲} 衆苦邊際[乙J,] 證得[⺍V, 尸Ef-, 丁-Ef, ⺍V, 乂Ep, 才Ep, 丨Ef,]

E 또 무여의열반계의 가운데에서 반열반하는 때를 일컬어 뭇 괴로움이 다함[衆苦邊際]을 증득하는 것이라고 하는 것이다.

F 만약 무여의열반계(無餘依涅槃界)에서 반열반(般涅槃)할 때에는 뭇 괴로움[苦]의 변제(邊際)를 증득하였다고 이름하는 것이다.

〈유가06 : 10-12〉

A **是名涅槃以爲上首聽聞正法、所得勝利。**

B 是乙 名下 涅槃乙 以亦 上首 {爲}⺡⺋ 正法乙 聽聞⺍𠃌⺅ 得ノ𠃌 所七 勝利⼆ノ才丨

C 是를 일하 涅槃을 뻐곰 上首 삼아 止法을 聽聞ᄒᆞᆫ의 得ᄒᆞᆫ 밧 勝利여호리다

D 是[乙J,] 名[丅V+Ec,] 涅槃[乙J,] 以[ホJ,] 上首 {爲}[氵V, 阝Ec,] 正法[乙J,] 聽聞[ソV, ㄱEt, ラJ,] 得[ノEp, ㄱEt,] 所[ヒJ,] 勝利[亠J, ノV+Ep, 禾Ep, 丨Ef,]

E 이를 일컬어 열반으로써 으뜸을 삼아 정법을 자세히 들은 이가 얻은 바 뛰어난 이익[勝利]이라고 한다.

F 이것을 열반(涅槃)을 상수(上首)로 하여 정법(正法)을 청문(聽聞)한 데서 얻는 뛰어난 이익[勝利]이라고 이름하는 것이다.

〈유가06 : 12〉

A **如是名爲涅槃爲首所有廣義。**

B 是 如支ソㄱ乙 名丅 {爲}涅槃乙 首 {爲}氵ㄱラ十 有ヒㄱ 所ヒ 廣義亠ノ尸亠

C 是 다ᄒᆞᆫ을 일하 涅槃을 首 삼은의긔 이슨 밧 廣義여홀여

D 是 如[支V, ソV, ㄱEt, 乙J,] 名[丅V+Ec,] {爲}涅槃[乙J,] 首 {爲}[氵V, ㄱEt, ラJ-, 十-J,] 有[ヒV, ㄱEt,] 所[ヒJ,] 廣義[亠J, ノV+Ep, 尸Ec-, 亠-Ec,]

E 이와 같은 것을 일컬어 열반을 으뜸으로 삼는 데에 있는 바 자세한 의미[廣義]라 하는 것이니,

F 이와 같은 것을 열반(涅槃)을 상수(上首)로 하는 것이라고 이름한다.

〈유가06 : 12-13〉

A **除此、更無若過若增。**

B 此乙 除口斤 更阝 若 過ソㅎ 若 增ソㅎソㄱ 无ナㄱリ丨

C 此를 덜고근 ᄂᆞ외아 若 過ᄒᆞ져 若 增ᄒᆞ져ᄒᆞᆫ 없견이다

D 此[乙J,] 除[口Ec, 斤J,] 更[阝M,] 若 過[ソV, ㅎEc,] 若 增[ソV, ㅎEc, ソV, ㄱEt,] 无[ナEp, ㄱEt, リV, 丨Ef,]

E 이것을 제외하고는, 다시 (이보다) 지나치거나 (이보다) 더하거나 한 것이 없는 것이다.

F 이것을 제외하고 모든 자세한 이치[廣義]는 다시 지나치거나 증가하는 것이 없다.

✿ 유가사지론

수소성지–능숙해탈혜지성숙(06 : 14–07 : 23)

1. 수소성지(修所成地)의 구성

	4處	7支
修所成地	[1] 修處所	① 生圓滿 : 생의 원만(01:15-04:06)
	[2] 修因緣	② 聞正法圓滿 : 정법을 듣는 데의 원만(04:06-04:14)
		③ 涅槃爲上首 : 열반을 상수로 하는 것(04:15-06:13)
		④ 能熟解脫慧之成熟 : 능히 해탈을 성숙시키는 혜(慧)의 성숙(06:14-07:23)
	[3] 修瑜伽	⑤ 修習對治 : 대치를 수습하는 것(08:01-13:03)
	[4] 修果	⑥ 世間一切種淸淨 : 세간의 모든 종류의 청정(13:04-20:02)
		⑦ 出世間一切種淸淨 : 출세간의 모든 종류의 청정(20:03-32:01)

2. 능숙해탈혜지성숙(能熟解脫慧之成熟)의 구성

能熟解脫慧之成熟 (06:14-07:23)	개관 (06:14-17)	비발사나지(毘鉢舍那支)와 사마타지(奢摩他支)가 성숙하기 때문에 혜(慧)의 성숙(成熟)이라고 함.
	① 有覺了欲 堪忍議論 (06:17-07:02)	㉠ 진실성(眞實性)의 가운데에서 깨닫고자 하는 욕구를 지님. ㉡ 정계를 훼범하여서 그릇된 법[非法]을 현행하여 궤범을 무너뜨리는 중에 나무라는 의논[議論]을 받아들여 인정[堪忍]함.
	② 愛樂聽聞 (07:02-03)	깨닫고자 하는 욕구에 의지하므로, 자세히 듣기[聽聞]를 애락함.
	③ 便發請問 (07:03)	즐겨 들음[樂聞]을 의지하므로, 곧바로 청하여 물음[請問]을 일으킴.
	④ 聞甚深法義 (07:03-04)	청하여 물음을 의지하므로, 깊고 깊은 법의 의미를 들음.
	⑤ 轉得明淨 除遣先所生疑 (07:04-06)	㉠ 자주 자세히 들어서 끊임이 없으므로, 그 법의 의미에 대해서 더욱 능히 명정함. ㉡ 앞서 생긴 의심[疑]을 제거함[除遣].
	⑥ 能見過患 深心厭離 (07:06-08)	이와 같이 각혜(覺慧)가 명정하므로, 여러 세간의 왕성한 일[盛事]에 대해 능히 과환을 보아 깊은 마음으로 싫어하고 여읨.

	⑦ 不生願樂 (07:08-09)	싫어하는 마음이 잘 작의하므로, 일체 세간의 왕성한 일에 대해 바라고 즐김을 내지 않음.
	⑧ 心生正願 (07:09-11)	여러 세간의 생도(生道)에 대해 바라는 마음이 없으므로, 여러 악취(惡趣)의 법(法)을 끊어 없애고자, 마음에 바른 원을 냄.
	⑨ 修集善法 (07:11-13)	능히 악취법(惡趣法)을 대치(對治)하는 선법을 닦아서 쌓고자, 일체 번뇌를 대치하는 선법을 닦고 쌓음.
	⑩ 心生正願 (07:13-14)	그 대치(對治)의 결과[果]를 증득하고자 하고, 또 자기의 마음을 능히 청정하게 하고자 하므로, 마음에 바른 원을 냄.
	요약 (07:14-16)	이와 같은 열 가지를 능숙혜탈혜의 성숙이라 하고, 점차로 능히 해탈을 원만하게 함.
二處 修因緣 총괄 (07:16-23)	㉠ 이 3지(支)는 유가(瑜伽)를 닦는 인연(因緣)임을 반드시 알아야 함. ㉡ 왜냐하면 이러한 차례, 이것의 인(因), 이것의 연(緣)을 의지해 유가(瑜伽)를 닦아 익히면 비로소 원만(圓滿)함을 이루기 때문임.	

〈유가06 : 14〉

A **云何能熟解脫慧之成熟？**

B 云何丷1乙 能熟解脫慧七{之} 成熟刂丨ノ今口

C 엇흔을 能熟解脫慧ㅅ 成熟이다호리고

D 云何[丷V, 1Et, 乙J,] 能熟解脫慧[七J,]{之} 成熟[刂V, 丨Ef, ノV+Ep, 今Et+N, 口J,]

E 어떤 것을 능숙해탈혜의 성숙이라고 하는가?

F 무엇을 능히 해탈을 성숙하는 혜(慧)의 성숙(成熟)이라고 하는 것인가?

〈유가06 : 14-16〉

A **謂毘鉢舍那支成熟故，亦名慧成熟；奢摩他支成熟故，亦名慧成熟。**

B 謂1 毘鉢舍那支 成熟丷1人⺍ 故ノ 亦 名𠂆 慧成熟亠丷㣺 奢摩他支 成熟丷1人⺍ 故ノ 亦 名𠂆 慧成熟亠ノ利丨

C 닐온 毘鉢舍那支 成熟혼드로 故오 亦 일하 慧成熟여호며 奢摩他支 成熟혼드로 故오 亦 일하 慧成熟여호리다

D 謂[1Ec,] 毘鉢舍那支 成熟[丷V, 1Et, 人N, ⺍J,] 故[ノR,] 亦 名[𠂆V+Ec,] 慧成熟[亠J, 丷V, 㣺Ec,] 奢摩他支 成熟[丷V, 1Et, 人N, ⺍J,] 故[ノR,] 亦 名[𠂆V+Ec,] 慧 成熟[亠J, ノV+Ep, 利Ep, 丨Ef,]

E 말하자면 비발사나지[1)]가 성숙한 까닭으로 또한 일컬어 혜[2)]의 성숙이라고 하며, 사마타지[3)]가 성숙한 까닭으로 또한 일컬어 혜의 성숙이라고 한다.

F 비발사나지(毘鉢舍那支)를 성숙(成熟)하기 때문에 또한 혜(慧)의 성숙(成熟)이라고 하며, 사마타지(奢摩他支)를 성숙(成熟)하기 때문에 또한 혜(慧)의 성숙(成熟)이라고 하는 것이다.

---

1) 비발사나지(毘鉢舍那支)는 지관(止觀) 수행에서 '관(觀, vipaśyanā)'을 가리킨다. 이 '관'에 대한 설명은 논서마다 조금씩 차이가 나는데, 이 『유가사지론』에 따르면 '혜(慧)'로써 특정한 경계에 대해 사택(思擇)하고 관찰(觀察)하는 것을 가리킨다.

2) 혜(慧)는 심소법(心所法)의 하나로서 특히 사리(事理)를 추리하고 판단하는 정신작용을 가리킨다.

3) 사마타지(奢摩他支)는 지관(止觀) 수행에서 '지(止, śamatha)'를 가리킨다. '관(觀)'이 경계를 관찰하는 것이라면, 이 '지(止)'는 마음을 거두어 한 곳에 고요히 머물게 하는 것을 말한다.

〈유가06 : 16〉

A **所以者何？**

B 所以者 何亠ㅅ口ㄱ

C 所以者 엇여ᄒᆞ곤

D 所以者 何[亠J, ㅅV, 口Ec-, ㄱ-Ec,]

E 까닭이 무엇인가 하면,

F 왜냐하면

〈유가06 : 16-17〉

A **定心中慧、於所知境清淨轉故。**

B 定心 中㇁ㅌ 慧刂 {於}所知ㅌ 境㇁十 清淨㢴 轉ㅅ尸入灬{故}亠

C 定心 中앗 慧이 所知ㅅ 境아긔 清淨히 轉홀ᄃᆞ로여

D 定心 中[㇁J-, ㅌ-J,] 慧[刂J,] {於}所知[ㅌJ,] 境[㇁J-, 十-J,] 清淨[㢴M,] 轉[ㅅV, 尸Et, 入N, 灬J,]{故}[亠R,]

E 정심[4] 가운데 있는 혜가 소지[5]의 경계에서 청정하게 전(轉)하는 까닭에서이다.

F 정심(定心) 가운데의 혜(慧)는 소지경(所知境)에 대하여 청정(清淨)하게 구르기 때문이나.

〈유가06 : 17-19〉

A **又毘鉢舍那支、最初必用善友為依；奢摩他支、尸羅圓滿之所攝受。**

B 又 毘鉢舍那支ㄱ 最初㢴 必八[6] 善友乙 {用}氵 依 {爲}氵㢱 奢摩他支ㄱ 尸羅 圓滿灬{之} 攝受ノㄱ 所刂㢱ㅅ㢲

C 又 毘鉢舍那支는 最初히 반ᄃᆞ 善友를 ᄡᅧ 依 삼져 奢摩他支는 尸羅 圓滿으로 攝受혼 바이

4) 정심(定心)은 산심(散心)과 대비되는 말로서, 마음의 산란을 멈추고 정신을 하나의 경계에 집중하고 있는 선정의 마음을 가리킨다.

5) 소지(所知)는 알려져야 할 대상, 혹은 인식되어야 할 것을 뜻한다.

6) '必'에 현토된 구결자의 자형이 불명확하나, 부사로 쓰인 '必'은 모두 '必八'으로 현토되므로 '八'로 판단하였다.

져ᄒᆞ며

D 又 毘鉢舍那支[ㄱJ,] 最初[ㄎM,] 必[ㅅM,] 善友[ㄹJ,] {用}[氵V,] 依 {爲}[氵V, ㅎEc,] 奢摩他支[ㄱJ,] 尸羅 圓滿[ㅡJ,]{之} 攝受[ノV+Ep, ㄱEt,] 所[リV, ㅎEc, ソV, ㅎEc,]

E ①또 비발사나지는 처음에 반드시 좋은 친구[善友][7]로써 의지를 삼고, 사마타지는 계율[尸羅]의 원만함으로 섭수된 바이고 하며,

F 또한 비발사나지(毘鉢舍那支)는 맨 처음에 반드시 선우(善友)로써 의지[依]로 삼고 사마타지(奢摩他支)는 시라(尸羅)의 원만(圓滿)에 섭수(攝受)된다.

〈유가06 : 19-20〉

A **又依善友之所攝受、於所知境真實性中有覺了欲。**

B 又 善友ㅋ{之} 攝受ノㄱ 所ㄹ 依ㅎ斤 {於}所知 境リㄱ 眞實性ㄷ 中ㅎ十 覺了欲 {有}ㅓㅎ

C 又 善友의 攝受혼 바를 븓아근 所知 境인 眞實性ㅅ 中아긔 覺了欲 두져

D 又 善友[ㅋJ,]{之} 攝受[ノV+Ep, ㄱEt,] 所[ㄹJ,] 依[ㅎEc, 斤J,] {於}所知 境[リV, ㄱEt,] 眞實性[ㄷJ,] 中[ㅎJ-, 十-J,] 覺了欲 {有}[ㅓV, ㅎEc,]

E 또 좋은 친구에게 섭수된 바를 의지하여서는, 소지의 경계인 진실성의 가운데에서 깨닫고자 하는 욕구를 지니고,

F 또한 선우(善友)에 섭수(攝受)되는 것에 의하여 소지경(所知境)인 진실성(眞實性)에 대하여 각료욕(覺了欲)이 있는 것이다.

〈유가06 : 21-22〉

A **依尸羅圓滿之所攝受、於增上尸羅毀犯淨戒現行非法壞軌範中、**

B 尸羅 圓滿ㅡ{之} 攝受ノㄱ 所ㄹ 依ㅎ斤 {於}增上 尸羅ㅎ十 淨戒ㄹ 毁犯ソㅎ示 非法ㄹ 現行ソㅎ 軌範ㄹ 壞ノㅌㄷ 中ㅎ十

C 尸羅 圓滿으로 攝受혼 바를 븓아근 增上 尸羅아긔 淨戒를 毁犯ᄒᆞ아곰 非法을 現行ᄒᆞ아 軌範을 壞호ᄃᆞᆺ 中아긔

7) '좋은 친구[善友]'는 부처의 가르침을 바르게 전하는 자, 수행에 도움이 되는 자, 자신과 마음을 같이하여 청정한 수행을 하는 자를 뜻한다.

D 尸羅 圓滿[ㅡJ,]{之} 攝受[ノV+Ep, ㄱEt,] 所[乙J,] 依[氵Ec, 𠂇J,] {於}增上 尸羅[氵J-, ナ-J,] 淨戒[乙J,] 毁犯[丷V, 氵Ec, 𠂇J,] 非法[乙J,] 現行[丷V, 氵Ec,] 軌範[乙J,] 壞[ノV+Ep, ㅌEt, ㄴJ,] 中[氵J-, ナ-J,]

E 계율의 원만함으로 섭수된 바를 의지하여서는, 증상시라[8]에서 정계[9]를 훼범하여서 그릇된 법을 현행하여 궤범[10]을 무너뜨리는 중에,

F 시라(尸羅)의 원만(圓滿)에 섭수(攝受)되는 것에 의하여 증상시라(增上尸羅)에 대하여 정계(淨戒)를 훼범(毁犯)하고 비법(非法)을 현행(現行)하고 궤범(軌範)을 무너뜨리는 것에 대하여

〈유가06 : 22-07 : 02〉

A **若諸有智同梵行者、由見聞疑或擧其罪、或令憶念，或令隨學；於尒所時堪忍議論。**

B 若 諸 有智丷ㄱ 同梵行者刂 見聞疑乙 由氵 或 其 罪乙 擧丷彡 或 憶念丷{令}刂彡 或 隨學丷{令}刂彡丷去ㄱ {於}尒所𠂉[11]ㄴ 時ㅗナ 議論乙 堪忍丷彡丷ㅅ

C 若 諸 有智ᄒᆞᆫ 同梵行者이 見聞疑를 븓아 或 其 罪를 擧ᄒᆞ져 或 憶念ᄒᆞ이져 或 隨學ᄒᆞ이져ᄒᆞ건 尒所맛 時여긔 議論을 堪忍ᄒᆞ져ᄒᆞ며

D 若 諸 有智[丷V, ㄱEt,] 同梵行者[刂J,] 見聞疑[乙J,] 由[氵Ec,] 或 其 罪[乙J,] 擧[丷V, 彡Ec,] 或 憶念[丷V,]{令}[刂V, 彡Ec,] 或 隨學[丷V,]{令}[刂V, 彡Ec, 丷V, 去Ep, ㄱEt,] {於}尒所[𠂉N, ㄴJ,] 時[ㅗJ-, ナ-J,] 議論[乙J,] 堪忍[丷V, 彡Ec, 丷V, ㅅEc,]

E 만약 여러 지혜 있는 동료 수행자[同梵行者][12][13]가 보고 들은 의문[見聞疑]으로 말미암아 혹 그 죄를 들추고, 혹 기억하게 하고, 혹 따라 배우게 하고 하면(/따라 배우게 하고

---

8) 증상시라(增上尸羅)는 증상계(增上戒)라고도 하며, 계(戒)・정(定)・혜(慧)의 삼학(三學) 중의 하나이다. 이 『유가사지론』에 따르면, 청정한 계율에 잘 안주하고, 율의(律儀 : 戒體)를 수호하는 등 6가지를 실천함으로써 모든 계법(戒法)이 더욱 수승해지고 청정해지게 하는 것을 '증상계'라고 한다. 『유가사지론』 권16(T30, 367a26) 참조.

9) 정계(淨戒)는 청정한 계로 석가모니가 제정한 청정한 계법을 말한다.

10) 궤범(軌範)은 어떤 일을 판단하거나 행동하는 데에 본보기가 되는 규범이나 법도이다.

11) 여기서 '𠂉'는 체언 뒤에서 쓰여 그와 같은 정도나 한도를 나타내는 의존명사로 사용되었다.

12) 범행(梵行)은 청정한 행법(行法), 또는 음욕(淫欲)을 끊고 청정하게 수행하는 것을 뜻한다. 따라서 '同梵行者'는 범행을 함께하는 동료 수행자를 가리킨다.

13) 구결문의 해석과 역경원의 번역이 차이를 보인다. '智同梵行者'에 대해 구결문은 '智'가 '同梵行者'를 수식하는 것으로 본 반면 역경원의 번역에서는 '智(者)'와 '同梵行者'의 나열로 보았다.

하는), 이러한 경우의 때에 나무라는 의논[議論]을 받아들여 인정[堪忍]하고 하며,

F 만약 지혜 있는 자와 범행(梵行)을 같이하는 자가 보고 듣고 의심하였기 때문에, 혹은 그 죄를 들추거나 혹은 기억하도록 하거나 혹은 수학(隨學)하게끔 한다면 이소(爾所)의 때에 기론(譏論)을 감인(堪忍)하는 것이다.

〈유가07 : 02-03〉

A 又依所知真實覺了欲故、愛樂聽聞；

B 又 所知 眞實 覺了欲 ㄹ 依 ㅅ 1 ㅅ ᅟ 故 ノ 愛樂聽聞 ㅅ 㫆

C 又 所知 眞實 覺了欲을 依ᄒᆞᆫᄃᆞ로 故오 愛樂聽聞ᄒᆞ며

D 又 所知 眞實 覺了欲[ㄹJ,] 依[ㅅV, 1Et, ㅅN, ᅟJ,] 故[ノR,] 愛樂聽聞[ㅅV, 㫆Ec,]

E ②또 소지의 진실을 깨닫고자 하는 욕구를 의지한 까닭으로, 자세히 듣기를 애락하며,

F 또한 소지(所知)인 진실경[眞實 ; 眞實境]을 각료(覺了)하려는 욕구[欲]에 의하기 때문에 청문(聽聞)을 애락(愛樂)하는 것이다.

〈유가07 : 03〉

A 依樂聞故、便發請問；

B 樂聞 ㄹ 依 ㅅ 1 ㅅ ᅟ 故 ノ 便 ㅎ 請問 ㄹ 發 ㅅ 㫆

C 樂聞을 依ᄒᆞᆫᄃᆞ로 故오 곧오 請問을 發ᄒᆞ며

D 樂聞[ㄹJ,] 依[ㅅV, 1Et, ㅅN, ᅟJ,] 故[ノR,] 便[ㅎM,] 請問[ㄹJ,] 發[ㅅV, 㫆Ec,]

E ③즐겨 들음[樂聞][14]을 의지한 까닭으로, 곧 청하여 물음을 일으키며,

F 청문을 애락하는 것[樂聞]에 의하기 때문에 곧바로 청문(請問)을 일으키는 것이다.

〈유가07 : 03-04〉

A 依請問故、聞昔未聞甚深法義；

B 請問 ㄹ 依 ㅅ 1 ㅅ ᅟ 故 ノ 昔 尸 聞 白 尸 未 リ ㅅ ㄋ ㄴ ㅣ ノ 1[15] 甚深 法義 ㄹ 聞 㫆

14) '즐겨 들음[樂聞]'은 바로 위의 '자세히 듣기를 애락함[愛樂聽聞]'을 줄인 것이다.
15) '未 リ ㅅ ㄋ ㄴ ㅣ ノ 1'의 오기일 가능성이 있으나 분명치 않아 반영하지 않았다.

C 請問을 依ᄒᆞᆫᄃᆞ로 故오 昔ㄹ 듣ᄉᆞᆸ을 안이ᄒᆞ읫더온 甚深 法義를 들으며

D 請問[乙J,] 依[丷V, ㇠Et, 入N, 灬J,] 故[丿R,] 昔[尸M,] 聞[白Ep, 尸Et,] 未[刂M, 丷V, ㇇Ep-, 七-Ep, 丨Ep, 丿Ep, ㇠Et,] 甚深 法義[乙J,] 聞[㢱Ec,]

E ④청하여 물음을 의지한 까닭으로, 예전에 듣지 못하였던 깊고 깊은 법의 의미를 들으며,

F 청문(請問)에 의하기 때문에 옛날에 듣지 못했던 깊고 깊은[甚深] 법의(法義)를 듣는 것이다.

〈유가07 : 04-05〉

A **數數聽聞无間断故、於彼法義轉得明淨；**

B 數數刂 聽聞丷氵尒 間斷丿尸 无丷㇠入灬 故丿 {於}彼 法義氵十 轉刂 得尒 明淨丷㢱

C 數數이 聽聞ᄒᆞ아곰 間斷ᄒᆞᆯ 无ᄒᆞᆫᄃᆞ로 故오 彼 法義아긔 轉이 시러곰 明淨ᄒᆞ며

D 數數[刂M,] 聽聞[丷V, 氵Ec, 尒J,] 間斷[丿V+Ep, 尸Et,] 无[丷V, ㇠Et, 入N, 灬J,] 故[丿R,] {於}彼 法義[氵J-, 十-J,] 轉[刂M,] 得[尒M,] 明淨[丷V, 㢱Ec,]

E ⑤자주 자주 자세히 들어서 끊임이 없는 까닭으로, 그 법의 의미에 대해 더욱 능히 명정하며,16)

F 자주 자주 청문(聽聞)하길 끊임없이 하기 때문에 그 법의(法義)에 대해서 굴러서 명정(明淨)을 얻으며

16) 구결문의 해석과 역경원의 번역이 차이를 보인다. '轉得明淨'에 대해서 구결문은 '得'을 부사로 본 반면 역경원의 번역에서는 동사로 보았다.

〈유가07 : 05-06〉

A 又能除遣先所生疑；

B 又 能๑ 先𠆤 生丷 1 所七 疑乙 除遣丷๑

C 又 能며 先하 生흔 밧 疑를 除遣ᄒ며

D 又 能[๑M,] 先[𠆤M,] 生[丷V, 1Et,] 所[七J,] 疑[乙J,] 除遣[丷V, ๑Ec,]

E 또 능히 앞서 생긴 바의 의심을 없애며,

F 또한 능히 앞서 생긴 의심[疑]을 제거[除遣]하는 것이다.

〈유가07 : 06-08〉

A 如是覺慧轉明淨故、於諸世間所有盛事、能見過患，深心猒離；

B 是 如支 覺慧刂 轉刂 明淨丷 1 入灬 故ノ {於}諸 世間七 有七 1 所七 盛事⺋+ 能๑ 過患乙 見丷⺋ホ 深心灬 猒離丷๑

C 是 다 覺慧이 轉이 明淨흔ᄃ로 故오 諸 世間ㅅ 이슨 밧 盛事아긔 能며 過患을 見ᄒ아곰 深心으로 猒離ᄒ며

D 是 如[支V,] 覺慧[刂J,] 轉[刂M,] 明淨[丷V, 1Et, 入N, 灬J,] 故[ノR,] {於}諸 世間[七J,] 有[七V, 1Et,] 所[七J,] 盛事[⺋J-, +-J,] 能[๑M,] 過患[乙J,] 見[丷V, ⺋Ec, ホJ,] 深心[灬J,] 猒離[丷V, ๑Ec,]

E ⑥이와 같이 각혜가 더욱 명정한 까닭으로, 여러 세간의 있는 바 왕성한 일[盛事]에 대해 능히 과환을 보아서 깊은 마음으로 싫어하고 여의며,

F 이와 같이 각혜(覺慧)가 굴러서 명정(明淨)하기 때문에 여러 세간의 모든 성사(盛事)에 대하여 능히 과환(過患)을 보고 깊게 마음으로 염리(厭離)하는 것이다.

〈유가07 : 08-09〉

A 如是猒心善作意故、於彼一切世間盛事、不生願樂。

B 是 如支丷 1 猒心灬 善 作意丷 1 入灬 故ノ {於}彼 一切 世間七 盛事⺋+ 願樂乙 生尸 不冬丷๑

C 是 다흔 猒心으로 善 作意흔ᄃ로 故오 彼 一切 世間ㅅ 盛事아긔 願樂을 낼 안돌ᄒ며

D 是 如[𠫔V, ㅅV, ㄱEt,] 猒心[⺍J,] 善 作意[ㅅV, ㄱEt, ㅅN, ⺍J,] 故[ノR,] {於}彼 一切 世間[七J,] 盛事[氵J-, 十-J,] 願樂[乙J,] 生[ㄕEt,] 不[冬M, ㅅV, 㫆Ec,]

E ⑦이와 같은 싫어하는 마음으로 잘 작의[17]하는 까닭으로, 저 일체 세간의 왕성한 일[盛事]에 대해 바라고 즐김을 내지 않으며,

F 이와 같이 염심(厭心)이 잘 작의(作意)하기 때문에 그 일체의 세간의 성사(盛事)에 대해서 원락(願樂)을 일으키지 않는 것이다.

〈유가07 : 09-11〉

A **彼由如是於諸世間增上生道无願心故，為欲断除諸悪趣法、心生正願。**

B 彼ㄱ 是 如𠫔 {於}諸 世間七 增上 生道氵十 願心 无ㅅㄱㅅ乙 由氵ㄱㅅ⺍ 故ノ 諸 惡趣七 法乙 斷除ㅅ{爲欲}ㅅ 心氵十 正願乙 生リ㫆

C 彼는 是 다 諸 世間ㅅ 增上 生道아긔 願心 无ᄒᆞᆫ돌 말ᄆᆡ삼은ᄃᆞ로 故오 諸 惡趣ㅅ 法을 斷除ᄒᆞ과 心아긔 正願을 나이며

D 彼[ㄱJ,] 是 如[𠫔V,] {於}諸 世間[七J,] 增上 生道[氵J-, 十-J,] 願心 无[ㅅV, ㄱEt, ㅅN, 乙J,] 由[氵V, ㄱEt, ㅅN, ⺍J,] 故[ノR,] 諸 惡趣[七J,] 法[乙J,] 斷除[ㅅV,]{爲欲}[ㅅEc,] 心[氵J-, 十-J,] 正願[乙J,] 生[リV, 㫆Ec,]

E ⑧그는 이와 같이 여러 세간의 증상생도[18]에 대해 바라는 마음이 없는 것에 말미암은 까닭으로, 여러 악취[19]의 법을 끊어 없애고자 마음에 바른 원[正願]을 내며,

F 그는 이와 같이 여러 세간의 증상된 생도[增上生道]에 대해서 원심(願心)이 없기 때문에 여러 악취법(惡趣法)을 끊어 없애기 위해서 마음으로 바른 원[正願]을 내는 것이다.

〈유가07 : 11-13〉

A **又為修集能對治彼所有善法、修集一切煩惱對治所有善法、**

17) 작의(作意)는 마음을 그 대상에로 초점을 맞추게 하는 '주의작용'을 가리킨다. 유식종에서는 5변행심소(遍行心所), 즉 모든 마음이 일어날 때 언제나 현행하는 다섯 종류 심소법(心所法)들 중의 하나로 분류한다.

18) 증상생도(增上生道)는 보시(布施)·지계(持戒)·인욕(忍辱) 등 세 종류 바라밀행을 가리킨다. 이 세 종류 행은 증상된 과보를 초감(招感)하는데, 그 차례대로 많은 재물[大資財], 위대한 몸[大自體], 많은 권속[大眷屬]의 과보를 불러낸다고 한다.

19) 악취(惡趣)는 악도(惡道)와 같다. 악도(惡道)는 악한 짓을 한 중생이 그 과보로 받는다고 하는 괴로움의 생존으로 지옥·아귀·축생 등의 세계를 가리킨다.

B 又 能𠂊 彼乙 對治丷今七 有七亅 所七 善法乙 修集丷{爲}𠆢 一切 煩惱 對治刂亅 有七亅 所七 善法乙 修集丷𠂊

C 又 能며 彼를 對治ᄒᆞ릿 이슨 밧 善法을 修集ᄒᆞ과 一切 煩惱 對治인 이슨 밧 善法을 修集ᄒᆞ며

D 又 能[𠂊M,] 彼[乙J,] 對治[丷V, 今Et+N, 七J,] 有[七V, 亅Et,] 所[七J,] 善法[乙J,] 修集[丷V,] {爲}[𠆢Ec,] 一切 煩惱 對治[刂V, 亅Et,] 有[七V, 亅Et,] 所[七J,] 善法[乙J,] 修集[丷V, 𠂊Ec,]

E ⑨또 능히 그것을 대치[20]하는 있는 바의 선법[21]을 닦아서 쌓고자, 일체 번뇌를 대치하는 있는 바의 선법을 닦고 쌓으며,

F 또한 능히 그것을 대치(對治)하는 모든 선법(善法)을 수습하기 때문에 일체의 번뇌(煩惱)를 대치하는 모든 선법(善法)을 수습하는 것이다.

〈유가07 : 13-14〉

A **為欲證得彼對治果、亦為自心得清淨故，心生正願。**

B 彼 對治果乙 證得丷{爲欲}𠆢丷㢴 亦 自𠃌 心乙 得㫆 清淨𠆢刂{爲}𠆢丷㢴丷尸入灬 故ノ 心阝十 正願乙 生刂𠂇㫆七丨

C 彼 對治果를 證得ᄒᆞ과ᄒᆞ져 亦 저의 心을 시러곰 清淨ᄒᆞ이과ᄒᆞ져홀ᄃᆞ로 故오 心아긔 正願을 나이긣다

D 彼 對治果[乙J,] 證得[丷V,]{爲欲}[𠆢Ec, 丷V, 㢴Ec,] 亦 自[𠃌J,] 心[乙J,] 得[㫆M,] 清淨[𠆢V, 刂V,]{爲}[𠆢Ec, 丷V, 㢴Ec, 丷V, 尸Et, 入N, 灬J,] 故[ノR,] 心[阝J-, 十-J,] 正願[乙J,] 生[刂V, 𠂇Ep, 㫆Ep-, 七-Ep, 丨Ef,]

E ⑩그 대치의 결과를 증득하고자 하고, 또 자기의 마음을 능히 청정하게 하고자 하고 하는 까닭으로, 마음에 바른 원[正願]을 낸다.

F 그 대치의 과(果)를 증득하고자 하기 때문에 또한 스스로의 마음[自心]에 청정(清淨)을 얻고자 하기 때문에 마음으로 바른 원[正願]을 내는 것이다.

20) 대치(對治)는 수행으로 번뇌와 악을 끊는 것, 혹은 수행으로 차별하고 분별하는 마음작용을 소멸시키는 것을 뜻한다.

21) 선법(善法)은 선한 것. 바른 것. 도리에 따라 자기와 남을 이롭게 하는 것이다. 세간의 선법으로서 5계(戒), 10선(善)이 있고, 출세간의 선법으로서 3학(學), 6도(度)가 있다.

〈유가07 : 14-15〉

A 如是十種、能熟解脫慧成熟法、

B 是 如支ッ1 十種乙 能熟解脫慧七 成熟 法亠ノ尸亠

C 是 다흔 十種을 能熟解脫慧ㅅ 成熟 法여홇여

D 是 如[支V, ッV, 1Et,] 十種[乙J,] 能熟解脫慧[七J,] 成熟 法[亠J, ノV+Ep, 尸Ec-, 亠-Ec,]

E 이와 같은 열 가지를 능숙해탈혜의 성숙(에 대한) 법이라고 하는 것이니,

F 위와 같은 열 가지는 능히 해탈(解脫)을 성숙(成熟)하는 혜(慧)를 성숙(成熟)하는 법(法)이며

〈유가07 : 15-16〉

A 如先所說、漸次能令解脫圓滿。

B 先下 說ノ1 所乙 如ハ 漸次… 能㣺 解脫 圓滿ッ{令}刂ナ㆔七丨

C 先하 說혼 바를 극 漸次로 能며 解脫 圓滿ᄒᆞ이겨다

D 先[下M,] 說[ノV+Ep, 1Et,] 所[乙J,] 如[ハV,] 漸次[…J,] 能[㣺M,] 解脫 圓滿[ッV,]{令}[刂V, ナEp, ㆔Ep-, 七-Ep, 丨Ef,]

E 앞서 말한 바와 같이 점차로 능히 해탈을 원만하게 한다.

F 앞서 설명한 것과 같이 점차로 능히 해탈(解脫)을 원만(圓滿)하게끔 하는 것이다.

〈유가07 : 16-18〉

A 又隨次第已說三支。謂聞正法圓滿、涅槃為上首、能熟解脫慧之成熟。

B 又 次第乙 隨ノ 已氵 三支刂1 謂1 聞正法圓滿ㅅ 涅槃爲上首ㅅ 能熟解脫慧七{之} 成熟ㅅ 乙 說ㅅノ1亠

C 又 次第를 좇오 이믜사 三支인 닐온 聞正法圓滿과 涅槃爲上首와 能熟解脫慧ㅅ 成熟과를 니르과온여

D 又 次第[乙J,] 隨[ノM,] 已[氵M,] 三支[刂V, 1Et,] 謂[1Ec,] 聞正法圓滿[ㅅJ,] 涅槃爲上首[ㅅJ,] 能熟解脫慧[七J,]{之} 成熟[ㅅJ, 乙J,] 說[ㅅR, ノR, 1Et, 亠R,]

E 또 차례를 따라 이미 세 가지 지인 이른바 문정법원만과 열반위상수와 능숙해탈혜의

성숙과를 말한 것이니,

F 또한 순서대로 이미 3지(支), 즉 정법(正法)을 듣는 데의 원만(圓滿)과 열반(涅槃)을 상수(上首)로 하는 것과 능히 해탈을 성숙하는 혜(慧)의 성숙(成熟)을 설하였다.

〈유가07 : 18〉

A 如是三支廣聖教義、謂十十種。

B 是 如𠄌丷㇕ 三支七 廣聖教七 義㇕ 謂 十十種刂㇕亠

C 是 다흔 三支ㅅ 廣聖教ㅅ 義는 謂 十十種인여

D 是 如[𠄌V, 丷V, ㇕Et,] 三支[七J,] 廣聖教[七J,] 義[㇕J,] 謂 十十種[刂V, ㇕Et, 亠R,]

E 이와 같은 세 지의 자세한 성스러운 가르침의 의미는, 말하자면 열 가지와 열 가지이니,[22]

F 이와 같은 3지(支)는 자세한 성교(聖教)의 이치이니, 열 가지를 말한다.

〈유가07 : 18-19〉

A 除此更無若過若增。

B 此乙 除口斤 更氵 若 過丷彡 若 增丷彡丷㇕ 无𠂇㇕刂丨

C 此를 덜고근 ㄴ외아 若 過ㅎ져 若 增ㅎ져흔 없견이다

D 此[乙J,] 除[口Ec, 斤J,] 更[氵M,] 若 過[丷V, 彡Ec,] 若 增[丷V, 彡Ec, 丷V, ㇕Et,] 无[𠂇Ep, ㇕Et, 刂V, 丨Ef,]

E 이것을 제외하고는, 다시 (이보다) 지나치거나 (이보다) 더하거나 한 것이 없는 것이다.

---

22) 『유가론기』 권6(T42, 427a14)에는 다음과 같은 설명이 나온다.

"結成三支廣攝聖教更無增過中，如是三支廣聖教義，謂十十種等者，**景云**：前就第四門中，所辨十法令慧成就，慧成就故解脫成就。今此復次**通就**向前異門相成以明成就，謂由七支中，第二聞法圓滿故，得第三涅槃上首圓滿，涅槃上首圓滿故，得第四能熟解脫慧之成熟。如是三支佛聖教中，**一一廣門十門分別**，故言如是三支廣聖教義，謂十十種，**是則三支各有十種義門分別名十十種**。**基云**：謂初聞正法故凡所修行皆以涅槃而爲上首，此所修學能成就彼解脫等位一切皆是慧之成就。此後二種由聞二法爲先 **以涅槃爲上首中有十法轉。慧成就中有十種漸次，故結廣教名十十種，非謂聞正法亦有十也**。故聞正法中，無結廣教若過若增，後二有結也。"

정리하면, 경(景) 스님은 2지(支)와 3지와 4지가 단계별로 각각 원만해짐으로써 나머지도 원만해지는 관계에 있으며, 이 세 지에 각기 모두 **10**법이 있기 때문에 **'십십종'**이라고 했다고 보았다. 이와는 달리, 기(基) 스님은 **'열반위상수'**라는 두 번째 지와 **'능숙해탈혜의 성숙'**이라는 세 번째 지에 **10**종류 법이 일어나기 때문에 **'십십법'**이라 한 것이지, 앞의 '문정법'에도 10종류가 있다는 말은 아니라고 해석하였다.

F 이것을 제외하고 다시 지나치거나 증가하는 것이 없다.

〈유가07 : 19-20〉

A 又此三支、當知即是修瑜伽因緣。

B 又 此 三支㇠ 當ハ 知ㅎ丨 卽 是㇠ 修瑜伽因緣亠ノ犭リ㇁丁

C 又 此 三支를 반ᄃᆞ 알오다 卽 是를 修瑜伽因緣여호리인뎌

D 又 此 三支[㇠J,] 當[ハM,] 知[ㅎEp, 丨Ef,] 卽 是[㇠J,] 修瑜伽因緣[亠J, ノV+Ep, 犭Et+N, リV, ㇁Ef-, 丁-Ef,]

E 또 이 세 지를, 반드시 알아야 한다, 곧 이것을 유가를 닦는 인연[修瑜伽因緣]이라고 하는 것이다.

F 또한 이 3지(支)는 유가(瑜伽)를 닦는 인연(因緣)인 줄 알아야만 한다.

〈유가07 : 20〉

A 何以故?

B 何以故亠ソロ㇁

C 何以故여ᄒᆞ곤

D 何以故[亠J, ソV, ロEc-, ㇁-Ec,]

E 무슨 까닭인가 하면,

F 왜냐하면

〈유가07 : 20-21〉

A 由依此次第、此因、此緣、修習瑜伽方得成滿。

B 此 次第ㅅ 此 因ㅅ 此 緣ㅅ㇠ 依㇌ 瑜伽㇠ 修習ソ㇁ 方氵 得㐃 成滿ソ尸入㇠ 由氵㇁入罒亠

C 此 次第와 此 因과 此 緣과를 븥아 瑜伽를 修習혼 方사 시러곰 成滿홀들 말믹삼은ᄃᆞ로여

D 此 次第[ㅅJ,] 此 因[ㅅJ,] 此 緣[ㅅJ, ㇠J,] 依[㇌Ec,] 瑜伽[㇠J,] 修習[ソV, ㇁Et,] 方[氵M,] 得[㐃M,] 成滿[ソV, 尸Et, 入N, ㇠J,] 由[氵V, ㇁Et, 入N, 罒J, 亠R,]

E 이 차례와 이 인과 이 연과를 의지하여 유가를 닦아 익히면(/닦아 익힌 이가) 비로소 능히 원만함을 이루는 것에 말미암은 까닭에서이니,(/까닭에서이다.)

F 이것의 차제(次第), 이것의 인(因), 이것의 연(緣)에 의해서 유가(瑜伽)를 수습해서 비로소 원만을 이루게[成滿] 되기 때문이다.

〈유가07 : 21-23〉

A **謂依聞正法圓滿、涅槃為上首、能熟解脫慧成熟故。**

B 謂ㄱ 聞正法圓滿ᄼ 涅槃爲上首ᄼ 能熟解脫慧ㄷ 成熟ᄼ乙 依ᄼㄱ入ᅟ{故}ㅣ

C 닐온 聞正法圓滿과 涅槃爲上首와 能熟解脫慧ᄉ 成熟과를 依혼ᄃ로다

D 謂[ㄱEc,] 聞正法圓滿[ᄼJ,] 涅槃爲上首[ᄼJ,] 能熟解脫慧[ㄷJ,] 成熟[ᄼJ, 乙J,] 依[ᄼV, ㄱEt, 入N, ᅟJ,]{故}[ㅣEf,]

E 곧 문정법원만과 열반위상수와 능숙해탈혜의 성숙과를 의지한 까닭에서이다.

F 말하자면 정법(正法)을 듣는 데의 원만(圓滿)과 열반(涅槃)을 상수(上首)로 하는 것과 능히 해탈을 성숙하는 혜(慧)의 성숙하는 것[成熟]에 의하기 때문이다.

✿ 유가사지론

수소성지–수습대치(08 : 01–13 : 03)

1. 수소성지(修所成地)의 구성

<table>
<tr><th></th><th>4處</th><th>7支</th></tr>
<tr><td rowspan="7">修
所
成
地</td><td>1 修處所</td><td>① 生圓滿 : 생의 원만(01:15-04:06)</td></tr>
<tr><td rowspan="3">2 修因緣</td><td>② 聞正法圓滿 : 정법을 듣는 데의 원만(04:06-04:14)</td></tr>
<tr><td>③ 涅槃爲上首 : 열반을 상수로 하는 것(04:15-06:13)</td></tr>
<tr><td>④ 能熟解脫慧之成熟 : 능히 해탈을 성숙시키는 혜(慧)의 성숙(06:14-07:23)</td></tr>
<tr><td>3 修瑜伽</td><td>⑤ 修習對治 : 대치를 수습하는 것(08:01-13:03)</td></tr>
<tr><td rowspan="2">4 修果</td><td>⑥ 世間一切種淸淨 : 세간의 모든 종류의 청정(13:04-20:02)</td></tr>
<tr><td>⑦ 出世間一切種淸淨 : 출세간의 모든 종류의 청정(20:03-32:01)</td></tr>
</table>

2. 수습대치(修習對治)의 구성

8장 1행부터 13장 3행까지의 내용은 다섯 번째 지(支)인 수유가(修瑜伽)에 대한 것으로, 수행자가 각자의 위(位)에서 대치해야 할 (바의) 법[所對治(法)]을 열거한 뒤 (그 법에 대한) 대치를 닦아 익히는 것[修習對治]에 대한 내용이다. 내용의 구성은 기본적인 소대치법(所對治法) 10종(種)과 수습대치(修習對治) 10상(相)을 먼저 언급한 뒤, 그것을 부분적으로 상술(詳述)하는 방식으로 다루고 있다. 예컨대, 아래 표의 기본(基本)에서 대치해야 할 법[所對治法]의 (1)이 상술(詳述)에 가서는 세분되어 5법과 7법으로 구분되고, 기본(基本)에서 대치를 닦아 익힘[修習對治] ①이 상술(詳述)에서는 사택력섭(思擇力攝)과 수습력섭(修習力攝)으로 구분되는 것과 같은 방식이다. 이때 (2)/②에 대한 상술은 없는데, 이처럼 상술은 각자의 위(位)의 처음인 (1), (3), (7)만을 제시하고 있다.

<table>
<tr><th rowspan="2">三位
〈08:01–04〉</th><th colspan="2">기본(基本)〈08:04–09:18〉</th><th colspan="3">상술(詳述)〈09:19–12:18〉</th><th rowspan="2">총괄(總括)
〈12:18–13:03〉</th></tr>
<tr><th>대치해야 할 법
[所對治法]</th><th>대치를 닦아 익힘
[修習對治]</th><th>대치해야 할 법
[所對治法]</th><th colspan="2">대치를 닦아 익힘
[修習對治]</th></tr>
<tr><td rowspan="3">在家位</td><td rowspan="2">(1)</td><td rowspan="2">①</td><td>[1] 5법</td><td rowspan="2">①</td><td>思擇力攝</td><td rowspan="12">• 正方便修諸想者가 소대치법을 다스리는 과정을 3법(所治法>所治現行法>能對治法)으로 나누어 설명함.
• 修習對治가 곧 修瑜伽임.
• 10相 이외에 더하거나 덜할 것이 없다.</td></tr>
<tr><td>[2] 7법</td><td>修習力攝</td></tr>
<tr><td>(2)</td><td>②</td><td colspan="3">미제시</td></tr>
<tr><td rowspan="4">出家位</td><td>(3)</td><td>③</td><td>[3] 6종</td><td colspan="2">③</td></tr>
<tr><td>(4)</td><td>④</td><td colspan="3" rowspan="3">미제시</td></tr>
<tr><td>(5)</td><td>⑤</td></tr>
<tr><td>(6)</td><td>⑥</td></tr>
<tr><td rowspan="5">遠離閑居
修瑜伽位</td><td rowspan="2">(7)</td><td rowspan="2">⑦</td><td>[4] 4법</td><td rowspan="2">⑦</td><td>思所成慧</td></tr>
<tr><td>[5] 7법</td><td>修所成慧</td></tr>
<tr><td>(8)</td><td>⑧</td><td colspan="3" rowspan="3">미제시</td></tr>
<tr><td>(9)</td><td>⑨</td></tr>
<tr><td>(10)</td><td>⑩</td></tr>
</table>

위의 표에서 '기본(基本)'으로 제시한 부분과 '상술(詳述)'이라고 제시한 것을 각각 아래의 표에서 좀 더 구체적으로 살펴보면 다음과 같다.

2.1. 기본(基本)의 세부구성

기본(基本)〈08:04–09:18〉	
대치해야 할 법[所對治法]	대치를 닦아 익힘[修習對治]
(1) 於諸妻室 **有淫欲相應貪** [여러 처실에 대해 **음욕과 상응하는 탐을 지니는 것**]	① 修**不淨想**[**부정상**을 닦는다]
(2)於餘親屬及諸財寶 **有受用相應愛** [나머지 친속 및 여러 재화, 보물에 대해서는 **수용에 상응하는 애(愛)**를 지니는 것]	② 修**无常想**[**무상상**을 닦는다]
(3)一常方便修善法所作 **嬾墮懈怠** [첫째, 항상 방편으로 선법을 닦을 때의 할 일에 대해서는 **나태함과 게으름**을 지니는 것]	③ 於無常 修習**苦想** [무상에 대해 **고상**을 닦아 익힌다]
(4)二於无戲論涅槃信解愛樂所作 **薩迦耶見** [둘째, 무희론열반에 대해 신해하고 사랑하며 즐길 때의 할 일에 대해서는 **'나'와 '나의 것'이 실제로 존재한다는 집착**을 지니는 것]	④ 於衆苦 修**無我想** [뭇 괴로움에 대해 **무아상**을 닦는다]
(5)三於時時中 聚落遊行乞食所作 **愛味貪** [셋째, 때때로 마을에 다녀서 걸식할 때의 할 일에 대해서는 **애미의 탐**을 지니는 것]	⑤ 於飮食 修**厭逆想** [음식에 대해 **염역상**을 닦는다]
(6)四於遠離處安住所作 **有世間種種樂欲貪愛** [넷째, 멀리 떨어진 곳에서 편안히 머무를 때의 할 일에 대해서는 **갖가지 낙욕의 탐**을 지니는 것]	⑥ 於一切世間 修**不可樂想** [일체 세간에 대해 **불가락상**을 닦는다]

(7)於奢摩他毘鉢舍那品 **有闇昧心** [지관(止觀)에 대해서 **암매의** 마음을 지니는 것]	⑦ 修**光明想**[광명상을 닦는다]
(8)於諸定 **有隨愛味** [여러 정에 대해 뒤따라 **애미를** 지니는 것(선정에 집착하는 것)]	⑧ 修**離欲想**[이욕상을 닦는다]
(9)於生 **有隨動相心** [생(生)에 대해 뒤따라 **움직이는** 상의 마음을 지니는 것]	⑨ 修**滅想**[멸상을 닦는다]
(10)隨不死尋 **不能熾燃勤修方便** [불사의 심을 좇아 **치열하게 부지런히 방편을 닦기를 능히 못하는** 것]	⑩ 修**死想**[사상을 닦는다]

2.2. 상술(詳述)의 세부구성

<table>
<tr><th colspan="4">상술(詳述)</th><th rowspan="2">위치
〈09:19
-12:18〉</th></tr>
<tr><th colspan="2">대치해야 할 법
[所對治法]</th><th colspan="2">대치를 닦아 익힘
[修習對治]</th></tr>
<tr><td rowspan="5">1
5법</td><td>㉠親近母邑[여자를 가까이 하는 것]</td><td rowspan="12">①
修不淨想</td><td rowspan="5">思擇力攝</td><td rowspan="12"><09:19
-10:14></td></tr>
<tr><td>㉡處顯失念[드러난 곳에 처하여 실념하는 것]</td></tr>
<tr><td>㉢居隱放逸[은밀한 곳에 머물러 방일하는 것]</td></tr>
<tr><td>㉣通處隱顯 由串習力
[두루 은밀하며 드러난 곳에 처하여 관습력을 의지하는 것]</td></tr>
<tr><td>㉤作意錯亂
[(부정(不淨)을 보지 못하고 정상(淨相)을 좇아) 작의의 착란을 일으키는 것]</td></tr>
<tr><td rowspan="7">2
7법</td><td>㉠本所作事 心散亂性
[본래 할 일에 대해 마음이 산란해지는 성품]</td><td rowspan="7">修習力攝</td></tr>
<tr><td>㉡本所作事 趣作用性
[본래 할 일에 대해 작용을 미치려는 성품]</td></tr>
<tr><td>㉢方便作意 不善巧性
[방편작의에 대해 선교하지 못하는 성품]</td></tr>
<tr><td>㉣雖處空閑 猶有種種染汚尋思擾亂其心
[한적한 곳에 처하더라도 갖가지 오염된 심사로 그 마음을 요란시키는 것]</td></tr>
<tr><td>㉤身不調適
[몸이 조화롭지 못한 것]</td></tr>
<tr><td>㉥不樂奢摩他定
[사마타정을 즐기지 못하는 것]</td></tr>
<tr><td>㉦不能如實 觀察諸法
[실상과 같이 여러 법을 관찰하기를 능히 못하는 것]</td></tr>
<tr><td rowspan="2">3
6종</td><td>㉠於未生善法 最初應生 而有嬾惰
[아직 생기지 않은 선법이 처음으로 생겨야 하는 데에 나태함을 지니는 것]</td><td colspan="2" rowspan="2">③ 於無常 修習苦想</td><td rowspan="2"><10:15
-11:02></td></tr>
<tr><td>㉡於已生善法 應住不忘 修習圓滿 倍令增廣 所有懈怠</td></tr>
</table>

	[이미 생겨난 선법을 머무르고, 잊지 않고, 닦아 익혀 원만하고, 배로 늘어나게 하는 데에 있는 바 게으름]			
	㉢於恭敬師長 往請問中 不恒相續 [스승을 공경하여 가서 청문하는 가운데 항상 이어지지 못하는 것]			
	㉣於恒修善法 常隨師轉 遠離淨信 [항상 선법을 닦아서 항상 스승을 좇아 전(轉)하는 데에 깨끗한 믿음을 멀리 하는 것]			
	㉤由遠離淨信 不能常修 [깨끗한 믿음을 멀리하므로 항상 수행을 능히 못하는 것]			
	㉥於常修習 諸善法中 不恒隨轉 [(방일한 까닭에) 항상 여러 선법을 닦아 익히는 가운데 늘 좇아 전(轉)하지 못하는 것]			
④ 4법	㉠於所思惟 有疑隨逐 [사유하는 데에 의심이 뒤따르는 것]	⑦ 修光明想	思所成慧	<11:02 -12:18>
	㉡虛度時分 [시분을 헛되이 보내는 것]			
	㉢身不調柔 不能隨順 諦觀諸法 [몸이 조화롭지 않아 수순하게 여러 법을 제관(諦觀)하기를 능히 못하는 것]			
	㉣與在家出家共相雜住 於隨所聞所究竟法 不能如理作意思惟 [재가니 출가니 하는 이들과 함께 섞여 있어, 들은 바를 좇아 구경(究竟)의 법에 대해 이치에 맞게 작의하고 사유하기를 능히 하지 못하는 것]			
⑤ 7법	㉠依擧相修 極勇精進 [거상의 닦음에 의한 매우 용맹한 정진(곧, 지나침)]		修所成慧	
	㉡依止相修 極劣精進 [지상의 닦음에 의한 지나치게 소극적인 정진(곧, 부족함)]			
	㉢依捨相修 貪着定味 與愛俱行 所有喜悅 [사상의 닦음에 의한 선정의 맛을 탐착하여 애착과 함께 작용하는 있는 바 희열(지나치게 선정에 빠짐)]			
	㉣於般涅槃 心懷恐怖 與瞋恚俱 其心怯弱 [반열반에 대해 마음에 공포를 품고, 성냄[瞋恚]과 함께하여 그 마음이 겁약함]			
	㉤於法精勤 論議決擇 於立破門 多生言論 相續不捨 [법에 대해 정근하여서 논의를 결택(決擇)하고, 입론하거나 논파하는 문(門)에 대해서 많이 언론을 내어 버리지 않는 것]			
	㉥於色聲香味觸中 不如正理 執取相好 不正尋思 令心散亂 [색·성·향·미·촉 중에 올바른 이치에 맞지 않게 상호(相好)를 잡아 취하여서 바르지 않은 심사로 마음을 산란하게 하는 것]			
	㉦於不應思處 强攝其心 思擇諸法 [생각해야 할 것이 아닌 것에 대해 억지로 마음을 거두어 여러 법을 사택하는 것]			

〈유가08 : 01〉

A 云何修習對治?

B 云何ソ1乙 修習對治リ丨ノ令ロ

C 엇혼을 修習對治이다호리고

D 云何[ソV, 1Et, 乙J,] 修習對治[リV, 丨Ef, ノV+Ep, 令Et+N, ロJ,]

E 어떤 것을 수습대치라고 하는가?

F 무엇을 대치(對治)를 수습(修習)하는 것이라고 하는 것인가?

〈유가08 : 01-02〉

A 當知略說於三位中、有十種修習瑜伽所對治法。

B 當ハ 知ㆆ丨 略ち 說ロ1 {於}三位七 中3十 十種七 瑜伽乙 修習ソ3 對治ノア 所七 法 有ソ1リ1丁

C 반ᄃᆞ 알오다 略히 니르곤 三位ㅅ 中아긔 十種ㅅ 瑜伽를 修習ᄒᆞ아 對治홀 밧 法 有ᄒᆞᆫ인뎌

D 當[ハM,] 知[ㆆEp, 丨Ef,] 略[ちM,] 說[ロEc-, 1-Ec,] {於}三位[七J,] 中[3J-, 十-J,] 十種[七J,] 瑜伽[乙J,] 修習[ソV, 3Ec,] 對治[ノV+Ep, アEt,] 所[七J,] 法 有[ソV, 1Et, リV, 1Ef-, 丁-Ef,]

E 반드시 알아야 한다. 간략히 말하면 삼위 가운데 열 가지의 '유가를 닦아 익혀 대치해야 할 바의 법[所對治法]'이 있는 것이다.

F 간략히 설하면 3위(位) 중에 열 가지 유가(瑜伽)를 수습하는 대치해야 할 법[所對治法]이 있는 줄 알아야만 한다.

〈유가08 : 02-03〉

A 云何三位?

B 云何ソ1乙 三位リ丨ノ令ロ

C 엇혼을 三位이다호리고

D 云何[ソV, 1Et, 乙J,] 三位[リV, 丨Ef, ノV+Ep, 令Et+N, ロJ,]

E 어떤 것을 삼위라고 하는가?

F 무엇을 3위(位)라고 하는가?

〈유가08 : 03-04〉

A **一、在家位，二、出家位，三、遠離閑居修瑜伽位。**

B 一＋ㄱ 在家位ᄉ 二 出家位ᄉ 三 遠離閑居ㅅ 3 ホ 瑜伽乙 修ノ令ㅌ 位ᄉㅣㅣ

C 一건 在家位와 二 出家位와 三 遠離閑居ᄒᆞ아곰 瑜伽를 修호릿 位와이다

D 一[＋J, ㄱJ,] 在家位[ᄉJ,] 二 出家位[ᄉJ,] 三 遠離閑居[ㅅV, 3 Ec, ホJ,] 瑜伽[乙J,] 修[ノV+Ep, 令Et+N, ㅌJ,] 位[ᄉJ, ㅣV, ㅣEf,]

E 첫째는 재가위와, 둘째는 출가위와, 셋째는 멀리 떨어져 한적한 곳에 머물면서 유가를 닦는 위와이다.

F 첫째는 재가위(在家位)이며, 둘째는 출가위(出家位)이며, 셋째는 멀리 떠나서 한가로운 곳[閑居]에서 유가(瑜伽)를 닦는 위(位)이다.

〈유가08 : 04-05〉

A **云何十種修習瑜伽所對治法？**

B 云何ㅅㄱ乙 十種ㅌ 瑜伽乙 修習ㅅ 3 對治ノ尸 所ㅌ 法ㅣㅣノ令ㅁ

C 엇혼을 十種ㅅ 瑜伽를 修習ᄒᆞ아 對治홀 밧 法이다호리고

D 云何[ㅅV, ㄱEt, 乙J,] 十種[ㅌJ,] 瑜伽[乙J,] 修習[ㅅV, 3 Ec,] 對治[ノV+Ep, 尸Et,] 所[ㅌJ,] 法[ㅣV, ㅣEf, ノV+Ep, 令Et+N, ㅁJ,]

E 어떤 것을 열 가지의 '유가를 닦아 익혀 대치해야 할 바의 법[所對治法]'이라 하는가?

F 무엇을 열 가지 유가(瑜伽)를 수습하는 소대치법(所對治法)이라고 하는 것인가?

〈유가08 : 05-06〉

A **謂在家位中、於諸妻室、有婬欲相應貪；**

B 謂ㄱ 在家位ㅌ 中 3 ＋ㄱ {於}諸 妻室 3 ＋ 淫欲 相應ㅅㄱ 貪 {有}ㅓㅅ

C 닐온 在家位ㅅ 中아긘 諸 妻室아긔 淫欲 相應ᄒᆞᆫ 貪 두며

D 謂[ㄱEc,] 在家位[ㅌJ,] 中[3 J-, ＋-J, ㄱJ,] {於}諸 妻室[3 J-, ＋-J,] 淫欲 相應[ㅅV, ㄱEt,] 貪

{有}[⺾V, 㫆Ec,]

E 말하자면 재가위 가운데에서는 여러 처실에 대해 음욕[1]에 상응하는 탐을 지니며,

F 재가위(在家位)에서는 여러 처실(妻室)에 대하여 음욕(婬欲)과 상응하는 탐욕[貪]이 있고,

〈유가08 : 06-07〉

A 於餘親屬及諸財寶、有受用相應愛。

B {於}餘 親屬ㅅ 及 諸 財寶ㅅ㇁ㅡ㇀ 受用 相應ㅅ㇀ 愛 {有}⺾㫆ㅅ尸ㅅ乙

C 餘 親屬과 及 諸 財寶와아긘 受用 相應ᄒᆞᆫ 愛 두며ᄒᆞᆯᄃᆞᆯ

D {於}餘 親屬[ㅅJ,] 及 諸 財寶[ㅅJ, ㇁J-, ㅡ-J, ㇀J,] 受用 相應[ㅅV, ㇀Et,] 愛 {有}[⺾V, 㫆Ec, ㅅV, 尸Et, ㅅN, 乙J,]

E 나머지 친속과 여러 재화, 보물과에 대해서는 수용에 상응하는 애(愛)를 지니며 하는 것을,

F 그 밖의 친족[親屬]과 여러 재보(財寶)에 대하여 수용(受用)과 상응하는 탐애[愛]가 있는 것이다.

〈유가08 : 07-08〉

A 如是名爲處在家位所對治法。

B 是 如支ㅅ㇀乙 名下 {爲}在家位㇁ㅡ 處ㅅ㇀ 所對治法ㅗ丿尸ㅗ

C 是 다ᄒᆞᆫ을 일하 在家位아긔 處ᄒᆞᆫ 所對治法여ᄒᆞᆯ여

D 是 如[支V, ㅅV, ㇀Et, 乙J,] 名[下V+Ec,] {爲}在家位[㇁J-, ㅡ-J,] 處[ㅅV, ㇀Et,] 所對治法[ㅗJ, 丿V+Ep, 尸Ec-, ㅗ-Ec,]

是 如[支V, ㅅV, ㇀Et, 乙J,] 名[下V+Ec,] {爲}在家位[㇁J-, ㅡ-J,] 處[ㅅV, ㇀Et,] 所對治法[ㅗJ, 丿V+Ep, 尸Ec-, ㅗ-Ec,]

E 이와 같은 것을 일컬어 재가위에 처한 (이의) 소대치법이라 하는 것이니,

F 이와 같은 것을 재가(在家)가 속한 위(位)의 소대치법(所對治法)이라고 이름하는 것이다.

1) 음욕(淫慾)은 음행(婬行)을 행하고자 하는 욕망으로 4욕(欲) 중 하나이다. 사욕(四欲)은 정욕(情欲), 색욕(色欲), 식욕(食欲), 음욕(婬欲)을 가리킨다.

〈유가08 : 08〉

A 由此障礙、於一切種不能出離。

B 此 障导㔾 由氵 {於}一切 種氵十 出離 能 不ハソ彡

C 此 障导를 븥아 一切 種아긔 出離 能 안득ᄒᆞ며

D 此 障导[㔾J,] 由[氵Ec,] {於}一切 種[氵J-, 十-J,] 出離 能 不[ハM, ソV, 彡Ec,]

E 이 장애로 말미암아 일체의 종류에서 출리(出離)[2]를 능히 못하며,

F 이러한 장애로 인하여 모든 종류[一切種]에서 출리(出離)할 수가 없으며,

〈유가08 : 08-10〉

A 設得出家；由此尋思之所擾動、爲障礙故，不生喜樂。

B 設⺍[3]ハ 得ホ 出家ソ氵乃 此 尋思⺍{之} 擾動ノ㇖ 所㔾 由氵 障导㔾 爲一刂尸入⺍[4] 故ノ 喜樂㔾 生尸 不冬ソㅏ㇖亠

C 비록 시러곰 出家ᄒᆞ어나 此 尋思로 擾動혼 바를 븥아 障导를 爲一일ᄃᆞ로 故오 喜樂을 날 안듈ᄒᆞ눈여

D 設[⺍R, ハM,] 得[ホM,] 出家[ソV, 氵Ep, 乃Ec,] 此 尋思[⺍J,]{之} 擾動[ノV+Ep, ㇖Et,] 所[㔾J,] 由[氵Ec,] 障导[㔾J,] 爲[一R, 刂V, 尸Et, 入N, ⺍J,] 故[ノR,] 喜樂[㔾J,] 生[尸Et,] 不[冬M, ソV, ㅏEp, ㇖Et, 亠R,]

---

2) 출리(出離)는 번뇌나 생사의 속박으로부터 벗어나는 것을 뜻한다.

3) '設⺍ハ'의 '⺍'가 '一'처럼 적혀 있다. <유가>에서는 이처럼 '⺍'를 '一'처럼 기입한 예가 많다(故⺍<유가6 : 3>, 由氵㇖入⺍<유가10 : 6> 등). 여기에서는 '⺍'로 판독한다.

4) <유가>에서는 '爲'에 '一刂'가 현토되는 경우가 3회 나타나는데, 모두 선행하는 '障(碍)'에 목적격조사 '㔾'이 나타난다[障(碍)㔾 爲一刂…]. 이 구문을 '障碍가 되다'와 같이 피동적인 의미로 해석할 경우 목적격조사 '㔾'이 사용된 이유를 설명하기 어렵고, 능동적인 의미로 해석하더라도 의미상 큰 차이가 없다는 점을 들어 '障(碍)를 일으키다/이루다'와 같이 파악하기도 한다.

한편 '一'의 독법을 [삼]으로 보기도 하고, [일]로 보기도 한다. 모두 '一'을 어간으로 파악하였다는 점은 일치하나 바탕글자를 '三'으로 보았는가 '一'로 보았는가 하는 점에서 차이를 보인다. '一'을 '三'의 생획자로 볼 경우, 어간 '삼-'에 대해서 '{爲}氵('ㅁ'을 보충하여 '삼-'으로 읽으며 <유가>에서 25회 출현)'이 사용된 이유가 밝혀져야 하고, '一'을 바탕글자로 파악할 경우, 동일한 어간 '일-'을 '成(일) <유가23 : 10>'로도 표기한 이유가 밝혀져야 한다. 아직은 어느 한 쪽으로 단정 짓기 어려우므로, 여기에서는 판단을 보류하고 C에서 구결자를 그대로 제시하였다.

E 비록 능히 출가하였으나, 이 심사[5]로 요동친 바로 말미암아 장애를 입게 되는 까닭으로, 희락을 내지 못하는 것이니,

F 설사 출가(出家)하게 되더라도 이것의 심사(尋思)로 요동(擾動)치는 것으로 인하여 장애를 받기 때문에 희락(喜樂)을 내지 못한다.

〈유가08 : 10-12〉

A **如是二種所對治法、隨其次第、修不淨想，修無常想，當知是彼修習對治。**

B 是 如支ッ1 二種七 所對治七 法3十 其 次第乙 隨ノ 不淨想乙 修ッゑ 无常想乙 修ッゑッ尸入乙 當ハ 知ㅎ| 是乙 彼ラ 修習對治ㅗノ禾リ1丁

C 是 다ᄒᆞᆫ 二種ㅅ 所對治ㅅ 法아긔 其 次第를 좇오 不淨想을 修ᄒᆞ져 无常想을 修ᄒᆞ져ᄒᆞᆯᄃᆞᆯ 반ᄃᆞᆨ 알오다 是를 彼의 修習對治여호리인뎌

D 是 如[支V, ッV, 1Et,] 二種[七J,] 所對治[七J,] 法[3J-, 十-J,] 其 次第[乙J,] 隨[ノM,] 不淨想[乙J,] 修[ッV, ゑEc,] 无常想[乙J,] 修[ッV, ゑEc, ッV, 尸Et, 入N, 乙J,] 當[ハM,] 知[ㅎEp, |Ef,] 是[乙J,] 彼[ラJ,] 修習對治[ㅗJ, ノV+Ep, 禾Et+N, リV, 1Ef-, 丁-Ef,]

E 이와 같은 두 가지 소대치의 법에, 그 차례를 따라 부정상[6]을 닦고 무상상[7]을 닦고 하는 것을, 반드시 알아야 한다, 이 것을 저 것의 수습대치라 하는 것이다.

F 위와 같은 두 가지 소대치법(所對治法)을 그 차례대로 부정상(不淨想)을 닦고 무상상(無常想)을 닦는다. 이것이 그것의 대치를 수습하는 것인 줄 알아야만 한다.

〈유가08 : 12-13〉

A **又出家者、於出家位中、時時略有四種所作。**

B 又 出家者1 {於}出家位七 中3十 時時3十 略ㅎ 四種 所作 {有}ㅏナㅎ七|

C 又 出家者는 出家位ㅅ 中아긔 時時아긔 略히 四種 所作 두겼다

D 又 出家者[1J,] {於}出家位[七J,] 中[3J-, 十-J,] 時時[3J-, 十-J,] 略[ㅎM,] 四種 所作

---

5) 심사(尋思)는 심구(尋究)하여 사찰(思察)하는 것으로, 곧 자세히 살피고 깊이 생각하는 것이다.

6) 부정상(不淨想)은 5정심관(停心觀)의 하나로 몸이 깨끗하지 못함을 관(觀)함으로써 탐심(貪心)을 버리는 수행이다. 자신의 몸이 깨끗하지 못함을 관하는 방법으로써 9상(想)이 있다.

7) 무상상(無常想)은 인연으로 만들어진 모든 법들이 생멸을 거듭하므로 영원하지 않음을 관(觀)하는 것이다. 이러한 상을 관함으로써 자신이 수용하는 사물에 대한 탐애를 제거한다.

{有}[ナV, ㇒Ep, ㅎEp-, ㅌ-Ep, ㅣEf,]

E 또 출가자는 출가위 가운데에서 때때로 간략히 네 가지 할 일[所作]을 지닌다.

F 또한 출가자(出家者)는 출가위(出家位)에 있어서 때에 맞춰[時時] 간략하게 네 가지 소작(所作)이 있다.

〈유가08 : 13-14〉

A 一、常方便修善法所作。

B 一十ㄱ 常刂 方便灬 善法乙 修ノ令七 所作刂ㄱ亠

C 一귄 덛덛이/샹녜[8] 方便으로 善法을 修호릿 所作인여

D 一[十J, ㄱJ,] 常[刂M,] 方便[灬J,] 善法[乙J,] 修[ノV+Ep, 令Et+N, 七J,] 所作[刂V, ㄱEt, 亠R,]

E 첫째는 항상 방편으로 선법을 닦을 때의 할 일이니,

F 첫째는 항상 방편으로 선법(善法)을 닦는 소작(所作)이니,

〈유가08 : 14-15〉

A 謂我於諸法常方便修爲依止故；

B 謂ㄱ 我ㄱ {於}諸 法氵十 常刂 方便灬 修ノㄱ入乙 依止 {爲}氵ㄱ入灬 故ノ

C 닐온 我는 諸 法아긔 덛덛이 方便으로 修혼 들 依止 삼은드로 故오

D 謂[ㄱEc,] 我[ㄱJ,] {於}諸 法[氵J-, 十-J,] 常[刂M,] 方便[灬J,] 修[ノV+Ep, ㄱEt, 入N, 乙J,] 依止 {爲}[氵V, ㄱEt, 入N, 灬J,] 故[ノR,]

E 즉 "나는 모든 법에 대해 항상 방편으로 닦는 것을 의지로 삼은 까닭으로,

F '나는 제 법(法)에 대해서 항상 방편으로 닦는 것을 의지(依止)로 삼기 때문에

8) '常刂'의 독법은 중세 한국어의 '덛더디'라는 어형에 근거해 '덛덛이'로 추정할 수도 있고(微妙히 불군 ᄆᆞᅀᆞ미 本來 圓滿ᄒᆞᆫ 덛더디 住ᄒᆞᆫ ᄆᆞᅀᆞᄆᆞᆯ 아나 [悟妙明心이 元所圓滿ᄒᆞᆫ 常住心地ᄒᆞ나] <능엄경언해 2 : 21b>), '샹녜'라는 어형에 근거해 '샹녜'로 추정할 수도 있다(져고맛 져제셔 샹녜 ᄡᆞᆯ를 ᄃᆞ토ᄂᆞ니 외로왼 자샌 일 門을 단놋다 [所市常爭米 孤城早閉門] <두시언해 초간본 7 : 10b>). 여기에서는 '常刂'의 독법을 잠정적으로 '덛덛이'로 적기로 한다.

〈유가08 : 15-16〉

A 當能制伏隨愛味樂一切心識，又能如實覺了苦性。

B 當ハ 能ㄅ 隨ノ 樂乙 愛味ソ亽七 一切 心識乙 制伏ソゑ 又 能ㄅ 實 如攴 苦性乙 覺了ソゑ ノオリㄱリろ七丨ソ尸矢ㄅ

C 반독 能며 좇오 樂을 愛味ᄒᆞ릿 一切 心識을 制伏ᄒᆞ져 又 能며 實 다 苦性을 覺了ᄒᆞ져호리인이앗다홀디며

D 當[ハM,] 能[ㄅM,] 隨[ノM,] 樂[乙J,] 愛味[ソV, 亽Et+N, 七J,] 一切 心識[乙J,] 制伏[ソV, ゑEc,] 又 能[ㄅM,] 實 如[攴V,] 苦性[乙J,] 覺了[ソV, ゑEc, ノV+Ep, オEt+N, リV, ㄱEt, リV, ろEp-, 七-Ep, 丨Ef, ソV, 尸Et, 矢N+V, ㄅEc,]

E 반드시 능히 좇아 즐거움을 애미하는 일체의 심식(心識)을 굴복시키고, 또 능히 실상과 같이 괴로움의 본성[苦性]을 깨닫고 할 것이다" 할 것이며,

F 애미(愛味)의 즐거움에 따르는 일체의 심식(心識)을 능히 제복(制伏)하리라'고 하고, 또한 '능히 여실(如實)히 고성(苦性)을 각료(覺了)하리라'고 하는 것이다.

〈유가08 : 16-17〉

A 二、於無戲論涅槃信解愛樂所作。

B 二 {於}无戲論涅槃ろ十 信解愛樂ノ亽七 所作リㄱ亠

C 二 无戲論涅槃아긔 信解愛樂호릿 所作인여

D 二 {於}无戲論涅槃[ろJ-, 十-J,] 信解愛樂[ノV+Ep, 亽Et+N, 七J,] 所作[リV, ㄱEt, 亠R,]

E 둘째는 무희론열반에 대해 신해하고 애락할 때의 할 일이니,

F 둘째는 희론이 없는[無恚論] 열반(涅槃)에 대해서 신해(信解)하고 애락(愛樂)하는 소작(所作)이니,

〈유가08 : 17-18〉

A 謂我當於無戲論涅槃、心無退轉；

B 謂ㄱ 我ㄱ 當ハ {於}无戲論涅槃ろ十 心ろ十 退轉ノ尸 无ろ

C 닐온 我는 반독 无戲論涅槃아긔 心아긔 退轉홀 없아

D 謂[丨Ec,] 我[丨J,] 當[ハM,] {於}无戲論涅槃[氵J ,十-J,] 心[氵J-, 十-J,] 退轉[ノV+Ep, 尸Et,] 无[氵Ec,]

E 즉 "나는 반드시 무희론열반에 대해 마음에서 물러남[退轉][9]이 없어,

F '나는 희론이 없는[無恚論] 열반(涅槃)에서 마음이 물러나지 않도록

〈유가08 : 18-19〉

A 不生憂慮、謂我我今者何所在耶。

B 憂慮乙 生刂氵亦 謂尸 我ラ 我丨 今艮{者} 何ㅎ 所氵十 在ソ厷丨刂氵七ロソ尸{耶} 不冬ノ丬丨刂氵七丨ソ尸矢か

C 憂慮를 나이아곰 니를 我의 我는 今곤/흔[10] 어누 곧아긔 在ᄒᆞ건이앗고홀 안둘호린이앗다홀디며

D 憂慮[乙J,] 生[刂V, 氵Ec, 亦J,] 謂[尸Et,] 我[ラJ,] 我[丨J,] 今[艮M,]{者} 何[ㅎM,] 所[氵J-, 十-J,] 在[ソV, 厷Ep, 丨Et, 刂V, 氵Ep-, 七-Ep, ロEf, ソV, 尸Et,]{耶} 不[冬M, ノV+Ep, 丬Ep, 丨Et, 刂V, 氵Ep-, 七-Ep, 丨Ef, ソV, 尸Et, 矢N+V, か Ec,]

E 우려를 내어서 말하기를 '나의 나는 지금 어느 곳에 있는 것인가?' 하지 않을 것이다" 할 것이며,[11]

F 우려(憂慮)를 일으키지 않겠다'고 하며, '우리들은 지금 어떤 곳에 있는가?'라고 하는 것이다.

---

9) '물러남[退轉]'은 불도(佛道)를 닦는 도중에 지위에서 물러나거나 믿음 등을 상실하는 것을 말한다.

10) 구결자 '艮'은 바탕글자가 '艮'인지 '恨'인지 불분명하다. 차자표기 자료인 『시경석의』에는 [ᄀᆞ/그]를 표기하기 위해 '艮'이 쓰인 예가 있다(醉厓爲艮乙艮台亦(醉애 ᄒᆞᆫ골 ᄀᆞ틔여) <22a>, 友爲乙其艮乙視乎隱代(友ᄒᆞᆯ 저글 視ᄒᆞ온딕) <37a>). 자토석독구결 자료에서 '今'에 'ソ丨'이 달려 있는 예를 참조하면 '흔'으로 읽을 가능성도 고려할 수 있다({吾}又尸 曹丨 今ソ丨{者} 各氵亦 求ノ尸 所乙 {有}十ロ七ノ丨刂罒 <화소12 : 12>). 한편 점토석독구결 자료에는 각필로 구결자 '恨'이 기입된 예가 있다(<주본화엄경 34, 8 : 17>). 여기에서는 잠정적으로 '곤'으로 읽기로 한다.

11) 구결문의 해석과 역경원의 번역이 차이를 보인다. 구결문에서는 '生憂慮謂我我今者何所在耶' 전체를 '不'에 걸리는 것으로 본 반면, 역경원의 번역에서는 '生憂慮'만 '不'에 걸리는 것으로 보고 번역하였다. 원문의 맥락상 구결문의 해석이 더 타당한 것으로 보인다.

〈유가08 : 19-20〉

A 三、於時時中遊行聚落乞食所作。

B 三 {於}時時 中氵十 聚落氵十 遊行丷氵亦 乞食丿亽七 所作刂乛亠

C 三 時時 中아긔 聚落아긔 遊行ᄒᆞ아곰 乞食호릿 所作인여

D 三 於時時 中[氵J-, 十-J,] 聚落[氵J-, 十-J,] 遊行[丷V, 氵Ec, 亦J,] 乞食[丿V+Ep, 亽Et+N, 七J,] 所作[刂V, 乛Et, 亠R,]

E 셋째는 때때로 마을에 다녀서 걸식12)할 때의 할 일이니,

F 셋째로 때에 맞춰[時時] 취락(聚落)에 유행(遊行)하고 걸식(乞食)하는 소작(所作)이니,

〈유가08 : 20-21〉

A 謂我乞食受用爲因、身得久住有力調適，常能方便修諸善法。

B 謂乛 我乛 乞食受用乙 因 {爲}氵氵 身 得亦 久住丷㫆 有力丷㫆 調適丷㫆丷氵 常刂 能㣺 方便灬 諸 善法乙 修丿矛乛刂氵七丨丷尸矢㣺

C 닐온 我는 乞食受用을 因 삼아 身 시러곰 久住ᄒᆞ져 有力ᄒᆞ져 調適ᄒᆞ져ᄒᆞ아 덛덛이 能며 方便으로 諸 善法을 修호린이앗다홀디며

D 謂[乛Ec,] 我[乛J,] 乞食受用[乙J,] 因 {爲}[氵V, 氵Ec,] 身 得[亦M,] 久住[丷V, 㫆Ec,] 有力[丷V, 㫆Ec,] 調適[丷V, 㫆Ec, 丷V, 氵Ec,] 常[刂M,] 能[㣺M,] 方便[灬J,] 諸 善法[乙J,] 修[丿V+Ep, 矛Ep, 乛Et, 刂V, 氵Ep-, 七-Ep, 丨Ef, 丷V, 尸Et, 矢N+V, 㣺Ec,]

E 즉, “나는 음식을 구걸하여 수용하는 것을 인으로 삼아 몸이 능히 오래 머무르고, 힘이 있고, 조화롭고[調適] 하여 항상 능히 방편으로 여러 선법을 닦을 것이다” 할 것이며,

F ‘나는 음식을 구걸하여 수용(受用)하는 것이 인(因)이 되어 오래 머무를[久住] 수 있는 몸을 얻으며 적당한[調適] 힘이 있으니, 항상 방편으로 여러 선법(善法)을 닦을 수 있다’고 하는 것이다.

---

12) 걸식(乞食)은 탁발과 같은 말로 12종의 두타행 중 하나이다. 출가자가 걸식 생활을 영위하는 것은 8정도 중의 정명(正命)을 실행하는 것이다.

〈유가08 : 21-22〉

A 四、於遠離處安住所作。

B 四 {於}遠離處氵+ 安住ノ今七 所作刂ㄱ亠

C 四 遠離處아긔 安住호릿 所作인여

D 四 {於}遠離處[氵J-, +-J,] 安住[ノV+Ep, 今Et+N, 七J,] 所作[刂V, ㄱEt, 亠R,]

E 넷째는 멀리 떨어진 곳에서 편안히 머무를 때의 할 일이니,

F 넷째로 원리처(遠離處)에 안주(安住)하는 소작(所作)이니,

〈유가08 : 22-23〉

A 謂若愛樂與諸在家及出家衆雜居住者、

B 謂ㄱ 若 愛樂丷氵尒 諸 在家人 及七 出家人七 衆乙 與七 雜 居住ノ尸人ㄱ{者}

C 닐온 若 愛樂ᄒᆞ아곰 諸 在家와 및 出家왓 衆을 다뭇 雜 居住홀ᄃᆞᆫ

D 謂[ㄱEc,] 若 愛樂[丷V, 氵Ec, 尒J,] 諸 在家[人J,] 及[七M,] 出家[人J, 七J,] 衆[乙J,] 與[七M,] 雜 居住[ノV+Ep, 尸Et, 人N, ㄱJ,]{者}

E 즉, "만일 애락하여서 여러 재가와 출가와의 무리와 더불어 섞여 거주하는 경우에는(/거주하는 자는),

F '여러 재가(在家)들과 출가(出家)의 대중[衆]이 섞여 함께 머무르는 것을 좋아하는 사람의 경우는

〈유가08 : 23-09 : 01〉

A 便有種種世間相應見聞受用諸散亂事；

B 便ㄱ 種種七 世間 相應丷ㄱ 見聞 受用七 諸 散亂事乙 {有}斗白ノ禾罒

C 곧오 갓갓 世間 相應ᄒᆞᆫ 見聞 受用ㅅ 諸 散亂事를 두ᅀᆞᆸ오리라

D 便[ㄱM,] 種種[七J,] 世間 相應[丷V, ㄱEt,] 見聞 受用[七J,] 諸 散亂事[乙J,] {有}[斗V, 白Ep, ノEp, 禾Ep, 罒Ec,]

E 곧 갖가지 세간과 상응하는, 견문을 수용하는 여러 산란한 일을 지닐 것이라,[13)]

13) 구결문의 해석과 역경원의 번역이 차이를 보인다. 구결문에서는 '種種世間相應見聞受用諸散亂事' 전체를

F 바로 갖가지 세간과 상응하는 견문(見聞)이 있고 수용(受用)하는 데에 여러 가지 산란(散亂)한 일이 있는데,

〈유가09 : 01-02〉

A **勿我於彼正審觀察心一境位、當作障礙。**

B 我灬 {於}彼 正審觀察ノ令七 心一境位氵十 當八 障导乙 作亽刂尸 勿ノ禾㇆刂氵七丨ソ尸矢丨

C 我로 彼 正審觀察호릿 心一境位아긔 반ᄃᆞ기 障导를 作ᄒᆞ일 勿호린이앗다ᄒᆞᆯ디다

D 我[灬J,] {於}彼 正審觀察[ノV+Ep, 令Et+N, 七J,] 心一境位[氵J-, 十-J,] 當[八M,] 障导[乙J,] 作[亽V, 刂V, 尸Et,] 勿[ノEp, 禾Ep, ㇆Et, 刂V, 氵Ep-, 七-Ep, 丨Ef, ソV, 尸Et, 矢N+V, 丨Ef,]

E 나로 하여금 저 바로 살피고 관찰하는 심일경위[14]에서 반드시 장애를 짓게 하지 말 일이다" 할 것이다.

F 나는 그들에 대해서 곧바로 자세히 관찰하지나 않을까? 심일경(心一境)의 위(位)에 마땅히 장애가 될 것이다'고 하는 것이다.

〈유가09 : 03-04〉

A **於此四種所作事中、當知有四所對治法。**

B {於}此 四種 所作事七 中氵十 當八 知ᅙ丨 四 所對治七 法 有ソ㇆刂㇆丁

C 此 四種 所作事ㅅ 中아긔 반ᄃᆞ기 알오다 四 所對治ㅅ 法 有ᄒᆞᆫ인뎌

D {於}此 四種 所作事[七J,] 中[氵J-, 十-J,] 當[八M,] 知[ᅙEp, 丨Ef,] 四 所對治[七J,] 法 有[ソV, ㇆Et, 刂V, ㇆Ef-, 丁-Ef,]

E 이 네 가지 할 일 가운데, 마땅히 알아야 한다, 네 가지 소대치의 법이 있는 것이다.

F 이 네 가지 소작사(所作事) 가운데에 네 가지 대치해야 할 법[所對治法]이 있는 줄 알아야만 한다.

'有'에 걸리는 것으로 본 반면, 역경원의 번역에서는 '種種世間相應見聞'과 '受用諸散亂事'를 병렬관계로 보고 둘 다 '有'에 걸리는 것으로 보았다.

14) 심일경위(心一境位)는 선정의 지위[定位]를 가리킨다. '심일경(心一境)'은 선정의 이명(異名)들 중의 하나로서, 마음을 하나의 경계에 집중하고 있는 상태를 뜻한다.

〈유가09 : 04〉

A 於初所作、有嬾墮懈怠。

B {於}初ㅌ 所作ㄋ+ㄱ 嬾墯懈怠 {有}+ㄉ

C 첫[15] 所作아귄 嬾墯懈怠 두며

D {於}初[ㅌM,] 所作[ㄋJ-, +-J, ㄱJ,] 嬾墯懈怠 {有}[+V, ㄉEc,]

E 첫째 할 일에 대해서는 나태함과 게으름을 지니며,

F 처음 소작(所作)에 난타(嬾墮) 해태(懈怠)가 있으며

〈유가09 : 04-05〉

A 於第二所作、有薩迦耶見;

B {於}第二 所作ㄋ+ㄱ 薩迦耶見 {有}+ㄉ

C 第二 所作아귄 薩迦耶見 두며

D {於}第二 所作[ㄋJ-, +-J, ㄱJ,] 薩迦耶見 {有}[+V, ㄉEc,]

E 둘째 할 일에 대해서는 살가야견[16]을 지니며,

F 두 번째의 소작(所作)에 살가야견(薩迦耶見)이 있으며

〈유가09 : 05-06〉

A 於第三所作、有愛味貪;

B {於}第三 所作ㄋ+ㄱ 愛味貪[17] {有}+ㄉ

C 第三 所作아귄 愛味貪 두며

---

15) 중세 한국어에서 '첫'은 주로 관형어로 쓰이고 '비릇'은 부사어로 쓰인 점을 고려하여, 여기에서는 '初ㅌ'이 관형어로 쓰이면 '첫'으로 읽고 부사어로 쓰이면 '비릇'으로 읽기로 한다.

16) 살가야견(薩迦耶見)의 살가야는 산스크리트어 satkāya의 음역으로 불교에서 말하는 5견(見), 즉 다섯 가지 그릇된 견해의 하나이다. 유신견(有身見)과 동의어이다. 5견(見)은 몸과 마음에 실체적인 자아[我]가 있다고 집착하는 아견과 모든 것을 나의 것[我所]이라고 집착하는 아소견을 모두 일컫는 유신견(有身見), 자아를 비롯한 모든 것은 단멸한다거나 영원히 존속한다고 어느 한쪽에 치우친 극단적인 그릇된 견해인 변집견(邊執見), 원인과 결과의 도리를 인정하지 않는 그릇된 견해인 사견(邪見), 자기의 견해가 으뜸이라고 생각하는 견취견(見取見), 불교에서 인정하지 않는 외도(外道)의 계율이나 관습을 생천(生天)의 원인이나 해탈의 방도로 생각하는 계금취견(戒禁取見)을 말한다.

17) 역독점의 위치가 '貪'의 오른쪽 밑이 아니라 다음 구(句)의 첫 한자인 '於'의 오른쪽 옆에 찍혀 있다. 잘못 찍은 것으로 보인다.

D {於}第三 所作[⺡J-, ⼗-J, ㄱJ,] 愛味貪 {有}[⺾V, ⺙Ec,]

E 셋째 할 일에 대해서는 애미[18]의 탐을 지니며,

F 세 번째의 소작(所作)에 애미(愛味)의 탐애[貪]가 있으며

〈유가09 : 06-07〉

A 於第四所作、有世間種種樂欲貪愛。

B {於}第四 所作⺡⼗ㄱ 世間⼔ 種種 樂欲 貪愛 {有}⺾⺙⺀尸⽮丨

C 第四 所作아긘 世間ㅅ 種種 樂欲 貪愛 두며홀디다

D {於}第四 所作[⺡J-, ⼗-J, ㄱJ,] 世間[⼔J,] 種種 樂欲 貪愛 {有}[⺾V, ⺙Ec, ⺀V, 尸Et, ⽮N+V, 丨Ef,]

E 넷째 할 일에 대해서는 세간의 갖가지 낙욕[19]의 탐[貪愛]을 지니며 하는 것이다.

F 네 번째 소작(所作)에 세간의 갖가지 낙욕(樂欲)의 탐애(貪愛)가 있다.

〈유가09 : 07-08〉

A 如是四種所對治法、如其次第、亦有四種修習對治。

B 是 如⺨⺀ㄱ 四種 所對治⼔ 法⺡⼗ 其 次第乙 如⼋ 亦 四種 修習對治 有⼔丨

C 是 다훈 四種 所對治ㅅ 法아긔 其 次第를 ᄀ 亦 四種 修習對治 잇다

D 是 如[⺨V, ⺀V, ㄱEt,] 四種 所對治[⼔J,] 法[⺡J-, ⼗-J,] 其 次第[乙J,] 如[⼋V,] 亦 四種 修習對治 有[⼔V, 丨Ef,]

E 이와 같은 네 가지 소대치의 법에, 그 차례와 같이 또한 네 가지 수습대치가 있다.

F 위와 같은 네 가지 소대치법(所對治法)은 그 차례대로 또한 네 가지 수습의 대치가 있다.

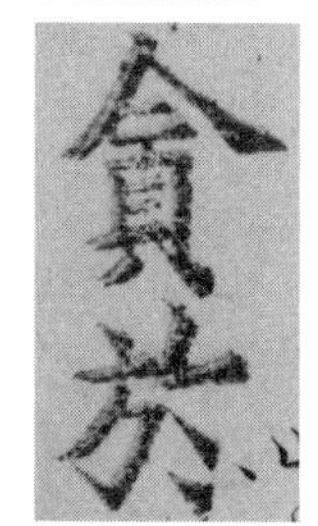

18) 애미(愛味)는 이 문맥에서는 구걸한 음식에 대한 애착을 가리킨다.

19) 낙욕(樂欲)은 원하고 구함, 욕구, 욕망을 가리킨다. 요욕(樂欲)으로 읽기도 한다.

〈유가09 : 08-09〉

A 一、於無常、修習苦想；

B 一＋ㄱ {於}无常ㄋ＋ 苦想ㄹ 修習ㅅ㢱

C 一긘 无常아긔 苦想을 修習ᄒᆞ며

D 一[＋J, ㄱJ,] {於}无常[ㄋJ-, ＋-J,] 苦想[ㄹJ,] 修習[ㅅV, 㢱Ec,]

E 첫째는 무상에 대해 고상[20]을 닦아 익히며,

F 첫째는 무상(無常)에 대하여 고상(苦想)을 수습하는 것이고

〈유가09 : 09〉

A 二、於衆苦、修無我想；

B 二 {於}衆苦ㄋ＋ 无我想ㄹ 修ㅅ㢱

C 二 衆苦아긔 无我想을 修ᄒᆞ며

D 二 {於}衆苦[ㄋJ-, ＋-J,] 无我想[ㄹJ,] 修[ㅅV, 㢱Ec,]

E 둘째는 뭇 괴로움에 대해 무아상[21]을 닦으며,

F 둘째는 뭇 고(苦)에 대하여 무아상(無我想)을 수습하는 것이며

〈유가09 : 09-10〉

A 三、於飲食、修厭逆想；

B 三 {於}飮食ㄋ＋ 厭逆想ㄹ 修ㅅ㢱

C 三 飮食아긔 厭逆想을 修ᄒᆞ며

D 三 {於}飮食[ㄋJ-, ＋-J,] 厭逆想[ㄹJ,] 修[ㅅV, 㢱Ec,]

E 셋째는 음식에 대해 염역상[22]을 닦으며,

F 셋째는 음식에 대하여 염역상(厭逆想)을 수습하는 것이며

---

20) 고상(苦想)은 인연으로 생겨난 모든 법들은 무상하여 항상 온갖 종류의 고통으로 핍박당한다고 관하는 것을 말한다.

21) 무아상(無我想)은 인연으로 생겨난 모든 법들은 자성이 없기 때문에 '무아'라고 관하는 것을 말한다.

22) 염역상(厭逆想)은 식부정상(食不淨想)이라고도 한다. 모든 세간의 음식들은 부정(不淨)한 인연으로 생겨난 것이므로 모두 부정한 물건이고 싫어할 만한 것이라고 관하는 것을 말한다.

〈유가09 : 10-11〉

A 四、於一切世間、修不可樂想。

B 四 {於}一切 世間 ⺀ 十 不可樂想 乙 修 ㅅ 㣺 ㅅ 尸 矢 丨

C 四 一切 世間아긔 不可樂想을 修ᄒᆞ며홀디다

D 四 {於}一切 世間[⺀ J-, 十-J,] 不可樂想[乙J,] 修[ㅅV, 㣺Ec, ㅅV, 尸Et, 矢N+V, 丨Ef,]

E 넷째는 일체 세간에 대해 불가락상[23]을 닦으며 하는 것이다.

F 넷째는 일체 세간에 대하여 불가락상(不可樂想)을 수습하는 것이다.

〈유가09 : 11-12〉

A 又於遠離閑居方便作意位中、當知略有四種所治。

B 又 {於}遠離閑居 ㅅ ⺀ 㫈 方便作意 ノ 令 ヒ 位 ヒ 中 ⺀ 十 當 八 知 ㅎ 丨 略 ロ 1 四種 所治 有 ㅅ 1 リ 1 丁

C 又 遠離閑居ᄒᆞ아곰 方便作意호릿 位ㅅ 中아긔 반ᄃᆞ 알오다 略곤 四種 所治 有ᄒᆞᆫ인뎌

D 又 {於}遠離閑居[ㅅV, ⺀ Ec, 㫈J,] 方便作意[ノV+Ep, 令Et+N, ヒJ,] 位[ヒJ,] 中[⺀ J-, 十-J,] 當[八M,] 知[ㅎEp, 丨Ef,] 略[ロEc-, 1 -Ec,] 四種 所治 有[ㅅV, 1Et, リV, 1Ef-, 丁-Ef,]

E 또 멀리 떨어져 한적한 곳에 머물면서 방편으로 작의하는(/작의하는 이의) 지위의 가운데에, 반드시 알아야 한다, 간략히 말하면 네 가지 대치해야 할 것[所治]이 있는 것이다.

F 또한 멀리 떨어져 한가로운 곳[閑居]에서 방편(方便)으로 작의(作意)하는 위(位)에서는 간략하게 네 가지의 소치(所治)가 있는 줄 알아야만 한다.

〈유가09 : 12〉

A 何等爲四?

B 何 ㅎ 等 ㅅ 1 乙 {爲}四 リ 丨 ノ 令 ロ

C 어누 다ᄒᆞᆫ을 四이다호리고

D 何[ㅎN,] 等[ㅅV, 1Et, 乙J,] {爲}四[リV, 丨Ef, ノV+Ep, 令Et+N, ロJ,]

---

23) 불가락상(不可樂想)은 모든 세간적인 것들은 좋아할 만한 것이 아니라 오직 과악(過惡)만 있다고 관하는 것을 말한다.

E 어떤 것들을 넷이라고 하는가?

F 무엇 등을 네 가지라고 하는가?

〈유가09 : 12-13〉

A **一、於奢摩他毘鉢舍那品、有闇昧心；**

B 一 + 1 {於}奢摩他 毘鉢舍那品 ㇏ + 闇昧心 {有} 𠃍 𢆶

C 一긘 奢摩他 毘鉢舍那品아긔 闇昧心 두며

D 一[+J, 1J,] {於}奢摩他 毘鉢舍那品[㇏J-, +-J,] 闇昧心 {有}[𠃍V, 𢆶Ec,]

E 첫째는 사마타품[24] · 비발사나품[25]에 대해 암매[26]의 마음을 지니며,

F 첫째는 사마타(奢摩他) 비발사나품(毘鉢舍那品)에 암매(闇昧)의 마음이 있는 것이며

〈유가09 : 13-14〉

A **二、於諸定有隨愛味；**

B 二 {於}諸 定 ㇏ + 隨 彡 愛味 ノ ㄕ {有} 𠃍 𢆶

C 二 諸 定아긔 좇오 愛味홀 두며

D 二 {於}諸 定[㇏J-, +-J,] 隨[彡M,] 愛味[ノV+Ep, ㄕEt,] {有}[𠃍V, 𢆶Ec,]

E 둘째는 여러 선정에 대해, 뒤따라 애미를 지니며,

F 둘째는 여러 정(定)에 애미(愛味)를 따르는 마음이 있는 것이며

〈유가09 : 14〉

A **三、於生有隨動相心；**

B 三 {於}生 ㇏ + 隨動相心 {有} 𠃍 𢆶

C 三 生아긔 隨動相心 두며

24) 사마타품(奢摩他品)은 산스크리트어 śamatha의 음역으로 지(止) · 적정(寂靜)이라 의역되기도 한다. 마음을 한곳에 집중하여 산란을 멈추고 평온하게 된 상태를 가리킨다.

25) 비발사나품(毘鉢舍那品)은 산스크리트어 vipaśyanā의 음역으로 관(觀)이라 의역되기도 한다. 마음을 한곳에 집중하여 평온하게 된 상태에서 대상을 있는 그대로 응시하는 것으로, 통찰하는 수행이다.

26) 암매(闇昧)는 어리석어 생각이 어두운 것이다.

D 三 {於}生[ろJ-, 十-J,] 隨動相心 {有}[才V, ホEc,]

E 셋째는 생에 대해, 뒤따라 움직이는 상의 마음[隨動相心]을 지니며,

F 셋째는 생(生)에 움직이는 상의 마음[動相]을 따르는 마음이 있는 것이며

〈유가09 : 14-16〉

A **四、推後後日、顧待餘時，隨不死尋、不能熾然勤修方便。**

B 四 後後日乙 推ソゑ 餘 時乙 顧待ソゑソろ 不死尋乙 隨ノ 熾然亐 勤七 方便乙 修 能 不ハソホソ尸矢丨

C 四 後後日을 推ᄒᆞ져 餘 時를 顧待ᄒᆞ져ᄒᆞ아 不死尋을 좇오 熾然히 勤ㅅ27) 方便을 修 能 안득ᄒᆞ며홀디다

D 四 後後日[乙J,] 推[ソV, ゑEc,] 餘 時[乙J,] 顧待[ソV, ゑEc, ソV, ろEc,] 不死尋[乙J,] 隨[ノM,] 熾然[亐M,] 勤[七M,] 方便[乙J,] 修 能 不[ハM, ソV, ホEc, ソV, 尸Et, 矢N+V, 丨Ef,]

E 넷째는 뒤의 뒷날을(/뒷날로) 미루고 남은 시간을 돌아보아 기다리고 하여, 불사의 심(尋)을 좇아 치열하게 부지런히 방편을 닦기를 능히 못하며 하는 것이다.

F 넷째는 뒷날을 미루어서 남은 시간을 고대(顧待)하여 불사(不死)의 심사[尋 : 尋思]를 따르는 마음이 있어서 불같이[熾然] 부지런하게 방편을 닦을 수가 없는 것이다.

〈유가09 : 16-17〉

A **如是四種所對治法、當知亦有四種修習對治。**

B 是 如支ソㄱ 四種 所對治七 法ろ十 當ハ 知ㅎ丨 亦 四種 修習對治 有ソㄱリㄱ丁

C 是 다ᄒᆞᆫ 四種 所對治ㅅ 法아긔 반ᄃᆞᆨ 알오다 亦 四種 修習對治 有ᄒᆞᆫ인뎌

D 是 如[支V, ソV, ㄱEt,] 四種 所對治[七J,] 法[ろJ-, 十-J,] 當[ハM,] 知[ㅎEp, 丨Ef,] 亦 四種 修習對治 有[ソV, ㄱEt, リV, ㄱEf-, 丁-Ef,]

E 이와 같은 네 가지 소대치의 법에, 반드시 알아야 한다, 또 네 가지 수습대치가 있는

---

27) '勤七'은 기존에 '*브즈런ㅅ', '*브즑', '*븟' 정도로 읽어 왔다. '*브즈런ㅅ'와 '*브즑'는 '七'을 부사파생접미사로 파악한 것이고, '*븟'은 '七'을 말음첨기로 파악한 것이다. 이것들을 '*븟/브즈x' 형태로 재구한 이유는 '勤'에 대응하는 15세기 어형이 '브즈런, 브즈러니, 브즈런ᄒᆞ-'이기 때문인데, 이들 중에는 'ㅅ'이 개재된 어형이 보이지 않는다는 점에서 어느 것도 대표로 내세우기가 쉽지 않다. 여기에서는 잠정적으로 '勤ㅅ'으로 제시한다.

것이다.

F 위와 같은 네 가지 대치해야 할 법[所對治法]에 또한 네 가지 수습의 대치가 있는 줄 알아야만 한다.

〈유가09 : 17-18〉

A **一、修光明想，二、修離欲想，三、修滅想，四、修死想。**

B 一 光明想乙 修丷㢱 二 離欲想乙 修丷㢱 三 滅想乙 修丷㢱 四 死想乙 修丷㢱丷尸矢丨

C 一 光明想을 修ᄒᆞ며 二 離欲想을 修ᄒᆞ며 三 滅想을 修ᄒᆞ며 四 死想을 修ᄒᆞ며ᄒᆞᆯ디다

D 一 光明想[乙J,] 修[丷V, 㢱Ec,] 二 離欲想[乙J,] 修[丷V, 㢱Ec,] 三 滅想[乙J,] 修[丷V, 㢱Ec,] 四 死想[乙J,] 修[丷V, 㢱Ec, 丷V, 尸Et, 矢N+V, 丨Ef,]

E 첫째는 광명상을 닦으며, 둘째는 이욕상을 닦으며, 셋째는 멸상을 닦으며, 넷째는 사상을 닦으며 하는 것이다.

F 첫 번째 것에서는 광명상(光明想)을 닦으며, 두 번째 것에서는 이욕상(離欲想)을 닦으며, 세 번째 것에서는 멸상(滅想)을 닦으며, 네 번째 것에서는 사상(死想)을 닦는 것이다.

> 여기서부터는 앞(8장 1행)에서부터 말한 10가지의 소대치법과 10가지의 수습대치에 대한 상세한 설명이다. 다음의 부정상(不淨想)은 음욕상응탐(淫欲相應貪 : 음욕에 상응하는 탐, 8장 5행에 출현)을 깨끗하지 못하다고 생각하는 것이다.

〈유가09 : 19〉

A **又不淨想略有二種。**

B 又 不淨想氵十 略口㇐ 二種 有七丨

C 又 不淨想아긔 略곤 二種 잇다

D 又 不淨想[氵J-, 十-J,] 略[口Ec-, ㇐-Ec,] 二種 有[七V, 丨Ef,]

E 또 부정상에 간략히 말하면 두 가지가 있다.

F 또한 부정상(不淨想)에는 간략하게 두 가지가 있으니

〈유가09 : 19-20〉

A **一、思擇力攝；二、修習力攝。**

B 一+ㄱ 思擇力灬 攝ノ令人 二 修習力灬 攝ノ令人刂丨

C 一귄 思擇力으로 攝호리와 二 修習力으로 攝호리와이다

D 一[+J, ㄱJ,] 思擇力[灬J,] 攝[ノV+Ep, 令Et+N, 人J,] 二 修習力[灬J,] 攝[ノV+Ep, 令Et+N, 人J, 刂V, 丨Ef,]

E 첫째는 사택력으로 거두는[28] 것과, 둘째는 수습력[29]으로 거두는 것과이다.

F 첫째는 사택력(思擇力)에 포함되는 것이며, 둘째는 수습력(修習力)에 포함되는 것이다.

〈유가09 : 20-21〉

A **思擇力攝不淨想中、當知五法爲所對治。**

B 思擇力灬 攝ノ尸 不淨想七 中氵十 當八 知ㅎ丨 五法刂 所對治刂尸{爲}入乙丷矛刂ㄱ丁

C 思擇力으로 攝홀 不淨想ㅅ 中아긔 반독 알오다 五法이 所對治일ᄃᆞᆯᄒᆞ리인뎌

D 思擇力[灬J,] 攝[ノV+Ep, 尸Et,] 不淨想[七J,] 中[氵J-, 十-J,] 當[八M,] 知[ㅎEp, 丨Ef,] 五法[刂J,] 所對治[刂V, 尸Et,]{爲}[入N, 乙J, 丷V, 矛Et+N, 刂V, ㄱEf-, 丁-Ef,]

E 사택력으로 거두는 부정상의 가운데에, 반드시 알아야 한다, 다섯 법이 대치해야 할 것[所對治]이 되는 것이 있는 것이다.

F 사택력(思擇力)에 포함되는 부정상(不淨想)에서 5법(法)을 소대치(所對治)라고 하는 줄 알아야만 한다.

---

28) '攝'을 현대 한국어로 번역하기가 쉽지 않은데, 중세 한국어에서 '갇-'으로 언해한 예(이런 變化를 뵈오ᅀᅡ 神足ᄋᆞᆯ 가다 도로 本座애 드러 안ᄌᆞ니라 [現是變已還攝神足] <석보상절 6 : 34a>)를 참고하여 '거두다'로 풀이하였다.

29) 『유가사지론』 권98(T30, 863c12)에 있는 수습력에 대한 설명은 다음과 같다.
"사택력에 의지함으로 인해, 능히 사념주(思念住) 등의 보리분법(菩提分法)을 바르게 닦아 익히는 것이니, 이 닦음을 일컬어 수습력이라고 함을 마땅히 알라. [由思擇力爲依、能正修習四念住等、菩提分法；當知此修名修習力。]"

〈유가09 : 21〉

A 何等爲五?

B 何ㅎ 等ㅅㄱㄹ {爲}五ㄹㅣ丿ㅅㅁ

C 어누 다흔을 五이다호리고

D 何[ㅎN,] 等[ㅅV, ㄱEt, ㄹJ,] {爲}五[ㄹV, ㅣEf, 丿V+Ep, ㅅEt+N, ㅁJ,]

E 어떤 것들을 다섯이라고 하는가?

F 무엇 등을 5라고 하는가?

〈유가09 : 21-22〉

A 一、親近母邑;

B 一十ㄱ 母邑ㄹ 親近ㅅ㐅

C 一귄 母邑을 親近ᄒᆞ며

D 一[十J, ㄱJ,] 母邑[ㄹJ,] 親近[ㅅV, 㐅Ec,]

E 첫째는 모읍을 가까이 하며,[30]

F 첫째는 모읍(母邑)을 가까이 하는 것[親近]이며

〈유가09 : 22〉

A 二、處顯失念;

B 二 顯ㅅㄱ㇇十 處ㅅ⺀ 失念ㅅ㐅

C 二 顯흔의긔 處ᄒᆞ아 失念ᄒᆞ며

D 二 顯[ㅅV, ㄱEt, ㇇J-, 十-J,] 處[ㅅV, ⺀Ec,] 失念[ㅅV, 㐅Ec,]

E 둘째는 드러난 곳에 처하여 실념하며,

F 둘째는 드러난 곳[顯處]에 있으며 실념(失念)하는 것이며

30) '모읍(母邑)을 가까이 한다'는 것은 자주 여자를 가까이 하는 것을 말한다. 『유가론기』 권6(T42, 427c6) 참고.

〈유가09 : 22〉

A 三、居隱放逸；

B 三 隱ᅩ1ᄒ+ 居ᅩ3 放逸ᅩ 5

C 三 隱호의긔 居ᄒ아 放逸ᄒ며

D 三 隱[ᅩV, 1Et, ᄒJ-, +-J,] 居[ᅩV, 3Ec,] 放逸[ᅩV, 5Ec,]

E 셋째는 은밀한 곳에 머물러 방일하며,

F 셋째는 비밀한 곳[隱]에 머물며 방일(放逸)하는 것이며

〈유가09 : 22-23〉

A 四、通處隱顯由串習力；

B 四 通ㄷ 隱ᅩ5 顯ᅩ1ᄒ+ 處ᅩ3 串習力ᄅ 由3ᅩ5

C 四 ᄉᆞᄆᆞᆺ 隱ᄒ며 顯호의긔 處ᄒ아 串習力을 븥아ᄒ며

D 四 通[ㄷM,] 隱[ᅩV, 5Ec,] 顯[ᅩV, 1Et, ᄒJ-, +-J,] 處[ᅩV, 3Ec,] 串習力[ᄅJ,] 由[3Ec, ᅩV, 5Ec,]

E 넷째는 두루 은밀하며(/은밀한 곳과) 드러난 곳에 처하여 관습력[31]을 의지하며(/의지하여 하며),

F 넷째는 관습력(串習力) 때문에 비밀한 곳[隱]과 드러난 곳[顯處]에 모두 있는 것이며

〈유가09 : 23-10 : 01〉

A 五、雖勤方便修習不淨、而作意錯亂。

B 五 勤 方便ᅳ 不淨ᄅ 修習ᅩナ++ㄷㅅ{雖}+ 而1 作意錯亂ノアㅅ

C 五 勤 方便으로 不淨을 修習ᄒ겨과두 而ㄴ 作意錯亂홀딕

D 五 勤 方便[ᅳJ,] 不淨[ᄅJ,] 修習[ᅩV, ナEp, ++Ep-, ㄷ-Ep, ㅅEc-,]{雖}[+-Ec,] 而[1R,] 作意錯亂[ノV+Ep, アEc-, ㅅ-Ec,]

E 다섯째는 비록 부지런히 방편으로 부정[32]을 닦아 익혀야 함에도 작의가 착란하되,

---

31) 관습력(串習力)은 어떤 사람이 오랫동안 자주 익혀서 형성된 습관적 힘을 말한다.
32) 부정(不淨)은 앞에서 언급했던 부정상(不淨想)을 가리킨다.

F 다섯째는 비록 부지런한 방편[勤方便]으로 부정(不淨)을 수습할지라도 작의(作意)가 착란(錯亂)한 것이니

〈유가10 : 01-02〉

A **謂不觀不淨、隨淨相轉，如是名爲作意錯亂。**

B 謂ㄱ 不淨乙 觀 不八ソ氵ホ 淨相乙 隨ノ 轉ソ尸入乙 是 如支ソㄱ乙 名下 {爲}作意錯亂亠ノ矛丨

C 닐온 不淨을 觀 안득ᄒᆞ아곰 淨相을 좇오 轉홀둘 是 다ᄒᆞᆫ을 일하 作意錯亂여호리다

D 謂[ㄱEc,] 不淨[乙J,] 觀 不[八M, ソV, 氵Ec, ホJ,] 淨相[乙J,] 隨[ノM,] 轉[ソV, 尸Et, 入N, 乙J,] 是 如[支V, ソV, ㄱEt, 乙J,] 名[下V+Ec,] {爲}作意錯亂[亠J, ノV+Ep, 矛Ep, 丨Ef,]

E 말하자면 부정을 보지 못하여서 정상을 좇아 전하는 것을, 이와 같은 것을 일컬어 작의의 착란이라고 한다.

F 부정(不淨)을 관(觀)하지 않고 정상(淨相)을 좇아서 구르는 것을 말한다. 이와 같은 것을 작의(作意)의 착란(錯亂)이라고 이름한다.

〈유가10 : 02-03〉

A **修習力攝不淨想中、當知七法爲所對治。**

B 修習力灬 攝ノ尸 不淨想七 中氵十 當八 知ᅙ丨 七法刂 所對治刂尸{爲}入乙ソ矛刂ㄱ丁

C 修習力으로 攝홀 不淨想ㅅ 中아긔 반ᄃᆞᆨ 알오다 七法이 所對治일돌ᄒᆞ리인뎌

D 修習力[灬J,] 攝[ノV+Ep, 尸Et,] 不淨想[七J,] 中[氵J-, 十-J,] 當[八M,] 知[ᅙEp, 丨Ef,] 七法[刂J,] 所對治[刂V, 尸Et,]{爲}[入N, 乙J, ソV, 矛Et+N, 刂V, ㄱEf-, 丁-Ef,]

E 수습력으로 거두는 부정상 가운데에, 반드시 알아야 한다, 일곱 법이 소대치가 되는 것이다.

F 수습력(修習力)에 포함되는 부정상(不淨想)에서 7법(法)을 소대치(所對治)라고 하는 줄 알아야만 한다.

〈유가10 : 03-04〉

A 何等爲七?

B 何ㅎ 等ᄼ 1 乙 {爲}七刂丨ノ今ロ

C 어누 다흔을 七이다호리고

D 何[ㅎN,] 等[ᄼV, 1Et, 乙J,] {爲}七[刂V, 丨Ef, ノV+Ep, 今Et+N, ロJ,]

E 어떤 것들을 일곱이라고 하는가?

F 무엇 등을 7이라고 하는가?

〈유가10 : 04〉

A 謂本所作事心散亂性、

B 謂1 本所作事氵十 心 散亂ノ今七 性入

C 닐온 本所作事아긔 心散亂호릿 性과

D 謂[1Ec,] 本所作事[氵J-, 十-J,] 心 散亂[ノV+Ep, 今Et+N, 七J,] 性[入J,]

E 즉, ①본래 할 일에 대해 마음이 산란해지는 성품[性]과,

F 본소작사(本所作事)로 마음이 산란(散亂)해지는 성품[性]과

〈유가10 : 04-05〉

A 本所作事趣作用性、

B 本所作事氵十 作用乙 趣ノ今七 性入

C 本所作事아긔 作用을 趣호릿 性과

D 本所作事[氵J-, 十-J,] 作用[乙J,] 趣[ノV+Ep, 今Et+N, 七J,] 性[入J,]

E ②본래 할 일에 대해 작용을 취하는(/미치려는) 성품[性]과,

F 본소작사(本所作事)로 작용(作用)하려는 성품과

〈유가10 : 05-06〉

A 方便作意不善巧性, 由不恭敬勤請問故。

B 方便作意氵十 善巧 不ハノ今七 性刂1 恭敬ᄼ氵ホ 勤七 請問 不ハᄼ1入乙 由氵1入灬 故

ノノ亽人

C 方便作意아긔 善巧 안득호릿 性인 恭敬ᄒᆞ아곰 勤ㅅ 請問 안득ᄒᆞᆫ돌 말미삼은ᄃᆞ로 故오호리과

D 方便作意[阝J-, 十-J,] 善巧 不[ハM, ノV+Ep, 亽Et+N, 七J,] 性[刂V, ㄱEt,] 恭敬[丷V, 阝Ec, 尒J,] 勤[七M,] 請問 不[ハM, 丷V, ㄱEt, 入N, 乙J,] 由[氵V, ㄱEt, 入N, 灬J,] 故[ノR, ノV+Ep, 亽Et+N, 人J,]

E ③방편작의에 대해 선교하지 못하는 성품[性]이니, 공경하여서 부지런히 청하여 묻지 못하는 것에 말미암은 까닭으로 그러한 것과,[33)]

F 방편작의불선교(方便作意不善巧)의 성품[性]을 말하니, 공경(恭敬)하여 부지런히 청문(請問)하지 않기 때문이다.

〈유가10 : 06-08〉

A **又由不能守根門故；雖處空閑、猶有種種染污尋思擾亂其心。**

B 又 根門乙 守 能 不ハ丷ㄱ入乙 由氵ㄱ入灬 故ノ 空閑丷ㄱラ十 處丷ᄒ七人{雖}斗 猶刂 種種七 染汙尋思 {有}斗阝 其 心乙 擾亂ノ尸人

C 又 根門을 守 能 안득ᄒᆞᆫ돌 말미삼은ᄃᆞ로 故오 空閑ᄒᆞᆫ의긔 處ᄒᆞ시과두 猶이 갓갓 染汙尋思 두아 其 心을 擾亂홀과

D 又 根門[乙J,] 守 能 不[ハM, 丷V, ㄱEt, 入N, 乙J,] 由[氵V, ㄱEt, 入N, 灬J,] 故[ノR,] 空閑[丷V, ㄱEt, ラJ-, 十-J,] 處[丷V, ᄒEp-, 七-Ep, 人Ec-,]{雖}[斗-Ec,] 猶[刂M,] 種種[七J,] 染汙尋思 {有}[斗V, 阝Ec,] 其 心[乙J,] 擾亂[ノV+Ep, 尸Et, 人J,]

E ④또한 근문[34)]을 지킴을 능히 못하는 것에 말미암은 까닭으로, 비록 한적한 곳[空閑][35)]에 처하더라도 여전히 갖가지 오염된 심사를 지녀 그 마음을 요란시키는 것과,

---

33) 구결문의 해석과 역경원의 번역이 차이를 보인다. 한문 원문만 보면 '由不恭敬勤請問故'가 '方便作意不善巧性'뿐 아니라 앞의 '本所作事心散亂性', '本所作事趣作用性'에도 걸리는 것으로 이해할 수 있고, 역경원 번역은 이에 따랐다. 그런데 구결문에서는 '由不恭敬勤請問故'가 '方便作意不善巧性'에만 해당하는 것으로 이해하고 현토하였다. 『유가론기』와 한청정(2006 : 1733)도 구결 현토자와 같은 방식으로 이해하였다.

34) 근문(根門)은 안(眼), 이(耳), 비(鼻), 설(舌), 신(身), 의(意) 등을 가리키는 것으로 이 6근(根)이 갖가지 번뇌를 누출(漏出)하는 문이 된다는 뜻이다.

35) '한적한 곳[空閑(處)]'은 마을과 떨어져 있는 곳이나 인적이 드문 산 속에 마련한 수행처를 통칭하는 말이다.

F 또한 근문(根門)을 능히 지키지 못하기 때문에 조용한 곳[空閑]에 있더라도 오히려 갖가지 염오(染汚)의 심사(尋思)가 있어서 그 마음을 요란(擾亂)하며

〈유가10 : 08〉

A **又於飮食不知量故；身不調適。**

B 又 {於}飮食氵十 知量 不ハソ丁入罒 故ノ 身 不調適ノ尸人

C 又 飮食아긔 知量 안득흔ᄃ로 故오 身 不調適홀과

D 又 {於}飮食[氵J-, 十-J,] 知量 不[ハM, ソV, 丁Et, 入N, 罒J,] 故[ノR,] 身 不調適[ノV+Ep, 尸Et, 人J,]

E ⑤또 음식에 대해 양을 알지[36] 못한 까닭으로, 몸이 조화롭지[調適] 못한 것과,

F 또한 음식에 양을 알지 못하기 때문에 몸이 적절하지[調適] 못하며

〈유가10 : 09-10〉

A 又爲尋思所擾亂故；不樂遠離內心寂靜奢摩他定。

B 又 尋思罒 擾亂ノ尸 所乙 爲ハ丁入罒 故ノ 遠離刂丁 內心寂靜 奢摩他定乙 樂尸 不冬ノ尸人

C 又 尋思로 擾亂홀 돌 爲근ᄃ로 故오 遠離인 內心寂靜 奢摩他定을 樂ㄹ 안돌홀과

D 又 尋思[罒J,] 擾亂[ノV+Ep, 尸Et,] 所[乙J,] 爲[ハR, 丁Et, 入N, 罒J,] 故[ノR,] 遠離[刂V, 丁Et,] 內心寂靜 奢摩他定[乙J,] 樂[尸Et,] 不[冬M, ノV+Ep, 尸Et, 人J,]

E ⑥또 심사로 인해 요란시키는 바를 입는 까닭으로, 원리인 내심적정한 사마타정[37]을

---

36) '양을 알다[知量]'는 『유가사지론』 권71(T30, 693a18)에 '양을 알다'로 해설한 부분을 참고하였다. 한편 여기에서는 '知'와 '量'을 분석하지 않고 한 단위로 묶어 토를 달았으므로 현토자가 '헤아리다'로 해석했을 가능성도 있다.
"무엇을 양을 안다고 하는가? 말하자면 …… 첫째, 맡아 지니는 것에 수순하는 성질, 둘째, 정진에 수순하는 성질이다. 맡아 지니는 것에 수순하는 성질이란, 먹고 마시고 씹고 마시는 것에 대해 그 양을 잘 안다는 것이다. 정진에 수순하는 성질이란, 가고 머무르고 하는 여러 가지에 대해 그 양을 잘 안다는 것이다. [復次云何知量？謂 (……) 一、任持隨順性，二、精進隨順性。任持隨順性者：謂於所食所飮所噉所嚐，善知其量。精進隨順性者：謂於若行若住乃至廣說。善知其量。]"
또한 『집이문론(集異門論)』 17권(T26, 437a21)에는 다음과 같은 설명이 있다. "양을 안다는 것은 갖가지 분량을 바로 안다는 것이다. 말하자면 마시고 먹고 맛보고 씹는 것, 가고 머무르고 앉고 눕는 것, 자고 깨는 것, 말하고 침묵하는 것, 등의 모든 분량을 이름하여 양을 안다고 한다. [知量者：謂正了知種種份量。謂所飮所食所嚐所噉，若行若住若坐若臥，若睡若覺，若語若默，若解勞悶等，所有份量，是名知量。]"

즐기지 못하는[38] 것과,

F 또한 심사(尋思)로 인하여 요란(擾亂)해지기 때문에 원리(遠離)하여 내심적정(內心寂靜)한 사마타정(奢摩他定)을 즐기지 못하며

〈유가10 : 10-12〉

A **又由彼身不調適故；不能善修毘鉢舍那，不能如實觀察諸法。**

B 又 彼 身刂 不調適ㅅ1入乙 由氵1入亠 故ノ 毘鉢舍那乙 善修 能 不八ㅅ3 實 如攴 諸 法乙 觀察 能 不八ノ尸入刂丨

C 又 彼 身이 不調適ᄒᆞᆫ ᄃᆞᆯ 말ᄆᆡ삼은ᄃᆞ로 故오 毘鉢舍那를 善修 能 안ᄃᆞᆨᄒᆞ아 實 다 諸 法을 觀察 能 안ᄃᆞᆨ홀과이다

D 又 彼 身[刂J,] 不調適[ㅅV, 1Et, 入N, 乙J,] 由[氵V, 1Et, 入N, 亠J,] 故[ノR,] 毘鉢舍那[乙J,] 善修 能 不[八M, ㅅV, 3Ec,] 實 如[攴V,] 諸 法[乙J,] 觀察 能 不[八M, ノV+Ep, 尸Et, 入J, 刂V, 丨Ef,]

E ⑦또 그 몸이 조화롭지 않은 것에 말미암은 까닭으로, 비발사나를 잘 닦기를 능히 못하여 실상과 같이 여러 법을 관찰하기를 능히 못하는 것과이다.

F 또한 그 몸이 적절하지[調適] 못하기 때문에 비발사나(毘鉢舍那)를 잘 닦을 수가 없어서 여실(如實)하게 제 법(法)을 관찰할 수 없는 것을 말한다.

〈유가10 : 12-13〉

A **如是一切所對治法、當知總說一門十二，一門十四。**

B 是 如攴ㅅ1 一切 所對治七 法1 當八 知ㅎ丨 摠ㅎ 說口1 一門3十1 十二刂ㅅ 一門3十1 十四刂1刂1丁

C 是 다ᄒᆞᆫ 一切 所對治ㅅ 法은 반ᄃᆞᆨ 알오다 摠히 니르곤 一門아권 十二이며 一門아권 十四인인뎌

D 是 如[攴V, ㅅV, 1Et,] 一切 所對治[七J,] 法[1J,] 當[八M,] 知[ㅎEp, 丨Ef,] 摠[ㅎM,] 說[口

37) 사마타정(奢摩他定)은 지관(止觀) 중에서 '지(止)'를 가리킨다. 즉 모든 상념과 번뇌를 끊고, 적정의 상태를 견지하는 것이다.
38) 구문의 형식(~乙 樂尸 不多ㅅ-)으로는 능력부정이 아닌 의지부정으로 해석할 여지도 있다.

Ec−, ㄱ−Ec,] 一門[ㄋJ−, ＋−J, ㄱJ,] 十二[ㅣV, ㄕEc,] 一門[ㄋJ−, ＋−J, ㄱJ,] 十四[ㅣV, ㄱEt, ㅣV, ㄱEf−, ㄒ−Ef,]

E 이와 같은 일체의 소대치의 법은, 반드시 알아야 한다, 총괄하여 말하면 한 문에는 열둘이며 한 문에는 열넷인 것이 있는 것이다.[39]

F 이와 같은 모든 소대치법(所對治法)은 종합하여 설하면 1문(門)에 12가, 1문(門)에 14가 있는 줄 알아야만 한다.

〈유가10 : 13-14〉

A **又即如是所對治法、能治白法還有爾所。**

B 又 卽ㅎ 是 如ㅊㅅㄱ 所對治法ㄷ 能治ㄷ 白法ㄋ＋ 還ㅎ 尒所ㅏ[40] 有ㅅㄱㅗ

C 又 곧오 是 다흔 所對治法人 能治人 白法아긔 도로 尒所마 有흔여

D 又 卽[ㅎM,] 是 如[ㅊV, ㅅV, ㄱEt,] 所對治法[ㄷJ,] 能治[ㄷJ,] 白法[ㄋJ−, ＋−J,] 還[ㅎM,] 尒所[ㅏN,] 有[ㅅV, ㄱEt, ㅗR,]

E 또 곧 이와 같은 대치해야 할 법[所對治法]의 능히 대치하는 백법[41][能治白法]에 도로 그만한 것이 있으니,

F 또한 곧 이와 같은 소대치법(所對治法)을 능히 대치하는 백법(白法)에 도로 그와 같은 것이 있다.

---

39) 『유가론기』를 참고하면, 12는 사택력으로 다스리는 5가지 소대치법과 수습력으로 다스리는 7가지 소대치법을 합한 것이고, 14라고 한 것은 5가지의 소대치법을 하나로 묶어 사택력에 대비되는 사택장애로 보고, 7가지의 소대치법을 하나로 묶어 수습력에 대비되는 수습장애로 설정한 뒤, 앞서 말한 12에 이 둘(사택장애, 수습장애)을 더한 것으로 파악한 것이다.

40)  원본 확인 결과 'ㅏ'자 다음에 'ㄷ'을 썼다가 그 위에 역독점을 크게 덧찍은 것이 분명하다.

41) 백법(白法)은, 청정한 선법(善法)을 가리키는 것으로, 흑법(黑法)과 반대되는 개념이다.

〈유가10 : 14-15〉

A 於修二種不淨想中、當知多有所作。

B {於}二種 不淨想乙 修ノ今七 中氵十 當ハ 知亠丨 多刂 所作 {有}𠂉乛刂乛丁

C 二種 不淨想을 修호릿 中아긔 반ᄃᆞᆨ 알오다 하이 所作 둔인뎌

D {於}二種 不淨想[乙J,] 修[ノV+Ep, 今Et+N, 七J,] 中[氵J-, 十-J,] 當[ハM,] 知[亠Ep, 丨Ef,] 多[刂M,] 所作 {有}[𠂉V, 乛Et, 刂V, 乛Ef-, 丁-Ef,]

E 두 종류의 부정상을 닦는 가운데에, 반드시 알아야 한다, 많이 할 일이 있는 것이다(/할 일이 많이 있는 것이다).

F 두 가지의 부정상(不淨想)을 수습하는 데에 많은 소작(所作)이 있는 줄 알아야만 한다.

〈유가10 : 15-16〉

A 又於無常所修苦想、略有六種所對治法。

B 又 {於}无常氵十 修ノ尸 所七 苦想氵十 略口乛 六種 所對治法 有七丨

C 又 无常아긔 修홀 밧 苦想아긔 略곤 六種 所對治法 잇다

D 又 {於}无常[氵J-, 十-J,] 修[ノV+Ep, 尸Et,] 所[七J,] 苦想[氵J-, 十-J,] 略[口Ec-, 乛-Ec,] 六種 所對治法 有[七V, 丨Ef,]

E 또한 무상에서 닦을 바 고상에, 간략히 말하면, 여섯 가지 소대치법이 있다.

F 또한 무상소(無常所)에서 고상(苦想)을 닦는 데에 간략하게 여섯 가지 소대치법(所對治法)이 있다.

〈유가10 : 16-17〉

A 何等爲六?

B 何亠 等丷乛乙 {爲}六刂丨ノ今口

C 어누 다혼을 六이다호리고

D 何[亠N,] 等[丷V, 乛Et, 乙J,] {爲}六[刂V, 丨Ef, ノV+Ep, 今Et+N, 口J,]

E 어떤 것들을 여섯이라고 하는가?

F 무엇 등을 여섯 가지라고 하는가?

〈유가10 : 17-18〉

A 一、於未生善法最初應生、而有嬾墮；

B 一ナ㇀ {於}未生ソ㇀ 善法リ 最初ㅎ 生ソ㇆應セソ㇀ㄱナ 而… 嬾墮 {有}ㅏ㇇

C 一긘 未生흔 善法이 最初히 生흠應ㅅ흔의긔 而로 嬾墮 두며

D 一[ナJ, ㇀J,] {於}未生[ソV, ㇀Et,] 善法[リJ,] 最初[ㅎM,] 生[ソV, ㇆Ep-,]應[セ-Ep, ソV, ㇀Et, ㄱJ-, ナ-J,] 而[…R,] 嬾墮 {有}[ㅏV, ㇇Ec,]

E 첫째는 아직 생기지 않은 선법이 처음으로 생겨야 하는 데에 나태함을 지니며,

F 첫째는 아직 생겨나지 않은[未生] 선법(善法)에서 맨 처음 응당 생겨날 때에는 난타(嬾墮)가 있는 것이다.

〈유가10 : 18-19〉

A 二、於已生善法應住不忘修習圓滿倍令增廣、所有懈怠；42)

B 二 {於}已生ソ㇀ 善法乙 住ソ㇁ 不忘ソ㇁ 修習 圓滿ソ㇁ 倍リ 增廣ソ{令}リ㇁ノ㇆應セソ ㇀ㄱナ 有ソ㇀ 所セ 懈怠リ㇇

C 二 已生흔 善法을 住ᄒᆞ져 不忘ᄒᆞ져 修習 圓滿ᄒᆞ져 倍이 增廣ᄒᆞ이져홈應ㅅ흔의긔 有흔 밧 懈怠이며

D 二 {於}已生[ソV, ㇀Et,] 善法[乙J,] 住[ソV, ㇁Ec,] 不忘[ソV, ㇁Ec,] 修習 圓滿[ソV, ㇁Ec,] 倍[リM,] 增廣[ソV,]{令}[リV, ㇁Ec, ノV+Ep, ㇆Ep-,]應[セ-Ep, ソV, ㇀Et, ㄱJ-, ナ-J,] 有[ソV, ㇀Et,] 所[セJ,] 懈怠[リV, ㇇Ec,]

E 둘째는 이미 생겨난 선법을 머무르고, 잊지 않고, 닦아 익혀 원만하고, 배로 늘어나게 하고 해야 하는 데에 있는 바 게으름이며,

---

42) 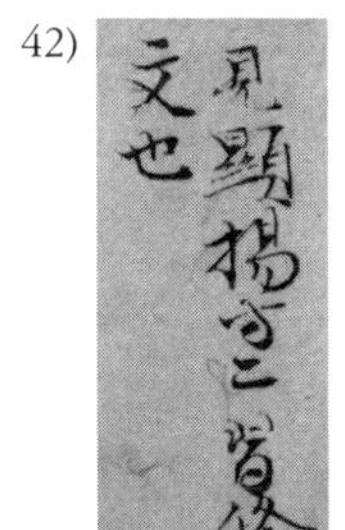

10장 18행의 난상에 '見顯揚□(□)習修文也'라고 기입되어 있다.

F 둘째는 이미 생겨난[已生] 선법(善法)에서 응당 머물러 잊지 않도록 수습하고 원만(圓滿)하여 배로 증광(增廣)하는 데에는 해태(懈怠)가 있게 되는 것이다.

〈유가10 : 19-20〉

A **三、於恭敬師長往請問中、不恒相續；**

B 三 {於}師長乙 恭敬丷㇁ 往丷㇁亦 請問ノ今七 中㇁十 恒刂 相續 不冫丷ホ

C 三 師長을 恭敬ᄒᆞ아 往ᄒᆞ아곰 請問호릿 中아긔 덛덛이 相續 안득ᄒᆞ며

D 三 {於}師長[乙J,] 恭敬[丷V, ㇁Ec,] 往[丷V, ㇁Ec, 亦J,] 請問[ノV+Ep, 今Et+N, 七J,] 中[㇁J-, 十-J,] 恒[刂M,] 相續 不[冫M, 丷V, ホEc,]

E 셋째는 스승을 공경하여 가서 청문하는 가운데 항상 이어지지 못하며,

F 셋째는 사장(師長)을 공경하고 가서 청문(請問)하는 데에는 항상 상속(相續)하지 않는 것이 있는 것이다.

〈유가10 : 20-21〉

A **四、於恒修善法常隨師轉、遠離淨信；**

B 四 {於}恒刂 善法乙 修丷㇁亦 常刂 師乙 隨ノ 轉ノ今十 淨信乙 遠離丷ホ

C 四 덛덛이 善法을 修ᄒᆞ아곰 덛덛이 師을 좇오 轉호리긔 淨信을 遠離ᄒᆞ며

D 四 {於}恒[刂M,] 善法[乙J,] 修[丷V, ㇁Ec, 亦J,] 常[刂M,] 師[乙J,] 隨[ノM,] 轉[ノV+Ep, 今Et+N, 十J,] 淨信[乙J,] 遠離[丷V, ホEc,]

E 넷째는 항상 선법을 닦아서 항상 스승을 좇아 전하는 데에 깨끗한 믿음을 멀리하며,

F 넷째는 항상 선법(善法)을 닦고 항상 스승을 좇아서 움직이는 데에는 깨끗한 믿음[淨信]을 멀리하는 것[遠離]이 있는 것이다.

〈유가10 : 21-22〉

A **五、由遠離淨信、不能常修；**

B 五 淨信乙 遠離丷1入乙 由㇁ 常刂 修 能 不冫丷ホ

C 五 淨信을 遠離ᄒᆞᆫ돌 븥아 덛덛이 修 能 안득ᄒᆞ며

D 五 淨信[乙J,] 遠離[丷V, 丁Et, 入N, 乙J,] 由[氵Ec,] 常[刂M,] 修 能 不[八M, 丷V, 㢱Ec,]

E 다섯째는, 깨끗한 믿음을 멀리하는 것에 말미암아 항상 수행을 능히 못하며,

F 다섯째는 깨끗한 믿음[淨信]을 멀리하기[遠離] 때문에 항상 닦을 수 없는 것이 있는 것이다.

〈유가10 : 22-23〉

A 六、於內放逸，由放逸故、於常修習諸善法中、不恒隨轉。

B 六 {於}內氵十 放逸丷氵尒 放逸丷丁入乙 由氵丁入灬 故ノ {於}常刂 諸 善法乙 修習ノ令七 中氵十 恒刂 隨轉 不八丷尸矢丨

C 六 內아긔 放逸ᄒᆞ아곰 放逸ᄒᆞᆫ돌 말ᄆᆡ삼은ᄃᆞ로 故오 뎐뎐이 諸 善法을 修習호릿 中아긔 뎐뎐이 隨轉 안ᄃᆞᆨ홀디다

D 六 {於}內[氵J-, 十-J,] 放逸[丷V, 氵Ec, 尒J,] 放逸[丷V, 丁Et, 入N, 乙J,] 由[氵V, 丁Et, 入N, 灬J,] 故[ノR,] {於}常[刂M,] 諸 善法[乙J,] 修習[ノV+Ep, 令Et+N, 七J,] 中[氵J-, 十-J,] 恒[刂M,] 隨轉 不[八M, 丷V, 尸Et, 矢N+V, 丨Ef,]

E 여섯째는, 안에서 방일하여서, 방일함에 말미암은 까닭으로 항상 여러 선법을 닦아 익히는 가운데 늘 좇아 전(轉)하지 못하는 것이다.

F 여섯째는 안에서 방일(放逸)하고 방일 때문에 항상 여러 선법(善法)을 수습하는 데에는 항상 따라 움직이지 않는 것이 있는 것이다.

〈유가10 : 23-11 : 02〉

A 如是六種所對治法、還有六法能爲對治、多有所作。

B 是 如攴丷丁 六種 所對治七 法氵十 還丆 六法刂 能㢱 對治刂尸{爲}入乙丷氵 多刂 所作 {有}斗七 有丷丁亠

C 是 다ᄒᆞᆫ 六種 所對治ㅅ 法아긔 도로 六法이 能며 對治일돌ᄒᆞ아 해 所作 두ᄂᆞ 有ᄒᆞᆫ여

D 是 如[攴V, 丷V, 丁Et,] 六種 所對治[七J,] 法[氵J-, 十-J,] 還[丆M,] 六法[刂J,] 能[㢱M,] 對治[刂V, 尸Et,]{爲}[入N, 乙J, 丷V, 氵Ec,] 多[刂M,] 所作 {有}[斗V, 七Et,] 有[丷V, 丁Et, 亠R,]

E 이와 같은 여섯 가지 소대치의 법에, 도로 여섯 법이 능히 대치가 되어 많이 할 일을

지니는 것이 있으니(/할 일을 많이 지니는 것이 있으니),

F 위와 같은 여섯 가지의 소대치법(所對治法)에는 되돌려 6법(法)이 있어서 능히 대치한다[能對治]고 하며 많은 소작(所作)이 있다.

〈유가11 : 02〉

A **與此相違，應知其相。**

B 此 與ㄷ 相違ㅅ㇆刂㇆ 其 相乙 知ノ㇇應ㄷ丨

C 此 다뭇 相違ᄒᆞᆫ인 其 相을 알옴應ㅅ다

D 此 與[ㄷM,] 相違[ㅅV, ㇆Et, 刂V, ㇆Et,] 其 相[乙J,] 知[ノEp, ㇇Ep-,]應[ㄷ-Ep, 丨Ef,]

E 이것(=六種所對治)과 더불어 상위한 것인 그 상을 알아야 한다.

F 이것과 상위(相違)하여 그 상(相)을 마땅히 알아야 한다.

〈유가11 : 02-04〉

A **又光明想、緣多光明以爲境界、如三摩呬多地中已說。**

B 又 光明想㇆ 多刂㇆ 光明乙 緣ㅅ㇋ 以亦 境界 爲氵ㅅ矛刂㇆亠 三摩呬多地ㄷ 中㇋十 已氵 說ㅅノ㇆[43] 如支ㅅ丨

C 又 光明想은 하인 光明을 緣ᄒᆞ아 뼈곰 境界 삼ᄒᆞ리인여 三摩呬多地ㅅ 中아긔 이믜사 니르과온 다ᄒᆞ다

D 又 光明想[㇆J,] 多[刂R, ㇆Et,] 光明[乙J,] 緣[ㅅV, ㇋Ec,] 以[亦J,] 境界 {爲}[氵V, ㅅV, 矛Et+N, 刂V, ㇆Et, 亠R,] 三摩呬多地[ㄷJ,] 中[㇋J-, 十-J,] 已[氵M,] 說[ㅅR, ノR, ㇆Et,] 如[支V, ㅅV, 丨Ef,]

E 또 광명상은 많은 광명을 연하여 그로써 경계를 삼는 것이니, 삼마희다지[44]의 가운데에서 이미 말한 것과 같다.

F 또한 광명상(光明想)은 많은 광명(光明)을 연(緣)하는 것을 경계로 삼으니, 삼마희다지(三

---

43) '說ㅅノ㇆'은 자토석독구결 자료 가운데 <유가>에만 두 번 나타난다. 원문의 내용상 이미 설하는 것이 완료된 상황이기 때문에 여기에서의 'ㅅ'는 '~고자'의 뜻을 갖는 연결어미 용법으로 해석하기 어렵다. 또한 명사구가 나열된 환경도 아니므로 조사의 용법으로 볼 수도 없다.

44) 삼마희다지(三摩呬多地)는 『유가사지론』 본지분(本地分)의 17지(地) 중 6번째 지로서 제11권~제13권에 들어 있다.

摩呬多地)에서 이미 설한 것과 같다.

〈유가11 : 04-05〉

A **今此義中、意辯緣法光明以爲境界、修光明想。**

B 今ハ 此 義七 中ㄋ十 意ㄱ 法乙 緣丷亽七 光明乙 以ホ 境界 {爲}氵ㄋ 光明想乙 修ノ尸入 乙 辯ノㄱリ丨

C 今ㄱ 此 義ㅅ 中아긔 意는 法을 緣ᄒᆞ릿 光明을 ᄡᅧ곰 境界 삼아 光明想을 修홀ᄃᆞᆯ 辯혼 이다

D 今[ハM,] 此 義[七J,] 中[ㄋJ-, 十-J,] 意[ㄱJ,] 法[乙J,] 緣[丷V, 亽Et+N, 七J,] 光明[乙J,] 以[ホJ,] 境界 {爲}[氵V, ㄋEc,] 光明想[乙J,] 修[ノV+Ep, 尸Et, 入N, 乙J,] 辯[ノV+Ep, ㄱEt, リV, 丨Ef,]

E 지금 이 의미 가운데 뜻은, 법을 연하는 광명으로써 경계를 삼아 광명상을 닦는 것을 말한 것이다.

F 지금 여기에서의 의미는 법(法)의 광명(光明)을 연(緣)하는 것을 경계로 삼아서 광명상(光明想)을 닦는 것을 말하는 것이다.

〈유가11 : 05-06〉

A **謂如所聞已得究竟不忘念法、名法光明；**

B 謂ㄱ 聞ノㄱ 所乙 如ハ 已氵 得ホ 究竟丷ㄋ 法乙 忘念 不冬丷尸入乙 名下 法光明亠ノ尸亠

C 닐온 들온 바를 ᄀᆞᆨ 이믜사 시러곰 究竟ᄒᆞ아 法을 忘念 안ᄃᆞᆯ홀ᄃᆞᆯ 일하 法光明여홀여

D 謂[ㄱEc,] 聞[ノEp, ㄱEt,] 所[乙J,] 如[ハV,] 已[氵M,] 得[ホM,] 究竟[丷V, ㄋEc,] 法[乙J,] 忘念 不[冬M, 丷V, 尸Et, 入N, 乙J,] 名[下V+Ec,] 法光明[亠J, ノV+Ep, 尸Ec-, 亠-Ec,]

E 즉, 들은 바와 같이 이미 능히 구경[45]하여 법을 망념하지 않는 것을 일컬어 법광명이라 하는 것이니,

F 말하자면 들은 바대로 하여 이미 구경(究竟)을 얻은 불망념법(不忘念法)을 법(法)의 광명

45) 구경(究竟)은 지극히 높은 경지로 모든 법의 실상(實相)을 가리킨다. 지고(至高)의 목적이나 진리 등을 수식하는 말로 쓰인다.

(光明)이라고 하며

〈유가11 : 06-07〉

A **與彼俱行彼相應想、應知名光明想。**

B 彼 與七 俱行丷3 彼 相應丷1 想乙 知ノ亠應七丨 名丅 光明想亠ノ矛刂1丁

C 彼 다뭇 俱行ᄒᆞ아 彼 相應ᄒᆞᆫ 相을 알옴應ᄉ다 일하 光明想여호리인뎌

D 彼 與[七M,] 俱行[丷V, 3Ec,] 彼 相應[丷V, 1Et,] 想[乙J,] 知[ノEp, 亠Ep-,]應[七-Ep, 丨Ef,] 名[丅V+Ec,] 光明想[亠J, ノV+Ep, 矛Et+N, 刂V, 1Ef-, 丁-Ef,]

E 그것과 함께 더불어 작용하여[俱行] 그 상응하는 상을, 알아야 한다, 일컬어 광명상이라 하는 것이다.

F 그것과 함께 작용하는[俱行] 그 상응상(相應想)을 광명상(光明想)이라고 이름하는 줄 알아야만 한다.

〈유가11 : 07-08〉

A **何以故？**

B 何以故亠丷口1

C 何以故여ᄒᆞ곤

D 何以故[亠J, 丷V, 口Ec-, 1-Ec,]

E 무슨 까닭인가 하면

F 왜냐하면

〈유가11 : 08-09〉

A **真實能令心闇昧者、謂方便修止觀品時、於諸法中所有忘念。**

B 眞實ㅎ 能ㅅ 心乙 闇昧丷{令}刂尸入1{者} 謂1 方便⺍ 止觀品乙 修丷令七 時十七 {於}諸 法 中3十 有七1 所七 忘念刂ㅅ

C 眞實히 能며 心을 闇昧ᄒᆞ일든 닐온 方便으로 止觀品을 修ᄒᆞ릿 時긧 諸 法 中아긔 이슨 밧 忘念이며

D 眞實[ㄘM,] 能[ㄏM,] 心[乙J,] 闇昧[ㄊV,]{令}[リV, ㄕEt, ㅅN, ㄱJ,]{者} 謂[ㄱEc,] 方便[ㅡJ,] 止觀品[乙J,] 修[ㄊV, 㑄Et+N, ㄝJ,] 時[十J, ㄝJ,] {於}諸 法 中[ㄋJ-, 十-J,] 有[ㄝV, ㄱEt,] 所[ㄝJ,] 忘念[リV, ㄏEc,]

E 진실로 능히 마음을 어둡게 하는 것은, 말하자면 방편으로 지관품을 닦을 때에 여러 법 가운데 있는 바 망념이며,

F 진실(眞實)에 능히 마음을 어둡게[闇昧] 하는 사람은 말하자면 방편으로 지관품(止觀品)을 닦을 때에 제 법(法)에 대해서 망실(忘失)이 있게 되기 때문이다.

〈유가11 : 09-10〉

A **與此相違，當知卽是光明。**

B 此 與ㄝ 相違ㄊㄱ乙 當ㅅ 知ㅎ丨 卽ㅎ 是乙 光明ㅡノ㐄リㄱ丁

C 此 다뭇 相違호ᆞᆫ을 반ᄃᆞᆨ 알오다 곧오 是를 光明여호리인뎌

D 此 與[ㄝM,] 相違[ㄊV, ㄱEt, 乙J,] 當[ㅅM,] 知[ㅎEp, 丨Ef,] 卽[ㅎM,] 是[乙J,] 光明[ㅡJ, ノV+Ep, 㐄Et+N, リV, ㄱEf-, 丁-Ef,]

E 이와 더불어 상위한 것을, 반드시 알아야 한다, 곧 이것을 광명이라 하는 것이다.

F 이것과 상위(相違)한 것이 곧 광명(光明)인 줄 알아야만 한다.

〈유가11 : 10-12〉

A **又第一義思所成慧及修所成慧俱光明想、有十一法爲所對治。**

B 又 第一義ㄝ 思所成慧ㅅ 及ㄝ 修所成慧ㅅ 俱ㄊㄱ 光明想ㄋ十 十一法リ 所對治リㄕ{爲}ㅅ乙ㄊ㑄 有ㄝ丨

C 又 第一義ㅅ 思所成慧와 밋 修所成慧와 俱ᄒᆞᆫ 光明想아긔 十一法이 所對治일ᄃᆞᆯ ᄒᆞ리 잇다

D 又 第一義[ㄝJ,] 思所成慧[ㅅJ,] 及[ㄝM,] 修所成慧[ㅅJ,] 俱[ㄊV, ㄱEt,] 光明想[ㄋJ-, 十-J,] 十一法[リJ,] 所對治[リV, ㄕEt,]{爲}[ㅅN, 乙J, ㄊV, 㑄Et+N,] 有[ㄝV, 丨Ef,]

E 또 제일의의 사소성혜와 수소성혜와 함께하는 광명상에, 열한 가지 법이 소대치가 되는 것이 있다.

F 또한 제일의(第一義) 사소성(思所成)의 혜(慧)와 그리고 수소성(修所成)의 혜(慧)와 함께하

는 광명상(光明想)에는 소대치(所對治)라고 하는 열한 가지 법이 있다.

〈유가11 : 12〉

A 云何十一?

B 云何ソ1乙 十一刂丨ノ令口

C 엇흔을 十一이다호리고

D 云何[ソV, 1Et, 乙J,] 十一[刂V, 丨Ef, ノV+Ep, 令Et+N, 口J,]

E 어떤 것을 열한 가지라 하는가?

F 무엇을 열한 가지라고 하는가?

〈유가11 : 12-14〉

A 謂思所成慧俱光明想、有四法；修所成慧俱光明想、有七法。

B 謂1 思所成慧 俱ソ1 光明想氵+ 四法 有七尔 修所成慧 俱ソ1 光明想氵+ 七法 有尔ソ1亠

C 닐온 思所成慧 俱호 光明想아긔 四法 이스며 修所成慧 俱호 光明想아긔 七法 이스며혼여

D 謂[1Ec,] 思所成慧 俱[ソV, 1Et,] 光明想[氵J–, +–J,] 四法 有[七V, 尔Ec,] 修所成慧 俱[ソV, 1Et,] 光明想[氵J–, +–J,] 七法 有[尔Ec, ソV, 1Et, 亠R,]

E 말하자면 사소성혜와 함께하는 광명상에 네 법이 있으며, 수소성혜와 함께하는 광명상에 일곱 법이 있으며 하니,

F 말하자면 사소성(思所成)의 혜(慧)와 함께하는 광명상(光明想)에 4법(法)이 있고 수소성(修所成)의 혜(慧)와 함께하는 광명상(光明想)에 7법(法)이 있어서

〈유가11 : 14〉

A 如是所治、合有十一。

B 是 如攴ソ1 所治氵+ 合刂口1 十一 有七丨

C 是 다흔 所治아긔 合이곤 十一 잇다

D 是 如[攴V, ソV, 1Et,] 所治[氵J–, +–J,] 合[刂V, 口Ec–, 1–Ec,] 十一 有[七V, 丨Ef,]

E 이와 같은 대치해야 할 것[所治]에, 합하면 열하나가 있다.

F 이와 같이 소치법[所治 : 所治法]에 도합 열한 가지가 있다.

〈유가11 : 14-15〉

A 思所成慧俱光明想有四法者 :

B 思所成慧 俱ㅅ1 光明想ㅣ+ 四法 有ㅅ1矢ㅣㅅ1ㅅ1{者}

C 思所成慧 俱혼 光明想아긔 四法 有혼디다혼든

D 思所成慧 俱[ㅅV, 1Et,] 光明想[ㅣJ-, +-J,] 四法 有[ㅅV, 1Et, 矢N+V, ㅣEf, ㅅV, 1Et, ㅅN, 1J,]{者}

E '사소성혜와 함께하는 광명상에 네 법[四法][46]이 있는 것이다' 하는 것은,

F 사소성(思所成)의 혜(慧)와 함께하는 광명상(光明想)에 4법(法)이 있다고 하는 것은

〈유가11 : 15-17〉

A 一、不善觀察故、不善決定故、於所思惟有疑隨逐 ;

B 一+1 不善觀察ㅅ1ㅅ㶣{故}ㅅ 不善決定ㅅ1ㅅ㶣 故ノ {於}思惟ノア 所ㅣ+ 疑ㅣ 隨逐ノア 有七ㅅ

C 一긘 不善觀察혼드로며 不善決定혼드로 故오 思惟홀 바아긔 疑이 隨逐홀 이스며

D 一[+J, 1J,] 不善觀察[ㅅV, 1Et, ㅅN, 㶣J,]{故}[ㅅEc,] 不善決定[ㅅV, 1Et, ㅅN, 㶣J,] 故[ノR,] {於}思惟[ノV+Ep, アEt,] 所[ㅣJ-, +-J,] 疑[ㅣJ,] 隨逐[ノV+Ep, アEt,] 有[七V, ㅅEc,]

E 첫째는 잘 관찰하지 않은 까닭에서이며, 잘 결정하지 않은 까닭으로, 사유하는 데에 의심이 뒤따름이 있으며,

F 첫째 잘 관찰하지 않기 때문에, 잘 결정하지 않기 때문에 사유하는 대상[所思惟]에 의심[疑]이 뒤따르는 것이며

〈유가11 : 17-18〉

A 二、住於夜分、嬾惰懈怠故、多習睡眠故、虛度時分 ;

46) 이 '네 법[四法]'은 광명상으로 대치해야 할 네 가지 소대치법을 가리킨다.

B 二 {於}夜分氵十 住丷氵尒 嬾惰懈怠丷乛亽一{故}㇇ 多刂 睡眠乙 習丷乛亽灬 故丿 時分乙 虛度丷㇇

C 二 夜分아긔 住ᄒ아곰 嬾惰懈怠ᄒᆞᆫᄃᆞ로며 하이 睡眠을 習ᄒᆞᆫᄃᆞ로 故오 時分을 虛度ᄒᆞ며

D 二 {於}夜分[氵J-, 十-J,] 住[丷V, 氵Ec, 尒J,] 嬾惰懈怠[丷V, 乛Et, 亽N, 灬J,]{故}[㇇Ec,] 多[刂M,] 睡眠[乙J,] 習[丷V, 乛Et, 亽N, 灬J,] 故[丿R,] 時分[乙J,] 虛度[丷V, ㇇Ec,]

E 둘째는 밤에 머물러서는 나태함과 게으름을 피운 까닭에서이며, 많이 수면을 익힌 까닭으로, 시분을 헛되이 보내며,

F 둘째는 밤[夜分]에 머물러 난타(嬾墮) 해태(懈怠)하기 때문에, 많은 수면(睡眠)을 수습하기 때문에 헛되이 시분(時分)을 헤아리는 것이며

〈유가11 : 18-19〉

A **三、住於晝分、習近邪惡食故、身不調柔，不能隨順諦觀諸法；**

B 三 {於}晝分氵十 住丷氵尒 邪惡食乙 習近丷乛亽灬 故丿 身 不調柔丷氵 隨順㇁ 諸 法乙 諦觀 能 不八丷㇇

C 三 晝分아긔 住ᄒ아곰 邪惡食을 習近ᄒᆞᆫᄃᆞ로 故오 身 不調柔ᄒ아 隨順히 諸 法을 諦觀 能 안ᄃᆞᆨᄒᆞ며

D 三 {於}晝分[氵J-, 十-J,] 住[丷V, 氵Ec, 尒J,] 邪惡食[乙J,] 習近[丷V, 乛Et, 亽N, 灬J,] 故[丿R,] 身 不調柔[丷V, 氵Ec,] 隨順[㇁M,] 諸 法[乙J,] 諦觀 能 不[八M, 丷V, ㇇Ec,]

E 셋째는 낮에 머물러서는 사악한 음식을 가까이 익힌 까닭으로, 몸이 조화롭지 않아 수순하게 여러 법을 제관[47]하기를 능히 못하며,

F 셋째는 낮[晝分]에 머물러 사악한 음식을 가까이 익혔기[習近] 때문에 몸이 조유(調柔)하지 못하여 그에 따라 진리[諦]로써 제 법(法)을 관(觀)하지 못하는 것이며

〈유가11 : 20-21〉

A **四、與在家出家共相雜住、於隨所聞所究竟法、不能如理作意思惟。**

B 四 在家丷 出家丷丿尸乙 與七 共相 雜住丷氵 {於}聞丿乛 所乙 隨丿 究竟丿尸 所七 法氵十

47) 제관(諦觀)은 충분(充分)히 살펴봄, 또는 그러한 관찰(觀察)을 가리킨다.

如理ㄎ 作意思惟 能 不ハッㅅッㄕ矢丨

C 四 在家여 出家여홀을 다뭇 共相 雜住ㅎ아 들온 바를 좇오 究竟홀 밧 法아긔 如理히 作意思惟 能 안ㄷㅎ며홀디다

D 四 在家[亠J,] 出家[亠J, ノV+Ep, ㄕEt, ㄹJ,] 與[ㄷM,] 共相 雜住[ッV, ㅅEc,] {於}聞[ノEp, ㄱEt,] 所[ㄹJ,] 隨[ノM,] 究竟[ノV+Ep, ㄕEt,] 所[ㄷJ,] 法[ㅅJ-, 十-J,] 如理[ㄎM,] 作意思惟 能 不[ハM, ッV, ㅅEc, ッV, ㄕEt, 矢N+V, 丨Ef,]

E 넷째는 재가니 출가니 하는 이들과 더불어 함께 섞여 있어, 들은 바[48]를 좇아 구경할 바의 법에 대해 이치에 맞게 작의하고 사유하기를 능히 못하며 하는 것이다.

F 넷째는 재가(在家)와 출가(出家)가 함께 서로 뒤섞여 머물러[雜住] 그에 따라 들어야 하고 마쳐야[究竟] 할 법에 대해서 이치에 맞게[如理] 작의(作意)하고 사유(思惟)할 수 없는 것이다.

〈유가11 : 21-12 : 01〉

A **如是疑隨逐故；障礙能遣疑因緣故；此四種法、是思所成慧俱光明想之所對治，**

B 是 如ㅊ 疑刂 隨逐ッㄱ入ㅡ{故}ㅅ 能ㅅ 疑ㄹ 遣ノ令ㄷ 因緣ㄹ 障㝵ッㄕ入ㅡ 故ノ 此 四種 法ㄹ 是ㄹ 思所成慧 俱ッㄱ 光明想ㄋ{之} 所對治亠ノㄕ亠

C 是 다 疑이 隨逐혼ᄃ로며 能며 疑를 遣호릿 因緣을 障碍홀ᄃ로 故오 此 四種 法을 是를 思所成慧 俱혼 光明想의 所對治여홀여

D 是 如[ㅊV,] 疑[刂J,] 隨逐[ッV, ㄱEt, 入N, ㅡJ,]{故}[ㅅEc,] 能[ㅅM,] 疑[ㄹJ,] 遣[ノV+Ep, 令Et+N, ㄷJ,] 因緣[ㄹJ,] 障㝵[ッV, ㄕEt, 入N, ㅡJ,] 故[ノR,] 此 四種 法[ㄹJ,] 是[ㄹJ,] 思所成慧 俱[ッV, ㄱEt,] 光明想[ㄋJ,]{之} 所對治[亠J, ノV+Ep, ㄕEc-, 亠-Ec,]

E 이와 같이 의심이 뒤따르는 까닭에서이며, 능히 의심을 없애는 인연을 장애하는 까닭으로, 이 네 가지 법을, 이것을 사소성혜와 함께하는 광명상의 소대치라고 하는 것이니,

F 이와 같이 의심[疑]이 뒤따르기 때문에 능히 의심을 제거하는 것[遣]을 장애(障礙)하는

48) '들은 바'는 예전에 들어서 알고 있는 교법을 말한다. 예전에 들었던 교법을 단순히 기억해서 아는 단계를 넘어서서, 이제 그 말의 참다운 이치에 대해 깊이 사택(思擇)해야 하는 단계가 되면, 수행자는 '인적이 없는 조용한 숲속(=아란야)'에 가서, 그가 들었던 바에 수순하는 궁구할 교법의 참다운 이치(의미)에 대해 홀로 깊이 사색해야 한다. 그런데 재가나 출가와 더불어 뒤섞여 머물게 되면, 능히 이치에 맞게 작의하고 사유할 수가 없게 된다. 그러므로 함께 뒤섞여 머무는 것을 장애라고 하였다.

인연 때문에 이 네 가지 법은 사소성(思所成)의 혜(慧)와 함께하는 광명상(光明想)의 대치해야 할 것[所對治]이며

〈유가12 : 01〉

A 令思所成若智若見、不得清淨。

B 思所成ㄷ 若 智ㅅ 若 見ㅅ乙 得ホ 清淨 不ハソ{令}リナ ㅎㄷ丨

C 思所成ㅅ 若 智와 若 見과를 시러곰 清淨 안득ᄒᆞ이겺다

D 思所成[ㄷJ,] 若 智[ㅅJ,] 若 見[ㅅJ, 乙J,] 得[ホM,] 清淨 不[ハM, ソV,]令[リV, ナEp, ㅎEp–, ㄷ–Ep, 丨Ef,]

E 사소성의 지와 견과를 능히 청정하지 못하게 한다.

F 지(智)이건 견(見)이건 간에 사소성(思所成)으로 하여금 청정(清淨)을 얻지 못하도록 한다.

〈유가12 : 01-03〉

A 何等名爲修所成慧俱光明想所治七法？

B 何ㅎ 等ソ1乙 名下 {爲}修所成慧 俱ソ1 光明想ㅋ 所治ㄷ 七法リ丨ノ令ロ

C 어누 다ᄒᆞᆫ을 일하 修所成慧 俱ᄒᆞᆫ 光明想의 所治ㅅ 七法이다호리고

D 何[ㅎN,] 等[ソV, 1Et, 乙J,] 名[下V+Ec,] {爲}修所成慧 俱[ソV, 1Et,] 光明想[ㅋJ,] 所治[ㄷJ,] 七法[リV, 丨Ef, ノV+Ep, 令Et+N, ロJ,]

E 어떤 것들을 일컬어 수소성혜와 함께하는 광명상의(/광명상으로) 대치해야 할 것[所治]의 일곱 법이라 하는가?

F 무엇 등을 수소성(修所成)의 혜(慧)와 함께하는 광명상(光明想)의 소치(所治)의 7법(法)이라고 하는 것인가?

〈유가12 : 03〉

A 一、依擧相修、極勇精進所對治法。

B 一十1 擧相修乙 依ソ1 極勇精進 所對治ㄷ 法リ㢱

C 一刀 擧相修를 依흔 極勇精進 所對治ㅅ 法이며

D 一[+J, ㄱJ,] 擧相修[ㄹJ,] 依[ㅅV, ㄱEt,] 極勇精進 所對治[ㅌJ,] 法[ㅣV, ㅎEc,]

E 첫째는 거상(擧相)[49]의 닦음에 의한 지나치게 용맹한 정진인 소대치의 법이며,

F 첫째는 거상(擧相)에 의하여 수습하는 매우 용맹한 정진(精進)은 소대치법(所對治法)이다.

〈유가12 : 03-04〉

A 二、依止相修、極劣精進所對治法。

B 二 止相修ㄹ 依ㅅㄱ 極劣精進 所對治ㅌ 法ㅣㅎ

49) 거상(擧相)은 산스크리트어 Vipaśyanā로 비발사나(毘鉢舍那)라고 음사하고, 관(觀)이라고 한역한다. 다음 문헌들의 설명이 참고가 된다(『가산불교대사림』에서 재인용함).

『해심밀경』 권3 「분별유가품」(T16, 699b20)에서는 이렇게 설명하고 있다. "자씨(慈氏) 보살이 부처님께 지상(止相)·거상(擧相)·사상(捨相) 등의 차이를 물었다. 대답하기를 '지상은 마음이 너무 동요하거나 동요하려고 할 때 싫어할 만한 것에 마음을 두는 것이고, 거상은 마음이 너무 가라앉았거나 가라앉으려고 할 때 기뻐할 만한 것에 마음을 두는 것이며, 사상은 동요와 침체의 두 가지가 모두 일어날 때 지상과 거상을 모두 사용하는 것이다.'"

또한 원측(圓測)의 『해심밀경소』 권6(『한국불교전서』 1, 323c3)에 "비발사나는 한역하면 관(觀)이다. 법을 간택(簡擇)하는 것을 관(觀)이라고 한다. 혹은 거(擧)라고도 하는데 의식의 침몰을 여의기 때문이다. [毘鉢舍那 此飜名觀 於法推求簡擇名觀 或名爲擧 離沈沒故]"라고 하였다.

사상(捨相)은 어느 한곳에 치우치지 않는 평정한 마음 상태로, 사(捨)에 해당하는 산스크리트어 upekṣā는 우필차(憂畢叉)라고 음사하고, 평등(平等)·부쟁(不諍)·불관(不觀)·불행(不行) 등의 뜻이다. 예컨대 지관(止觀)의 수행법에서 사상이란 지상과 관상의 어디에도 치우치지 않아 지관이 평등한 것을 말한다. 지상·거상·사상의 관계에 대해서는 다음 설명을 참고할 수 있다(『가산불교대사림』에서 재인용).

『잡아함경』 권47(T02, 342a4)에 "오롯한 마음으로 세 가지 차별된 마음 상태를 수시로 사유해야 한다. 어떤 것이 세 가지인가? 때로는 정지된 마음 상태(止相)를 사유하고, 때로는 움직이는 마음 상태(擧相)를 생각하며, 때로는 버리는 마음 상태(捨相)를 사유하는 것이다. 만일 비구가 한결같이 정지된 마음 상태만을 사유하면 마음이 흐리멍덩해지고, 한결같이 움직이는 마음 상태만 사유하면 들뜨고 어지러운 마음이 생기며, 또 한결같이 버리는 마음 상태만 사유하면 바른 선정을 얻어 온갖 번뇌를 모두 다 없앨 수 없다. 비구가 때로는 정지된 선정의 마음 상태를 사유하고, 때로는 움직이는 복잡한 마음 상태를 사유하며, 때로는 버리는 마음 상태를 사유하면, 그 마음이 올바른 선정을 얻어 모든 번뇌를 다 끊게 된다. … 이와 같이 금으로 장신구를 만들 때 잘 제련하면 일에 따라 쓰임이 있는 것처럼 비구도 오롯한 마음으로 때때로 세 가지 차별된 마음 상태를 사유하고 기억하면 번뇌가 다 끊어지게 될 것이다."

또한 『해심밀경』 권3(T16, 699b21)에는 다음과 같은 설명이 있다. "선남자야, 마음이 들뜨거나 혹은 들뜰까 걱정스러울 때 모든 싫어하는 법에 주의를 기울이거나 끊임없이 주의를 기울이는 것을 지상(止相)이라 한다. 마음이 가라앉거나 가라앉을까 걱정스러울 때 모든 기꺼운 법에 주의를 기울이거나 그 마음에 떠오르는 상에 주의를 기울이는 것을 거상(擧相)이라 한다. 만일 한결같이 그치는 길에서나 또한 한결같이 통찰하는 길에서나 혹은 (지상과 거상이) 함께 움직이는 길에서나 들뜸과 가라앉음이라는 두 가지의 수번뇌(隨煩惱)에 오염되었을 때, 저절로 주의를 기울이거나 마음의 움직임에 따라 주의를 기울이는 것을 사상이라 한다."

C 二 止相修를 依혼 極劣精進 所對治ㅅ 法이며

D 二 止相修[ㄹJ,] 依[ᄼV, ㄱEt,] 極劣精進 所對治[ㅌJ,] 法[リV, ㄌEc,]

E 둘째는 지상(止相)[50]의 닦음에 의한 지나치게 소극적인 정진인 소대치의 법이며,

F 둘째는 지상(止相)에 의하여 수습하는 매우 열악한 정진(精進)은 소대치법(所對治法)이다.

〈유가12 : 04-06〉

A 三、依捨相修、貪著定味與愛俱行所有喜悅。

B 三 捨相修ㄹ 依ᄼㄱ 定味ㄹ 貪着ᄼ㇁ホ 愛 與ㅌ 俱行ᄼㄱ 有ㅌㄱ 所ㅌ 喜悅リㄌ

C 三 捨相修를 依혼 定味를 貪着ㅎ아곰 愛 다뭇 俱行혼 이슨 밧 喜悅이며

D 三 捨相修[ㄹJ,] 依[ᄼV, ㄱEt,] 定味[ㄹJ,] 貪着[ᄼV, ㇁Ec, ホJ,] 愛 與[ㅌM,] 俱行[ᄼV, ㄱEt,] 有[ㅌV, ㄱEt,] 所[ㅌJ,] 喜悅[リV, ㄌEc,]

E 셋째는 사상(捨相)[51]의 닦음에 의한, 선정의 맛[定味]을 탐착하여서 애착[愛]과 더불어 함께 작용하는 있는 바 희열이며,

F 셋째는 사상(捨相)에 의하여 수습하는 데에 선정의 맛[定味]에 탐착(耽著)하여 애착[愛]과 함께 작용하는 모든 희열(喜悅)은 (소대치법[所對治法])이다.

〈유가12 : 06-07〉

A 四、於般涅槃心懷恐怖、與瞋恚俱其心怯弱、二所治法。

B 四 {於}般涅槃㇁ㅗ 心㇁ㅗ 恐怖ㄹ 懷ㅎ 瞋恚 與ㅌ 俱ᄼ㇁ 其 心 怯弱ᄼㅎノ令ㅌ 二 所治ㅌ 法リㄌ

C 四 般涅槃아긔 心아긔 恐怖를 품져 瞋恚 다뭇 俱ㅎ아 其 心 怯弱ㅎ져호릿 二 所治ㅅ 法이며

D 四 {於}般涅槃[㇁J-, ㅗ-J,] 心[㇁J-, ㅗ-J,] 恐怖[ㄹJ,] 懷[ㅎEc,] 瞋恚 與[ㅌM,] 俱[ᄼV, ㇁Ec,] 其 心 怯弱[ᄼV, ㅎEc, ノV+Ep, 令Et+N, ㅌJ,] 二 所治[ㅌJ,] 法[リV, ㄌEc,]

50) 앞의 각주 '거상(擧相)' 참조.
51) 앞의 각주 '거상(擧相)' 참조.

E 넷째는 반열반에 대해 마음에 공포를 품고, 성냄과 더불어 함께하여 그 마음이 겁약하고 하는, 두 가지 대치해야 할 법[所治法]이며,

F 넷째는 반열반(般涅槃)에 대하여 마음으로 공포를 품는 것과 진에(瞋恚)와 함께하여 그 마음이 겁약(怯弱)하게 되는 것은 두 가지 소치법(所治法)이다.

〈유가12 : 07-09〉

A **五、即依如是方便作意、於法精勤論議決擇，於立破門多生言論、相續不捨，**

B 五 卽ㄱ 是 如ㅊㅅㄱ 方便作意乙 依氵{於}法氵十 精勤ㅅ氵ホ 論議 決擇ㅅ彡 {於}立破門氵十 多刂 言論乙 生刂氵 相續 不捨ㅅ彡ノ尸入ㄱ

C 五 곧오 是 다흔 方便作意를 븥아 法아긔 精勤ᄒᆞ아곰 論議 決擇ᄒᆞ져 立破門아긔 하이 言論을 내아 相續 不捨ᄒᆞ져홀둔

D 五 卽[ㄱM,] 是 如[ㅊV, ㅅV, ㄱEt,] 方便作意[乙J,] 依[氵Ec,] {於}法[氵J-, 十-J,] 精勤[ㅅV, 氵Ec, ホJ,] 論議決擇[ㅅV, 彡Ec,] {於}立破門[氵J-, 十-J,] 多[刂M,] 言論[乙J,] 生[刂V, 氵Ec,] 相續 不捨[ㅅV, 彡Ec, ノV+Ep, 尸Et, 入N, ㄱJ,]

E 다섯째는 곧 이와 같은 방편작의를 의지하여 법에 대해 정근하여서 논의를 결택하고, 입론하거나 논파하는 문에 대해 많이 언론을 내어 이어서 버리지 않고 하는 것은,

F 다섯째는 즉 이와 같은 방편작의(方便作意)에 의해서 법(法)에 대해서 정근(精勤)하고 논의(論義) 결택(決擇)하여 입론[立]을 논파[破]하는 문(門)에 대해서 많은 언론(言論)을 일으키고 상속하여 버리지 않는 것은 (소대치법[所對治法])이니

〈유가12 : 09-10〉

A **此於寂靜正思惟時、能爲障礙。**

B 此ㄱ {於}寂靜丂 正思惟ㅅ令ㄴ 時ᅩ十 能ㅅ 障㝵刂尸{爲}入乙ㅅ尸矢ㅅ

C 此는 寂靜히 正思惟ᄒᆞ릿 時여긔 能며 障㝵일돌홀디며

D 此[ㄱJ,] {於}寂靜[丂M,] 正思惟[ㅅV, 令Et+N, ㄴJ,] 時[ᅩJ-, 十-J,] 能[ㅅM,] 障㝵[刂V, 尸Et,]{爲}[入N, 乙J, ㅅV, 尸Et, 矢N+V, ㅅEc,]

E 이는 고요히 올바로 사유하는 때에 능히 장애가 되는 것이며,

F 이것은 적정(寂靜)한 정사유(正思惟) 시(時)에 능히 장애가 된다.

〈유가12 : 10-12〉

A **六、於色聲香味觸中、不如正理執取相好，不正尋思、令心散亂。**

B 六 {於}色聲香味觸七 中㇁十 不如正理㇇ 相好乙 執取丷㇁ホ 不正尋思𥝌 心乙 散亂丷{令}刂尸矢㇇

C 六 色聲香味觸ㅅ 中아긔 不如正理히 相好를 執取ᄒᆞ아곰 不正尋思로 心을 散亂ᄒᆞ일디며

D 六 {於}色聲香味觸[七J,] 中[㇁J-, 十-J,] 不如正理[㇇M,] 相好[乙J,] 執取[丷V, ㇁Ec, ホJ,] 不正尋思[𥝌J,] 心[乙J,] 散亂[丷V,]{令}[刂V, 尸Et, 矢N+V, ㇇Ec,]

E 여섯째는 색·성·향·미·촉 가운데 올바른 이치에 맞지 않게 상호를 잡아 취하여서, 바르지 않은 심사로 마음을 산란하게 하는 것이며,

F 여섯째는 색(色) 성(聲) 향(香) 미(味) 촉(觸)에 대해서 정리(正理)와 맞지 않게 상호(相好)를 집취(執取)하여 바르게 심사(尋思)하지 않는 것은 (소대치법[所對治法])이니, 마음을 산란(散亂)하게끔 하는 것이다.

〈유가12 : 12-13〉

A **七、於不應思處、強攝其心思擇諸法。**

B 七 {於}思ノ㇇應七丷㇀ 不矢刂㇀ 處㇁十 强㇇ 其 心乙 攝丷㇁ 諸 法乙 思擇丷㇇丷尸矢丨

C 七 思홈應ㅅ혼 안디인 處아긔 强히 其 心을 攝ᄒᆞ아 諸 法을 思擇ᄒᆞ며홀디다

D 七 {於}思[ノV+Ep, ㇇Ep-,]應[七-Ep, 丷V, ㇀Et,] 不[矢R, 刂V, ㇀Et,] 處[㇁J-, 十-J,] 强[㇇M,] 其 心[乙J,] 攝[丷V, ㇁Ec,] 諸 法[乙J,] 思擇[丷V, ㇇Ec, 丷V, 尸Et, 矢N+V, 丨Ef,]

E 일곱째는 생각해야 할 것이 아닌 것에 대해 억지로 마음을 거두어 여러 법을 사택하며 하는 것이다.

F 일곱째는 상응하지 않아야 할 사처[不應思處]에 대하여 억지로 그 마음을 섭수하여 제법(法)을 사택(思擇)하는 것은 (소대치법[所對治法])이다.

〈유가12 : 13-14〉

A 如是七種、是修所成慧俱光明想所對治法、

B 是 如ᄎᄼᄀ 七種ᄅ 是ᄅ 修所成慧 俱ᄼᄀ 光明想ᄼ 所對治ᄇ 法ᅩノᄼᅩ

C 是 다흔 七種을 是를 修所成慧 俱흔 光明想의 所對治ㅅ 法여홀여

D 是 如[ᄎV, ᄼV, ᄀEt,] 七種[ᄅJ,] 是[ᄅJ,] 修所成慧 俱[ᄼV, ᄀEt,] 光明想[ᄼJ,] 所對治[ᄇJ,] 法[ᅩJ, ノV+Ep, ᄼEc-, ᅩ-Ec,]

E 이와 같은 일곱 가지를, 이를 수소성혜와 함께하는 광명상의 소대치의 법이라 하는 것이니,

F 위와 같은 일곱 가지가 이 수소성(修所成)의 혜(慧)와 함께하는 광명상(光明想)의 소대치법(所對治法)이다.

〈유가12 : 14-16〉

A 極能障礙修所成慧俱光明想，令修所成若知若見、不清淨轉。

B 極ᄒ 能ᄼ 修所成慧 俱ᄼᄀ 光明想ᄅ 障㝵ᄼᄼ 修所成ᄇ 若 知ㅅ 若 見ㅅᄅ 清淨ᄒ 轉 不ハᄼ{令}ᄂᄼᄒᄇ丨

C 極히 能며 修所成慧 俱흔 光明想을 障㝵ᄒ아 修所成ㅅ 若 知와 若 見과를 清淨히 轉 안득ᄒ이곗다

D 極[ᄒM,] 能[ᄼM,] 修所成慧 俱[ᄼV, ᄀEt,] 光明想[ᄅJ,] 障㝵[ᄼV, ᄼEc,] 修所成[ᄇJ,] 若 知[ㅅJ,] 若 見[ㅅJ, ᄅJ,] 清淨[ᄒM,] 轉 不[ハM, ᄼV,]{令}[ᄂV, ᄼEp, ᄒEp-, ᄇ-Ep, 丨Ef,]

E 지극히 능히 수소성혜와 함께하는 광명상을 장애하여, 수소성의 지와 견과를 청정하게 전하지 못하게 한다.

F 수소성(修所成)의 혜(慧)와 함께하는 광명상(光明想)을 극히 장애(障礙)할 수 있으며, 지(智)이건 견(見)이건 간에 수소성(修所成)을 청정하게 구르지 못하게끔 한다.

〈유가12 : 16-17〉

A 此所治法、還有十一與此相違能對治法、能斷於彼，

B 此 所治ᄇ 法ᄼ十 還ᄒ 十一ᄂᄀ 此 與ᄇ 相違ᄼᄀ 能對治ᄇ 法ᄂ 能ᄼ {於}彼ᄅ 斷ᄼ

令52) 有ソㄱ亠

C 此 所治ㅅ 法아긔 돌오 十一인 此 다뭇 相違혼 能對治ㅅ 法이 能며 彼를 斷ᄒᆞ리 有혼여

D 此 所治[ㄷJ,] 法[氵J-, +-J,] 還[ᄒM,] 十一[リV, ㄱEc,] 此 與[ㄷM,] 相違[ソV, ㄱEt,] 能對治[ㄷJ,] 法[リJ,] 能[ᅀM,] {於}彼[乙J,] 斷[ソV, 令Et+N,] 有[ソV, ㄱEt, 亠R,]

E 이 대치해야 할 법[所治法]에 다시 열한 가지인, 이와 더불어 상위한 능히 대치하는 법[能對治法]이 능히 그것을 끊음이 있으니,

F 이 소치법(所治法)을 돌리면 열한 가지가 있으며 이것과 상위(相違)한 능대치법(能對治法)은 능히 그것을 끊을 수 있다.

〈유가12 : 17-18〉

A **當知亦令思修所成若知若見清淨而轉。**

B 當ハ 知ᄒ丨 亦 思修所成ㄷ 若 知ㅅ 若 見ㅅ乙 清淨ち 而⺍ 轉ソ{令}リ矛リㄱ丁

C 반독 알오다 亦 思修所成ㅅ 若 知와 若 見과를 清淨히 而로 轉ᄒᆞ이리인뎌

D 當[ハM,] 知[ᄒEp, 丨Ef,] 亦 思修所成[ㄷJ,] 若 知[ㅅJ,] 若 見[ㅅJ, 乙J,] 清淨[ちM,] 而[⺍R,] 轉[ソV,]{令}[リV, 矛Et+N, リV, ㄱEf-, 丁-Ef,]

E 반드시 알아야 한다, 또 사수소성의 지와 견과를 청정히 전하게 하는 것이다.

F 이것 역시 지(智)건 견(見)이건 간에 사(思) 수소성(修所成)을 청정하게 구르게 하는 줄 알아야만 한다.

〈유가12 : 18-19〉

A **又正方便修諸想者、有能斷滅所治法欲。**

B 又 正方便⺍ 諸 想乙 修ソ令ㄷ 者ㄱ 能ᅀ 所治法乙 斷滅ソ令ㄷ 欲 {有}斗ゑ

C 又 正方便으로 諸 想을 修ᄒᆞ릿 者는 能며 所治法을 斷滅ᄒᆞ릿 欲 두져

52) 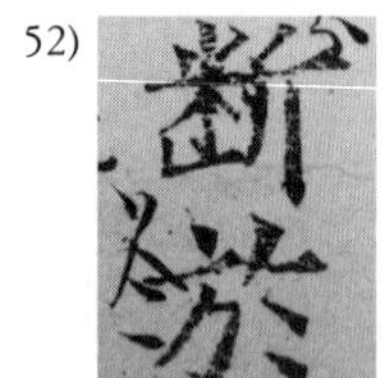 '斷'에 현토된 구결자는 일견 'ソㅅ'처럼 보이나, 사동의 의미를 지닌 'ㅅ'가 올 수 있는 자리가 아니며, 문맥을 고려하면 '令'가 타당하다. '令'의 아래 두 점을 적는 과정에서 'ㅅ'처럼 보이게 된 것으로 파악하여 '令'로 판독하였다.

D 又 正方便[𠯇J,] 諸 想[乙J,] 修[丷V, 亽Et+N, 七J,] 者[丁J,] 能[𢒼M,] 所治法[乙J,] 斷滅[丷V, 亽Et+N, 七J,] 欲 {有}[屮V, 㢱Ec,]

E 또 바른 방편으로 여러 상을 닦는 사람은, 능히 대치해야 할 법[所治法]을 끊어 없애려는 욕구를 지니고,

F 또한 바른 방편[正方便]으로 제 상(想)을 닦는 사람에게는 능히 소치법(所治法)을 단멸(斷滅)하려는 욕구[欲]가 있으며

〈유가12 : 19-21〉

A 又於所治現行法中、心不染著，速令斷滅。

B 又 {於}所治七 現行法七 中氵十 心氵十 染着 不冬丷氵尒 速刂 斷滅丷{令}刂㢱

C 又 所治ㅅ 現行法ㅅ 中아긔 心아긔 染着 안들ᄒᆞ아곰 ᄲᆞᆯ리 斷滅ᄒᆞ이져

D 又 {於}所治[七J,] 現行法[七J,] 中[氵J-, 十-J,] 心[氵J-, 十-J,] 染着 不[冬M, 丷V, 氵Ec, 尒J,] 速[刂M,] 斷滅[丷V,]{令}[刂V, 㢱Ec,]

E 또 대치해야 할 현행법[所治現行法] 가운데 마음에서 물들고 집착하지 않아서, 빨리 끊어 없어지게 하고,

F 또한 소치(所治)의 현행법(現行法)에 대하여 마음으로 염착(染著)하지 않고 속히 단멸(斷滅)하려고 하며]

〈유가12 : 21-22〉

A 又能多住能對治法，斷滅一切所對治法。

B 又 能𢒼 多刂 能對治七 法氵十 住丷氵尒 一切 所對治七 法乙 斷滅丷㢱丷矛罒

C 又 能며 하이 能對治ㅅ 法아긔 住ᄒᆞ아곰 一切 所對治ㅅ 法을 斷滅ᄒᆞ져ᄒᆞ리라

D 又 能[𢒼M,] 多[刂M,] 能對治[七J,] 法[氵J-, 十-J,] 住[丷V, 氵Ec, 尒J,] 一切 所對治[七J,] 法[乙J,] 斷滅[丷V, 㢱Ec, 丷V, 矛Ep, 罒Ec,]

E 또 능히 많이 능히 대치하는 법[能對治法]에 머물러서, 일체의 대치해야 할 법[所對治法]을 끊어 없애고 할 것이라,

F 또한 능히 능대치법(能對治法)에 자주 머물러서 모든 소대치법(所對治法)을 단멸(斷滅)한다.

〈유가12 : 22-23〉

A 如是三法、隨逐一切對治修故；名多所作。

B 是 如ㅊ丷ㄱ 三法ㄱ 一切 對治修乙 隨逐丷ㄱㅅ灬 故ノ 名下 多所作亠ノ禾丨

C 是 다흔 三法은 一切 對治修를 隨逐흔드로 故오 일하 多所作여호리다

D 是 如[ㅊV, 丷V, ㄱEt,] 三法[ㄱJ,] 一切 對治修[乙J,] 隨逐[丷V, ㄱEt, ㅅN, 灬J,] 故[ノR,] 名[下V+Ec,] 多所作[亠J, ノV+Ep, 禾Ep, 丨Ef,]

E 이와 같은 세 법[53]은 일체의 대치수[54]을 뒤따르는 까닭으로 일컬어 많은 할 일[多所作]이라 한다.

F 위와 같은 3법(法)은 일체(一切)의 대치수(對治修)를 따라다니기 때문에 소작(所作)이 많다고 하며

〈유가12 : 23〉

A 如是名爲修習對治。

B 是 如ㅊ丷ㄱ乙 名下 {爲}修習對治亠ノ尸亠

C 是 다흔을 일하 修習對治여홀여

D 是 如[ㅊV, 丷V, ㄱEt, 乙J,] 名[下V+Ec,] 爲修習對治[亠J, ノV+Ep, 尸Ec−, 亠−Ec,]

E 이와 같은 것을 일컬어 수습대치라고 하는 것이니,

F 이와 같은 것을 대치를 수습하는 것[修習對治]이라고 하는 것이다.

〈유가12 : 23-13 : 01〉

A 此修對治、當知即是修習瑜伽。

B 此 修對治乙 當八 知㇆丨 卽㇆ 是乙 修習瑜伽亠ノ禾刂ㄱ丁

C 此 修對治를 반독 알오다 곧오 是를 修習瑜伽여호리인뎌

D 此 修對治[乙J,] 當[八M,] 知[㇆Ep, 丨Ef,] 卽[㇆M,] 是[乙J,] 修習瑜伽[亠J, ノV+Ep, 禾Et+N,

53) 여기서의 세 가지 법은 삼위(재가위, 출가위, 원리한거 수유가위)에서 각각 수습해야 할 법을 가리킨다.

54) 대치수(對治修)는 네 종류 수[四種修] 중의 하나이다. 이 『유가사지론』에서는 특히 '아직 생겨나지 않은 불선법(不善法)을 생겨나지 않도록 하기 위해 일곱 종류 작의(作意)에 의거해서 수습하는 것을 가리킨다. 자세한 것은 『유가사지론』 권66(T30, 667a8) 참조.

刂V, ㄱEf-, 丁-Ef,]

E 이 대치의 닦음을, 반드시 알아야 한다, 곧 이를 수습유가라 하는 것이다.

F 이러한 대치(對治)를 수습하는 것이 곧 유가(瑜伽)를 수습(修習)하는 것인 줄 알아야만 한다.

〈유가13 : 01-03〉

A 此第五支修習對治廣聖教義。當知唯有如是十相。

B 此 第五支七 修習對治七 廣聖教義氵十 當八 知ㅎ丨 唯八 是 如ㄊ丷ㄱ 十相氵 有丷ㄱ亠

C 此 第五支ㅅ 修習對治ㅅ 廣聖教義아긔 반독 알오다 오직 是 다흔 十相사 有흔여

D 此 第五支[七J,] 修習對治[七J,] 廣聖教義[氵J-, 十-J,] 當[八M,] 知[ㅎEp, 丨Ef,] 唯[八M,] 是 如[ㄊV, 丷V, ㄱEt,] 十相[氵J,] 有[丷V, ㄱEt, 亠R,]

E 이 다섯 번째 지의 수습대치의 자세한 성스러운 가르침의 의미에, 반드시 알아야 한다, 오직 이와 같은 열 가지 상만이 있으니,

F 이 제 5지[第五支]의 대치를 수습하는 것[修習對治]에 대한 자세한 성교(聖敎)의 이치[義]는 오직 위와 같은 10상(相)만이 있으며]

〈유가13 : 03〉

A 除此、更無若過若增。

B 此乙 除ㅁ斤 更氵 若 過丷ㅎ 若 增丷ㅎ丷ㄱ 无丷ㄱ刂ㄱ丁

C 此를 덜고근 ᄂ외아 若 過ᄒ져 若 增ᄒ져 ᄒ 无ᄒ인뎌

D 此[乙J,] 除[ㅁEc, 斤J,] 更[氵M,] 若 過[丷V, ㅎEc,] 若 增[丷V, ㅎEc, 丷V, ㄱEt,] 无[丷V, ㄱEt, 刂V, ㄱEf-, 丁-Ef,]

E 이것을 제외하고는, 다시 (이보다) 지나치거나 (이보다) 더하거나 한 것이 없는 것이다.

F 이것을 제외하고 다시 지나치거나 증가하는 것은 없다는 것을 알아야만 한다.

✿ 유가사지론

수소성지-세간일체종청정(13 : 04-20 : 02)

1. 수소성지(修所成地)의 구성

	4處	7支
修所成地	1 修處所	① 生圓滿 : 생의 원만(01:15-04:06)
	2 修因緣	② 聞正法圓滿 : 정법을 듣는 데의 원만(04:06-04:14)
		③ 涅槃爲上首 : 열반을 상수로 하는 것(04:15-06:13)
		④ 能熟解脫慧之成熟 : 능히 해탈을 성숙시키는 혜(慧)의 성숙(06:14-07:23)
	3 修瑜伽	⑤ 修習對治 : 대치를 수습하는 것(08:01-13:03)
	4 修果	⑥ 世間一切種清淨 : 세간의 모든 종류의 청정(13:04-20:02)
		⑦ 出世間一切種清淨 : 출세간의 모든 종류의 청정(20:03-32:01)

2. 세간일체종청정(世間一切種清淨)의 구성

世間一切種清淨(13:04-20:02)	得三摩地(13:06-15:09)	20相		① 뛰어난 삼마지[勝三摩地]를 얻지 못하게 하는 스무 가지 소대치법(所對治法).
				② 스무 가지 소대치법을 발생시키는 네 가지 상(相).
				③ 소대치(所對治)를 다스릴 스무 가지 백법(白法).
	三摩地圓滿(15:10-16:08)	10相		증득한 삼마지(三摩地)가 원만(圓滿)하여 나타나는 10가지 상(相).
	三摩地自在(16:09-19:22)	4處 22相	1處 5相	하열(下劣)한 형상과 위의(威儀)와 뭇 도구를 받기를 스스로 서원함.
			2處 5相	금제(禁制)의 시라(尸羅)를 받기를 스스로 서원함.
			3處 5相	정근(精勤)하여 끊임없이 수습하는 선법(善法)을 받기를 스스로 서원함.
			4處 7相	이 3처(處)를 받는다면 응당 뭇 괴로움[苦]이 뒤따르는지를 바로 살펴야 함.

2.1. 득삼마지(得三摩地)의 구성

得三摩地(13:06-15:09)	二十種 所對治法(13:06-14:17)	뛰어난 삼마지[勝三摩地]를 얻지 못하게 하는 스무 가지 소대치법(所對治法)이 있음. ① 도반의 잘못, ② 스승의 잘못, ③ 듣는 자의 잘못, ④ 각혜(覺慧)가 보잘것없는 잘못, ⑤ 많이 이양(利養)과 공경을 구하는 잘못, ⑥ 기뻐하고 만족함을 알지 못하는 잘못, ⑦ 여러 사무가 많은 잘못, ⑧ 가행(加行)을 버리는 잘못, ⑨ 갖가지 장애가 생겨나는 것을 입게 되는 잘못,

		⑩ 추위 더위 등의 괴로움을 참아내지 못하는 잘못, ⑪ 깨우침을 받아들이지 못하는 잘못, ⑫ 가르침에 대해 전도(顚倒)하여 사유하는 잘못, ⑬ 받은 바 가르침에 대해 망념하는 잘못, ⑭ 재가자 출가자와 섞여 거주하는 잘못, ⑮ 다섯 가지 잘못에 상응하는 와구를 받아쓰는 잘못, ⑯ 바르지 않은 심사(尋思)를 하는 잘못, ⑰ 몸이 무겁게 가라앉아서 감당할 수 없는 잘못, ⑱ 많은 수면의 수번뇌(隨煩惱)가 나타나는 잘못, ⑲ 내심의 고요한 그침[寂止]인 멀리 떨어짐[遠離]에 대해 흔쾌히 즐거워하지 않는 잘못, ⑳ 증상혜법의 비발사나인 여실관에 대해 흔쾌히 즐거워하지 않는 잘못.
	四相 (14:17-14:22)	스무 가지 소대치법을 발생시키는 네 가지 상(相)이 있음. ① 삼마지의 방편에 대하여 선교(善巧)하지 못하게 함. ② 일체의 정을 닦는 방편에 대해 전혀 가행(加行)이 없게 함. ③ 가행을 전도(顚倒)되게 함. ④ 가행을 느슨하게 함.
	二十種 白法對治 (14:22-15:02)	위의 스무 가지 소대치법과 상위(相違)하는 백법대치의 상(相)을 알아야 함.
	요약 (15:02-15:09)	① 소대치를 끊는 법은 해야 할 일이 많으므로, 빨리 빨리 능히 그 마음을 바르게 머물게 하여 삼마지를 증득해야 함. ② 삼마지 얻음은 곧 초정려(初靜慮)의 근분정(近分定)을 얻을 것이라서 미지위(未至位)로 거둘 바임을 알아야 함. ③ 삼마지 얻음의 상위한 법과 수순한 법의 자세한 성스러운 가르침의 의미에는 오직 이 스무 가지만이 있는 줄을 알아야 함.

2.2. 삼마지원만(三摩地圓滿)의 구성

三摩地圓滿의 十相 (15:10-16:08)	① 起求願	뛰어난 삼마지의 원만에 대해 다시 구원(求願)하는 것을 일으킴.
	② 見勝功德	뛰어난 삼마지의 원만에 대해서 수승한 공덕(功德)을 봄.
	③ 勇猛精進 策勵而住	용맹히 정진하여 책려(策勵)하여서 머무름.
	④ 名非得勝	'뛰어남을 얻은 자가 아님[非得勝]'이라고 함.
	⑤ 名他所勝	'다른 것으로 뛰어나게 된 자[他所勝]'라고 함.
	⑥ 無有沈沒	광대한 정천(淨天)이 난 곳에 침몰함이 없음.
	⑦ 無能陵蔑	증상력으로 인해 자기의 하열(下劣)한 신해(信解)를 능멸함이 없음.
	⑧ 隨順而轉	무간(無間)과 은중(殷重)의 방편으로 닦으므로 수순하게 전(轉)함.
	⑨ 請問正法	즐겨 정법(正法)을 듣기 때문에 때때로 간절하게 청문(聽聞)함.
	⑩ 遠離愛樂 愛樂觀察	내심의 사마타(奢摩他)에 대하여 멀리 여읨의 애락[遠離愛樂]을 얻고, 치열하게 명정한 이에게 있는 모든 애락(愛樂)을 증득함.
요약	삼마지 원만의 자세한 성스러운 가르침의 의미에는 오직 이 열 가지만이 있는 줄을 알아야 함.	

2.3. 삼마지자재(三摩地自在)의 구성

<table>
<tr><td rowspan="22">三摩地自在
(16:09-19:22)</td><td colspan="2">도입
(16:09-19)</td><td colspan="2">삼마지가 원만하여도, 수번뇌를 현행하지 않으며 마음을 단련하고 조화롭게 하기 위해 네 처소에서 스물두 상으로써 잘 관찰해야 함.</td></tr>
<tr><td rowspan="20">22相</td><td rowspan="6">初處
觀察</td><td colspan="2">5相 (16:19~17:05)</td></tr>
<tr><td rowspan="3">하열한 형상을 받음.</td><td>① 수염과 머리카락을 깎아서 없앰.</td></tr>
<tr><td>② 세속의 좋은 모습을 버림.</td></tr>
<tr><td>③ 탁한 색의 옷을 입음.</td></tr>
<tr><td>하열한 위의를 받음.</td><td>④ 남의 집에 가되 살펴 바로 관찰하여서 다니면서 음식 구걸함.</td></tr>
<tr><td>하열한 뭇 도구를 받음.</td><td>⑤ 바로 관찰하여 남으로부터 쌓아 모으는 바 없는 여러 몸을 돕는 도구[供身具]를 획득함.</td></tr>
<tr><td rowspan="6">第二處
觀察</td><td colspan="2">5相 (17:05~17)</td></tr>
<tr><td rowspan="5">금하는 계율[尸羅]을 받음.</td><td>① 권속(眷屬)・재산과 갖가지 세상일을 버림.</td></tr>
<tr><td>② 계율을 범하여도 스스로를 책망하지 않으며, 동료 수행자에게 꾸짖음이나 배척을 당하지 않음.</td></tr>
<tr><td>③ 계율을 범하여도 가벼이 들추지 않으며, 만일 계율을 어기고 범하면 스스로 간절히 책망함.</td></tr>
<tr><td>④ 동료 수행자가 법으로써 꾸짖거나 배척하면, 곧 법과 같이 스스로 뉘우쳐 제거함.</td></tr>
<tr><td>⑤ 동료 수행자가 죄를 들춰도 성내거나 원망함이 없고, 그에게 손해를 끼치거나 괴롭히지 않고 스스로 닦아 다스림.</td></tr>
<tr><td rowspan="6">第三處
觀察</td><td colspan="2">5相 (17:17~18:01)</td></tr>
<tr><td rowspan="5">선법을 닦음.</td><td>① 부지런히 선품을 닦아야 다른 사람의 믿음의 보시[信施]를 받을 수 있음.</td></tr>
<tr><td>② 멀리 여의는 것[遠離]을 즐겨서 바른 방편으로써 여러 작의(作意)를 닦음.</td></tr>
<tr><td>③ 밤낮으로 퇴분(退分)과 승분(勝分)에 대해 지(知)와 단(斷)을 닦아 익힘.</td></tr>
<tr><td>④ 삶과 죽음에서 큰 과실(過失)을 봄.</td></tr>
<tr><td>⑤ 열반에서 뛰어난 공덕을 봄.</td></tr>
<tr><td rowspan="2">第四處
觀察</td><td colspan="2">7相 (18:01~09)</td></tr>
<tr><td colspan="2">이처럼 부지런히 선품을 닦는 자에게는 네 가지 괴로움(악취고(惡趣苦), 내괴고(內壞苦), 애괴고(愛壞苦), 일체고인(一切苦因))이 뒤따르는데, 일곱 가지 상(相)으로 살펴 바로 관찰하여야 함.</td></tr>
<tr><td colspan="2">요약
(18:09-22)</td><td colspan="2">4처에서 스물두 가지 상으로써 바르게 관찰할 때, 이치에 맞는 작의를 냄. 이와 같이 올바로 수행하기 때문에 삼마지에서 자재를 획득함.</td></tr>
<tr><td colspan="5">六支인 世間一切種淸淨을 총괄 (19:22~20:02)</td></tr>
</table>

〈유가13 : 04〉

A 云何世間一切種清淨？

B 云何ㅆ1乙 世間一切種清淨刂丨ノ仒ㅁ

C 엇흔을 世間一切種清淨이다호리고

D 云何[ㅆV, 1Et, 乙J,] 世間一切種清淨[刂V, 丨Ef, ノV+Ep, 仒Et+N, ㅁJ,]

E 어떤 것을 세간일체종청정이라고 하는가?

F 무엇을 세간(世間)의 모든 종류[一切種]의 청정(清淨)이라고 하는가?

〈유가13 : 04-05〉

A 當知略有三種。

B 當ハ 知㢱丨 略ㅁ1 三種 有ㅆ1刂1丁

C 반독 알오다 略곤 三種 有흔인뎌

D 當[ハM,] 知[㢱Ep, 丨Ef,] 略[ㅁEc-, 1-Ec,] 三種 有[ㅆV, 1Et, 刂V, 1Ef-, 丁-Ef,]

E 반드시 알아야 한다. 간략히 말하면 세 가지가 있는 것이다.

F 간략하게 세 가지가 있다고 하는 줄 알아야만 한다.

〈유가13 : 05-06〉

A 一、得三摩地，二、三摩地圓滿，三、三摩地自在。

B 一十1 得三摩地ㅅ 二 三摩地圓滿ㅅ 三 三摩地自在ㅅ刂丨

C 一긘 得三摩地와 二 三摩地圓滿과 三 三摩地自在와이다

D 一[+J, 1J,] 得三摩地[ㅅJ,] 二 三摩地圓滿[ㅅJ,] 三 三摩地自在[ㅅJ, 刂V, 丨Ef,]

E 첫째는 삼마지[1] 얻음과, 둘째는 삼마지 원만과, 셋째는 삼마지 자재와이다.

F 첫째는 삼마지(三摩地)를 얻는 것이며, 둘째는 삼마지(三摩地)가 원만(圓滿)한 것이며, 셋째는 삼마지(三摩地)가 자재(自在)한 것이다.

---

1) 삼마지(三摩地)는 산스크리트어 samādhi의 음역으로, 정(定)으로 의역하기도 한다. 들뜨거나 가라앉은 마음을 모두 떠나 평온한 마음을 견지하는 것, 산란됨이 없이 집중된 마음의 상태를 뜻한다. 흔히 삼매(三昧)라고 한다.

〈유가13 : 06-07〉

A 此中最初有二十種得三摩地所對治法、能令不得勝三摩地。

B 此七 中⺀十 最初⺀十丨 二十種七 得三摩地七 所對治七 法刂 能ㄉ 勝三摩地乙 得尸 不ハ ぃ{令}刂亽 有七丨

C 此ㅅ 中아긔 最初아긘 二十種ㅅ 得三摩地ㅅ 所對治ㅅ 法이 能며 勝三摩地를 得ㄹ 안득ᄒᆞ이리 잇다

D 此[七J,] 中[⺀J-, 十-J,] 最初[⺀J-, 十-J, 丨J,] 二十種[七J,] 得三摩地[七J,] 所對治[七J,] 法[刂J,] 能[ㄉM,] 勝三摩地[乙J,] 得[尸Et,] 不[ハM, ぃV,]{令}[刂V, 亽Et+N,] 有[七V, 丨Ef,]

E 이 가운데 처음에는 스무 가지의 삼마지 얻음의 소대치의 법이, 능히 뛰어난 삼마지를 얻지 못하게 하는 것이 있다.

F 이 가운데에 맨 처음의 삼마지(三摩地)를 얻는 데에 20가지의 소대치법(所對治法)이 있어서 능히 뛰어난 삼마지[勝三摩地]를 얻지 못하도록 한다.

〈유가13 : 08〉

A 何等二十?

B 何 等ぃ丨乙 二十刂丨ノ亽口

C 何 다ᄒᆞᆫ을 二十이다호리고

D 何 等[ぃV, 丨Et, 乙J,] 二十[刂V, 丨Ef, ノV+Ep, 亽Et+N, 口J,]

E 어떤 것들을 스물이라고 하는가?

F 무엇 등을 20이라고 하는가?

〈유가13 : 08-09〉

A 一、有不樂斷同梵行者爲伴過失。

B 一十丨 斷乙 樂尸 不冬ぃ亽七 同梵行者乙 伴 {爲}氵ノㅌ七 過失 {有}ㅓㄉ

C 一긘 斷을 樂ㄹ 안ᄃᆞᆯᄒᆞ릿 同梵行者를 伴 삼호ᄂᆞᆺ 過失 두며

D 一[十J, 丨J,] 斷[乙J,] 樂[尸Et,] 不[冬M, ぃV, 亽Et+N, 七J,] 同梵行者[乙J,] 伴 {爲}[氵V, ノV+Ep, ㅌEt, 七J,] 過失 {有}[ㅓV, ㄉEc,]

E 첫째는 끊음[斷]을 즐기지 않는 동료 수행자[同梵行者]를 도반[伴]으로 삼는 잘못을 지니며,

F 첫째는 끊음[斷]을 즐기지 않는 범행을 같이하는 자[同梵行者]를 도반[伴]으로 삼는 과실(過失)이 있는 것이다.

〈유가13 : 09-10〉

A **二、伴雖有德；然能宣說修定方便師有過失。謂顚倒說修定方便。**

B 二 伴ㄱ 有德ソ人{雖}ㅓ 然ソ乃 能ㄅ 修定方便乙 宣說ソ今七 師刂 過失 {有}ㅓノ尸厶 謂ㄱ 顚倒ㄎ 修定方便乙 說ソ尸矢ㄅ

C 二 伴은 有德ᄒᆞ과두 然ᄒᆞ나 能며 修定方便을 宣說ᄒᆞ릿 師이 過失 두올딕 닐온 顚倒히 修定方便을 說ᄒᆯ디며

D 二 伴[ㄱJ,] 有德[ソV, 人Ec-,]{雖}[ㅓ-Ec,] 然[ソV, 乃Ec,] 能[ㄅM,] 修定方便[乙J,] 宣說[ソV, 今Et+N, 七J,] 師[刂J,] 過失 {有}[ㅓV, ノEp, 尸Ec-, 厶-Ec,] 謂[ㄱEc,] 顚倒[ㄎM,] 修定方便[乙J,] 說[ソV, 尸Et, 矢N+V, ㄅEc,]

E 둘째는 도반[伴]은 비록 덕이 있어도, 그러나 능히 정을 닦는 방편을 펼쳐 말하는 스승이 잘못을 지니되, 말하자면 전도(顚倒)[2]하여 정을 닦는 방편을 설하는 것이며,

F 둘째는 도반[伴]에게는 비록 덕(德)이 있지만 정을 닦는 방편[修定方便]을 선설(宣說)하는 스승[師]에게 과실(過失)이 있는 것이니, 정을 닦는 방편을 전도(顚倒)하여 설하는 것을 말한다.

〈유가13 : 11-13〉

A **三、師雖有德；然於所說修定方便、其能聽者欲樂羸劣、心散亂故，不能領受過失。**

B 三 師ㄱ 有德ソ人{雖}ㅓ 然ソ乃 {於}所說七 修定方便氵十 其 能聽者刂 欲樂羸劣ソ氵 心 散亂ソㄱ入灬 故ノ 領受 能 不ハノ今七 過失刂ㄅ

C 三 師는 有德ᄒᆞ과두 然ᄒᆞ나 {於}所說ㅅ 修定方便아긔 其 能聽者이 欲樂羸劣ᄒᆞ아 心 散亂ᄒᆞᆫᄃᆞ로 故오 領受 能 안ᄃᆞᆨ호릿 過失이며

2) 전도(顚倒)는 반대의 것, 거꾸로 됨, 진리에 어긋난다는 뜻으로, 그릇된 관념을 갖는 것을 가리키기도 한다.

D 三 師[ㄱJ,] 有德[ソV, ㅅEc-,]{雖}[ㅊ-Ec,] 然[ソV, ㄗEc,] {於}所說[ㄹJ,] 修定方便[ㅋJ-, ㅊ-J,] 其 能聽者[リJ,] 欲樂羸劣[ソV, ㅋEc,] 心 散亂[ソV, ㄱEt, ㅅN, ᄆJ,] 故[ノR,] 領受 能 不[ハM, ノV+Ep, ㅊEt+N, ㄹJ,] 過失[リV, ㅅEc,]

E 셋째는 스승은 비록 덕이 있어도, 그러나 말한 바 정을 닦는 방편에 대해 그 능히 들을 자[能聽者]가 즐기려는 욕구[欲樂]가 보잘것없어[羸劣] 마음이 산란한 까닭으로 받아들이기[領受]를 능히 못하는 잘못이며,

F 셋째는 스승[師]에게 덕(德)이 있을지라도 설해진 정을 닦는 방편[修定方便]에 대하여 그 듣는 자[能聽者]의 욕락(欲樂)이 리열[羸劣]하고 마음이 산란(散亂)하기 때문에 능히 받아들이지[領受] 못하는 과실(過失)이 있는 것이다.

〈유가13 : 13-15〉

A **四、其能聽者、雖有樂欲、屬耳而聽；然闇鈍故、覺慧劣故、不能領受過失。**

B 四 其 能聽者リ 樂欲 {有}ㅊㅋ ホ 屬耳ソㅋ 而ᄆ 聽ソㅎㄹㅅ{雖}ㅊ 然ソㄗ 闇鈍ソㄱㅅᄆ {故}ㅅ 覺慧 劣ソㄱㅅᄆ 故ノ 領受 能 不ハノㅊㄹ 過失リㅅ

C 四 其 能聽者이 樂欲 두아곰 屬耳ᄒᆞ아 而로 聽ᄒᆞᇙ과두 然ᄒᆞ나 闇鈍ᄒᆞᆫᄃᆞ로며 覺慧 劣ᄒᆞᆫᄃᆞ로 故오 領受 能 안ᄃᆞᆨ호릿 過失이며

D 四 其 能聽者[リJ,] 樂欲 {有}[ㅊV, ㅋEc, ホJ,] 屬耳[ソV, ㅋEc,] 而[ᄆR,] 聽[ソV, ㅎEp-, ㄹ-Ep, ㅅEc-,]{雖}[ㅊ-Ec,] 然[ソV, ㄗEc,] 闇鈍[ソV, ㄱEt, ㅅN, ᄆJ,]{故}[ㅅEc,] 覺慧 劣[ソV, ㄱEt, ㅅN, ᄆJ,] 故[ノR,] 領受 能 不[ハM, ノV+Ep, ㅊEt+N, ㄹJ,] 過失[リV, ㅅEc,]

E 넷째는 그 능히 들을 자[能聽者]가 비록 즐기려는 욕구[樂欲]를 지녀서 귀 기울여 열심히 들어도, 그러나 머리가 아둔한 까닭에서이며 각혜[3]가 보잘것없는 까닭으로 받아들이기를 능히 못하는 잘못이며,

F 넷째는 그 듣는 자에게 비록 락욕(樂欲)이 있어서 귀를 모아서 들을지라도 암둔(闇鈍)하기 때문에, 각혜(覺慧)가 리열[羸劣 : 劣]하기 때문에 능히 받아들이지 못하는 과실(過失)이 있는 것이다.

3) 각혜(覺慧)는 무언가 알아차리는 것을 가리킨다.

〈유가13 : 15-16〉

A 五、雖有智德；然是愛行、多求利養恭敬過失。

B 五 智德 {有}斗人{雖}斗 然ソ乃 是ㄱ 愛行リ罒 多リ 利養恭敬乙 求ノ亽七 過失リᄼ

C 五 智德 두과두 然ᄒᆞ나 是는 愛行이라 하이 利養恭敬을 求호릿 過失이며

D 五 智德 {有}[斗V, 人Ec–,]{雖}[斗–Ec,] 然[ソV, 乃Ec,] 是[ㄱJ,] 愛行[リV, 罒Ec,] 多[リM,] 利養恭敬[乙J,] 求[ノV+Ep, 亽Et+N, 七J,] 過失[リV, ᄼEc,]

E 다섯째는 비록 지와 덕은 지녔어도, 그러나 이는 애행[4]이라서 많이 이양과 공경을 구하는 잘못이며,

F 다섯째는 지(智)와 덕(德)이 있을지라도 애행(愛行)이 있어서 많은 이득[利養]과 공경(恭敬)을 구하는 과실(過失)이 있는 것이다.

〈유가13 : 16-17〉

A 六、多分憂愁、難養難滿、不知喜足、過失。

B 六 多分 憂愁ソろ亦 難養難滿ノォ罒 喜足乙 知尸 不ハノ亽七 過失リᄼ

C 六 多分 憂愁ᄒᆞ아곰 難養難滿호리라 喜足을 알 안ᄃᆞᆨ호릿 過失이며

D 六 多分 憂愁[ソV, ろEc, 亦J,] 難養難滿[ノV+Ep, ォEp, 罒Ec,] 喜足[乙J,] 知[尸Et,] 不[ハM, ノV+Ep, 亽Et+N, 七J,] 過失[リV, ᄼEc,]

E 여섯째는 많이 걱정하고 근심하여서 기르기 어렵고 채우기 어려울 것이라 기뻐하고 만족함을 알지 못하는 잘못이며,

F 여섯째는 많은 걱정과 근심[憂愁]으로 기르기 어렵고 원만하기 어려워서 희족(喜足)을 알지 못하는 과실이 있는 것이다.

〈유가13 : 17-18〉

A 七、卽由如是增上力故，多諸事務過失。

B 七 卽ㅎ 是 如支ソㄱ 增上力乙 由氵ㄱ入灬 故ノ 諸 事務 多ノ亽七 過失リᄼ

C 七 곧오 是 다ᄒᆞᆫ 增上力을 말ᄆᆡ삼은ᄃᆞ로 故오 諸 事務 多호릿 過失이며

---

4) 애행(愛行)은 의지가 확고하지 않고 정리(情理)에 따라 성급하게 동요하는 자를 말한다.

D 七 卽[亦M,] 是 如[支V, ソV, ㄱEt,] 增上力[乙J,] 由[氵V, ㄱEt, 入N, 灬J,] 故[ノR,] 諸 事務 多 [ノV+Ep, 令Et+N, 七J,] 過失[リV, ケEc,]

E 일곱째는 곧 이와 같은 증상력에 말미암은 까닭으로 여러 사무가 많은 잘못이며,[5)]

F 일곱째는 즉 이와 같은 증상력(增上力) 때문에 여러 사무(事務)가 많은 과실(過失)이 있는 것이다.

〈유가13 : 18-19〉

A **八、雖無此失；然有懈怠嬾惰故、棄捨加行過失。**

B 八 此 失ㄱ 无七人{雖}斗 然ソ乃 懈怠 嬾惰 {有}斗ㄱ入灬 故ノ 加行乙 棄捨ノ令七 過失リケ

C 八 此 失은 없과두 然ᄒᆞ나 懈怠 嬾惰 둔ᄃᆞ로 故오 加行을 棄捨호릿 過失이며

D 八 此 失[ㄱJ,] 无[七V, 人Ec-,]{雖}[斗-Ec,] 然[ソV, 乃Ec,] 懈怠 嬾惰 {有}[斗V, ㄱEt, 入N, 灬J,] 故[ノR,] 加行[乙J,] 棄捨[ノV+Ep, 令Et+N, 七J,] 過失[リV, ケEc,]

E 여덟째는 비록 이러한 잘못은 없어도, 그러나 게으름과 나태함을 지닌 까닭으로 가행을 버리는 잘못이며,[6)]

F 여덟째는 비록 이러한 과실이 없을지라도 해태(懈怠) 난타(嬾墮)가 있기 때문에 가행(加行)을 버리는[棄捨] 과실이 있는 것이다.

〈유가13 : 19-20〉

A **九、雖無此失；然有爲他種種障礙生起過失。**

B 九 此 失ㄱ 無七人{雖}斗 然ソ乃 他 種種七 障㝵リ 生起ノ尸入乙 爲ハノ令七 過失 {有}斗ケ

C 九 此 失은 없과두 然ᄒᆞ나 他 갓갓 障㝵이 生起홀ᄃᆞᆯ 爲ᄀ호릿 過失 두며

---

5) 증상력(增上力)은 '향상하는 기세를 증강하는 힘'이라는 뜻이다. 전후 맥락을 고려하면, 일곱 번째 소대치법(所對治法)은 앞에 나온 첫째에서 여섯째까지의 소대치법이 기세를 더하여 여러 일이 많아지는 잘못을 가리킨다.

6) 가행(加行)은 목적을 이루려는 수단으로서 더욱 힘을 써서 수행하는 일을 말한다. 또는 본격적인 수행에 앞서 행하는 예비적 수행을 뜻하기도 한다. 구역(舊譯)에서는 '방편(方便)'이라고 하였는데, '佛果善巧方便'과 헷갈릴 우려가 있어 신역(新譯)에서는 '가행(加行)'이라고 하였다. 여기에서는 게을러서 수행하는 방법[方便]에 더해야 하는 노력을 하지 않는 잘못을 가리킨다.

Ⓓ 九 此 失[ㄱJ,] 無[ㅌV, ㅅEc-,]{雖}[ㅓ-Ec,] 然[ㅅV, ㄌEc,] 他 種種[ㅌJ,] 障㝵[ㅣJ,] 生起[ノV+Ep, ㄕEt, ㅅN, ㄹJ,] 爲[ハR, ノV+Ep, 䒑Et+N, ㅌJ,] 過失 {有}[ㅓV, ㄅEc,]

Ⓔ 아홉째는 비록 이러한 잘못은 없어도, 그러나 다른 갖가지 장애가 생겨나는 것을 입게 되는 잘못을 지니며,[7)]

Ⓕ 아홉째는 비록 이러한 과실이 없을지라도 다른 것으로 인하여 갖가지 장애(障礙)를 일으키는 과실(過失)이 있는 것이다.

〈유가13 : 21-22〉

Ⓐ **十、雖無此失；然有於寒熱等苦、不能堪忍過失。**

Ⓑ 十 此 失ㄱ 無ㅌㅅ{雖}ㅓ 然ㅅㄌ {於}寒熱 等ㅅㄱ 苦ㄋㅜ 堪忍 能 不ハノ䒑ㅌ 過失 {有}ㅓㄅ

Ⓒ 十 此 失은 없과두 然ᄒᆞ나 寒熱 다ᄒᆞᆫ 苦아긔 堪忍 能 안ᄃᆞᆨ호릿 過失 두며

Ⓓ 十 此 失[ㄱJ,] 無[ㅌV, ㅅEc-,]{雖}[ㅓ-Ec,] 然[ㅅV, ㄌEc,] {於}寒熱 等[ㅅV, ㄱEt,] 苦[ㄋJ-, ㅜ-J,] 堪忍 能 不[ハM, ノV+Ep, 䒑Et+N, ㅌJ,] 過失 {有}[ㅓV, ㄅEc,]

Ⓔ 열째는 비록 이러한 잘못은 없어도, 그러나 추위 더위 등의 괴로움에서 참아내기를 능히 못하는 잘못을 지니며,

Ⓕ 열째는 이러한 과실이 없을지라도 춥고 더운 등의 괴로움[苦]에 대하여 능히 참아내지[堪忍] 못하는 과실(過失)이 있는 것이다.

〈유가13 : 22-23〉

Ⓐ **十一、雖無此失；然有慢恚過故、不能領受教誨過失。**

Ⓑ 十一 此 失ㄱ 無ㅌㅅ{雖}ㅓ 然ㅅㄌ 慢ㅅ 恚ㅅㅌ 過ㅡ 故ノ 教誨ㄹ 領受 能 不ハノ䒑ㅌ 過失 {有}ㅓㄅ

Ⓒ 十一 此 失은 없과두 然ᄒᆞ나 慢과 恚왓 過로 故오 教誨를 領受 能 안ᄃᆞᆨ호릿 過失 두며

Ⓓ 十一 此 失[ㄱJ,] 無[ㅌV, ㅅEc-,]{雖}[ㅓ-Ec,] 然[ㅅV, ㄌEc,] 慢[ㅅJ,] 恚[ㅅJ, ㅌJ,] 過[ㅡJ,]

7) 구결문의 해석과 역경원의 번역이 차이를 보인다. 구결문은 '爲'가 '他種種障㝵生起'에 걸리는 것으로 보아 '다른 갖가지 장애가 생겨나는 것을 입게 되는 (잘못)'처럼 해석할 수 있는 반면, 역경원 번역문은 '爲'가 '他'에만 걸리는 것으로 보아 "다른 것으로 인하여 (갖가지 장애를 일으키는 과실)"로 번역하였다.

故[ノR,] 教誨[乙J,] 領受 能 不[ハM, ノV+Ep, 今Et+N, ヒJ,] 過失 {有}[ㅓV, ㅅEc,]

E 열한째는 비록 이러한 잘못은 없어도, 그러나 교만과 성냄과의 잘못으로 가르쳐 깨우침[教誨]을 받아들이기를 능히 못하는 잘못을 지니며,

F 열한째는 비록 이러한 과실이 없을지라도 만(慢) 에(恚)의 과실이 있기 때문에, 교회(教誨)를 능히 받아들일 수 없는 과실(過失)이 있는 것이다.

〈유가13 : 23-14 : 01〉

A **十二、雖無此失；然有於教顚倒思惟過失。**

B 十二 此 失ㄱ 無ヒㅅ{雖}ㅓ 然ソㄋ {於}教ㄋ十 顚倒思惟ノ今ヒ 過失 {有}ㅓㅅ

C 十二 此 失은 업과두 然ᄒᆞ나 教아긔 顚倒思惟호릿 過失 두며

D 十二 此 失[ㄱJ,] 無[ヒV, ㅅEc-,]{雖}[ㅓ-Ec,] 然[ソV, ㄋEc,] {於}教[ㄋJ-, 十-J,] 顚倒思惟[ノV+Ep, 今Et+N, ヒJ,] 過失 {有}[ㅓV, ㅅEc,]

E 열두째는 비록 이러한 잘못은 없어도, 그러나 가르침에 대해 전도(顚倒)하여 사유하는 잘못을 지니며,

F 열두째는 비록 이러한 과실이 없을지라도 가르침[教]에 대하여 전도(顚倒)하여 사유(思惟)하는 과실(過失)이 있는 것이다.

〈유가14 : 01-02〉

A **十三、雖無此失；然於所受教有忘念過失。**

B 十三 此 失ㄱ 無ヒㅅ{雖}ㅓ 然ソㄋ {於}所受ヒ 教ㄋ十 忘念ノ今ヒ 過失 {有}ㅓㅅ

C 十三 此 失은 업과두 然ᄒᆞ나 所受ㅅ 教아긔 忘念호릿 過失 두며

D 十三 此 失[ㄱJ,] 無[ヒV, ㅅEc-,]{雖}[ㅓ-Ec,] 然[ソV, ㄋEc,] {於}所受[ヒJ,] 教[ㄋJ-, 十-J,] 忘念[ノV+Ep, 今Et+N, ヒJ,] 過失 {有}[ㅓV, ㅅEc,]

E 열셋째는 비록 이러한 잘못은 없어도, 그러나 받은 바 가르침에 대해 망념하는 잘못을 지니며,

F 열셋째는 비록 이러한 과실이 없을지라도 받아들인 가르침[教]에 대하여 망념(忘念)하는 과실(過失)이 있는 것이다.

〈유가14 : 03-04〉

A 十四、雖無此失；然有在家出家雜住過失。

B 十四 此 失ㄱ 无ㅌㅅ{雖}ㅓ 然ㅣ乃 在家 出家ㅡ 雜住ノ今ㅌ 過失 {有}ㅓㅅ

C 十四 此 失은 없과두 然ᄒᆞ나 在家 出家로 雜住호릿 過失 두며

D 十四 此 失[ㄱJ,] 无[ㅌV,ㅅEc-,]{雖}[ㅓ-Ec,] 然[ㅣV,乃Ec,] 在家 出家[ㅡJ,] 雜住[ノV+Ep, 今Et+N,ㅌJ,] 過失 {有}[ㅓV,ㅅEc,]

E 열넷째는 비록 이러한 잘못은 없어도, 그러나 재가자 출가자와 섞여 거주하는 잘못을 지니며,

F 열넷째는 비록 이러한 과실이 없을지라도 재가(在家)와 출가(出家)가 섞여서 머무르는 [雜住] 과실(過失)이 있는 것이다.

〈유가14 : 04-05〉

A 十五、雖無此失；然有受用五失相應臥具過失。

B 十五 此 失ㄱ 無ㅌㅅ{雖}ㅓ 然ㅣ乃 五失 相應ㅣㄱ 臥具乙 受用ノ今ㅌ 過失 {有}ㅓ尸矢ㅣㄱㅗ

C 十五 此 失은 없과두 然ᄒᆞ나 五失 相應ᄒᆞᆫ 臥具를 受用호릿 過失 둘디인여

D 十五 此 失[ㄱJ,] 無[ㅌV,ㅅEc-,]{雖}[ㅓ-Ec,] 然[ㅣV,乃Ec,] 五失 相應[ㅣV,ㄱEt,] 臥具[乙J,] 受用[ノV+Ep,今Et+N,ㅌJ,] 過失 {有}[ㅓV,尸Et,矢N+R,ㅣV,ㄱEt,ㅗR,]

E 열다섯째는 비록 이러한 잘못은 없어도, 그러나 다섯 가지 과실에 상응하는 와구[8]를 받아쓰는 잘못을 지니는 것이니,[9]

F 열다섯째는 비록 이러한 과실이 없을지라도 5실(失)과 상응(相應)하는 와구(臥具)를 수용

8) 와구(臥具)는 산스크리트어 niṣīdana의 의역으로, 음역하여 니사단(尼師壇)이라고도 한다. 원래의 뜻은 수행자가 소지하는 방형의 천으로 만든 자리 깔개인데, 여기에서는 수행에 필요한 여러 가지 생활용품을 가리킨다.

9) 한청정(2006 : 1747)에서는 다음과 같이 설명하였다.
"'그러나 다섯 가지 과실에 상응하는 와구를 받아쓰는 잘못을 지닌다'라는 것은, 아래에서 설하는 바와 같이 처소가 수순하지 못한 성질을 말하는데, 이를 일컬어 다섯 가지 과실에 상응하는 와구를 받아쓴다고 하는 것이다. 성문지에서 설하기를, '처소원만에 간략히 다섯 가지가 있는데, 그 뒤의 네 가지를 번역하여 다섯 가지 과실에 상응함을 알아야 한다.'라고 하였다. [然有受用五失相應臥具過失等者：如下說言處所不隨順性，是名受用五失相應臥具。聲聞地說：處所圓滿略有五種，翻彼後四，應知五失相應。]"

(受用)하는 과실(過失)이 있는 것이다.

〈유가14 : 05-06〉

A **五失相應臥具、應知如聲聞地當說。**

B 五失 相應ソ1 臥具1 知ノ⺁應ㇴ丨 聲聞地氵十 當八 說白ノ尸 如支ソ1リ1丁

C 五失 相應ᄒᆞᆫ 臥具는 알옴應ㅅ다 聲聞地아긔 반ᄃᆞᆨ 니르ᄉᆞᆸ올 다ᄒᆞᆫ인뎌

D 五失 相應[ソV, 1Et,] 臥具[1J,] 知[ノEp, ⺁Ep-,]應[ㇴ-Ep, 丨Ef,] 聲聞地[氵J-, 十-J,] 當[八M,] 說[白Ep, ノEp, 尸Et,] 如[支V, ソV, 1Et, リV, 1Ef-, 丁-Ef,]

E 다섯 가지 과실에 상응하는 와구는, 알아야 한다, 성문지[10)]에서 마땅히 말할 바와 같은 것이다.

F 5실(失)과 상응하는 와구(臥具)란 성문지(聲聞地)에서 설하게 될 것과 같은 줄 알아야만 한다.

〈유가14 : 06-08〉

A **十六、雖無此失；然於遠離處不守護諸根故、有不正尋思過失。**

B 十六 此 失1 无ㇴㅅ{雖}斗 然ソ乃 {於}遠離處氵十 諸 根乙 守護 不八ソ1ㅅ灬 故ノ 不正尋思ノ令ㇴ 過失 {有}斗ㄏ

C 十六 此 失은 없과두 然ᄒᆞ나 遠離處아긔 諸 根을 守護 안ᄃᆞᆨᄒᆞᆫᄃᆞ로 故오 不正尋思호릿 過失 두며

D 十六 此 失[1J,] 无[ㇴV, ㅅEc-,]{雖}[斗-Ec,] 然[ソV, 乃Ec,] {於}遠離處[氵J-, 十-J,] 諸 根[乙J,] 守護 不[八M, ソV, 1Et, ㅅN, 灬J,] 故[ノR,] 不正尋思[ノV+Ep, 令Et+N, ㇴJ,] 過失{有}[斗V, ㄏEc,]

E 열여섯째는 비록 이러한 잘못은 없어도, 그러나 멀리 떨어진 곳에서 여러 근을 수호하지 못한 까닭으로 바르지 않은 심사를 하는 잘못을 지니며,

F 열여섯째는 비록 이러한 과실이 없을지라도 멀리 떨어진 곳[遠離處]에서 제 근(根)을 수

10) 성문지(聲聞地)는 『유가사지론』 본지분의 17지(地) 중 13번째 지로서 제21권~제34권에 들어 있다. 성문의 경지, 즉 성문의 종성(種姓), 발심, 수행, 득과(得果) 등을 초유가처(初瑜伽處)로부터 제4 유가처(瑜伽處)의 넷으로 구분하여 설한다.

호(守護)하지 않기 때문에, 바르지 않은 심사[不正尋思]의 과실(過失)이 있는 것이다.

〈유가14 : 08-09〉

A **十七、雖無此失；然由食不平等故、有身沈重無所堪能過失。**

B 十七 此 失ㄱ 無ㅌ入{雖}ㅛ 然ㅅ乃 食 不平等ㅅㄱ入乙 由氵ㄱ入ㅡ 故ノ 身 沈重ㅅ氵ホ 堪能ノ尸 所 无ノ今ㅌ 過失 {有}ㅛㅅ

C 十七 此 失은 업과두 然ᄒᆞ나 食 不平等ᄒᆞᆫ들 말ᄆᆡ삼은ᄃᆞ로 故오 身 沈重ᄒᆞ아곰 堪能홀 所 无호릿 過失 두며

D 十七 此 失[ㄱJ,] 無[ㅌV, 入Ec-,]{雖}[ㅛ-Ec,] 然[ㅅV, 乃Ec,] 食 不平等[ㅅV, ㄱEt, 入N, 乙J,] 由[氵V, ㄱEt, 入N, ㅡJ,] 故[ノR,] 身 沈重[ㅅV, 氵Ec, ホJ,] 堪能[ノV+Ep, 尸Et,] 所 无[ノV+Ep, 今Et+N, ㅌJ,] 過失 {有}[ㅛV, ㅅEc,]

E 열일곱째는 비록 이러한 잘못은 없어도, 그러나 먹는 것이 평등하지 않은 것에 말미암은 까닭으로 몸이 무겁게 가라앉아서 능히 감당할 수 없는 잘못을 지니며,

F 열일곱째는 비록 이러한 과실이 없을지라도 식사[食]가 평등(平等)하지 않기 때문에 몸이 무겁게 가라앉아서[沈重] 감능(堪能)할 수 없게 되는 과실(過失)이 있는 것이다.

〈유가14 : 09-11〉

A **十八、雖無此失；然性多睡眠、有多睡眠隨煩惱現行過失。**

B 十八 此 失ㄱ 无ㅌ入{雖}ㅛ 然ㅅ乃 性多睡眠ㅅ氵ホ 多リㄱ 睡眠隨煩惱リ 現行ノ今ㅌ 過失 {有}ㅛㅅ

C 十八 此 失은 업과두 然ᄒᆞ나 性多睡眠ᄒᆞ아곰 하인 睡眠隨煩惱이 現行호릿 過失 두며

D 十八 此 失[ㄱJ,] 无[ㅌV, 入Ec-,]{雖}[ㅛ-Ec,] 然[ㅅV, 乃Ec,] 性多睡眠[ㅅV, 氵Ec, ホJ,] 多[リR, ㄱEt,] 睡眠隨煩惱[リJ,] 現行[ノV+Ep, 今Et+N, ㅌJ,] 過失 {有}[ㅛV, ㅅEc,]

E 열여덟째는 비록 이러한 잘못은 없어도, 그러나 성품이 잠이 많아서 많은 수면[11]의 수번뇌[12]가 나타나는 잘못을 지니며,

11) 수면(睡眠)은 부정지법(不定地法)의 하나로 마음이 혼미해져 몸이 무거워지고 잠에 빠지는 것이다.

12) 수번뇌(隨煩惱)는 수혹(隨惑)이라고도 하며, 근본번뇌(根本煩惱)에 수반하여 일어나는 번뇌를 말한다. 논서마다 그 수가 차이가 나는데, 『유가사지론』에서는 22종류를 설하였다. 즉 분(忿)·한(恨)·복(覆)·뇌(惱)·

F 열여덟째는 비록 이러한 과실이 없을지라도 수면(睡眠)을 많이 하는 성품[性] 때문에 자주 수면(睡眠)의 수번뇌(隨煩惱)가 현행(現行)하는 과실(過失)이 있는 것이다.

〈유가14 : 11-13〉

A **十九、雖無此失；然不先修行奢摩他品故，於內心寂止遠離中、有不欣樂過失。**

B 十九 此 失ㄱ 无ㄷㅅ{雖}ㅓ 然ㅅㄗ 先ㅜ 奢摩他品ㄹ 修行 不ㅅㅅㄱㅅㅆ 故ノ {於}內心寂止ㅣㄱ 遠離ㄷ 中ㄋㅏ 不欣樂ノ소ㄷ 過失 {有}ㅓㅅ

C 十九 此 失은 없과두 然ㅎ나 先하 奢摩他品을 修行 안ㄷ혼ㄷ로 故오 內心寂止인 遠離ㅅ 中아긔 不欣樂호릿 過失 두며

D 十九 此 失[ㄱJ,] 无[ㄷV, ㅅEc-,]{雖}[ㅓ-Ec,] 然[ㅅV, ㄗEc,] 先[ㅜM,] 奢摩他品[ㄹJ,] 修行 不[ㅅM, ㅅV, ㄱEt, ㅅN, ㅆJ,] 故[ノR,] {於}內心寂止[ㅣV, ㄱEt,] 遠離[ㄷJ,] 中[ㄋJ-, ㅏ-J,] 不欣樂[ノV+Ep, 소Et+N, ㄷJ,] 過失 {有}[ㅓV, ㅅEc,]

E 열아홉째는 비록 이러한 잘못은 없어도, 그러나 먼저 사마타품을 수행하지 못한 까닭으로 내심의 고요한 그침[寂止]인 멀리 떨어짐[遠離]의 가운데에서 흔쾌히 즐거워하지 않는 잘못을 두며,

F 열아홉째는 비록 이러한 과실이 없을지라도 앞서 사마타품(奢摩他品)을 수행(修行)하지 않았기 때문에, 내심(內心)의 적지(寂止) 원리(遠離)에 대하여 흔락(欣樂)하지 않는 과실(過失)이 있는 것이다.

〈유가14 : 13-16〉

A **二十、雖無此失；然先不修行毘鉢舍那品故，於增上慧法毘鉢舍那如實觀中、有不欣樂過失。**

B 二十 此 失ㄱ 无ㄷㅅ{雖}ㅓ 然ㅅㄗ 先ㅜ 毘鉢舍那品ㄹ 修行 不ㅅㅅㄱㅅㅆ 故ノ {於}增上慧法 毘鉢舍那ㅣㄱ 如實觀ㄷ 中ㄋㅏ 不欣樂ノ소ㄷ 過失 {有}ㅓㅅㅅㄕ矢ㅣ

C 二十 此 失은 없과두 然ㅎ나 先하 毘鉢舍那品을 修行 안ㄷ혼ㄷ로 故오 增上慧法 毘鉢舍

질(嫉)・간(慳)・광(誑)・첨(諂)・교(憍)・해(害)・무참(無慚)・무괴(無愧)・혼침(昏沈)・도거(掉擧)・불신(不信)・해태(懈怠)・방일(放逸)・사욕(邪欲)・사승해(邪勝解)・망념(忘念)・산란(散亂)・부정지(不正知) 등이다.

那인 如實觀ㅅ 中아긔 不欣樂호릿 過失 두며홀디다

D 二十 此 失[ㄱJ,] 无[ㄷV, ㅅEc-,]{雖}[ㅓ-Ec,] 然[ㅅV, ㄋEc,] 先[ㅜM,] 毘鉢舍那品[ㄹJ,] 修行 不[ㅅM, ㅅV, ㄱEt, ㅅN, ㅡJ,] 故[ノR,] {於}增上慧法 毘鉢舍那[ㅣV, ㄱEt,] 如實觀[ㄷJ,] 中[ㅏJ-, ㅓ-J,] 不欣樂[ノV+Ep, 令Et+N, ㄷJ,] 過失 {有}[ㅓV, ㄱEc, ㅅV, ㄕEt, ㅊN+V, ㅣEf,]

E 스무째는 비록 이러한 잘못은 없어도, 그러나 먼저 비발사나품을 수행하지 못한 까닭으로 증상혜법의 비발사나[13]인 여실관[14]의 가운데에서 흔쾌히 즐거워하지 않는 잘못을 두며 하는 것이다.

F 스무째는 비록 이러한 과실이 없을지라도 앞서 비발사나품(毘鉢舍那品)을 수행하지 않았기 때문에 증상혜법(增上慧法)의 비발사나(毘鉢舍那) 여실관(如實觀)에 대하여 흔락(欣樂)하지 않는 과실(過失)이 있는 것이다.

〈유가14 : 16-17〉

A **如是二十種法、是奢摩他毘鉢舍那品證得心一境性之所對治。**

B 是 如ㅊㅅㄱ 二十種 法ㄹ 是ㄹ 奢摩他ㅅ 毘鉢舍那ㅅㄷ 品ㅡ 心一境性ㄹ 證得ノㄕㅋㄷ{之} 所對治ㅗノㅊㅣ

C 是 다흔 二十種 法을 是를 奢摩他와 毘鉢舍那왓 品으로 心一境性을 證得홀읫 所對治여호리다

D 是 如[ㅊV, ㅅV, ㄱEt,] 二十種 法[ㄹJ,] 是[ㄹJ,] 奢摩他[ㅅJ,] 毘鉢舍那[ㅅJ, ㄷJ,] 品[ㅡJ,] 心一境性[ㄹJ,] 證得[ノV+Ep, ㄕEt, ㅋJ, ㄷJ,]{之} 所對治[ㅗJ, ノV+Ep, ㅊEp, ㅣEf,]

E 이와 같은 스무 가지 법을, 이를 사마타와 비발사나와의 품으로 심일경성[15]을 증득하는 것의 소대치라고 한다.

F 위와 같은 20가지의 법은 사마타(奢摩他) 비발사나품(毘鉢舍那品)에서 심일경성(心一境

13) '증상혜법의 비발사나[增上慧法毘鉢舍那]'는 증상혜법관(增上慧法觀)이라고도 한다. 비발사나 수행은 혜(慧)를 바탕으로 하는 것인데, 더욱 향상된 혜(慧)를 획득하여 그로써 제법을 관찰하는 것을 일컬어 '증상혜법관'이라 한다.

14) 여실관(如實觀)은 유식종에서는 특히 견도(見道) 이전의 가행위(加行位 : 順決擇分이라고도 함)의 단계에서 닦는 관법을 가리킨다. 이 지위에서는 명칭[名]·의미[義 ; 혹은 지시대상]와 자성(自性)·차별(差別) 등 네 가지 법의 본성을 깊이 사유[尋思]하면서 그것들이 가립된 이름일 뿐 본래 실체가 없어서 공(空)한 것임을 깨닫고, 이를 통해 네 종류 여실지[四如實智]를 획득한다. 따라서 견도 이전의 가행위에서 닦는 관을 '여실관'이라 한 것이다.

15) 심일경성(心一境性)은 하나의 대상에 마음을 집중하여 선정(禪定)에 드는 것이다.

性)을 증득하는 데에 소대치(所對治)이다.

〈유가14 : 17-19〉

A **又此二十種所對治法、略由四相、於所生起三摩地中、堪能爲障。**

B 又 此 二十種㫝 所對治法ㄱ 略ㅁㄱ 四相乙 由氵 {於}生起ノ尸 所㫝 三摩地㫝 中氵十 堪能ㄎ 障乙 爲一刂ナ㐎㫝丨

C 又 此 二十種ㅅ 所對治法은 略곤 四相을 븓아 {於}生起홀 밧 三摩地ㅅ 中아긔 堪能히 障을 爲一이겨다

D 又 此 二十種[㫝J,] 所對治法[ㄱJ,] 略[ㅁEc-, ㄱ-Ec,] 四相[乙J,] 由[氵Ec,] {於}生起[ノV+Ep, 尸Et,] 所[㫝J,] 三摩地[㫝J,] 中[氵J-, 十-J,] 堪能[ㄎM,] 障[乙J,] 爲[一R, 刂R, ナEp, 㐎Ep-, 㫝-Ep, 丨Ef,]

E 또 이 스무 가지 소대치법은, 간략히 말하면, 네 가지 상으로 말미암아, (사마타품과 비발사나품의 수행의 결과로) 생기하는 바 삼마지 가운데에서 능히 장애가 되는 것이다/장애를 일으킨다.16)

F 또한 이러한 20가지의 소대치법(所對治法)은 간략하게 4상(相) 때문에 생기(生起)하게 되는 것으로서 삼마지(三摩地)에 능히 장애가 될 수 있다.

〈유가14 : 19〉

A **何等爲四?**

B 何 等ㅅㄱ乙 {爲}四刂丨ノ㑒ㅁ

C 何 다혼을 四이다호리고

D 何 等[ㅅV, ㄱEt, 乙J,] {爲}四[刂V, 丨Ef, ノV+Ep, 㑒Et+N, ㅁJ,]

E 어떤 것을 넷이라고 하는가?

F 무엇 등을 네 가지라고 하는가?

---

16) 구결문의 해석과 역경원의 번역이 다르다. 구결문에서는 '略由四相 …… 堪能爲障' 중간에 '於所生起三摩地中'이 끼어든 구조로 파악하여, 스무 가지 소대치법이 네 가지 상으로 인해 장애가 되는 '장소'가 삼마지라고 해석하였다. 반면에 역경원 번역에서는 '略由四相於所生起'와 '三摩地中堪能爲障'로 끊어서, 스무 가지 소대치법이 4상 때문에 일어나게 되는데 그것이 삼마지에서 장애가 될 수 있다고 번역하였다. 한문 원문의 맥락상 구결문의 해석이 더 타당한 것으로 보인다.

〈유가14 : 19-20〉

A 一、於三摩地方便、不善巧故；

B 一十丁 {於}三摩地方便氵十 善巧 不ㅅ亽刂尸入灬[17]{故}彡

C 一긘 三摩地方便아긔 善巧 안득ᄒ일ᄃ로며

D 一[十J, 丁J,] {於}三摩地方便[氵J-, 十-J,] 善巧 不[ㅅM, 亽V, 刂V, 尸Et, 入N, 灬J,]{故}[彡Ec,]

E 첫째는 삼마지의 방편에 대해 선교하지[18] 못하게 하는 까닭에서이며,

F 첫째는 삼마지(三摩地)의 방편(方便)에 대하여 선교(善巧)하지 않기 때문이다.

〈유가14 : 20-21〉

A 二、於一切修定方便、全無加行故；

B 二 {於}一切 修定方便氵十 全ㆆ 加行 無ㅎ亽刂尸入灬{故}彡

C 二 一切 修定方便아긔 오올오 加行 無히ᄒ일ᄃ로며

D 二 {於}一切 修定方便[氵J-, 十-J,] 全[ㆆM,] 加行 無[ㅎM, 亽V, 刂V, 尸Et, 入N, 灬J,]{故}[彡Ec,]

E 둘째는 일체의 정을 닦는 방편에 대해 전혀 가행이 없게 하는[19] 까닭에서이며,

F 둘째는 모든 정을 닦는 방편[修定方便]에 대하여 전혀 가행(加行)이 없기 때문이다.

〈유가14 : 21-22〉

A 三、顚倒加行故；

B 三 加行乙 顚倒亽刂尸入灬{故}彡

17) 난상에 '不ㅅ令刂尸入灬'로 다시 썼다. 본문의 토에 포함된 글자 가운데 '尸'가 '善'의 자획과 겹쳐 분명히 드러나지 않아 다시 적은 것으로 보인다. 그런데 구결자 '亽'의 경우 '令'으로 적어서 '亽'가 바탕글자 '令'의 아랫부분을 생획한 것임을 분명히 알게 해 준다.

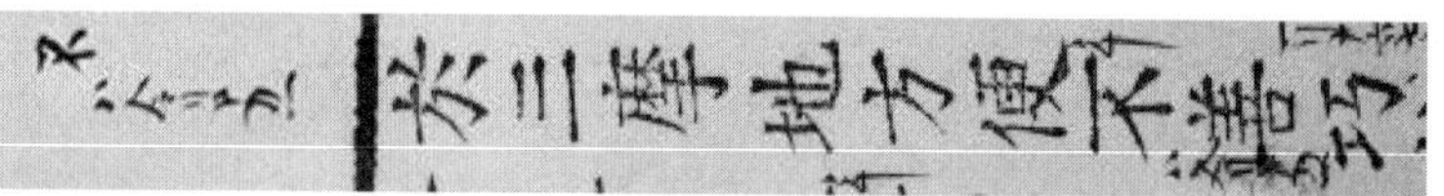

18) 선교(善巧)는 본래 훌륭하고 교묘하다는 뜻으로, 부처와 보살이 대중의 능력과 소질에 맞추어 여러 방편을 사용하는 것이 교묘함을 가리킨다. '삼마지의 방편에 대해 선교하다'는 것은 삼마지[定]를 닦는 방법이 수행자의 근기(根機)에 맞게 적절해야 함을 가리킨다.

19) 삼마지[定]를 수행하는 방법[方便]에 마땅히 더해야 하는 노력을 하지 않는 잘못을 가리킨다.

C 三 加行을 顚倒ᄒᆞ일ᄃᆞ로며

D 三 加行[ㄹJ,] 顚倒[ᄉᆞV, ㅣV, ㄕEt, ㅅN, ᅲJ,]{故}[ㅎEc,]

E 셋째는 가행을 전도(顚倒)되게 하는[20] 까닭에서이며,

F 셋째는 전도(顚倒)된 가행(加行) 때문이다.

〈유가14 : 22〉

A 四、加行縵緩故。

B 四 加行ㄹ 縵緩ᄉᆞㅣㄕㅅᅲ{故}ㅣ

C 四 加行을 縵緩ᄒᆞ일ᄃᆞ로다

D 四 加行[ㄹJ,] 縵緩[ᄉᆞV, ㅣV, ㄕEt, ㅅN, ᅲJ,]{故}[ㅣEf,]

E 넷째는 가행을 느슨하게 하는 까닭에서이다.

F 넷째는 가행(加行)이 느슨하기[縵緩] 때문이다.

〈유가14 : 22-23〉

A 此三摩地所對治法、有二十種白法對治；

B 此 三摩地ㄷ 所對治法ㆍ十 二十種 白法對治 有ᄉᆞㄱᅩ

C 此 三摩地ㅅ 所對治法아긔 二十種 白法對治 有ᄒᆞᆫ여

D 此 三摩地[ㄷJ,] 所對治法[ㆍJ-, 十-J,] 二十種 白法對治 有[ᄉᆞV, ㄱEt, ᅩR,]

E 이 삼마지의 소대치법에, 스무 가지 백법의 대치가 있으니,

F 이 삼마지(三摩地)의 소대치법(所對治法)에 20가지의 백법(白法)의 대치(對治)가 있어서

〈유가14 : 23-15 : 01〉

A 與此相違，應知其相。

B 此 與ㄷ 相違ᄉᆞㄱㅣㄱ 其 相ㄹ 知ノㅎ應ㄷㅣ

C 此 다ᄆᆞᆺ 相違ᄒᆞᆫ인 其 相을 알옴應ㅅ다

20) 여기에서는 수행하는 방법[方便]에 더해야 하는 노력[加行]을 바로 하지 못하고 거꾸로 하는 것을 가리킨다.

D 此 與[ㅌM,] 相違[ㅅV, ㄱEt, ㅣV, ㄱEt,] 其 相[ㄹJ,] 知[ノEp, ㅎEp-,]應[ㅌ-Ep, ㅣEf,]

E 이것과 더불어 상위한 것인 그 상을 알아야 한다.

F 이것과 상위(相違)하여 그 상(相)을 알아야만 한다.

〈유가15 : 01-02〉

A **由此能斷所對治法、多所作故；疾疾能得正住其心、證三摩地。**

B 此[21] 能ㅅ 所對治ㄹ 斷ㅅ今ㅌ 法ㅣ 所作 多ㅅㄱ入ㄹ 由ㅅㄱ入ㅁ 故ノ 疾疾ㅎ 能ㅅ 得ㅎ 其 心ㄹ 正住ㅅㅣ下 三摩地ㄹ 證ㅅㅣナ未ㅅ

C 此 能며 所對治를 斷ᄒ릿 法이 所作 多ᄒᆞᆫ 둘 말ᄆᆡ삼ᄋᆞᆫᄃᆞ로 故오 疾疾히 能며 시러곰 其 心을 正住ᄒᆞ이하 三摩地를 證ᄒᆞ이겨리며

D 此 能[ㅅM,] 所對治[ㄹJ,] 斷[ㅅV, 今Et+N, ㅌJ,] 法[ㅣJ,] 所作 多[ㅅV, ㄱEt, 入N, ㄹJ,] 由[ㅅV, ㄱEt, 入N, ㅁJ,] 故[ノR,] 疾疾[ㅎM,] 能[ㅅM,] 得[ㅎM,] 其 心[ㄹJ,] 正住[ㅅV, ㅣV, 下R+Ec,] 三摩地[ㄹJ,] 證[ㅅV, ㅣV, ナEp, 未Ep, ㅅEc,]

E 이 능히 소대치를 끊는 법이(/소대치를 능히 끊는 법이) 할 일[所作]이 많은 것에 말미암은 까닭으로, 빨리 빨리 능히 그 마음을 바르게 머물게 하여 삼마지를 증득하게 할 것이며,

F 이러한 소대치(所對治)를 능히 끊는 법(法)에 소작(所作)이 많기 때문에, 빨리 빨리 능히 그 마음을 바르게 머물게 하여 삼마지(三摩地)를 증득하게 되는 것이다.

〈유가15 : 02-04〉

A **又得此三摩地、當知即是得初靜慮近分定未至位所攝。**

B 又 此 三摩地ㄹ 得ㅅ斤 當ㅅ 知ㅎㅣ 卽ㅎ 是ㄱ 初靜慮ㅌ 近分定ㄹ 得ナ未ㅁ 未至位ㅁ 攝ノ尸 所ㅣㄱ丁

21) 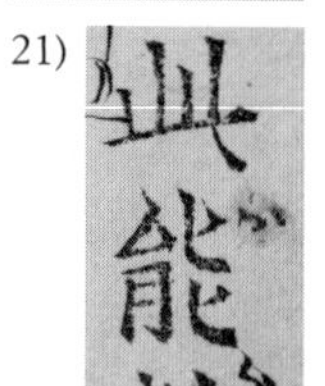 '此'에는 현토자가 'ㅅ'를 썼다가 지운 흔적이 있는데, 이는 아래의 '能'에 현토할 'ㅅ'를 '此'에 잘못 기입한 후 지운 것으로 보인다.

C 又 此 三摩地를 얻아근 반ᄃ 알오다 곧오 是는 初靜慮ㅅ 近分定을 얻겨리라 未至位로 攝홀 바인뎌

D 又 此 三摩地[乙J,] 得[氵Ec, 斤J,] 當[八M,] 知[ㅎEp, ㅣEf,] 卽[ㅎM,] 是[ㄱJ,] 初靜慮[ㅌJ,] 近分定[乙J,] 得[ナEp, 彳Ep, 罒Ec,] 未至位[灬J,] 攝[ノV+Ep, ㄕEt,] 所[刂V, ㄱEf-, ㄒ-Ef,]

E 또 이 삼마지를 얻어서는, 반드시 알아야 한다, 곧 이는 초정려[22]의 근분정[23]을 얻을 것이라서 미지위[24]로 거둘 바인 것이다.

F 또한 이 삼마지(三摩地)를 얻는 것은 곧 초정려(初靜慮)의 근분정(近分定)을 얻는 미지(未至)의 위(位)에 포함되는 줄 알아야만 한다.

〈유가15 : 04-06〉

A **又此得三摩地相違法及得三摩地隨順法廣聖教義、當知唯有此二十種。**

B 又 此 得三摩地 相違法ㅅ 及ㅌ 得三摩地 隨順法ㅅㅌ 廣聖教ㅌ 義氵十 當八 知ㅎㅣ 唯八 此 二十種氵 有ᄼㄱ亠

C 又 此 得三摩地 相違法과 밋 得三摩地 隨順法괏 廣聖教ㅅ 義아긔 반ᄃ 알오다 오직 此 二十種사 有ᄒᆞᆫ여

D 又 此 得三摩地 相違法[ㅅJ,] 及[ㅌM,] 得三摩地 隨順法[ㅅJ, ㅌJ,] 廣聖教[ㅌJ,] 義[氵J-, 十-J,] 當[八M,] 知[ㅎEp, ㅣEf,] 唯[八M,] 此 二十種[氵J,] 有[ᄼV, ㄱEt, 亠R,]

E 또 이 삼마지 얻음의 상위한 법과 삼마지 얻음의 수순한 법과의 자세한 성스러운 가르침[聖教][25]의 의미에, 반드시 알아야 한다, 오직 이 스무 가지만이 있는 것이니,

F 또한 삼마지(三摩地)를 얻는 데에 상위한 법(法)과 삼마지(三摩地)를 얻는 데에 수순(隨

22) 초정려(初靜慮)는 수행자가 도달할 수 있는 경지 가운데 하나로, 색계(色界)의 사정려(四靜慮)의 첫 번째이다. 사정려는 사선(四禪)·색계정(色界定)이라고도 하는데, 고요함과 함께 지혜가 있어 자세하게 생각할 수 있다는 뜻으로 정려라 하는 것이다.

23) 근분정(近分定)은 본격적 선정의 예비적 단계를 말한다. 색계에 4정려가 있고 무색계에 4무색정이 있다. 이 여덟 종류의 선정 하나하나마다 각각의 근분정이 있다. 여덟 종류의 선정 그 자체를 '근본정(根本定)'이라 하는 데 대해, 장차 이 근본정에 진입하기 위해 그에 접근해 있는 준비 단계이므로 '근분(近分)'이라 한다.

24) 미지위(未至位)는 未至定(미지정), 미도정(未到定)이라고도 하는데, 사정려(四靜慮) 가운데 초선(初禪)의 정(定)을 얻기 위한 전위(前位)의 방편정(方便定)을 말한다. 다른 정의 방편은 근분정(近分定)이라 하지만, 초선의 방편은 아직 색계의 선정에 이르지 못한 상태이므로 특히 미지위라 한다.

25) '성스러운 가르침[聖教]'은 올바른 이치에 계합하는 교(教)로 성인이 말한 언교(言教)와 교를 말한 전적유문(典籍遺文)을 가리킨다.

順)하는 법(法)의 자세한 성교(聖教)의 이치[義]는 오직 이러한 20가지만이 있다.

〈유가15 : 06-07〉

A 除此、更無若過若增。

B 此乙 除ロ斤 更氵 若 過丷彡 若 增丷彡丷1 無丷1刂1丁

C 此를 덜고근 ᄂᆞ외아 若 過ᄒᆞ져 若 增ᄒᆞ져ᄒᆞᆫ 無ᄒᆞᆫ인뎌

D 此[乙J,] 除[ロEc, 斤J,] 更[氵M,] 若 過[丷V, 彡Ec,] 若 增[丷V, 彡Ec, 丷V, 1Et,] 無[丷V, 1Et, 刂V, 1Ef-, 丁-Ef,]

E 이것을 제외하고는, 다시 (이보다) 지나치거나 (이보다) 더하거나 한 것이 없는 것이다.

F 이것을 제외하고 다시 지나치거나 증가하는 것이 없다는 것을 알아야만 한다.

〈유가15 : 07-08〉

A 由此因緣，依初世間一切種清淨、

B 此 因緣乙 由氵 初七 世間一切種清淨乙 依氵

C 此 因緣을 븥아 첫 世間一切種清淨을 븥아

D 此 因緣[乙J,] 由[氵Ec,] 初[七M,] 世間一切種清淨[乙J,] 依[氵Ec,]

E 이 인연으로 말미암아 첫 세간일체종청정을 의지하여

F 이러한 인연(因緣) 때문에 처음 세간(世間)의 모든 종류[一切種]의 청정(清淨)에 의지하여

〈유가15 : 08-09〉

A 於此正法補特伽羅得三摩地、已善宣說；已善開示。

B {於}此 正法氵十丷1 補特伽羅1 三摩地乙 得氵斤 已 善 宣說丷彡 已 善 開示丷彡丷卜1 刂丨

C 此 正法아긔ᄒᆞᆫ 補特伽羅는 三摩地를 얻아근 已 善 宣說ᄒᆞ져 已 善 開示ᄒᆞ져ᄒᆞ눈이다

D {於}此 正法[氵J-, 十-J, 丷V, 1Et,] 補特伽羅[1J,] 三摩地[乙J,] 得[氵Ec, 斤J,] 已 善 宣說[丷V, 彡Ec,] 已 善 開示[丷V, 彡Ec, 丷V, 卜Ep, 1Et, 刂V, 丨Ef,]

E 이 정법에 있는 보특가라는 삼마지를 얻어서는 이미 잘 펼쳐 말하고, 이미 잘 열어 보

이고 하는 것이다.

F 이 정법(正法)에 대하여 보특가라(補特伽羅)는 삼마지(三摩地)를 얻는다는 것을 이미 잘 선설(宣說)하였고 이미 잘 개시(開示)하였다.

〈유가15 : 10〉

A **復次如是已得三摩地者、**

B 復 次 是 如攴 已氵 三摩地乙 得丷ㅌ七 者1

C 復 次 是 다 이믜사 三摩地를 得ᄒᆞᆫ 者는

D 復 次 是 如[攴V,] 已[氵M,] 三摩地[乙J,] 得[丷V, ㅌEt, 七J,] 者[1J,]

E 또 다음으로 이와 같이 이미 삼마지를 얻은 자는,

F 다음에 이와 같이 이미 삼마지(三摩地)를 얻은 자는

〈유가15 : 10-11〉

A **於此少小殊勝定中、不生喜足,**

B {於}此 少小丷1 殊勝 定七 中ㄋ十 喜足乙 生尸 不冬丷ㄋ

C 此 少小ᄒᆞᆫ 殊勝 定ㅅ 中아긔 喜足을 낼 안ᄃᆞᆯᄒᆞ아

D {於}此 少小[丷V, 1Et,] 殊勝 定[七J,] 中[ㄋJ-, 十-J,] 喜足[乙J,] 生[尸Et,] 不[冬M, 丷V, ㄋ Ec,]

E ①이 적고 작은, 매우 뛰어난 정 가운데에서 기쁘고 만족함을 내지 않아,

F 이러한 소소(少小)한 수승(殊勝)한 정(定)에 대하여 희족(喜足)을 내지 않고

〈유가15 : 11-12〉

A **於勝三摩地圓滿、更起求願 ;**

B {於}勝三摩地 圓滿丷1ㅋ十 更ㄋ 求願ノ尸入乙 起㣺

C 勝三摩地 圓滿ᄒᆞᆫ의긔 가ᄉᆡ아 求願홀ᄃᆞᆯ 니ᄅᆞ며

D {於}勝三摩地 圓滿[丷V, 1Et, ㅋJ-, 十-J,] 更[ㄋM,] 求願[ノV+Ep, 尸Et, 入N, 乙J,] 起[㣺Ec,]

E 뛰어난 삼마지의 원만함에 대해 다시 구원하는 것을 일으키며,

F 수승한 삼마지(三摩地)의 원만(圓滿)에 대하여 다시 구원(求願)을 일으킨다.

〈유가15 : 12〉

A **又即於彼見勝功德。**

B 又 卽ㅎ {於}彼ㅋ+ 勝功德ㄹ 見ㅅ ㅅ

C 又 곧오 彼의긔 勝功德을 見ᄒᆞ며

D 又 卽[ㅎM,] {於}彼[ㅋJ-, +-J,] 勝功德[ㄹJ,] 見[ㅅV, ㅅEc,]

E ②또 곧 그것에 대해 뛰어난 공덕을 보며,

F 또한 곧 그곳에 대해서 수승한 공덕(功德)을 본다.

〈유가15 : 12-14〉

A **又由求願見勝功德、爲求彼故，勇猛精進、策勵而住。**

B 又 求願ㅅ ㅎ 勝功德ㄹ 見ㅎㅅㄱㅅㄹ 由ㅅ 彼ㄹ 求ㅅ{爲}ㅅㅅㄕㅅㅡ 故ノ 勇猛 精進ㅅㅅ 策勵ㅅㅅ 亦 而ㅡ 住ㅅㅅ

C 又 求願ᄒᆞ져 勝功德을 보져ᄒᆞᆫ돌 븓아 彼를 求ᄒᆞ과ᄒᆞᆯᄃᆞ로 故오 勇猛 精進ᄒᆞ아 策勵ᄒᆞ아곰 而로 住ᄒᆞ며

D 又 求願[ㅅV, ㅎEc,] 勝功德[ㄹJ,] 見[ㅎEc, ㅅV, ㄱEt, ㅅN, ㄹJ,] 由[ㅅEc,] 彼[ㄹJ,] 求[ㅅV,] {爲}[ㅅEc, ㅅV, ㄕEt, ㅅN, ㅡJ,] 故[ノR,] 勇猛 精進[ㅅV, ㅅEc,] 策勵[ㅅV, ㅅEc, 亦J,] 而[ㅡR,] 住[ㅅV, ㅅEc,]

E ③또 구원하고 뛰어난 공덕을 보고 하는 것에 말미암아 그것을 구하고자 하는 까닭으로, 용맹히 정진하여 책려하여서 머무르며,[26]

F 또한 구원(求願)에 의하여 수승한 공덕(功德)을 보고서 그것을 구하려 하기 때문에 용맹정진(勇猛精進)하고 책려(策勵)하며 머무른다.

26) 구결문의 해석과 역경원 번역이 약간 다르다. 구결문은 '由'가 '求願見勝功德' 전체에 걸리는 것으로 본 반면, 역경원 번역은 '由'가 '求願'에만 걸리는 것으로 보아 '구원에 의하여'로 번역하였다. '由 …… 故'가 호응하는 예가 많은 것을 고려하면 구결문의 해석이 타당해 보인다.

〈유가15 : 14-16〉

A 又彼於色相應愛味俱行煩惱、非能一切皆永斷故；名非得勝。

B 又 彼1 {於}色 相應丷ヒ七 愛味 俱行丷1 煩惱氵十 能㢱 一切之七 皆 永斷丷亽 非矢刂1 入灬 故丿 名下 非得勝亠丿才㢱

C 又 彼는 色 相應ᄒᆞᆺ 愛味 俱行ᄒᆞᆫ 煩惱아긔 能며 一切之[27]ㅅ 皆 永斷ᄒᆞ리 안디인ᄃᆞ로 故오 일하 非得勝여호리며

D 又 彼[1J,] {於}色 相應[丷V, ヒEt, 七J,] 愛味 俱行[丷V, 1Et,] 煩惱[氵J-, 十-J,] 能[㢱M,] 一切[之M-, 七-M,] 皆 永斷[丷V, 亽Et+N,] 非[矢R, 刂V, 1Et, 入N, 灬J,] 故[丿R,] 名[下V+Ec,] 非得勝[亠J, 丿V+Ep, 才Ep, 㢱Ec,]

E ④또 그는 색에 상응하는, 애미와 함께 작용하는 번뇌에 대해 능히 일체 모두 영원히 끊을 자가 아닌 까닭으로, 일컬어 '뛰어남을 얻은 자가 아님[非得勝]'이라고 하며,

F 또한 그는 색(色)과 상응(相應)하는 애미(愛味)와 함께 작용하는[俱行] 번뇌(煩惱)의 일체(一切) 모두를 능히 영원히 끊지 않았기 때문에, '수승을 얻은 것이 아닌 것[非得勝]'이라고 이름하는 것이다.

〈유가15 : 16-17〉

A 又非於彼諸善法中皆勤修故；名他所勝。

B 又 {於}彼 諸 善法七 中氵十 皆 勤修丷亽 非矢刂1入灬 故丿 名下 他所勝亠丿才㢱

C 又 彼 諸 善法ㅅ 中아긔 皆 勤修ᄒᆞ리 안디인ᄃᆞ로 故오 일하 他所勝여호리며

D 又 {於}彼 諸 善法[七J,] 中[氵J-, 十-J,] 皆 勤修[丷V, 亽Et+N,] 非[矢R, 刂V, 1Et, 入N, 灬J,] 故[丿R,] 名[下V+Ec,] 他所勝[亠J, 丿V+Ep, 才Ep, 㢱Ec,]

E ⑤또 저 여러 선법의 가운데에 모두 부지런히 닦는 자가 아닌 까닭으로, 일컬어 '다른

27) '之'의 예는 이것이 유일한데, '七'과 함께 부사의 말음을 표기한 것으로 추정된다. 다른 자토석독구결 자료 중에서는 <화소>에서 3번, <구인>에서 4번, <금광>에서 1번 나타나는데 모두 '一切之七' 환경에서만 쓰여서 '之'의 독법을 밝히기가 대단히 어렵다. '一切之七'을 처격조사+속격조사 구성으로 파악하여 '一切옛'으로 읽는 견해도 있으나, 전자는 부사어이고 후자는 관형어이므로 받아들이기 어렵다. 석독구결 자료에 '七' 말음을 가진 부사가 많다는 점, 고대 이두문에서 고려 초까지 종결어미 '-다'의 표기에 '之'가 쓰였고 이것이 석독구결의 '丨'로 이어진 점 등을 고려하면 '之七'의 독음이 '닷'일 가능성도 생각해 볼 수 있다. 향찰 표기 가운데 <怨歌>의 '…○世理都○之叱逸烏隱第也○…'에 보이는 '之叱'이 '之七'과 직접 관련된 것일 가능성이 크다.

것으로 뛰어나게 된 것[他所勝]'28)이라고 하며,

F 또한 그는 여러 선법(善法)에 대하여 모두를 부지런히 닦지는 않기 때문에 다른 것으로 수승해지는 것[他所勝]이라고 이름하는 것이다.

〈유가15 : 17-18〉

A 又於廣大淨天生處、無有沈沒。

B 又 {於}廣大ㅅ丨 淨天生ㄷ 處氵十 沈沒ノ尸 无有ㅅ

C 又 廣大흔 淨天生ㅅ 處아긔 沈沒홀 없으며

D 又 {於}廣大[ㅅV, 丨Et,] 淨天生[ㄷJ,] 處[氵J-, 十-J,] 沈沒[ノV+Ep, 尸Et,] 无有[ㅅEc,]

E ⑥또 광대한 정천이 난 곳에 침몰함이 없으며,29)

F 또한 광대(廣大)한 정천(淨天)의 생처(生處)에 침몰(沈沒)하는 일이 없다.

〈유가15 : 18-19〉

A 又彼無能陵篾於己下劣信解增上力故。30)

B 又 彼丨 能ㅅ {於}己㇇ 下劣 信解乙 陵蔑ノ尸 无氵 增上力⺍ 故ノㅅㅅ

C 又 彼는 能며 저의 下劣 信解를 陵蔑홀 없아 增上力으로 故오ㅎ며

D 又 彼[丨J,] 能[ㅅM,] {於}己[㇇J,] 下劣 信解[乙J,] 陵蔑[ノV+Ep, 尸Et,] 无[氵Ec,] 增上力[⺍J,] 故[ノR, ㅅV, ㅅEc,]

E ⑦또 그는 능히 자기의 하열한 신해를 능멸함이 없어(/없는데), 증상력으로 인해 그러하며,

F 또한 그는 하열(下劣)한 신해(信解)의 증상력(增上力) 때문에 자기[己]를 능히 능멸(陵蔑)하는 일이 없다.

---

28) '다른 것으로 뛰어나게 된 것[他所勝]'은, 선법(善法)을 부지런히 닦지 않았기 때문에 악법(惡法)이 선법을 이기고 있는 상태를 가리킨다. 선법이 자(自)라면 악법은 타(他)인데, 타자가 자기보다 뛰어나기 때문에 '다른 것으로 뛰어나게 된 것'이라 하였다. 일반적으로 범계(犯戒) 행위를 한 것에 대해 '타소승(他所勝)' 혹은 '타승(他勝)'이라 한다.

29) 정천(淨天 : 색계의 천)에 태어나서 선정을 닦더라도 그 선정에 탐착하지 않는다는 뜻이다.

30) 유가사지론자료고의 표점은 "又彼無能陵篾於己。下劣信解增上力故。"이나 구결문에 따라 수정하였다.

〈유가15 : 19〉

A 又彼如是心無沈沒、

B 又 彼ㄱ 是 如⺄ 心⺀十 沈沒ノア 無⺀ホ

C 又 彼는 是 다 心아긔 沈沒홀 없아곰

D 又 彼[ㄱJ,] 是 如[⺄V,] 心[⺀J-, 十-J,] 沈沒[ノV+Ep, アEt,] 無[⺀Ec, ホJ,]

E ⑧또 그는 이와 같이 마음에 침몰함이 없어서

F 또한 그는 이와 같은 마음이 침몰(沈沒)하는 일이 없기 때문에

〈유가15 : 19-21〉

A 於定所緣境界法中、即先所得止擧捨相、無間殷重方便修故；隨順而轉。

B {於}定 所緣 境界法⺊ 中⺀十 即⺁ 先下 得ノㄱ 所⺊ 止 擧 捨相乙 無間⺓ 殷重⺓⺊ 方便⺢ 修⺍ㄱ⺄⺢ 故ノ 隨順⺘ 而⺢ 轉⺍⺀

C 定 所緣 境界法ㅅ 中아긔 곧오 先하 得혼 밧 止 擧 捨相을 無間과 殷重괏 方便으로 修훈 드로 故오 隨順히 而로 轉ᄒᆞ며

D {於}定 所緣 境界法[⺊J,] 中[⺀J-, 十-J,] 即[⺁M,] 先[下M,] 得[ノV+Ep, ㄱEt,] 所[⺊J,] 止 擧 捨相[乙J,] 無間[⺓J,] 殷重[⺓J, ⺊J,] 方便[⺢J,] 修[⺍V, ㄱEt, ⺄N, ⺢J,] 故[ノR,] 隨順[⺘M,] 而[⺢R,] 轉[⺍V, ⺀Ec,]

E 정 소연의 경계법[31]에 대해 곧 먼저 얻은 바 지상, 거상, 사상을 무간(無間)과 은중(殷重)과의 방편으로 닦은 까닭으로 수순하게 전(轉)하며,

F 또한 정(定)의 소연(所緣)의 경계(境界)의 법(法)에 대하여 즉 먼저 얻은 지(止) 거(擧) 사상(捨相)을 끊임없이[無間] 은중(殷重)하게 방편(方便)을 닦기 때문에 수순(隨順)하며 구른다.

〈유가15 : 21-22〉

A 又彼如是隨法相轉、

31) '정 소연의 경계법[定所緣境界法]'에서 '정(定)'은 선정을 뜻하고, '소연의 경계법'은 선정의 마음이 인식 대상으로 삼고 있는 법을 가리킨다.

B 又 彼ㄱ 是 如支 法相乙 隨ノ 轉ソ3ホ

C 又 彼는 是 다 法相을 좇오 轉ᄒ아곰

D 又 彼[ㄱJ,] 是 如[支V,] 法相[乙J,] 隨[ノM,] 轉[ソV, 3Ec, ホJ,]

E ⑨또 그는 이와 같이 법상[32]을 좇아 전하여서,

F 또한 그는 이와 같은 법상(法相)에 따라서 구르며

〈유가15 : 22-16 : 01〉

A **數入數出，爲欲證得速疾通慧、依定圓滿、樂聞正法；故於時時中慇懃請問。**

B 數リ 入ソ彡 數リ 出ソ彡ソ3 速疾 通慧乙 證得ソ{爲欲}ㅅ 定圓滿乙 依3 樂ㅎ 正法乙 聞ナ尸入ᅳ 故ノ {於}時時ㄷ 中3十 慇懃 請問ソホ

C 數이 入ᄒ져 數이 出ᄒ져ᄒ아 速疾 通慧를 證得ᄒ과 定圓滿을 븓아 樂오 正法을 듣결ᄃ로 故오 時時ㅅ 中아긔 慇懃 請問ᄒ며

D 數[リM,] 入[ソV, 彡Ec,] 數[リM,] 出[ソV, 彡Ec, ソV, 3Ec,] 速疾 通慧[乙J,] 證得[ソV,]{爲欲}[ㅅEc,] 定圓滿[乙J,] 依[3Ec,] 樂[ㅎM,] 正法[乙J,] 聞[ナEp, 尸Et, 入N, ᅳJ,] 故[ノR,] {於}時時[ㄷJ,] 中[3J-, 十-J,] 慇懃 請問[ソV, ホEc,]

E 자주 들고 자주 나고 하여 빠른 신통과 지혜를 증득하고자 정의 원만을 의지하여 즐겨 정법을 듣는 까닭으로, 때때의 가운데(/때때로) 간절하게 청문하며,

F 수입(數入) 수출(數出)하며, 빠르게 통혜(通慧)를 증득하고자 하기 때문에 정(定)의 원만(圓滿)에 의지하며, 정법(正法)을 듣기를 좋아하기 때문에 때때로 은근(慇懃)하게 청문(請問)한다.

〈유가16 : 01-03〉

A **又依如是三摩地圓滿故；於正方便根本定攝內心奢摩他、證得遠離愛樂，**

B 又 是 如支ソㄱ 三摩地圓滿乙 依ソㄱ入ᅳ 故ノ {於}正方便リㄱ 根本定ᅳ 攝ノ尸 內心奢摩他3十 遠離愛樂乙 證得ソ彡

C 又 是 다ᄒᆫ 三摩地圓滿을 依ᄒᆫᄃ로 故오 正方便인 根本定으로 攝홀 內心奢摩他아긔 遠離

32) 법상(法相)은 모든 법의 모양으로, 만유의 자태(姿態)이다.

愛樂을 證得ᄒᆞ져

D 又 是 如[ㄆV, ㅅV, ㄱEt,] 三摩地圓滿[ㄹJ,] 依[ㅅV, ㄱEt, ㅅN, ㅁJ,] 故[ノR,] {於}正方便[刂V, ㄱEt,] 根本定[ㅁJ,] 攝[ノV+Ep, ㄕEt,] 內心奢摩他[ㄋJ-, ㄊ-J,] 遠離愛樂[ㄹJ,] 證得[ㅅV, ㄹ Ec,]

E ⑩또 이와 같은 삼마지 원만을 의지한 까닭으로 바른 방편인 근본정[33]으로 거두는 내심[34]의 사마타에 대해 멀리 여읨의 애락[遠離愛樂]을 증득하고,

F 또한 이와 같은 삼마지(三摩地)의 원만(圓滿)에 의지하기 때문에 정방편(正方便)으로 근본정(根本定)에 포함되는 내심(內心)의 사마타(奢摩他)에 대하여 멀리 떨어지려는[遠離] 애락(愛樂)을 증득(證得)하고

〈유가16 : 03-04〉

A **又證得法毘鉢舍那、如是觀察熾燃明淨所有愛樂、**[35]

B 又 法毘鉢舍那刂ㄱ 是 如ㄆ 觀察ㅅㄋ ㄊ 熾燃明淨ノ令ㄊ 有ㄷㄱ 所ㄷ 愛樂ㄹ 證得ㅅㄹㅅㄊ ㅎㄷ丨

C 又 法毘鉢舍那인 是 다 觀察ᄒᆞ아곰 熾燃明淨호리긔 이슨 밧 愛樂을 證得ᄒᆞ져ᄒᆞ겨다

D 又 法毘鉢舍那[刂V, ㄱEt,] 是 如[ㄆV,] 觀察[ㅅV, ㄋEc, ㄊJ,] 熾燃明淨[ノV+Ep, 令Et+N, ㄊJ,] 有[ㄷV, ㄱEt,] 所[ㄷJ,] 愛樂[ㄹJ,] 證得[ㅅV, ㄹEc, ㅅV, ㄊEp, ㅎEp-, ㄷ-Ep, 丨Ef,]

E 또 법비발사나[36]인, 이와 같이 관찰하여서 치열하게 명정한 이에게 있는 바 애락을 증득하고 한다.[37]

F 또한 법(法)의 비발사나(毘鉢舍那)를 증득한다. 이와 같이 치성[熾然]한 명정(明淨)의 모

33) 근본정(根本定)은 근분정(近分定)·방편정(方便定)과 대칭되는 말로서, 색계(色界)와 무색계(無色界)의 여덟 종류 선정(禪定) 중에 각각의 선정 자체를 가리키는 말이다. 이에 대해 근본정에 진입하기 전에 예비적으로 닦는 방편가행(方便加行)의 선정을 '근분정'이라 한다.

34) 외상(外相)에 대하여, 마음을 내심(內心)이라 한다.

35) 유가사지론자료고의 표점은 "又證得法毘鉢舍那。如是觀察熾燃明淨所有愛樂、"이나 구결문에 따라 수정하였다.

36) 법비발사나(法毘鉢舍那)는 '제법'을 관찰의 경계로 삼고 있는 비발사나(=觀)를 말한다.

37) 구결문의 해석과 역경원 번역에 차이가 있다. 구결문은 '證得'이 '法毘鉢舍那、如是觀察熾燃明淨所有愛樂' 전체에 걸리는 것으로 파악하여 '法毘鉢舍那'와 '愛樂'을 같은 것으로 본 반면, 역경원 번역은 '證得法毘鉢舍那'와 '如是觀察熾燃明淨所有愛樂'을 끊어서 '法毘鉢舍那'와 '愛樂' 간에 직접적인 관계가 없는 것으로 번역하였다.

든 애락(愛樂)을 관찰하면

〈유가16 : 04-05〉

A **當知齊此已能證入根本靜慮。**

B 當ハ 知ㅎ丨 此乙 齊ろ 已氵 能ゕ 根本靜慮ろ十 證入ソ去ㄱ丁ノ矛リㄱ丁

C 반ᄃᆨ 알오다 此를 齊아[38] 이믜사 能며 根本靜慮아긔 證入ᄒᆞ건뎌호리인뎌

D 當[ハM,] 知[ㅎEp, 丨Ef,] 此[乙J,] 齊[ろEc,] 已[氵M,] 能[ゕM,] 根本靜慮[ろJ-, 十-J,] 證入[ソV, 去Ep, ㄱEf-, 丁-Ef, ノV+Ep, 矛Et+N, リV, ㄱEf-, 丁-Ef,]

E 반드시 알아야 한다. 이것을 갖추어(/갖추어야) 이미 능히 근본정려[39]를 증득하여 들어갔다고 하는 것이다.

F 여기까지를 능히 근본정려(根本靜慮)를 증득하여 들어갔다고 하는 줄 알아야만 한다.

〈유가16 : 05-06〉

A **如是名爲三摩地圓滿。**

B 是 如支ソㄱ乙 名下 {爲}三摩地圓滿亠ノ矛丨

C 是 다ᄒᆞᆫ을 일하 三摩地圓滿여호리다

D 是 如[支V, ソV, ㄱEt, 乙J,] 名[下V+Ec,] {爲}三摩地圓滿[亠J, ノV+Ep, 矛Ep, 丨Ef,]

E 이와 같은 것을 일컬어 삼마지 원만이라고 한다.

F 이와 같은 것을 삼마지(三摩地)의 원만(圓滿)이라고 이름하는 것이다.

〈유가16 : 06-07〉

A **又此三摩地圓滿廣聖教義、當知唯有如是十相。**

B 又 此 三摩地圓滿七 廣聖教七 義ろ十 當ハ 知ㅎ丨 唯ハ 是 如支ソㄱ 十相氵 有ソㄱ亠

C 又 此 三摩地圓滿ㅅ 廣聖教ㅅ 義아긔 반ᄃᆨ 알오다 오직 是 다ᄒᆞᆫ 十相사 有ᄒᆞᆫ여

D 又 此 三摩地圓滿[七J,] 廣聖教[七J,] 義[ろJ-, 十-J,] 當[ハM,] 知[ㅎEp, 丨Ef,] 唯[ハM,] 是

38) '齊ろ'의 독법을 '곶아'나 'ᄀᆞ초아'로 추정할 가능성도 있으나 분명치 않으므로 여기에서는 잠정적으로 '齊아'로 적는다.

39) 근본정려(根本靜慮)는 근본정(根本定)을 뜻하며, 특히 '정려'라고 불리는 색계의 네 종류 선정을 가리킨다.

如[ㄡV, ㅆV, ㄱEt,] 十相[ㆍJ,] 有[ㅆV, ㄱEt, 亠R,]

E 또 이 삼마지 원만의 자세한 성스러운 가르침의 의미에, 반드시 알아야 한다, 오직 이와 같은 열 가지 상만이 있으니,

F 또한 이 삼마지(三摩地)의 원만(圓滿)에 대한 자세한 성교(聖敎)의 이치[義]는 오직 위와 같은 10상(相)만이 있을 뿐이며

〈유가16 : 07-08〉

A **除此、更無若過若增。**

B 此乙 除口斤 更氵 若 過ㅆ彡 若 增ㅆ彡ㅆㄱ 无ㅆㄱㅣㄱ丁

C 此를 덜고근 ᄂ외아 若 過ᄒ져 若 增ᄒ져ᄒᆫ 无ᄒᆫ인뎌

D 此[乙J,] 除[口Ec, 斤J,] 更[氵M,] 若 過[ㅆV, 彡Ec,] 若 增[ㅆV, 彡Ec, ㅆV, ㄱEt,] 无[ㅆV, ㄱEt, ㅣV, ㄱEf-, 丁-Ef,]

E 이것을 제외하고는, 다시 (이보다) 지나치거나 (이보다) 더하거나 한 것이 없는 것이다.

F 이것을 제외하고 다시 지나치거나 증가하는 것은 없다는 것을 알아야만 한다.

〈유가16 : 09-10〉

A **復次雖已證得根本三摩地故、名三摩地圓滿。**

B 復 次 已氵 根本三摩地乙 證得ㅆ氵ㄱ人灬 故ノ 名下 三摩地圓滿亠ノ𢀳ㅅ{雖}ㅓ

C 復 次 이믜사 根本三摩地를 證得ᄒ언ᄃ로 故오 일하 三摩地圓滿여호리과두

D 復 次 已[氵M,] 根本三摩地[乙J,] 證得[ㅆV, 氵Ep, ㄱEt, 人N, 灬J,] 故[ノR,] 名[下V+Ec,] 三摩地圓滿[亠J, ノV+Ep, 𢀳Ep, ㅅEc-,]{雖}[ㅓ-Ec,]

E 또 다음으로 비록 이미 근본삼마지를 증득한 까닭으로 일컬어 삼마지 원만이라고 하여도,

F 다음에 근본(根本)의 삼마지(三摩地)를 이미 증득하였기 때문에 비록 삼마지(三摩地)의 원만(圓滿)이라고 이름할지라도

〈유가16 : 10-12〉

A 其心猶為三摩地生愛味慢見疑無明等、諸隨煩惱之所染污,

B 其 心刂 猶刂 三摩地⺮ 生ソ1 愛味亽 慢亽 見亽 疑亽 无明亽 等ソ1 諸 隨煩惱氵{之} 染污ノ尸 所乙 爲ハナ尸入⺮

C 其 心이 猶이 三摩地로 生ᄒᆞᆫ 愛味와 慢과 見과 疑과 无明과 다ᄒᆞᆫ 諸 隨煩惱의 染汚홀 돌 爲ㄱ겨ᄃᆞ로

D 其 心[刂J,] 猶[刂M,] 三摩地[⺮J,] 生[ソV, 1Et,] 愛味[亽J,] 慢[亽J,] 見[亽J,] 疑[亽J,] 无明 [亽J,] 等[ソV, 1Et,] 諸 隨煩惱[氵J,]{之} 染污[ノV+Ep, 尸Et,] 所[乙J,] 爲[ハR, ナEp, 尸Et, 入N, ⺮J,]

E 그 마음이 오히려 삼마지로부터 생겨난 애미와 만과 견과 의와 무명과 등의 여러 수번뇌가 오염하는 바가 되는 까닭으로,[40]

F 그 마음은 오히려 삼마지(三摩地)로 인해 애미(愛味)를 내어서 만(慢) 견(見) 의(疑) 무명(無明) 등의 여러 수번뇌(隨煩惱)에 물들게 되기 때문에

〈유가16 : 12〉

A 未名圓滿清淨鮮白。

B 名下 圓滿ソ⺀ホ 清淨 鮮白ソ去1丁ノ今 未矢⺲

C 일하 圓滿ᄒᆞ아곰 清淨 鮮白ᄒᆞ건뎌호리 안디라

D 名[下V+Ec,] 圓滿[ソV, ⺀Ec, ホJ,] 清淨 鮮白[ソV, 去Ep, 1Ef-, 丁-Ef, ノV+Ep, 今Et+N,] 未 [矢R+V, ⺲Ec,]

E 일컬어 원만하여서 청정 선백한 것이라고 할 것이 아니라,

F 아직은 원만(圓滿) 청정(清淨) 선백(鮮白)이라고 이름하지는 않는다.

---

40) 구결문의 해석과 역경원의 번역이 약간 다르다. 구결문은 '爲'가 '三摩地生愛味慢見疑無明等、諸隨煩惱' 전체에 걸리는 것으로 파악하여 '愛味'를 '諸隨煩惱'의 한 가지로 본 반면, 역경원 번역은 '爲'가 '三摩地'에만 걸리는 것으로 파악하여 "삼마지로 인해 (애미를 내어서)"와 같이 번역하였다.

〈유가16 : 12-13〉

A 為令如是諸隨煩惱、不現行故，為練心故，為調心故，

B 是 如ぇ𝑣ㄱ 諸 隨煩惱乙 現行 不冬𝑣{令}𝑖{爲}𝑠𝑣𝑝𝑠𝑚{故}𝑠 心乙 練𝑣{爲}𝑠𝑣𝑝𝑠𝑚{故}𝑠 心乙 調𝑣{爲}𝑠𝑣𝑝𝑠𝑚 故𝑛

C 是 다흔 諸 隨煩惱를 現行 안들ᄒᆞ이과홀ᄃᆞ로며 心을 練ᄒᆞ과홀ᄃᆞ로며 心을 調ᄒᆞ과홀ᄃᆞ로 故오

D 是 如[ぇV, 𝑣V, ㄱEt,] 諸 隨煩惱[乙J,] 現行 不[冬M, 𝑣V,]{令}[𝑖V,]{爲}[𝑠Ec, 𝑣V, 𝑝Et, 𝑠N, 𝑚J,]{故}[𝑠Ec,] 心[乙J,] 練[𝑣V,]{爲}[𝑠Ec, 𝑣V, 𝑝Et, 𝑠N, 𝑚J,]{故}[𝑠Ec,] 心[乙J,] 調[𝑣V,]{爲}[𝑠Ec, 𝑣V, 𝑝Et, 𝑠N, 𝑚J,] 故[𝑛R,]

E 이와 같은 여러 수번뇌를 현행하지 않게 하고자 하는 까닭에서이며, 마음을 단련하고자 하는 까닭에서이며, 마음을 조화롭게 하고자 하는 까닭으로,

F 위와 같이 여러 수번뇌(隨煩惱)를 현행(現行)하지 않게끔 하기 위해서, 마음을 단련하기 위해서, 마음을 조적하게[調] 하기 위해서

〈유가16 : 14〉

A 彼作是思：

B 彼ㄱ 是 思𝑛𝑝𝑠乙 作𝑣𝑡𝑝

C 彼는 是 思홀ᄃᆞᆯ 作ᄒᆞ결

D 彼[ㄱJ,] 是 思[𝑛V+Ep, 𝑝Et, 𝑠N, 乙J,] 作[𝑣V, 𝑡Ep, 𝑝Et,]

E 그는 이 생각함을 짓기를,

F 그는 이와 같은 생각을 한다.

〈유가16 : 14-15〉

A 我應當證心自在性、定自在性，

B 我ㄱ 當𝑝 心自在性𝑦 定自在性𝑦𝑛𝑝乙 證𝑛𝑠應𝑠𝑣ㄱ𝑖𝑠𝑠丨𝑣𝑠

C 我는 반ᄃᆞ 心自在性여 定自在性여홀을 證홈應ㅅ혼이앗다ᄒᆞ아

D 我[ㄱJ,] 當[𝑝M,] 心自在性[𝑦J,] 定自在性[𝑦J, 𝑛V+Ep, 𝑝Et, 乙J,] 證[𝑛V+Ep, 𝑠Ep-,]應

[ㅌ-Ep, ㅅV, ㄱEt, ㄲV, ㅣEp-, ㅌ-Ep, ㅣEf, ㅅV, ㅣEc,]

E ‘나는 반드시 심자재성이니 정자재성이니 하는 것을 증득해야 하는 것이구나’ 하여

F ‘나는 응당 마음의 자재성(自在性)과 정(定)의 자재성(自在性)을 증득해야겠다.

〈유가16 : 15-16〉

A **於四處所、以二十二相應善觀察。**

B {於}四處所ㅣㅜ 二十二相乙 {以}ㅊ 善ㅅ 觀察ノㅎ應ㅌㅣ

C 四處所아긔 二十二相을 뻐 善며 觀察홈應ㅅ다

D {於}四處所[ㅣJ-, ㅜ-J,] 二十二相[乙J,] {以}[ㅊV,] 善[ㅅM,] 觀察[ノV+Ep, ㅎEp-,]應[ㅌ-Ep, ㅣEf,]

E 네 처소에서 스물두 상으로써 잘 관찰해야 한다.41)

F 4처소(處所)에서 22가지 상(相)으로써 마땅히 잘 관찰해야겠다’고

〈유가16 : 16〉

A **謂自誓受下劣形相、威儀、衆具；**

B 謂ㄱ 自ㅡ 誓ㅊ 下劣ㅅㄱ 形相ㅗ 威儀ㅗ 衆具ㅗノ尸乙 受ㅅ

C 닐온 스싀로 誓곰 下劣훈 形相여 威儀여 衆具여홀을 받으며

D 謂[ㄱEc,] 自[ㅡM,] 誓[ㅊM,] 下劣[ㅅV, ㄱEt,] 形相[ㅗJ,] 威儀[ㅗJ,] 衆具[ㅗJ, ノV+Ep, 尸Et, 乙J,] 受[ㅅEc,]

E 말하자면 스스로 맹세코 하열한 형상이니 위의[42]니 뭇 도구[具]니 하는 것을 받으며,

F 즉 하열(下劣)한 형상(形相)과 위의(威儀)와 뭇 도구(具)를 받기를 스스로 서원하는 것이다.

---

41) 구결문의 해석과 역경원 번역이 차이를 보인다. 구결문에서는 <유가16 : 14>의 ‘彼作是思’가 걸리는 부분을 ‘我應當證心自在性、定自在性’까지로 본 반면, 역경원 번역에서는 그 뒤의 ‘於四處所、以二十二相應善觀察’까지로 보았다.

42) 위의(威儀)는 규율에 맞는 행동으로 행(行), 주(住), 좌(坐), 와(臥), 네 가지 동작이 모두 계율에 어긋남이 없어서 위엄이 있는 것을 가리킨다.

〈유가16 : 16-17〉

A 又自誓受禁制尸羅；

B 又 自𥝠 誓ホ 禁制尸羅乙 受ㅅ

C 又 스싀로 誓곰 禁制尸羅를 받으며

D 又 自[𥝠M,] 誓[ホM,] 禁制尸羅[乙J,] 受[ㅅEc,]

E 또 스스로 맹세코 금지하고 규제하는 계율[禁制尸羅]을 받으며,

F 또한 금제(禁制)의 시라(尸羅)를 받기를 스스로 서원한다.

〈유가16 : 17-18〉

A 又自誓受精勤無間修習善法。

B 又 自𥝠 誓ホ 精勤無間ち 善法乙 修習ノ尸入乙 受ㅅ

C 又 스싀로 誓곰 精勤無間히 善法을 修習홀돌 받으며

D 又 自[𥝠M,] 誓[ホM,] 精勤無間[ちM,] 善法[乙J,] 修習[ノV+Ep, 尸Et, 入N, 乙J,] 受[ㅅEc,]

E 또 스스로 맹세코 정근하여 끊임없이 선법을 닦아 익히는 것을 받으며,

F 또한 정근(精勤)하여 끊임없이 수습하는 선법(善法)을 받기를 스스로 서원한다.

〈유가16 : 18-19〉

A 若有為斷一切苦惱、受此三處；

B 若 有ナㅣ 一切 苦惱乙 斷ソ{爲}ㅅ 此 三處乙 受ソナ𬼄ㅗ

C 若 잇겨다 一切 苦惱를 斷ᄒ과 此 三處를 受ᄒ겨리여

D 若 有[ナEp, ㅣEf,] 一切 苦惱[乙J,] 斷[ソV,]{爲}[ㅅEc,] 此 三處[乙J,] 受[ソV, ナEp, 𬼄Et+N, ㅗR,]

E 만약 있다. 일체 고뇌를 끊고자 이 세 처를 받는 이가.

F 만약 일체의 고뇌(苦惱)를 끊기 위해서 이 3처(處)를 받는다면

〈유가16 : 19〉

A 應正觀察衆苦隨逐。

B 正ㅌ 衆苦ㅋ 隨逐ノアㅅ乙 觀察ノㅎ應ㅌ丨

C 뭇 衆苦의 隨逐홀돌 觀察홈應ㅅ다

D 正[ㅌM,] 衆苦[ㅋJ,] 隨逐[ノV+Ep, アEt, ㅅN, 乙J,] 觀察[ノV+Ep, ㅎEp-,]應[ㅌ-Ep, 丨Ef,]

E (그는) 바로 뭇 고통이 뒤따르는 것을 관찰해야 한다.(/뭇 고통이 뒤따르는 것을 바로 관찰해야 한다.)

F 응당 뭇 괴로움[苦]이 뒤따르는지를 바로 살펴야만 한다.

〈유가16 : 19-21〉

A **由剃除鬚髮故，捨俗形好故，著壞色衣故，應自觀察形色異人。**

B 鬚髮乙 剃除ソ1ㅅ乙 由氵1ㅅ灬{故}ㅅ 俗 形好乙 捨ソ1ㅅ灬{故}ㅅ 壞色衣乙 著ソㅊ1ㅅ灬 故ノ 自灬 形色リ 人ㅋ十 異ㅊノ1ㅅ乙 觀察ノㅎ應ㅌソ1リ罒

C 鬚髮을 剃除호돌 말믹삼은드로며 俗 形好를 捨혼드로며 壞色衣를 著훈건드로 故오 스싀로 形色이 놈의긔 다르거온돌 觀察홈應ㅅ훈이라

D 鬚髮[乙J,] 剃除[ソV, 1Et, ㅅN, 乙J,] 由[氵V, 1Et, ㅅN, 灬J,]{故}[ㅅEc,] 俗 形好[乙J,] 捨[ソV, 1Et, ㅅN, 灬J,]{故}[ㅅEc,] 壞色衣[乙J,] 著[ソV, ㅊEp, 1Et, ㅅN, 灬J,] 故[ノR,] 自[灬M,] 形色[リJ,] 人[ㅋJ-, 十-J,] 異[ㅊEp, ノEp, 1Et, ㅅN, 乙J,] 觀察[ノV+Ep, ㅎEp-,]應[ㅌ-Ep, ソV, 1Et, リV, 罒Ec,]

E ①수염과 머리카락을 깎아없애는 것에 말미암은 까닭에서이며, ②세속의 좋은 모습을 버린 까닭에서이며, ③탁한 색의 옷을 입은 까닭으로 스스로 모습이 다른 사람과 차이 나는 것을 관찰해야 하는 것이라,

F 수염과 머리카락을 깎아서 없애기 때문에, 세속[俗]의 형호(形好)를 버렸기 때문에, 괴색의 옷[壞色衣]을 입었기 때문에, 스스로 형색(形色)이 다른 사람인가를 관찰해야만 한다.

〈유가16 : 21-22〉

A **如是名為觀察誓受下劣形相。**

B 是 如ㅊソ1乙 名下 {爲}誓ホ 下劣ソ1 形相乙 受ノアㅅ乙 觀察ソア丁ノ矛ㅅ

C 是 다흔을 일하 誓곰 下劣흔 形相을 受홀돌 觀察홀뎌호리며

D 是 如[えV, ソV, 1Et, こJ,] 名[下V+Ec,] {爲}誓[ホM,] 下劣[ソV, 1Et,] 形相[こJ,] 受[ノV+Ep, ㅁEt, ㅅN, こJ,] 觀察[ソV, ㅁEf-, 丁-Ef, ノV+Ep, 才Ep, 分Ec,]

E 이와 같은 것을 일컬어 맹세코 하열한 형상을 받는 것을 관찰하는 것이라 하며,

F 이와 같은 것을 하열(下劣)한 형상(形相)을 받겠다고 서원한 것을 관찰하는 것이라고 한다.

〈유가16 : 22-17 : 01〉

A **於行住坐臥語默等中、不隨欲行；制伏憍慢、往趣他家，審正觀察遊行乞食。**

B {於}行住 坐臥 語默 等ソ1 中3十 欲ノㅁ入こ 隨ノ 行ㅁ 不冬ソ3 憍慢こ 制伏ソ3ホ 他ラ 家3十 往趣ノㅁム 審正觀察ソ3ホ 遊行乞食ソㅁ入こ

C 行住 坐臥 語默 다흔 中아긔 欲홀돌 좇오 녈 안돌흐아 憍慢을 制伏흐아곰 놈의 家아긔 往趣홀딕 審正觀察흐아곰 遊行乞食홀돌

D {於}行住 坐臥 語默 等[ソV, 1Et,] 中[3J-, 十-J,] 欲[ノV+Ep, ㅁEt, ㅅN, こJ,] 隨[ノM,] 行[ㅁEt,] 不[冬M, ソV, 3Ec,] 憍慢[こJ,] 制伏[ソV, 3Ec, ホJ,] 他[ラJ,] 家[3J-, 十-J,] 往趣[ノV+Ep, ㅁEc-, ム-Ec,] 審正觀察[ソV, 3Ec, ホJ,] 遊行乞食[ソV, ㅁEt, ㅅN, こJ,]

E ④다니거나 머무르거나, 앉거나 눕거나, 말하거나 침묵하거나 하는 등의 가운데 하고 싶은 것을 좇아 행하지 않아, 교만을 굴복시켜서 남의 집에 가되 살펴 바로 관찰하여서 다니면서 음식 구걸하는 것을,

F 행(行) 주(住) 좌(坐) 와(臥) 어(語) 묵(默) 등 가운데에서 욕심을 따라 행하지 않고, 교만(憍慢)을 제압[制伏]하면서 다른 집에 나아가며, 자세하고 바르게 관찰하면서 유행(遊行)하고 걸식(乞食)한다.

〈유가17 : 01-02〉

A **如是名為觀察誓受下劣威儀。**

B 是 如えソ1こ 名下 {爲}誓ホ 下劣ソ1 威儀こ 受ノㅁ入こ 觀察ソㅁ丁ノ才分

C 是 다흔을 일하 誓곰 下劣흔 威儀를 受홀돌 觀察홀뎌호리며

D 是 如[支V, ソV, ㄱEt, 乙J,] 名[丅V+Ec,] {爲}誓[亦M,] 下劣[ソV, ㄱEt,] 威儀[乙J,] 受[ノV+Ep, 尸Et, 入N, 乙J,] 觀察[ソV, 尸Ef-, 丁-Ef, ノV+Ep, ネEp, ケEc,]

E 이와 같은 것을 일컬어 맹세코 하열한 위의를 받는 것을 관찰하는 것이라 하며,

F 이와 같은 것을 하열(下劣)한 위의(威儀)를 받겠다고 서원한 것을 관찰하는 것이라고 한다.

〈유가17 : 02-03〉

A **又正觀察從他獲得、無所畜積、諸供身具。**

B 又 正七 觀察ソ3 他乙 從七 畜積ノ尸 所 无ソㄱ 諸 供身七 具乙 獲得ソ尸入乙

C 又 밫 觀察ᄒᆞ아 ᄂᆞᆷ을 좇 畜積홀 바 无ᄒᆞᆫ 諸 供身ㅅ 具를 獲得홀ᄃᆞᆯ

D 又 正[七M,] 觀察[ソV, 3Ec,] 他[乙J,] 從[七M,] 畜積[ノV+Ep, 尸Et,] 所 无[ソV, ㄱEt,] 諸 供身[七J,] 具[乙J,] 獲得[ソV, 尸Et, 入N, 乙J,]

E ⑤또 바로 관찰하여 남으로부터 쌓아 모으는 바 없는 여러 몸을 돕는 도구[供身具]를 획득하는 것을,

F 또한 바르게 관찰하여 다른 사람으로부터 얻은 여러 가지 몸을 돕는 도구[供身具]를 저축하는 일이 없다.

〈유가17 : 03-04〉

A **如是名為觀察誓受下劣衆具。**

B 是 如支ソㄱ乙 名丅 {爲}誓亦 下劣ソㄱ 衆具乙 受ノ尸入乙 觀察ソ尸丁ノネ丨

C 是 다ᄒᆞᆫ을 일하 誓곰 下劣ᄒᆞᆫ 衆具를 受홀ᄃᆞᆯ 觀察홀뎌호리다

D 是 如[支V, ソV, ㄱEt, 乙J,] 名[丅V+Ec,] {爲}誓[亦M,] 下劣[ソV, ㄱEt,] 衆具[乙J,] 受[ノV+Ep, 尸Et, 入N, 乙J,] 觀察[ソV, 尸Ef-, 丁-Ef, ノV+Ep, ネEp, 丨Ef,]

E 이와 같은 것을 일컬어 맹세코 하열한 뭇 도구를 받는 것을 관찰하는 것이라 한다.

F 이와 같은 것을 하열(下劣)한 뭇 도구(具)를 받겠다고 서원한 것을 관찰하는 것이라고 한다.

〈유가17 : 04-05〉

A 由此五相、當知是名初處觀察。

B 此 五相ㄹ 由氵ㅅ尸入ㄹ 當八 知ㅎㅣ 是ㄹ 名ㅜ 初處氵十 觀察ㅅ尸丁ノ矛リㄱ丁

C 此 五相을 븓아홀돌 반드 알오다 是를 일하 初處아긔 觀察홀뎌호리인뎌

D 此 五相[ㄹJ,] 由[氵Ec, ㅅV, 尸Et, 入N, ㄹJ,] 當[八M,] 知[ㅎEp, ㅣEf,] 是[ㄹJ,] 名[ㅜV+Ec,] 初處[氵J-, 十-J,] 觀察[ㅅV, 尸Ef-, 丁-Ef, ノV+Ep, 矛Et+N, リV, ㄱEf-, 丁-Ef,]

E 이 다섯 상으로 말미암아 (관찰)하는 것을, 반드시 알아야 한다, 이를 일컬어 처음 처소[初處]에서 관찰하는 것이라 하는 것이다.

F 이러한 5상(相)에 의하는 것을 처음 처소[初處]에서의 관찰이라고 이름하는 줄 알아야만 한다.

〈유가17 : 05-06〉

A 又善說法毘柰耶中諸出家者所受尸羅、略捨二事之所顯現。

B 又 善說法ㅗ 毘柰耶ㅗノ今ㄷ 中氵十ㅅㄱ 諸 出家者ㅋ 受ノㄱ 所ㄷ 尸羅ㄱ 略ㅎ 二事ㄹ 捨ノㄱ入ㅡ{之} 顯現ㅅㄱ 所リㅣ

C 又 善說法여 毘柰耶여호릿 中아긔혼 諸 出家者의 受혼 밧 尸羅는 略히 二事를 捨혼드로 顯現혼 바이다

D 又 善說法[ㅗJ,] 毘柰耶[ㅗJ, ノV+Ep, 今Et+N, ㄷJ,] 中[氵J-, 十-J, ㅅV, ㄱEt,] 諸 出家者[ㅋJ,] 受[ノV+Ep, ㄱEt,] 所[ㄷJ,] 尸羅[ㄱJ,] 略[ㅎM,] 二事[ㄹJ,] 捨[ノV+Ep, ㄱEt, 入N, ㅡJ,]{之} 顯現[ㅅV, ㄱEt,] 所[リV, ㅣEf,]

E ①또 선설법[43]이니 비나야[44]니 하는 가운데 있는 여러 출가자가 받은 바의 시라[45]는, 간략히 두 가지 일을 버린 까닭으로 나타난 것이다.

F 또한 선설(善說)의 법(法)과 비나야(毘柰耶)로 출가(出家)한 사람들이 받게 되는 시라(尸羅)는 간략하게 2사(事)를 버리는 데에서 현현(顯現)하게 되는 것이다.

43) 선설법(善說法)은 세존께서 설하신 성스런 교법을 가리킨다.

44) 비나야(毘柰耶)는 부처님이 제자들을 위하여 마련한 계율의 총칭을 말한다. 제복(制伏), 조복(調伏), 선치(善治), 멸(滅), 율(律)이라고 의역하기도 한다.

45) 시라(尸羅)는 부처님이 제정한 법을 지켜 허물이 없도록 하고, 악을 멀리 여의는 것이다. 계율(戒律), 율(律)이라고 의역하기도 한다.

〈유가17 : 06-08〉

A 一者、棄捨父母妻子奴婢僕使朋友眷屬財穀珍寶等所顯；

B 一十㇀{者} 父母亠 妻子亠 奴婢亠 僕使亠 朋友亠 眷屬亠 財穀亠 珍寶亠 等丷㇀乙 棄捨ノ㇀入灬 顯丷㇀ 所刂҂

C 一귄 父母여 妻子여 奴婢여 僕使여 朋友여 眷屬여 財穀여 珍寶여 다흔을 棄捨혼ᄃ로 顯혼 바이며

D 一[十J, ㇀J,]{者} 父母[亠J,] 妻子[亠J,] 奴婢[亠J,] 僕使[亠J,] 朋友[亠J,] 眷屬[亠J,] 財穀[亠J,] 珍寶[亠J,] 等[丷V, ㇀Et, 乙J,] 棄捨[ノV+Ep, ㇀Et, 入N, 灬J,] 顯[丷V, ㇀Et,] 所[刂V, ҂Ec,]

E 첫째는 부모니, 처자니, 노비니, 심부름꾼[僕使]이니, 친구니, 권속이니, 재물과 곡식이니, 보배니 하는 등을 버린 까닭으로 나타난 것이며,

F 첫째는 부모(父母) 처자(妻子) 노비(奴婢) 노복[僕使] 붕우(朋友) 권속(眷屬) 재물과 곡식[財穀] 값진 보물[珍寶] 등을 버리는 데에서 현현(顯現)하는 것이며

〈유가17 : 08-10〉

A 二者、棄捨歌舞倡伎笑戲歡娛遊從掉逸親愛聚會種種世事之所顯現。

B 二者 歌舞倡伎亠 笑戲歡娛亠 遊從掉逸亠 親愛聚會亠ノ亼七 種種七 世事乙 棄捨ノ㇀入灬 {之} 顯現丷㇀ 所刂丨

C 二者 歌舞倡伎여 笑戲歡娛여 遊從掉逸여 親愛聚會여호릿 갓갓 世事를 棄捨혼ᄃ로 顯現혼 바이다

D 二者 歌舞倡伎[亠J,] 笑戲歡娛[亠J,] 遊從掉逸[亠J,] 親愛聚會[亠J, ノV+Ep, 亼Et+N, 七J,] 種種[七J,] 世事[乙J,] 棄捨[ノV+Ep, ㇀Et, 入N, 灬J,]{之} 顯現[丷V, ㇀Et,] 所[刂V, 丨Ef,]

E 둘째는 노래하고 춤추는 것이니, 웃고 희롱하는 것이니, 멋대로 돌아다니는 것이니, 친애하며 모이는 것이니 하는 갖가지 세상일을 버린 까닭으로 나타난 것이다.

F 둘째는 노래 춤 창기(倡伎) 웃으며 희롱함[笑戲] 재밌게 놂[歡娛] 제멋대로 유행함[遊從] 도거와 방일[掉逸] 친애하는 것[親愛] 모임[聚會] 등의 갖가지 세상일을 버리는 데에서 현현(顯現)하는 것이다.

〈유가17 : 10-12〉

A 又彼安住尸羅律儀、不由犯戒私自懇責；亦不爲彼同梵行者以法呵擯；

B 又 彼ㄱ 尸羅律儀阝十 安住丷阝 犯戒丷ㄱ入乙 由阝 私ホ46) 自灬 懇責丷尸 不冬丷ㅎ 亦 彼 同梵行者ラ 法乙 {以}氵 呵擯ノ尸入乙 爲ハ尸 不冬丷ㅎ丷ゕ

C 又 彼는 尸羅律儀아긔 安住ᄒᆞ아 犯戒ᄒᆞᆫ돌 븥아 아룸 스싀로 懇責ᄒᆞᆯ 안돌ᄒᆞ져 亦 彼 同梵行者의 法을 ᄡᅧ 呵擯호ᇙ돌 爲글 안돌ᄒᆞ져ᄒᆞ며

D 又 彼[ㄱJ,] 尸羅律儀[阝J-, 十-J,] 安住[丷V, 阝Ec,] 犯戒[丷V, ㄱEt, 入N, 乙J,] 由[阝Ec,] 私[ホN,] 自[灬M,] 懇責[丷V, 尸Et,] 不[冬M, 丷V, ㅎEc,] 亦 彼 同梵行者[ラJ,] 法[乙J,] {以}[氵V,] 呵擯[ノV+Ep, 尸Et, 入N, 乙J,] 爲[ハR, 尸Et,] 不[冬M, 丷V, ㅎEc, 丷V, ゕEc,]

E ②또 그는 시라의 율의[47]에 안주하여 계를 범한 것으로 말미암아 사사로이 스스로 책망하지 않고, 또 그 동료수행자[同梵行者]가 법으로써 꾸짖거나 배척하는 바가 되지 않고 하며,

F 또한 그는 시라(尸羅) 율의(律儀)에 안주하여 계(戒)를 범하여도 사사로이 스스로 애써 책망하지 않고 또한 그와 범행(梵行)을 같이하는 사람을 위해서 법으로써 가책[呵]하고 구빈[擯]하지도 아니하는 것이다.

〈유가17 : 11난상〉

B 依纂及記[48]

E 찬(纂)과 기(記)에 의거하였다.

---

46) 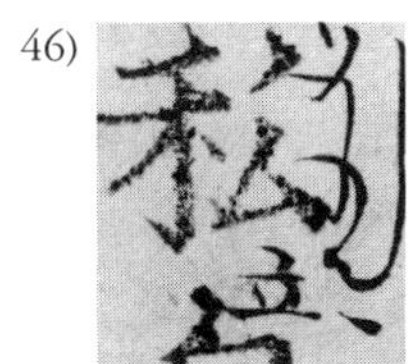 '私'에는 구결자 'ᅕ'가 현토되어 있는데, 이는 '아룸'의 말음 [ㅁ]을 적은 것으로 추정된다. 그런데 <유가>에서는 [ㅁ]을 예외 없이 'ホ'으로 표기하고 'ᅕ'는 사용한 사례가 없다. 또한 다른 자토석독구결 자료에서도 'ᅕ'가 [셔]의 표기에 사용되고 [ㅁ]의 표기에는 사용된 예가 전혀 없기 때문에 'ホ'의 오기로 본다.

47) 율의(律儀)는 어떤 특정한 계를 받을 때 지은 신업(身業)과 구업(口業)을 연으로 하여 내 몸 안에서 생겨난 보이지 않는 계체(戒體)를 말한다. 즉 일정 기간 동안 어떤 일을 하겠다고 맹세함으로써 무형의 계체가 생겨나는데, 그중에 선한 마음과 함께 발생한 계체는 악계(惡戒)의 상속을 차단하고 소멸시키는 작용을 한다. 이러한 선한 계체를 '율의'라고 한다.

48) '依纂及記'는 구결 현토자가 기록한 것으로 보이는데, 『유가사지론약찬』과 『유가론기』에 따랐다는 뜻으로 생각된다.

〈유가17 : 12-14〉

A 有犯尸羅而不輕擧。若於尸羅、有所缺犯；由此因緣、便自懇責。

B 尸羅乙 犯丷1刂 有七去乃 而1 輕擧 不冬丷彡 若 {於}尸羅氵十 缺犯ノ尸 所 {有}十氵1 丨十1 此 因緣乙 由氵 便今 自灬 懇責丷彡丷尔

C 尸羅를 犯혼이 잇거나 而ㄴ 輕擧 안들ᄒᆞ져 若 尸羅아긔 缺犯홀 바 두언다긘 此 因緣을 븥아 곧오 스ᄉᆡ로 懇責ᄒᆞ져ᄒᆞ며

D 尸羅[乙J,] 犯[丷V, 1Et, 刂J,] 有[七V, 去Ep, 乃Ec,] 而[1R,] 輕擧 不[冬M, 丷V, 彡Ec,] 若 {於} 尸羅[氵J-, 十-J,] 缺犯[ノV+Ep, 尸Et,] 所 {有}[十V, 氵Ep, 1Et, 丨N, 十J, 1J,] 此 因緣[乙J,] 由[氵Ec,] 便[今M,] 自[灬M,] 懇責[丷V, 彡Ec, 丷V, 尔Ec,]

E ③시라를 범한 바가 있어도 가벼이 들추지 않고, 만약 시라에 대해 어기고 범하는 바를 지닌 경우에는, 이 인연으로 말미암아 곧 스스로 간절히 책망하고 하며,

F 시라(尸羅)를 범하더라도 가벼이 들추지[輕擧] 않으며 만약 시라(尸羅)에 대해서 결범(缺犯)하는 바가 있으면 이 인연 때문에 곧바로 스스로가 애써 책망한다.

〈유가17 : 14-15〉

A 若同梵行以法呵擯；卽便如法而自悔除。

B 若 同梵行刂 法乙 {以}氵 呵擯丷去1丨十1 卽今 便ㄗ 法乙 如八 而灬 自灬 悔除丷尔

C 若 同梵行이 法을 ᄡᅧ 呵擯ᄒᆞ건다긘 곧오 便의 法을 ᄀᆞᆮ 而로 스ᄉᆡ로 悔除ᄒᆞ며

D 若 同梵行[刂J,] 法[乙J,] {以}[氵V,] 呵擯[丷V, 去Ep, 1Et, 丨N, 十J, 1J,] 卽[今M,] 便[ㄗM,] 法[乙J,] 如[八V,] 而[灬R,] 自[灬M,] 悔除[丷V, 尔Ec,]

E ④만약 동료 수행자가 법으로써 꾸짖거나 배척하는 경우에는, 곧 바로 법과 같이 스스로 뉘우쳐 제거하며,

F 또는 범행(梵行)을 같이하는 이가 법으로써 가책하고 구빈하면 곧 법대로 하면서 스스로 뉘우쳐 제거하는 것[悔除]이다.

〈유가17 : 15-16〉

A 於能擧罪同梵行者、心無恚恨，無損無惱、而自修治。

B {於}能彡 擧罪丷亽七 同梵行者㇇十 心氵十 恚恨丿尸 无㇈ 損丿尸 無㇈ 惱丿尸 无㇈丷氵亦 而灬 自灬 修治丷彡丿亽七

C 能며 擧罪ᄒᆞ릿 同梵行者의긔 心아긔 恚恨홀 없져 損홀 없져 惱홀 없져ᄒᆞ아곰 而로 스싀로 修治ᄒᆞ며호릿

D {於}能[彡M,] 擧罪[丷V, 亽Et+N, 七J,] 同梵行者[㇇J-, 十-J,] 心[氵J-, 十-J,] 恚恨[丿V+Ep, 尸Et,] 无[㇈Ec,] 損[丿V+Ep, 尸Et,] 無[㇈Ec,] 惱[丿V+Ep, 尸Et,] 无[㇈Ec, 丷V, 氵Ec, 亦J,] 而[灬R,] 自[灬M,] 修治[丷V, 彡Ec, 丿V+Ep, 亽Et+N, 七J,]

E ⑤능히 죄를 들추는 동료 수행자에게 마음에 성내거나 원망함이 없고, 손해 끼침이 없고, 괴롭힘이 없고 하여서, 스스로 닦아 다스리며 하는,

F 능히 죄를 들추는 범행(梵行)을 같이하는 사람에게 마음으로 성내거나 원망함이 없고 손해 끼치는 일이 없으며 괴롭히지 않고서 스스로 닦아 다스리는 것이다.

〈유가17 : 16-17〉

A 由此五相、是名於第二處觀察。

B 此 五相乙 由氵丷尸入乙 是乙 名下 {於}第二處氵十 觀察丷尸丁丿㇇丨

C 此 五相을 븓아홀ᄃᆞᆯ 是를 일하 第二處아긔 觀察홀뎌호리다

D 此 五相[乙J,] 由[氵Ec, 丷V, 尸Et, 入N, 乙J,] 是[乙J,] 名[下V+Ec,] {於}第二處[氵J-, 十-J,] 觀察[丷V, 尸Ef-, 丁-Ef, 丿V+Ep, ㇇Ep, 丨Ef,]

E 이 다섯 상으로 말미암아 (관찰)하는 것을, 이를 일컬어 두 번째 처소[第二處]에서 관찰하는 것이라 한다.

F 이 5상(相)을 제 2처(處)에서의 관찰이라고 이름하는 것이다.

〈유가17 : 17-19〉

A 如是尸羅善圓滿已；應以五相精勤方便修諸善品。

B 是 如攴 尸羅乙 善 圓滿 已氵丷氵斤 五相乙 {以}氵 精勤 方便灬 諸 善品乙 修丷乂亣應七丨

C 是 다 尸羅를 善 圓滿 이믜사ᄒᆞ아근 五相을 ᄡᅧ 精勤 方便으로 諸 善品을 修ᄒᆞ놈應ㅅ다

D 是 如[⻀V,] 尸羅[乙J,] 善 圓滿 已[氵M, 丷V, 阝Ec, 亦J,] 五相[乙J,] {以}[氵V,] 精勤 方便[⺀J,] 諸 善品[乙J,] 修[丷V, 亽Ep, 㫆Ep–,]應[七–Ep, 丨Ef,]

E 이와 같이 시라를 잘 원만히 하기를 이미 하여서는, 다섯 상으로써 부지런히 방편으로 여러 선품을 닦아야 한다.

F 이와 같이 시라(尸羅)를 잘 원만히 한 뒤에는 5상(相)으로써 정근(精勤)하며 방편(方便)으로써 여러 선품(善品)을 닦아야만 한다.

〈유가17 : 19-20〉

A 謂時時間諮受讀誦論量決擇、勤修善品,

B 謂ㄱ 時時 間阝十 諮受丷ᄒ 讀丷ᄒ 誦丷ᄒ 論量 決擇丷ᄒ丷阝亦 勤七 善品乙 修丿朩ナㄱ亠

C 닐온 時時 間아긔 諮受ᄒ져 讀ᄒ져 誦ᄒ져 論量 決擇ᄒ져ᄒ아곰 勤ㅅ 善品을 修호리견여

D 謂[ㄱEc,] 時時 間[阝J–, 十–J,] 諮受[丷V, ᄒEc,] 讀[丷V, ᄒEc,] 誦[丷V, ᄒEc,] 論量 決擇[丷V, ᄒEc, 丷V, 阝Ec, 亦J,] 勤[七M,] 善品[乙J,] 修[丿V+Ep, 朩Ep, ナEp, ㄱEt, 亠R,]

E 말하자면 ①때때의 사이에(/때때로) 자수하고, 독하고, 송하고, 논량하고, 결택[49]하고 하여서 부지런히 선품을 닦아야 할 것이니,

F 말하자면 때때로 자수(諮受)하고 독송(讀誦)하며 논량(論量)하고 결택(決擇)하여 선품(善品)을 부지런히 수습하며

〈유가17 : 20〉

A 如是乃應受他信施;

B 是 如⻀丷阝ハ氵 乃氵 他ㄋ 信施乙 受丿㫆應七丷㫃

C 是 다ᄒ악사 乃사 남의 信施를 受홀應ㅅᄒ며

D 是 如[⻀V, 丷V, 阝Ec, ハJ, 氵J,] 乃[氵R,] 他[ㄋJ,] 信施[乙J,] 受[丿V+Ep, 㫆Ep–,]應[七–Ep, 丷V, 㫃Ec,]

49) 결택(決擇)은 산스크리트어 nairvedhika의 의역으로, 의심을 결단하여 이치를 분별하는 것이다.

E 이와 같이 하여서야 다른 사람의 믿음의 보시[信施]를 받을 만하며(/받을 수 있으며),
F 이와 같이 하여 내지 다른 사람의 신시(信施)를 받아야만 하는 것이다.

〈유가17 : 20-21〉

A 又樂遠離、以正方便修諸作意；
B 又 遠離乙 樂⺈亦 正方便乙 {以}氵 諸 作意乙 修丷㫄
C 又 遠離를 樂아곰 正方便을 뻐 諸 作意를 修ᄒᆞ며
D 又 遠離[乙J,] 樂[⺈Ec,亦J,] 正方便[乙J,] {以}[氵V,] 諸 作意[乙J,] 修[丷V,㫄Ec,]
E ②또 멀리 여의는 것을 즐겨서 바른 방편으로써 여러 작의를 닦으며,
F 또한 원리(遠離)를 즐기며 바른 방편으로써 여러 작의(作意)를 수습하는 것이다.

〈유가17 : 21-22〉

A 又復晝夜、於退分勝分二法、知斷修習；
B 又 復 晝夜⺈十 {於}退分亽 勝分亽七 二法⺈十 知斷 修習丷㫄
C 又 復 晝夜아긔 退分과 勝分괏 二法아긔 知斷 修習ᄒᆞ며
D 又 復 晝夜[⺈J-,十-J,] {於}退分[亽J,] 勝分[亽J,七J,] 二法[⺈J-,十-J,] 知斷 修習[丷V,㫄Ec,]
E ③또 다시 밤낮으로 퇴분과 승분과의 두 법에 대해 지와 단을 닦아 익히며,
F 또한 다시 밤낮으로 퇴분(退分)과 승분(勝分)의 2법(法)에 대해서 지(知) 단(斷)을 수습(修習)하는 것이다.

〈유가17 : 22-23〉

A 又於生死見大過失；
B 又 {於}生死⺈十 大過失乙 見㫄
C 又 生死아긔 大過失을 보며,
D 又 {於}生死[⺈J-,十-J,] 大過失[乙J,] 見[㫄Ec,]
E ④또 삶과 죽음에서 큰 과실을 보며,

F 또한 생사(生死)에 대하여 큰 과실(過失)을 보는 것이다.

〈유가17 : 23〉

A 又於涅槃見勝功德。

B 又 {於}涅槃ㅏ十 勝功德乙 見ㅅ⺀ノ今七

C 又 涅槃아긔 勝功德을 見ᄒ며호릿

D 又 {於}涅槃[ㅏJ-, 十-J,] 勝功德[乙J,] 見[ㅅV, ⺀Ec, ノV+Ep, 今Et+N, 七J,]

E ⑤또 열반에서 뛰어난 공덕을 보며 하는,

F 또한 열반(涅槃)에 대하여 뛰어난 공덕을 본다.

〈유가17 : 23-18 : 01〉

A 由此五相、是名第三處觀察。

B 此 五相乙 由ㅏㅅ尸入乙 是乙 名下 第三處ㅏ十 觀察ㅅ尸丁ノ礻丨

C 此 五相을 븓아홀둘 是를 일하 第三處아긔 觀察홀뎌호리다

D 此 五相[乙J,] 由[ㅏEc, ㅅV, 尸Et, 入N, 乙J,] 是[乙J,] 名[下V+Ec,] 第三處[ㅏJ-, 十-J,] 觀察 [ㅅV, 尸Ef-, 丁-Ef, ノV+Ep, 礻Ep, 丨Ef,]

E 이 다섯 상으로 말미암아 (관찰)하는 것을, 이를 일컬어 세 번째 처소[第三處]에서 관찰하는 것이라 한다.

F 이러한 5상(相)에 의한 것을 제 3처(處)에서의 관찰이라고 이름하는 것이다.

〈유가18 : 01-02〉

A 如是精勤修善品者、略爲四苦之所隨逐。

B 是 如攴 精勤兮 善品乙 修ㅅ今七 者亅 略兮 四苦ㄱ{之} 隨逐ノ尸 所乙 爲ハナ㐫七丨

C 是 다 精勤히 善品을 修ᄒ릿 者는 略히 四苦의 隨逐홀 둘 爲ᄀ겨다

D 是 如[攴V,] 精勤[兮M,] 善品[乙J,] 修[ㅅV, 今Et+N, 七J,] 者[亅J,] 略[兮M,] 四苦[ㄱJ,]{之} 隨逐[ノV+Ep, 尸Et,] 所[乙J,] 爲[ハR, ナEp, 㐫Ep-, 七-Ep, 丨Ef,]

E 이와 같이 부지런히 선품을 닦는 자는, 간략히 네 가지 괴로움이 뒤따르는 바를 입게

된다.

F 이와 같이 정근(精勤)하여 선품(善品)을 수습하는 자에게는 간략하게 네 가지 괴로움이 뒤따르게 된다.

〈유가18 : 02-04〉

A **謂於四沙門果、未能隨有所證故，猶爲惡趣苦所隨逐；**

B 謂ㄱ {於}四沙門果⺡十 能㇇ 隨ノ 證ノ尸 所乙 {有}十尸 未ハソㄱ入灬 故ノ 猶刂 惡趣苦⺀ 隨逐ノ尸 所乙 爲ハ㇇

C 닐온 四沙門果아긔 能며 좇오 證홀 도 둘 안득혼드로 故오 猶이 惡趣苦의 隨逐홀 도 爲그며

D 謂[ㄱEc,] {於}四沙門果[⺡J-, 十-J,] 能[㇇M,] 隨[ノM,] 證[ノV+Ep, 尸Et,] 所[乙J,] {有}[十V, 尸Et,] 未[ハM, ソV, ㄱEt, 入N, 灬J,] 故[ノR,] 猶[刂M,] 惡趣苦[⺀J,] 隨逐[ノV+Ep, 尸Et,] 所[乙J,] 爲[ハR, ㇇Ec,]

E 즉 ①네 사문과에서 능히 좇아 증득할 바를 지니지 못한 까닭으로, 여전히 악취고[50]가 뒤따르는 바를 입으며,

F 말하자면 4사문과(沙門果)에서 뒤따라 증득한 것이 아직 있을 수 없기 때문에 여전히 악취고(惡趣苦)가 뒤따르는 것이다.

〈유가18 : 04-05〉

A **體是生老病死法故，爲內壞苦之所隨逐；**

B 體刂 是ㄱ 生老病死七 法刂ㄱ入灬 故ノ 內壞苦⺀{之} 隨逐ノ尸 所乙 爲ハ㇇

C 體이 是는 生老病死ㅅ 法인드로 故오 內壞苦의 隨逐홀 도 爲그며

D 體[刂J,] 是[ㄱJ,] 生老病死[七J,] 法[刂V, ㄱEt, 入N, 灬J,] 故[ノR,] 內壞苦[⺀J,]{之} 隨逐[ノV+Ep, 尸Et,] 所[乙J,] 爲[ハR, ㇇Ec,]

E ②몸[體]이, 이는 생로병사의 법인 까닭으로, 내괴고가 뒤따르는 바를 입으며,

---

50) 악취고(惡趣苦)는 악취에 떨어지는 고통을 말한다. 악취는 악한 업인(業因)에 대한 과보로서 태어나는 곳으로, 6도(道) 중에서 흔히 3악도로 꼽히는 지옥계(地獄界), 아귀계(餓鬼界), 축생계(畜生界)가 해당한다.

F 이 몸은 생(生) 로(老) 병(病) 사(死)의 법이기 때문에 안의 괴고(壞苦)가 뒤따르게 되는 것이다.

〈유가18 : 05-06〉

A **一切所愛離別法故，爲愛壞苦之所隨逐；**

B 一切 所愛 離別七 法刂1入〻 故ノ 愛壞苦㇋{之} 隨逐ノ尸 所乙 爲ハ㇈

C 一切 所愛 離別ㅅ 法인ᄃ로 故오 愛壞苦의 隨逐홀 들 爲그며

D 一切 所愛 離別[七J,] 法[刂V, 1Et, 入N, 〻J,] 故[ノR,] 愛壞苦[㇋J,]{之} 隨逐[ノV+Ep, 尸Et,] 所[乙J,] 爲[ハR, ㇈Ec,]

E ③일체 사랑하는 것은 이별하는 법인 까닭으로, 애괴고가 뒤따르는 바를 입으며,

F 모든 사랑하는 것은 이별하는 법[離別法] 때문에 애(愛)의 괴고(壞苦)가 뒤따르게 되는 것이다.

〈유가18 : 06-07〉

A **自業所作故，一切苦因之所隨逐。**

B 自業㇋ 作ノ1[51] 所刂1入〻 故ノ 一切 苦因㇋{之} 隨逐ノ尸 所刂丨

C 自業의 作혼 바인ᄃ로 故오 一切 苦因의 隨逐홀 바이다

D 自業[㇋J,] 作[ノV+Ep, 1Et,] 所[刂V, 1Et, 入N, 〻J,] 故[ノR,] 一切 苦因[㇋J,]{之} 隨逐[ノV+Ep, 尸Et,] 所[刂V, 丨Ef,]

E ④제 업이 지은 바인 까닭으로, 일체 고인이 뒤따르는 것이다.

F 스스로 업의 소작(所作)이기 때문에 일체의 고인(苦因)이 뒤따르게 되는 것이다.

---

51) 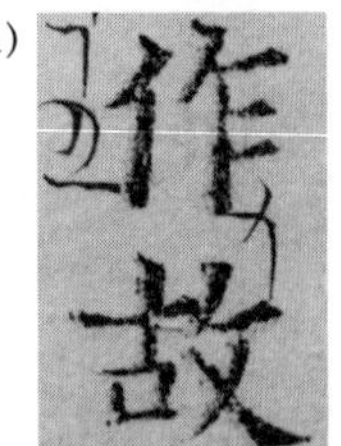 역독점이 기입되어야 할 위치인데 보이지 않는다.

〈유가18 : 07-08〉

A **彼爲如是四苦隨逐、應以七相審正觀察。**

B 彼ㄱ 是 如攴ソㄱ 四苦ラ 隨逐ノ尸入乙 爲ハろ斤 七相乙 {以}氵 審正觀察ノᅙ應ヒソㄱリ罒

C 彼는 是 다흔 四苦의 隨逐홀들 爲ㄱ아근 七相을 뻐 審正觀察홈應ㅅ흔이라

D 彼[ㄱJ,] 是 如[攴V, ソV, ㄱEt,] 四苦[ラJ,] 隨逐[ノV+Ep, 尸Et, 入N, 乙J,] 爲[ハR, ろEc, 斤J,] 七相[乙J,] {以}[氵V,] 審正觀察[ノV+Ep, ᅙEp-,]應[ヒ-Ep, ソV, ㄱEt, リV, 罒Ec,]

E 그는 이와 같은 네 가지 괴로움이 뒤따르는 바를 입어서는, 일곱 가지 상으로써[52] 살펴 바로 관찰하여야 하는 것이라,

F 그는 위와 같은 네 가지 괴로움이 뒤따르게 되므로, 응당 7상(相)으로써 자세하고 바르게 관찰해야 하는 것이다.

〈유가18 : 08-09〉

A **由此七相、是名第四處觀察。**

B 此 七相乙 由ろソ尸入乙 是乙 名丅 第四處ろ十 觀察ソ尸丁ノㅊ丨

C 此 七相을 븥아홀들 是를 일하 第四處아긔 觀察홀뎌호리다

D 此 七相[乙J,] 由[ろEc, ソV, 尸Et, 入N, 乙J,] 是[乙J,] 名[丅V+Ec,] 第四處[ろJ-, 十-J,] 觀察[ソV, 尸Ef-, 丁-Ef, ノV+Ep, ㅊEp, 丨Ef,]

E 이 일곱 가지 상으로 말미암아 (관찰)하는 것을, 이를 일컬어 네 번째 처소[第四處]에서 관찰하는 것이라 한다.

F 이러한 7상(相)에 의한 것을 제 4처(處)에서의 관찰이라고 이름 하는 것이다.

〈유가18 : 09-10〉

A **彼於如是四處以二十二相正觀察時、便生如是如理作意:**

---

52) 『유가론기』 권6(T42, 428b17)에서는 다음과 같이 설명하고 있다.
"경(景) 스님은 말하기를, 악취고가 하나가 되고, 생로병사고가 또 넷이 되므로 족히 앞의 것이 다섯이 되며, 애별리고가 여섯 번째이고, 자업소작일체고가 일곱 번째이다. [景云, 惡趣苦爲一, 生老病死苦又爲四, 足前爲五, 愛別離苦爲第六, 自業所作一切苦因第七。]"

B 彼ㄱ {於}是 如支ソㄱ 四處氵十 二十二相乙 {以}氵 正 觀察ソ令ㄴ 時ᅩㅏ 便ㅅ53) 是54) 如支ソㄱ 如理作意乙 生リナ亠ㄴㅣ

C 彼는 是 다흔 四處아긔 二十二相을 뻐 正 觀察ᄒᆞ릿 時여긔 곧오 是 다흔 如理作意를 나이겨다

D 彼[ㄱJ,] {於}是 如[支V, ソV, ㄱEt,] 四處[氵J-, 十-J,] 二十二相[乙J,] {以}[氵V,] 正 觀察[ソV, 令Et+N, ㄴJ,] 時[ᅩJ-, 十-J,] 便[ㅅM,] 是 如[支V, ソV, ㄱEt,] 如理作意[乙J,] 生[リV, ナEp, 亠Ep-, ㄴ-Ep, ㅣEf,]

E 그는 이와 같은 네 처소[四處]에서 스물두 가지 상으로써 바로 관찰하는 때에, 곧 이와 같은 이치에 맞는 작의를 낸다.

F 그는 위와 같은 4처(處)에 대하여 22상(相)으로써 바르게 관찰할 때 곧 다음과 같은 이치에 맞는 작의[如理作意]를 내는 것이다.

〈유가18 : 10-11〉

A **謂我爲求如是事故,**

B 謂ㄱ 我ㄱ 是 如支ソㄱ 事乙 求ソ{爲}ㅅソ尸ㅅ灬 故ノ

C 닐온 我는 是 다흔 事를 求ᄒᆞ과홀ᄃᆞ로 故오

D 謂[ㄱEc,] 我[ㄱJ,] 是 如[支V, ソV, ㄱEt,] 事[乙J,] 求[ソV,]{爲}[ㅅEc, ソV, 尸Et, ㅅN, 灬J,] 故[ノR,]

E 즉 '나는 이와 같은 일을 구하고자 하는 까닭으로,

F 말하자면 '나는 이와 같은 현상[事]을 구하려 하기 때문에

---

53) 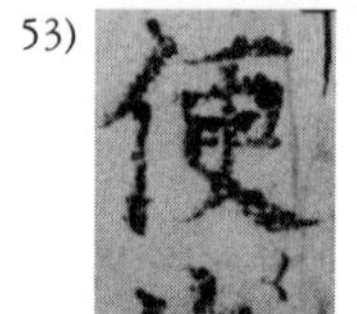 '便'에 현토된 구결자의 자형이 불명확하나 <유가>에서는 부사로 쓰인 '便'자가 대체로 '便ㅅ'로 현토되고, <유가03 : 19>에 'ㅅ'의 마지막 획이 없는 다른 사례가 있으므로 이 구결자는 'ㅅ'의 마지막 획이 기입되지 않은 것으로 볼 수 있다.

54) 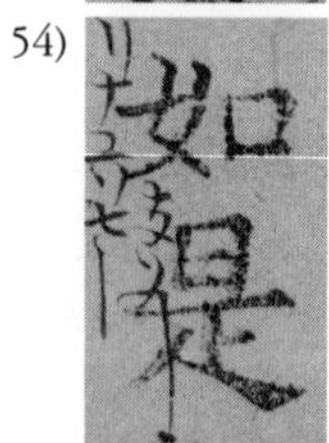 역독점이 기입되어야 할 위치인 '是'의 오른쪽 아래에 역독점이 보이지 않는다.

〈유가18 : 11-13〉

A 誓受下劣形相威儀及資身具、誓受禁戒、誓受精勤常修善法；

B 誓ホ 下劣ソ1 形相ㅗ 威儀ㅗ 及ㄷ 資身ㄷ 具ㅗノ尸乙 受ソ⺋ 誓ホ 禁戒乙 受ソ⺋ 誓ホ 精勤ㄎ 常リ 善法乙 修ノ尸入乙 受⺋ソ⺀ノ1ㅗ

C 誓곰 下劣혼 形相여 威儀여 및 資身ㅅ 具여홀을 受ᄒᆞ져 誓곰 禁戒를 受ᄒᆞ져 誓곰 精勤히 덛덛이 善法을 修홀돌 받져ᄒᆞ아혼여

D 誓[ホM,] 下劣[ソV, 1Et,] 形相[ㅗJ,] 威儀[ㅗJ,] 及[ㄷM,] 資身[ㄷJ,] 具[ㅗJ, ノV+Ep, 尸Et, 乙J,] 受[ソV, ⺋Ec,] 誓[ホM,] 禁戒[乙J,] 受[ソV, ⺋Ec,] 誓[ホM,] 精勤[ㄎM,] 常[リM,] 善法[乙J,] 修[ノV+Ep, 尸Et, 入N, 乙J,] 受[⺋Ec, ソV, ⺀Ec, ノV+Ep, 1Et, ㅗR,]

E 맹세코 하열한 모습이니, 위의니, 몸을 돕는 도구니 하는 것을 받고, 맹세코 금하는 계율을 받고, 맹세코 부지런히 항상 선법을 닦는 것을 받고 하였는데(/하였으나),

F 하열(下劣)한 형상(形相)과 위의(威儀)와 그리고 몸을 돕는 도구[資身具]를 받겠다고 서원하는 것이며, 금계(禁戒)를 받겠다고 서원하는 것이며, 정근(精勤)을 받겠다고 서원하는 것이다. 항상 선법(善法)을 닦아서

〈유가18 : 13-14〉

A 而我今者、於四種苦、爲脫何等。

B 而1 我1 今⺙{者} {於}四種 苦⺀十 何ㅎ 等ソ1乙 {爲}脫ソ⺀ノ1リ⺀ㄷロ

C 而ㄴ 我는 今곤 四種 苦아긔 어누 다혼을 脫ᄒᆞ아혼이앗고

D 而[1R,] 我[1J,] 今[⺙M,]{者} {於}四種 苦[⺀J-, 十-J,] 何[ㅎN,] 等[ソV, 1Et, 乙J,] {爲}脫[ソV, ⺀Ec, ノV+Ep, 1Et, リV, ⺀Ep-, ㄷ-Ep, ロEf,]

E 나는 지금 네 가지의 괴로움에서 어떤 것들을 벗어나 있는 것인가?

F '나는 지금 네 가지의 괴로움에서 어떤 것에서 벗어날 수 있는가?

〈유가18 : 14-15〉

A 若我如是自策自勵誓受三處、

B 若 我1 是 如支 自策ソ⺋ 自勵ソ⺋ソ⺀ 誓ホ 三處乙 受ソ⺀ノ1ㅗ

C 若 我는 是 다 自策ᄒᆞ져 自勵ᄒᆞ져ᄒᆞ아 誓곰 三處를 受ᄒᆞ아혼여

D 若 我[ㄱJ,] 是 如[支V,] 自策[ㅅV, ㅎEc,] 自勵[ㅅV, ㅎEc, ㅅV, 3Ec,] 誓[ホM,] 三處[ㄹJ,] 受[ㅅV, 3Ec, ノV+Ep, ㄱEt, ㅗR,]

E 또한 나는 이와 같이 스스로 책망하고, 스스로 격려하고 하여 맹세코 세 처소[三處]를 받았는데(/받았으나),

F 또한 내가 이와 같이 스스로 책려(策勵)하여 3처(處)를 받겠다고 서원하였는데도

〈유가18 : 15〉

A **猶爲四苦常所隨逐、未得解脫；**

B 猶ㅣ 四苦ㅋ 常ㅣ 隨逐ノㄕ 所ㄹ 爲ハ3 得ホ 解脫 未ハㅅㅏノㄱㅣ罒55)

C 猶이 四苦의 덛덛이 隨逐홀 들 爲ㄱ아 시러곰 解脫 안득ᄒᆞ누온이라

D 猶[ㅣM,] 四苦[ㅋJ,] 常[ㅣM,] 隨逐[ノV+Ep, ㄕEt,] 所[ㄹJ,] 爲[ハR, 3Ec,] 得[ホM,] 解脫 未[ハM, ㅅV, ㅏEp, ノEp, ㄱEt, ㅣV, 罒Ec,]

E 오히려(/여전히) 네 괴로움이 항상 뒤따르는 바를 입어, 능히 해탈하지 못하고 있는 것이라,

F 여전히 네 가지 괴로움[四苦]이 항상 뒤따르게 되기 때문에 아직 해탈을 얻을 수 없고

〈유가18 : 15-17〉

A **我今不應爲苦隨逐、未於勝定獲得自在、中路止息，或復退屈。**

B 我ㄱ 今ㅌ 苦ㅋ 隨逐ノㄕㅅㄹ 爲ハ3 {於}勝定3十 自在ㅅㄱㅅㄹ 獲得 未ハㅅㄱㅣ十 中路3十 止息ㅅㅎ 或 復 退屈ㅅㅎノㅎ應ㄷㅅㄱ 不矢ㄱㅣ3ㄷㅣㅅ3

C 我는 今ㄹ 苦의 隨逐홀들 爲ㄱ아 勝定아긔 自在혼들 獲得 안득혼다긔 中路아긔 止息ᄒᆞ져

---

55)  '未'의 좌측토 가운데 'ㅅ'와 'ノ' 사이의 구결자 자형이 분명치 않다. 언뜻 보면 '3'처럼 보이기도 하나 오른쪽에 점이 있어 '3'로 보기는 어렵다. <유가>에서 '-ㅅㅏノㄱ'과 같이 선어말어미 'ㅏ'와 'ノ'가 연접하는 구성이 여러 번 나오므로 이 구결자를 'ㅏ'로 판독하는 데 문법적으로도 문제가 없다. 그러나 앞 문장의 내용과 현토 양상을 고려하면 '3'가 오는 것이 더 자연스러운 자리로 볼 수도 있어 오기로 볼 가능성은 열려 있다.

或 復 退屈ᄒᆞ져홈應ᄉᆞᄒᆞᆫ 안딘이앗다ᄒᆞ아

D 我[ㄱJ,] 今[ㅌM,] 苦[ㄱJ,] 隨逐[ノV+Ep, ㄕEt, ㅅN, ㄹJ,] 爲[ハR, ㄱEc,] {於}勝定[ㄱJ-, +-J,] 自在[ソV, ㄱEt, ㅅN, ㄹJ,] 獲得 未[ハM, ソV, ㄱEt, ㅣN, +J,] 中路[ㄱJ-, +-J,] 止息[ソV, ㅎEc,] 或 復 退屈[ソV, ㅎEc, ノV+Ep, ㅎEp-,]應[ㄷ-Ep, ソV, ㄱEt,] 不[矢R+V, ㄱEt, リV, ㄱEp-, ㄷ-Ep, ㅣEf, ソV, ㄱEc,]

E 나는 이제, 괴로움이 뒤따르는 바를 입어 뛰어난 정에서 자재하는 것을 획득하지 못한 경우에 중도에서 그만두고 혹은 다시 뒤로 물러나고 해서는 아니 될 것이다' 하여

F 나는 이제 괴로움[苦]이 뒤따라서 아직 뛰어난 정[勝定]에서 자재(自在)를 획득할 수 없을지라도 중도에 그만두거나 혹은 다시 물러나지 않으리라'고 하는 것이다.

〈유가18 : 17-19〉

A **如是精勤如理作意、乃得名爲出家之想，及沙門想。**

B 是 如ㅊ 精勤ㅎ 如理作意ソㄕㅅㄹ 乃ㄱ 得ㄕ 名下 {爲}出家之想ㅗソㅅ 及ㄷ 沙門想ㅗノ ㅊㅣ

C 是 다 精勤히 如理作意홀ᄃᆞᆯ 乃사 얻을 일하 出家之想여ᄒᆞ며 및 沙門想여호리다

D 是 如[ㅊV,] 精勤[ㅎM,] 如理作意[ソV, ㄕEt, ㅅN, ㄹJ,] 乃[ㄱR,] 得[ㄕEt,] 名[下V+Ec,] {爲}出家之想[ㅗJ, ソV, ㅅEc,] 及[ㄷM,] 沙門想[ㅗJ, ノV+Ep, ㅊEp, ㅣEf,]

E 이와 같이 부지런히 이치에 맞게 작의하는 것을, 이를 얻음을 일컬어 출가지상이라 하며 사문상이라 한다.

F 이와 같이 정근(精勤)하여 이치에 맞게 작의[如理作意]해야 이에 출가(出家)의 상(想)과 사문(沙門)의 상(想)이라고 하는 것은 얻을 수 있다.

〈유가18 : 19-20〉

A **彼於圓滿修多方便以爲依止、由世間道、證得三摩地圓滿故；**

B 彼ㄱ {於}圓滿ソㄱㅊ+ 多 方便ㄹ 修ノㄱㅅㄹ 以ホ 依止 {爲}ㄱㄱ 世間道ㄹ 由ㄱ 三摩地圓滿ㄹ 證得ソㄱㅅ~ 故ノ

C 彼는 圓滿ᄒᆞᆫ의긔 多 方便을 修혼ᄃᆞᆯ 뼈곰 依止 삼아 世間道를 븓아 三摩地圓滿을 證得ᄒᆞᆫ

ᄃᆞ로 故오

D 彼[ㄱJ,] {於}圓滿[ㅅV, ㄱEt, ㆃJ-, ㅏ-J,] 多 方便[ㄹJ,] 修[ㄱV+Ep, ㄱEt, ㅅN, ㄹJ,] 以[ㅅJ,] 依止 {爲}[ㅅV, ㅅEc,] 世間道[ㄹJ,] 由[ㅅEc,] 三摩地圓滿[ㄹJ,] 證得[ㅅV, ㄱEt, ㅅN, ㅡJ,] 故 [ㄱR,]

E 그는 원만한 것에 대해 많은 방편을 닦은 것으로써 의지를 삼아, 세간도[56]로 말미암아 삼마지 원만을 증득한 까닭으로,

F 그는 원만(圓滿)에 대하여 많은 방편을 닦는 것을 의지(依止)로 삼아서 세간도(世間道)에 의하여 삼마지(三摩地)의 원만(圓滿)을 증득하기 때문에

〈유가18 : 20-21〉

A **於煩惱斷、猶未證得，復依樂斷、常勤修習。**

B {於}煩惱斷ㅅㅏ 猶ㅣ 證得 未ㅣㅅㅊㄱㅅㅡ 復 樂斷ㄹ 依ㅅ 常ㅣ 勤ㅌ 修習ㅅㅎ

C 煩惱斷아긔 猶이 證得 안이ᄒᆞ견ᄃᆞ로 復 樂斷을 븥아 덛덛이 勤ㅅ 修習ᄒᆞ며

D 於煩惱斷[ㅅJ-, ㅏ-J,] 猶[ㅣM,] 證得 未[ㅣM, ㅅV, ㅊEp, ㄱEt, ㅅN, ㅡJ,] 復 樂斷[ㄹJ,] 依[ㅅ Ec,] 常[ㅣM,] 勤[ㅌM,] 修習[ㅅV, ㅎEc,]

E 번뇌의 끊음에 대해 여전히 증득하지 아니한 까닭으로, 다시 즐겨 끊음[樂斷]을 의지하여 항상 부지런히 닦고 익히며,

F 번뇌의 끊음[煩惱斷]을 여전히 아직 증득하지 못했을지라도 다시 즐겨 끊음[樂斷]에 의지하여 항상 부지런히 수습하는 것이다.

〈유가18 : 21-23〉

A **又彼已得善世間道。數數爲得三摩地自在故；依止樂修、無間而轉。**

B 又 彼ㄱ 已ㅅ 善世間道ㄹ 得ㅅ 數數ㅣ 三摩地自在ㄹ 得ㅅ{爲}ㅅㅅㄕㅅㅡ 故ㄱ 樂修ㄹ 依止ㅅㅅㅅ 无間ㅎ 而ㅡ 轉ㅅㅎ

C 又 彼는 이믜사 善世間道를 얻아 數數이 三摩地自在를 得ᄒᆞ과ᄒᆞᆯᄃᆞ로 故오 樂修를 依止ᄒᆞ아곰 无間히 而로 轉ᄒᆞ며

56) 세간도(世間道)는 세속의 지혜로써 닦는 범부의 수행을 말한다.

D 又 彼[ㄱJ,] 已[氵M,] 善世間道[乙J,] 得[阝Ec,] 數數[刂M,] 三摩地自在[乙J,] 得[ッV,]{爲}[스Ec, ッV, ㄕEt, 人N, 罒J,] 故[ノR,] 樂修[乙J,] 依止[ッV, 阝Ec, 亦J,] 无間[ㅎM,] 而[罒R,] 轉[ッV, か Ec,]

E 또 그는 이미 훌륭한 세간도를 얻어 자주 자주 삼마지 자재를 얻고자 하는 까닭으로, 즐겨 닦음[樂修]을 의지하여서 끊임없이 전하며,

F 또한 그는 잘 세간도(世間道)를 얻고서 수시로 삼마지(三摩地)의 자재(自在)를 얻기 위해서 즐겨 닦음[樂修]을 의지하여 끊임없이 굴리는 것이다.

〈유가18 : 23-19 : 03〉

A **又於正信長者居士婆羅門等、獲得種種利養恭敬，而不依此利養恭敬、而生貪著；**

B 又 {於}正信ッ ㅌ ㄷ 長者ㅗ 居士ㅗ 婆羅門ㅗ 等ッ ㄱ ㅋ ㅜ 種種ㄷ 利養恭敬乙 獲得ッ ㄕ ㅗ 而 ㄱ 此 利養恭敬乙 依阝 而罒 貪着乙 生刂ㄕ 不冬ッか

C 又 正信ᄒᆞᆫ 長者여 居士여 婆羅門여 다ᄒᆞᆫ의긔 갓갓 利養恭敬을 獲得ᄒᆞᆯ여 而ㄴ 此 利養恭敬을 븓아 而로 貪着을 나일 안들ᄒᆞ며

D 又 {於}正信[ッV, ㅌEt, ㄷJ,] 長者[ㅗJ,] 居士[ㅗJ,] 婆羅門[ㅗJ,] 等[ッV, ㄱEt, ㅋJ-, ㅜ-J,] 種種[ㄷJ,] 利養恭敬[乙J,] 獲得[ッV, ㄕEc-, ㅗ-Ec,] 而[ㄱR,] 此 利養恭敬[乙J,] 依[阝Ec,] 而[罒R,] 貪着[乙J,] 生[刂V, ㄕEt,] 不[冬M, ッV, かEc,]

E 또 바로 믿는 장자[57]니 거사[58]니 바라문이니 하는 이들에게 갖가지 이양과 공경을 획득하지만, 이 이양과 공경을 의지하여 탐착을 내지 않으며,

F 또한 바른 믿음[正信]의 장자(長者) 거사(居士) 바라문(婆羅門) 등한테서 갖가지 이득[利養]과 공경(恭敬)을 획득하게 되지만 이 이득과 공경에 의지하여 탐착(耽著)을 일으키지 아니하며

---

57) 장자(長者)는 인도에서 좋은 집안에 나서 많은 재산을 가지고 덕을 갖춘 사람을 가리키는 말이다.

58) 거사(居士)는 보통 출가하지 않고, 가정에 있으면서 불문(佛門)에 귀의한 남자를 가리키는 말이다.

〈유가19 : 03-05〉

A 亦不於他利養恭敬、及餘不信婆羅門等對面背面諸不可意身業語業現行事中、心生憤恚,

B 亦 {於}他ラ 利養恭敬亠 及七 餘 不信ソヒ七 婆羅門 等ソㄱラ 對面ソ彡 背面ソ彡ソㄋ 諸 不可意七 身業 語業乙 現行ソ令七 事亠ノ令七 中ㄋ十 心ㄋ十 憤恚乙 生リㄕ 不冬ソ彡

C 亦 놈의 利養恭敬여 및 餘 不信ᄒᆞᆫ 婆羅門 다ᄒᆞᆫ의 對面ᄒᆞ져 背面ᄒᆞ져ᄒᆞ아 諸 不可意ㅅ 身業 語業을 現行ᄒᆞ릿 事여호릿 中아긔 心아긔 憤恚를 나일 안ᄃᆞᆯᄒᆞ져

D 亦 於他[ラJ,] 利養恭敬[亠J,] 及[七M,] 餘 不信[ソV, ヒEt, 七J,] 婆羅門 等[ソV, ㄱEt, ラJ,] 對面[ソV, 彡Ec,] 背面[ソV, 彡Ec, ソV, ㄋEc,] 諸 不可意[七J,] 身業 語業[乙J,] 現行[ソV, 令Et+N, 七J,] 事[亠J, ノV+Ep, 令Et+N, 七J,] 中[ㄋJ-, 十-J,] 心[ㄋJ-, 十-J,] 憤恚[乙J,] 生[リV, ㄕEt,] 不[冬M, ソV, 彡Ec,]

E 또한 다른 이[59]의 이양과 공경이니, 나머지 불신하는 바라문 등의 이들이 마주 보고 등 돌리고 하여 여러 불가의(不可意)[60]의 신업[61] 어업[62]을 현행하는 일이니 하는 가운데에서, 마음에 성냄을 내지 않고,

F 또한 다른 이득과 공경과 그 밖의 믿지 않는 바라문(婆羅門) 등이 눈앞과 등뒤에서 여러 불가의(不可意)의 신업(身業) 어업(語業)이 현행(現行)하는 일 가운데에서도 마음으로 분에(憤恚)를 일으키지 않을 뿐만 아니라,

〈유가19 : 05-06〉

A 又復於彼無損害心。

B 又 復 {於}彼ラ十 損害心 无彡ソ尔

C 又 復 彼의긔 損害心 없져ᄒᆞ며

D 又 復 於彼[ラJ-, 十-J,] 損害心 无[彡Ec, ソV, 尔Ec,]

E 또 다시 그에게 손해를 끼치려는 마음이 없고 하며,

---

59) 여기에서의 '다른 이'는 바로 앞 단락의 주체인 수행자(나)와 대비되는 인물로 파악할 수 있다.

60) 불가의(不可意)는 마음에 거슬리는 것, 좋아할 만하지 않은 것을 뜻한다. 이와 반대로 마음에 드는 것, 좋아할 만한 것을 '가의(可意)'라고 한다.

61) 신업(身業)은 3업의 하나로 몸으로 짓는 온갖 동작이다.

62) 어업(語業)은 구업(口業)과 같은데, 3업의 하나로 입으로 말을 하는 업이다.

F 또한 그에게 손해를 끼치려는 마음도 없는 것이다.

〈유가19 : 06-07〉

A **又愛慢見無明疑惑、種種定中諸隨煩惱、不復現行；善守念住。**

B 又 愛𠆢 慢𠆢 見𠆢 无明𠆢 疑惑𠆢七 種種 定七 中阝十丷𠃍 諸 隨煩惱乙 復ハ 現行丷尸 不冬丷阝ホ 善𢒑 念住乙 守丷𢒑

C 又 愛와 慢과 見과 无明과 疑惑괏 種種 定ㅅ 中아긔ᄒᆞᆫ 諸 隨煩惱를 復ㄱ 現行ᄒᆞᆯ 안ᄃᆞᆯᄒᆞ아곰 善며 念住를 守ᄒᆞ며

D 又 愛[𠆢J,] 慢[𠆢J,] 見[𠆢J,] 无明[𠆢J,] 疑惑[𠆢J, 七J,] 種種 定[七J,] 中[阝J-, 十-J, 丷V, 𠃍Et,] 諸 隨煩惱[乙J,] 復[ハM,] 現行[丷V, 尸Et,] 不[冬M, 丷V, 阝Ec, ホJ,] 善[𢒑M,] 念住[乙J,] 守[丷V, 𢒑Ec,]

E 또 애와 만[63]과 견[64]과 무명[65]과 의혹과의 갖가지 정의 가운데 있는 여러 수번뇌를 다시 현행하지 않아서(/않도록 하여서), 잘 염주[66]를 지키며(/염주를 잘 지키며),

F 또한 애(愛) 만(慢) 견(見) 무명(無明) 의(疑)의 갖가지 정(定) 가운데의 여러 수번뇌(隨煩惱)는 다시는 현행하지 않으며, 잘 염(念)을 지켜 머무르고

〈유가19 : 07-09〉

A **又非證得勝奢摩他、即以如是奢摩他故、謂己一切所作已辨；**

B 又 勝奢摩他乙 證得ノ𠃍入ᅭ 卽ㅎ 是 如攴丷𠃍 奢摩他乙 {以}氵𠃍入ᅭ 故ノ 已ラ乙 謂阝

63) 만(慢)은 심소(心所)의 이름으로 유식(唯識)에서는 6번뇌(煩惱)의 하나이다. 자기의 용모·재력·지위 등을 믿고 다른 이에 대해서 높은 체 뽐내는 번뇌이다.

64) 견(見)은 근본번뇌 중의 하나인 '견'을 가리킨다. 탐(貪)·진(瞋)·치(癡)·만(慢)·의(疑)·견(見) 여섯 가지를 근본번뇌라고 하는데, 그중에 '견'을 오견(五見)으로 나누어 열 가지 근본번뇌라고도 한다. 오견이란 살가야견(薩迦耶見 : 有身見)·변집견(邊執見)·사견(邪見)·견취견(見取見)·계금취견(戒禁取見) 등을 말하는데, 이러한 오견은 비록 전도된 것이기는 하지만 대상을 살펴보고[觀視] 판단하는[決度] 것이기 때문에 모두 혜(慧)의 성질을 갖는 것이다.

65) 무명(無明)은 심소(心所)의 이름으로 치번뇌(癡煩惱)를 말한다. 유식종(唯識宗)에서는 근본번뇌의 하나로 모든 사(事, 현상)와 이(理, 본체)에 어두워서 명료치 못한 것을 가리킨다.

66) 염주(念住)는 사념주(四念住) 혹은 사념처(四念處)라고도 하며, 37보리분법(菩提分法) 중에 첫 번째 행법(行法)이다. 신(身)·수(受)·심(心)·법(法) 등 네 가지에 대해 그 차례대로 몸의 부정함[不淨], 감각(受)의 고통[苦], 마음의 무상함[無常], 법의 무아(無我)를 관찰함으로써 신·수·신·법에 대한 전도된 생각들을 대치시킨다.

朩 一切 所作乙 已辦丷阝ノㄱリ阝七丨丷尸 非冬丷古

C 又 勝奢摩他를 證得혼ᄃ로 곧오 是 다흔 奢摩他를 쁟ᄃ로/삼은ᄃ로/말미삼은ᄃ로[67] 故오 스싀를 닐아곰 一切 所作을 已辦ᄒ아혼이앗다홀 안돌ᄒ져

D 又 勝奢摩他[乙J,] 證得[ノV+Ep, ㄱEt, 入N, 灬J,] 卽[今M,] 是 如[支V, 丷V, ㄱEt,] 奢摩他[乙J,] {以}[氵V, ㄱEt, 入N, 灬J,] 故[ノR,] 己[ラN, 乙J,] 謂[阝Ec, 朩J,] 一切 所作[乙J,] 已辦[丷V, 阝Ec, ノV+Ep, ㄱEt, リV, 阝Ep-, 七-Ep, 丨Ef, 丷V, 尸Et,] 非[冬M, 丷V, 古Ec,]

E 또 뛰어난 사마타를 증득한 까닭으로, 곧 이와 같은 사마타를 말미암은 까닭으로 자기를 일러서 "일체 할 일을 이미 해낸 것이다" 하지 않고,

F 또한 뛰어난 사마타(奢摩他)를 증득하고서 곧 이와 같은 사마타(奢摩他) 때문에 '자기가 일체의 소작(所作)을 이미 성취[辦]하였다'고 말하지 아니하며

〈유가19 : 09-10〉

A 亦不向他說己所證。

B 亦 他乙 向阝 己ラ 證ノㄱ 所乙 說尸 不冬丷古丷尔丷ナ矛罒

C 亦 눔을 向아 저의 證혼 바를 니를 안돌ᄒ져ᄒ며ᄒ겨리라

D 亦 他[乙J,] 向[阝Ec,] 己[ラJ,] 證[ノV+Ep, ㄱEt,] 所[乙J,] 說[尸Et,] 不[冬M, 丷V, 古Ec, 丷V, 尔Ec, 丷V, ナEp, 矛Ep, 罒Ec,]

E 또한 다른 사람을 향하여 자기가 증득한 바를 말하지 않고 하며 할 것이라,

F 또한 다른 사람에게도 자신이 증득한 것에 대해서 말하지 않는 것이다.

〈유가19 : 10-11〉

A 彼由如是樂斷樂修、心無貪恚、正念現前、離增上慢，

B 彼ㄱ 是 如支 樂斷丷古 樂修丷古 心阝十 貪亠 恚亠ノ今 无古 正念 現前丷古 增上慢乙 離古丷ㄱ入乙 由阝

---

67) 다음 예를 고려하면 '삼은ᄃ로' 내지 '말미삼은ᄃ로'로 읽을 가능성도 있다. 이 책에서는 잠정적으로 '쁟ᄃ로'로 읽기로 한다.
我ㄱ 無始灬八 已來ㅎㄱ厶 飢餓乙 以[三]ㄱ入灬 故支 身乙 喪阝ㅎㄱ厶 數ラ 無七リ丷阝ㅎㄱ： <화소10 : 09>

C 彼는 是 다 樂斷ᄒᆞ져 樂修ᄒᆞ져 心아긔 貪여 恚여호리 없져 正念 現前ᄒᆞ져 增上慢을 여희져ᄒᆞᆫ돌 븥아

D 彼[ㄱJ,] 是 如[支V,] 樂斷[丷V, 彡Ec,] 樂修[丷V, 彡Ec,] 心[阝J-, 十-J,] 貪[亠J,] 恚[亠J, ノV+Ep, 亽Et+N,] 无[彡Ec,] 正念 現前[丷V, 彡Ec,] 增上慢[乙J,] 離[彡Ec, 丷V, ㄱEt, 入N, 乙J,] 由[阝Ec,]

E 그는 이와 같이 즐겨 끊음[樂斷]을 하고, 즐겨 닦음[樂修]을 하고, 마음에 탐냄이니 성냄이니 하는 것이 없고, 정념(正念)이 현전하고, 증상만[68]을 여의고 하는 것으로 말미암아,

F 그는 위와 같이 즐겨 끊고[樂斷] 즐겨 닦기[樂修] 때문에 마음에 탐에(貪恚)가 없고 정념(正念)이 현전(現前)하며, 증상만(增上慢)을 여의기 때문에

〈유가19 : 11-12〉

A **於諸衣服、隨宜獲得、便生喜足。**

B {於}諸 衣服乙 宜丷ㄱ入乙 隨ノ 獲得ノㄱラ十 便ㅎ 喜足乙 生リ㫆

C 諸 衣服을 宜ᄒᆞᆫ돌 좇오 獲得혼의긔 곧오 喜足을 나이며

D 於諸 衣服[乙J,] 宜[丷V, ㄱEt, 入N, 乙J,] 隨[ノM,] 獲得[ノV+Ep, ㄱEt, ラJ-, 十-J,] 便[ㅎM,] 喜足[乙J,] 生[リV, 㫆Ec,]

E 모든 의복을 마땅한 것을 좇아 획득한 것에서 곧 기쁜 만족을 내며,

F 모든 의복(衣服)에 있어서 마땅함에 따라 획득하고서 곧바로 희족(喜足)을 내는 것이다.

〈유가19 : 12-13〉

A **如於衣服，於餘飮食臥具等喜足、當知亦尒。**

B {於}衣服阝十ノ尸入乙丷ㄱ[69] 如支 {於}餘 飮食亠 臥具亠 等丷ㄱラ十 喜足ノ尸 當八 知ㅎ丨 亦 尒丷ㄱリㄱ丁

68) 증상만(增上慢)은 훌륭한 교법과 깨달음을 얻지 못했는데도 스스로 깨달았다고 생각하여 제가 잘난 체하는 거만이다. 곧, 자기 자신을 가치 이상으로 생각하는 일을 말한다.

69) 여기에서 'ノ尸入乙'은 바로 앞 단락의 '隨宜獲得'에 대응되고, '丷ㄱ'은 '生喜足'에 대응되는 것으로 파악할 수 있다.

C 衣服아긔홀돌흔 다 餘 飮食여 臥具여 다흔의긔 喜足홀 반득 알오다 亦 尒흔인뎌

D 於衣服[氵J-, 十-J, 丿V+Ep, 尸Et, 入N, 乙J, 丷V, 亠Et,] 如[𠂇V,] {於}餘 飮食[亠J,] 臥具[亠J,] 等[丷V, 亠Et, 氵J-, 十-J,] 喜足[丿V+Ep, 尸Et,] 當[ハM,] 知[亠Ep, 丨Ef,] 亦 尒[丷V, 亠Et, 刂V, 亠Ef-, 丁-Ef,]

E 의복에 대해 (마땅한 것을 좇아) 획득한 것을 만족한 것과 같이, 나머지 음식이니 와구니 하는 것들에 대해 기쁘게 만족하는 것도, 반드시 알아야 한다, 또한 그러한 것이다.

F 의복에 있어서와 같이 그 밖의 음식(飮食) 와구(臥具) 등에 대하여 희족(喜足)을 내는 것도 또한 그러한 줄 알아야만 한다.

〈유가19 : 13-14〉

A **又正了知而爲受用。**

B 又 正七 了知丷氵尒 而灬 {爲}受用丿尸厶

C 又 바룻 了知ᄒᆞ아곰 而로 受用홀딕

D 又 正[七M,] 了知[丷V, 氵Ec, 尒J,] 而[灬R,] 爲受用[丿V+Ep, 尸Ec-, 厶-Ec,]

E 또 올바로 알아서 수용하는 데에,

F 또한 바르게 알면서[正了知] 수용(受用)하는 것이다.

〈유가19 : 14-15〉

A **謂如是等諸資生具、但爲治身、令不敗壞，暫止飢渴，攝受梵行，**

B 謂亠 是 如𠂇 等丷亠 諸 資生具亠 但ハ 身乙 治丷氵尒 敗壞尸 不冬丷{令}刂ㄋ 暫七 飢渴乙 止氵尒 梵行乙 攝受丷ㄋ丷{爲}入丿ㄗ亠刂氵七丨丷ケ

C 닐온 是 다 다흔 諸 資生具는 오직 身을 治ᄒᆞ아곰 敗壞ㄹ 안돌ᄒᆞ이져 暫ㅅ 飢渴을 止아곰 梵行을 攝受ᄒᆞ져ᄒᆞ과호린이앗다ᄒᆞ며

D 謂[亠Ec,] 是 如[𠂇V,] 等[丷V, 亠Et,] 諸 資生具[亠J,] 但[ハM,] 身[乙J,] 治[丷V, 氵Ec, 尒J,] 敗壞[尸Et,] 不[冬M, 丷V,]令[刂V, ㄋEc,] 暫[七M,] 飢渴[乙J,] 止[氵Ec, 尒J,] 梵行[乙J,] 攝受[丷V, ㄋEc, 丷V,]爲[入Ec, 丿V+Ep, ㄗEp, 亠Et, 刂V, 氵Ep-, 七-Ep, 丨Ef, 丷V, ケEc,]

E 말하자면 '이와 같은 등의 여러 생활도구는 단지 몸을 다스려서 무너지지 않게 하고,

잠시 굶주림을 멈추어서 범행[70]을 섭수하고 하기 위한 것이구나' 하며,

F 위와 같은 등의 여러 자생구(資生具)들은 단지 무너지지 않도록 몸을 다스리게끔만 하고 잠깐 동안 굶주림을 그치게 하면서 범행(梵行)을 섭수(攝受)하는 것이라고 하고

〈유가19 : 16〉

A 廣說乃至於食知量。

B 廣刂 說尸 乃氵 至刂 {於}食氵十 知量丷ナ㫆七丨

C 넙이 니를 乃사 니를이 食아긔 知量ᄒᆞ겨다

D 廣[刂M,] 說[尸Ec,] 乃[氵R,] 至[刂M,] 於食[氵J-, 十-J,] 知量[丷V, ナEp, 㫆Ep-, 七-Ep, 丨Ef,]

E 자세히 말하면, 음식에 이르기까지 그 양을 안다.

F 자세히 설하면 음식에 대해서 그 양을 아는 것까지에 이른다.

〈유가19 : 16-17〉

A 彼由如是正修行故；於三摩地獲得自在。

B 彼ㄱ 是 如支 正七 修行丷ㄱ入乙 由氵ㄱ入灬 故ノ {於}三摩地氵十 自在丷ㄱ入乙 獲得丷ㄢ

C 彼는 是 다 바룻 修行ᄒᆞᆫ돌 말믹삼은ᄃᆞ로 故오 三摩地아긔 自在ᄒᆞᆫ돌 獲得ᄒᆞ며

D 彼[ㄱJ,] 是 如[支V,] 正[七M,] 修行[丷V, ㄱEt, 入N, 乙J,] 由[氵V, ㄱEt, 入N, 灬J,] 故[ノR,] 於三摩地[氵J-, 十-J,] 自在[丷V, ㄱEt, 入N, 乙J,] 獲得[丷V, ㄢEc,]

E 그는 이와 같이 올바로 수행하는 것에 말미암은 까닭으로, 삼마지에서 자재하는 것을 획득하며,

F 그는 이와 같이 바르게 수행하기 때문에 삼마지(三摩地)에서 자재(自在)를 획득하고

〈유가19 : 17-19〉

A 依止彼故；其心清白、无有瑕穢，離隨煩惱，廣說乃至獲得不動、能引一切勝神通慧。

B 彼乙 依止丷ㄱ入灬 故ノ 其 心 清丷㢱 白丷㢱 瑕穢 无有㢱 隨煩惱乙 離㢱 廣刂 說尸 乃氵

70) 범행(梵行)은 청정한 행법으로 음욕을 끊고 청정하게 수행하는 것을 가리킨다.

至刂 不動乙 獲得丷〻丷氵 能㱏 一切 勝神通慧乙 引丷𠂇㇂七丨

C 彼를 依止혼ᄃ로 故오 其 心 淸ᄒ져 白ᄒ져 瑕穢 없져 隨煩惱를 여희져 넙이 니를 乃사 니를이 不動을 獲得ᄒ져ᄒ아 能며 一切 勝神通慧를 引ᄒ겻다

D 彼[乙J,] 依止[丷V, ㇄Et, 𠆢N, 𫝀J,] 故[丿R,] 其 心 淸[丷V, 〻Ec,] 白[丷V, 〻Ec,] 瑕穢 无有[〻Ec,] 隨煩惱[乙J,] 離[〻Ec,] 廣[刂M,] 說[尸Ec,] 乃[氵R,] 至[刂M,] 不動[乙J,] 獲得[丷V, 〻Ec, 丷V, 氵Ec,] 能[㱏M,] 一切 勝神通慧[乙J,] 引[丷V, 𠂇Ep, ㇂Ep-, 七-Ep, 丨Ef,]

E 그것을 의지한 까닭으로 그 마음이 맑고, 희고, 티와 더러움이 없고, 수번뇌를 여의고, 자세히 말하면, 부동을 획득하는 데까지 이르고 하여, 능히 일체의 뛰어난 신통과 지혜를 이끈다.

F 그것을 의지하기 때문에 그 마음이 맑고 희어서[淸白] 흠과 더러움이 없어서 수번뇌(隨煩惱)를 여의고, …… 부동(不動)을 획득하여 능히 모든 뛰어난 신통(神通)의 혜(慧)를 이끄는 데까지 이를 수 있는 것이다.

〈유가19 : 20〉

A **是名三摩地自在。**

B 是乙 名下 三摩地自在亠丿㐅丨

C 是를 일하 三摩地自在여호리다

D 是[乙J,] 名[下V+Ec,] 三摩地自在[亠J, 丿V+Ep, 㐅Ep, 丨Ef,]

E 이를 일컬어 삼마지 자재라고 한다.

F 이것을 삼마지(三摩地)의 자재(自在)라고 한다.

〈유가19 : 20-21〉

A **此三摩地自在廣義、當知唯有如所說相。**

B 此 三摩地自在七 廣義氵十 當八 知㇂丨 唯八 說丿㇄ 所 如支丷㇄ 相氵 有丷㇄亠

C 此 三摩地自在ㅅ 廣義아긔 반독 알오다 오직 說혼 바 다혼 相사 有혼여

D 此 三摩地自在[七J,] 廣義[氵J-, 十-J,] 當[八M,] 知[㇂Ep, 丨Ef,] 唯[八M,] 說[丿V+Ep, ㇄Et,] 所 如[支V, 丷V, ㇄Et,] 相[氵J,] 有[丷V, ㇄Et, 亠R,]

E 이 삼마지 자재의 자세한 의미에, 반드시 알아야 한다, 오직 말한 바와 같은 상만 있는 것이니,

F 이러한 삼마지(三摩地)의 자재(自在)에 대한 자세한 이치[廣義]는 오직 설한 것과 같은 상(相)에만 있으며

〈유가19 : 21-22〉

A 除此、更無若過若增。

B 此乙 除ロ斤 更氵 若 過ソ彡 若 增ソ彡ソ1 無ソ1リ1丁

C 此를 덜고근 ᄂ외아 若 過ᄒ져 若 增ᄒ져ᄒ 無ᄒ인뎌

D 此[乙J,] 除[ロEc, 斤J,] 更[氵M,] 若 過[ソV, 彡Ec,] 若 增[ソV, 彡Ec, ソV, 1Et,] 無[ソV, 1Et, リV, 1Ef-, 丁-Ef,]

E 이것을 제외하고는, 다시 (이보다) 지나치거나 (이보다) 더하거나 한 것이 없는 것이다.

F 이것을 제외하고 다시 지나치거나 증가하는 것은 없다는 것을 알아야만 한다.

〈유가19 : 22-20 : 01〉

A 又先所說得三摩地、若中所說三摩地圓滿、及今所說三摩地自在、

B 又 先下 說ノ1 所ヒ 得三摩地人 若 中氵十 說ノ1 所ヒ 三摩地圓滿人 及ヒ 今ハ 說ノ1 所ヒ 三摩地自在人乙

C 又 先하 說혼 밧 得三摩地와 若 中아긔 닐온 밧 三摩地圓滿과 밋 今ㄱ 닐온 밧 三摩地自在와를

D 又 先[下M,] 說[ノV+Ep, 1Et,] 所[ヒJ,] 得三摩地[人J,] 若 中[氵J-, 十-J,] 說[ノV+Ep, 1Et,] 所[ヒJ,] 三摩地圓滿[人J,] 及[ヒM,] 今[ハM,] 說[ノV+Ep, 1Et,] 所[ヒJ,] 三摩地自在[人J, 乙J,]

E 또 먼저 말한 바 삼마지 얻음과, 중간에 말한 바 삼마지 원만과, 지금 말한 바 삼마지 자재와를,

F 또한 먼저 설한 삼마지(三摩地)를 얻는 것과 중간에 설한 삼마지(三摩地)의 원만(圓滿)과 그리고 지금 설한 삼마지(三摩地)의 자재(自在)를

〈유가20 : 01〉

A 總名無上世間一切種清淨。

B 揔ㅎ 名下 无上 世間一切種清淨亠ノ૪ㅣ

C 揔히 일하 无上 世間一切種清淨여호리다

D 揔[ㅎM,] 名[下V+Ec,] 无上 世間一切種清淨[亠J, ノV+Ep, ૪Ep, ㅣEf,]

E 총괄하여 일컬어 위 없는 세간일체종청정이라 한다.

F 모두 무상세간(無上世間)의 모든 종류[一切種]의 청정(清淨)이라고 하는 것이다.

〈유가20 : 01-02〉

A 當知此清淨、唯在正法；非諸外道。

B 當ハ 知ㅎㅣ 此 清淨ㄱ 唯ハ 正法⺀十氵 在ソロ 諸 外道ㅋ十ㄱソㅌ 非矢リㄱ丁

C 반드 알오다 此 清淨은 오직 正法아긔사 在ᄒᆞ고 諸 外道의긘ᄒᆞᄂᆞ 안디인뎌

D 當[ハM,] 知[ㅎEp, ㅣEf,] 此 清淨[ㄱJ,] 唯[ハM,] 正法[⺀J-, 十-J, 氵J,] 在[ソV, ロEc,] 諸 外道[ㅋJ-, 十-J, ㄱJ, ソV, ㅌEt,] 非[矢R, リV, ㄱEf-, 丁-Ef,]

E 반드시 알아야 한다. 이 청정은 오직 정법에만 있고 모든 외도에게는 있는 것이 아니다.

F 이러한 청정(清淨)은 오직 정법(正法)에만 있고 외도(外道)들에게는 있지 않다는 것을 알아야만 한다.

✿ 유가사지론
수소성지–출세간일체종청정–입성제현관(20 : 03–26 : 02)

1. 수소성지(修所成地)의 구성

	4處	7支
修所成地	1 修處所	① 生圓滿 : 생의 원만(01:15–04:06)
	2 修因緣	② 聞正法圓滿 : 정법을 듣는 데의 원만(04:06–04:14)
		③ 涅槃爲上首 : 열반을 상수로 하는 것(04:15–06:13)
		④ 能熟解脫慧之成熟 : 능히 해탈을 성숙시키는 혜(慧)의 성숙(06:14–07:23)
	3 修瑜伽	⑤ 修習對治 : 대치를 수습하는 것(08:01–13:03)
	4 修果	⑥ 世間一切種淸淨 : 세간의 모든 종류의 청정(13:04–20:02)
		⑦ 出世間一切種淸淨 : 출세간의 모든 종류의 청정(20:03–32:01)

2. 출세간일체종청정(出世間一切種淸淨)의 구성

出世間一切種淸淨 (20:03~32:01)	出世間一切種淸淨의 개관(20:03–08)	
	5種	① 入聖諦現觀 : 聖諦現觀에 들어감(20:09–26:02)
		② 離諸障㝵 : 여러 障㝵를 여읨(26:03–28:08)
		③ 作意思惟 諸歡喜事 : 여러 歡喜事를 作意하고 思惟함(28:09–22)
		④ 修習如所得道 : 얻은 道를 修習함(28:23–30:01)
		⑤ 證得極淸淨道及果功德 : 極淸淨道와 果功德을 證得함(30:02–31:11)
	七支인 出世間一切種淸淨을 총괄 (31:11–32:01)	
六~七支인 修果 및 修所成地 전체를 총괄 (32:02–06)		

2.1. 입성제현관(入聖諦現觀)의 구성

<table>
<tr><td rowspan="6">入聖諦現觀
(20:09-26:02)</td><td colspan="4">개관(20:09-20:23)</td></tr>
<tr><td rowspan="5">5處
(20種 厭患相)</td><td>第1處</td><td>雜染相應
(20:23-21:06)</td><td>3相
① 죽게 되는 잡염.
② 죽어서도 번뇌의 큰 구덩이에 떨어지는 잡염.
③ 두려움 있는 곳에 가는 잡염.</td></tr>
<tr><td>第2處</td><td>清淨不相應
(21:06-21:12)</td><td>3相
① 두려움 없는 곳.
② 증상심학(增上心學)에 의지한 선심삼마지(善心三摩地).
③ 증상심학(增上慧學)에 대한 정견(正見)으로 거두는 미묘한 성도(聖道).
※위와 같은 세 가지의 청정한 것과 상응하지 못함.</td></tr>
<tr><td>第3處</td><td>雜染相應過患
(21:12-21:16)</td><td>3相
① 늙고 병들고 죽는 괴로움의 근본인 태어남.
② 자성의 괴로움인 여유가 없는 곳에 태어남.
③ 모든 곳의 생무상성(生無常性).</td></tr>
<tr><td>第4處</td><td>清淨不相應過患
(21:16-21:23)</td><td>5相
① 변두리 지역에 태어나는 것에 대해 그치게 하지 못함.
② 악도에 태어나는 것에 대해 그치게 하지 못함.
③ 재가의 무리에게 있는 여러 무간업을 막는 것을 능히 못함.
④ 출가의 무리에게 있는 한량없는 견취와 상응하지 않음을 못함.
⑤ 처음과 나중이 없이 생사유전(生死流轉)하는 것에 대해 변제를 짓지 못함.</td></tr>
<tr><td>第5處</td><td>於已清淨
見難成辦
(21:23-22:10)</td><td>5相
① 만약 버려서 하지 않은 경우에는, 스스로 지음을 능히 못하기 때문임.
② 남은 일에서도, 남이 할 것을 청하여 능히 스스로 이루는 것이 아니기 때문임.
③ 뭇 괴로움에서 능히 해탈하여 길상성(吉祥性)을 이루지 못하기 때문임.
④ 번뇌를 끊을 방법이 없어 먼저 지은 악한 불</td></tr>
</table>

			선업을 반드시 무너뜨리지 못하기 때문임. ⑤ 청정(淸淨)은 학도(學道)와 무학도(無學道)를 증득해야만 나타나기 때문임. ※위의 5相 탓에 청정을 성취하기가 어려우므로 마음에 염환(厭患)을 냄.
	發起 堅固精進 (22:10-22:18)		1相
5因 (20種 安住相)	도입(22:20-23:12)		
	第1因	由通達作意 (23:12-23:23)	6相 ① 아만(我慢)과 함께 작용하는 심상(心相)이 능히 현관(現觀)을 가로막는 데에서 작의(作意)가 올바로 통달함. ② 이미 작의가 통달해서는 능히 아만(我慢)을 버려 곧바로 없애버림. ③ 아만(我慢)을 곧바로 없애 새로 일어난 작의(作意)로 말미암아 무상(無常) 등의 행(行)으로써 실상과 같게 사유함. ④ 이러한 작의를 많이 닦아 익힌 까닭에 소연(所緣)·능연(能緣)이 평등하고 평등한 지(智)가 생겨남. ⑤ 아만(我慢)의 어지러운 마음을 영원히 끊어 없애고 심일경성(心一境性)을 증득함. ⑥ 스스로 '나는 이미 심일경성(心一境性)을 얻은 것이다' 하고 실상과 같이 사유함.
	第2因	由所依 (23:23-24:10)	4相 ① 삼마지상(三摩地相)에 들어감. ② 삼마지상(三摩地相)에 머무름. ③ 삼마지상(三摩地相)에서 나옴. ④ 지상(止相)·거상(擧相)·사상(捨相)을 사유함.
	第3因	由入境界門 (24:10-17)	2相 ① 아나파나념(阿那波那念)을 닦음. ② 여러 염주(念住)를 닦음.
	第4因	由攝受資糧 (24:17-25:04)	5相 ① 묘오욕(妙五欲)에 의지하여 얻는 이양과 공경으로 말미암아 마음이 견고하게 머물지 않기 때문에, 소행처(所行處)가 아닌 것을 멀리함. ② 멀리하고 나서는 여러 염주에 의지하여 즐겨 끊고 즐겨 닦음.

				③ 밤낮으로 나와 다른 사람의 성쇠 등의 현상을 관찰하여 마음으로 염환(厭患)을 냄. ④ 불수념(佛隨念) 등을 닦아 익혀 마음을 청정하게 함. ⑤ 여러 성종(聖種)의 가운데에 안주함.
		第5因	由攝受方便 (25:04-17)	3相 ① 스스로 계경(契經)이니 아비달마(阿毘達磨)니 하는 것에 대해 읽고, 외우고, 받아 지니고, 올바른 작의를 닦고 하여서 온(蘊) 등의 현상에 대하여 극히 선교(善巧)함. ② 다른 스승의 가르침인 이른바 대사 오파타야(鄔波馱耶)니 아사리야(阿闍梨耶)니 하는 이가 때때로 교수 교계하는 것을 의지하여, 그로써 섭수하고 의지함. ③ 바른 가행으로 작의하고 사유함.

〈유가20 : 03〉

A 云何出世間一切種淸淨？

B 云何ソㄱ乙 出世間一切種淸淨刂丨ノ亽口

C 엇흔을 出世間一切種淸淨이다호리고

D 云何[ソV, ㄱEt, 乙J,] 出世間一切種淸淨[刂V, 丨Ef, ノV+Ep, 亽Et+N, 口J,]

E 어떤 것을 출세간일체종청정이라고 하는가?

F 무엇을 출세간(出世間)의 모든 종류[一切種]의 청정(淸淨)이라고 하는가?

〈유가20 : 03-04〉

A 當知略有五種。

B 當ハ 知ㅎ丨 略口ㄱ 五種 有ソㄱ刂ㄱ丁

C 반독 알오다 略곤 五種 有흔인뎌

D 當[ハM,] 知[ㅎEp, 丨Ef,] 略[口Ec-, ㄱ-Ec,] 五種 有[ソV, ㄱEt, 刂V, ㄱEf-, 丁-Ef,]

E 반드시 알아야 한다. 간략히 말하면 다섯 가지가 있는 것이다.

F 간략하게 다섯 가지가 있는 줄 알아야만 한다.

〈유가20 : 04〉

A 何等為五？

B 何 等ソㄱ乙 {爲}五刂丨ノ亽口

C 何 다흔을 五이다호리고

D 何 等[ソV, ㄱEt, 乙J,] {爲}五[刂V, 丨Ef, ノV+Ep, 亽Et+N, 口J,]

E 어떤 것들을 다섯이라고 하는가?

F 무엇 등을 다섯 가지라고 하는가?

〈유가20 : 04〉

A 一、入聖諦現觀；

B 一十ㄱ 聖諦現觀ㄋ十 入ソㄉ

C 一권 聖諦現觀아긔 入ᄒᆞ며

D 一[+J, ㄱJ,] 聖諦現觀[⺀J-, +-J,] 入[ソV, ⺌Ec,]

E 첫째는 성제현관[1]에 들며,

F 첫째는 성제현관(聖諦現觀)에 들어가는 것이며

〈유가20 : 04-05〉

A **二、入聖諦現觀已、離諸障㝵；**

B 二 聖諦現觀⺀+ 入ㄕ 已氵ソ⺀𠂆 諸 障㝵乙 離ソ⺌

C 二 聖諦現觀아긔 들 이믜사ᄒᆞ아근 諸 障㝵를 離ᄒᆞ며

D 二 聖諦現觀[⺀J-, +-J,] 入[ㄕEt,] 已[氵M, ソV, ⺀Ec, 𠂆J,] 諸 障㝵[乙J,] 離[ソV, ⺌Ec,]

E 둘째는 성제현관에 들기를 이미 하여서는, 여러 장애를 여의며,

F 둘째는 성제현관(聖諦現觀)에 들어가고 나서 모든 장애를 여의는 것이며

〈유가20 : 05-07〉

A **三、入聖諦現觀已、為欲證得速疾通慧、作意思惟諸歡喜事；**

B 三 聖諦現觀⺀+ 入ㄕ 已氵ソ⺀𠂆 速疾通慧乙 證得ソ{爲欲}ㅅ 諸 歡喜事乙 作意思惟ソ⺌

C 三 聖諦現觀아긔 들 이믜사ᄒᆞ아근 速疾通慧를 證得ᄒᆞ과 諸 歡喜事를 作意思惟ᄒᆞ며

D 三 聖諦現觀[⺀J-, +-J,] 入[ㄕEt,] 已[氵M, ソV, ⺀Ec, 𠂆J,] 速疾通慧[乙J,] 證得[ソV,]{爲欲}[ㅅEc,] 諸 歡喜事[乙J,] 作意思惟[ソV, ⺌Ec,]

E 셋째는 성제현관에 들기를 이미 하여서는, 빠른 신통과 지혜를 증득하고자 여러 환희사를 작의하고 사유하며,

F 셋째는 성제현관(聖諦現觀)에 들어가고 나서 재빨리 통혜(通慧)를 증득하고자 하기 위해서 여러 환희사(歡喜事)를 작의(作意)하고 사유(思惟)하는 것이며

1) 성제(聖諦)는 성스러운 진리로서 성자(聖者)가 터득한 진실한 이치를 말한다. 예컨대 고(苦), 집(集), 멸(滅), 도(道)의 4제(諦) 등을 가리킨다. 현관(現觀)은 지혜로써 대상을 있는 그대로 명료하게 파악하는 것을 뜻한다.

〈유가20 : 07〉

A 四、修習如所得道；

B 四 得ノ1 所乙 如ハッ1 道乙 修習ッ㣺

C 四 得혼 바를 굳흔 道를 修習ᄒ며

D 四 得[ノV+Ep, 1Et,] 所[乙J,] 如[ハV, ッV, 1Et,] 道[乙J,] 修習[ッV, 㣺Ec,]

E 넷째는 얻은 바와 같은 도를 닦고 익히며,

F 넷째는 얻었던 도(道) 그대로를 수습하는 것이며

〈유가20 : 07-08〉

A 五、證得極淸淨道，及果功德。2)

B 五 極淸淨道亠 及 果功德亠ノㄕ乙 證得ッ㣺ッㄕ矢丨

C 五 極淸淨道여 及 果功德여홀을 證得ᄒ며홀디다

D 五 極淸淨道[亠J,] 及 果功德[亠J, ノV+Ep, ㄕEt, 乙J,] 證得[ッV, 㣺Ec, ッV, ㄕEt, 矢N+V, 丨Ef,]

E 다섯째는 지극히 청정한 도[極淸淨道]이니 과의 공덕이니 하는 것을 증득하며 하는 것이다.

F 다섯째는 극청정도(極淸淨道)와 과(果)의 공덕(功德)을 증득(證得)하는 것이다.

〈유가20 : 09〉

A 云何入聖諦現觀？

B 云何ッ1乙 聖諦現觀氵十 入ッㄕ矢丨ノ今口

C 엇흔을 聖諦現觀아긔 入홀디다호리고

D 云何[ッV, 1Et, 乙J,] 聖諦現觀[氵J-, 十-J,] 入[ッV, ㄕEt, 矢N+V, 丨Ef, ノV+Ep, 今Et+N, 口J,]

E 어떤 것을 성제현관에 드는 것이라 하는가?

F 무엇을 성제(聖諦)의 현관(現觀)에 들어가는 것이라고 하는가?

2) 유가사지론자료고의 표점은 "五、證得極淸淨道，及果，功德。"이나 구결문에 따라 수정하였다.

〈유가20 : 09-10〉

A **謂有如來諸弟子衆、已善修習世間清淨、**

B 謂ㄱ 有ナ丨 如來尸 諸 弟子衆刂 已氵 善㢱 世間 清淨乙 修習丷ナㄱ亠

C 닐온 잇겨다 如來ㄹ 諸 弟子衆이 이믜사 善며 世間 清淨을 修習ᄒᆞ견여

D 謂[ㄱEc,] 有[ナEp, 丨Ef,] 如來[尸R,] 諸 弟子衆[刂J,] 已[氵M,] 善[㢱M,] 世間 清淨[乙J,] 修習[丷V, ナEp, ㄱEt, 亠R,]

E 말하자면 있다. 여래의 여러 제자 무리가, 이미 잘 세간의 청정을 닦아 익혀서(/닦아 익힌 이들이),

F 말하자면 어떤 여래(如來)의 여러 제자(弟子)들은 이미 세간(世間)의 청정(清淨)을 잘 수습하고 나서

〈유가20 : 10-11〉

A **知長夜中、由妙五欲積集其心、**

B 長夜七 中阝十 妙 五欲刂 其 心阝十 積集丷ㄱ入乙 由阝

C 長夜ㅅ 中아긔 妙 五欲이 其 心아긔 積集ᄒᆞᆫ돌 븥아

D 長夜[七J,] 中[阝J-, 十-J,] 妙 五欲[刂J,] 其 心[阝J-, 十-J,] 積集[丷V, ㄱEt, 入N, 乙J,] 由[阝Ec,]

E ‘긴 밤 가운데 묘한 다섯 욕이 그 마음에 쌓인 것으로 말미암아,

F 오랜 세월동안 묘오욕(妙五欲)에 의하여 그 마음을 적집(積集)하며

〈유가20 : 11-12〉

A **食所持故長養其心、於彼諸欲生愛樂故；**

B 食ラ 持丿ㄱ 所灬 故丿 其 心乙 長養丷阝ホ {於}彼 諸 欲阝十 愛樂乙 生刂トㄱ刂阝七丨丿尸入乙 知ナㄱ入灬 故丿

C 食의 持혼 ᄃᆞ로 故오 其 心을 長養ᄒᆞ아곰 彼 諸 欲아긔 愛樂을 나이눈이앗다홀돌 알견ᄃᆞ로 故오

D 食[ラJ,] 持[丿V+Ep, ㄱEt,] 所[灬J,] 故[丿R,] 其 心[乙J,] 長養[丷V, 阝Ec, ホJ,] {於}彼 諸 欲

[⺀J-, ⼗-J,] 愛樂[⼄J,] 生[⺉V, ⺊Ep, ㄱEt, ⺉V, ⺀Ep-, ㇶ-Ep, ㅣEf, ノV+Ep, ㇷEt, ㅅN, ⼄J,] 知 [ナEp, ㄱEt, ㅅN, ⺌J,] 故[ノR,]

E 음식이 지탱한 바로 인하여 그 마음을 장양하여서 저 여러 욕에 대해 애락을 내는 것이다' 하는 것을 아는 까닭으로,[3)]

F 음식으로 지탱시켰기 때문에 그 마음을 장양(長養)하며, 그 여러 욕[諸欲]에 대하여 애락(愛樂)을 일으켰기 때문이라는 것을 알고

〈유가20 : 12-13〉

A 而於諸欲、深見過患，於上勝境、見寂靜德。

B 而⺌ {於}諸 欲⺀⼗ 深⺉ 過患⼄ 見ソ⺘ {於}上勝 境⺀⼗ 寂靜 德⼄ 見ソ⺘ソナ⺭⼇

C 而로 諸 欲아긔 깊이 過患을 見ᄒᆞ져 上勝 境아긔 寂靜 德을 見ᄒᆞ져ᄒᆞ겨리여

D 而[⺌R,] {於}諸 欲[⺀J-, ⼗-J,] 深[⺉M,] 過患[⼄J,] 見[ソV, ⺘Ec,] {於}上勝 境[⺀J-, ⼗-J,] 寂靜 德[⼄J,] 見[ソV, ⺘Ec, ソV, ナEp, ⺭Et+N, ⼇R,]

E 여러 욕에서 깊이 과환을 보고, 훌륭하고 뛰어난 경계에서 고요한 덕을 보고 할 이들이.

F 여러 욕[諸欲]에 대해서 깊이 과환(過患)을 보고, 상승(上勝)의 경계에서는 적정의 덕(德)을 보는 것이다.

〈유가20 : 13-15〉

A 彼於戱論界易可安住、謂於世間一切種淸淨；

B 彼ㄱ {於}戱論界⺀⼗ 易⺷ 安住ソ⺈可ㇶソㄱ⼇ 謂ㄱ {於}世間ㇶ 一切種 淸淨⺀⼗ソㇷ

---

3) 한청정(2006 : 1766-67)에서는 다음과 같이 설명하고 있다.
"음식이 지닌 바 때문에 그 마음을 장양한다는 것은, 계경(契經 ; 진리에 합치하고 중생의 뜻에 맞는 경)이 설한, 모든 유정(살아 있는 모든 것)이 다 먹고 사는 것에 의지한다는 것과 같다. 말하자면 단식(段食 ; 몸을 보양하기 위해서 먹는 밥, 국수, 고기, 야채 등의 음식), 촉식(觸食 ; 감각의 대상이 되는 사물 현상들은 각각의 감각 기관의 음식이 된다는 것), 의사식(意思食 ; 온갖 번뇌와 사념은 여러 가지 집착을 낳는 음식이 된다는 것), 식식(識食 ; 지옥의 중생과 무색계(無色界)의 천인(天人)들은 심식(心識)의 힘으로 몸을 유지하기 때문에 식(識)은 그들의 음식이 된다는 것)에 의지하여 여러 행이 서로 이어지고 그치게 할 수 있는 것을 음식이 지닌 바라 하는 것이다. [食所持故長養其心者 : 如契經說 : 一切有情皆依食住。謂依段食、觸食、意思食、識食，能令諸行相續而住，名食所持。]"

矢䒑

C 彼는 戱論界아긔 易히 安住홈可ㅅ흔여 닐온 世間ㅅ 一切種 淸淨아긔홀디며

D 彼[ㄱJ,] {於}戱論界[⺀J-, +-J,] 易[ㅎM,] 安住[丷V, ㅎEp-,]可[ㄴ-Ep, 丷V, ㄱEt, 亠R,] 謂[ㄱ Ec,] {於}世間[ㄴJ,] 一切種 淸淨[⺀J-, +-J, 丷V, 尸Et, 矢N+V, 䒑Ec,]

E 그는 희론계에서 쉽게 안주할 수 있으니, 이른바 세간의 모든 종류의 청정에 대해 말한 것이며,

F 그는 희론계(戱論界)에 쉽게 안주(安住)할 수 있으니, 세간(世間)의 모든 종류[一切種]의 청정(淸淨)을 말한다.

〈유가20 : 15-16〉

A **於無戱論界難可安住、謂於出世間一切種淸淨。**

B {於}無戱論界⺀+ㄱ 難氵 安住丷ㅎ可ㄴ丷ㄱ亠 謂ㄱ {於}出世間 一切種 淸淨⺀+丷尸矢丨

C 無戱論界아긘 難사 安住홈可ㅅ흔여 닐온 出世間 一切種 淸淨아긔홀디다

D {於}無戱論界[⺀J-, +-J, ㄱJ,] 難[氵J,] 安住[丷V, ㅎEp-,]可[ㄴ-Ep, 丷V, ㄱEt, 亠R,] 謂[ㄱEc,] {於}出世間 一切種 淸淨[⺀J-, +-J, 丷V, 尸Et, 矢N+V, 丨Ef,]

E 무희론계에서는 어렵게야 안주할 수 있으니, 이른바 출세간의 모든 종류의 청정에 대해 말한 것이다.

F 무희론계(無恚論界)에 어렵게 안주할 수 있으니, 출세간(出世間)의 모든 종류[一切種]의 청정(淸淨)을 말한다.

〈유가20 : 16-17〉

A **是故於彼厭惡而住 ; 非不厭惡。**

B 是 故⺮ {於}彼ㅋ+ 厭惡丷⺀ホ 而⺮ 住丷尸亠 不厭惡丷亽 非矢丨

C 是 故로 彼의긔 厭惡ㅎ아곰 而로 住홀여 不厭惡ㅎ리 안디다

D 是 故[⺮J,] {於}彼[ㅋJ-, +-J,] 厭惡[丷V, ⺀Ec, ホJ,] 而[⺮R,] 住[丷V, 尸Ec-, 亠-Ec,] 不厭惡 [丷V, 亽Et+N,] 非[矢R+V, 丨Ef,]

E 이런 까닭으로 그것(=諸欲)에 대해 염오하면서 머무는 것이지, 염오하지 않는 것이 아

니다.

F 그러므로 그는 악(惡)을 싫어하는 데에 머무르지만 악(惡)을 싫어하지 않는 것이 아니다.

〈유가20 : 17-18〉

A **又此住正法者、於无戲論涅槃界中、心樂安住，樂欲證得。**

B 又 此 正法氵十 住丷𠤎七 者亅 {於}无戲論涅槃界七 中氵十 心 樂彡 安住丷氵朩 證得丿尸入乙 樂欲丷尸亠

C 又 此 正法아긔 住ᄒᆞᆫ 者는 无戲論涅槃界ㅅ 中아긔 心 樂오 安住ᄒᆞ아곰 證得홀ᄃᆞᆯ 樂欲ᄒᆞᆯ여

D 又 此 正法[氵J-, 十-J,] 住[丷V, 𠤎Et, 七J,] 者[亅J,] {於}无戲論涅槃界[七J,] 中[氵J-, 十-J,] 心 樂[彡M,] 安住[丷V, 氵Ec, 朩J,] 證得[丿V+Ep, 尸Et, 入N, 乙J,] 樂欲[丷V, 尸Ec-, 亠-Ec,]

E 또 이 올바른 법에 머무는 자는 무희론열반계 가운데 마음 즐겁게 안주하여서 증득하는 것을 바라,(/바란다.)

F 또한 이러한 정법(正法)에 머무르는 사람은 무희론열반계(無恚論涅槃界)에 마음으로 즐겨 안주하고 즐겨 증득하려고 한다.

〈유가20 : 18-19〉

A **由闕沙門果證增上力故；**

B 沙門果證 闕丿亅 增上力乙 由氵亅入灬 故丿

C 沙門果證 闕혼 增上力을 말미삼은ᄃᆞ로 故오

D 沙門果證 闕[丿V+Ep, 亅Et,] 增上力[乙J,] 由[氵V, 亅Et, 入N, 灬J,] 故[丿R,]

E 사문과의 증을 갖추지 못한 증상력에 말미암은 까닭으로,[4)]

F 사문과(沙門果)를 증득하려는 증상력(增上力)을 결여하기 때문에

4) 다음과 같은 뒷부분의 내용을 참조할 수 있다. "그는 자기 몸이 사문과(沙門果)의 증(證)을 결여하여, 그 결여함에 말미암은 까닭으로 세 가지 잡염(雜染)과 더불어 상응하는 것을 보며, 이와 같이 보고서 마음으로 염환을 낸다. [彼觀己身闕沙門果證、由彼闕故、與三種雜染相應。如是觀已、心生厭患。] <유가21 : 04-06>"

〈유가20 : 19-20〉

A 於己雜染相應、心生厭患，

B {於}己ㄱ 雜染 相應ᄼㄱㄱ十 心ㄱ十 厭患ノㄕㅅ乙 生ㅣ㢤

C 저의 雜染 相應ᄒᆞᆫ의긔 心아긔 厭患홀ᄃᆞᆯ 나이며

D {於}己[ㄱJ,] 雜染 相應[ᄼV, ㄱEt, ㄱJ-, 十-J,] 心[ㄱJ-, 十-J,] 厭患[ノV+Ep, ㄕEt, ㅅN, 乙J,] 生[ㅣV, 㢤Ec,]

E ①자기가 잡염과 상응하는 것에 대해 마음에서 염환을 내며,

F 자기[己]가 잡염(雜染)과 상응하는 것에 대해서 마음으로 염환(厭患)을 내며

〈유가20 : 20-21〉

A 於己清淨不相應、心生厭患，

B {於}己ㄱ 清淨 不相應ᄼㄱㄱ十 心ㄱ十 厭患ノㄕㅅ乙 生ㅣ㢤

C 저의 清淨 不相應ᄒᆞᆫ의긔 心아긔 厭患홀ᄃᆞᆯ 나이며

D {於}己[ㄱJ,] 清淨 不相應[ᄼV, ㄱEt, ㄱJ-, 十-J,] 心[ㄱJ-, 十-J,] 厭患[ノV+Ep, ㄕEt, ㅅN, 乙J,] 生[ㅣV, 㢤Ec,]

E ②자기가 청정과 상응하지 않는 것에 대해 마음에서 염환을 내며,

F 자기[己]가 청정(清淨)과 상응하지 않는 것에 대해서 마음으로 염환(厭患)을 내며

〈유가20 : 21〉

A 於己雜染相應過患、心生厭患，

B {於}己ㄱ 雜染 相應ᄼㄱ 過患ㄱ十 心ㄱ十 厭患ノㄕㅅ乙 生ㅣ㢤

C 저의 雜染 相應ᄒᆞᆫ 過患아긔 心아긔 厭患홀ᄃᆞᆯ 나이며

D {於}己[ㄱJ,] 雜染 相應[ᄼV, ㄱEt,] 過患[ㄱJ-, 十-J,] 心[ㄱJ-, 十-J,] 厭患[ノV+Ep, ㄕEt, ㅅN, 乙J,] 生[ㅣV, 㢤Ec,]

E ③자기가 잡염과 상응하는 과환에 대해 마음에서 염환을 내며,

F 자기[己]가 잡염(雜染)과 상응하는 과환(過患)에 대해서 마음으로 염환(厭患)을 내며

〈유가20 : 21-22〉

A 於己清淨不相應過患、心生厭患，

B {於}己ㄋ 清淨 不相應ソ1 過患3十 心3十 厭患ノ尸入乙 生リか

C 저의 清淨 不相應흔 過患아긔 心아긔 厭患홀둘 나이며

D {於}己[ㄋJ,] 清淨 不相應[ソV, 1Et,] 過患[3J-, 十-J,] 心[3J-, 十-J,] 厭患[ノV+Ep, 尸Et, 入N, 乙J,] 生[リV, かEc,]

E ④자기가 청정과 상응하지 않는 과환에 대해 마음에서 염환을 내며,

F 자기[己]가 청정(清淨)과 상응하지 않는 과환(過患)에 대해서 마음으로 염환(厭患)을 내며

〈유가20 : 22-23〉

A 於己清淨見難成辦、心生厭患。

B {於}己ㄋ十[5] 清淨乙 難氵 成辦ノ尸入乙 見ノ1ㄋ十 心3十 厭患ノ尸入乙 生リかソナ㇉ㅌ丨

C 저의긔 清淨을 難사 成辦홀둘 見혼의긔 心아긔 厭患홀둘 나이며ᄒᆞ겨다

D {於}己[ㄋJ-, 十-J,] 清淨[乙J,] 難[氵J,] 成辦[ノV+Ep, 尸Et, 入N, 乙J,] 見[ノV+Ep, 1Et, ㄋJ-, 十-J,] 心[3J-, 十-J,] 厭患[ノV+Ep, 尸Et, 入N, 乙J,] 生[リV, かEc, ソV, ナEp, ㇉Ep-, ㅌ-Ep, 丨Ef,]

E ⑤자기에게서 청정을 어렵게야 이루는 것을 보는 것에 대해 마음에서 염환을 내며 한다.

F 자기[己]가 청정(清淨)에 대하여 성취[成辦]하기 어려움을 보고 마음으로 염환(厭患)을 낸다.

〈유가20 : 23-21 : 01〉

A 此中略有三種雜染相應。

5) '己ㄋ十'는 '스싀긔'로 읽었을 가능성도 있고, 앞선 구절들의 현토 양상을 고려하면 '十'가 잘못 기입된 것일 가능성도 있다.

B 此ㅌ 中ㆍ十 略ㅁㄱ 三種 雜染 相應ㅆㄱ 有ㅌㅣ

C 此ㅅ 中아긔 略곤 三種 雜染 相應ᄒᆞᆫ 잇다

D 此[ㅌJ,] 中[ㆍJ-, 十-J,] 略[ㅁEc-, ㄱ-Ec,] 三種 雜染 相應[ㅆV, ㄱEt,] 有[ㅌV, ㅣEf,]

E 이 가운데 간략히 말하면 세 가지의 잡염과 상응하는 것이 있다.

F 이 가운데에 간략하게 세 가지의 잡염(雜染)과 상응(相應)하는 것이 있다.

〈유가21 : 01-02〉

A 一、未調未順而死、雜染相應；

B 一十ㄱ 未調ㅆㆆ 未順ㅆㆆㅆㆍ 而ᅭ 死ノ令ㅌ 雜染 相應ㅆ㫆

C 一긘 未調ᄒᆞ져 未順ᄒᆞ져ᄒᆞ아 而로 死호릿 雜染 相應ᄒᆞ며

D 一[十J, ㄱJ,] 未調[ㅆV, ㆆEc,] 未順[ㅆV, ㆆEc, ㅆV, ㆍEc,] 而[ᅭR,] 死[ノV+Ep, 令Et+N, ㅌJ,] 雜染 相應[ㅆV, 㫆Ec,]

E 첫째는 미처 조절하지 못하고 미처 따르지 못하고 하여 죽는 잡염과 상응하며,

F 첫째는 미처 조절하지도 못하고 미처 따르지도 못하고서 죽는 잡염(雜染)과 상응(相應)하는 것이며

〈유가21 : 02-03〉

A 二、死已當墮煩惱大坑、雜染相應；

B 二十ㄱ 死 已ㆀㅆㆍ斤 當ㅅ 煩惱大坑ㆍ十 墮ノ令ㅌ 雜染 相應ㅆ㫆

C 二긘 死 이믜사ᄒᆞ아근 반ᄃᆞᆨ 煩惱大坑아긔 墮호릿 雜染 相應ᄒᆞ며

D 二[十J, ㄱJ,] 死 已[ㆀM, ㅆV, ㆍEc, 斤J,] 當[ㅅM,] 煩惱大坑[ㆍJ-, 十-J,] 墮[ノV+Ep, 令Et+N, ㅌJ,] 雜染 相應[ㅆV, 㫆Ec,]

E 둘째는 죽기를 이미 하여서는, 반드시 번뇌의 큰 구덩이에 떨어질 잡염과 상응하며,

F 둘째는 죽고 나서 번뇌의 큰 구덩이에 떨어지게 될 잡염(雜染)과 상응(相應)하는 것이며

〈유가21 : 03-04〉

A 三、由彼煩惱自在力故，現行種種惡不善業、往有怖處、雜染相應。

B 三 彼 煩惱𠂤 自在力乙 由氵ㄱ入⺌ 故ノ 種種𠂤 惡 不善業乙 現行ソ㇌ 有怖處㇌十 往ノ令𠂤 雜染 相應ソ尸矢丨[6]

C 三 彼 煩惱ㅅ 自在力을 말ᄆᆡ삼은ᄃᆞ로 故오 갓갓 惡 不善業을 現行ᄒᆞ아 有怖處아긔 往호릿 雜染 相應ᄒᆞᆯ디다

D 三 彼 煩惱[𠂤J,] 自在力[乙J,] 由[氵V, ㄱEt, 入N, ⺌J,] 故[ノR,] 種種[𠂤J,] 惡 不善業[乙J,] 現行[ソV, ㇌Ec,] 有怖處[㇌J-, 十-J,] 往[ノV+Ep, 令Et+N, 𠂤J,] 雜染 相應[ソV, 尸Et, 矢N+V, 丨Ef,]

E 셋째는 저 번뇌의 자재력에 말미암은 까닭으로, 갖가지 악한 불선업[7]을 현행하여 두려움 있는 곳[有怖處]에 가는 잡염과 상응하는 것이다.[8]

F 셋째는 그 번뇌의 자재력(自在力)에 의하기 때문에 갖가지 악(惡) 불선업(不善業)을 현행(現行)시켜서 두려운 곳에 가게 되는 잡염(雜染)과 상응(相應)하는 것이다.

〈유가21 : 04-06〉

A **彼觀己身闕沙門果證、由彼闕故、與三種雜染相應。**

B 彼ㄱ 已㇌ 身刂 沙門果證 闕ソ㇌ホ 彼 闕ソㄱ入乙 由氵ㄱ入⺌ 故ノ 三種 雜染 與𠂤 相應ノㄱ入乙 觀ソ𠃍

C 彼는 저의 身이 沙門果證 闕ᄒᆞ아곰 彼 闕ᄒᆞᆫ돌 말ᄆᆡ삼은ᄃᆞ로 故오 三種 雜染 다뭇 相應혼

---

6) 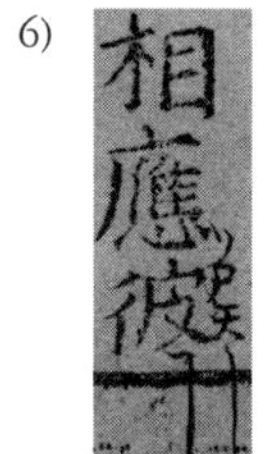 '相應ソ𠃍ソ尸矢丨'가 예상되는 환경이나 'ソ𠃍'가 쓰이지 않았다.

7) 불선업(不善業)은 자신과 남에게 해가 되는 그릇된 행위와 말과 생각, 궁극적인 진리에 따르지 않는 행위와 말과 생각, 나쁜 과보를 받을 그릇된 행위와 말과 생각, 탐욕과 노여움과 어리석음에 의한 행위와 말과 생각 등을 뜻한다.

8) 한청정(2006 : 1768)에서는 다음과 같이 설명하고 있다.
"저 번뇌의 자재력에 말미암기 때문이라는 것은, 반드시 악취(지옥계·아귀계·축생계)에 떨어지고, 나락가(지옥에 있는 중생)로 태어나는 것을 두려운 곳에 간다고 하는 것이다. 이 말한 업은 잡염과 상응하는 것을 마땅히 알아야 한다. [由彼煩惱自在力故等者：當墮惡趣，生那落迦，是名往有怖處。此說業雜染相應當知。]"

드 觀ᄒᆞ며

D 彼[ㄱJ,] 己[ㄋJ,] 身[ㅣJ,] 沙門果證 闕[ㅅV, ㄱEc, ホJ,] 彼 闕[ㅅV, ㄱEt, 人N, ㄹJ,] 由[ㄱV, ㄱEt, 人N, ᅮJ,] 故[ノR,] 三種 雜染 與[ㄷM,] 相應[ノV+Ep, ㄱEt, 人N, ㄹJ,] 觀[ㅅV, ㅅEc,]

E 그는 자기 몸이 사문과의 증을 갖추지 못하여서, 그 갖추지 못함에 말미암은 까닭으로 세 가지 잡염과 더불어 상응하는 것을 보며,

F 그는 자신(自身)이 사문과(沙門果)의 증득을 결여하였고 그것을 결여하였기 때문에 세 가지 잡염(雜染)과 상응하는 것을

〈유가21 : 06〉

A **如是觀已、心生厭患。**

B 是 如支 觀 已ㄱㅅㄱ斤 心ㄱ十 厭患ノ尸入乙 生ㅣナ丁ㄷㅣ

C 是 다 觀 이믜사ᄒᆞ아근 心아긔 厭患홀들 나이겨다

D 是 如[支V,] 觀 已[ㄱM, ㅅV, ㄱEc, 斤J,] 心[ㄱJ-, 十-J,] 厭患[ノV+Ep, 尸Et, 入N, 乙J,] 生[ㅣV, ナEp, 丁Ep-, ㄷ-Ep, ㅣEf,]

E 이와 같이 보기를 이미 하여서는, 마음에서 염환을 낸다.

F 위와 같이 관찰하고 나서 마음으로 염환(厭患)을 낸다.

〈유가21 : 06-07〉

A **當知淸淨不相應亦有三種。**

B 當八 知ㅎㅣ 淸淨 不相應ㅅㄱㄋ十 亦 三種 有ㅅㄱㅣㄱ丁

C 반ᄃᆞ 알오다 淸淨 不相應ᄒᆞᆫ의긔 亦 三種 有ᄒᆞᆫ인뎌

D 當[八M,] 知[ㅎEp, ㅣEf,] 淸淨 不相應[ㅅV, ㄱEt, ㄋJ-, 十-J,] 亦 三種 有[ㅅV, ㄱEt, ㅣV, ㄱEf-, 丁-Ef,]

E 반드시 알아야 한다. 청정과 상응하지 않는 것에 또 세 가지가 있는 것이다.

F 청정(淸淨)과 상응하지 않는 것에도 또한 세 가지가 있다는 것을 알아야만 한다.

〈유가21 : 07-08〉

A 一、諸煩惱斷究竟涅槃、名無怖處；

B 一十丨 諸 煩惱 斷丷丨 究竟涅槃乙 名下 無怖處亠丿矛𠃍

C 一긘 諸 煩惱 斷ᄒᆞᆫ 究竟涅槃을 일하 無怖處여호리며

D 一[十J, 丨J,] 諸 煩惱 斷[丷V, 丨Et,] 究竟涅槃[乙J,] 名[下V+Ec,] 無怖處[亠J, 丿V+Ep, 矛Ep, 𠃍Ec,]

E 첫째는 여러 번뇌가 끊어진 구경열반을 일컬어 두려움 없는 곳[無怖處]이라고 하며,

F 첫째는 제 번뇌(煩惱)가 끊어진 구경열반(究竟涅槃)을 두려움 없는 곳[無怖處]이라고 이름하는 것이다.

〈유가21 : 08-09〉

A 二、能證此、謂依增上心學善心三摩地；

B 二 能𠃍 此乙 證丷矛刂丨亠 謂丨 增上心學乙 依丷丨 善心三摩地刂𠃍

C 二 能며 此를 證ᄒᆞ리인여 닐온 增上心學을 依ᄒᆞᆫ 善心三摩地이며

D 二 能[𠃍M,] 此[乙J,] 證[丷V, 矛Et+N, 刂V, 丨Et, 亠R,] 謂[丨Ec,] 增上心學[乙J,] 依[丷V, 丨Et,] 善心三摩地[刂V, 𠃍Ec,]

E 둘째는 능히 이것을 증득하는 것이니, 이른바 증상심학[9]을 의지한 선심삼마지이며,

F 둘째는 이것을 능히 증득하는 것이니, 증상심학(增上心學)에 의지한 선심(善心)의 삼마지(三摩地)를 말한다.

〈유가21 : 09-10〉

A 三能證此、於增上慧學正見所攝微妙聖道。

B 三 能𠃍 此乙 證丷矛刂丨亠 {於}增上慧學氵十丷丨 正見灬 攝丿尸 所七 微妙聖道刂丨

C 三 能며 此를 證ᄒᆞ리인여 增上慧學아긔ᄒᆞᆫ 正見으로 攝홀 밧 微妙聖道이다

D 三 能[𠃍M,] 此[乙J,] 證[丷V, 矛Et+N, 刂V, 丨Et, 亠R,] {於}增上慧學[氵J-, 十-J, 丷V, 丨Et,]

9) 증상심학(增上心學)은 의식을 통일하여 한곳에 집중하는 마음, 곧 '정심(定心)=선정(禪定)을 배우는 것'을 의미한다. 정심(定心)을 증상심(增上心)이라고 하는데 이 정심의 세력은 강성한 것이므로 이렇게 말한다.

正見[⺍J,] 攝[ノV+Ep, ㇁Et,] 所[⺊J,] 微妙聖道[刂V, 丨Ef,]

E 셋째는 능히 이것을 증득하는 것이니, 증상혜학[10]에 있는 정견으로 거두는 바의 미묘한 성도이다.

F 셋째는 이것을 능히 증득하는 것이니, 증상혜학(增上慧學)에 있어서 정견(正見)에 포함되는 미묘한 성도(聖道)를 말한다.

〈유가21 : 10-12〉

A **彼觀己身、與此三種清淨不相應故，心生厭患。**

B 彼ㅣ 己ㄗ 身刂 此 三種 清淨 與⺊ 不相應ノㅣ入乙 觀丷ㅣ入⺍ 故ノ 心阝十 厭患ノ㇁入乙 生刂ナ㐃⺊丨

C 彼는 저의 身이 此 三種 清淨 다뭇 不相應혼둘 觀혼ᄃᆞ로 故오 心아긔 厭患홀둘 나이겼다

D 彼[ㅣJ,] 己[ㄗJ,] 身[刂J,] 此 三種 清淨 與[⺊M,] 不相應[ノV+Ep, ㅣEt, 入N, 乙J,] 觀[丷V, ㅣEt, 入N, ⺍J,] 故[ノR,] 心[阝J-, 十-J,] 厭患[ノV+Ep, ㇁Et, 入N, 乙J,] 生[刂V, ナEp, 㐃Ep-, ⺊-Ep, 丨Ef,]

E 그는 자기 몸이 이 세 가지 청정과 더불어 상응하지 않는 것을 본 까닭으로, 마음에서 염환을 낸다.

F 그는 자신과 이 세 가지 청정(清淨)이 상응하지 않다는 것을 관찰하기 때문에 마음으로 염환(厭患)을 낸다.

〈유가21 : 12-13〉

A **當知雜染相應過患、亦有三種。**

B 當八 知㇇丨 雜染 相應丷ㅣ 過患阝十 亦 三種 有丷ㅣ刂ㅣ丁

C 반ᄃᆞ기 알오다 雜染 相應혼 過患아긔 亦 三種 有혼인뎌

D 當[八M,] 知[㇇Ep, 丨Ef,] 雜染 相應[丷V, ㅣEt,] 過患[阝J-, 十-J,] 亦 三種 有[丷V, ㅣEt, 刂V, ㅣEf-, 丁-Ef,]

E 반드시 알아야 한다. 잡염과 상응하는 과환에 또 세 가지가 있는 것이다.

---

10) 증상혜학(增上慧學)은 '지혜를 증진하는 공부'를 뜻하며, 줄여서 '증상혜(增上慧)'라고 한다.

F 잡염(雜染)과 상응하는 과환(過患)에 또한 세 가지가 있다는 것을 알아야만 한다.

〈유가21 : 13-14〉

A **一、老病死苦根本之生；二、自性苦生無暇處；三、一切處生無常性。**

B 一+ㄱ 老病死苦ㅌ 根本ㅌ{之} 生ㄲ 丷 二 自性苦ㄲㄱ 无暇處ㄋ十 生丷尸矢丷 三 一切 處ㅌ 生无常性ㄲㅣ

C 一ㄴ 老病死苦ㅅ 根本ㅅ 生이며 二 自性苦인 无暇處아긔 生홀디며 三 一切 處ㅅ 生无常性이다

D 一[+J, ㄱJ,] 老病死苦[ㅌJ,] 根本[ㅌJ,]{之} 生[ㄲV, 丷Ec,] 二 自性苦[ㄲV, ㄱEt,] 无暇處[ㄋJ-, 十-J,] 生[丷V, 尸Et, 矢N+V, 丷Ec,] 三 一切 處[ㅌJ,] 生无常性[ㄲV, ㅣEf,]

E 첫째는 늙고 병들고 죽는 괴로움의 근본인 태어남이며, 둘째는 자성의 괴로움인 무가처[11]에 태어나는 것이며, 셋째는 모든 곳의 생무상성이다.

F 첫째는 노(老) 병(病) 사(死)의 괴로움이니, 근본(根本)의 태어남[生]이며, 둘째는 자성(自性)의 괴로움이니, 여유가 없는 곳[無暇處]에 태어나는 것이며, 셋째는 일체처(一切處)에서 생기는 무상성(無常性)이다.

〈유가21 : 13난상〉

A **纂云、一者生、老病死苦之根本故。**

B 纂云 一者生ㄲㅣ 老病死苦之根本故

C 纂云 一者生이다 老病死苦之根本故

D 纂云 一者生[ㄲV, ㅣEf,] 老病死苦之根本故

E 찬[12]에 이르기를 첫 번째[一者]는 태어남이다. 늙고 병들고 죽는 괴로움의 근본이기 때문이다.

F 없음.

---

11) 무가처(無暇處)는 예를 들어 지옥(地獄)이나 아귀(餓鬼)나 축생(畜生)의 도(道)와 같이 재난이 많아서 불도(佛道)를 수행할 여유가 없는 처소를 가리킨다. 이에 비해 인도(人道)와 같이 불도를 수행할 여유가 있는 처소를 유가처(有暇處)라고 한다.

12) 난상 기록의 '纂'은 『유가사지론약찬』을 가리키는 것으로 보이나, "一者生老病苦之根本故"는 『유가론기』 권6(T42, 429a01)에 나오는 구절이다. 기록 과정에서 착오가 있었던 것으로 보인다.

〈유가21 : 14-16〉

A 彼觀己身有此三種雜染相應過患、心生厭患。

B 彼ㄱ 己ㅋ 身ㄲ 此 三種 雜染 相應ㅅㄱ 過患 {有}ㅓノㄱㅅㄹ 觀ㅅ乃 心乃ㅏ 厭患ノ尸ㅅ ㄹ 生ㄲナ亠七ㅣ

C 彼는 저의 身이 此 三種 雜染 相應흔 過患 두온들 觀ᄒᆞ아 心아긔 厭患홀돌 나이겨다

D 彼[ㄱJ,] 己[ㅋJ,] 身[ㄲJ,] 此 三種 雜染 相應[ㅅV, ㄱEt,] 過患 {有}[ㅓV, ノEp, ㄱEt, ㅅN, ㄹJ,] 觀[ㅅV, 乃Ec,] 心[乃J-, ㅏ-J,] 厭患[ノV+Ep, 尸Et, ㅅN, ㄹJ,] 生[ㄲV, ナEp, 亠Ep-, 七-Ep, ㅣEf,]

E 그는 자기 몸이 이 세 가지 잡염과 상응하는 과환을 지니는 것을 보아, 마음에서 염환을 낸다.

F 그는 자신이 이러한 세 가지의 잡염(雜染)과 상응하는 과환(過患)이 있다는 것을 관찰해야만 하고 마음으로 염환(厭患)을 낸다.

〈유가21 : 16〉

A 當知清淨不相應過患、有五種。

B 當ㅅ 知ㅎㅣ 清淨 不相應ㅅㄱ 過患乃ㅏ 五種 有ㅅㄱㄲㄱ丁

C 반ᄃᆞᆨ 알오다 清淨 不相應흔 過患아긔 五種 有흔인뎌

D 當[ㅅM,] 知[ㅎEp, ㅣEf,] 清淨 不相應[ㅅV, ㄱEt,] 過患[乃J-, ㅏ-J,] 五種 有[ㅅV, ㄱEt, ㄲV, ㄱEf-, 丁-Ef,]

E 반드시 알아야 한다. 청정과 상응하지 않는 과환에 다섯 가지가 있는 것이다.

F 청정(清淨)과 상응하지 않는 과환(過患)에 다섯 가지가 있다는 것을 알아야만 한다.

〈유가21 : 16-17〉

A 一、於邊地生、未能止息；

B 一ㅏㄱ {於}邊地生乃ㅏ 止息 能 未ㅅㅅ㢱

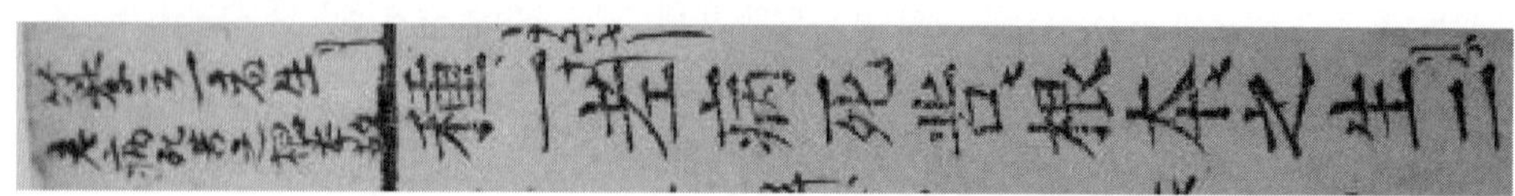

C 一권 邊地生아긔 止息 能 안득ᄒᆞ며

D 一[+J, ᄀJ,] {於}邊地生[ㆁJ-, +-J,] 止息 能 未[ハM, ソV, ㄅEc,]

E 첫째는 변두리 지역에 태어나는 것에 대해, 그치게 함을 능히 못하며,

F 첫째는 변지(邊地)에 태어나는 것을 아직 그치게[止息] 할 수 없는 것이며

〈유가21 : 17-18〉

A 二於惡道生、未能止息;

B 二 {於}惡道生ㆁ+ 止息 能 未ハソㄅ

C 二 惡道生아긔 止息 能 안득ᄒᆞ며

D 二 {於}惡道生[ㆁJ-, +-J,] 止息 能 未[ハM, ソV, ㄅEc,]

E 둘째는 악도에 태어나는 것에 대해, 그치게 함을 능히 못하며,

F 둘째는 악도(惡道)에 태어나는 것을 아직 그치게 할 수 없는 것이며

〈유가21 : 18-19〉

A 三、於在家衆諸無間業未能偃塞;

B 三 {於}在家衆ラ+ソㄱ 諸 无間業乙 偃塞 能 未ハソㄅ

C 三 在家衆의긔혼 諸 无間業을 偃塞 能 안득ᄒᆞ며

D 三 {於}在家衆[ラJ-, +-J, ソV, ㄱEt,] 諸 无間業[乙J,] 偃塞 能 未[ハM, ソV, ㄅEc,]

E 셋째는 재가의 무리에게 있는 여러 무간업을 막는 것을 능히 못하며,

F 셋째는 재가중(在家衆)의 여러 무간업(無間業)을 아직 막을 수 없는 것이며

〈유가21 : 19-20〉

A 四、於出家衆無量見趣、未不相應;

B 四 {於}出家衆ラ+ソㄱ 量 无ソㄱ 見趣乙 不相應 未ハソㄅ

C 四 出家衆의긔혼 量 无혼 見趣를 不相應 안득ᄒᆞ며

D 四 {於}出家衆[ラJ-, +-J, ソV, ㄱEt,] 量 无[ソV, ㄱEt,] 見趣[乙J,] 不相應 未[ハM, ソV, ㄅEc,]

E 넷째는 출가의 무리에게 있는 한량없는 견취와 상응하지 않음을 못하며,

F 넷째는 출가중(出家衆)의 무량(無量)한 견취(見趣)에 대해서 상응하지 않는 것이 아닌 것이며

〈유가21 : 20-22〉

A **五、雖由世間道、乃至有頂若定若生，而於無初後際生死流轉、未作邊際。**

B 五 世間道乙 由氵 乃氵 有頂七 若 定𠆢 若 生𠆢氵十 至刂丷𣅞七𠆢{雖}𠂇 而㇈ {於}初後際 無亐 生死 流轉ノ亽十 邊際乙 作 未八丷尒丷尸矢丨

C 五 世間道를 븥아 乃사 有頂ㅅ 若 定과 若 生과아긔 니를이긔과두 而ㄴ 初後際 無히 生死 流轉호리긔 邊際를 作 안득ᄒᆞ며홀디다

D 五 世間道[乙J,] 由[氵Ec,] 乃[氵R,] 有頂[七J,] 若 定[𠆢J,] 若 生[𠆢J, 氵J-, 十-J,] 至[刂M, 丷V, 𣅞Ep-, 七-Ep, 𠆢Ec-,]{雖}[𠂇-Ec,] 而[㇈R,] {於}初後際 無[亐M,] 生死 流轉[ノV+Ep, 亽Et+N, 十J,] 邊際[乙J,] 作 未[八M, 丷V, 尒Ec, 丷V, 尸Et, 矢N+V, 丨Ef,]

E 다섯째는 비록 세간도로 말미암아 유정(有頂)의 정(定)과 생(生)[13]과에 이르기까지 하였어도, 처음과 나중이 없이 생사유전하는 것에 대해 변제를 짓지 못하며 하는 것이다.

F 다섯째는 비록 세간도(世間道)에 의하여 정(定)이건 생(生)이건 간에 유정(有頂)에까지 이를지라도 초(初) 후제(後際)가 없는 데에 생사유전(生死流轉)하여 아직 변제(邊際)를 짓지 못하는 것이다.

〈유가21 : 22-23〉

A **彼觀自身有此五種清淨不相應過患、心生厭患。**

B 彼㇈ 自𢀳 身刂 此 五種 清淨 不相應丷㇈ 過患 {有}𠂇ノ㇈入乙 觀丷氵尒 心氵十 厭患ノ尸入乙 生刂ナ𣅞七丨

C 彼는 저의 身이 此 五種 清淨 不相應ᄒᆞᆫ 過患 두온들 觀ᄒᆞ아곰 心아긔 厭患홀돌 나이겨다

D 彼[㇈J,] 自[𢀳J,] 身[刂J,] 此 五種 清淨 不相應[丷V, ㇈Et,] 過患 {有}[𠂇V, ノEp, ㇈Et, 入N, 乙J,] 觀[丷V, 氵Ec, 尒J,] 心[氵J-, 十-J,] 厭患[ノV+Ep, 尸Et, 入N, 乙J,] 生[刂V, ナEp, 𣅞Ep-,

13) '유정(有頂)의 정(定)과 생(生)'은 무색계(無色界)의 맨 꼭대기인 비상비비상처(非想非非想處)의 선정[定]과 그곳에 태어난 중생[生]을 가리킨다.

ㅌ-Ep, ㅣEf,]

E 그는 자기 몸이 이 다섯 가지 청정과 상응하지 않는 과환을 지니는 것을 보아서, 마음에서 염환을 낸다.

F 그는 자신에게 이러한 다섯 가지 청정(淸淨)과 상응하지 못하는 과환(過患)이 있다는 것을 관찰해야만 하고 마음으로 염환(厭患)을 낸다.

〈유가21 : 23-22 : 01〉

A 於己淸淨見難成辦、當知亦有五種。

B {於}己ラ十 淸淨乙 難氵 成辦ノア入乙 見ノ今十 當ハ 知ㅎㅣ 亦 五種 有ソ1リ1丁

C 저의긔 淸淨을 難사 成辦홀둘 見호리긔 반닥 알오다 亦 五種 有흔인뎌

D {於}己[ラJ-, 十-J,] 淸淨[乙J,] 難[氵J,] 成辦[ノV+Ep, アEt, 入N, 乙J,] 見[ノV+Ep, 今Et+N, 十J,] 當[ハM,] 知[ㅎEp, ㅣEf,] 亦 五種 有[ソV, 1Et, リV, 1Ef-, 丁-Ef,]

E 자기에게서 청정을 어렵게야 이루는 것을 보는 것에, 반드시 알아야 한다, 또한 다섯 가지가 있는 것이다.

F 자신의 청정(淸淨)에 대하여 성취[成辦]하기 어렵다고 보는 데에도 다섯 가지가 있다는 것을 알아야만 한다.

〈유가22 : 01-02〉

A 一、若捨不爲；不能自作故。

B 一十1 若 捨ソ㇇ホ 爲ソア 不冬ソ1ㅣ十1 自作 能 不ハソア入灬{故}ㅅ

C 一귄 若 捨ᄒ아곰 爲홀 안둘흔다귄 自作 能 안득홀드로며

D 一[十J, 1J,] 若 捨[ソV, ㇇Ec, ホJ,] 爲[ソV, アEt,] 不[冬M, ソV, 1Et, ㅣN, 十J, 1J,] 自作 能 不[ハM, ソV, アEt, 入N, 灬J,]{故}[ㅅEc,]

E 첫째는 만약 버려서 하지 않은 경우에는, 스스로 지음을 능히 못하는 까닭에서이며,

F 첫째는 만약 버리면[捨] 되지 않으니, 능히 스스로 지을 수 없기 때문이다.

〈유가22 : 01-02〉

A **二、於所餘事、非請他爲能成辦故。**

B 二 {於}餘 所セ 事ㇱ十ㄲ 他ㇹ 爲ノㄕㅅㄹ 請ッㇱ 能ㄘ 成辦ノ今 非失リㄱㅅ灬{故}ㄘ

C 二 餘 밧 事아긔도 놈의 爲홀들 請ᄒᆞ아 能며 成辦호리 안디인ᄃᆞ로며

D 二 {於}餘 所[セJ,] 事[ㇱJ-, 十-J, ㄲJ,] 他[ㇹJ,] 爲[ノV+Ep, ㄕEt, ㅅN, ㄹJ,] 請[ッV, ㇱEc,] 能[ㄘM,] 成辦[ノV+Ep, 今Et+N,] 非[失R, リV, ㄱEt, ㅅN, 灬J,]{故}[ㄘEc,]

E 둘째는 남은 바의 일에서도, 남이 할 것을 청하여 능히 (스스로) 이루는 것이 아닌 까닭에서이며,

F 둘째는 그 밖의 일[所餘事]에 대해서 다른 사람에게 청하지 않으니, 능히 성취하는 것[成辦]이기 때문이다.

〈유가22 : 03〉

A **三、決定應作故。**

B 三 決定 作ノㅎ應セッㄱㅅ灬{故}ㅣ

C 三 決定 作홈應ㅅ혼ᄃᆞ로다

D 三 決定 作[ノV+Ep, ㅎEp-,]應[セ-Ep, ッV, ㄱEt, ㅅN, 灬J,]{故}[ㅣEf,]

E 셋째는 결정코 지어야 하는 까닭에서이다.

F 셋째는 결정코 마땅히 지어야 하기 때문에

〈유가22 : 03-04〉

A **由於自心未令清淨、必於衆苦不得解脫成吉祥性。**

B {於}自心ㇱ十 清淨ッ{令}リㄕ 未リッㄱㅣ十ㄱ 必ハ {於}衆苦ㇱ十 得ホ 解脫ッㇱ 吉祥性ㄹ 成リㄕ 不ハッㄕㅅㄹ 由ㇱㄱㅅ灬ㅗ

C 自心아긔 清淨ᄒᆞ일 안이혼다긘 반ᄃᆞ 衆苦아긔 시러곰 解脫ᄒᆞ아 吉祥性을 成일 안ᄃᆞ홀들 말ᄆᆡ삼은ᄃᆞ로여

D {於}自心[ㇱJ-, 十-J,] 清淨[ッV,]{令}[リV, ㄕEt,] 未[リM, ッV, ㄱEt, ㅣN, 十J, ㄱJ,] 必[ハM,] {於}衆苦[ㇱJ-, 十-J,] 得[ホM,] 解脫[ッV, ㇱEc,] 吉祥性[ㄹJ,] 成[リV, ㄕEt,] 不[ハM, ッV, ㄕ

Et, ㅅN, ㄹJ,] 由[氵V, ㄱEt, ㅅN, ⺍J, 亠R,]

E 제 마음에서 청정하게 하지 못하는 데에는, 반드시 뭇 괴로움에서 능히 해탈하여 길상성을 이루지 못하는 것에 말미암은 까닭에서 그러하다.

F 자기 마음에서 아직 청정하지 못하여 반드시 뭇 괴로움[苦]에서 능히 해탈(解脫)하지만 길상(吉祥)의 성품[性]을 성취하지 못하는 것이다.

〈유가22 : 04-06〉

A 四、非於惡業現在不作、卽說彼爲已作清淨、

B 四十ㄱ {於}惡業ㄹ 現在阝十 不作ソ尸ㅅㄹ 卽ㄱ 彼ㄹ 說阝 {爲}已氵 清淨ㄹ 作ソ阝ㄱ丁ノ矛四

C 四긘 惡業을 現在아긔 不作홀둘 곧오 彼를 닐아 이믜사 清淨을 作ᄒᆞ언뎌호리라

D 四[十J, ㄱJ,] {於}惡業[ㄹJ,] 現在[阝J-, 十-J,] 不作[ソV, 尸Et, ㅅN, ㄹJ,] 卽[ㄱM,] 彼[ㄹJ,] 說[阝Ec,] {爲}已[氵M,] 清淨[ㄹJ,] 作[ソV, 阝Ep, ㄱEf-, 丁-Ef, ノV+Ep, 矛Ep, 四Ec,]

E 넷째는 악업을 현재에 짓지 않는 것을, 곧 그것을 말하여 '이미 청정을 지은 것이다'할 것이라,[14)]

F 넷째는 악업(惡業)에 대해서 현재 짓지 않는 것도 아니면서 곧 그것을 '자기는 청정(清淨)을 지었다'고 하고

〈유가22 : 06〉

A 卽名已得於現見法永離熾燃。[15)]

B 卽ㄱ 名下 已氵 得亦 {於}現見法阝十 永阝 熾燃ㄹ 離ソ阝ㄱ丁ノ今 非矢丨

C 곧오 일하 이믜사 시러곰 現見法아긔 永아 熾燃을 離ᄒᆞ언뎌호리 안디다

D 卽[ㄱM,] 名[下V+Ec,] 已[氵M,] 得[亦M,] {於}現見法[阝J-, 十-J,] 永[阝M,] 熾燃[ㄹJ,] 離[ソV, 阝Ep, ㄱEf-, 丁-Ef, ノV+Ep, 今Et+N,] 非[矢R+V, 丨Ef,]

E 곧 일컬어 '이미 능히 현견법에서 영원히 불타오름[熾燃]을 여읜 것이다' 할 것이 아니

14) 구결문의 해석과 역경원의 번역이 차이를 보인다. '非'가 걸리는 범위를 역경원 번역에서는 '不作'까지로 보았고, 구결문에서는 22장 6행의 '永離熾燃'까지로 보았다.

15) 유가사지론자료고의 표점은 "卽名已得於現見法永離熾燃"이나 구결문에 따라 수정하였다.

다.[16]

F 곧 '이미 현견법(現見法)에서 영원히 치성[熾燃]을 여의는 것을 얻었다고 하리라'고 하면서

〈유가22 : 07-08〉

A **無對治道、先所造作惡不善業、必不壞故。**[17]

B 對治道刂 无丷1丨十1 先 造作ノ1 所七 惡 不善業乙 必八 壞厶刂尸 不八丷尸人灬 {故}亠

C 對治道이 无ᄒᆞᆫ다긘 先 造作ᄒᆞᆫ 밧 惡 不善業을 반ᄃᆞᆨ 壞ᄒᆞ일 안ᄃᆞᆨ ᄒᆞᆯᄃᆞ로여

D 對治道[刂J,] 无[丷V, 1Et, 丨N, 十J, 1J,] 先 造作[ノV+Ep, 1Et,] 所[七J,] 惡 不善業[乙J,] 必[八M,] 壞[厶V, 刂V, 尸Et,] 不[八M, 丷V, 尸Et, 人N, 灬J,]{故}[亠R,]

E 대치도가 없는 데에는, 먼저 지은 바의 악한 불선업을 반드시 무너뜨리지 못하는 까닭에서 그러하다.

F 대치도(對治道)가 없는 것이다. 먼저 조작(造作)한 악(惡) 불선업(不善業)은 반드시 무너지지 않기 때문이다.

〈유가22 : 08-09〉

A **五、由彼清淨、學無學道證得所顯故。**

B 五 彼 清淨1 學无學道乙 證得ノ1人灬 顯ノ1 所刂1人乙 由氵1人灬{故}丨

C 五 彼 清淨은 學无學道을 證得혼ᄃᆞ로 顯혼 바인ᄃᆞᆯ 말ᄆᆡ삼은ᄃᆞ로다

D 五 彼 清淨[1J,] 學无學道[乙J,] 證得[ノV+Ep, 1Et, 人N, 灬J,] 顯[ノV+Ep, 1Et,] 所[刂V, 1Et, 人N, 乙J,] 由[氵V, 1Et, 人N, 灬J,]{故}[丨Ef,]

E 다섯째는 저 청정은 학·무학도를 증득한 까닭으로 나타난 바인 것에 말미암은 까닭에서이다.

F 다섯째는 저 청정(清淨)한 학(學) 무학도(無學道)는 증득으로 나타나는 것이기 때문에

---

16) 구결문의 해석과 역경원의 번역이 차이를 보인다. 구결문에서는 앞 단락(<유가22 : 04-06>)의 원문에 있는 '非'의 부정의 의미가 여기까지 걸리는 것으로 파악하였다.

17) 유가사지론자료고의 표점은 "無對治道。先所造作惡不善業、必不壞故。"이나 구결문에 따라 수정하였다.

〈유가22 : 09-10〉

A 彼觀清淨由此五相難可成辦、心生厭患。

B 彼ㄱ 清淨刂 此 五相乙 由阝 難氵 成辦ノ令可ㄷ丷ㄱ人乙 觀丷阝亦 心阝十 厭患ノ尸人乙 生刂ナ令ㄷ丨

C 彼는 清淨이 此 五相을 븥아 難사 成辦홀可ㅅ호들 觀ᄒᆞ아곰 心아긔 厭患홀들 나이겨다

D 彼[ㄱJ,] 清淨[刂J,] 此 五相[乙J,] 由[阝Ec,] 難[氵J,] 成辦[ノV+Ep, 令Ep-,]可[ㄷ-Ep, 丷V, ㄱEt, 人N, 乙J,] 觀[丷V, 阝Ec, 亦J,] 心[阝J-, 十-J,] 厭患[ノV+Ep, 尸Et, 人N, 乙J,] 生[刂V, ナEp, 令Ep-, ㄷ-Ep, 丨Ef,]

E 그는 청정이 이 다섯 상으로 말미암아 어렵게야 이룰 수 있는 것을 관(觀)하여서, 마음에서 염환을 낸다.

F 그는 청정을 관(觀)하는 것이다. 이 다섯 가지 상(相)은 성취[成辦]하기 어렵기 때문에 마음으로 염환(厭患)을 낸다.

〈유가22 : 10-11〉

A 又復發起堅固精進、爲欲證得。

B 又 復 堅固 精進乙 發起丷阝 證得丷{爲欲}人丷[18] 尸亠

C 又 復 堅固 精進을 發起ᄒᆞ아 證得ᄒᆞ과홀여

D 又 復 堅固 精進[乙J,] 發起[丷V, 阝Ec,] 證得[丷V,]{爲欲}[人Ec, 丷V, 尸Ec-, 亠-Ec,]

E 또 다시 견고한 정진을 일으켜 증득하고자 하는데,

F 또한 다시 견고(堅固)한 정진(精進)을 일으키니, 증득(證得)하고자 하기 때문이다.

〈유가22 : 11-12〉

A 彼由觀見雜染清淨相應不相應故；心生厭患。[19]

---

18) 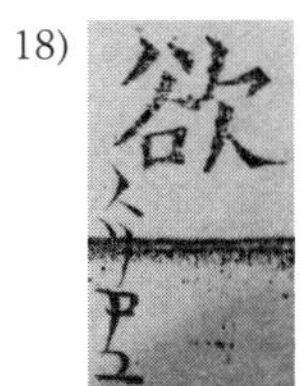
'人' 뒤에 현토된 구결자는 일견 '刂'처럼 보이기도 하나, 선행절이 체언이 아니고 '爲欲'에는 '人丷'나 '人ノ'가 현토되는 것을 고려하면 '丷'로 보아야 한다.

B 彼ㄱ 雜染 淸淨 相應 不相應乙 觀見ㅅ ㄱ 入乙 由氵ㄱ 入灬 故ノ 心ㄋ 十 厭患ノ尸入乙 生
リㄉ

C 彼는 雜染 淸淨 相應 不相應을 觀見혼돌 말믹삼은드로 故오 心아긔 厭患홀돌 나이며

D 彼[ㄱJ,] 雜染 淸淨 相應 不相應[乙J,] 觀見[ㅅV, ㄱEt, 入N, 乙J,] 由[氵V, ㄱEt, 入N, 灬J,] 故[ノR,] 心[ㄋJ-, 十-J,] 厭患[ノV+Ep, 尸Et, 入N, 乙J,] 生[リV, ㄉEc,]

E 그는 잡염·청정의 상응·불상응을 관(觀)하여 보는 것에 말미암은 까닭으로, 마음에서 염환을 내며,

F 또한 잡염(雜染) 청정(淸淨)의 상응(相應) 불상응(不相應)을 관찰하여 보기[觀見] 때문에 마음으로 염환(厭患)을 일으킨다.

〈유가22 : 12-13〉

A **又由觀見雜染淸淨相應不相應過患故；心生怖畏。**[20]

B 又 雜染 淸淨 相應 不相應 過患乙 觀見ㅅ ㄱ 入乙 由氵ㄱ 入灬 故ノ 心ㄋ 十 怖畏乙 生リㄉ

C 又 雜染 淸淨 相應 不相應 過患을 觀見혼돌 말믹삼은드로 故오 心아긔 怖畏을 나이며

D 又 雜染 淸淨 相應 不相應 過患[乙J,] 觀見[ㅅV, ㄱEt, 入N, 乙J,] 由[氵V, ㄱEt, 入N, 灬J,] 故[ノR,] 心[ㄋJ-, 十-J,] 怖畏[乙J,] 生[リV, ㄉEc,]

E 또 잡염·청정의 상응·불상응의 과환을 관(觀)하여 보는 것에 말미암은 까닭으로, 마음에서 두려워함을 내며,

F 또한 잡염(雜染) 청정(淸淨)의 상응(相應) 불상응(不相應)의 과환(過患)을 관찰하여 보기[觀見] 때문에 마음으로 포외(怖畏)를 일으킨다.

〈유가22 : 13-15〉

A **又於淸淨證得、及雜染斷滅中、有嬾惰懈怠故，心便遮止。**

B 又 {於}淸淨 證得ㅅ 及ㅌ 雜染 斷滅ㅅㅌ 中ㄋ 十 嬾惰懈怠 {有}ㅏㄱ 入灬 故ノ 心 便ㅎ 遮

19) 유가사지론자료고의 표점은 "彼由觀見雜染、淸淨相應不相應故；心生厭患。"이나 구결문에 따라 수정하였다.

20) 유가사지론자료고의 표점은 "又由觀見雜染、淸淨相應不相應過患故；心生怖畏。"이나 구결문에 따라 수정하였다.

止ソㅅ

C 又 淸淨 證得과 및 雜染 斷滅괏 中아긔 嬾惰懈怠 둔ᄃᆞ로 故오 心 곧오 遮止ᄒᆞ며

D 又 {於}淸淨 證得[ᄉJ,] 及[ㅌM,] 雜染 斷滅[ᄉJ, ㅌJ,] 中[⺡J-, 十-J,] 嬾惰懈怠 {有}[ナV, ㄱEt, ᄉN, ⺣J,] 故[ノR,] 心 便[ㅎM,] 遮止[ソV, ㅅEc,]

E 또 청정의 증득과 잡염의 단멸과의 가운데 나태함과 게으름을 지닌 까닭으로, 마음이 곧 막혀 멈추며,

F 또한 청정(淸淨)의 증득(證得)과 잡염(雜染)의 단멸(斷滅) 가운데에 난타(嬾惰)와 해태(懈怠)가 있기 때문에 마음으로 곧바로 차지(遮止)한다.

〈유가22 : 15-17〉

A 又由作意思惟彼相故、心生厭患，即於此相多所作故、心極厭患。

B 又 作意ソ⺡ 彼 相乙 思惟ソㄱᄉ乙 由⺡ㄱᄉ⺣ 故ノ 心⺡十 猒患ノ尸ᄉ乙 生リ⺋ 卽ㅎ {於}此 相⺡十 所作 多ソㄱᄉ⺣ 故ㅎ[21] 心 極 厭患ソ⺋ソㅅ

C 又 作意ᄒᆞ아 彼 相을 思惟ᄒᆞᆫ돌 말믹삼은ᄃᆞ로 故오 心아긔 猒患홀돌 나이져 곧오 此 相아긔 所作 多ᄒᆞᆫᄃᆞ로 故오 心 極 厭患ᄒᆞ져ᄒᆞ며

D 又 作意[ソV, ⺡Ec,] 彼 相[乙J,] 思惟[ソV, ㄱEt, ᄉN, 乙J,] 由[⺡V, ㄱEt, ᄉN, ⺣J,] 故[ノR,] 心[⺡J-, 十-J,] 猒患[ノV+Ep, 尸Et, ᄉN, 乙J,] 生[リV, ⺋Ec,] 卽[ㅎM,] {於}此 相[⺡J-, 十-J,] 所作 多[ソV, ㄱEt, ᄉN, ⺣J,] 故[ㅎR,] 心 極 厭患[ソV, ⺋Ec, ソV, ㅅEc,]

E 또 작의하여 그 상을 사유하는 것에 말미암은 까닭으로 마음에 염환함을 내고, 곧 이 상에 할 일이 많은 까닭으로 마음이 극히 염환하고 하며,

F 또한 그 상(相)을 작의(作意)하고 사유(思惟)하기 때문에 마음으로 염환(厭患)을 일으키며, 곧 그 상(相)에 소작(所作)이 많기 때문에 마음으로 극염환(極厭患)을 일으킨다.]

〈유가22 : 17-18〉

A 如厭患極厭患，怖畏極怖畏、遮止極遮止、當知亦爾。

21) '故'에 'ㅎ'가 현토된 유일례이다. <유가>에서는 이 예를 제외하고 '-ㄱᄉ⺣ 故x'과 같은 환경에서 '故x' 자리에 모두 '故ノ'가 쓰인다. 이는 '隨ノ'가 '隨ㅎ'로도 표기되는 것과 동일한 현상으로 이해할 수 있다.

B 厭患 極厭患乙丷亅 如支 怖畏 極怖畏亼 遮止 極遮止亼刀 當八 知䒑丨 亦 尒丷亅刂亅丁

C 厭患 極厭患을혼 다히 怖畏 極怖畏과 遮止 極遮止과도 반ᄃᆞᆨ 알오다 亦 尒혼인뎌

D 厭患 極厭患[乙J, 丷V, 亅Et,] 如[支V,] 怖畏 極怖畏[亼J,] 遮止 極遮止[亼J, 刀J,] 當[八M,] 知[䒑Ep, 丨Ef,] 亦 尒[丷V, 亅Et, 刂V, 亅Ef-, 丁-Ef,]

E 염환·극염환을 한 것과 같이, 두려워함, 극히 두려워함과 막혀 멈춤, 극히 막혀 멈춤과도, 반드시 알아야 한다, 또한 그러한 것이다.[22]

F 염환(厭患) 극염환(極厭患)과 같이, 포외(怖畏) 극포외(極怖畏)와 차지(遮止) 극차지(極遮止)도 또한 그러한 줄 알아야만 한다.

〈유가22 : 18-20〉

A **如是彼以由厭俱行想、於五處所、以二十種相作意思惟故，名善修治。**

B 是 如支 彼亅 厭 俱行丷亅 想乙 由氵 {於}五處所氵十 二十種 相乙[23] {以}氵 作意思惟丷去亅入乙 {以}氵亅入灬 故ノ 名下 善修治亠ノ禾丨

C 是 다 彼는 厭 俱行혼 想을 븓아 五處所아긔 二十種 相을 ᄡᅧ 作意思惟ᄒᆞ건ᄃᆞᆯ ᄡᅳᆫᄃᆞ로 故오 일하 善修治여호리다

D 是 如[支V,] 彼[亅J,] 厭 俱行[丷V, 亅Et,] 想[乙J,] 由[氵Ec,] {於}五處所[氵J-, 十-J,] 二十種 相[乙J,] {以}[氵V,] 作意思惟[丷V, 去Ep, 亅Et, 入N, 乙J,] {以}[氵V, 亅Et, 入N, 灬J,] 故[ノR,] 名[下V+Ec,] 善修治[亠J, ノV+Ep, 禾Ep, 丨Ef,]

E 이와 같이 그는 싫어함과 함께 작용하는 상(想)으로 말미암아 다섯 처소에서 스무 가지 상(相)으로써 작의하고 사유하는 것을 쓴 까닭으로, 일컬어 '대치를 잘 닦았다[善修治]'

---

22) '厭患 極厭患'은 바로 '작의(作意)하여 그 상(相)을 사유함으로써 마음에 염오를 내고, 곧 이 상(相)에 할 일이 많아서 마음이 극히 염오함'을 뜻한다. 이와 마찬가지로 '怖畏 極怖畏'는 '잡염, 청정의 상응, 불상응을 관찰하여 봄으로써 마음에서 두려워함을 내고, 곧 이 상(相)에 할 일이 많아서 마음에서 극히 두려워함'을 뜻하며, 마지막으로 '遮止 極遮止'는 '청정의 증득과 잡염을 끊어 없애는 데 나태함과 게으름을 지녀서 마음이 곧 막혀 멈추며, 곧 이 상(相)에 할 일이 많아서 마음이 극히 막혀 멈춤'을 뜻한다.

23) 역독점이 아래 글자 '作'의 자획 위에 찍혀 있다.

고 한다.

F 위와 같이 그는 염환과 함께 작용하는[俱行] 상(想)에 의하여 5처소(處所)에서 20가지의 상(相)[24]으로써 작의(作意) 사유(思惟)하기 때문에, 대치를 잘 닦았다[善修治]고 이름하는 것이다.

〈유가22 : 20-21〉

A **復有五因、二十種相之所攝受、**

B 復 五因刂 二十種 相灬{之} 攝受ノㄱ 所刂ㅌ 有七丨

C 復 五因이 二十種 相으로 攝受혼 바이ᄂᆞ 잇다

D 復 五因[刂J,] 二十種 相[灬J,]{之} 攝受[ノV+Ep, ㄱEt,] 所[刂V, ㅌEt,] 有[七V, 丨Ef,]

E 또 다섯 인이 스무 가지 상으로 섭수된 바인 것이 있다.

F 다시 5인(因)이 있어서 20가지의 상(相)을 섭수(攝受)하게 된다.

〈유가22 : 21-22〉

A **令於愛盡寂滅涅槃、速疾多住，心無退轉；**[25]

B {於}愛盡 寂滅ソㅌ七 涅槃阝十 速疾亐 多刂 住ソ阝尒 心阝十 退轉ノ尸 無彡

C 愛盡 寂滅ᄒᆞᆫ 涅槃아긔 速疾히 하이 住ᄒᆞ아곰 心아긔 退轉홀 없져

D {於}愛盡 寂滅[ソV, ㅌEt, 七J,] 涅槃[阝J-, 十-J,] 速疾[亐M,] 多[刂M,] 住[ソV, 阝Ec, 尒J,] 心[阝J-, 十-J,] 退轉[ノV+Ep, 尸Et,] 無[彡Ec,]

E 애가 다한 고요한 열반에 빨리 많이 머물러서 마음에 물러섬이 없고,

F 애(愛)가 다한 적멸열반(寂滅涅槃)에 빨리[速疾] 많이 머물러서 마음으로 퇴전(退轉)함도 없고

---

24) 5처소(處所) 가운데에 앞의 3처소(處所)에 각각 3상(相)이 있고, 뒤의 2처소에 각각 5상(相)이 있어서 19상(相)이 되며, 여기에다 견고한 정진(精進)을 일으키는 1상(相)을 합하여 총 20상(相)이 되는 것이다.

25) '令'이 걸리는 범위는 '~謂我我今者爲何所在。'까지이지만 둘을 합하면 해당되는 구결문이 너무 길어져서 편의상 두 단락으로 나누었다.

〈유가22 : 22-23〉

A 亦無憂慮、謂我我今者爲何所在。

B 亦 憂慮ㅅ ㄱ 亦 謂ㄕ 我ㅋ 我ㄱ 今ㅌ{者} {爲}何 所ㄱ十 在ㅅ ㅊ ㄱ ㅣ ㄱ ㅌ ㅁ ノ ㄕ 无ㅎ ㅅ ㅎ ㅅ{令} ㅣ ナ ㅊ ㅡ

C 亦 憂慮ᄒᆞ아곰 니를 我의 我는 今근 何 所아긔 在ᄒᆞ건이앗고홀 无히ᄒᆞ져ᄒᆞ이겨리여

D 亦 憂慮[ㅅV, ㄱEc, 亦J,] 謂[ㄕEt,] 我[ㅋJ,] 我[ㄱJ,] 今[ㅌM,]{者} {爲}何 所[ㄱJ-, 十-J,] 在[ㅅV, ㅊEp, ㄱEt, ㅣV, ㄱEp-, ㅌ-Ep, ㅁEf, ノV+Ep, ㄕEt,] 无[ㅎM, ㅅV, ㅎEc, ㅅV,]{令}[ㅣV, ナEp, ㅊEt+N, ㅡR,]

E 또 우려하여서 이르기를 '나의 나는 지금 어느 곳에 있는 것인가?' 함이 없이 하고 하게 하는 것이다.[26]

F 또한 우려(憂慮)함도 없어서 '우리들은 지금 어떤 곳에 있는 것인가?'라고 하는 것이다.

〈유가22 : 23〉

A 何等五因?

B 何 等ㅅ ㄱ ㄹ 五因ㅣ ㅣ ノ ㅅ ㅁ

C 何 다ᄒᆞᆫ을 五因이다호리고

D 何 等[ㅅV, ㄱEt, ㄹJ,] 五因[ㅣV, ㅣEf, ノV+Ep, ㅅEt+N, ㅁJ,]

E 어떤 것들을 다섯 인이라고 하는가?

F 무엇을 5인(因)이라고 하는가?

〈유가22 : 23-23 : 01〉

A 一、由通達作意故。

B 一十ㄱ 通達作意ㄹ 由ㅅ ㄱ ㅅ ㅡ{故} ㅣ

C 一권 通達作意를 말믹삼은ᄃᆞ로다

D 一[十J, ㄱJ,] 通達作意[ㄹJ,] 由[ㅅV, ㄱEt, ㅅN, ㅡJ,]{故}[ㅣEf,]

26) 구결문의 해석과 역경원의 번역이 차이를 보인다. '無'가 걸리는 범위를 역경원 번역에서는 '憂慮'까지로 보았고, 구결문에서는 이어지는 '~謂我我今者爲何所在'까지로 보았다. <유가08 : 18-19>의 내용을 고려하면 구결 현토자의 이해가 올바른 것으로 판단된다.

E 첫째는 통달작의로 말미암은 까닭에서이다.

F 첫째는 작의(作意)를 통달함에 의하기 때문이다.

〈유가23 : 01-03〉

A **謂由如是通達作意無間、必能趣入正性離生，入諦現觀、證聖智見。**

B 謂ㄱ 是 如ㅊ ㅅ ㄱ 通達作意ㄹ 由ㆍ 无間ㅎ 必ㅅ 能ㆍ 正性離生ㆍ十 趣入ノㅁㅿ 諦現觀ㆍ十 入ㅅㆍ 聖智見ㄹ 證ㅅㅁ矢丨

C 닐온 是 다흔 通達作意를 븥아 无間히 반독 能며 正性離生아긔 趣入홀딕 諦現觀아긔 入ᄒ아 聖智見을 證홀디다

D 謂[ㄱEc,] 是 如[ㅊV, ㅅV, ㄱEt,] 通達作意[ㄹJ,] 由[ㆍEc,] 无間[ㅎM,] 必[ㅅM,] 能[ㆍM,] 正性離生[ㆍJ-, 十-J,] 趣入[ノV+Ep, ㅁEc-, ㅿ-Ec,] 諦現觀[ㆍJ-, 十-J,] 入[ㅅV, ㆍEc,] 聖智見[ㄹJ,] 證[ㅅV, ㅁEt, 矢N+V, 丨Ef,]

E 말하자면 이와 같은 통달작의로 말미암아 곧바로 반드시 능히 정성이생27)에 들어가되, 제현관에 들어 성인의 지견을 증득하는 것이다.

F 이와 같이 작의(作意)를 통달함에 의하기 때문에 곧바로[無間] 반드시 정성이생(正性離生)에 취입(趣入)할 수 있으며, 성제현관[諦現觀]에 들어가며 성인[聖]의 지견(智見)을 증득하는 것이다.

〈유가23 : 03〉

A **二、由所依故。**

B 二 所依ㄹ 由ㆍㄱㅅ ㅡ{故}丨

C 二 所依를 말믹삼은드로다

D 二 所依[ㄹJ,] 由[ㆍV, ㄱEt, ㅅN, ㅡJ,]{故}[丨Ef,]

E 둘째는 소의로 말미암은 까닭에서이다.

F 둘째는 소의(所依)에 의하기 때문이다.

---

27) 정성이생(正性離生)은 견도에 들어간 성자를 일컫는 말이다. 『구사론』에 따르면 '정성(正性)'이란 열반이나 성도(聖道)를 가리키고, '생(生)'이란 번뇌 혹은 근기가 아직 성숙하지 않은 것을 말하며, 열반과 성도 등은 이러한 생을 초월하게 하기 때문에 '이생(離生)'이라 하였다.

〈유가23 : 03-04〉

A 謂由依此所依無間、必能趣入正性離生，餘如前說。

B 謂ㄱ 此 所依乙 依ソㄱ入乙 由彡 無間ち 必ハ 能ケ 正性離生彡十 趣入ノアム 餘ㄱ 前ラ 說ノㄱ 如支ソア矢丨

C 닐온 此 所依를 依혼돌 븥아 無間히 반독 能며 正性離生아긔 趣入홀딕 餘는 前의 說혼 다홀디다

D 謂[ㄱEc,] 此 所依[乙J,] 依[ソV, ㄱEt, 入N, 乙J,] 由[彡Ec,] 無間[ちM,] 必[ハM,] 能[ケM,] 正性離生[彡J-, 十-J,] 趣入[ノV+Ep, アEc-, ム-Ec,] 餘[ㄱJ,] 前[ラJ,] 說[ノV+Ep, ㄱEt,] 如[支V, ソV, アEt, 矢N+V, 丨Ef,]

E 말하자면 이 소의를 의지한 것으로 말미암아 곧바로 반드시 능히 정성이생에 들어가되, 나머지는 앞에 말한 것과 같은 것이다.

F 이 소의(所依)에 의하기 때문에 곧바로[無間] 반드시 정성이생(正性離生)에 취입(趣入)할 수 있으며, 나머지는 앞에서 설한 것과 같다.

〈유가23 : 04-05〉

A 三、由入境界門故。

B 三 入境界門乙 由氵ㄱ入⺍{故}丨

C 三 入境界門을 말믹삼은도로다

D 三 入境界門[乙J,] 由[氵V, ㄱEt, 入N, ⺍J,]{故}[丨Ef,]

E 셋째는 입경계문으로 말미암은 까닭에서이다.

F 셋째는 경계(境界)에 들어가는 문(門)에 의하기 때문이다.

〈유가23 : 05-06〉

A 謂由緣此入境界門、必能趣入正性離生，餘如前說。

B 謂ㄱ 此 入境界門乙 緣ソㄱ入乙 由彡 必ハ 能ケ 正性離生彡十 趣入ノアム 餘ㄱ 前ラ 說ノㄱ 如支ソア矢丨

C 닐온 此 入境界門을 緣혼돌 븥아 반독 能며 正性離生아긔 趣入홀딕 餘는 前의 說혼 다홀

디다

D 謂[ㄱEc,] 此 入境界門[ㄹJ,] 緣[ㅅV, ㄱEt, 入N, ㄹJ,] 由[ㄱEc,] 必[ㅅM,] 能[ㅁM,] 正性離生 [ㄱJ-, ㅓ-J,] 趣入[ノV+Ep, ㄹEc-, ㅿ-Ec,] 餘[ㄱJ,] 前[ㅋJ,] 說[ノV+Ep, ㄱEt,] 如[ㅈV, ㅅV, ㄹEt, 矢N+V, ㅣEf,]

E 말하자면 이 입경계문을 연하는 것으로 말미암아 반드시 능히 정성이생에 들어가되, 나머지는 앞에 말한 것과 같은 것이다.

F 이 경계(境界)에 들어가는 문(門)을 연(緣)하여 반드시 정성이생(正性離生)에 취입(趣入)할 수 있으며, 나머지는 앞에서 설한 것과 같다.

〈유가23 : 06-07〉

A **四、由攝受資糧故。**

B 四 攝受資糧ㄹ 由ㅅㄱ入ㅡ{故}ㅣ

C 四 攝受資糧을 말믹삼은드로다

D 四 攝受資糧[ㄹJ,] 由[ㅅV, ㄱEt, 入N, ㅡJ,]{故}[ㅣEf,]

E 넷째는 섭수자량으로 말미암은 까닭에서이다.

F 넷째는 자량(資糧)을 섭수(攝受)하기 때문이다.

〈유가23 : 07-08〉

A **謂由此攝受資糧、必能趣入正性離生，餘如前說。**

B 謂ㄱ 此 攝受資糧ㄹ 由ㄱ 必ㅅ 能ㅁ 正性離生ㄱㅓ 趣入ノㄹㅿ 餘ㄱ 前ㅋ 說ノㄱ 如ㅈㅅㄹ 矢ㅣ

C 닐온 此 攝受資糧을 븥아 반득 能며 正性離生아긔 趣入홀딕 餘는 前의 說혼 다홀디다

D 謂[ㄱEc,] 此 攝受資糧[ㄹJ,] 由[ㄱEc,] 必[ㅅM,] 能[ㅁM,] 正性離生[ㄱJ-, ㅓ-J,] 趣入[ノV+Ep, ㄹEc-, ㅿ-Ec,] 餘[ㄱJ,] 前[ㅋJ,] 說[ノV+Ep, ㄱEt,] 如[ㅈV, ㅅV, ㄹEt, 矢N+V, ㅣEf,]

E 말하자면 이 섭수자량으로 말미암아 반드시 능히 정성이생에 들어가되, 나머지는 앞에 말한 것과 같은 것이다.

F 이 자량(資糧)을 섭수하기 때문에 반드시 정성이생(正性離生)에 취입(趣入)할 수 있으며,

나머지는 앞에서 설한 것과 같다.

〈유가23 : 08-09〉

A 五、由攝受方便故。

B 五 攝受方便乙 由氵丨入灬{故}丨

C 五 攝受方便을 말믹삼은드로다

D 五 攝受方便[乙J,] 由[氵V, 丨Et, 入N, 灬J,]{故}[丨Ef,]

E 다섯째는 섭수방편으로 말미암은 까닭에서이다.

F 다섯째는 방편(方便)을 섭수(攝受)함에 의하기 때문이다.

〈유가23 : 09-10〉

A 謂由攝受如是方便、必能趣入正性離生，乃至廣說。

B 謂丨 是 如支丷丨 方便乙 攝受丷丨入乙 由氵 必八 能か 正性離生氵十 趣入ノ尸厶 乃氵 至刂 廣刂 說ノ矛成刂28)丷尸矢丨

C 닐온 是 다흔 方便을 攝受흘들 븥아 반드 能며 正性離生아긔 趣入홀딕 乃사 니를이 넙이 說호리일이흘디다

D 謂[丨Ec,] 是 如[支V, 丷V, 丨Et,] 方便[乙J,] 攝受[丷V, 丨Et, 入N, 乙J,] 由[氵Ec,] 必[八M,] 能[かM,] 正性離生[氵J-, 十-J,] 趣入[ノV+Ep, 尸Ec-, 厶-Ec,] 乃[氵R,] 至[刂M,] 廣[刂M,] 說[ノV+Ep, 矛Et+N, 成V, 刂V, 丷V, 尸Et, 矢N+V, 丨Ef,]

E 말하자면 이와 같은 방편을 섭수하는 것으로 말미암아 반드시 능히 정성이생에 들어가되, 자세히 말하는 것에 이르기까지 이루어지도록 하는 것이다.

F 이와 같이 방편(方便)을 섭수하기 때문에 반드시 정성이생(正性離生)에 들어가며 내지 …… 라고 한다.

---

28) 자토석독구결 자료에서 구결자 '成'이 쓰인 것은 이것이 유일하다. '成刂'는 '일이'로 읽었을 것으로 추정되며, 동사 '丷-'가 후행하는 것으로 볼 때 '刂'는 부사형어미로 볼 수 있다.

〈유가23 : 10-11〉

A 如是五因、當知依諦現觀逆次因說；非順次因。

B 是 如ㅊㅅㄱ 五因ㄱ 當ハ 知ㅎㅣ 諦現觀ㅌ 逆次因ㄹ 依ㄋ 說ノㄱㅣㄱㅗ 順次因ㅡノㄷ 非 ㅊㅣㄱㄱ

C 是 다흔 五因은 반독 알오다 諦現觀ㅅ 逆次因을 븥아 說혼인여 順次因으로호ᄂᆞ 안디 인뎌

D 是 如[ㅊV, ㅅV, ㄱEt,] 五因[ㄱJ,] 當[ハM,] 知[ㅎEp, ㅣEf,] 諦現觀[ㅌJ,] 逆次因[ㄹJ,] 依[ㄋ Ec,] 說[ノV+Ep, ㄱEt, ㅣV, ㄱEt, ㅗR,] 順次因[ㅡJ, ノV+Ep, ㄷEt,] 非[ㅊR, ㅣV, ㄱEf-, ㄱ-Ef,]

E 이와 같은 다섯 인은, 반드시 알아야 한다, 제현관의 역차의 인을 의지하여 말한 것이지 순차의 인으로 한 것이 아닌 것이다.29)

F 위와 같은 5인(因)은 진리[諦]의 현관(現觀)의 역차(逆次)의 인(因)에 의하는 것이며, 순차(順次)에 의하여 설하는 것이 아닌 줄 알아야만 한다.

〈유가23 : 11-12〉

A 依最勝因，如先說事、逆次說故。30)

B 最勝因ㄹ 依ㄋ 先下 說ノㄱ 事ㄹ 如ハ 逆次ㅡ 說ノㄱㅣㄱㅅㅡ{故}ㅗ

C 最勝因을 븥아 先하 說혼 事을 ᄀᆞ 逆次로 說혼인ᄃᆞ로여

D 最勝因[ㄹJ,] 依[ㄋEc,] 先[下M,] 說[ノV+Ep, ㄱEt,] 事[ㄹJ,] 如[ハV,] 逆次[ㅡJ,] 說[ノ V+Ep, ㄱEt, ㅣV, ㄱEt, ㅅN, ㅡJ,]{故}[ㅗR,]

E 가장 뛰어난 인을 의지하여, 먼저 말한 일과 같이, 역차로 말한 것인 까닭에서 그러하다.

F 최승(最勝)의 인(因)에 의하여 먼저 설하는 것과 같이, 역차(逆次)로 설하기 때문이다.

---

29) 한청정(2006 : 1776~7)에서는 다음과 같이 설명하고 있다.
"제현관(諦現觀)의 인(因)에, 만약 순차로 하면 앞이 하열하고 뒤가 수승할 것이라 응당 섭수방편을 처음에 설하고 통달작의를 뒤에 설할 것이다. 여기서는 역순으로, 수승한 것이 앞에 오고 뒤가 하열한 것이므로 통달작의를 처음에 설하고 섭수방편을 뒤에 설한다. [諦現觀因，若順次第，先劣後勝，應說攝受方便爲初，乃至通達作意爲後。今逆次第，先勝後劣，故說通達作意爲初，乃至攝受方便爲後。]"

30) 유가사지론자료고의 표점은 "依最勝因。如先說事、逆次說故。"이나 구결문에 따라 수정하였다.

〈유가23 : 12-13〉

A 謂於空無願无相加行中、

B 謂ㄱ {於}空ㅅ 無願ㅅ 无相ㅅㄷ 加行ㄷ 中ㅅ十

C 닐온 空과 無願과 无相괏 加行ㅅ 中아긔

D 謂[ㄱEc,] {於}空[ㅅJ,] 無願[ㅅJ,] 无相[ㅅJ, ㄷJ,] 加行[ㄷJ,] 中[ㅅJ-, 十-J,]

E 말하자면 ①공과 무원과 무상[31]과의 가행의 가운데에서,

F 말하자면 공(空) 무원(無願) 무상(無相)에 대한 가행(加行) 가운데에

〈유가23 : 13-15〉

A 於隨入作意微細現行有間無間隨轉我慢俱行心相能障現觀、作意正通達故。[32]

B {於}作意刂 微細 現行ㅅ令十 隨入ㅅㅅ 有間无間ㅎ 隨轉ㅅ令ㄷ 我慢 俱行ㅅㄱ 心相刂 能ㅅ 現觀乙 障ㅅ令十 作意刂 正ㄷ 通達ㅅㄱㅅ罒{故}ㅅ

C 作意이 微細 現行ㅎ리긔 隨入ㅎ아 有間无間히 隨轉ㅎ릿 我慢 俱行ㅎ 心相이 能며 現觀을 障ㅎ리긔 作意이 몯 通達ㅎ드로며

D {於}作意[刂J,] 微細 現行[ㅅV, 令Et+N, 十J,] 隨入[ㅅV, ㅅEc,] 有間无間[ㅎM,] 隨轉[ㅅV, 令Et+N, ㄷJ,] 我慢 俱行[ㅅV, ㄱEt,] 心相[刂J,] 能[ㅅM,] 現觀[乙J,] 障[ㅅV, 令Et+N, 十J,] 作意[刂J,] 正[ㄷM,] 通達[ㅅV, ㄱEt, ㅅN, 罒J,]{故}[ㅅEc,]

E 작의가 미세하게 현행하는 데에 따라 들어가 사이를 두고 혹은 곧바로 좇아 전(轉)하는 아만과 함께 작용하는 심상(心相)이 능히 현관을 가로막는 데에서, 작의가 올바로 통달한 까닭에서이며,[33]

F 작의(作意)를 따라 들어가는[隨入] 데에 있어서 미세하게 현행(現行)하고 유간(有間) 무

31) '공(空)과 무원(無願)과 무상(無相)'은 해탈을 얻고 열반에 도달하도록 해주는 세 종류의 삼매를 가리키며, 흔히 삼삼매(三三昧) 또는 삼해탈문(三解脫門)이라고 불린다. 공삼매는 모든 것이 인연에 의해 생겼으므로 아(我)·아소(我所) 두 가지가 모두 공함을 관하고, 이에 대해 통찰하는 것을 말한다. 무원삼매는 모든 것이 영원하지 않고 모습 없는 것임을 알아 더 이상 원하거나 구하는 것이 없어서 생사의 업을 짓지 않는 것을 말한다. 무상삼매는 모든 법이 자성이 없어서 남녀 등의 상이 없음을 관하고, 이에 대해 통달하는 것을 말한다.

32) 유가사지론자료고의 표점은 "於隨入作意微細現行有間無間隨轉我慢俱行心相能障現觀作意、正通達故。"이나 구결문에 따라 수정하였다.

33) 구결문의 해석과 역경원의 번역이 차이를 보인다. '於'가 걸리는 범위를 역경원 번역에서는 '入三摩地相'까지로 보았고, 구결문에서는 '謂由此故入三摩地'까지로 보았다.

간(無間)으로 따라 구르는[隨轉] 아만(我慢)과 함께 작용하는 심상(心相)은 능히 현관(現觀) 작의(作意)의 정통달(正通達)을 장애하기 때문이다.

〈유가23 : 15-17〉

A **既通達已；於作意俱行心任運轉中、能善棄捨，令無間滅。**

B 既氵 通達 已氵ソ阝斤 {於}作意 俱行ソㄱ 心刂 任運兮 轉ソ亽七 中阝十 能善兮 棄捨ソ阝尒 无間兮 滅ソ{令}刂㢱

C 이믜사 通達 이믜사ᄒᆞ아근 作意 俱行ᄒᆞᆫ 心이 任運히 轉ᄒᆞ릿 中아긔 能善히 棄捨ᄒᆞ아곰 无間히 滅ᄒᆞ이며

D 既[氵M,] 通達 已[氵M, ソV, 阝Ec, 斤J,] {於}作意 俱行[ソV, ㄱEt,] 心[刂J,] 任運[兮M,] 轉[ソV, 亽Et+N, 七J,] 中[阝J-, 十-J,] 能善[兮M,] 棄捨[ソV, 阝Ec, 尒J,] 无間[兮M,] 滅[ソV,]{令}[刂V, 㢱Ec,]

E ②이미 통달하기를 이미 하여서는, 작의(作意)와 함께 작용한 마음이 거리낌 없이 전(轉)하는 가운데 능선히(/능히 잘) 버려서 곧바로 없어지게 하며,

F 이미 통달하고 나서는 작의(作意)와 함께 작용하는 마음이 자유자재[任運]로 구르는 가운데에 능히 잘 버리고 무간멸(無間滅)시킨다.

〈유가23 : 17-18〉

A **依無間滅心、由新所起作意、以無常等行如實思惟。**

B 無間滅心乙 依阝 新丁 起ノㄱ 所七 作意乙 由阝 無常 等ソㄱ 行乙 {以}氵 實 如攴 思惟ソ㢱

C 無間滅心을 븥아 새뎌/새려[34] 起혼 밧 作意를 븥아 無常 다ᄒᆞᆫ 行을 써 實 다 思惟ᄒᆞ며

D 無間滅心[乙J,] 依[阝Ec,] 新[丁M,] 起[ノV+Ep, ㄱEt,] 所[七J,] 作意[乙J,] 由[阝Ec,] 無常 等

34) 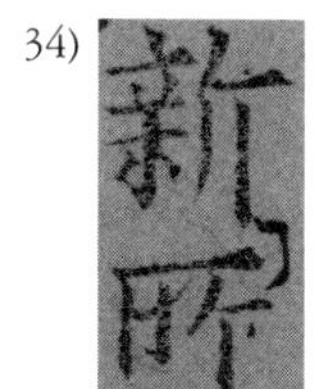 '新丁'는 이두에서도 '新丁'으로 표기된다. 이두에서 '私音丁'의 독음이 '아룸뎌'인 것을 통해 '新丁'의 독음을 '새뎌'로 추정할 수 있다. 그러나 한글자료에 '새려', '새라', '새례'는 있으나 '새뎌'는 나오지 않는 것으로 보아 '新丁'이 '새려'의 표기일 가능성도 있다.

[ㅣV, ㄱEt,] 行[ㄹJ,] {以}[ㅅV,] 實 如[ㅊV,] 思惟[ㅣV, ㅁEc,]

E ③무간멸심을 의지하여 새로 일어난 바의 작의로 말미암아 무상 등의 행(行)으로써 실상과 같게 사유하며,

F 무간멸심(無間滅心)에 의지하여 새롭게 일어나게 되는 작의(作意)에 의하여 무상(無常) 등의 행(行)을 여실히 사유한다.

〈유가23 : 18-20〉

A **由此作意、修習多修習故，所緣能緣平等平等智生。**

B 此 作意ㄹ 修習ㅣㅎ 多 修習ㅣㅎㅣㄱ入ㄹ 由ㅅㄱ入ㅁ 故ノ 所緣 能緣 平等 平等ㅣㄱ 智リ 生ㅣㅊㄱ

C 此 作意를 修習ᄒᆞ져 多 修習ᄒᆞ져ᄒᆞᆫ들 말ᄆᆡ삼은ᄃᆞ로 故오 所緣 能緣 平等 平等ᄒᆞᆫ 智이 生ᄒᆞ건

D 此 作意[ㄹJ,] 修習[ㅣV, ㅎEc,] 多 修習[ㅣV, ㅎEc, ㅣV, ㄱEt, 入N, ㄹJ,] 由[ㅅV, ㄱEt, 入N, ㅁJ,] 故[ノR,] 所緣 能緣 平等 平等[ㅣV, ㄱEt,] 智[リJ,] 生[ㅣV, ㅊEp, ㄱEc,]

E ④이 작의를 닦아 익히고, 많이 닦아 익히고 하는 것에 말미암은 까닭으로 소연[35]·능연[36]이 평등하고 평등한 지가 생겨났으니,

F 이러한 작의(作意)를 수습하고 자주 수습하기 때문에 소연(所緣) 능연(能緣)의 평등(平等) 불평등(不平等)의 지(智)를 일으킨다.

〈유가23 : 20-21〉

A **彼於爾時能障現觀我慢亂心、便永斷滅，證得心一境性；**

B 彼ㄱ {於}尒ㅣㄱ 時ㅡ十 能ㅁ 現觀ㄹ 障ㅣ令ㅌ 我慢 亂心ㄹ 便ㅎ 永ㅅ 斷滅ㅣㅁ 心一境性ㄹ 證得ㅣナㄱ入ㅁ

C 彼는 尒ᄒᆞᆫ 時여긔 能며 現觀을 障ᄒᆞ릿 我慢 亂心을 곧오 永아 斷滅ᄒᆞ고 心一境性을 證得ᄒᆞ견ᄃᆞ로

35) 소연(所緣)은 마음에 의해 인지되는 인식의 대상을 말한다.
36) 능연(能緣)은 대상을 인식하는 주관, 즉 인지의 주체가 되는 마음을 말한다.

D 彼[ㄱJ,] {於}尒[ソV, ㄱEt,] 時[亠J-, ㅜ-J,] 能[ㄘM,] 現觀[乙J,] 障[ソV, 今Et+N, ㅌJ,] 我慢亂心[乙J,] 便[ㄘM,] 永[ㄋM,] 斷滅[ソV, ㅁEc,] 心一境性[乙J,] 證得[ソV, ナEp, ㄱEt, ㅅN, ㅡJ,]

E ⑤그는 이러한 때에 능히 현관을 막는 아만의 어지러운 마음을 곧 길이 끊어없애고 심일경성을 증득한 까닭으로,

F 그는 이 때에 능히 현관(現觀)을 장애하는 아만(我慢)과 난심(亂心)을 곧바로 영원히 단멸(斷滅)하고 심일경성(心一境性)을 증득한다.

〈유가23 : 20난상〉

B 依記[37]

E 기(記)에 의거하였다.

〈유가23 : 21-22〉

A **便自思惟：我已證得心一境性、如實了知。**

B 便ㄘ 自ㅡ 思惟ソナア 我ㄱ 已氵 心一境性乙 證得ソㄋノㄱㅣㄋㅌㅣソㄋ 實 如支 了知ソナㅎㅌㅣ

C 곧오 스싀로 思惟ㅎ결 我는 이믜사 心一境性을 證得ㅎ아혼이앗다ㅎ아 實 다 了知하겨다

D 便[ㄘM,] 自[ㅡM,] 思惟[ソV, ナEp, アEt,] 我[ㄱJ,] 已[氵M,] 心一境性[乙J,] 證得[ソV, ㄋEc, ノV+Ep, ㄱEt, ㅣV, ㄋEp-, ㅌ-Ep, ㅣEf, ソV, ㄋEc,] 實 如[支V,] 了知[ソV, ナEp, ㅎEp-, ㅌ-Ep, ㅣEf,]

E ⑥곧 스스로 사유하기를 '나는 이미 심일경성을 증득한 것이다' 하여 실상과 같이 안다.

F 곧바로 '나는 이미 심일경성(心一境性)을 증득하여 여실하게 알았다'고 스스로 사유(思惟)하니

37) '依記'는 20행과 21행 사이 난상에 적혀 있다. 구결 현토자가 기록한 것으로 보이는데, 『유가론기』에 따랐다는 뜻으로 생각된다.

〈유가23 : 22-23〉

A 當知是名由通達作意故、入諦現觀。

B 當八 知ㅎ丨 是乙 名下 通達作意乙 由氵ㄱ入⺢ 故ノ 諦現觀ㄋ十 入ソア丁ノ禾刂ㄱ丁

C 반독 알오다 是를 일하 通達作意을 말미삼은드로 故오 諦現觀아긔 入홀뎌호리인뎌

D 當[八M,] 知[ㅎEp, 丨Ef,] 是[乙J,] 名[下V+Ec,] 通達作意[乙J,] 由[氵V, ㄱEt, 入N, ⺢J,] 故[ノR,] 諦現觀[ㄋJ-, 十-J,] 入[ソV, アEf-, 丁-Ef, ノV+Ep, 禾Et+N, 刂V, ㄱEf-, 丁-Ef,]

E 반드시 알아야 한다. 이것을 일컬어 통달작의로 말미암은 까닭으로 제현관에 드는 것이라고 하는 것이다.

F 이것을 통달작의(通達作意)에 의하기 때문에 성제현관[諦現觀]에 들어간다고 하는 줄 알아야만 한다.

〈유가23 : 23-24 : 02〉

A 又若先以世間道、得三摩地，亦得圓滿，亦得自在；

B 又 若 先下 世間道乙 {以}氵 三摩地乙 得ㄹ38) 亦 得ホ 圓滿ソㄹ39) 亦 自在乙 得ㄹソㄱㄱ

C 又 若 先하 世間道를 뻐 三摩地를 얻져 亦 시러곰 圓滿ᄒᆞ져 亦 自在를 얻져ᄒᆞᆫ은

D 又 若 先[下M,] 世間道[乙J,] {以}[氵V,] 三摩地[乙J,] 得[ㄹEc,] 亦 得[ホM,] 圓滿[ソV, ㄹEc,] 亦 自在[乙J,] 得[ㄹEc, ソV, ㄱEt, ㄱJ,]

E 또 만약 먼저 세간도로써 삼마지를 얻고, 또 능히 원만하고, 또 자재를 얻고 한 이는(/하면),

F 또한 만약 먼저 세간도(世間道)로써 삼마지(三摩地)를 얻고 또한 원만(圓滿)을 얻고 또한 자재(自在)를 얻었다면

---

38) 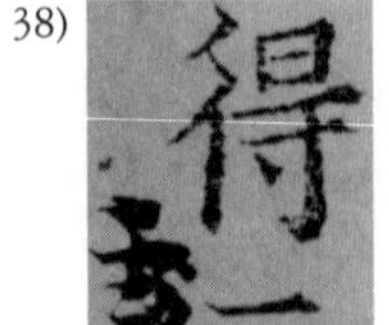 '得'의 좌측토로 'ソㄱ'를 썼다가 그 위에 'ㄹ'자를 덧씌워 수정하였다.

39) 앞뒤의 구절에서는 '得'을 동사로 보았으나 여기에서는 부사로 보아 '得ホ 圓滿ソㄹ'로 현토하였다.

〈유가24 : 02-03〉

A 彼或於入三摩地相、謂由此故、入三摩地；

B 彼ㄱ 或 {於}入三摩地相リㄱ 謂ㄱ 此乙 由氵ㄱ入ⲵ 故ノ 三摩地ㄋ十 入ノ令十

C 彼는 或 入三摩地相인 닐온 此를 말믹삼은드로 故오 三摩地아긔 入호리긔

D 彼[ㄱJ,] 或 {於}入三摩地相[リV, ㄱEt,] 謂[ㄱEc,] 此[乙J,] 由[氵V, ㄱEt, 入N, ⲵJ,] 故[ノR,] 三摩地[ㄋJ-, 十-J,] 入[ノV+Ep, 令Et+N, 十J,]

E ①그는 혹 입삼마지상인, 이른바 이것을 말미암은 까닭으로 삼마지에 드는 것에 대해,[40]

F 그는 어떤 경우에는 삼마지(三摩地)에 들어간 상(相)에 대하여 '이것에 의하여 삼마지(三摩地)에 들어갔다'고 하며

〈유가24 : 03-04〉

A 或於住三摩地相、謂由此故、住三摩地；

B 或 {於}住三摩地相リㄱ 謂ㄱ 此乙 由氵ㄱ入ⲵ 故ノ 三摩地ㄋ十 住ノ令十

C 或 住三摩地相인 닐온 此를 말믹삼은드로 故오 三摩地아긔 住호리긔

D 或 {於}住三摩地相[リV, ㄱEt,] 謂[ㄱEc,] 此[乙J,] 由[氵V, ㄱEt, 入N, ⲵJ,] 故[ノR,] 三摩地[ㄋJ-, 十-J,] 住[ノV+Ep, 令Et+N, 十J,]

E ②혹 주삼마지상인, 이른바 이것을 말미암은 까닭으로 삼마지에서 머무는 것에 대해,[41]

F 어떤 경우에는 삼마지(三摩地)에 머무르는 상(相)에 대해서 '이것에 의하여 삼마지(三摩地)에 머무른다'고 하며

〈유가24 : 04-05〉

A 或於出三摩地相、謂由此故、出三摩地；

B 或 {於}出三摩地相リㄱ 謂ㄱ 此乙 由氵ㄱ入ⲵ 故ノ 三摩地乙 出ノ令十

40) 구결문의 해석과 역경원의 번역이 차이를 보인다. '於'가 걸리는 범위를 역경원 번역에서는 '入三摩地相'까지로 보았고, 구결문에서는 '謂由此故入三摩地'까지로 보았다.

41) 구결문의 해석과 역경원의 번역이 차이를 보인다. '於'가 걸리는 범위를 역경원 번역에서는 '住三摩地相'까지로 보았고, 구결문에서는 '謂由此故住三摩地'까지로 보았다.

C 或 出三摩地相인 닐온 此를 말미삼은ᄃ로 故오 三摩地를 出호리긔

D 或 {於}出三摩地相[ㅣV, ㄱEt,] 謂[ㄱEc,] 此[ㄹJ,] 由[氵V, ㄱEt, ㅅN, ㅡJ,] 故[ノR,] 三摩地[ㄹJ,] 出[ノV+Ep, 令Et+N, +J,]

E ③혹 출삼마지상인, 이른바 이것을 말미암은 까닭으로 삼마지를 나오는 것에 대해,42)

F 어떤 경우에는 삼마지(三摩地)에서 나오는 상(相)에 대해서 '이것에 의하여 삼마지(三摩地)를 나온다'고 한다.

〈유가24 : 05-06〉

A **於此諸相作意思惟，安住其心、入諦現觀。**

B {於}此 諸 相氵+ 作意思惟ソ氵ホ 其 心ㄹ 安住ᄉㅣ下 諦現觀氵+ 入ソ厼

C 此 諸 相아긔 作意思惟ᄒ아곰 其 心을 安住ᄒ이하 諦現觀아긔 入ᄒ며

D {於}此 諸 相[氵J-, +-J,] 作意思惟[ソV, 氵Ec, ホJ,] 其 心[ㄹJ,] 安住[ᄉV, ㅣV, 下R+Ec,] 諦現觀[氵J-, +-J,] 入[ソV, 厼Ec,]

E 이 여러 상에 대해 작의하고 사유하여서, 그 마음을 안주하게 하여 제현관에 들며,

F 이 제 상(相)에 대하여 작의(作意)하고 사유(思惟)하여 그 마음을 안주(安住)하여 성제현관[諦現觀]에 들어간다.

〈유가24 : 06-07〉

A **若得三摩地、而未圓滿，亦未自在；**

B 若 三摩地ㄹ 得氵ㄱㅗ 而ㄱ 圓滿 未ㅣ彡43) 亦 自在 未ㅣソ彡ソㄱㄱ

C 若 三摩地를 얻언여 而ㄴ 圓滿 안이(ᄒ)져 亦 自在 안이ᄒ져흔은

D 若 三摩地[ㄹJ,] 得[氵Ep, ㄱEt, ㅗR,] 而[ㄱR,] 圓滿 未[ㅣM, 彡Ec,] 亦 自在 未[ㅣM, ソV, 彡Ec, ソV, ㄱEt, ㄱJ,]

E 만약 삼마지를 얻었으나 원만하지 않고, 또 자재하지 않고 한 이는(/하면),

F 만약 삼마지(三摩地)를 얻었으나 아직 원만(圓滿)하지 못하고 또한 자재(自在)하지 않으면

42) 구결문의 해석과 역경원의 번역이 차이를 보인다. '於'가 걸리는 범위를 역경원 번역에서는 '出三摩地相'까지로 보았고, 구결문에서는 '謂由此故出三摩地'까지로 보았다.
43) 'ㅣ'와 '彡' 사이에 'ソ'가 생략되었을 가능성이 있다.

〈유가24 : 07-09〉

A 彼或思惟止相、或思惟擧相、或思惟捨相、安住其心，入諦現觀。

B 彼7 或 止相乙 思惟ソろ 或 擧相乙 思惟ソろ 或 捨相乙 思惟ソろソラ亦 其 心乙 安住亽リ下 諦現觀ラ十 入ソケソナ亍セ丨

C 彼는 或 止相을 思惟ᄒ져 或 擧相을 思惟ᄒ져 或 捨相을 思惟ᄒ져ᄒ아곰 其 心을 安住ᄒ이하 諦現觀아긔 入ᄒ며ᄒ겠다

D 彼[7J,] 或 止相[乙J,] 思惟[ソV, ろEc,] 或 擧相[乙J,] 思惟[ソV, ろEc,] 或 捨相[乙J,] 思惟[ソV, ろEc, ソV, ラEc, 亦J,] 其 心[乙J,] 安住[亽V, リV, 下R+Ec,] 諦現觀[ラJ-, 十-J,] 入[ソV, ケEc, ソV, ナEp, 亍Ep-, セ-Ep, 丨Ef,]

E ④그는 혹 지상을 사유하고, 혹 거상을 사유하고, 혹 사상을 사유하고 하여서,[44] 그 마음을 안주하게 하여 제현관에 들며 한다.

F 그는 어떤 경우에는 지상(止相)을 사유(思惟)하고, 어떤 경우에는 거상(擧相)을 사유(思惟)하며, 어떤 경우에는 사상(捨相)을 사유(思惟)한다. 그 마음을 안주(安住)하여 성제현관[諦現觀]에 들어간다.

〈유가24 : 08난상〉

B 依記[45]

E 기(記)에 의거하였다.

〈유가24 : 09-10〉

A 如是當知由所依故、其心安住。

B 是 如支ソ尸入乙 當ハ 知亍丨 所依乙 由氵7入灬 故ノ 其 心 安住ソ去7丁ノネリ7丁

C 是 다홀돌 반독 알오다 所依를 말미삼은드로 故오 其 心 安住ᄒ건뎌호리인뎌

D 是 如[支V, ソV, 尸Et, 入N, 乙J,] 當[ハM,] 知[亍Ep, 丨Ef,] 所依[乙J,] 由[氵V, 7Et, 入N, 灬J,] 故[ノR,] 其 心 安住[ソV, 去Ep, 7Ef-, 丁-Ef, ノV+Ep, ネEt+N, リV, 7Ef-, 丁-Ef,]

---

44) 지상(止相), 거상(擧相), 사상(捨相)에 대해서는 <유가12 : 03>의 '거상(擧相)'의 각주를 참조하기 바란다.
45) '依記'는 구결 현토자가 기록한 것으로 보이는데, 『유가론기』에 따랐다는 뜻으로 생각된다.

E 이와 같은 것을, 반드시 알아야 한다, 소의로 말미암은 까닭으로 그 마음을 안주한다고 하는 것이다.

F 위와 같은 것을 소의(所依)에 의하기 때문에 그 마음이 안주하는 것인 줄 알아야만 한다.

〈유가24 : 10〉

A **又有二法、於修現觀極爲障㝵。**

B 又 二法 有ㄷ丨 {於}現觀乙 修ノ今十 極 障㝵刂尸{爲}入乙ソ𣎴亠

C 又 二法 잇다 現觀을 修호리긔 極 障㝵일돌ᄒᆞ리여

D 又 二法 有[ㄷV, 丨Ef,] {於}現觀[乙J,] 修[ノV+Ep, 今Et+N, 十J,] 極 障㝵[刂V, 尸Et,]{爲}[入N, 乙J, ソV, 𣎴Et+N, 亠R,]

E 또 두 법이 있다. 현관을 닦는 데에 극히 장애가 되는 것이.

F 또한 2법(法)이 있어서 현관(現觀)을 닦는 데에 극히[極] 장애가 된다.

〈유가24 : 10-11〉

A **何等爲二?**

B 何 等ソ㇒乙 {爲}二刂丨ノ今口

C 何 다ᄒᆞᆫ을 二이다호리고

D 何 等[ソV, ㇒Et, 乙J,] {爲}二[刂V, 丨Ef, ノV+Ep, 今Et+N, 口J,]

E 어떤 것들을 둘이라고 하는가?

F 무엇을 2라고 하는가?

〈유가24 : 11-12〉

A **一、不正尋思所作擾亂、心不安靜;**

B 一十㇒ 不正尋思氵 作ノ㇒ 所ㄷ 擾亂灬 心ㅎ 安靜 不ハソ㫆

C 一긘 不正尋思의 作ᄒᆞᆫ 밧 擾亂으로 ᄆᆞᅀᆞᆷ 安靜 안득ᄒᆞ며

D 一[十J, ㇒J,] 不正尋思[氵J,] 作[ノV+Ep, ㇒Et,] 所[ㄷJ,] 擾亂[灬J,] 心[ㅎN,] 安靜 不[ハM,

丷V, 㣺Ec,]

E 첫째는 바르지 않은 심사가 지은 바의 요란으로 마음이 안정하지 못하며,

F 첫째는 부정심사(不正尋思)의 소작(所作)으로 요란(擾亂)하여, 마음이 안정(安靜)하지 못하는 것이다.

〈유가24 : 12〉

A 二、於所知事其心顚倒。

B 二 {於}所知事氵十 其 心 顚倒丷尸矢丨

C 二 所知事아긔 其 心 顚倒홀디다

D 二 {於}所知事[氵J-, 十-J,] 其 心 顚倒[丷V, 尸Et, 矢N+V, 丨Ef,]

E 둘째는 알아야 할 사(事)에 대하여 그 마음이 전도되는 것이다.

F 둘째는 알아야 할 대상[所知事]에 대하여 그 마음이 전도(顚倒)하는 것이다.

〈유가24 : 12-14〉

A 爲欲對治如是障㝵、當知有二種於所緣境安住其心。

B 是 如攴丷㇏ 障㝵乙 對治丷{爲欲}亽丿今十 當八 知㫖丨 二種刂 {於}所緣境氵十 其 心乙 安住亽刂今 有丷㇏刂㇏丁

C 是 다ᄒᆞᆫ 障㝵를 對治ᄒᆞ과호리긔 반ᄃᆞᆨ 알오다 二種이 所緣境아긔 其 心을 安住ᄒᆞ이리 有ᄒᆞᆫ인뎌

D 是 如[攴V, 丷V, ㇏Et,] 障㝵[乙J,] 對治[丷V,]{爲欲}[亽Ec, 丿V+Ep, 今Et+N, 十J,] 當[八M,] 知[㫖Ep, 丨Ef,] 二種[刂J,] {於}所緣境[氵J-, 十-J,] 其 心[乙J,] 安住[亽V, 刂V, 今Et+N,] 有[丷V, ㇏Et, 刂V, ㇏Ef-, 丁-Ef,]

E 이와 같은 장애를 대치하고자 하는 데에, 반드시 알아야 한다, 두 가지가 소연의 경계에서 그 마음을 안주하게 하는 것이 있는 것이다.

F 이와 같은 장애를 대치(對治)하고자 하기 때문에 두 가지 소연경(所緣境)에 그 마음을 안주(安住)하는 줄 알아야만 한다.

〈유가24 : 14-15〉

A 謂爲對治第一障故、修阿那波那念。

B 謂㇒ 第一障乙 對治丷{爲}亽丷尸入灬 故ノ 阿那波那念乙 修丷㢱

C 닐온 第一障을 對治ᄒᆞ과홀ᄃᆞ로 故오 阿那波那念을 修ᄒᆞ며

D 謂[㇒Ec,] 第一障[乙J,] 對治[丷V,]{爲}[亽Ec, 丷V, 尸Et, 入N, 灬J,] 故[ノR,] 阿那波那念[乙J,] 修[丷V, 㢱Ec,]

E 말하자면 첫 번째 장애를 대치하고자 하는 까닭으로 아나파나염[46]을 닦으며,

F 말하자면 첫 번째 장애를 대치(對治)하기 위해서 아나파나염(阿那波那念)을 수습하고

〈유가24 : 15-16〉

A 爲對治第二障故、修諸念住。

B 第二障乙 對治丷{爲}亽丷尸入灬 故ノ 諸 念住乙 修丷尸矢丨

C 第二障을 對治ᄒᆞ과홀ᄃᆞ로 故오 諸 念住를 修홀디다

D 第二障[乙J,] 對治[丷V,]{爲}[亽Ec, 丷V, 尸Et, 入N, 灬J,] 故[ノR,] 諸 念住[乙J,] 修[丷V, 尸Et, 矢N+V, 丨Ef,]

E 두 번째 장애를 대치하고자 하는 까닭으로 여러 염주를 닦는 것이다.

F 두 번째 장애(障礙)를 대치하기 위해서 여러 염주(念住)들을 수습하는 것이다.

〈유가24 : 16-17〉

A 如是當知由入境界門故、其心安住。

B 是 如支丷尸入乙 當八 知㢱丨 入境界門乙 由氵㇒入灬 故ノ 其 心 安住丷去㇒丁ノ禾刂㇒丁

C 是 다홀ᄃᆞᆯ 반ᄃᆞᆨ 알오다 入境界門을 말미삼은ᄃᆞ로 故오 其 心 安住ᄒᆞ건뎌호리인뎌

D 是 如[支V, 丷V, 尸Et, 入N, 乙J,] 當[八M,] 知[㢱Ep, 丨Ef,] 入境界門[乙J,] 由[氵V, ㇒Et, 入N, 灬J,] 故[ノR,] 其 心 安住[丷V, 去Ep, ㇒Ef-, 丁-Ef, ノV+Ep, 禾Et+N, 刂V, ㇒Ef-, 丁-Ef,]

46) 아나파나(阿那波那)는 산스크리트어 āna-apāna의 음역으로, 아나(āna)는 출식(出息)으로서 몸 밖으로 나가는 숨, 아파나(apāna)는 입식(入息)으로서 몸 안으로 들어오는 숨을 뜻한다. 아나파나염이란 들숨과 날숨을 헤아려서 마음의 집중을 도모하는 관법(觀法)의 일종이다.

E 이와 같은 것을, 반드시 알아야 한다, 입경계문을 말미암은 까닭으로 그 마음이 안주한다고 하는 것이다.

F 이와 같은 것을 경계에 들어가는 문(門)에 의하기 때문에 그 마음을 안주(安住)하는 것인 줄 알아야만 한다.

〈유가24 : 17-18〉

A **又於妙五欲樂習近者、於聖法毘柰耶、非所行處；**

B 又 {於}妙五欲氵十 樂ㆆ 習近ノア入1{者} {於}聖法亠 毘柰耶亠ノ令十 所行處 非矢罒

C 又 妙五欲아긔 樂오 習近홀든 聖法여 毘柰耶여호리긔 所行處 안디라

D 又 {於}妙五欲[氵J-, 十-J,] 樂[ㆆM,] 習近[ノV+Ep, アEt, 入N, 1J,]{者} {於}聖法[亠J,] 毘柰耶[亠J, ノV+Ep, 令Et+N, 十J,] 所行處 非[矢R+V, 罒Ec,]

E 또 묘한 다섯 욕에 대해 즐겨 가까이 익히는 것은, 성법이니 비나야니 하는 것에 대해 소행처가 아니므로,

F 또한 묘오욕(妙五欲)에 대하여 즐겨 가까이 익히는[習近] 자는 성스러운 법과 비나야(毘柰耶)에 대하여 소행처(所行處)로 삼지 않으며

〈유가24 : 17-20〉

A **若於隨宜所得衣服飮食諸坐臥具、便生喜足，隨所獲得利養恭敬、制伏其心。**

B 若 {於}宜丷1入乙 隨ノ 得ノ1 所七 衣服亠 飮食亠 諸 坐臥具亠ノ令十 便ㆆ 喜足乙 生刂氵 獲得ノ1 所七 利養恭敬乙 隨ノ 其 心乙 制伏ノア厶

C 若 宜혼들 좇오 得혼 밧 衣服여 飮食여 諸 坐臥具여호리긔 곧오 喜足을 나이아 獲得혼 밧 利養恭敬을 좇오 其 心을 制伏홀딕

D 若 {於}宜[丷V, 1Et, 入N, 乙J,] 隨[ノM,] 得[ノEp, 1Et,] 所[七J,] 衣服[亠J,] 飮食[亠J,] 諸 坐臥具[亠J, ノV+Ep, 令Et+N, 十J,] 便[ㆆM,] 喜足[乙J,] 生[刂V, 氵Ec,] 獲得[ノV+Ep, 1Et,] 所[七J,] 利養恭敬[乙J,] 隨[ノM,] 其 心[乙J,] 制伏[ノV+Ep, アEc-, 厶-Ec,]

E 또 마땅한 것을 좇아 얻은 바의 의복이니, 음식이니, 여러 앉고 눕는 도구니 하는 것에서 곧 기쁘게 만족함을 내어, 획득한 바의 이양과 공경을 좇아 그 마음을 굴복시키되,

F 또한 그때그때에 따라서 얻게 되는[隨宜所得] 의복 음식 여러 앉고 눕는 자구[諸坐臥具]에 대해서 곧바로 희족(喜足)을 일으키고 획득된 이득[利養]과 공경(恭敬)에 따라가며 그 마음을 굴복[制伏]시킨다.

〈유가24 : 20-22〉

A 謂依妙五欲、不由所得利養恭敬心便堅住；由此因緣、遠離一切非所行處。

B 謂ㄱ 妙五欲乙 依氵 得ノㄱ 所七 利養恭敬乙 由氵 心 便ㅎ 堅住 不冬ノㅌ七 此 因緣乙 由氵 一切 非所行處乙 遠離ソ㫆

C 닐온 妙五欲을 븥아 得혼 밧 利養恭敬을 븥아 心 곧오 堅住 안돌호ㅊ 此 因緣을 븥아 一切 非所行處를 遠離ᄒᆞ며

D 謂[ㄱEc,] 妙五欲[乙J,] 依[氵Ec,] 得[ノEp, ㄱEt,] 所[七J,] 利養恭敬[乙J,] 由[氵Ec,] 心 便[ㅎM,] 堅住 不[冬M, ノV+Ep, ㅌEt, 七J,] 此 因緣[乙J,] 由[氵Ec,] 一切 非所行處[乙J,] 遠離[ソV, 㫆Ec,]

E 말하자면 ①묘한 다섯 욕을 의지하여 얻은 바의 이양과 공경으로 말미암아 마음이 곧 견고하게 머물지 아니하는, 이러한 인연으로 말미암아 일체 소행처가 아닌 곳을 멀리하며,[47]

F 묘오욕(妙五欲)에 의하여 얻게 되는 이득[利養]과 공경(恭敬)에 의하여 마음이 곧바로 견고하게 머물지 않으며, 이러한 인연 때문에 일체(一切)의 소행처(所行處)가 아닌 것을 멀리 여의는 것이다.

〈유가24 : 22-23〉

A 既遠離已、依諸念住樂斷樂修，

B 既氵 遠離 已氵ソ氵斤 諸 念住乙 依氵 樂斷 樂修ソ㫆

47) 한청정(2006 : 1782)에서는 다음과 같이 설명하고 있다.
"묘오욕 등에 의한다는 것은, 앞서 설한 '획득한 이양과 공경을 좇아 그 마음을 굴복시킨다'고 했던 것에 대해 해석한 것이다. 말하자면 이양과 공경 및 묘오욕을 획득하는 것을 좇아, 물들지 않고, 머무르지 않고, 즐기지 않고, 구속되지 않고, 번민하지 않고, 집착하지 않고, 또 견고하게 집착하지 않기 때문이다. [謂依妙五欲等者：此釋前說隨所獲得利養恭敬，制伏其心。謂隨獲得利養恭敬及妙五欲，不染、不住、不耽、不縛、不悶、不著，亦不堅執故。]"

C 이믜사 遠離 이믜사ᄒᆞ아근 諸 念住를 븥아 樂斷 樂修ᄒᆞ며

D 旣[氵M,] 遠離 已[氵M, ㅅV, ㇏Ec, 斤J,] 諸 念住[乙J,] 依[㇏Ec,] 樂斷 樂修[ㅅV, 㢴Ec,]

E ②이미 멀리하기를 이미 하여서는, 여러 염주를 의지하여 즐겨 끊음[樂斷]과 즐겨 닦음[樂修]을 하며,

F 이미 원리(遠離)하고 나서 여러 염주(念住)에 의지하여 즐겨 끊고[樂斷] 즐겨 닦는다[樂修].

〈유가24 : 23-25 : 01〉

A 於晝夜分、時時觀察自他所有衰盛等事、心生厭患；

B {於}晝夜分㇏十 時時㇏十 自他ㅋ {有}+ノ㇇ 所ㅌ 衰盛 等ㅅ㇇ 事乙 觀察ㅅ㇏ホ 心㇏十 厭患乙 生リ㢴

C 晝夜分아긔 時時아긔 自他의 두온 밧 衰盛 다ᄒᆞᆫ 事를 觀察ᄒᆞ아곰 心아긔 厭患을 나이며

D {於}晝夜分[㇏J-, 十-J,] 時時[㇏J-, 十-J,] 自他[ㅋJ,] {有}[+V, ノEp, ㇇Et,] 所[ㅌJ,] 衰盛 等[ㅅV, ㇇Et,] 事[乙J,] 觀察[ㅅV, ㇏Ec, ホJ,] 心[㇏J-, 十-J,] 厭患[乙J,] 生[リV, 㢴Ec,]

E ③밤낮으로 때때로 나와 다른 사람이 지닌 바 쇠하고 성하는 등의 현상[事]을 관찰하여서 마음에서 염환을 내며,

F 밤낮으로 때때로 자타(自他)의 모든 쇠(衰)하고 성(盛)하는 등의 현상[事]을 관찰하여 마음으로 염환(厭患)을 낸다.

〈유가25 : 01-02〉

A 又復修習佛隨念等、令心淸淨。

B 又 復 佛隨念 等ㅅ㇇乙 修習ㅅ㇏ホ 心乙 淸淨ㅅ{令}リ㢴

C 又 復 佛隨念 다ᄒᆞᆫ을 修習ᄒᆞ아곰 心을 淸淨ᄒᆞ이며

D 又 復 佛隨念 等[ㅅV, ㇇Et, 乙J,] 修習[ㅅV, ㇏Ec, ホJ,] 心[乙J,] 淸淨[ㅅV,]{令}[リV, 㢴Ec,]

E ④또 다시 불수념[48] 등을 닦아 익혀서 마음을 청정하게 하며,

F 또한 다시 불수념(佛隨念) 등을 수습하여 마음을 청정하게끔 한다.

48) 불수념(佛隨念)은 부처님을 수념(隨念)하는 것, 즉 염불(念佛)하는 것을 말한다.

〈유가25 : 02-03〉

A 又復安住諸聖種中。

B 又 復 諸 聖種ヒ 中3十 安住ソ尔ソナㅎヒ|

C 又 復 諸 聖種ㅅ 中아긔 安住ᄒ며ᄒ겨시다

D 又 復 諸 聖種[ヒJ,] 中[3J-, 十-J,] 安住[ソV, 尔Ec, ソV, ナEp, ㅎEp-, ヒ-Ep, |Ef,]

E ⑤또 다시 여러 성종[49]의 가운데에 안주하며 한다.

F 또한 다시 여러 성종(聖種) 가운데에 안주(安住)한다.

〈유가25 : 03-04〉

A 如是當知由資糧故。其心安住。

B 是 如支ソ尸入乙 當八 知ㅎ| 資糧乙 由氵1入灬 故ノ 其 心 安住ソ去1丁ノ矛リ1丁

C 是 다ᄒᆞᆯ들 반ᄃᆞ 알오다 資糧을 말ᄆᆡ삼은ᄃᆞ로 故오 其 心 安住ᄒ건뎌호리인뎌

D 是 如[支V, ソV, 尸Et, 入N, 乙J,] 當[八M,] 知[ㅎEp, |Ef,] 資糧[乙J,] 由[氵V, 1Et, 入N, 灬J,] 故[ノR,] 其 心 安住[ソV, 去Ep, 1Ef-, 丁-Ef, ノV+Ep, 矛Et+N, リV, 1Ef-, 丁-Ef,]

E 이와 같은 것을, 반드시 알아야 한다, 자량에 말미암은 까닭으로 그 마음이 안주한다고 하는 것이다.

F 이와 같은 것을 자량(資糧)에 의하기 때문에 그 마음이 안주하며

〈유가25 : 04〉

A 此依最勝資糧道說。

B 此1 最勝 資糧道乙 依3 說ノ1リ|

C 此는 最勝 資糧道를 븥아 說혼이다

D 此[1J,] 最勝 資糧道[乙J,] 依[3Ec,] 說[ノV+Ep, 1Et, リV, |Ef,]

E 이는 가장 뛰어난 자량도를 의지하여 말한 것이다.

F 이는 최승(最勝)의 자량도(資糧道)에 의지하여 설하는 것인 줄 알아야만 한다.

---

49) 성종(聖種)은 '성자' 혹은 '성인의 종성(種性)'을 가리킨다.

〈유가25 : 04-06〉

A 又彼如是資糧住已，爲修相應作意加行、故有二種加行方便。

B 又 彼ㄱ 是 如支ソㄱ 資糧3十 住 已氵ソ3ㅅ 相應 作意 加行乙 修ソ{爲}ㅅソ尸ㅅ灬 故 𠫔 二種 加行方便 {有}斗ナ㐃七丨

C 又 彼는 是 다혼 資糧아긔 住 이믜사ᄒᆞ아근 相應 作意 加行을 修ᄒᆞ과홀ᄃᆞ로 故거 二種 加行方便 두긔다

D 又 彼[ㄱJ,] 是 如[支V, ソV, ㄱEt,] 資糧[3J-, 十-J,] 住 已[氵M, ソV, 3Ec, ㅅJ,] 相應 作意 加行[乙J,] 修[ソV,]{爲}[ㅅEc, ソV, 尸Et, ㅅN, 灬J,] 故[𠫔R,] 二種 加行方便 {有}[斗V, ナEp, 㐃Ep-, 七-Ep, 丨Ef,]

E 또 그는 이와 같은 자량에 머물기를 이미 하여서는, 상응 작의 가행을 닦고자 하는 까닭으로 두 가지의 가행방편을 지닌다.

F 또한 그에게는 위와 같이 자량(資糧)에 머무르고 나서는 작의(作意)와 상응하는 가행[相應加行]을 수습하고자 하기 때문에 두 가지의 가행방편(加行方便)이 있다.

〈유가25 : 06〉

A 何等爲二？

B 何 等ソㄱ乙 {爲}二刂丨ノ令ロ

C 何 다ᄒᆞᆫ을 二이다호리고

D 何 等[ソV, ㄱEt, 乙J,] {爲}二[刂V, 丨Ef, ノV+Ep, 令Et+N, ロJ,]

E 어떤 것들을 둘이라고 하는가?

F 무엇을 두 가지라고 하는가?

〈유가25 : 06-08〉

A 一、自於契經阿毘達磨、讀誦受持，修正作意、於蘊等事令極善巧；

B 一十ㄱ 自灬 {於}契經亠 阿毘達磨亠ノ令十 讀ソ㣺 誦ソ㣺 受持ソ㣺 正作意乙 修ソ㣺ソ3ㅅ {於}蘊 等ソㄱ 事3十 極 善巧ソ{令}刂ㄱ

C 一긘 스싀로 契經여 阿毘達磨여호리긔 讀ᄒᆞ져 誦ᄒᆞ져 受持ᄒᆞ져 正作意를 修ᄒᆞ져ᄒᆞ아곰

蘊 다흔 事아긔 極 善巧흐이며

D 一[+J, 1J,] 自[⺌M,] {於}契經[亠J,] 阿毘達磨[亠J, ノV+Ep, 令Et+N, +J,] 讀[丷V, 彡Ec,] 誦[丷V, 彡Ec,] 受持[丷V, 彡Ec,] 正作意[乙J,] 修[丷V, 彡Ec, 丷V, 氵Ec, 尒J,] {於}蘊 等[丷V, 1Et,] 事[氵J-, +-J,] 極 善巧[丷V,]{令}[刂V, 氵ㄱEc,]

E 첫째는 스스로 계경이니 아비달마[50]니 하는 것에 대해 읽고, 외우고, 받아 지니고, 올바른 작의를 닦고 하여서 온[51] 등의 현상[事]에 대하여 극히 선교[52]하게 하며,[53]

F 첫째는 계경(契經)과 아비달마(阿毘達磨)를 독송(讀誦)하고 수지(受持)하며 바른 작의(作意)를 수습하고 온(蘊) 등의 현상[事]에 대하여 극히[極] 선교(善巧)하게끔 하는 것이다.

〈유가25 : 08-10〉

A 二、依他師教、所謂大師、鄔波柁耶、阿遮利耶，於時時間、教授教誡、攝受依止。[54]

B 二 他師教刂1 謂1 所1 大師尸 鄔波柁耶亠 阿遮利耶亠ノ尸ㄱ {於}時時間氵+ 教授 教誡ノ尸入乙 依氵 攝受 依止丷尸矢丨

C 二 他師教인 닐온 바는 大師ㄹ 鄔波柁耶여 阿遮利耶여홀의 時時間아긔 教授 教誡홀들 븓아 攝受 依止훌디다

D 二 他師教[刂V, 1Et,] 謂[1Et,] 所[1J,] 大師[尸Et,] 鄔波柁耶[亠J,] 阿遮利耶[亠J, ノV+Ep, 尸Et, ㄱJ,] {於}時時間[氵J-, +-J,] 教授 教誡[ノV+Ep, 尸Et, 入N, 乙J,] 依[氵Ec,] 攝受 依止[丷V, 尸Et, 矢N+V, 丨Ef,]

E 둘째는 다른 스승의 가르침인 이른바 대사 오파타야[55]니 아사리야[56]니 하는[57] 이가 때

50) 아비달마(阿毘達磨)는 불교의 경전을 경·율·논으로 나눈 가운데 논부(論部)의 총칭이다.

51) 온(蘊)은 집합(集合)이나 적집(積集), 쌓인 것, 모인 것 등을 뜻한다. 오온(五蘊), 즉 색(色)·수(受)·상(想)·행(行)·식(識)을 뜻한다.

52) 선교(善巧)는 선교방편(善巧方便)의 준말로서, 교묘한 수단과 방법을 뜻한다. 중생을 구제하기 위해 그 소질에 따라 임시로 행하는 교묘한 수단과 방법, 혹은 중생을 깨달음으로 인도하기 위해 교묘한 방법으로 설한 가르침을 가리키기도 한다.

53) 한청정(2006 : 1784)에서는 다음과 같이 설명하고 있다.
"온 등의 현상에 대하여 극히 선교(善巧)하게 한다는 것은, 말하자면 온·계·처·연기·처비처·근선교를 6선교라 한다. [於蘊等事令極善巧者：謂蘊善巧、界善巧、處善巧、緣起善巧、處非處善巧，及根善巧，名六善巧。]"

54) 유가사지론자료고의 표점은 "二、依地師教、所謂大師、鄔波柁耶、阿遮利耶。於時時間、教授教誡、攝受依止。"이나 구결문에 따라 수정하였다. 또한 유가사지론자료고에는 '他'가 아닌 '地'로 되어 있으나 내용상 '他'가 맞기 때문에 수정하였다.

55) 오파타야(鄔波馱耶)는 범어 Upâdhyāya의 음사어로서 가르침을 베풀거나 계(戒)를 주는 스승을 뜻한다. 친

때로 교수 교계하는 것을 의지하여, (그로써) 섭수하고 의지하는 것이다.

F 둘째는 다른 스승의 가르침에 의지하는 것이다. 소위 대사(大師) 오파타야(鄔波柁耶) 아차리야(阿遮利耶)에게 시시때때로 교수(教授)받고 교계(教誡)받으며 섭수(攝受)받아서 의지하고

〈유가25 : 10-11〉

A 又正加行作意思惟、當知是名第三方便。

B 又 正加行⺍ 作意思惟丷尸入乙 當八 知彡丨 是乙 名下 第三方便亠ノ矛刂㇒丁

C 又 正加行으로 作意思惟홀돌 반독 알오다 是를 일하 第三方便여호리인뎌

D 又 正加行[⺍J,] 作意思惟[丷V, 尸Et, 入N, 乙J,] 當[八M,] 知[彡Ep, 丨Ef,] 是[乙J,] 名[下V+Ec,] 第三方便[亠J, ノV+Ep, 矛Et+N, 刂V, ㇒Ef-, 丁-Ef,]

E 또 바른 가행으로 작의하고 사유하는 것을, 반드시 알아야 한다, 이를 일컬어 세 번째 방편이라 하는 것이다.

F 또한 정가행(正加行)을 작의(作意)하고 사유(思惟)하는 것이다. 이를 제3의 방편(方便)이라고 이름하며

〈유가25 : 11-12〉

A 此正加行作意思惟、名正加行。

B 此 正加行⺍ 作意思惟丷尸入乙 名下 正加行亠ノ矛丨

C 此 正加行으로 作意思惟홀돌 일하 正加行여호리다

D 此 正加行[⺍J,] 作意思惟[丷V, 尸Et, 入N, 乙J,] 名[下V+Ec,] 正加行[亠J, ノV+Ep, 矛Ep, 丨Ef,]

E 이 바른 가행으로 작의하고 사유하는 것을 일컬어 정가행이라고 한다.

교사(親教師)라고 번역되기도 한다.

56) 아사리야(阿闍梨耶)는 제자를 가르치고 지도할 자격이 있는 승려를 말한다. 5회 이상 안거(安居)하고, 계율에 밝고, 의식을 지도할 수 있는 승려이다.

57) 『석보상절』에 오파타야(鄔波馱耶)의 동의어인 화상(和尙)과 사리(闍梨)에 관한 내용이 있다.
"부톄 阿難일 시기샤 羅睺羅의 머리 갓기시니 녀느 쉰 아히도 다 出家ᄒᆞ니라 부톄 命ᄒᆞ샤 舍利弗을 和尙이 ᄃᆞ외오 【和尙은 갓가ᄫᅵ 이셔 외오다 ᄒᆞ논 마리니 弟子ㅣ 샹녜 갓가ᄫᅵ 이셔 經 ᄇᆡ호아 외올씨니 和尙은 스스ᇰ 니르니라】 目連이 闍梨 ᄃᆞ외야 【闍梨는 法이라 혼 마리니 弟子의 ᄒᆡᆼ뎌글 正케 홀씨라】" <석보상절 6 : 10a>

F 이러한 바른 가행(加行)의 작의(作意)와 사유(思惟)를 정가행(正加行)이라고 하는 줄 알아야만 한다.

〈유가25 : 12-14〉

A 此中義者、謂尸羅淨所有作意、名正加行作意思惟。

B 此 中氵七 義刂尸入㇒{者} 謂㇒ 尸羅淨氵十 有七㇒ 所七 作意乙 名下 正加行 作意思惟亠ノ尸亠

C 此 中앗 義일둔 닐온 尸羅淨아긔 이슨 밧 作意를 일하 正加行 作意思惟여홀여

D 此 中[氵J-, 七-J,] 義[刂V, 尸Et, 入N, ㇒J,]{者} 謂[㇒Ec,] 尸羅淨[氵J-, 十-J,] 有[七V, ㇒Et,] 所[七J,] 作意[乙J,] 名[下V+Ec,] 正加行 作意思惟[亠J, ノV+Ep, 尸Ec-, 亠-Ec,]

E 이 가운데 의미인 것은, 말하자면 시라(=계율)의 청정함에 있는 바 작의를 일컬어 정가행의 작의사유라 하는 것이니,

F 여기에서의 이치[義]는 시라(尸羅)가 청정(淸淨)한 모든 작의(作意)를 정가행(正加行)의 작의(作意) 사유(思惟)라고 하는 것이다.

〈유가25 : 14〉

A 彼自思惟尸羅清淨、故無悔惱；

B 彼㇒ 自⺌ 尸羅淸淨乙 思惟ソ㇒入⺌ 故ノ 悔惱ノ尸 无丷

C 彼는 스싀로 尸羅淸淨을 思惟흔드로 故오 悔惱홀 없으며

D 彼[㇒J,] 自[⺌M,] 尸羅淸淨[乙J,] 思惟[ソV, ㇒Et, 入N, ⺌J,] 故[ノR,] 悔惱[ノV+Ep, 尸Et,] 无[丷Ec,]

E 그는 스스로 시라의 청정함을 사유한 까닭으로 후회의 시달림[悔惱]이 없으며,

F 그는 스스로 시라(尸羅)의 청정(淸淨)을 사유(思惟)하기 때문에 후회[悔]의 시달림[惱]이 없고

〈유가25 : 14-16〉

A 無悔惱故、便生歡喜；廣說乃至心入正定。

B 悔惱ノㄕ 无ソㄱㅅ⺍ 故ノ 便ノ 歡喜ㄹ 生リホ 廣リ 說ㄕ 乃氵 至リ 心リ 正定ㄋ十 入ソ 乎罒

C 悔惱홀 无흔드로 故오 곧오 歡喜를 나이며 넙이 니를 乃사 니를이 心이 正定아긔 入호리라

D 悔惱[ノV+Ep, ㄕEt,] 无[ソV, ㄱEt, ㅅN, ⺍J,] 故[ノR,] 便[ノM,] 歡喜[ㄹJ,] 生[リV, ホEc,] 廣[リM,] 說[ㄕEc,] 乃[氵R,] 至[リM,] 心[リJ,] 正定[ㄋJ-, 十-J,] 入[ソV, 乎Ep, 罒Ec,]

E 후회의 시달림[悔惱]이 없는 까닭으로 곧 환희를 내며, 자세히 말하자면, 마음이 바른 정에 들어가기까지 할 것이므로,

F 후회의 시달림이 없기 때문에 곧바로 환희(歡喜)를 일으키며 …… [廣說] 내지 마음이 정정(正定)에 들어가는 것이다.

〈유가25 : 16-17〉

A **是故宣說此正加行作意思惟、名心住方便。**

B 是 故⺍ 此 正加行 作意思惟ㄹ 宣說ソㄋ 名下 心住方便亠ノ乎丨

C 是 故로 此 正加行 作意思惟를 宣說ᄒᆞ아 일하 心住方便여호리다

D 是 故[⺍J,] 此 正加行 作意思惟[ㄹJ,] 宣說[ソV, ㄋEc,] 名[下V+Ec,] 心住方便[亠J, ノV+Ep, 乎Ep, 丨Ef,]

E 이런 까닭으로 이 정가행의 작의사유를 펼쳐 말하여, 일컬어 마음이 방편에 머문다[心住方便]고 한다.

F 그러므로 이 정가행(正加行)의 작의(作意) 사유(思惟)를 선설(宣說)하여 마음이 방편에 머문다[心住方便]고 이름하는 것이다.

〈유가25 : 17〉

A **由如是方便故，心速安住。**

B 是 如支ソㄱ 方便ㄹ 由氵ㄱㅅ⺍ 故ノ 心 速リ 安住ソナ亠ㄴ丨

C 是 다흔 方便을 말미삼은드로 故오 心 速이 安住ᄒᆞ겂다

D 是 如[支V, ソV, ㄱEt,] 方便[ㄹJ,] 由[氵V, ㄱEt, ㅅN, ⺍J,] 故[ノR,] 心 速[リM,] 安住[ソV, ナ

Ep, ⺾Ep-, ㅌ-Ep, ㅣEf,]

E 이와 같은 방편에 말미암은 까닭으로 마음이 빨리 안주한다.

F 이와 같은 방편(方便)에 의하기 때문에 마음이 속히 안주하며

〈유가25 : 18-20〉

A 彼於爾時、由此五因二十種相、攝持其心，於愛盡寂滅涅槃界中、令善安住、

B 彼ㄱ {於}尒ㄝㄱ 時ㅗ十 此 五因ㅌ 二十種 相ㄹ 由ㄋ 其 心ㄹ 攝持ㄝㄋ亦 {於}愛盡 寂滅ㄝㅌㅌ 涅槃界ㅌ 中ㄋ十 善 安住ㄝ{令}ㄲ下

C 彼는 尒ᄒᆞᆫ 時여긔 此 五因ㅅ 二十種 相을 븥아 其 心을 攝持ᄒᆞ아곰 {於}愛盡 寂滅ᄒᆞᆫ 涅槃界ㅅ 中아긔 善 安住ᄒᆞ이하

D 彼[ㄱJ,] {於}尒[ㄝV, ㄱEt,] 時[ㅗJ-, 十-J,] 此 五因[ㅌJ,] 二十種 相[ㄹJ,] 由[ㄋEc,] 其 心[ㄹJ,] 攝持[ㄝV, ㄋEc, 亦J,] {於}愛盡 寂滅[ㄝV, ㅌEt, ㅌJ,] 涅槃界[ㅌJ,] 中[ㄋJ-, 十-J,] 善 安住[ㄝV,]{令}[ㄲV, 下R+Ec,]

E 그는 이러한 때에 이 다섯 인의 스무 가지 상으로 말미암아, 그 마음을 섭지하여서 애욕이 다한 고요한 열반계의 가운데에서 잘 안주하게 하여,

F 그는 이 때에 이 5인(因)의 20가지 상(相)에 의하여 그 마음을 섭지(攝持)한다. 애욕[愛]이 다한 적멸열반계(寂滅涅槃界)에 잘 안주하게끔 하고는

〈유가25 : 20-21〉

A 無復退轉；心無驚怖、謂我我今者何所在耶。

B 復ㅅ 退轉ノ尸 无ㅎ 心ㄋ十 驚怖ㄝㄋ亦 謂尸 我ㄋ 我ㄱ 今ㅌ{者} 何ㅎ 所ㄋ十 在ㄝㅊㄱ ㄲㄋㅌㅁノ尸 无ㅎㄝナㅎㅌㅣ{耶}

C 復ㄱ 退轉홀 없져 心아긔 驚怖ᄒᆞ아곰 니를 我의 我는 今ㄹ 어누 所아긔 在ᄒᆞ건이앗고홀 없져ᄒᆞ겼다

D 復[ㅅM,] 退轉[ノV+Ep, 尸Et,] 无[ㅎEc,] 心[ㄋJ-, 十-J,] 驚怖[ㄝV, ㄋEc, 亦J,] 謂[尸Et,] 我[ㄋJ,] 我[ㄱJ,] 今[ㅌM,]{者} 何[ㅎM,] 所[ㄋJ-, 十-J,] 在[ㄝV, ㅊEp, ㄱEt, ㄲV, ㄋEp-, ㅌ-Ep, ㅁEf, ノV+Ep, 尸Et,] 无[ㅎEc, ㄝV, ナEp, ㅎEp-, ㅌ-Ep, ㅣEf,]{耶}

E 다시 물러섬이 없고, 마음에 두려워하여서 이르기를 '나의 나는 지금 어느 곳에 있는 것인가?' 함이 없고 한다.58)

F 다시는 퇴전(退轉)함이 없게 하며, 마음에 놀랍고 두려움[驚怖]이 없게 한다. '우리들은 지금 어느 곳에 있는 것인가?'라고 한다.

〈유가25 : 21-22〉

A 當於如是心安住時、應知已名入諦現觀。

B 當ハ {於}是 如支 心 安住ソㅌ七 時ㅗ十 知ノㅎ應七丨 已ㆍ 名下 諦現觀ㆍ十 入ソ去ㄱ丁 ノ矛ㅣㄱ丁

C 반독 是 다 心 安住ᄒᆞᆯ 時여긔 알옴應ㅅ다 이믜사 일하 諦現觀아긔 入ᄒᆞ건뎌호리인뎌

D 當[ハM,] {於}是 如[支V,] 心 安住[ソV, ㅌEt, 七J,] 時[ㅗJ-, 十-J,] 知[ノEp, ㅎEp-,]應[七-Ep, 丨Ef,] 已[ㆍM,] 名[下V+Ec,] 諦現觀[ㆍJ-, 十-J,] 入[ソV, 去Ep, ㄱEf-, 丁-Ef, ノV+Ep, 矛 Et+N, ㅣV, ㄱEf-, 丁-Ef,]

E 반드시 이와 같이 마음이 안주하는 때에, 알아야 한다, 이미 일컬어 제현관에 들어갔다고 하는 것이다.

F 이와 같이 마음이 안주(安住)할 때에 마땅히 이미 진리[諦]의 현관(現觀)에 들어갔으며

〈유가25 : 22〉

A 如是名入聖諦現觀。

B 是 如支ソㄱ乙 名下 聖諦現觀ㆍ十 入ソ去ㄱ丁ノ矛丨

C 是 다ᄒᆞᆫ을 일하 聖諦現觀아긔 入ᄒᆞ건뎌호리다

D 是 如[支V, ソV, ㄱEt, 乙J,] 名[下V+Ec,] 聖諦現觀[ㆍJ-, 十-J,] 入[ソV, 去Ep, ㄱEf-, 丁-Ef, ノV+Ep, 矛Ep, 丨Ef,]

E 이와 같은 것을 일컬어 성제현관에 들어간 것이라 한다.

F 이와 같은 것을 입성제현관(入聖諦現觀)이라고 이름하는 줄 알아야만 한다.

---

58) 구결문의 해석과 역경원의 번역이 차이를 보인다. '無'가 걸리는 범위를 역경원 번역에서는 '驚怖'까지로 보았고, 구결문에서는 '何所在耶'까지로 보았다.

〈유가25 : 23〉

A 又此聖諦現觀義、廣說應知，59)

B 又 此 聖諦現觀七 義1[60] 廣刂 說尸入1 知ノ㇇應七丨

C 又 此 聖諦現觀ㅅ 義는 넙이 니를둔 알옴應ㅅ다

D 又 此 聖諦現觀[七J,] 義[1J,] 廣[刂M,] 說[尸Ec-, 入-Ec-, 1-Ec,] 知[ノEp, ㇇Ep-,]應[七-Ep, 丨Ef,]

E 또 이 성제현관의 의미는, 자세히 말하자면, 알아야 한다.

F 또한 이 성제현관(聖諦現觀)의 이치[義]에 대하여 자세히 설한 것은

〈유가25 : 23-26 : 01〉

A 謂心厭患相、有二十種；心安住相、亦二十種。

B 謂1 心厭患相氵十 二十種 有七㐅 心安住相氵十 亦 二十種刂1亠

C 닐온 心厭患相아긔 二十種 이스며 心安住相아긔 亦 二十種인여

D 謂[1Ec,] 心厭患相[氵J-, 十-J,] 二十種 有[七V, 㐅Ec,] 心安住相[氵J-, 十-J,] 亦 二十種[刂V, 1Et, 亠R,]

E 즉 심염환상에 스무 가지가 있으며, 심안주상에 또 스무 가지가 있는 것이니,

F 즉 마음의 염환상(厭患相)에 20가지가 있고, 마음의 안주상(安住相)에 또한 20가지가 있으며

〈유가26 : 02〉

A 除此、更無若過若增。

B 此乙 除口斤 更氵 若 過丷㇇ 若 增丷㇇丷1 无丷1刂1丁

59) 유가사지론자료고의 표점은 "又此聖諦現觀義、廣說應知"이나 구결문에 따라 수정하였다.

60) 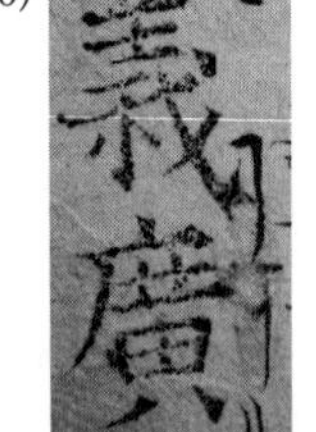 '義'자 오른쪽 아래에 '□□1'을 썼다가 '□□' 부분을 지우고 나서 그 위쪽에 '1'을 다시 쓴 것이다.

C 此를 덜고근 ㄴ외아 若 過ᄒᆞ져 若 增ᄒᆞ져ᄒᆞᆫ 无ᄒᆞᆫ인뎌

D 此[乙J,] 除[ロEc, 斤J,] 更[氵M,] 若 過[ソV, 彡Ec,] 若 增[ソV, 彡Ec, ソV, 1Et,] 无[ソV, 1Et, 刂V, 1Ef-, 丁-Ef,]

E 이것을 제외하고는, 다시 (이보다) 지나치거나 (이보다) 더하거나 한 것이 없는 것이다.

F 이것을 제외하고 다시 지나치거나 증가하는 것은 없다는 것을 알아야만 한다.

유가사지론
수소성지–출세간일체종청정–이제장애 · 작의사유제환희사(26 : 03–28 : 22)

1. 수소성지(修所成地)의 구성

<table>
<tr><td rowspan="8">修
所
成
地</td><td>4處</td><td>7支</td></tr>
<tr><td>1 修處所</td><td>① 生圓滿 : 생의 원만 (01:15-04:06)</td></tr>
<tr><td rowspan="3">2 修因緣</td><td>② 聞正法圓滿 : 정법을 듣는 데의 원만 (04:06-04:14)</td></tr>
<tr><td>③ 涅槃爲上首 : 열반을 상수로 하는 것 (04:15-06:13)</td></tr>
<tr><td>④ 能熟解脫慧之成熟 : 능히 해탈을 성숙시키는 혜(慧)의 성숙 (06:14-07:23)</td></tr>
<tr><td>3 修瑜伽</td><td>⑤ 修習對治 : 대치를 수습하는 것 (08:01-13:03)</td></tr>
<tr><td rowspan="2">4 修果</td><td>⑥ 世間一切種淸淨 : 세간의 모든 종류의 청정 (13:04-20:02)</td></tr>
<tr><td>⑦ 出世間一切種淸淨 : 출세간의 모든 종류의 청정 (20:03-32:01)</td></tr>
</table>

2. 출세간일체종청정(出世間一切種淸淨)의 구성

<table>
<tr><td rowspan="7">出世間一切種淸淨
(20:03-32:01)</td><td colspan="2">出世間一切種淸淨의 개관(20:03-08)</td></tr>
<tr><td rowspan="5">5種</td><td>① 入聖諦現觀 : 聖諦現觀에 들어감. (20:09-26:02)</td></tr>
<tr><td>② 離諸障㝵 : 여러 障㝵를 여읨. (26:03-28:08)</td></tr>
<tr><td>③ 作意思惟 諸歡喜事 : 여러 歡喜事를 作意하고 思惟함. (28:09-22)</td></tr>
<tr><td>④ 修習如所得道 : 얻은 道를 修習함. (28:23-30:01)</td></tr>
<tr><td>⑤ 證得極淸淨道及果功德 : 極淸淨道와 果功德을 證得함. (30:02-31:11)</td></tr>
<tr><td colspan="2">七支인 出世間一切種淸淨을 총괄 (31:11-32:01)</td></tr>
<tr><td colspan="3">六~七支인 修果 및 修所成地 전체를 총괄 (32:02-06)</td></tr>
</table>

2.1. 이제장애(離諸障碍)의 세부구성

<table>
<tr><td rowspan="16">離諸障导</td><td rowspan="16">二種 障[1]</td><td rowspan="7">(1) 行處障
(26:05-14)</td><td colspan="2">① 棄捨善品，數與衆會
[선품(善品)을 버리고 자주 대중과 모임]</td></tr>
<tr><td colspan="2">② 愛重飮食
[음식을 애중(愛重)히 여김]</td></tr>
<tr><td colspan="2">③ 營爲衣鉢等事
[의발(衣鉢) 등의 도구를 영위함]</td></tr>
<tr><td colspan="2">④ 爲讀誦經典、而好樂談話
[경전을 讀誦하는 것보다 담화를 좋아함]</td></tr>
<tr><td>⑤ 居夜分、而樂著睡眠。
[밤에는 잠을 즐겨 집착함]</td><td rowspan="2">『瑜伽論記』는 이 둘을 묶어서 하나로 봄</td></tr>
<tr><td>⑥ 居晝分、樂王賊等雜染言論。
[낮에는 왕적 등의 잡염의 언론을 즐김]</td></tr>
<tr><td colspan="2">⑦ 於是處有親戚交遊談謔等住，而於是處不樂遠離。
[친척, 교유, 담학이니 하는 것들에 머무르고 이것에서 멀리 떨어짐을 즐겨하지 않음]</td></tr>
<tr><td rowspan="9">(2) 住處障
(26:14-27:09)</td><td colspan="2">① 毘鉢舍那支 不隨順性
[비발사나지에 수순하지 않는 성품]</td></tr>
<tr><td colspan="2">② 奢摩他支 不隨順性
[사마타지에 수순하지 않는 성품]</td></tr>
<tr><td colspan="2">③ 彼俱品念 不隨順性
[모든 품념에 수순하지 않는 성품]</td></tr>
<tr><td colspan="2">④ 處所 不隨順性
[처소에 수순하지 않는 성품]</td></tr>
<tr><td>㉠於晝分 多諸諠逸
[낮에는 여러 방일한 일이 많음]</td><td rowspan="5">『瑜伽論記』는 이들을 ④의 하위 항목이 아닌 다섯 번째 장애[⑤]로 봄</td></tr>
<tr><td>㉡於夜分中 多蚊虻等衆苦所觸
[밤중에는 모기와 등에 등의 뭇 괴로움으로 접촉되는 바가 많음]</td></tr>
<tr><td>㉢多怖畏 多諸災厲
[두려움이 많고 여러 재앙이 많음]</td></tr>
<tr><td>㉣衆具匱乏 不可愛樂
[뭇 도구가 모자라서 사랑하며 즐길 수 있는 것이 아님]</td></tr>
<tr><td>㉤惡友攝持 無諸善友
[나쁜 친구에게 포섭되어 여러 좋은 친구가 없음]</td></tr>
</table>

	二種 因緣	(1) 多諸定樂 6種 (27:09-16)	① 止 ② 擧 ③ 捨 ④ 入定 ⑤ 住定 ⑥ 出定
		(2) 多諸思擇 4種 如實了知 (27:16-28:03)	① 善法增長 ② 不善法增長 ③ 善法衰退 ④ 不善法衰退
	離諸障导 총괄(28:04-08)		

2.2. 작의사유제환희사(作意思惟諸歡喜事)의 세부구성

作意思惟 諸歡喜事 (28:09-22)	(1) 於佛法僧 勝功德田 作意思惟發生歡喜 [불(佛) 법(法) 승(僧)인 뛰어난 공덕전에 대해 작의하고 사유하여서 환희를 일으킴]
	(2) 己身財寶 所證盛事 作意思惟發生歡喜 [자기의 몸・재보와 증(證)한 바의 성사(盛事)에 대해 작의하고 사유하여서 환희를 일으킴]
	(3) 於自身 於他亦尒 [자기의 몸에 대해 하는 것과 같이 남에게 하는 것도 또한 그렇게 함]
	(4) 有恩者 念大師恩 作意思惟發生歡喜 [은혜가 있는 자가 대사(大師)의 은혜를 기억하여 작의하고 사유하여서 환희를 일으킴]

---

1) 행처장과 주처장을 몇 가지로 나누는지에 대해 두 가지 추정이 존재한다. 먼저 『유가론기』 권11(T42, 429b15)에서는 행처장을 6종으로, 주처장을 5종으로 파악하여 십일종 장애를 설명하고 있다.

"행처장에는 여섯 가지가 있다 : 첫째, 선품을 버리고 자주 대중과 더불어 모이는 것이니, 이는 「대법」에서 설한 장애불선이라고 일컫는 것과 같다. 雋師가 풀어서 이르길 : 여러 승려들이 자주 모이는 것은 곧 삼학을 거리끼는 것인 까닭에 불선이라고 일컫는다. 둘째, 음식을 애중하는 것. 셋째, 앞의 두 가지 것을 겸하여 좋아해서 의발 등을 영위하는 것이니, 泰가 이르길, '앞의 두 가지를 겸한다'는 것은 대중과 함께 지내는 것 따위이다. 넷째, 담화를 좋아하는 것. 다섯째, 밤낮으로 잠을 즐기고 말을 즐기는 것. 여섯째, 남과 함께 지내는 것을 좋아하는 것 등이다. … 주처장에는 다섯 가지가 있다. 처음의 네 가지는 곧 수순하지 않은 성품이고, 다섯째는 "혹 낮에는 여러 방일하는 일이 많으며" 이하의 것들을 합하여 한 종으로 삼은 것이니, 두 가지 처(행처와 주처)에 대한 십일 종 장애라고 일컫는다. [行處障中有六：一、棄捨善品數與衆會，此如《對法》說名障礙不善。雋師釋云：衆僧數集卽妨三學故名不善；二、愛重飮食；三、兼前二處好營衣鉢，泰云：兼前二處者而衆共居等；四、好樂談話，五於晝分樂睡樂言；六、好共他居。言樂與第二共住者，謂不樂獨住亦可樂與本二共住。… 住處障有五：初四卽不隨順性；第五、或於晝分多諸諠逸下合爲一種，名於二處十一種障，或行處合爲一定之方便名爲行處。]"

한편 한청정(2006：1794-5)은 행처장을 7종으로, 주처장을 4종으로 파악하여 십일종 장애를 설명하고 있다: "행처에는 장애가 7종이 있으니, 첫째는 數與衆會[자주 대중과 모임]이고, 둘째는 愛重飮食[음식을 애중(愛重)히 여김]이고, 셋째는 好樂營爲[좋아하고 영위함]이고, 넷째는 好樂談話[담화를 좋아함]이고, 다섯째는 樂著睡眠[잠자기를 즐겨 집착함]이고, 여섯째는 樂雜染論[잡염의 언론을 즐김]이고, 일곱째는 不樂遠離[멀리 떨어짐을 즐겨하지 않음]이다. 주처에는 장애가 4종이 있으니, 앞에서 설한 바와 같이 문장으로 쉽게 알 수 있다. 이를 일컬어 두 처에 십일종 장애가 있다고 한다. [於行處中，障有七種。一、數與衆會，二、愛重飮食，三、好樂營爲，四、好。於住處中障有四 樂談話，五、樂著睡眠，六、樂雜染論，七、不樂遠離。於住處中 障有四種，如前所說，文易可知。是名於二處所十一種障。]"

〈유가26 : 03〉

A **云何入聖諦現觀已、離諸障㝵？**

B 云何丷ㄱ乙 聖諦現觀㇁十 入尸 已氵丷㇁ 諸 障㝵乙 離丷尸矢丨丿今口

C 엇흔을 聖諦現觀아긔 들 이믜사ᄒᆞ아 諸 障㝵를 離ᄒᆞᆯ디다호리고

D 云何[丷V, ㄱEt, 乙J,] 聖諦現觀[㇁J-, 十-J,] 入[尸Et,] 已[氵M, 丷V, ㇁Ec,] 諸 障㝵[乙J,] 離[丷V, 尸Et, 矢N+V, 丨Ef, 丿V+Ep, 今Et+N, 口J,]

E 어떤 것을 성제현관에 들기를 이미 하여 여러 장애를 여의는 것이라 하는가?

F 무엇을 성제현관(聖諦現觀)에 들어가고 나서 장애들을 여읜다고 하는 것인가?

〈유가26 : 03-04〉

A **當知此障、略有二種。**

B 當八 知㇇丨 此 障㇁十 略口ㄱ 二種 有丿ㄱ刂ㄱ丁2)

C 반독 알오다 此 障아긔 略곤 二種 有혼인뎌

D 當[八M,] 知[㇇Ep, 丨Ef,] 此 障[㇁J-, 十-J,] 略[口Ec-, ㄱ-Ec,] 二種 有[丿V+Ep, ㄱEt, 刂V, ㄱEf-, 丁-Ef,]

E 반드시 알아야 한다. 이 장애에 간략히 말하면 두 가지가 있는 것이다.

F 이 장애에는 간략하게 두 가지가 있다는 것을 알아야만 한다.

〈유가26 : 04난상〉

A

2) '有'에 좌측토로 '□丿ㄱ刂ㄱ丁'를 썼다가 '□'자리를 지우고 그 자리에 교정용 고리점을 친 다음, 난상에 '七丷ㄱ刂ㄱ丁'를 기입하였다. 원문의 '有'에 '-ㄱ刂ㄱ丁'가 현토된 예는 <유가>에서 17회 보이는데, 이 가운데 '지니다'로 해석되는 '{有}斗ㄱ刂ㄱ丁' 1회와 이 예를 제외하면 15회 모두가 '有丷ㄱ刂ㄱ丁'이다. 특이한 것은 난상에서 일반적인 '丷ㄱ刂ㄱ丁'가 아니라 [잇-]과 [ᄒᆞ-]가 혼재된 '(有)七丷ㄱ刂ㄱ丁'[잇흔인뎌]로 기록하였다는 점이다. '有七丷-'는 이것이 유일례이므로 의심스럽기는 하나, 난상에 새로 기입한 교정형이라는 점에서 단순한 오기로 보기도 어렵다. 만약 오기가 아니라면 '有丷ㄱ刂ㄱ丁'의 독법이 [잇혼인뎌]임을 보여주는 것으로 이해할 수 있다.

B 七丷乛刂乛亍

C ㅅ혼인뎌

D [七R, 丷V, 乛Et, 刂V, 乛Ef-, 亍-Ef,]

E

F

〈유가26 : 04〉

A **一、行處障，二、住處障。**

B 一 行處障人 二 住處障人刂丨

C 一 行處障과 二 住處障과이다

D 一 行處障[人J,] 二 住處障[人J, 刂V, 丨Ef,]

E 첫째는 행처장과, 둘째는 주처장과이다.

F 첫째는 행처(行處)의 장애(障礙)이며, 둘째는 주처(住處)의 장애이다.

〈유가26 : 05〉

A **行處障者：**

B 行處障刂丨丷乛人乛{者}

C 行處障이다혼든

D 行處障[刂V, 丨Ef, 丷V, 乛Et, 人N, 乛J,]{者}

E 행처장이라 하는 것은,

F 행처(行處)의 장애란

〈유가26 : 05-07〉

A **謂如聖弟子、或與衆同居、隨其生起僧所作事、棄捨善品，數與衆會。**

B 謂乛 聖弟子 如攴丷乛刂 或 衆乙 與七 同居丷氵 其 生起丷乛 僧所作事乙 隨ノ 善品乙 棄捨丷口 數刂 衆會乙 與七丷尓

C 닐온 聖弟子 다혼이 或 衆을 다뭇 同居ᄒᆞ아 其 生起ᄒᆞᆫ 僧所作事를 좇오 善品을 棄捨ᄒᆞ고

數이 衆會를 다뭇ᄒᆞ며

D 謂[ㄱEc,] 聖弟子 如[支V, ㅅV, ㄱEt, ㅣJ,] 或 衆[乙J,] 與[七M,] 同居[ㅅV, 阝Ec,] 其 生起[ㅅV, ㄱEt,] 僧所作事[乙J,] 隨[ノM,] 善品[乙J,] 棄捨[ㅅV, ㅁEc,] 數[ㅣM,] 衆會[乙J,] 與[七M, ㅅV, 㣺Ec,]

E ①말하자면 성제자[3] 같은 이가, 혹 여러 사람과 함께 동거하여 그 생겨난 승소작사(僧所作事)를 좇아 선품을 버리고 자주 대중과의 모임[衆會]을 함께 하며,

F 성제자(聖弟子)가 어떤 경우에는 대중[衆]과 동거(同居)하여 그에 따라서 승가[僧]의 소작사(所作事)를 일으켜서 선품(善品)을 버리고 자주 대중과 모이며

〈유가26 : 07-08〉

A **或復安住常乞食法、而愛重飲食。**

B 或 復 常乞食法阝十 安住ㅅ阝 而ㅡ 飲食乙 愛重ㅅ㣺

C 或 復 常乞食法아긔 安住ᄒᆞ아 而로 飲食을 愛重ᄒᆞ며

D 或 復 常乞食法[阝J-, 十-J,] 安住[ㅅV, 阝Ec,] 而[ㅡR,] 飲食[乙J,] 愛重[ㅅV, 㣺Ec,]

E ②혹 다시 항상 걸식법에 안주하여 음식을 사랑하고 중히 여기며,

F 어떤 경우에는 다시 항상 걸식법(乞食法)에 안주하여 음식을 애중(愛重)히 여기며

〈유가26 : 08〉

A **或兼二處、好樂營爲衣鉢等事。**

B 或 二處乙 兼ㅅ阝 好樂ㅅ阝亦 衣鉢 等ㅅㄱ 事乙 營爲ㅅ㣺

C 或 二處를 兼ᄒᆞ아 好樂ᄒᆞ아곰 衣鉢 다ᄒᆞᆫ 事를 營爲ᄒᆞ며

D 或 二處[乙J,] 兼[ㅅV, 阝Ec,] 好樂[ㅅV, 阝Ec, 亦J,] 衣鉢 等[ㅅV, ㄱEt,] 事[乙J,] 營爲[ㅅV, 㣺Ec,]

E ③혹 두 가지 것을 겸하여 좋아해서 의발[4] 등의 도구[事]를 영위하며,

3) 성제자(聖弟子)는 성인의 제자란 뜻으로, 대부분 '부처님의 직제자'를 가리킨다. 성성문(聖聲聞)이라고도 하는데, 곧 진실한 교법을 들은 사람이다.

4) 의발(衣鉢)은 옷과 발우(鉢盂)를 가리킨다. 초기 불교 교단에서 수행자 개인은 세 가지의 옷과 밥그릇, 즉 발우(鉢盂)만을 소유하도록 한정되었고, 그 밖에 기증된 모든 것은 교단의 공동 소유로 삼았다. 따라서 의발만이 수행자의 소유물이 될 수 있었으며, 의발은 그것을 소유한 수행자를 대신하는 유일한 물품이었다.

F 어떤 경우에는 두 가지 것을 겸하여 좋아하고[好樂] 의발(衣鉢) 등의 도구[事]를 영위(營爲)하며

〈유가26 : 08-09〉

A **或爲讀誦經典、而好樂談話。**

B 或 經典乙 讀ㄱ彡 誦ㄱ彡ㄱ{爲}ㅅノ今十 而灬 談話乙 好樂ㄱ八

C 或 經典을 讀ᄒᆞ져 誦ᄒᆞ져ᄒᆞ과호리긔 而로 談話를 好樂ᄒᆞ며

D 或 經典[乙J,] 讀[ㄱV, 彡Ec,] 誦[ㄱV, 彡Ec, ㄱV,]{爲}[ㅅEc, ノV+Ep, 今Et+N, 十J,] 而[灬R,] 談話[乙J,] 好樂[ㄱV, 八Ec,]

E ④혹 경전을 읽고 외우고 하려는 데에서 담화를 좋아하며,

F 어떤 경우에는 경전(經典)을 독송(讀誦)하면서 담화(談話)를 좋아하며[好樂]

〈유가26 : 09-10〉

A **或居夜分、而樂著睡眠。**

B 或 夜分氵十 居ㄱ氵斤 而灬 睡眠乙 樂着ㄱ八

C 或 夜分아긔 居ᄒᆞ아근 而로 睡眠을 樂着ᄒᆞ며

D 或 夜分[氵J-, 十-J,] 居[ㄱV, 氵Ec, 斤J,] 而[灬R,] 睡眠[乙J,] 樂着[ㄱV, 八Ec,]

E ⑤혹 밤에 있어서는 잠을 즐겨 집착하며,

F 어떤 경우에는 밤에 수면(睡眠)을 락착(樂著)하며

〈유가26 : 10-11〉

A **或居晝分、樂王賊等雜染言論。**

B 或 晝分氵十 居ㄱ氵斤 王賊 等ㄱ1 雜染言論乙 樂ㄱ八

C 或 晝分아긔 居ᄒᆞ아근 王賊 다ᄒᆞᆫ 雜染言論을 樂ᄒᆞ며

D 或 晝分[氵J-, 十-J,] 居[ㄱV, 氵Ec, 斤J,] 王賊 等[ㄱV, 1Et,] 雜染言論[乙J,] 樂[ㄱV, 八Ec,]

이러한 점에서 의발을 전수한다는 것은 그 소유자의 법을 전수하는 것을 상징하게 되었고, 전의발(傳衣鉢)이라는 전통이 세워졌다.

E ⑥혹 낮에 있어서는 왕적 등의 잡염된 언론을 즐기며,

F 어떤 경우에는 낮에 왕적(王賊) 등의 잡염(雜染)의 언론(言論)을 락착(樂著)하며

〈유가26 : 11-12〉

A **或於是處有親戚交遊談謔等住，而於是處不樂遠離。**

B 或 {於}是 處ʒ 十 親戚交遊亠 談謔亠 等ソヒ {有}斗ʒ 住ソʒ尔 而灬 {於}是 處ʒ 十 遠離乙 樂尸 不冬ノ尸ム

C 或 是 處아긔 親戚交遊여 談謔여 다ᄒᆞᄂᆞ 두아 住ᄒᆞ아곰 而로 是 處아긔 遠離를 樂ㄹ 안ᄃᆞᆯ홀ᄃᆡ

D 或 {於}是 處[ʒJ-, 十-J,] 親戚交遊[亠J,] 談謔[亠J,] 等[ソV, ヒEt,] {有}[斗V, ʒEc,] 住[ソV, ʒEc, 尔J,] 而[灬R,] {於}是 處[ʒJ-, 十-J,] 遠離[乙J,] 樂[尸Et,] 不[冬M, ノV+Ep, 尸Ec-, ム-Ec,]

E ⑦혹 이곳에서 친척 교유니 담학이니 하는 것들을 두어 머물러서, 이곳에서 멀리 떨어짐을 즐기지 아니하되,

F 어떤 경우에는 친척(親戚) 교유(交遊) 담학(談謔) 등이 있는 곳에 머물러서 이러한 것에 대하여 원리(遠離)를 좋아하지 않는 것과 같은 것이다.

〈유가26 : 12-14〉

A **謂長夜數習與彼共居增上力故。或復樂與第二共住。**

B 謂1 長夜ʒ 十 數習ソʒ尔 彼乙 與七 共居ノヒ七 增上力灬 故ノソろ 或 復 樂亐 二亐 第七子乙 與七 共住ソろソケノ尸

C 닐온 長夜아긔 數習ᄒᆞ아곰 彼를 다ᄆᆞᆺ 共居호ᄂᆞᆺ 增上力으로 故오ᄒᆞ져 或 復 樂오 二ㅁ5) 第ㅅ子6)를 다ᄆᆞᆺ 共住ᄒᆞ져ᄒᆞ며홀

5) 의미상 '二'와 관련되며 말음이 'ㅁ'으로 추정되는 어형으로는 '버굼(벅-+-옴)'과 '다ᅀᆞᆷ(닷-+-ᄋᆞᆷ)'을 들 수 있다. 그러나 둘 다 '二亐'과 직접적인 관련이 있다고 단정 짓기는 어렵다. 우선 '버굼'은 '次, 副, 貳' 등의 언해로 나타나는 예가 있으나 정음 초기문헌에는 '벅-'의 활용형인 '버거(벅-+-어)'로 출현하므로 '버굼'을 구결 자료와 직접적으로 연결시키기 어렵다. 다음으로 '다ᅀᆞᆷ'은 현대 한국어 '다음'의 선대형으로 '再, 副, 次' 등의 언해로 나타나지만 정음 초기문헌에는 '다ᅀᆞᆷ어미[繼母]', '다ᅀᆞᆷ子息' 등과 같이 친족명칭에서만 쓰인다는 점에서 구결 자료와 직접적으로 연결시키기 어렵다. 여기에서는 잠정적으로 '二ㅁ'으로 제시한다.

D 謂[ㄱEc,] 長夜[ㄋJ-, 十-J,] 數習[丷V, ㄋEc, 尒J,] 彼[乙J,] 與[七M,] 共居[ノV+Ep, ㅌEt, 七J,] 增上力[灬J,] 故[ノR, 丷V, ゑEc,] 或 復 樂[ㆆM,] 二[亠N,] 第[七J, 孑R, 乙J,] 與[七M,] 共住[丷V, ゑEc, 丷V, 厶Ec, ノV+Ep, 尸Et,]

E 말하자면 긴 밤에 자주 익혀서 그와 더불어 함께 머무는 증상력으로 (말미암아 그러)하고, 혹 또한 즐겨 두 번째 사람[7]과 더불어 함께 머물고 하며 하는,

F 말하자면 오랜 세월 동안 즐겨 익히고[樂習] 그것과 함께 있는 증상력(增上力) 때문에, 혹은 다시 즐겨 두 번째 것[第二]과 함께 머무는[共住]

〈유가26 : 14〉

A 諸如是等名行處障。

B 諸ラ 是 如攴 等丷ㄱ乙 名丅 行處障亠ノ矛丨

C 믈의[8] 是 다 다훈을 일하 行處障여호리다

D 諸[ラM,] 是 如[攴V,] 等[丷V, ㄱEt, 乙J,] 名[丅V+Ec,] 行處障[亠J, ノV+Ep, 矛Ep, 丨Ef,]

E 모두 이와 같은 것들을 일컬어 행처장이라고 한다.

F 이와 같은 것들을 행처(行處)의 장애라고 이름하는 것이다.

---

6) '孑'의 예는 이것이 유일한데, 앞뒤의 통합된 요소로 보아 명사 성분을 표기한 것으로 추정된다. 다른 자토석독구결 자료에서는 <화소>에서 1번, <구인>에서 3번 나타나는데 모두 '七'이 선행한다. '孑'의 독법은 바탕글자를 '子'로 보는 견해와 '孫'으로 보는 견해로 크게 나뉘고, '子'로 보는 견해는 다시 훈독했는지 음독했는지에 따라 견해가 갈린다. 다만 '子'의 훈독으로 '놈'으로 읽는 견해는 '者'의 훈이 '놈'이라는 점에서 가능성이 높지 않고, '孫'의 음독으로 '손'으로 읽는 견해는 15세기 한글 자료에서 관련성을 찾기 어렵다. 아래의 예문처럼 15세기 한글 자료에 나타나는 의존명사 '치'를 고려하면 '子'의 고대국어 추정 한자음인 '지'로 음독했을 가능성을 생각해 볼 수 있다(十方如來 그 弟子ㅣ 菩薩根애 칠 ᄀᆞᄅᆞ치샤ᄃᆡ [十方如來ㅣ 教其弟子菩薩根者ᄒᆞ샤ᄃᆡ] <능엄경언해 5 : 54b>).

7) 『유가론기』 권11(T42, 429c06)에서는 다음과 같이 설명하고 있다. "'樂與第二共住(즐겨 두 번째 사람과 더불어 함께 머문다)'라고 말한 것은, 말하자면 홀로 지내는 것을 좋아하지 않거나 또는 본래 두 번째 사람과 더불어 함께 머무는 것을 가히 좋아한다는 것을 말한다. [言樂與第二共住者，謂不樂獨住亦可樂與本二共住。]"

8) '諸ラ'의 독법은 '믈의' 내지 '모ᄃᆡ'로 추정할 수 있다. 15세기 한글자료에서 '무릇'의 의미는 주로 '믈읫'으로 표기되었는데, 『정속언해』(1518)에 '믈의'의 예도 있으므로 '장ᄎᆞ~장ᄎᆺ'처럼 '믈의~믈읫'을 상정할 수 있다. '모ᄃᆡ'는 주로 必이나 須의 언해에 쓰여 '반드시'의 의미로만 해석되어 의미적인 측면의 문제가 있다. 따라서 이 책에서는 잠정적으로 '믈의'로 보기로 한다.

〈유가26 : 14-15〉

A 住處障者：

B 住處障刂丨丷乛亽乛{者}

C 住處障이다혼든

D 住處障[刂V, 丨Ef, 丷V, 乛Et, 亽N, 乛J,]{者}

E 주처장이라 하는 것은,

F 주처(住處)의 장애란

〈유가26 : 15-16〉

A 謂處空閑修奢摩他毘鉢舍那、摠名爲住。

B 謂乛 空閑丷乛氵十 處丷氵 奢摩他亠 毘鉢舍那亠丿尸乙 修丷尸亽乙 摠丂 名下 {爲}住亠丿尸亠

C 닐온 空閑혼의긔 處ᄒᆞ아 奢摩他여 毘鉢舍那여홀을 修홀ᄃᆞᆯ 摠히 일하 住여홀여

D 謂[乛Ec,] 空閑[丷V, 乛Et, 氵J-, 十-J,] 處[丷V, 氵Ec,] 奢摩他[亠J,] 毘鉢舍那[亠J, 丿V+Ep, 尸Et, 乙J,] 修[丷V, 尸Et, 亽N, 乙J,] 摠[丂M,] 名[下V+Ec,] {爲}住[亠J, 丿V+Ep, 尸Ec-, 亠-Ec,]

E 말하자면 한적한 곳[空閑][9]에 처하여 사마타니 비발사나니 하는 것을 닦는 것을, 총괄하여 일컬어 주(住)라고 하는 것이니,

F 공한처[空閑]에 있으면서 사마타(奢摩他) 비발사나(毘鉢舍那)를 닦는 것을 모두 머무름[住]이라고 이름하는데

〈유가26 : 16-17〉

A 依奢摩他毘鉢舍那、當知復有四種障㝵。

B 奢摩他亠 毘鉢舍那亠丿尸乙 依氵 當八 知ᄒ丨 復 四種 障㝵 有丷乛刂乛丁

C 奢摩他여 毘鉢舍那여홀을 븓아 반ᄃᆞᆨ 알오다 復 四種 障㝵 有혼인뎌

9) '한적한 곳[空閑]'은 공한처(空閑處)·공한림(空閑林) 등과 같은 말로, 인가(人家)를 떠난 적정한 곳이다. 곧 수행자가 선정(禪定)·송경(誦經)·참회(懺悔) 등을 행하기 적당한 곳이다. 광야(曠野)·삼림 등이라고도 하고, 아란야(阿蘭若)라고 음사한다. 비구 등의 수행처로서, 수행을 방해하는 번잡한 환경과 동시에 모든 탐욕과 번뇌를 떠나는 것을 뜻한다.

D 奢摩他[亠J,] 毘鉢舍那[亠J, ノV+Ep, 尸Et, 乙J,] 依[阝Ec,] 當[ハM,] 知[ㅎEp, 丨Ef,] 復 四種障㝵 有[丷V, 乛Et, 刂V, 乛Ef-, 丅-Ef,]

E 사마타니 비발사나니 하는 것을 의지하여, 반드시 알아야 한다, 다시 네 가지의 장애가 있는 것이다.

F 사마타(奢摩他) 비발사나(毘鉢舍那)에 의지하여도 다시 네 가지 장애가 있다는 것을 알아야만 한다.

〈유가26 : 17-19〉

A 一、毘鉢舍那支不隨順性，二、奢摩他支不隨順性，三、彼俱品念不隨順性，四、處所不隨順性。

B 一十乛 毘鉢舍那支阝十 不隨順丷乛 性亽 二 奢摩他支阝十 不隨順丷乛 性亽 三 彼 俱品念阝十 不隨順丷乛 性亽 四 處所阝十 不隨順丷乛 性亽刂丨

C 一긘 毘鉢舍那支아긔 不隨順ᄒᆞᆫ 性과 二 奢摩他支아긔 不隨順ᄒᆞᆫ 性과 三 彼 俱品念아긔 不隨順ᄒᆞᆫ 性과 四 處所아긔 不隨順ᄒᆞᆫ 性과이다

D 一[十J, 乛J,] 毘鉢舍那支[阝J-, 十-J,] 不隨順[丷V, 乛Et,] 性[亽J,] 二 奢摩他支[阝J-, 十-J,] 不隨順[丷V, 乛Et,] 性[亽J,] 三 彼 俱品念[阝J-, 十-J,] 不隨順[丷V, 乛Et,] 性[亽J,] 四 處所[阝J-, 十-J,] 不隨順[丷V, 乛Et,] 性[亽J, 刂V, 丨Ef,]

E 첫째는 비발사나지에 수순하지 않는 성품[性]과, 둘째는 사마타지에 수순하지 않는 성품과, 셋째는 저 모든 품[10]의 염에 수순하지 않는 성품과, 넷째는 처소에 수순하지 않는 성품과이다.

F 첫째는 비발사나지(毘鉢舍那支)에 수순(隨順)하지 않는 성품[性]이며, 둘째는 사마타지(奢摩他支)에 수순(隨順)하지 않는 성품[性]이며, 셋째는 그 두 가지 품(品)의 염(念)에 수순(隨順)하지 않는 성품[性]이며, 넷째는 처소(處所)에 수순(隨順)하지 않는 성품[性]이다.

〈유가26 : 19-21〉

A 若謂己聰明、而生高擧，不從他聞、順觀正法；

10) '모든 품[俱品]'은 비발사나품과 사마타품 두 가지를 일컫는다.

B 若 己ㇱㄹ 謂ㇳ尒 聽明ノㄱㅣㇳㇺ丨ソㇳ 而ㅅ 高擧ㄹ 生ㅣㇳ尒 他ㄹ 從ㇺ 觀ㇳ十 順ソㄱ 正法ㄹ 聞ㇵ 不冬ソㇵㅅㄹ

C 若 스싀를 닐아곰 聽明혼이앗다ᄒᆞ아 而로 高擧를 나이아곰 他를 졷 觀아긔 順ᄒᆞᆫ 正法을 들을 안돌홀돌

D 若 己[ㇱN, ㄹJ,] 謂[ㇳEc, 尒J,] 聽明[ノV+Ep, ㄱEt, ㅣV, ㇳEp-, ㇺ-Ep, 丨Ef, ソV, ㇳEc,] 而[ㅅR,] 高擧[ㄹJ,] 生[ㅣV, ㇳEc, 尒J,] 他[ㄹJ,] 從[ㇺM,] 觀[ㇳJ-, 十-J,] 順[ソV, ㄱEt,] 正法[ㄹJ,] 聞[ㇵEt,] 不[冬M, ソV, ㇵEt, ㅅN, ㄹJ,]

E ①만약 자기를 일러서 "총명한 이로다" 하여 고거[11]를 내어서, 다른 사람을 좇아 관(觀)에 수순[順]하는 정법을 듣지 않는 것을,

F 또는 자기[己]가 총명(聽明)하다고 말하고서 고거(高擧)를 일으켜서 다른 사람을 좇아서 순관(順觀)의 정법(正法)을 듣지 않으니

〈유가26 : 21〉

A 是名毘鉢舍那支不隨順性。

B 是ㄹ 名下 毘鉢舍那支ㇳ十 不隨順ソㄱ 性亠ノ扌ㇹ

C 是를 일하 毘鉢舍那支아긔 不隨順ᄒᆞᆫ 性여호리며

D 是[ㄹJ,] 名[下V+Ec,] 毘鉢舍那支[ㇳJ-, 十-J,] 不隨順[ソV, ㄱEt,] 性[亠J, ノV+Ep, 扌Ep, ㇹEc,]

E 이를 일컬어 비발사나지에 수순하지 않는 성품이라 하며,

F 이를 비발사나지(毘鉢舍那支)에 수순(隨順)하지 않는 성품[性]이라고 이름하는 것이다.

〈유가26 : 21-23〉

A 若不安靜身語意行、躁動輕擧，數犯尸羅、生憂悔等，乃至不得心善安住；

B 若 身語意行ㄹ 安靜 不ハソㇳ尒 躁動輕擧ソㇳ 數ㅣ 尸羅ㄹ 犯ソㇳ尒 憂悔 等ソㄱㄹ 生ㅣ 㕛 乃ㇳ 至ㅣ 得尒 心 善 安住 不ハソ㕛ソㇵㅅㄹ

C 若 身語意行을 安靜 안ᄃᆞᆨᄒᆞ아곰 躁動輕擧ᄒᆞ아 數이 尸羅를 犯ᄒᆞ아곰 憂悔 다ᄒᆞᆫ을 나이져

11) 고거(高擧)는 만(慢)의 일종으로서 거만한 마음을 뜻한다. 즉 자기의 총명함을 믿고서 남을 깔보는 것이다.

乃사 니를이 시러곰 心 善 安住 안둑ᄒ져홀됴

D 若 身語意行[乙J,] 安靜 不[八M, ソV, ㇇Ec, 朩J,] 躁動輕擧[ソV, ㇇Ec,] 數[リM,] 尸羅[乙J,] 犯 [ソV, ㇇Ec, 朩J,] 憂悔 等[ソV, ㇒Et, 乙J,] 生[リV, 㣺Ec,] 乃[氵R,] 至[リM,] 得[朩M,] 心 善 安住 不[八M, ソV, 㣺Ec, ソV, 尸Et, 人N, 乙J,]

E ②또 신행・어행・의행[12]을 안정하지 못하여서 조급히 움직이고 가벼이 들떠, 자주 시라(=계율)를 범해서 근심과 후회 등을 내고, 능히 마음을 잘 안주하지 못하는 데 이르기까지 하고 하는 것을,

F 또는 신(身) 어(語) 의행(意行)을 안정(安靜)시키지 않아서 조급히 움직이고 가벼이 들떠 있으며 수시로 시라(尸羅)를 범하여 근심[憂]과 후회[悔] 등을 일으키고 내지 마음이 잘 안주(安住)할 수 없는 것이니

〈유가26 : 23-27 : 01〉

A 當知是名奢摩他支不隨順性。

B 當八 知ㅎ丨 是乙 名下 奢摩他支㇇十 不隨順ソ㇒ 性亠ノского彡リ㇒丁

C 반ᄃ 알오다 是를 일하 奢摩他支아긔 不隨順ᄒ 性여호리인뎌

D 當[八M,] 知[ㅎEp, 丨Ef,] 是[乙J,] 名[下V+Ec,] 奢摩他支[㇇J-, 十-J,] 不隨順[ソV, ㇒Et,] 性[亠J, ノV+Ep, 彡Et+N, リV, ㇒Ef-, 丁-Ef,]

E 반드시 알아야 한다, 이를 일컬어 사마타지에 수순하지 않는 성품이라 하는 것이다.

F 이를 사마타지(奢摩他支)에 수순(隨順)하지 않는 성품[性]이라고 이름하는 줄 알아야만 한다.

〈유가27 : 01-03〉

A 若有忘念增上力故，於沈掉等諸隨煩惱、心不遮護；

B 若 有ナ丨 忘念 增上力灬 故ノ {於}沈掉 等ソ㇒ 諸 隨煩惱㇇十 心乙 遮護 不八ソナ彡亠

C 若 잇겨다 忘念 增上力으로 故오 沈掉 다ᄒ 諸 隨煩惱아긔 心을 遮護 안둑ᄒ겨리여

D 若 有[ナEp, 丨Ef,] 忘念 增上力[灬J,] 故[ノR,] 於沈掉 等[ソV, ㇒Et,] 諸 隨煩惱[㇇J-, 十-J,]

12) 신업(身業)・어업(語業=口業)・의업(意業)의 삼업(三業)을 가리킨다. 삼업은 삼행(三行)이라고도 한다.

心[乙J,] 遮護 不[八M, 丷V, ナEp, 礻Et+N, 亠R,]

E ③또 있다. 망념의 증상력으로 인해 혼침[沈][13]과 도거[掉][14] 등의 여러 수번뇌에서 마음을 지키고 보호하지 못하는 일이.

F 또는 망념(忘念)의 증상력(增上力)이 있기 때문에 혼침[沈]과 도거[掉] 등의 여러 수번뇌(隨煩惱)에 마음이 차호(遮護)되지 않으니

〈유가27 : 03〉

A 當知是名彼俱品念不隨順性。

B 當八 知亠丨 是乙 名下 彼 俱品念氵十 不隨順丷1 性亠丿礻刂1丁

C 반ᄃᆞᆨ 알오다 是를 일하 彼 俱品念아긔 不隨順ᄒᆞᆫ 性여호리인뎌

D 當[八M,] 知[亠Ep, 丨Ef,] 是[乙J,] 名[下V+Ec,] 彼 俱品念[氵J-, 十-J,] 不隨順[丷V, 1Et,] 性[亠J, 丿V+Ep, 礻Et+N, 刂V, 1Ef-, 丁-Ef,]

E 반드시 알아야 한다. 이것을 일컬어 저 모든 품[俱品]의 염에 수순하지 않는 성품이라 하는 것이다.

F 이를 그 두 가지 품(品)의 염(念)에 수순(隨順)하지 않는 성품[性]이라고 이름하는 것이다.

〈유가27 : 03-04〉

A 若有習近五失相應諸坐臥具；

B 若 有ナ丨 五失 相應丷1 諸 坐臥具乙 習近丷ナ礻亠

C 若 잇겨다 五失 相應ᄒᆞᆫ 諸 坐臥具를 習近ᄒᆞ겨리여

D 若 有[ナEp, 丨Ef,] 五失 相應[丷V, 1Et,] 諸 坐臥具[乙J,] 習近[丷V, ナEp, 礻Et+N, 亠R,]

E ④또 있다. 다섯 가지 과실과 상응하는 여러 앉고 눕는 도구를 가까이 익히는 일이.

F 또는 5실(失)과 상응하는 여러 앉고 눕는 자구[坐臥具]에 가까이 익히는 것[習近]이 있으니

13) 혼침(惛沈)은 혼미하고 침울한 마음 상태를 가리킨다.
14) 도거(掉擧)는 들뜨고 혼란스러운 마음 상태를 가리킨다.

〈유가27 : 04-05〉

A 當知是名處所不順隨性。

B 當ハ 知ㅎ丨 是乙 名下 處所氵十 不順隨ソ乛 性亠ノ氵刂乛丁

C 반ᄃᆞ기 알오다 是를 일하 處所아긔 不順隨ᄒᆞᆫ 性여호리인뎌

D 當[ハM,] 知[ㅎEp, 丨Ef,] 是[乙J,] 名[下V+Ec,] 處所[氵J−, 十−J,] 不順隨[ソV, 乛Et,] 性[亠J, ノV+Ep, 氵Et+N, 刂V, 乛Ef−, 丁−Ef,]

E 반드시 알아야 한다. 이것을 일컬어 처소에 수순하지 않는 성품이라 하는 것이다.[15)]

F 이를 처소(處所)에 수순(隨順)하지 않는 성품[性]이라고 이름하는 줄 알아야만 한다.

〈유가27 : 05-06〉

A 或於晝分、多諸諠逸；於夜分中、多蚊虻等衆苦所觸。

B 或 {於}晝分氵十乛 諸 諠逸 多か {於}夜分 中氵十乛 蚊虻 等ソ乛 衆苦灬 觸ノ乛 所 多か

C 或 晝分아긘 諸 諠逸 하며 夜分 中아긘 蚊虻 다ᄒᆞᆫ 衆苦로 觸혼 바 하며

D 或 於晝分[氵J−, 十−J, 乛J,] 諸 諠逸 多[かEc,] 於夜分 中[氵J−, 十−J, 乛J,] 蚊虻 等[ソV, 乛Et,] 衆苦[灬J,] 觸[ノV+Ep, 乛Et,] 所 多[かEc,]

E 혹 ㉠ 낮에는 여러 방일하는 일이 많으며, ㉡ 밤중에는 모기와 등에 등의 뭇 괴로움으로 접촉되는 바가 많으며,

F 혹은 낮에는 방일[諠逸]하는 일이 많고, 밤에는 모기와 등에 등의 뭇 괴로움에 접촉되는 일이 많으며

〈유가27 : 06-08〉

A 又多怖畏、多諸災厲。衆具匱乏、不可愛樂；惡友攝持、無諸善友。

B 又 怖畏 多ㄹ 諸 災厲 多ㄹソか 衆具 匱乏ソ氵ホ 愛樂ノㅎ可セソ乛 不矢か 惡友ㅋ 攝持ノ乛刂罒 諸 善友 無かソ尸矢丨

C 又 怖畏 하져 諸 災厲 하져ᄒᆞ며 衆具 匱乏ᄒᆞ아곰 愛樂홈可ㅅᄒᆞᆫ 안디며 惡友의 攝持혼이라 諸 善友 없으며ᄒᆞᆯ디다

15) 뒤에 나열된 다섯 가지의 장애들은 '처소불수순성(處所不順隨性)'에 대한 일종의 부연설명이다.

D 又 怖畏 多[彡Ec,] 諸 災厲 多[彡Ec, ソV, 㢱Ec,] 衆具 匱乏[ソV, ろEc, 尒J,] 愛樂[ノV+Ep, ㅎEp–,]可[ヒ–Ep, ソV, ㄱEt,] 不[矢R+V, 㢱Ec,] 惡友[ラJ,] 攝持[ノV+Ep, ㄱEt, リV, 罒Ec,] 諸 善友 無[㢱Ec, ソV, 尸Et, 矢N+V, 丨Ef,]

E 또 ㉢ 두려움이 많고 여러 재앙이 많고 하며, ㉣ 뭇 도구가 모자라서 애락할 수 있는 바가 아니며, ㉤ 나쁜 친구에게 포섭된 바이어서 여러 좋은 친구가 없으며 한 것이다.

F 또한 두려움이 많고 재앙들이 많으며 뭇 도구들은 모자라서 애락(愛樂)할 수 없으며, 악우(惡友)들에게 섭지(攝持)되어 선우(善友)들이 없으니

〈유가27 : 08-09〉

A **諸如是等、名住處障。**

B 諸ラ 是 如攴 等ソㄱ乙 名下 住處障亠ノ禾丨

C 믈의 是 다 다흔을 일하 住處障여호리다

D 諸[ラM,] 是 如[攴V,] 等[ソV, ㄱEt, 乙J,] 名[下V+Ec,] 住處障[亠J, ノV+Ep, 禾Ep, 丨Ef,]

E 모두 이와 같은 것들을 일컬어 주처장이라고 한다.

F 이와 같은 등을 주처(住處)의 장애라고 한다.

〈유가27 : 09-10〉

A **又此二障、當知總有二種因緣、能爲遠離。**

B 又 此 二障ろ十 當ハ 知ㅎ丨 摠ロㄱ 二種 因緣リ 能㢱 遠離リ尸{爲}入乙ソ今 有ソㄱリㄱ 丁

C 又 此 二障아긔 반드 알오다 摠곤 二種 因緣이 能며 遠離일들ᄒ리 有흔인뎌

D 又 此 二障[ろJ–, 十–J,] 當[ハM,] 知[ㅎEp, 丨Ef,] 摠[ロEc–, ㄱ–Ec,] 二種 因緣[リJ,] 能[㢱M,] 遠離[リV, 尸Et,]爲[入N, 乙J, ソV, 今Et+N,] 有[ソV, ㄱEt, リV, ㄱEf–, 丁–Ef,]

E 또 이 두 장애에, 반드시 알아야 한다, 총괄하면 두 가지 인연이 능히 멀리 떨어짐이 되는 것이 있는 것이다.

F 또한 이 두 가지 장애는 모두 두 가지 인연이 있어서 능히 원리(遠離)할 수 있다는 것을 알아야만 한다.

〈유가27 : 10-11〉

A 一、多諸定樂；二、多諸思擇。

B 一十丨 多諸定樂人 二 多諸思擇人刂丨

C 一긘 多諸定樂과 二 多諸思擇과이다

D 一[十J, 丨J,] 多諸定樂[人J,] 二 多諸思擇[人J, 刂V, 丨Ef,]

E 첫째는 여러 선정의 즐거움이 많음[多諸定樂]과, 둘째는 여러 사택[16]이 많음[多諸思擇]과이다.

F 첫째는 자주 여러 정(定)들을 즐기는 것이며, 둘째는 자주 여러 사택(思擇)을 하는 것이다.

〈유가27 : 11〉

A 多諸定樂、應知略有六種。

B 多諸定樂㇌十 知ノ㇋應七丨 略ロ丨 六種 有丷丨刂丨丁

C 多諸定樂아긔 知홈應ㅅ다 略곤 六種 有흔인뎌

D 多諸定樂[㇌J-, 十-J,] 知[ノEp, ㇋Ep-,]應[七-Ep, 丨Ef,] 略[ロEc-, 丨-Ec,] 六種 有[丷V, 丨Et, 刂V, 丨Ef-, 丁-Ef,]

E 여러 선정의 즐거움이 많음[多諸定樂]에, 알아야 한다, 간략히 하면 여섯 가지가 있는 것이다.

F 자주 여러 정(定)들을 즐기는 것에는 간략하게 여섯 가지가 있다는 것을 알아야만 한다.

〈유가27 : 11-12〉

A 謂若有已得三摩地、而未圓滿，未得自在；

B 謂丨 若 有ナ丨 已氵 三摩地乙 得㇌丨亠 而丨 圓滿 未刂丷㇗ 自在丷丨入乙 得尸 未刂丷㇗ 丷ナ丨刂亠

C 닐온 若 잇겨다 이믜사 三摩地를 얻언여 而ㄴ 圓滿 안이ᄒᆞ져 自在ᄒᆞᆫ둘 얻을 안이ᄒᆞ져ᄒᆞ견이여

16) 사택(思擇)은 생각하여 바른 도리를 간택하는 것이다. 깊이 헤아려 진실을 가려내는 지혜를 가리킨다.

D 謂[ㄱEc,] 若 有[ナEp, ㅣEf,] 已[氵M,] 三摩地[乙J,] 得[阝Ep, ㄱEt, 亠R,] 而[ㄱR,] 圓滿 未[リM, ソV, 𢀳Ec,] 自在[ソV, ㄱEt, 入N, 乙J,] 得[尸Et,] 未[リM, ソV, 𢀳Ec, ソV, ナEp, ㄱEt, リN, 亠R,]

E 말하자면, 만약 있다. 이미 삼마지를 얻었으나 원만하지 않고 자재함을 얻지 못하고 한 이가.

F 말하자면 만약 이미 삼마지(三摩地)를 얻었으나 아직 원만(圓滿)을 얻지도 못하고 자재(自在)를 얻지도 못했다면

〈유가27 : 12-14〉

A **彼應修習止擧捨三種善巧。由此發生多諸定樂。**

B 彼ㄱ 止 擧 捨七 三種 善巧乙 修習ソ阝ホ 此乙 由阝 多リㄱ 諸 定樂乙 發生ソ𠃍應七ソ㇇

C 彼는 止 擧 捨ㅅ 三種 善巧를 修習ᄒᆞ아곰 此를 븥아 하인 諸 定樂을 發生ᄒᆞᆯ應ㅅᄒᆞ며

D 彼[ㄱJ,] 止 擧 捨[七J,] 三種 善巧[乙J,] 修習[ソV, 阝Ec, ホJ,] 此[乙J,] 由[阝Ec,] 多[リR, ㄱEt,] 諸 定樂[乙J,] 發生[ソV, 𠃍Ep-,]應[七-Ep, ソV, ㇇Ec,]

E ①②③그는 지·거·사의 세 가지 선교를 닦아 익혀서, 이로 말미암아 많은 여러 선정의 즐거움을 일으키며,

F 그는 지(止) 거(擧) 사(捨)의 세 가지 선교(善巧)를 수습해야만 한다. 이것에 의하여 자주 여러 정(定)의 즐거움이 발생하는 것이다.

〈유가27 : 14-15〉

A **若有於三摩地、已得圓滿，亦得自在；**

B 若 有ナㅣ {於}三摩地阝十 已氵 得ホ 圓滿ソ𢀳 亦 自在乙 得𢀳ソナㄱリ亠

C 若 잇겨다 三摩地아긔 이믜사 시러곰 圓滿ᄒᆞ져 亦 自在를 얻져ᄒᆞ견이여

D 若 有[ナEp, ㅣEf,] 於三摩地[阝J-, 十-J,] 已[氵M,] 得[ホM,] 圓滿[ソV, 𢀳Ec,] 亦 自在[乙J,] 得[𢀳Ec, ソV, ナEp, ㄱEt, リN, 亠R,]

E 만약 있다. 삼마지에 대해 이미 능히 원만하고 또 자재를 얻고 한 이가.

F 만약 삼마지(三摩地)에서 이미 원만(圓滿)을 얻고 또한 자재(自在)를 얻었다면

〈유가27 : 15-16〉

A **彼應修習入住出定三種善巧。由此發生多諸定樂。**

B 彼ㄱ 入 住 出定ㄷ 三種 善巧ㄹ 修習ㅅ氵ホ 此ㄹ 由氵 多リㄱ 諸 定樂ㄹ 發生ㅅ? 應ㄷㅣ

C 彼는 入 住 出定ㅅ 三種 善巧를 修習ᄒᆞ아곰 此를 븥아 하인 諸 定樂을 發生흠應ㅅ다

D 彼[ㄱJ,] 入 住 出定[ㄷJ,] 三種 善巧[ㄹJ,] 修習[ㅅV, 氵Ec, ホJ,] 此[ㄹJ,] 由[氵Ec,] 多[リR, ㄱ Et,] 諸 定樂[ㄹJ,] 發生[ㅅV, ?Ep-,]應[ㄷ-Ep, ㅣEf,]

E ④⑤⑥그는 입정·주정·출정의 세 가지 선교를 닦아 익혀서, 이로 말미암아 많은 여러 선정의 즐거움을 일으킨다.

F 그는 정에 들어가고[入] 머무르며[住] 나오는[出] 세 가지 선교(善巧)를 수습해야만 한다. 이것에 의하여 자주 여러 정(定)의 즐거움이 발생하는 것이다.

〈유가27 : 16-17〉

A **云何名爲多諸思擇？**

B 云何ㅅㄱㄹ 名下 {爲}多諸思擇リㅣノ令ㅁ

C 엇혼을 일하 多諸思擇이다호리고

D 云何[ㅅV, ㄱEt, ㄹJ,] 名[下V+Ec,] 爲多諸思擇[リV, ㅣEf, ノV+Ep, 令Et+N, ㅁJ,]

E 어떤 것을 일컬어 여러 사택이 많음[多諸思擇]이라고 하는가?

F 무엇을 자주 여러 사택(思擇)을 하는 것이라고 하는가?

〈유가27 : 17〉

A **謂勝善慧、名爲思擇。**

B 謂ㄱ 勝善慧ㄹ 名下 {爲}思擇亠ノ尸亠

C 닐온 勝善慧를 일하 思擇여홀여

D 謂[ㄱEc,] 勝善慧[ㄹJ,] 名[下V+Ec,] 爲思擇[亠J, ノV+Ep, 尸Ec-, 亠-Ec,]

E 말하자면 뛰어난 훌륭한 혜를 일컬어 사택이라고 하는데,(/한다.)

F 승선(勝善)의 혜(慧)를 사택(思擇)이라고 이름하며

〈유가27 : 17-19〉

A 由此慧故，於晝夜分自己所有善法增長、如實了知，不善法增長、如實了知；

B 此 慧乙 由氵丨入⺌ 故ノ {於}晝夜分阝十 自己ラ {有}屮ノ丨 所七 善法 增長丷卜ノ丨入乙 實 如支 了知丷彡 不善法 增長丷卜ノ丨入乙 實 如支 了知丷彡丷㢱

C 此 慧를 말미삼은드로 故오 晝夜分아긔 自己의 두온 밧 善法 增長ᄒᆞ누온돌 實 다 了知ᄒᆞ져 不善法 增長ᄒᆞ누온돌 實 다 了知ᄒᆞ져ᄒᆞ며

D 此 慧[乙J,] 由[氵V, 丨Et, 入N, ⺌J,] 故[ノR,] 於晝夜分[阝J-, 十-J,] 自己[ラJ,] {有}[屮V, ノEp, 丨Et,] 所[七J,] 善法 增長[丷V, 卜Ep, ノEp, 丨Et, 入N, 乙J,] 實 如[支V,] 了知[丷V, 彡Ec,] 不善法 增長[丷V, 卜Ep, ノEp, 丨Et, 入N, 乙J,] 實 如[支V,] 了知[丷V, 彡Ec, 丷V, 㢱Ec,]

E ①②이 혜로 말미암은 까닭으로, 밤낮으로 자기가 지닌 바의 선법이 증장하는 것을 실상과 같이 알고, 불선법이 증장하는 것을 실상과 같이 알고 하며,

F 이 혜(慧)에 의하기 때문에 밤낮으로 자기(自己)의 모든 선법(善法)의 증장(增長)을 여실(如實)하게 알며[了知], 불선법(不善法)의 증장을 여실하게 알며

〈유가27 : 19-21〉

A 善法衰退、如實了知，不善法衰退、如實了知。

B 善法 衰退丷卜ノ丨入乙 實 如支 了知丷彡 不善法 衰退丷卜ノ丨入乙 實 如支 了知丷彡丷㢱

C 善法 衰退ᄒᆞ누온돌 實 다 了知ᄒᆞ져 不善法 衰退ᄒᆞ누온돌 實 다 了知ᄒᆞ져ᄒᆞ며

D 善法 衰退[丷V, 卜Ep, ノEp, 丨Et, 入N, 乙J,] 實 如[支V,] 了知[丷V, 彡Ec,] 不善法 衰退[丷V, 卜Ep, ノEp, 丨Et, 入N, 乙J,] 實 如[支V,] 了知[丷V, 彡Ec, 丷V, 㢱Ec,]

E ③④선법이 쇠퇴하는 것을 실상과 같이 알고, 불선법이 쇠퇴하는 것을 실상과 같이 알고 하며,

F 선법(善法)의 쇠퇴(衰退)를 여실하게 알며, 불선법(不善法)의 쇠퇴를 여실하게 아는 것이다.

〈유가27 : 21-22〉

A 又彼如於晝夜若行若住、習近衣服飮食命緣、

B 又 彼ㄱ {於}晝夜氵十 若 行ソ乃 若 住ソ乃 衣服亠 飮食亠 命緣亠ノ尸乙 習近ノㄱ入乙 如八

C 又 彼는 晝夜아긔 若 行ᄒᆞ나 若 住ᄒᆞ나 衣服여 飮食여 命緣여홀을 習近혼들 ᄀᆞ

D 又 彼[ㄱJ,] 於晝夜[氵J-, 十-J,] 若 行[ソV, 乃Ec,] 若 住[ソV, 乃Ec,] 衣服[亠J,] 飮食[亠J,] 命緣[亠J, ノV+Ep, 尸Et, 乙J,] 習近[ノV+Ep, ㄱEt, 入N, 乙J,] 如[八V,]

E 또 그는 밤낮으로 다니거나 머무르거나 간에, 의복이니 음식이니 명연[17]이니 하는 것을 가까이 익히는 것과 같이,

F 또한 그는 밤낮의 경우와 같이, 행하거나 머물거나 간에 의복 음식과 사는 데의 인연[命緣]을 가까이 익힌다.

〈유가27 : 22-28 : 01〉

A 由習近故，不善法增長、善法衰退、或善法增長、不善法衰退、皆如實了知。

B 習近ソㄱ入乙 由氵ㄱ入灬 故ノ 不善法 增長ソ彡 善法 衰退ソ彡 或 善法 增長ソ彡 不善法 衰退ソ彡ソトノㄱ入乙 皆 實 如攴 了知ソ㢱

C 習近혼들 말미삼은ᄃᆞ로 故오 不善法 增長ᄒᆞ져 善法 衰退ᄒᆞ져 或 善法 增長ᄒᆞ져 不善法 衰退ᄒᆞ져ᄒᆞ누온들 皆 實 다 了知ᄒᆞ며

D 習近[ソV, ㄱEt, 入N, 乙J,] 由[氵V, ㄱEt, 入N, 灬J,] 故[ノR,] 不善法 增長[ソV, 彡Ec,] 善法 衰退[ソV, 彡Ec,] 或 善法 增長[ソV, 彡Ec,] 不善法 衰退[ソV, 彡Ec, ソV, トEp, ノEp, ㄱEt, 入N, 乙J,] 皆 實 如[攴V,] 了知[ソV, 㢱Ec,]

E 가까이 익히는 것에 말미암은 까닭으로, 불선법이 증장하고 선법이 쇠퇴하고, 혹은 선법이 증장하고 불선법이 쇠퇴하고 하는 것을 모두 실상과 같이 알며,

F 가까이 익히기 때문에 불선법(不善法)의 증장(增長)과 선법(善法)의 쇠퇴(衰退)와, 혹은 선법(善法)의 증장과 불선법(不善法)의 쇠퇴를 모두 여실히 아는 것이다.

17) 명연(命緣)은 살아가는 데 필요한 살림도구[命緣資具]와 같은 말이다.

〈유가28 : 01〉

A 即此思擇爲依止故；

B 卽 此 思擇乙 依止 {爲}氵ㄱ入灬 故ノ

C 卽 此 思擇을 依止 삼은ᄃ로 故오

D 卽 此 思擇[乙J,] 依止 {爲}[氵V, ㄱEt, 入N, 灬J,] 故[ノR,]

E 곧 이 사택을 의지로 삼은 까닭으로,

F 곧 이러한 사택(思擇)을 의지로 삼기 때문에

〈유가28 : 02-03〉

A 於所生起諸不善法、由不堅著、方便道理驅擯遠離，於諸善法、能勤修習。[18)]

B {於}生起ソㄱ 所七 諸 不善法ろ十 不堅着ソㄱ入乙 由ろ 方便道理灬 駈擯遠離ソㆆ {於}諸 善法ろ十 能㢱 勤七 修習ソㆆソ尸矢丨

C 生起ᄒᆞᆫ 밧 諸 不善法아긔 不堅着ᄒᆞᆫ돌 븥아 方便道理로 駈擯遠離ᄒᆞ져 諸 善法아긔 能며 勤ㅅ 修習ᄒᆞ져홀디다

D {於}生起[ソV, ㄱEt,] 所[七J,] 諸 不善法[ろJ-, 十-J,] 不堅着[ソV, ㄱEt, 入N, 乙J,] 由[ろEc,] 方便道理[灬J,] 駈擯遠離[ソV, ㆆEc,] {於}諸 善法[ろJ-, 十-J,] 能[㢱M,] 勤[七M,] 修習[ソV, ㆆEc, ソV, 尸Et, 矢N+V, 丨Ef,]

E 생겨난 바의 여러 불선법에 대해 굳게 집착하지 않는 것으로 말미암아 방편의 도리로 내쫓고[驅擯][19)] 멀리 여의고[遠離], 여러 선법에 대해 능히 부지런히 닦아 익히고 하는 것이다.

F 생겨나는 모든 불선법(不善法)에 대하여 방편(方便)의 도리(道理)를 굳게 집착하지 않기 때문에 내쫓고[驅擯] 원리(遠離)하는 것이다.

〈유가28 : 04-05〉

A 如是二處十種善巧、於二處所十一種障、能令斷滅；隨所生起、即便遠離。

18) 유가사지론자료고의 표점은 "於所生起諸不善法、由不堅著方便道理、驅擯遠離，於諸善法、能勤修習。"이나 구결문에 따라 수정하였다.

19) '내쫓음[驅擯]'은 추방하거나 배척하는 것, 또는 파문시키는 것을 말한다.

B 是 如支丷丨 二處七 十種 善巧丨 {於}二處所氵十丷丨 十一種 障乙 能氵 斷滅丷{令}刂下 生起丷丨 所乙 隨丿 卽ㅎ 便ㅋ 遠離丷ナ矛皿

C 是 다흔 二處ㅅ 十種 善巧는 二處所아긔흔 十一種 障을 能며 斷滅흐이하 生起흔 바를 좇오 곧오 便의 遠離흐겨리라

D 是 如[支V, 丷V, 丨Et,] 二處[七J,] 十種 善巧[丨J,] {於}二處所[氵J-, 十-J, 丷V, 丨Et,] 十一種 障[乙J,] 能[氵M,] 斷滅[丷V,]{令}[刂V, 下R+Ec,] 生起[丷V, 丨Et,] 所[乙J,] 隨[丿M,] 卽[ㅎM,] 便[ㅋM,] 遠離[丷V, ナEp, 矛Ep, 皿Ec,]

E 이와 같은 두 곳의 열 가지 선교는 두 처소에 있는 열한 가지 장애를 능히 끊어 없애, 생겨나는 바를 좇아(/생겨나는 대로) 곧바로 멀리 여읠 것이므로,

F 제 선법(善法)에 대한 이와 같은 2처(處)의 열 가지 선교(善巧)를 능히 부지런히 수습(修習)하여서 2처소(處所)의 열한 가지 장애를 능히 단멸(斷滅)시켜서 생겨나는 대로 곧바로 원리(遠離)하니

〈유가28 : 06〉

A 如是名爲遠離障㝵。

B 是 如支丷丨乙 名下 {爲}遠離障㝵亠丿矛丨

C 是 다흔을 일하 遠離障㝵여호리다

D 是 如[支V, 丷V, 丨Et, 乙J,] 名[下V+Ec,] {爲}遠離障㝵[亠J, 丿V+Ep, 矛Ep, 丨Ef,]

E 이와 같은 것을 일컬어 원리장애라고 한다.

F 이와 같은 것을 장애를 원리하는 것[遠離障礙]이라고 이름하는 것이다.

〈유가28 : 06-07〉

A 又此遠離障㝵義、廣說應知如所說相。

B 又 此 遠離障㝵七 義丨 廣刂 說尸入丨 知丿ㅎ應七丨 說丿丨 所七 相乙 如八丷丨亠

C 又 此 遠離障㝵ㅅ 義는 넙이 니를든 알옴應ㅅ다 說혼 밧 相을 국흔여

D 又 此 遠離障㝵[七J,] 義[丨J,] 廣[刂M,] 說[尸Ec-, 入-Ec-, 丨-Ec,] 知[丿Ep, ㅎEp-,]應[七-Ep, 丨Ef,] 說[丿V+Ep, 丨Et,] 所[七J,] 相[乙J,] 如[八V, 丷V, 丨Et, 亠R,]

E 또 이 원리장애의 의미는, 자세히 말하면, 알아야 한다, 말한 바의 상과 같은 것이니,

F 또한 이 장애를 원리하는 이치[義]에 대한 자세한 설명은 설한 바 상(相)과 같으며

〈유가28 : 07-08〉

A **除此更無若過若增。**

B 此乙 除口斤 更氵 若 過丷彡 若 增丷彡丷1 无丷1刂1丁

C 此를 덜고근 ᄂᆞ외아 若 過ᄒᆞ져 若 增ᄒᆞ져ᄒᆞᆫ 无ᄒᆞᆫ인뎌

D 此[乙J,] 除[口Ec, 斤J,] 更[氵M,] 若 過[丷V, 彡Ec,] 若 增[丷V, 彡Ec, 丷V, 1Et,] 无[丷V, 1Et, 刂V, 1Ef-, 丁-Ef,]

E 이것을 제외하고는, 다시 (이보다) 지나치거나 (이보다) 더하거나 한 것이 없는 것이다.

F 이것을 제외하고 다시 지나치거나 증가하는 것은 없다는 것을 알아야만 한다.

〈유가28 : 09-10〉

A **云何入聖諦現觀已，爲欲證得速疾通慧、作意思惟諸歡喜事？**

B 云何丷1乙 聖諦現觀氵十 入尸 已氵丷氵斤 速疾 通慧乙 證得丷{爲欲}人 諸 歡喜事乙 作意思惟丷尸矢丨ノ今口

C 엇ᄒᆞᆫ을 聖諦現觀아긔 들 이믜사ᄒᆞ아근 速疾 通慧를 證得ᄒᆞ과 諸 歡喜事를 作意思惟ᄒᆞᆯ디다호리고

D 云何[丷V, 1Et, 乙J,] 聖諦現觀[氵J-, 十-J,] 入[尸Et,] 已[氵M, 丷V, 氵Ec, 斤J,] 速疾通慧[乙J,] 證得[丷V,]{爲欲}[人Ec,] 諸 歡喜事[乙J,] 作意思惟[丷V, 尸Et, 矢N+V, 丨Ef, ノV+Ep, 今Et+N, 口J,]

E 어떤 것을 성제현관에 들기를 이미 하여서는, 빠른 신통과 지혜를 증득하고자 여러 환희사를 작의하고 사유하는 것이라 하는가?

F 무엇을 성제현관(聖諦現觀)에 들어가고 나서 빠르게 통혜(通慧)를 증득하고자 하기 위해서 여러 가지 환희사(歡喜事)를 작의(作意)하고 사유(思惟)한다고 하는 것인가?

〈유가28 : 10-11〉

A 謂聖弟子、已見聖諦，已得證淨，

B 謂ㄱ 聖弟子リ 已氵 聖諦乙 見ソ彡 已氵 證淨乙 得彡ソ〻

C 닐온 聖弟子이 이믜사 聖諦를 見ᄒᆞ져 이믜사 證淨을 얻져ᄒᆞ아

D 謂[ㄱEc,] 聖弟子[リJ,] 已[氵M,] 聖諦[乙J,] 見[ソV, 彡Ec,] 已[氵M,] 證淨[乙J,] 得[彡Ec, ソV, 〻Ec,]

E 말하자면 ①성제자가 이미 성제를 보고, 이미 증정을 얻고 하여,

F 성제(聖諦)를 이미 보고 증정(證淨)을 이미 얻은 성제자(聖弟子)는

〈유가28 : 11-13〉

A 即以證淨爲依止故；於佛法僧勝功德田、作意思惟發生歡喜。

B 卽丆 證淨乙 {以}氵 依止 {爲}氵ㄱ人⺌ 故ノ {於}佛法僧リㄱ 勝功德田〻十 作意思惟ソ〻 ホ 歡喜乙 發生ソ㫆

C 곧오 證淨을 ᄡᅧ 依止 삼은ᄃᆞ로 故오 佛法僧인 勝功德田아긔 作意思惟ᄒᆞ아곰 歡喜를 發生ᄒᆞ며

D 卽[丆M,] 證淨[乙J,] {以}[氵V,] 依止 {爲}[氵V, ㄱEt, 人N, ⺌J,] 故[ノR,] {於}佛法僧[リV, ㄱEt,] 勝功德田[〻J-, 十-J,] 作意思惟[ソV, 〻Ec, ホJ,] 歡喜[乙J,] 發生[ソV, 㫆Ec,]

E 곧 증정으로써 의지를 삼은 까닭으로, 불·법·승인 뛰어난 공덕전에 대해 작의하고 사유하여서 환희를 일으키며,

F 곧 증정(證淨)으로서 의지를 삼기 때문에 불(佛) 법(法) 승(僧)의 뛰어난 공덕전(功德田)에 대하여 작의(作意)하고 사유(思惟)하여 환희(歡喜)를 일으키는 것이다.

〈유가28 : 13-15〉

A 又依自增上生事、及決定勝事，謂己身財寶所證盛事、作意思惟發生歡喜。20)

B 又 自ㄢ 增上生事人 及七 決定勝事人乙 依〻ノ尸ム 謂ㄱ 己ㄢ 身ㅗ 財寶ㅗノ今人 所證人

20) 유가사지론자료고의 표점은 "又依自增上生事、及決定勝事、謂己身財寶所證盛事。作意思惟發生歡喜。"이나 구결문에 따라 수정하였다.

七 盛事 氵 十 作意思惟 丷 氵 ㅅ 歡喜 乙 發生 丷 㢱

C 又 저의 增上生事과 밋 決定勝事과를 븥아홀딕 닐온 저의 身여 財寶여호리과 所證괏 盛事아긔 作意思惟ᄒᆞ아곰 歡喜를 發生ᄒᆞ며

D 又 自[彡J,] 增上生事[人J,] 及[七M,] 決定勝事[人J, 乙J,] 依[氵Ec, ノV+Ep, 尸Ec-, 厶-Ec,] 謂[㇕Ec,] 己[彡J,] 身[亠J,] 財寶[亠J, ノV+Ep, 令Et+N, 人J,] 所證[人J, 七J,] 盛事[氵J-, 十-J,] 作意思惟[丷V, 氵Ec, ㅅJ,] 歡喜[乙J,] 發生[丷V, 㢱Ec,]

E ②또 자기의 증상생사21)와 결정승사22)와를 의지하되(/의지하여 하되), 말하자면 자기의 몸이니 재보이니 하는 것과 증득한 바와의 성사에 대해 작의하고 사유하여서 환희를 일으키며,

F 또한 스스로 증상(增上)의 생사(生事)와 결정(決定)의 승사(勝事)에 의지하여, 즉 자신의 재보(財寶)와 증득한 성사(盛事)를 작의하고 사유하여 환희를 일으키는 것이다.

〈유가28 : 15-16〉

A **又依無嫉、如於自身，於他亦爾。**

B 又 无嫉 ノ 尸 入 乙 依 氵 ノ 尸 厶 {於}自 彡 身 氵 十 ノ 尸 入 乙 丷 ㇕ 如 攴 {於}他 彡 十 ノ 尸 亦 尒 亠 丷 㢱

C 又 无嫉홀둘 븥아홀딕 저의 身아긔홀둘흔 다 他의긔홀 亦 尒여ᄒᆞ며

D 又 无嫉[ノV+Ep, 尸Et, 入N, 乙J,] 依[氵Ec, ノV+Ep, 尸Ec-, 厶-Ec,] {於}自[彡J,] 身[氵J-, 十-J, ノV+Ep, 尸Et, 入N, 乙J, 丷V, ㇕Et,] 如[攴V,] {於}他[彡J-, 十-J, ノV+Ep, 尸Et,] 亦 尒[亠R, 丷V, 㢱Ec,]

E ③또 질투가 없는 것을 의지하되(/의지하여 하되), 자기의 몸에 대해 하는 것을 함과 같이 남에게 하는 것도 또한 그렇게 하며,

F 또한 질투가 없는 것[無嫉]에 의지하여 자신에 있어서와 같이 다른 이에게도 역시 그렇게 하는 것이다.

---

21) 증상생사(增上生事)는 보시(布施)・지계(持戒)・인욕(忍辱) 등 세 종류 바라밀행에 의해 그 과보로서 재물[大材]과 위대한 몸[大體]와 대권속(大眷屬)들이 초감(招感)된 것을 말한다.

22) 결정승사(決定勝事)는 정진(精進)・정려(靜慮 : 선정)・지혜(智慧) 등 세 종류 바라밀에 의해 성취한 것을 가리킨다. 정진으로 인해 능히 번뇌를 조복시키고, 정려로 인해 능히 유정을 성숙하게 하며, 지혜로 인해 능히 불법을 성숙시킨다.

〈유가28 : 16-17〉

A 又依知恩，謂有恩者、念大師恩、作意思惟發生歡喜。[23)]

B 又 知恩ノ尸入乙 依氵ノ尸厶 謂1 有恩ソㅌㅌ 者ㇵ十 大師ㇵ 恩乙 念ソ氵ホ 作意思惟ソ 氵 歡喜乙 發生ソ𠃍ソ尸亠

C 又 知恩홀돌 븥아홀딕 닐온 有恩ᄒᆞᆫ 者의긔 大師의 恩을 念ᄒᆞ아곰 作意思惟ᄒᆞ아 歡喜를 發生ᄒᆞ며홀여

D 又 知恩[ノV+Ep, 尸Et, 入N, 乙J,] 依[氵Ec, ノV+Ep, 尸Ec-, 厶-Ec,] 謂[1Ec,] 有恩[ソV, ㅌEt, ㅌJ,] 者[ㇵJ-, 十-J,] 大師[ㇵJ,] 恩[乙J,] 念[ソV, 氵Ec, ホJ,] 作意思惟[ソV, 氵Ec,] 歡喜[乙J,] 發生[ソV, 𠃍Ec, ソV, 尸Ec-, 亠-Ec,]

E ④또 은혜를 아는 것을 의지하되(/의지하여 하되), 말하자면 은혜 있는 자에게 대사의 은혜를 기억하여서 작의하고 사유하여 환희를 일으키며 하는 것이니,

F 또한 지은(知恩)에 의지해서는 '은혜로운 사람이다'고 말하며, 대사(大師)의 은혜를 기억하여 작의하고 사유하여서 환희를 일으키는 것이다.

〈유가28 : 17-19〉

A 由依彼故，遠離衆苦、及與苦因；引發衆樂、及與樂因。

B 彼乙 依ソ1入乙 由氵1入⺌ 故ノ 衆苦亠 及與ㅌ 苦因亠ノ尸乙 遠離ソロ 衆樂亠 及與ㅌ 樂因亠ノ尸乙 引發ソ尸矢丨

C 彼를 依ᄒᆞᆫ돌 말믹삼은ᄃᆞ로 故오 衆苦여 밋 苦因여홀을 遠離ᄒᆞ고 衆樂여 밋 樂因여홀을 引發홀디다

D 彼[乙J,] 依[ソV, 1Et, 入N, 乙J,] 由[氵V, 1Et, 入N, ⺌J,] 故[ノR,] 衆苦[亠J,] 及與[ㅌM,] 苦因[亠J, ノV+Ep, 尸Et, 乙J,] 遠離[ソV, ロEc,] 衆樂[亠J,] 及與[ㅌM,] 樂因[亠J, ノV+Ep, 尸Et, 乙J,] 引發[ソV, 尸Et, 矢N+V, 丨Ef,]

E 그것들을 의지하는 것에 말미암은 까닭으로, 뭇 괴로움이니 괴로움의 원인이니 하는 것을 멀리 여의고, 뭇 즐거움이니 즐거움의 원인이니 하는 것을 끌어들이는 것이다.

F 그러한 것에 의지하기 때문에 뭇 괴로움[苦]과 고인(苦因)을 원리(遠離)하고 뭇 즐거움

23) 유가사지론자료고의 표점은 "又依知恩、謂有恩者。念大師恩、作意思惟發生歡喜。"이나 구결문에 따라 수정하였다.

[樂]과 락인(樂因)을 끌어들이게 된다.

〈유가28 : 19-20〉

A 如是思惟隨順修道歡喜事故；便能證得速疾通慧。

B 是 如支 修道氵+ 隨順丷1 歡喜事乙 思惟丷1入⺳ 故ノ 便ㆆ 能ㅅ 速疾通慧乙 證得丷ナ ㆆ七丨

C 是 다 修道아긔 隨順혼 歡喜事를 思惟혼드로 故오 곧오 能며 速疾通慧를 證得ᄒᆞ겨다

D 是 如[支V,] 修道[氵J-, +-J,] 隨順[丷V, 1Et,] 歡喜事[乙J,] 思惟[丷V, 1Et, 入N, ⺳J,] 故[ノ R,] 便[ㆆM,] 能[ㅅM,] 速疾通慧[乙J,] 證得[丷V, ナEp, ㆆEp-, 七-Ep, 丨Ef,]

E 이와 같이 수도에 수순하는 환희사를 사유한 까닭으로, 곧 능히 빠른 신통과 지혜를 증득한다.

F 이와 같이 수도(修道)에 수순(隨順)하는 환희사(歡喜事)를 사유하기 때문에 빠르게 통혜(通慧)를 증득할 수 있는 것이다.

〈유가28 : 20-21〉

A 又此思惟隨順修道歡喜事義、廣說應知如所說相。

B 又 此 修道氵+[24] 隨順丷1 歡喜事乙 思惟ノ令七 義1 廣刂 說尸入1 知ノㆆ應七丨 說ノ 1 所七 相乙 如ハ丷1⺈

C 又 此 修道아긔 隨順혼 歡喜事를 思惟호릿 義는 넙이 니를둔 알옴應ㅅ다 說혼 밧 相을 긑혼여

D 又 此 修道[氵J-, +-J,] 隨順[丷V, 1Et,] 歡喜事[乙J,] 思惟[ノV+Ep, 令Et+N, 七J,] 義[1J,] 廣[刂M,] 說[尸Ec-, 入-Ec-, 1-Ec,] 知[ノEp, ㆆEp-,]應[七-Ep, 丨Ef,] 說[ノV+Ep, 1Et,] 所

---

24) 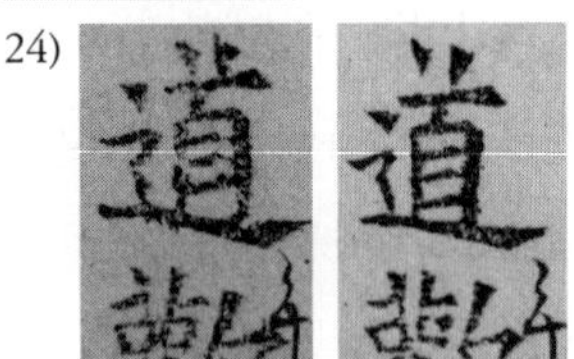
<유가28:19> <유가28:21>

앞의 문장(28장 19행)과 동일한 구조의 문장이므로 '氵+' 뒤에 역독점이 찍혀야 하지만 보이지 않는다.

[ㅌJ,] 相[ㄹJ,] 如[ハV, ㅅV, ㄱEt, ㅗR,]

E 또 이 수도에 수순하는 환희사를 사유하는 의미는, 자세히 말하면, 알아야 한다, 말한 바의 상과 같은 것이니,

F 또한 수도(修道)를 수순하는 환희사(歡喜事)를 사유하는 이러한 이치[義]에 대한 자세한 설명은 설한 바 상(相)과 같으며

〈유가28 : 21-22〉

A 除此、更無若過若增。

B 此ㄹ 除ㅁ斤 更ㅅ 若 過ㅅㅎ 若 增ㅅㅎㅅㄱ 无ㅅㄱㄲㄱ丁

C 此를 덜고근 ᄂ외아 若 過ᄒ져 若 增ᄒ져ᄒᆫ 无ᄒᆫ인뎌

D 此[ㄹJ,] 除[ㅁEc, 斤J,] 更[ㅅM,] 若 過[ㅅV, ㅎEc,] 若 增[ㅅV, ㅎEc, ㅅV, ㄱEt,] 无[ㅅV, ㄱEt, ㄲV, ㄱEf-, 丁-Ef,]

E 이것을 제외하고는, 다시 (이보다) 지나치거나 (이보다) 더하거나 한 것이 없는 것이다.

F 이것을 제외하고 다시 지나치거나 증가하는 것은 없다는 것을 알아야만 한다.

✿ 유가사지론

수소성지-출세간일체종청정-수습여소득도·증득극청정도급과공덕(28 : 23-32 : 06)

1. 수소성지(修所成地)의 구성

<table>
<tr><td rowspan="8">修
所
成
地</td><td>4處</td><td>7支</td></tr>
<tr><td>1 修處所</td><td>① 生圓滿 : 생의 원만(01:15-04:06)</td></tr>
<tr><td rowspan="3">2 修因緣</td><td>② 聞正法圓滿 : 정법을 듣는 데의 원만(04:06-04:14)</td></tr>
<tr><td>③ 涅槃爲上首 : 열반을 상수로 하는 것(04:15-06:13)</td></tr>
<tr><td>④ 能熟解脫慧之成熟 : 능히 해탈을 성숙시키는 혜(慧)의 성숙(06:14-07:23)</td></tr>
<tr><td>3 修瑜伽</td><td>⑤ 修習對治 : 대치를 수습하는 것(08:01-13:03)</td></tr>
<tr><td rowspan="2">4 修果</td><td>⑥ 世間一切種淸淨 : 세간의 모든 종류의 청정(13:04-20:02)</td></tr>
<tr><td>⑦ 出世間一切種淸淨 : 출세간의 모든 종류의 청정(20:03-32:01)</td></tr>
</table>

2. 출세간일체종청정(出世間一切種淸淨)의 구성

<table>
<tr><td rowspan="7">出世間一切種淸淨
(20:03-32:01)</td><td colspan="2">出世間一切種淸淨의 개관(20:03-08)</td></tr>
<tr><td rowspan="5">5種</td><td>① 入聖諦現觀 : 聖諦現觀에 들어감(20:09-26:02)</td></tr>
<tr><td>② 離諸障㝵 : 여러 障㝵를 여읨(26:03-28:08)</td></tr>
<tr><td>③ 作意思惟 諸歡喜事 : 여러 歡喜事를 作意하고 思惟함(28:09-22)</td></tr>
<tr><td>④ 修習如所得道 : 얻은 道를 修習함(28:23-30:01)</td></tr>
<tr><td>⑤ 證得極淸淨道及果功德 : 極淸淨道와 果功德을 證得함(30:02-31:11)</td></tr>
<tr><td colspan="2">七支인 出世間一切種淸淨을 총괄 (31:11-32:01)</td></tr>
<tr><td colspan="3">六~七支인 修果 및 修所成地 전체를 총괄 (32:02-06)</td></tr>
</table>

2.1. 수습여소득도(修習如所得道)의 구성

<table>
<tr><td rowspan="10">修習如所得道
(28:23-30:01)</td><td rowspan="4">四種修道
(28:23-29:13)</td><td colspan="2">① 구경(究竟)으로 나아가고자 현법(現法)의 가운데에서 마음 지극히 사모하되, 출리락욕(出離樂欲)을 자주 자주 현행(現行)함.</td></tr>
<tr><td colspan="2">② 서른일곱 보리분법(菩提分法)에 대해 방편으로 부지런히 닦음.</td></tr>
<tr><td colspan="2">③ 맨 마지막의 여러 앉고 눕는 도구를 가까이 익혀서 마음에 멀리 떨어짐을 즐김.</td></tr>
<tr><td colspan="2">④ 여러 선법(善法)이 더욱 나아지고, 더욱 뛰어나고, 더욱 미묘한 곳에 대해 희구(悕求)하여서 머무름.</td></tr>
<tr><td rowspan="5">五法
修習圓滿
(29:13-29:20)</td><td colspan="2">① 먼저 설한 바의 여러 환희사에서 생겨난 환희와 같이, 이러한 때에 수득원만(修得圓滿)하게 함.</td></tr>
<tr><td colspan="2">② 번뇌를 끊어서 뛰어난 소증법(所證法)을 획득하기 때문에 또한 희열을 수득원만하게 함.</td></tr>
<tr><td>③ 수소단의 혹품(惑品) 추중(麤重)을 이미 멀리하기 때문에 경안(輕安)을 획득함.</td><td rowspan="2">이 같은 두 가지를 수득원만하게 함.</td></tr>
<tr><td>④ 경안으로 생겨난 몸과 마음의 청량함으로 지극히 섭수하게 됨.</td></tr>
<tr><td colspan="2">⑤ 이 유학(有學)의 금강유정(金剛喩定)이 구경(究竟)에 이른 까닭으로 수득원만하게 함.</td></tr>
<tr><td>요약
(29:20-30:01)</td><td colspan="2">이는 네 가지 법을 의지 삼은 까닭으로 능히 다섯 법을 수득원만하게 하는 것이며, 이를 제외하고는 지나치거나 더하거나 한 것이 없음.</td></tr>
</table>

2.2. 증득극청정도급과공덕(證得極淸淨道及果功德)의 구성

<table>
<tr><td rowspan="6">證得極淸淨道
及果功德
(30:02-31:11)</td><td>三位
(30:02-04)</td><td>① 낙위(樂位), ② 고위(苦位), ③ 불고불락위(不苦不樂位)에서 번뇌가 수면(隨眠)됨.</td><td rowspan="3">이와 같은 장애가 되는 번뇌를 남김없이 영원히 끊는 것을 일컬어 지극히 청정한 도과(道果)를 증득한 것이라고 함.</td></tr>
<tr><td>二種 補特伽羅
(30:04-05)</td><td>이로 인해 ① 이생(異生)의 보특가라와 ② 유학(有學)의 보특가라가 나타남.</td></tr>
<tr><td>二種 雜染品
(30:05-11)</td><td>또한 ① 취잡염품(取雜染品)과 ② 행잡염품(行雜染品)도 나타남.</td></tr>
<tr><td>極淸淨道
(30:11-14)</td><td>열 가지 무학지(無學地)로 거두어지는 다섯 무학온(無學蘊), 이른바 계온(戒蘊), 정온(定蘊), 혜온(慧蘊), 해탈온(解脫蘊), 해탈지견온(解脫智見蘊)을 지극히 청정한 도[極淸淨道]라고 함.</td><td>이 지극히 청정한 도를 증득하기 때문에 열 가지 잘못을 여의고 성스러운 처소[聖所住]에 머무름.</td></tr>
<tr><td>十種 過失
(30:15-31:05)</td><td>① 고고(苦苦)에 상응하는 잘못, ② 여러 근(根)을 지키지 못하는 잘못, ③ 즐겨 머무름을 애미(愛味)하는 잘못, ④ 다니고 머무름에 대해 방일하는 잘못, ⑤⑥⑦ 외도(外道)의 사견(邪見)으로 인해 일어난 어언(語言), 심사(尋思), 추구(追求), ⑧ 정려(靜慮)의 변제(邊際)에 의지하는 잘못, ⑨ 연기(緣起)로 거두어지는 취잡염품(取雜染品)을 일으키는 잘못, ⑩ 행잡염품(行雜染品)을 일으키는 잘못.</td><td>이와 같은 열 가지 잘못에 대해 영원히 상응하지 않으면 성스러운 처소에 머무를 수 있는데, 이를 지극히 청정한 도(道)와 과(果) 공덕(功德)을 증득하는 것이라고 함.</td></tr>
<tr><td>요약
(31:05-31:11)</td><td colspan="2">이러한 지극히 청정한 도와 과(果)·공덕(功德)을 증득하는 의미는 말한 바 상(相)과 같으니, 이것을 제외하고는 지나치거나 더하거나 한 것이 없음.</td></tr>
</table>

〈유가28 : 23〉

A 云何修習如所得道？

B 云何ㅅ1乙 得ノ1 所乙 如八ㅅ1 道乙 修習ㅅ尸矢丨ノ令ロ[1)]

C 엇흔을 得혼 바를 ᄀ흔 道를 修習홀디다호리고

D 云何[ㅅV, 1Et, 乙J,] 得[ノEp, 1Et,] 所[乙J,] 如[八V, ㅅV, 1Et,] 道[乙J,] 修習[ㅅV, 尸Et, 矢N+V, 丨Ef, ノV+Ep, 令Et+N, ロJ,]

E 어떤 것을 얻은 바와 같은 도를 닦아 익히는 것이라 하는가?

F 무엇을 얻었던 도(道) 그대로를 수습하는 것이라고 하는가?

〈유가28 : 23-29 : 02〉

A 謂彼如是所生廣大無罪歡喜、溉[2)]灌其心，爲趣究竟、於現法中心極思慕。

B 謂1 彼1 是 如攴 生ㅅ1 所七 廣大无罪歡喜灬 其 心乙 漑灌ㅅ氵尒 究竟乙 趣ㅅ{爲}人 {於}現法七 中氵十 心 極 思慕ノ尸厶

C 닐온 彼는 是 다 生혼 밧 廣大无罪歡喜로 其 心을 漑灌ᄒ아곰 究竟을 趣ᄒ과 現法ㅅ 中 아긔 心 極 思慕홀딕

D 謂[1Ec,] 彼[1J,] 是 如[攴V,] 生[ㅅV, 1Et,] 所[七J,] 廣大无罪歡喜[灬J,] 其 心[乙J,] 漑灌[ㅅV, 氵Ec, 尒J,] 究竟[乙J,] 趣[ㅅV,]{爲}[人Ec,] {於}現法[七J,] 中[氵J-, 十-J,] 心 極 思慕

---

1) 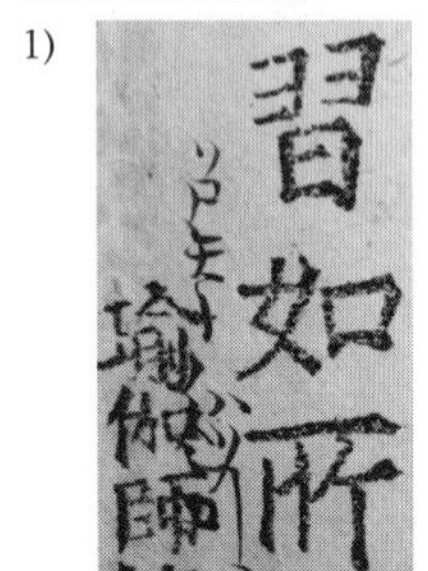
'ノ令ロ'는 본문 왼쪽에 여백이 거의 없이 새겨진 판미제 '瑜伽師地論'의 '瑜伽師' 부분에 쓰여 있다.

2) '漑'에 대한 음주(音注)가 난상에 '歌賚丶 又音槩'라고 적혀 있다. '丶'는 반절(反切)의 '反'을 생획하여 적은 것으로 보인다.

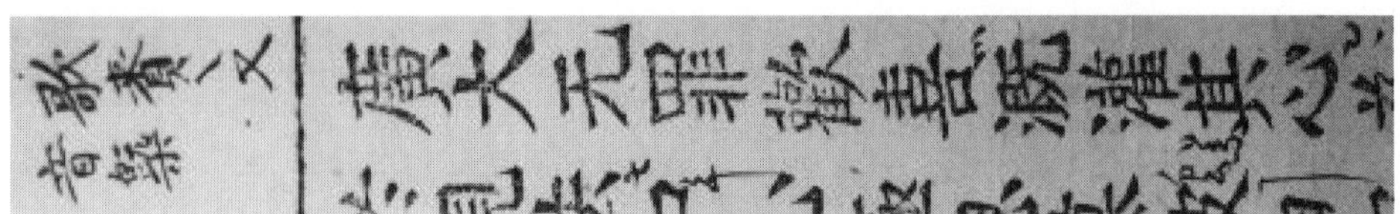

[ノV+Ep, 尸Ec-, 厶-Ec,]

E 말하자면 ①그는 이와 같이 생겨난 바의 광대하고 죄 없는 환희로 그 마음에 물을 대어서, 구경으로 나아가고자 현법의 가운데에서 마음 지극히 사모하되,

F 그는 이와 같이 생겨난 광대(廣大)하고 무죄(無罪)의 환희(歡喜)를 그 마음에 끌어대어 구경(究竟)으로 나아가기 위해서 현법(現法)에서 마음으로 극히 사모(思慕)하는 것이다.

〈유가29 : 02-03〉

A 彼由如是心生思慕、出離樂欲數數現行。

B 彼1 是 如支 心3十 思慕乙 生刂1入乙 由3 出離樂欲乙 數數刂 現行ソ3ホ

C 彼는 是 다 心아긔 思慕를 나인돌 븥아 出離樂欲을 數數이 現行ᄒ아곰

D 彼[1J,] 是 如[支V,] 心[3J-, 十-J,] 思慕[乙J,] 生[刂V, 1Et, 入N, 乙J,] 由[3Ec,] 出離樂欲[乙J,] 數數[刂M,] 現行[ソV, 3Ec, ホJ,]

E 그는 이와 같이 마음에 사모함을 내는 것으로 말미암아 출리락욕을 자주 자주 현행하여서,

F 그는 이와 같이 마음으로 사모(思慕)를 일으키기 때문에 출리(出離)의 락욕(樂欲)이 자주 자주 현행(現行)하여

〈유가29 : 03-05〉

A 謂我何當能具足住如是聖處、如阿羅漢所具足住。

B 謂尸 我1 何亠丂尸入1 當八 能㢱 具足丂 是 如支ソ1 聖處刂1 阿羅漢ラ 所具足住 如支ソ1ラ十 住ノ禾1刂3ヒロソ㢱

C 니를 我는 엇여힐ᄃᆞᆫ 반ᄃᆞ기 能며 具足히 是 다ᄒᆞᆫ 聖處인 阿羅漢의 所具足住 다ᄒᆞᆫ의긔 住호린이앗고ᄒᆞ며

D 謂[尸Et,] 我[1J,] 何[亠R, 丂R, 尸Ec-, 入-Ec-, 1-Ec,] 當[八M,] 能[㢱M,] 具足[丂M,] 是 如[支V, ソV, 1Et,] 聖處[刂V, 1Et,] 阿羅漢[ラJ,] 所具足住 如[支V, ソV, 1Et, ラJ-, 十-J,] 住[ノV+Ep, 禾Ep, 1Et, 刂V, 3Ep-, ヒ-Ep, ロEf, ソV, 㢱Ec,]

E 이르기를 '나는 어찌하면 반드시 능히 구족하게 이와 같은 성스러운 처소인 아라한이

구족하게 머무는 곳과 같은 곳에 머물 것인가?’ 하며[3)]

F 나는 어떻게 구족(具足)하게 이와 같은 성처(聖處)에 능히 머물러야 만이 아라한(阿羅漢)이 구족(具足)하게 머무르는 것과 같아지겠는가?’라고 하는 것이다.

〈유가29 : 05-06〉

A **如是欲樂生已，發勤精進、無間常委、於三十七菩提分法、方便勤修。**

B 是 如支 欲樂乙 生刂尸 已氵ソ3斤 勤精進乙 發ソ3ホ 无間常委ち {於}三十七 菩提分法3十 方便灬 勤修ソゕ

C 是 다 欲樂을 나일 이믜사ᄒᆞ아근 勤精進을 發ᄒᆞ아곰 无間常委히 三十七 菩提分法아긔 方便으로 勤修ᄒᆞ며

D 是 如[支V,] 欲樂[乙J,] 生[刂V, 尸Et,] 已[氵M, ソV, 3Ec, 斤J,] 勤精進[乙J,] 發[ソV, 3Ec, ホJ,] 无間常委[ちM,] {於}三十七 菩提分法[3J-, 十-J,] 方便[灬J,] 勤修[ソV, ゕEc,]

E ②이와 같이 욕락을 내기를 이미 하여서는, 부지런한 정진을 내어서 끊임없이 상위(常委)[4)]로 서른일곱 보리분법에 대해 방편으로 부지런히 닦으며,

F 이와 같이 욕락(欲樂)을 일으키고 나서 부지런한 정진(精進)을 일으켜서 끊임없이 상위(常委)로 37보리분법(菩提分法)에 대한 방편(方便)을 부지런히 닦는 것이다.

〈유가29 : 06-08〉

A **又彼如是勤精進故；不與在家出家衆相雜住，習近邊際諸坐臥具、心樂遠離。**

B 又 彼ㄱ 是 如支 勤精進ソㄱ入灬 故ノ 在家亠 出家亠ノ今セ 衆乙 與セ 相ㆆ 雜住ソ尸 不冬ソ3 邊際セ 諸 坐臥具乙 習近ソ3ホ 心3十 遠離乙 樂ゕ

C 又 彼는 是 다 勤精進ᄒᆞᆫᄃᆞ로 故오 在家여 出家여호릿 衆을 다ᄆᆞᆺ 서로[5)] 雜住ᄒᆞᆯ 안ᄃᆞᆯᄒᆞ아 邊際ㅅ 諸 坐臥具를 習近ᄒᆞ아곰 心아긔 遠離를 樂며

3) 구결문의 해석과 역경원 번역이 차이를 보인다. 구결문에서는 ‘當’이 끝까지 걸리는 것으로 보아 ‘如是聖處’와 ‘如阿羅漢所具足住’을 같은 장소로 파악한 반면, 역경원 번역에서는 ‘當能具足住如是聖處’와 ‘如阿羅漢所具足住’를 끊어 ‘當’이 ‘能具足住如是聖處’까지만 걸리는 것으로 보았다.

4) 상위(常委)에 대해 『유가사지론』 권13(T30, 341b10)에서 다음과 같이 말한다. “항상 하는 것이 있고 또 할 것을 세세하게 다하기 때문에 ‘상위’라 이름한다. [謂常有所作, 及委悉所作, 故名常委.]”

5) 초기 한글 문헌에는 ‘서르’만 나타나고 ‘서로’는 『육조법보단경언해』(1496)에 처음 등장하므로 ‘서로’는 잠정적인 독법이다.

D 又 彼[ㄱJ,] 是 如[支V,] 勤精進[ㅅV, ㄱEt, ㅅN, ⺍J,] 故[ノR,] 在家[亠J,] 出家[亠J, ノV+Ep, 令Et+N, ㄴJ,] 衆[乙J,] 與[ㄴM,] 相[ㄱM,] 雜住[ㅅV, ㄕEt,] 不[冬M, ㅅV, ㄱEc,] 邊際[ㄴJ,] 諸 坐臥具[乙J,] 習近[ㅅV, ㄱEc, ホJ,] 心[ㄱJ-, ＋-J,] 遠離[乙J,] 樂[ㅅEc,]

E ③또 그는 이와 같이 부지런히 정진한 까닭으로, 재가니 출가니 하는 무리와 더불어 서로 섞여 머무르지 않아 맨 마지막[邊際]의 여러 앉고 눕는 도구[諸坐臥具]를 가까이 익혀서 마음에 멀리 떨어짐을 즐기며,

F 또한 그는 이와 같이 부지런히 정진하기 때문에 재가(在家)와 출가(出家)의 대중에 서로 섞여 머무르지 않고, 맨 마지막[邊際]의 여러 앉고 눕는 자구[諸坐臥具]를 가까이 익히며 마음으로 원리(遠離)를 좋아하는 것이다.

〈유가29 : 09-10〉

A 又彼如是發生欲樂、發勤精進、樂遠離已、不生喜足。

B 又 彼ㄱ 是 如支 欲樂乙 發生ㅅㅎ 勤精進乙 發ㅅㅎ 遠離乙 樂ㅎㅅㄕ 已ㅋㅅㅁ 喜足乙 生ㄕ 不冬ノㄕㅿ

C 又 彼는 是 다 欲樂을 發生ᄒᆞ져 勤精進을 發ᄒᆞ져 遠離를 樂져홀 이믜사ᄒᆞ고 喜足을 낼 안돌홀ᄃᆡ

D 又 彼[ㄱJ,] 是 如[支V,] 欲樂[乙J,] 發生[ㅅV, ㅎEc,] 勤精進[乙J,] 發[ㅅV, ㅎEc,] 遠離[乙J,] 樂[ㅎEc, ㅅV, ㄕEt,] 已[ㅋM, ㅅV, ㅁEc,] 喜足[乙J,] 生[ㄕEt,] 不[冬M, ノV+Ep, ㄕEc-, ㅿ-Ec,]

E ④또 그는 이와 같이 욕락을 일으키고, 부지런한 정진을 내고, 멀리 떨어짐을 즐기고 하기를 이미 하고 기뻐 만족함을 내지 않되,

F 또한 그는 이와 같은 욕락(欲樂)을 일으키고 부지런한 정근(精勤)을 일으켜서 원리(遠離)를 좋아하고 나서는 희족(喜足)을 일으키지 않고

〈유가29 : 10-12〉

A 謂於少分殊勝所證、心無喜足；於諸善法轉上轉勝轉微妙處、悕求而住。

B 謂ㄱ {於}少分殊勝ㅅㄱ 所證ㄱ十 心ㄱ十 喜足ノㄕ 无ㄱ {於}諸 善法ㅣ 轉上ㅅㅎ 轉勝ㅅㅎ 轉微妙ㅅㅎㅅㄱ 處ㄱ十 悕求ㅅㄱホ 而⺍ 住ㅅㅅㅅㅋ四

C 닐온 少分殊勝ᄒᆞᆫ 所證아긔 心아긔 喜足ᄒᆞᆯ 없아 諸 善法이 轉上ᄒᆞ져 轉勝ᄒᆞ져 轉微妙ᄒᆞ져 ᄒᆞᆫ 處아긔 悕求ᄒᆞ아곰 而로 住ᄒᆞ며ᄒᆞ리라

D 謂[ㄱEc,] {於}少分殊勝[丷V, ㄱEt,] 所證[阝J-, 十-J,] 心[阝J-, 十-J,] 喜足[ノV+Ep, 尸Et,] 无[阝Ec,] {於}諸 善法[刂J,] 轉上[丷V, 彡Ec,] 轉勝[丷V, 彡Ec,] 轉微妙[丷V, 彡Ec, 丷V, ㄱEt,] 處[阝J-, 十-J,] 悕求[丷V, 阝Ec, ホJ,] 而[亠R,] 住[丷V, ふEc, 丷V, ネEp, 罒Ec,]

E 말하자면 적은 부분의 뛰어난 소증에 대해 마음에 기뻐 만족함이 없어, 여러 선법이 더욱 나아지고, 더욱 뛰어나게 되고, 더욱 미묘하게 되고 하는 곳에 대해 희구하여서 머무르며 할 것이라,

F 적은 부분의 수승한 소증(所證)에 대해서 마음으로 희족(喜足)하는 일이 없으며, 모든 선법(善法)이 위로 구르며 뛰어나게 구르고 미묘하게 구르는 곳을 희구(希求)하여 머무르는 것이다.

〈유가29 : 12-13〉

A **由此四法、攝受修道、極善攝受。**

B 此 四法乙 由阝 修道乙 攝受丷阝ホ 極善攝受丷ナ亐七丨

C 此 四法을 븥아 修道를 攝受ᄒᆞ아곰 極善攝受ᄒᆞ겼다

D 此 四法[乙J,] 由[阝Ec,] 修道[乙J,] 攝受[丷V, 阝Ec, ホJ,] 極善攝受[丷V, ナEp, 亐Ep-, 七-Ep, 丨Ef,]

E 이 네 법으로 말미암아 수도(修道)를 섭수하여서, 극히 잘 섭수한다.

F 이 네 가지 법에 의지하여 수도(修道)를 섭수(攝受)하고 극히 잘 섭수(攝受)하는 것이니

〈유가29 : 13-15〉

A **即此四種修道爲依、如先所說諸歡喜事所生歡喜、彼於爾時修得圓滿。**

B 即亐 此 四種 修道乙 依 {爲}氵阝 先下 說ノㄱ 所七 諸 歡喜事阝十 生丷ㄱ 所七 歡喜乙 如八 彼ㄱ {於}尒丷ㄱ 時亠十 修得圓滿ㅅ刂ふ

C 곧오 此 四種 修道를 依 삼아 先하 說혼 밧 諸 歡喜事아긔 生ᄒᆞᆫ 밧 歡喜를 ᄀᆞ 彼는 尒ᄒᆞᆫ 時여긔 修得圓滿ᄒᆞ이며

D 卽[ㅎM,] 此 四種 修道[乙J,] 依 {爲}[氵V, ㇏Ec,] 先[下M,] 說[ノV+Ep, 1Et,] 所[七J,] 諸 歡喜事[㇏J-, 十-J,] 生[丷V, 1Et,] 所[七J,] 歡喜[乙J,] 如[亠V,] 彼[1J,] {於}尒[丷V, 1Et,] 時[亠J-, 十-J,] 修得圓滿[亼V, 刂V, ㇇Ec,]

E ①곧 이 네 가지 수도(修道)를 의지 삼아 먼저 말한 바의 여러 환희사에서 생긴 바 환희와 같이, 그는 이러한 때에 수득원만하게 하며,

F 곧 이 네 가지는 수도(修道)에 의지가 된다. 먼저 설한 여러 환희사(歡喜事)로부터 생기게 되는 환희와 같이, 그는 이때에 원만하고

〈유가29 : 15-17〉

A **最極損減方便道理、煩惱斷故；獲得殊勝所證法故；亦令喜悅修得圓滿。**

B 最極損減亼刂仒七 方便道理灬 煩惱乙 斷丷1入灬{故}㇇ 殊勝丷1 所證法乙 獲得丷1入灬 故ノ 亦 喜悅乙 修得圓滿丷{令}刂㇇

C 最極損減ᄒᆞ이릿 方便道理로 煩惱를 斷ᄒᆞᆫᄃᆞ로며 殊勝ᄒᆞᆫ 所證法을 獲得ᄒᆞᆫᄃᆞ로 故오 亦 喜悅을 修得圓滿ᄒᆞ이며

D 最極損減[亼V, 刂V, 仒Et+N, 七J,] 方便道理[灬J,] 煩惱[乙J,] 斷[丷V, 1Et, 入N, 灬J,]{故}[㇇Ec,] 殊勝[丷V, 1Et,] 所證法[乙J,] 獲得[丷V, 1Et, 入N, 灬J,] 故[ノR,] 亦 喜悅[乙J,] 修得圓滿[丷V,]{令}[刂V, ㇇Ec,]

E ②가장 지극히 손감하게 하는 방편 도리로 번뇌를 끊은 까닭에서이며, 뛰어난 소증법을 획득한 까닭으로, 또한 희열을 수득원만하게 하며,[6)]

F 가장 지극한 손감[圓滿最極損減]의 방편도리(方便道理)를 수득(修得)하는 것이다. 번뇌가 끊어지기 때문에, 수승한 소증법(所證法)을 획득하기 때문에, 또한 희열원만(喜悅圓滿)을 수득(修得)하는 것이다.

6) 구결문의 해석과 역경원 번역이 차이를 보인다. <유가29 : 13-15>의 '修得圓滿'의 '修得'을 구결문에서는 '圓滿'에만 걸리는 것으로 보아 '수득원만하게 하며'와 같이 해석한 반면, 역경원 번역은 '修得'을 이어지는 '圓滿最極損減方便道理'에 걸리는 것으로 보아 '원만하고 가장 지극한 손감의 방편도리를 수득하는 것이다'로 번역하였다.

〈유가29 : 17-18〉

A 又修所斷惑品麁重、已遠離故，獲得輕安。7)

B 又 修所斷ㄷ 惑品麤重乙 已氵 遠離ソ1入… 故ノ 輕安乙 獲得ソ ㅅ

C 又 修所斷ㅅ 惑品麤重을 이믜사 遠離혼ᄃᆞ로 故오 輕安을 獲得ᄒᆞ며

D 又 修所斷[ㄷJ,] 惑品麤重[乙J,] 已[氵M,] 遠離[ソV, 1Et, 入N, …J,] 故[ノR,] 輕安[乙J,] 獲得[ソV, ㅅEc,]

E ③또 수소단의 혹품8) 추중9)을 이미 멀리한 까닭으로, 경안(輕安)10)을 획득하며,

F 또한 수도단(修道斷)의 혹품(惑品)의 추중(麤重)을 이미 원리(遠離)하였기 때문에 경안(輕安)을 획득하는 것이다.

〈유가29 : 18-19〉

A 輕安故生，身心清涼、極所攝受。如是二種修得圓滿。

B 輕安… 故ノ 生ソ1 身心 清凉… 極 攝受ノ1 所リナ1リ罒 是 如支 二種乙 修得圓滿ㅅリㅅ

C 輕安으로 故오 生혼 身心 淸凉으로 極 攝受혼 바이견이라 是 다 二種을 修得圓滿ᄒᆞ이며

D 輕安[…J,] 故[ノR,] 生[ソV, 1Et,] 身心 清凉[…J,] 極 攝受[ノV+Ep, 1Et,] 所[リV, ナEp, 1Et, リV, 罒Ec,] 是 如[支V,] 二種[乙J,] 修得圓滿[ㅅV, リV, ㅅEc,]

E ④경안(輕安)으로 생겨난 몸과 마음의 청량함으로 지극히 섭수한 바인 것이라, 이와 같이 두 가지를 수득원만하게 하며,

F 경안(輕安) 때문에 몸과 마음의 청량(淸凉)을 일으켜서 극히 섭수(攝受)하게 되는 것이다. 위와 같은 두 가지 원만(圓滿)을 수득(修得)할 뿐만 아니라

---

7) 유가사지론자료고의 표점은 "又修所斷惑品麤重、已遠離故，獲得輕安；"이나 구결문에 따라 수정하였다.

8) 혹품(惑品)은 번뇌품(煩惱品)과 같은 말이다. 예를 들어 '수소단번뇌(修所斷煩惱 : 修道에서 끊어지는 번뇌)'를 '수소단혹' 혹은 '수혹(修惑)'이라고 한다. 마찬가지로 '견소단번뇌(見所斷煩惱 : 見道에서 끊어지는 번뇌)'를 '견소단혹' 혹은 '견혹(見惑)'이라고 한다.

9) 추중(麤重)은 그 성질이 매우 단단하고 무거운 번뇌를 뜻한다.

10) 경안(輕安)은 심소(心所)의 하나로 심신이 가볍고 안락한 상태이다.

〈유가29 : 19-20〉

A 又此有學、金剛喻定到究竟故；修得圓滿。

B 又 此 有學𝌈 金剛喻定刂 究竟氵𠂇 到𠫔㇆入罒 故ノ 修得圓滿厶𠂇𠃍ヒ丨[11)]

C 又 此 有學의 金剛喻定이 究竟아긔 니르건ᄃᆞ로 故오 修得圓滿ᄒᆞ(이)겳다

D 又 此 有學[𝌈J,] 金剛喻定[刂J,] 究竟[氵J-, 𠂇-J,] 到[𠫔Ep, ㇆Et, 入N, 罒J,] 故[ノR,] 修得圓滿[厶V, 𠂇Ep, 𠃍Ep-, ヒ-Ep, 丨Ef,]

E ⑤또 이 유학의 금강유정[12)]이 구경에 이른 까닭으로, 수득원만하게 한다.

F 또한 이 유학(有學)이 금강유정(金剛喻定)의 구경(究竟)에 이를 때까지 원만(圓滿)을 수득(修得)하니

〈유가29 : 20-21〉

A 是名修習如所得道。

B 是乙 名下 得ノ㇆ 所乙 如八丷㇆ 道乙 修習丷氵㇆丁ノ礻丨

C 是를 일하 得혼 바를 ᄀᆞᆮ흔 道를 修習ᄒᆞ언뎌호리다

D 是[乙J,] 名[下V+Ec,] 得[ノEp, ㇆Et,] 所[乙J,] 如[八V, 丷V, ㇆Et,] 道[乙J,] 修習[丷V, 氵Ep, ㇆Ef-, 丁-Ef, ノV+Ep, 礻Ep, 丨Ef,]

E 이를 일컬어 얻은 바와 같은 도를 닦아 익히는 것이라고 한다.

F 이를 얻었던 도(道) 그대로를 수습하는 것이라고 하는 것이다.

〈유가29 : 21-22〉

A 又此修習如所得道義、

B 又 此 得ノ㇆ 所乙 如八丷㇆ 道乙 修習ノ今ヒ 義㇆

C 又 此 得혼 바를 ᄀᆞᆮ흔 道를 修習호릿 義는

D 又 此 得[ノEp, ㇆Et,] 所[乙J,] 如[八V, 丷V, ㇆Et,] 道[乙J,] 修習[ノV+Ep, 今Et+N, ヒJ,] 義

11) 이 책에서 '厶'가 '刂' 없이 쓰인 것은 이것이 유일례이다.

12) 금강유정(金剛喻定)은 금강멸정(金剛滅定)이라고도 하며, 소승의 성문이나 대승의 보살이 수행에서 막 완성되려는 단계에서 현현하는 선정을 가리킨다. 이 선정에서는 최후의 미세한 번뇌를 단박에 끊어 없애고 각자의 최고의 과를 얻기 때문에 '금강'에 비유하였다.

[ㄱJ,]

E 또 얻은 바와 같은 도를 닦아 익히는 것의 의미는,

F 또한 이 얻었던 도(道) 그대로를 수습하는 이치[義]에

〈유가29 : 22-23〉

A 廣說應知。謂四種法爲依止故，能令五法修習圓滿。

B 廣刂 說尸入ㄱ 知ノ㒰應七丨 謂ㄱ 四種 法乙 依止 {爲}氵ㄱ入⺍ 故ノ 能彡 五法乙 修習圓滿丷{令}刂尸亠

C 넙이 니를둔 알옴應ᄉ다 닐온 四種 法을 依止 삼은드로 故오 能며 五法을 修習圓滿ᄒ일여

D 廣[刂M,] 說[尸Ec-, 入-Ec-, ㄱ-Ec,] 知[ノEp, 㒰Ep-,]應[七-Ep, 丨Ef,] 謂[ㄱEc,] 四種 法[乙J,] 依止 {爲}[氵V, ㄱEt, 入N, ⺍J,] 故[ノR,] 能[彡M,] 五法[乙J,] 修習圓滿[丷V,]{令}[刂V, 尸Ec-, 亠-Ec,]

E 자세히 말하자면, 알아야 한다, 즉 네 가지 법을 의지 삼은 까닭으로 능히 다섯 법을 수습원만하게 하는 것이니,

F 대한 자세한 설명은 네 가지 법을 의지로 삼기 때문에 능히 다섯 가지 법을 원만하도록 수습하는 것이며

〈유가29 : 23-30 : 01〉

A 除此、更無若過若增。

B 此乙 除口斤 更氵 若 過丷㇏ 若 增丷㇏丷ㄱ 无丷ㄱ刂ㄱ丁

C 此를 덜고근 ᄂ외아 若 過ᄒ져 若 增ᄒ져ᄒᆫ 无ᄒᆫ인뎌

D 此[乙J,] 除[口Ec, 斤J,] 更[氵M,] 若 過[丷V, ㇏Ec,] 若 增[丷V, ㇏Ec, 丷V, ㄱEt,] 无[丷V, ㄱEt, 刂V, ㄱEf-, 丁-Ef,]

E 이것을 제외하고는, 다시 (이보다) 지나치거나 (이보다) 더하거나 한 것이 없는 것이다.

F 이것을 제외하고 다시 지나치거나 증가하는 것은 없다는 것을 알아야만 한다.

〈유가30 : 02〉

A 云何證得極清淨道及果功德？

B 云何ッㄱㄹ 極清淨道ᄉ 及ㅌ 果功德ᄉㄹ 證得ッㄕ矢ㅣノ令ㅁ

C 엇흔을 極淸淨道와 및 果功德과를 證得홀디다호리고

D 云何[ッV, ㄱEt, ㄹJ,] 極淸淨道[ᄉJ,] 及[ㅌM,] 果功德[ᄉJ, ㄹJ,] 證得[ッV, ㄕEt, 矢N+V, ㅣEf, ノV+Ep, 令Et+N, ㅁJ,]

E 어떤 것을 지극히 청정한 도와 과·공덕과를 증득하는 것이라 하는가?

F 무엇을 극청정(極淸淨)의 도과(道果)의 공덕(功德)을 증득하는 것이라고 하는가?

〈유가30 : 02-04〉

A 謂於三位、樂位苦位不苦不樂位、爲諸煩惱之所隨眠，13)

B 謂ㄱ {於}三位リㄱ 樂位ᄉ 苦位ᄉ 不苦不樂位ᄉ㇁十 諸 煩惱ㅋ{之} 隨眠ノㄕ 所ㄹ 爲ハノㄕム

C 닐온 三位인 樂位와 苦位와 不苦不樂位와아긔 諸 煩惱의 隨眠홀 들 爲ㄱ홀딕

D 謂[ㄱEc,] {於}三位[リV, ㄱEt,] 樂位[ᄉJ,] 苦位[ᄉJ,] 不苦不樂位[ᄉJ, ㇁J-, 十-J,] 諸 煩惱[ㅋJ,]{之} 隨眠[ノV+Ep, ㄕEt,] 所[ㄹJ,] 爲[ハR, ノV+Ep, ㄕEc-, ム-Ec,]

E 말하자면 세 위인 낙위와 고위와 불고불락위와에서 여러 번뇌가 수면하는 바를 입되,

F 세 가지 위(位), 즉 락위(樂位) 고위(苦位) 불고불락위(不苦不樂位)에 있어서를 말한다. 제 번뇌(煩惱) 때문에 수면(隨眠)을 받아서

〈유가30 : 04-05〉

A 有二種補特伽羅、多分所顯。

B 二種 補特伽羅ㅋ 多分 顯ノㄱ 所リㅌ 有ナㄱリㅣ

C 二種 補特伽羅의 多分 顯혼 바이ᄂ 잇견이다

D 二種 補特伽羅[ㅋJ,] 多分 顯[ノV+Ep, ㄱEt,] 所[リV, ㅌEt,] 有[ナEp, ㄱEt, リV, ㅣEf,]

13) 유가사지론자료고의 표점은 "謂於三位、樂位苦位、不苦不樂位。爲諸煩惱之所隨眠、"이나 구결문에 따라 수정하였다.

E 두 가지 보특가라가 다분히 나타난 바인 것이 있는 것이다.

F 대부분 나타나게 되는[所顯] 두 가지 종류의 보특가라(補特伽羅)가 있다.

〈유가30 : 05〉

A **一者、異生，二者、有學。**

B 一ㅜ ㄱ{者} 異生ㅅ 二者 有學ㅅㅣ ㅣ

C 一긘 異生과 二者 有學과이다

D 一[ㅜJ, ㄱJ,]{者} 異生[ㅅJ,] 二者 有學[ㅅJ, ㅣV, ㅣEf,]

E 첫째는 이생[14]과, 둘째는 유학과이다.

F 첫째는 이생(異生)이며, 둘째는 유학(有學)이다.

〈유가30 : 05-06〉

A **又有二種能發起雜染品。**

B 又 二種ㅌ 能發起ㅌ 雜染品 有ㅌ ㅣ

C 又 二種ㅅ 能發起ㅅ 雜染品 잇다

D 又 二種[ㅌJ,] 能發起[ㅌJ,] 雜染品 有[ㅌV, ㅣEf,]

E 또 두 가지의 능히 일으키는 잡염품이 있다.

F 또한 두 가지가 있어서 능히 잡염품(雜染品)을 일으킨다.

〈유가30 : 06-07〉

A **一者、取雜染品，二者、行雜染品。**

B 一ㅜ ㄱ{者} 取雜染品ㅅ 二者 行雜染品ㅅㅣ ㅣ

C 一긘 取雜染品과 二者 行雜染品과이다

D 一[ㅜJ, ㄱJ,]{者} 取雜染品[ㅅJ,] 二者 行雜染品[ㅅJ, ㅣV, ㅣEf,]

E 첫째는 취잡염품과, 둘째는 행잡염품과이다.

14) 이생(異生)은 범부(凡夫)의 다른 이름으로, 성자(聖者)와 다른 생류(生類), 지혜가 얕고 우둔한 중생을 가리킨다.

F 첫째는 취(取)의 잡염품(雜染品)이며, 둘째는 행(行)의 잡염품(雜染品)이다.

〈유가30 : 07-08〉

A **即爲斷此二雜染品入善說法毘奈耶時、**[15)]

B 即 此 二 雜染品乙 斷ソ{爲}ᄉ 善說法亠 毘柰耶亠ノ亽十 入ソ乇七 時亠十

C 即 此 二 雜染品을 斷ᄒ과 善說法여 毘柰耶여호리긔 入ᄒᆺ 時여긔

D 即 此 二 雜染品[乙J,] 斷[ソV,]{爲}[ᄉEc,] 善說法[亠J,] 毘柰耶[亠J, ノV+Ep, 亽Et+N, 十J,] 入[ソV, 乇Et, 七J,] 時[亠J-, 十-J,]

E 곧 이 두 잡염품을 끊고자 선설법이니 비나야니 하는 것에 들어가는 때에,

F 즉 이러한 두 가지 잡염품(雜染品)을 끊기 위해서 선설(善說)의 법(法)과 비나야(毘奈耶)에 들어갈 때

〈유가30 : 08-09〉

A **能爲障礙所有煩惱、此諸煩惱，**[16)]

B 能ヶ 障㝵乙 爲一刂亽七 有ソㄱ 所七 煩惱刂ㄱ 此 諸 煩惱ㄱ

C 能며 障㝵를 爲一이릿 有ᄒᆫ 밧 煩惱인 此 諸 煩惱는

D 能[ヶM,] 障㝵[乙J,] 爲[一R, 刂R, 亽R+N, 七J,] 有[ソV, ㄱEt,] 所[七J,] 煩惱[刂V, ㄱEc,] 此 諸 煩惱[ㄱJ,]

E 능히 장애를 이루는 것의, 있는 바 번뇌인 이 여러 번뇌는,

F 능히 장애가 되는 모든 번뇌이다. 이러한 제 번뇌들은

〈유가30 : 09-10〉

A **能爲隨眠深遠入心，又能發生種種諸苦，**[17)]

B 能ヶ 隨眠刂尸{爲}入乙ソㄋ 深遠亐 心ㄋ十 入ソゑ 又 能ヶ 種種七 諸 苦乙 發生ソゑソ 扌四

15) 유가사지론자료고의 표점은 "即爲斷此二雜染品入善說法毘奈耶時"이나 구결문에 따라 수정하였다.
16) 유가사지론자료고의 표점은 "能爲障礙所有煩惱，此諸煩惱、"이나 구결문에 따라 수정하였다.
17) 유가사지론자료고의 표점은 "能爲隨眠深遠入心。又能發生種種諸苦。"이나 구결문에 따라 수정하였다.

C 能며 隨眠일돌ᄒᆞ아 深遠히 心아긔 入ᄒᆞ져 乂 能며 갓갓 諸 苦를 發生ᄒᆞ져ᄒᆞ리라

D 能[ᄼM,] 隨眠[刂V, ㄕEt,]{爲}[ㅅN, ㄹJ, ㅅV, ㄋEc,] 深遠[ㅎM,] 心[ㄋJ-, 十-J,] 入[ㅅV, ㅎEc,] 又 能[ᄼM,] 種種[ㄷJ,] 諸 苦[ㄹJ,] 發生[ㅅV, ㅎEc, ㅅV, ㄔEp, ㅁEc,]

E 능히 수면이 되어 깊고 멀리 마음에 들어가고, 또 능히 갖가지 여러 괴로움을 일으키고 할 것이라,

F 능히 수면(隨眠)이 되어서 깊고 멀리 마음으로 들어가며, 또한 능히 갖가지 괴로움들을 발생시킨다.

〈유가30 : 10-11〉

A **若能於此無餘永斷；名爲證得極淨道果。**

B 若 能ᄼ {於}此ㄋ十 餘ㄹ 无ㅎ 永斷ㅅㄕㅅㄹ 名下 {爲}極淨道果ㄹ 證得ㅅㄋㄱ丁ノㄔ丨

C 若 能며 此의긔 남ᄀᆞᆫ 无히 永斷홀ᄃᆞᆯ 일하 極淨道果를 證得ᄒᆞ언뎌호리다

D 若 能[ᄼM,] {於}此[ㄋJ-, 十-J,] 餘[ㄹV+Et,] 无[ㅎM,] 永斷[ㅅV, ㄕEt, ㅅN, ㄹJ,] 名[下 V+Ec,] {爲}極淨道果[ㄹJ,] 證得[ㅅV, ㄋEp, ㄱEf-, 丁-Ef, ノV+Ep, ㄔEp, 丨Ef,]

E 만약 능히 이에서 남은 것 없이 영원히 끊는 것을, 일컬어 지극히 청정한 도과(道果)를 증득한 것이라고 한다.

F 만약 이것에 대해서 능히 남김없이 영원히 끊으면 극청정[極淨]의 도과(道果)를 증득하였다고 이름한다.

〈유가30 : 11-13〉

A **又十無學支所攝五無學蘊、所謂戒蘊、定蘊、慧蘊、解脫蘊、解脫知見蘊、名極清淨道。**18)

B 又 十 無學支ᅭ 攝ノㄕ 所ㄷ 五 无學蘊刂ㄱ 謂ㄱ 所ㄱ 戒蘊ㅅ 定蘊ㅅ 慧蘊ㅅ 解脫蘊ㅅ 解脫知見蘊ㅅㄹ 名下 極清淨道ᅩノㄔ丨

C 又 十 無學支로 攝홀 밧 五 无學蘊인 닐온 바는 戒蘊과 定蘊과 慧蘊과 解脫蘊과 解脫知見

18) 유가사지론자료고의 표점은 "又十無學支所攝五無學蘊、所謂戒蘊、定蘊、慧蘊、解脫蘊、解脫。知見蘊。名極清淨道。"이나 구결문에 따라 수정하였다.

蘊과를 일하 極淸淨道여호리다

D 又 十 無學支[灬J,] 攝[ノV+Ep, 尸Et,] 所[七J,] 五 无學蘊[リV, ㄱEt,] 謂[ㄱEt,] 所[ㄱJ,] 戒蘊[ㅅJ,] 定蘊[ㅅJ,] 慧蘊[ㅅJ,] 解脫蘊[ㅅJ,] 解脫知見蘊[ㅅJ, 乙J,] 名[下V+Ec,] 極淸淨道[亠J, ノV+Ep, 扌Ep, 丨Ef,]

E 또 열 무학지로 거두는 바의 다섯 무학온[19]인, 이른바 계온과 정온과 혜온과 해탈온과 해탈지견온과를 일컬어 지극히 청정한 도라고 한다.

F 또한 열 가지 무학지(無學地)에 포함되는 다섯 가지 무학(無學)의 온(蘊)이 있으니, 소위 계온(戒蘊) 정온(定蘊) 혜온(慧蘊) 해탈온(解脫蘊) 해탈지견온(解脫智見蘊)을 극청정도(極淸淨道)라고 한다.

〈유가30 : 13-14〉

A **又由證得此極淨道、離十過失，住聖所住。**

B 又 此 極淨道乙 證得ソㄱ入乙 由ㄋ 十 過失乙 離ソロ 聖所住ㄋ十 住ソナㅎ七丨

C 又 此 極淨道를 證得ᄒᆞᆫ도ᄅᆞᆯ 븓아 十 過失을 離ᄒᆞ고 聖所住아긔 住ᄒᆞ겺다

D 又 此 極淨道[乙J,] 證得[ソV, ㄱEt, 入N, 乙J,] 由[ㄋEc,] 十 過失[乙J,] 離[ソV, ロEc,] 聖所住[ㄋJ-, 十-J,] 住[ソV, ナEp, ㅎEp-, 七-Ep, 丨Ef,]

E 또 이 지극히 청정한 도를 증득한 것으로 말미암아 열 가지 잘못을 여의고 성스러운 처소[聖所住]에 머무른다.

F 또한 이 극청정도를 증득하기 때문에 열 가지 과실(過失)을 여의는 성인이 머무르는 곳[聖所住]에 머무르는 것이다.

〈유가30 : 15〉

A **云何名爲十種過失？**

B 云何ソㄱ乙 名下 {爲}十種 過失リ丨ノ亽ロ

C 엇흔을 일하 十種 過失이다호리고

---

19) '다섯 무학온[五無學蘊]'은 무학(無學)의 성자의 몸에 갖추어진 청정한 계(戒)와 정(定)과 혜(慧)와 해탈(解脫)과 해탈지견(解脫知見)을 가리킨다. 무학의 몸에 갖추어진 이 다섯 가지 온(蘊)을 무학의 오분법신(五分法身)이라 한다.

D 云何[ᄀV, ㄱEt, 乙J,] 名[下V+Ec,] {爲}十種 過失[リV, ㅣEf, ノV+Ep, 今Et+N, ロJ,]

E 어떤 것을 일컬어 열 가지 잘못이라고 하는가?

F 무엇을 열 가지 과실(過失)이라고 하는가?

〈유가30 : 15-17〉

A **所謂依外諸欲所有愁、歎、憂、苦、種種惱亂，苦苦相應過失。**[20)]

B 謂ㄱ 所ㄱ 外七 諸 欲乙 依ᄀㄱ 氵十 有七ㄱ 所七 愁歎 憂苦 種種 惱亂リㄱ 苦苦 相應ᄀㄱ 過失リ 㫆

C 닐온 바는 外ㅅ 諸 欲을 依혼의긔 이슨 밧 愁歎 憂苦 種種 惱亂인 苦苦 相應혼 過失이며

D 謂[ㄱEt,] 所[ㄱJ,] 外[七J,] 諸 欲[乙J,] 依[ᄀV, ㄱEt, 氵J-, 十-J,] 有[七V, ㄱEt,] 所[七J,] 愁歎 憂苦 種種 惱亂[リV, ㄱEt,] 苦苦 相應[ᄀV, ㄱEt,] 過失[リV, 㫆Ec,]

E 말하자면 ①밖의 여러 욕을 의지한 이에게 있는 바의 시름과 탄식, 근심과 괴로움, 갖가지 뇌란인 고고에 상응하는 잘못이며,

F 소위 밖의 여러 욕[諸欲]에 의지하여 모든 수탄(愁歎) 우고(憂苦)와 갖가지 뇌란(惱亂)이니, 고고(苦苦)와 상응하는 과실이다.

〈유가30 : 17-18〉

A **又有依內不護諸根過失，由不護諸根故、生愁歎等。**[21)]

B 又 內乙 依氵 諸 根乙 不護ノ今七 過失 {有}十ノア厶 諸 根乙 不護ᄀㄱ入乙 由氵ㄱ入灬 故ノ 愁歎 等ᄀㄱ乙 生リ㫆

C 又 內를 븥아 諸 根을 不護호릿 過失 두올ᄃᆡ 諸 根을 不護혼ᄃᆞᆯ 말ᄆᆡ삼은ᄃᆞ로 故오 愁歎 다혼을 나이며

D 又 內[乙J,] 依[氵Ec,] 諸 根[乙J,] 不護[ノV+Ep, 今Et+N, 七J,] 過失 {有}[十V, ノEp, アEc-, 厶-Ec,] 諸 根[乙J,] 不護[ᄀV, ㄱEt, 入N, 乙J,] 由[氵V, ㄱEt, 入N, 灬J,] 故[ノR,] 愁歎 等[ᄀV,

20) 유가사지론자료고의 표점은 "所謂依外諸欲所有愁、歎、憂、苦、種種惱亂、苦苦、相應過失。"이나 구결문에 따라 수정하였다.

21) 유가사지론자료고의 표점은 "又有依內不護諸根過失。由不護諸根故、生愁歎等。"이나 구결문에 따라 수정하였다.

ㄱEt, ㄹJ,] 生[ㄲV, ㅅEc,]

E ②또 안을 의지하여 여러 근을 지키지 못하는 잘못을 지니되, 여러 근을 지키지 못한 것에 말미암은 까닭으로 시름과 탄식 등을 내며,

F 또한 안에 의지하여 제 근(根)을 지키지 못하는 과실(過失)이 있으니, 제 근(根)을 지키지 못하기 때문에 수탄(愁歎) 등을 일으킨다.

〈유가30 : 18-19〉

A 又有愛味樂住過失。

B 又 樂住ㄹ 愛味ノ今ㄷ 過失 {有}+ㅅ

C 又 樂住를 愛味호릿 過失 두며

D 又 樂住[ㄹJ,] 愛味[ノV+Ep, 今Et+N, ㄷJ,] 過失 {有}[+V, ㅅEc,]

E ③또 즐겨 머무름[樂住]을 애미(愛味)하는 잘못을 지니며,

F 또한 애미(愛味)에 락주(樂住)하는 과실(過失)이 있다.

〈유가30 : 19〉

A 又有行住放逸過失。

B 又 行住ㅏ+ 放逸ノ今ㄷ 過失 {有}+ㅅ

C 又 行住아긔 放逸호릿 過失 두며

D 又 行住[ㅏJ-, +-J,] 放逸[ノV+Ep, 今Et+N, ㄷJ,] 過失 {有}[+V, ㅅEc,]

E ④또 다니고 머무름[行住]에 대해 방일하는 잘못을 지니며,

F 또한 가고 머무르는 데에 방일하는 과실이 있다.

〈유가30 : 19-21〉

A 又有外道不共、即彼各別邪見所起、語言尋思追求三種過失。

B 又 外道ㅋ 不共ソㄱ 卽ㅎ 彼 各別ソㄱ 邪見ㅆ 起ソㄱ 所ㄷ 語言ㅗ 尋思ㅗ 追求ㅗノ今ㄷ 三種 過失 {有}+ㅅ

C 又 外道의 不共혼 곧오 彼 各別혼 邪見으로 起혼 밧 語言여 尋思여 追求여호릿 三種 過失

두며

D 又 外道[氵J,] 不共[丷V, 1Et,] 卽[刂M,] 彼 各別[丷V, 1Et,] 邪見[罒J,] 起[丷V, 1Et,] 所[七J,] 語言[亠J,] 尋思[亠J,] 追求[亠J, ノV+Ep, 亽Et+N, 七J,] 三種 過失 {有}[+V, 氵Ec,]

E ⑤⑥⑦또 외도의 함께하지 않는, 곧 그의 각별한 사견으로 인해 일어난 바의 어언이니, 심사니, 추구니 하는 세 가지 잘못을 지니며,

F 또한 함께하지 않는 외도[不共外道]가 있으니, 그들은 각별한 사견(邪見)에서 일으키는 어언(語言)과 심사(尋思)와 추구(追求)의 세 가지 과실이 있다.

〈유가30 : 21-22〉

A **又有依靜慮邊際過失。**

B 又 靜慮邊際乙 依ノ亽七 過失 {有}+氵

C 又 靜慮邊際를 依호릿 過失 두며

D 又 靜慮邊際[乙J,] 依[ノV+Ep, 亽Et+N, 七J,] 過失 {有}[+V, 氵Ec,]

E ⑧또 정려의 변제[22]에 의지하는 잘못을 지니며,

F 또한 정려(靜慮)의 변제(邊際)에 의지하는 과실이 있다.

〈유가30 : 22-23〉

A **又有緣起所攝發起取雜染品過失。**

B 又 緣起罒 攝ノ尸 所七 發起取雜染品七 過失 {有}+氵

C 又 緣起로 攝홀 밧 發起取雜染品ㅅ 過失 두며

---

22) '정려(靜慮)의 변제(邊際)'에 대해 『유가론기』 권11(T42, 430a15)는 다음과 같은 두 가지 해석을 제시하고 있다.

"'정려의 변제에 의지하는 과실'이라 한 것에 대해, 경(景) 스님은 다음과 같이 말한다. '제4정려를 변제라고 한 것이다. 제4정(=정려)을 열반이라고 계탁하기 때문에 '과실'이라 한 것이다. (이 과실은) 정정(正定)으로 대치시킨다.' 태(泰) 스님은 다음과 같이 말한다. '근분정(近分定)을 변제라고 한 것이다. 근분정에 많이 의지하는 것을 일컬어 '변제의 과실'이라 하였다.' [依靜慮邊際過失者, 景云. 第四靜慮名爲邊際, 計第四定以爲涅槃故言過失. 正定爲治。泰云。近分名邊際。多依近分名邊際過失。]"

즉, 경(景) 스님은 색계의 맨 꼭대기인 제4정려(第四靜慮)를 '정려의 변제'로 보고, 그것을 열반과 동일시하는 견해를 과실로 지적한 것이다. 태(泰) 스님은 하나의 선정과 또 다른 선정 사이의 중간 경계, 즉 '근분정(近分定)'을 '정려의 변제'로 보고, 본격적 선정(=根本定)에 의지하지 않고 그 예비적 단계(=近分定)에 많이 의지하는 것을 과실로 지적한 것이다.

D 又 緣起[⺌J,] 攝[ノV+Ep, ㇒Et,] 所[七J,] 發起取雜染品[七J,] 過失 {有}[ㅓV, 氵Ec,]

E ⑨또 연기로 거두는 바의 취잡염품을 일으키는 잘못을 지니며,

F 또한 연기(緣起)에 포함되는 취(取)의 잡염품(雜染品)을 일으키는 과실이 있다.

〈유가30 : 23〉

A 又有發起行雜染品過失。

B 又 發起行雜染品七 過失 {有}ㅓ氵ソ㇒失丨

C 又 發起行雜染品ㅅ 過失 두며흘디다

D 又 發起行雜染品[七J,] 過失 {有}[ㅓV, 氵Ec, ソV, ㇒Et, 失N+V, 丨Ef,]

E ⑩또 행잡염품을 일으키는 잘못을 지니며 하는 것이다.

F 또한 행(行)의 잡염품(雜染品)을 일으키는 과실이 있다.

〈유가30 : 23-31 : 01〉

A 若於如是十種過失、永不相應；

B 若 {於}是 如支ソ1 十種 過失氵十 永氵 不相應ソ11

C 若 是 다흔 十種 過失아긔 永아 不相應흔은

D 若 {於}是 如[支V, ソV, 1Et,] 十種 過失[氵J-, 十-J,] 永[氵M,] 不相應[ソV, 1Et, 1J,]

E 만약 이와 같은 열 가지 잘못에 대해 영원히 상응하지 않는 자는(/않는 경우에는/않으면),

F 만약 위와 같은 열 가지 과실(過失)에 대하여 영원히 상응하지 않고

〈유가31 : 01-02〉

A 唯有最後身所任持、第二餘身畢竟不起,

B 唯ハ 最後身ㄋ 任持ノ1 所氵 {有}ㅓ口1 第二餘身1 畢竟 不起ソナ𝒶罒

C 오직 最後身의 任持혼 바사 두곤 第二餘身은 畢竟 不起ᄒᆞ겨리라

D 唯[ハM,] 最後身[ㄋJ,] 任持[ノV+Ep, 1Et,] 所[氵J,] {有}[ㅓV, 口Ec-, 1-Ec,] 第二餘身[1J,] 畢竟 不起[ソV, ナEp, 𝒶Ep, 罒Ec,]

E 오직 최후신[23]이 가시는 것만 지니므로(/지니면) 제2의 다른 몸은 필경 일어나지 않을 것이라,

F 오직 최후신(最後身)에 의해서만 지니게[任持] 된다면, 필경 제2의 나머지 몸[餘身]은 일어나지 않으며

〈유가31 : 02-03〉

A **於最寂靜涅槃界中、究竟安住。**

B {於}最寂靜ㅅㅌㅌ 涅槃界ㅌ 中ㄋ十 究竟 安住ㅅㅊㄱ入ㅡ

C 最寂靜ᄒᆞ갓 涅槃界ㅅ 中아긔 究竟 安住ᄒᆞ견ᄃᆞ로

D {於}最寂靜[ㅅV, ㅌEt, ㅌJ,] 涅槃界[ㅌJ,] 中[ㄋJ-, 十-J,] 究竟 安住[ㅅV, ㅊEp, ㄱEt, 入N, ㅡJ,]

E 가장 고요한 열반계의 가운데에서 끝내[究竟] 안주하는 까닭으로,

F 최고의 적정(寂靜)한 열반계(涅槃界)에서 끝내[究竟] 안주(安住)하며

〈유가31 : 03-05〉

A **一切有情乃至上生第一有者、於彼一切所有有情得爲最勝。**

B 一切 有情リㄱ 乃氵 至リ 上ハ 第一有ㄋ十 生ㅅㅌㅌ 者リㄱ {於}彼 一切 有ㅌㄱ 所ㅌ 有情ㄋ十 得ホ 最勝ㅅㅌ {爲}氵ノ礻罒

C 一切 有情인 乃사 니를이 上ᄀ 第一有아긔 生ᄒᆞ갓 者인 彼 一切 이슨 밧 有情의긔 시러곰 最勝ᄒᆞᄂ 삼오리라

D 一切 有情[リV, ㄱEt,] 乃[氵R,] 至[リM,] 上[ハR,] 第一有[ㄋJ-, 十-J,] 生[ㅅV, ㅌEt, ㅌJ,] 者[リV, ㄱEt,] {於}彼 一切 有[ㅌV, ㄱEt,] 所[ㅌJ,] 有情[ㄋJ-, 十-J,] 得[ホM,] 最勝[ㅅV, ㅌEt,] {爲}[氵V, ノV+Ep, 礻Ep, 罒Ec,]

E 일체 유정인, 위로 제일유에서 태어나는 것에 이르기까지인, 저 일체 있는 바 유정에서 능히 가장 뛰어난 것으로 삼을 것이라서,

F 일체 유정(有情)으로부터 위로 제일유(第一有)에 태어나는 자에 이르기까지 그 일체의

23) 최후신(最後身)은 생사하는 몸 중에서 최후의 몸을 뜻하는데, 소승에서는 모든 번뇌를 끊고 열반을 증득한 아라한을 가리키고, 대승에서는 불과(佛果)인 등각(等覺)을 증득한 보살의 몸을 가리킨다.

모든 유정에 있어서 가장 뛰어난 것[最勝]을 얻는다.

〈유가31 : 05〉

A 是故說名住聖所住。

B 是 故⺍ 說尸 名下 聖所住⺁十 住⺌厶㇕丁丿矛丨

C 是 故로 니를 일하 聖所住아긔 住ᄒ건뎌호리다

D 是 故[⺍J,] 說[尸Ec,] 名[下V+Ec,] 聖所住[⺁J-, 十-J,] 住[⺌V, 厶Ep, ㇕Ef-, 丁-Ef, 丿V+Ep, 矛Ep, 丨Ef,]

E 이런 까닭으로 말하여, 일컬어 성스러운 처소[聖所住]에 머무는 것이라고 한다.

F 그러므로 성인이 머무르는 곳[聖所住]에 머무른다고 하는 것이다.

〈유가31 : 05-07〉

A 以能遠離十種過失、又能安住聖所住處，故名功德。

B 能㢱 十種 過失乙 遠離⺌㇇ 又 能㢱 聖所住處⺁十 安住⺌㇇⺌㇕入乙 {以}⺀⺁ 故厶 名下 功德亠丿矛丨

C 能며 十種 過失을 遠離ᄒ져 又 能며 聖所住處아긔 安住ᄒ져ᄒᆫ돌 ᄡ아 故거 일하 功德여 호리다

D 能[㢱M,] 十種 過失[乙J,] 遠離[⺌V, ㇇Ec,] 又 能[㢱M,] 聖所住處[⺁J-, 十-J,] 安住[⺌V, ㇇Ec, ⺌V, ㇕Et, 入N, 乙J,] {以}[⺀V, ⺁Ec,] 故[厶R,] 名[下V+Ec,] 功德[亠J, 丿V+Ep, 矛Ep, 丨Ef,]

E 능히 열 가지 잘못을 멀리 여의고, 또 능히 성스러운 처소[聖所住處]에 안주하고 하는 것을 쓰므로, 그러므로 일컬어 공덕이라 한다.

F 능히 열 가지 과실(過失)을 원리(遠離)하고 또한 능히 성인이 머무르는 곳[聖所住處]에 안주하기 때문에 공덕(功德)이라고 이름하는 것이다.

〈유가31 : 07-09〉

A 又若彼果、若極淨道、若彼功德、如是一切，摠略說名證得極清淨道及果功德。[24]

24) 유가사지론자료고의 표점은 "又若彼果、若極淨道、若彼功德、如是一切、摠略說名證得極清淨道及果功德。"이

B 又 若 彼 果𠆢 若 極淨道𠆢 若 彼 功德𠆢七 是 如支丷1 一切乙 摠略丷氵亦 說尸 名下 極淸淨道𠆢 及 果功德𠆢乙 證得丷尸丁ノ矛丨

C 又 若 彼 果와 若 極淨道와 若 彼 功德괏 是 다ᄒᆞᆫ 一切를 摠略ᄒᆞ아곰 니를 일하 極淸淨道와 及 果功德과를 證得ᄒᆞᆯ뎌호리다

D 又 若 彼 果[𠆢J,] 若 極淨道[𠆢J,] 若 彼 功德[𠆢J, 七J,] 是 如[支V, 丷V, 1Et,] 一切[乙J,] 摠略[丷V, 氵Ec, 亦J,] 說[尸Ec,] 名[下V+Ec,] 極淸淨道[𠆢J,] 及 果功德[𠆢J, 乙J,] 證得[丷V, 尸Ef-, 丁-Ef, ノV+Ep, 矛Ep, 丨Ef,]

E 또 저 과[極淨果]와 지극히 청정한 도와 저 공덕[極淨功德]과의 이와 같은 일체를 총략해서 말하여, 일컬어 지극히 청정한 도와 과·공덕과를 증득하는 것이라고 한다.

F 또한 그것의 과(果)나 혹은 극청정도[極淨道]나 혹은 그것의 공덕(功德)의 이와 같은 일체를 총략(總略)하여 극청정(極淸淨)의 도과(道果)의 공덕(功德)을 증득하는 것이라고 한다.

〈유가31 : 09-11〉

A **又此證得極淸淨道及果功德義、廣說應知如所說相。**

B 又 此 極淸淨道𠆢 及七 果功德𠆢乙 證得ノ令七 義1 廣刂 說尸入1 知ノ𢒑應七丨 說ノ1 所七 相乙 如八丷1亠

C 又 此 極淸淨道와 믿 果功德과를 證得호릿 義는 넙이 니를ᄃᆞᆫ 알옴應ㅅ다 說ᄒᆞᆫ 밧 相을 ᄀᆞᆮᄒᆞᆫ여

D 又 此 極淸淨道[𠆢J,] 及[七M,] 果功德[𠆢J, 乙J,] 證得[ノV+Ep, 令Et+N, 七J,] 義[1J,] 廣[刂M,] 說[尸Ec-, 入-Ec-, 1-Ec,] 知[ノEp, 𢒑Ep-,]應[七-Ep, 丨Ef,] 說[ノV+Ep, 1Et,] 所[七J,] 相[乙J,] 如[八V, 丷V, 1Et, 亠R,]

E 또 이 지극히 청정한 도와 과·공덕과를 증득하는 의미는, 자세히 말하면, 알아야 한다, 말한 바의 상과 같은 것이니,

F 또한 이러한 극청정(極淸淨)의 도과(道果)의 공덕(功德)을 증득하는 이치[義]에 대한 자세한 설명은 설한 바 상(相)과 같으며

나 구결문에 따라 수정하였다.

〈유가31 : 11〉

A 除此、更無若過若增。

B 此乙 除ロ斤 更氵 若 過ソ⺈ 若 增ソ⺈ソ丨 无ソ丨刂丨丁

C 此를 덜고근 느외아 若 過ᄒ져 若 增ᄒ져ᄒᆫ 无ᄒᆫ인뎌

D 此[乙J,] 除[ロEc, 斤J,] 更[氵M,] 若 過[ソV, ⺈Ec,] 若 增[ソV, ⺈Ec, ソV, 丨Et,] 无[ソV, 丨Et, 刂V, 丨Ef–, 丁–Ef,]

E 이것을 제외하고는, 다시 (이보다) 지나치거나 (이보다) 더하거나 한 것이 없는 것이다.

F 이것을 제외하고 다시 지나치거나 증가하는 것은 없다는 것을 알아야만 한다.

〈유가31 : 11-12〉

A 若得如是最上無學諸聖法者、

B 若 是 如攴ソ丨 最上无學ラ 諸 聖法乙 得ソㅌㄴ 者丨

C 若 是 다ᄒᆫ 最上无學의 諸 聖法을 得ᄒᆫ 者는

D 若 是 如[攴V, ソV, 丨Et,] 最上无學[ラJ,] 諸 聖法[乙J,] 得[ソV, ㅌEt, ㄴJ,] 者[丨J,]

E 만약 이와 같은 가장 훌륭한 무학의 여러 성법을 얻는 자는,

F 이와 같이 최상(最上)의 무학(無學)의 여러 성법(聖法)을 얻은 자라면

〈유가31 : 12-14〉

A 如是聖法相應之心、於妙五欲極爲厭背；無異熟故、後更不續，[25]

B 是 如攴ソ丨 聖法 相應ソㅌㄴ{之} 心刂 {於}妙五欲氵十 極 猒背ソㅌ {爲}氵ノ禾罒 異熟 無ㄊ丨入灬 故ノ 後ラ十[26] 更氵 續 不冬ソ⺈

25) 유가사지론자료고의 표점은 "如是聖法相應之心、於妙五欲極爲厭背；無異熟故、後更不續。"이나 구결문에 따라 수정하였다.

26) 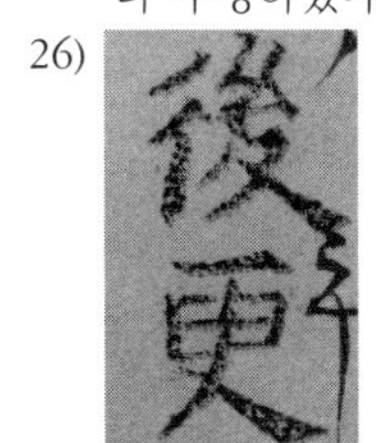
sktot_2015_07을 비롯한 전산입력 자료에서 그동안 '氵十'로 판독해 왔으나, 원본 확인 결과 획이 이어져 있긴 하지만 이어진 부분의 먹빛이 희미하여 현토자가 두 개의 획을 그은 것이 분명하다. 따라서 여기에서는 'ラ十'로 판독안을 수정한다.

C 是 다ᄒᆞᆫ 聖法 相應ᄒᆞᆺ 心이 妙五欲아긔 極 猒背ᄒᆞᄂᆞ 삼오리라 異熟 없건ᄃᆞ로 故오 後의 긔 ᄂᆞ외아 續 안ᄃᆞᆯᄒᆞ져

D 是 如[攴V, ソV, ㄱEt,] 聖法 相應[ソV, ㅌEt, 七J,]{之} 心[刂J,] {於}妙五欲[阝J-, 十-J,] 極 猒背[ソV, ㅌEt,] {爲}[氵V, ノV+Ep, 矛Ep, 罒Ec,] 異熟 無[去Ep, ㄱEt, 人N, 灬J,] 故[ノR,] 後[ラJ-, 十-J,] 更[阝M,] 續 不[冬M, ソV, 乎Ec,]

E 이와 같은 성법에 상응하는 마음이 묘한 다섯 욕에 대해 극히 싫어하는 것으로 삼을 것이라, 이숙[27]이 없는 까닭으로 뒤에 다시 이어지지 않고,

F 이와 같은 성법(聖法)과 상응하는 마음은 묘오욕(妙五欲)에 대하여 극히 싫어하고[厭背] 이숙(異熟)이 없기 때문에 뒤에 다시 잇지 않는다.

〈유가31 : 14-15〉

A **若世間心雖復已斷、猶得現行；彼於後時任運而滅。**

B 若 世間七 心ㄱ 復八 已斷ソㅎ七人{雖}斗 猶刂 得亦 現行ソ尸亠 彼ㄱ {於}後七 時亠十 任運亐 而灬 滅ソ乎ソナ矛ケ

C 若 世間ㅅ 心은 復ㄱ 已斷ᄒᆞᆺ과두 猶이 시러곰 現行ᄒᆞᆯ여 彼는 後ㅅ 時여긔 任運히 而로 滅ᄒᆞ져ᄒᆞ겨리며

D 若 世間[七J,] 心[ㄱJ,] 復[八M,] 已斷[ソV, ㅎEp-, 七-Ep, 人Ec-,]{雖}[斗-Ec,] 猶[刂M,] 得[亦M,] 現行[ソV, 尸Ec-, 亠-Ec,] 彼[ㄱJ,] {於}後[七J,] 時[亠J-, 十-J,] 任運[亐M,] 而[灬R,] 滅[ソV, 乎Ec, ソV, ナEp, 矛Ep, ケEc,]

E 만약 세간의 마음은 비록 다시 이미 끊어졌어도 여전히 능히 현행하지만, 그는 뒤의 때에 자유자재로[任運] 멸하고 할 것이며,

F 만약 세간심(世間心)이 비록 이미 끊어진 것을 되살려서 여전히 현행(現行)을 얻을지라도 그는 후시(後時)에 있어서 자유자재로[任運] 멸(滅)한다.

27) 이숙(異熟)은 비파가(毘播伽)라 음역하기도 하는데, 업이 성숙하여 결과를 낳는 것을 가리킨다. 업력이 그 원인과는 성질과 기능이 다른 결과로 성숙하는 것이다. 업보, 과보라고도 한다.

〈유가31 : 15-16〉

A 又煩惱道後有業道、於現法中已永斷絕；

B 又 煩惱道亠 後有業道亠ノ尸㇁ {於}現法七 中氵十 已氵 永氵 斷絕丷㇌

C 又 煩惱道여 後有業道여홀은 現法ㅅ 中아긔 이믜사 永아 斷絕ᄒᆞ져

D 又 煩惱道[亠J,] 後有業道[亠J, ノV+Ep, 尸Et, ㇁J,] {於}現法[七J,] 中[氵J-, 十-J,] 已[氵M,] 永[氵M,] 斷絕[丷V, ㇌Ec,]

E 또 번뇌도니 후유(後有)[28]의 업도니 하는 것은 현법의 가운데에서 이미 영원히 단절하였고,

F 또한 번뇌도(煩惱道)의 이후에 업도(業道)가 있어서도 현법(現法)에서 이미 영원히 단절(斷絕)하며

〈유가31 : 16-17〉

A 由彼絕故、當來苦道更不復轉。

B 彼 絕丷𠂉㇁入乙 由氵㇁入灬 故ノ 當來七 苦道刀 更氵 復八 轉 不冬丷㇌丷ナ矛罒

C 彼 絕ᄒᆞ건ᄃᆞᆯ 말ᄆᆡ삼은ᄃᆞ로 故오 當來ㅅ 苦道도 ᄂᆞ외아 復ᄀᆞ 轉 안ᄃᆞᆯᄒᆞ져ᄒᆞ겨리라

D 彼 絕[丷V, 𠂉Ep, ㇁Et, 入N, 乙J,] 由[氵V, ㇁Et, 入N, 灬J,] 故[ノR,] 當來[七J,] 苦道[刀J,] 更[氵M,] 復[八M,] 轉 不[冬M, 丷V, ㇌Ec, 丷V, ナEp, 矛Ep, 罒Ec,]

E 그 단절한 것에 말미암은 까닭으로, 마땅히 올 괴로움의 길도 다시 또 다시 전(轉)하지 않고 할 것이라서,

F 그것을 단절하였기 때문에 미래의 고도(苦道)는 또 다시 구르지 않는다.

〈유가31 : 17-18〉

A 由此因果永滅盡故，即名苦邊。

B 此 因果刂 永氵 滅盡丷𠂉㇁入乙 由氵㇁入灬 故ノ 卽 名下 苦邊亠ノ尸亠

C 此 因果이 永아 滅盡ᄒᆞ건ᄃᆞᆯ 말ᄆᆡ삼은ᄃᆞ로 故오 卽 일하 苦邊여홀여

28) 후유(後有)는 아직 열반을 증득하지 못한 중생들이 과보로서 받게 될 후세(後世)의 존재, 즉 미래세(未來世)의 신심(身心)을 뜻한다. 모든 번뇌를 끊고 열반을 증득한 자는 모든 인(因)이 사라졌으므로 더 이상 과보를 받지 않기 때문에 '후유가 없다'고 한다.

D 此 因果[刂J,] 永[氵M,] 滅盡[丷V, 𠂉Ep, 丨Et, 亽N, 乙J,] 由[氵V, 丨Et, 亽N, 𢀳J,] 故[丿R,] 卽 名[丅V+Ec,] 苦邊[亠J, 丿V+Ep, 尸Ec-, 亠-Ec,]

E 이 인과가 영원히 모두 없어진 것으로 말미암아 곧 일컬어 고변[29]이라 하는데,

F 인과(因果)가 영원히 멸진(滅盡)했기 때문에 곧 고변(苦邊)이라고 이름하며

〈유가31 : 18〉

A **更無所餘，無上、無勝。**

B 更氵 餘 所 无氵尒 無上丷㇉ 无勝丷㇉丷𠂇㇈七丨

C ᄂᆞ외아 餘 所 없아곰 無上ᄒᆞ져 无勝ᄒᆞ져ᄒᆞ겼다

D 更[氵M,] 餘 所 无[氵Ec, 尒J,] 無上[丷V, ㇉Ec,] 无勝[丷V, ㇉Ec, 丷V, 𠂇Ep, ㇈Ep-, 七-Ep, 丨Ef,]

E 다시 남은 바 없어서 위 없고[無上], 뛰어난 것 없고[无勝] 하다.

F 다시 남는 것[所餘]도 없고 위[上]도 없으며, 뛰어난 것[勝]도 없는 것이다.

〈유가31 : 18-22〉

A **此中若入聖諦現觀、若離障㝵、若爲證得速疾通慧作意思惟諸歡喜事、若修習如所得道、若證得極淸淨道及果功德，**[30]

B 此七 中氵十 若 聖諦現觀氵十 入丿尸亽 若 障㝵乙 離丿尸亽 若 速疾通慧乙 證得丷{爲}亽 諸 歡喜事乙 作意思惟丿尸亽 若 得丿丨 所乙 如八丷丨 道乙 修習丿尸亽 若 極淸淨道亠 及 果功德亠丿尸乙 證得丿尸亽丿尸

C 此ㅅ 中아긔 若 聖諦現觀아긔 入홀과 若 障㝵를 離홀과 若 速疾通慧를 證得ᄒᆞ과 諸 歡喜事를 作意思惟홀과 若 得혼 바를 ᄀᆞᄒᆞᆫ 道를 修習홀과 若 極淸淨道여 及 果功德여홀을 證得홀과홀

D 此[七J,] 中[氵J-, 十-J,] 若 聖諦現觀[氵J-, 十-J,] 入[丿V+Ep, 尸Et, 亽J,] 若 障㝵[乙J,] 離[丿V+Ep, 尸Et, 亽J,] 若 速疾通慧[乙J,] 證得[丷V,]{爲}[亽Ec,] 諸 歡喜事[乙J,] 作意思惟[丿V+Ep, 尸Et, 亽J,] 若 得[丿Ep, 丨Et,] 所[乙J,] 如[八V, 丷V, 丨Et,] 道[乙J,] 修習[丿V+Ep, 尸Et,

29) 고변(苦邊)은 '고의 변제[苦邊際]', 즉 고통이 다 사라진 것을 말한다.

30) 유가사지론자료고의 표점은 "此中若入聖諦現觀、若離障礙、若爲證得速疾通慧作意思惟諸歡喜事、若修習如所得道、若證得極淸淨道及果功德。"이나 구결문에 따라 수정하였다.

ㅅJ,] 若 極清淨道[亠J,] 及 果功德[亠J, ノV+Ep, ㄕEt, ㄹJ,] 證得[ノV+Ep, ㄕEt, ㅅJ, ノV+Ep, ㄕEt,]

E 이 가운데에서 성제현관에 드는 것과, 장애를 여의는 것과, 빠른 신통과 지혜를 증득하고자 여러 환희사를 작의하고 사유하는 것과, 얻은 바와 같은 도를 닦아 익히는 것과, 지극히 청정한 도니 과·공덕이니 하는 것을 증득하는 것과 하는,

F 이 가운데에 성제현관(聖諦現觀)에 들어가는 것과 장애(障礙)를 여의는 것과 빠르게 통혜(通慧)를 증득하기 위해서 여러 환희사(歡喜事)를 작의(作意)하고 사유(思惟)하는 것과 얻었던 그대로의 도(道)를 수습하는 것과 극청정(極淸淨)의 도과(道果)의 공덕(功德)을 증득하는

〈유가31 : 22-23〉

A **如是名爲出世間一切種淸淨。**

B 是 如ㅊㅅㄱㄹ 名ㅜ {爲}出世間一切種淸淨亠ノㅎㅣ

C 是 다혼을 일하 出世間一切種淸淨여호리다

D 是 如[ㅊV, ㅅV, ㄱEt, ㄹJ,] 名[ㅜV+Ec,] {爲}出世間一切種淸淨[亠J, ノV+Ep, ㅎEp, ㅣEf,]

E 이와 같은 것을 일컬어 출세간일체종청정이라 한다.

F 이와 같은 것을 출세간(出世間)의 모든 종류[一切種] 청정(淸淨)이라고 이름하는 것이다.

〈유가31 : 23-32 : 01〉

A **又此出世間一切種淸淨義、廣說應知如所說相。**

B 又 此 出世間一切種淸淨ㅌ 義ㄱ 廣ㅣ 說ㄕㅅㄱ 知ノㅎ應ㅌㅣ 說ノㄱ 所ㅌ 相ㄹ 如ㅅㅅㄱ亠

C 又 此 出世間一切種淸淨ㅅ 義는 넙이 니를든 알옴應ㅅ다 說혼 밧 相을 ㄱ흔여

D 又 此 出世間一切種淸淨[ㅌJ,] 義[ㄱJ,] 廣[ㅣM,] 說[ㄕEc-, ㅅ-Ec-, ㄱ-Ec,] 知[ノEp, ㅎEp-,] 應[ㅌ-Ep, ㅣEf,] 說[ノV+Ep, ㄱEt,] 所[ㅌJ,] 相[ㄹJ,] 如[ㅅV, ㅅV, ㄱEt, 亠R,]

E 또 이 출세간일체종청정의 의미는, 자세히 말하면, 알아야 한다, 말한 바의 상(相)과 같은 것이니,

F 또한 이 출세간(出世間)의 모든 종류[一切種]의 청정(淸淨)의 이치[義]에 대한 자세한 설명은 설한 바 상(相)과 같으며

〈유가32 : 01〉

A 除此更無若過若增。

B 此乙 除ロ斤 更氵 若 過ソ⺈ 若 增ソ⺈ソ1 无ソ1リ1丁

C 此를 덜고근 ᄂᆞ외아 若 過ᄒᆞ져 若 增ᄒᆞ져ᄒᆞᆫ 无ᄒᆞᆫ인뎌

D 此[乙J,] 除[ロEc, 斤J,] 更[氵M,] 若 過[ソV, ⺈Ec,] 若 增[ソV, ⺈Ec, ソV, 1Et,] 无[ソV, 1Et, リV, 1Ef-, 丁-Ef,]

E 이것을 제외하고는, 다시 (이보다) 지나치거나 (이보다) 더하거나 한 것이 없는 것이다.

F 이것을 제외하고 다시 지나치거나 증가하는 것이 없다는 것을 알아야만 한다.

〈유가32 : 02-04〉

A 如是若先所說世間一切種淸淨、若此所說出世間一切種淸淨、總略爲一，說名修果。

B 是 如⻌ 若 先下 說ノ1 所⻗ 世間一切種淸淨人 若 此 說ノ1 所⻗ 出世間一切種淸淨人乙 摠略ソ氵ホ 一 {爲}⺡氵 說尸 名下 修果ᅩノ矛丨

C 是 다 若 先하 說ᄒᆞᆫ 밧 世間一切種淸淨과 若 此 닐온 밧 出世間一切種淸淨과를 摠略ᄒᆞ아곰 一 삼아 니를 일하 修果여호리다

D 是 如[⻌V,] 若 先[下M,] 說[ノV+Ep, 1Et,] 所[⻗J,] 世間一切種淸淨[人J,] 若 此 說[ノV+Ep, 1Et,] 所[⻗J,] 出世間一切種淸淨[人J, 乙J,] 摠略[ソV, 氵Ec, ホJ,] 一 {爲}[⺡V, 氵Ec,] 說[尸Ec,] 名[下V+Ec,] 修果[ᅩJ, ノV+Ep, 矛Ep, 丨Ef,]

E 이와 같이 먼저 말한 바의 세간일체종청정과 이제 말한 바의 출세간일체종청정과를 총략하여서 하나로 삼아 말하여, 일컬어 수과(修果)라고 한다.

F 이와 같이 앞에서 설한 세간(世間)의 모든 종류[一切種]의 청정(淸淨)과 지금 설한 이 출세간(出世間)의 모든 종류[一切種]의 청정(淸淨)을 총략(總略)하여 하나로 설하면, 수과(修果)라고 이름하는 것이다.

〈유가32 : 04-06〉

A 如是如先所說若修處所、若修因緣、若修瑜伽、若修果、一切總說爲修所成地。

B 是 如𥘅 先下 說ノ1 所乙 如ハッ1 若 修處所ㅅ 若 修因緣ㅅ 若 修瑜伽ㅅ 若 修果ㅅノ尸 一切乙 摠ㅎ 說氵 {爲}修所成地亠ノ𠂇丨

C 是 다 先하 說혼 바를 곧혼 若 修處所와 若 修因緣과 若 修瑜伽와 若 修果와홀 一切를 摠히 닐아 修所成地여호리다

D 是 如[𥘅V,] 先[下M,] 說[ノV+Ep, 1Et,] 所[乙J,] 如[ハV, ッV, 1Et,] 若 修處所[ㅅJ,] 若 修因緣[ㅅJ,] 若 修瑜伽[ㅅJ,] 若 修果[ㅅJ, ノV+Ep, 尸Et,] 一切[乙J,] 摠[ㅎM,] 說[氵Ec,] {爲}修所成地[亠J, ノV+Ep, 𠂇Ep, 丨Ef,]

E 이와 같이 먼저 말한 바와 같은 수처소(修處所)와 수인연(修因緣)과 수유가(修瑜伽)와 수과(修果)와 하는 일체를 총괄하여 말하여, 수소성지(修所成地)라고 한다.

F 위와 같이 앞에서 설한 것처럼 수(修)의 처소(處所)와 수(修)의 인연(因緣)과 수(修)의 유가(瑜伽)와 수(修)의 과(果)의 일체를 모두 설하여 수소성지(修所成地)라고 한다.

〈유가32 : 08-10〉

瑜伽師地論卷第二十 丙午歲高麗國大藏都監 奉勅雕造

참고문헌

가산불교문화연구원. 『가산불교대사림』. 가산불교문화연구원.

남풍현(1999). 『『瑜伽師地論』 釋讀口訣의 硏究』. 태학사.

동국역경원 편(1995). 『瑜伽師地論 1』(한글대장경 110, 유가부 2). 동국역경원.

운허용하(2000). 『불교사전』. 동국역경원.

장경준(2013). 「『유가사지론』 권20 석독구결의 현대어역」. 제46회 구결학회 전국학술대회 발표자료집.

황선엽・이전경・하귀녀 외(2009). 『釋讀구결사전』. 박문사.

둔륜(遁倫). 『유가론기(瑜伽論記)』 제20권(『대정신수대장경(大正新脩大藏經)』 42, 『한국불교전서』 제13책・14책).

자이(慈怡) 주편(1988). 『불광대사전(佛光大辭典)』. 불광산종무위원회(佛光山宗務委員會).

한청정(韓淸淨)(2006). 『유가사지론과구피심기(瑜伽師地論科句披尋記)』. 미륵강당(彌勒講堂).

석독구결 전산입력자료 sktot_2015_07의 안내문

원문 및 참고자료 제공 사이트

고려대장경연구소. 유가사지론 해제(고려대장경 지식베이스).
http://kb.sutra.re.kr/ritk/search/HaejeView.do?sutraId=577&kcode=K0570

동국역경원・동국대 전자불전문화콘텐츠연구소. 한글대장경 검색시스템.
http://ebti.dongguk.ac.kr/h_tripitaka/v1/search.asp

법고불교학원(法鼓佛教學院). 유가사지론자료고(瑜伽師地論資料庫).
http://ybh.ddbc.edu.tw/

중화불학연구소(中華佛學研究所).
http://www.chibs.edu.tw/

CBETA(中華電子佛典協會). 大正新脩大藏經刊行會 編(1988). 大正新脩大藏經 텍스트.
http://tripitaka.cbeta.org/T30n1579

사전류 제공 사이트

고려대장경연구소. 고려대장경 지식베이스 용어사전.
http://kb.sutra.re.kr/ritk/service/diction/dicSearch.do

동국대학교. 한글대장경 불교사전.
http://abc.dongguk.edu/ebti/c3/sub1.jsp

동련각원불문망참소조(東蓮覺苑佛門網站小組). 불학사전(佛學辭典).
http://dictionary.buddhistdoor.com/

어학 용어 색인

ㅈ

ㅊ

ㅌ

ㅍ

ㅎ

한자

구결자

불교 용어 색인

ㅈ

ㅊ

ㅍ

ㅎ

▮지은이 소개

장경준 • 1969년 대전에서 남
• 고려대학교 국어국문학과 부교수
• 저서 : 『유가사지론 점토석독구결의 해독 방법 연구』(2007), 『각필구결의 해독과 번역 1·2·3·4·5』(공저, 2006~2009), 『석독구결 사전』(공저, 2009)
• 논문 : 「점토구결 자료의 문법 형태에 대하여」(2009), 「釋讀口訣と訓点資料に使われた符號について」(2013), 「조선 초기 대명률의 이두 번역에 대하여」(2015) 외 30여 편

오민석 • 1984년 부산에서 남
• 고려대학교 국어국문학과 박사과정 수료
• 논문 : 「18세기 국어의 시제체계에 관한 쟁점 연구」(2013), 「『清語老乞大新釋』 諸異本 간의 판본 비교 연구」(2013)

문현수 • 1983년 서울에서 남
• 고려대학교 국어국문학과 박사과정 수료
• 저서 : 『일본 논어 훈점본의 해독과 번역(上·下)』(공저, 2014~2015)
• 논문 : 「석독구결 용언 부정사의 의미기능 연구」(2011), 「점토석독구결 용언 부정사의 의미기능」(2012), 「『瑜伽師地論』 系統 點吐釋讀口訣에 사용된 빼침선의 기능」(2014) 외 2편

허인영 •1984년 파주에서 남
• 고려대학교 국어국문학과 박사과정 재학
• 저서 : 『일본 논어 훈점본의 해독과 번역(上·下)』(공저, 2014~2015)
• 논문 : 「『대명률직해』의 정본 확정을 위한 기초 연구(1·2)」(공저, 2013), 「「全一道人」의 한국어 복원과 음운론적 연구」(2014), 「『全一道人』 가나 전사의 교정에 대하여」(2015)

▮감수자 소개

백진순 • 1964년 서울에서 남
• 동국대학교 불교학술원 조교수
• 저서 : 『인물로 보는 한국의 불교사상』(공저, 2004), 『인왕경소』(역주서, 2010), 『해심밀경소 제1 서품』 외 2권(역주서, 2013)
• 논문 : 「『成唯識論』의 假說(upacāra)에 대한 연구」(2003), 「유식학파에서 요가의 의미와 목적」(2007), 「원측 교학의 연구 동향에 대한 비평과 제안」(2014) 외 10편

『유가사지론』 권20의 석독구결 역주

초판 1쇄 인쇄 2015년 8월 21일
초판 1쇄 발행 2015년 8월 28일
지은이 장경준 오민석 문현수 허인영
감 수 백진순
펴낸이 이대현
편 집 권분옥
디자인 이홍주
펴낸곳 도서출판 역락 | **등록** 제303-2002-000014호(등록일 1999년 4월 19일)
주 소 서울시 서초구 동광로 46길 6-6(문창빌딩 2F)
전 화 02-3409-2058, 2060
팩 스 02-3409-2059
이메일 youkrack@hanmail.net
역락블로그 http://blog.naver.com/youkrack3888
ISBN 979-11-5686-235-2 93710

정가 34,000원